AF279357

LA PINTURA FLAMENCA
DEL SIGLO XVI EN OSUNA (SEVILLA)

Arte, devoción y significado para los condes de Ureña

ANA DIÉGUEZ-RODRÍGUEZ

LA PINTURA FLAMENCA
DEL SIGLO XVI EN OSUNA (SEVILLA)
Arte, devoción y significado para los condes de Ureña

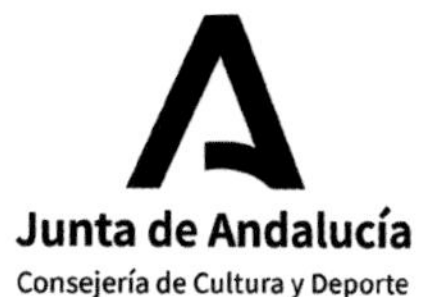

SEVILLA, 2024

"De las cuales escrivir[é] de lo que se de ello
[e] pude deprender,
y sy por ventura no llevare la via derecha
aquel que mas Sabe tome la pluma
y enmiende y corriya lo que fuere errado".

DIEGO FERNÁNDEZ DE MENDOZA*

* *El Becerro general: libro en que se relata el blasón de las armas que trahen muchos reynos y imperios... y de la genealogía de los lynages de España y de los escudos de armas que trahen*, s/a. vol. 1, fol. 130 (BNE, MSS, 18244, vol.1).

Agradecimientos

Un trabajo como este es el fruto de la labor de muchas personas. Pensar que no estamos a hombros de gigantes es partir de la base de que lo sabemos todo, y no es así. Por eso, mi primer agradecimiento es para los que con sus estudios y labor nos han precedido en la ardua y apasionante tarea de la investigación histórico-artística durante el siglo XVI. Sobre todo, a aquellos que han rescatado de tantos archivos y bibliotecas datos que permiten conocer un poco mejor el ambiente artístico de los territorios de las antiguas archidiócesis de Sevilla y Granada. En especial, los trabajos de Francisco Rodríguez Marín, José Gestoso y Pérez, José Hernández Díaz, Diego Angulo Íñiguez, Juan Miguel Serrera Contreras y Manuel Rodríguez-Buzón Calle, han sido andamios sólidos para generaciones de historiadores. Por eso, su legado continuará más allá de su presencia.

Las nuevas generaciones de historiadores del arte también están floreciendo al amparo de tan buenas sombras. Ejemplo de ello es la encomiable labor de Elena Escuredo Barrado, Manuel García Luque, José Antonio Gómez Sánchez, Eduardo Lamas-Delgado y Antonio Joaquín Santos Márquez. Sus trabajos están poniendo en claro caminos que los anteriormente citados habían comenzado a desbrozar.

Tan meritoria como la labor precedente es la que está llevando a cabo la Asociación de los Amigos de los Museos de Osuna. El entusiasmo y el esmero que ponen en preservar el legado que tienen a su cuidado, así como fomentar el estudio serio de sus fondos para así valorarlos y preservarlos como se merecen, son los fundamentos de este ensayo. Sin Patricio Rodríguez-Buzón Calle, Miguel Rangel y Pedro Jaime Moreno de Soto estas páginas no se hubieran podido escribir.

Tampoco hubiera sido posible sin el apoyo de Arantxa Moll Sarasola, quien, como directora general del Instituto Moll, favoreció desde el primer momento el estudio de la pintura flamenca conservada dentro de la colegiata, capilla del Santo Sepulcro y universidad de Osuna.

Con todos estos pilares, y la labor imprescindible de Beatriz Cuevas Sarria desde Osuna, Trini Nieto, Silvia Felip, Juan Carlos Pérez, Tamara Alba González-Fanjul, Estrella Omil Ignacio, Carolina Monja Cuesta y Ana Salas

Méndez desde el Instituto Moll, mi investigación no hubiera podido dar los resultados que aquí se presentan.

También quiero agradecer a Rosa Villalón y a Mª. José Albalá Hernández, del archivo de la Biblioteca Tomás Navarro Tomás del CSIC en Madrid, todas las facilidades dadas para acceder al fondo Rodríguez Marín y a su fototeca, a pesar de la situación postpandémica que estábamos sufriendo durante la redacción de este trabajo.

En este análisis de la pintura flamenca del siglo XVI en los edificios de la colegiata, Santo Sepulcro y Universidad de Osuna no he estado sola, y he tenido la suerte de contar con uno de los equipos más cualificados para poder desarrollarla. Por eso, agradezco de forma muy especial a Eloy González Martínez, Tamara Alba González-Fanjul y a José Morón que hayan puesto lo mejor de sí mismos en este trabajo.

Finalmente, y no por ello menos importante, han sido las fructíferas conversaciones que he tenido con colegas y amigos en momentos de duda a los que me dieron la luz necesaria para tomar el camino más sensato. En primer lugar, agradezco la generosidad del profesor Matías Díaz Padrón (1935-2022) por compartir sus conocimientos y experiencia de forma tan altruista y haberme formado en este campo de la pintura flamenca; a Miguel Hermoso Cuesta su siempre sabia opinión y sugerencias; a Elena Escuredo, Manuel Luque y Eduardo Lamas sus pacientes respuestas a mis preguntas y a Isabelle Lecocq y a Francisco Valiñas su ayuda en relación con las vidrieras de la catedral de Granada. La investigación compartida siempre se hace más sencilla.

Esta investigación, editada por la Consejería de Turismo, Cultura y Deporte, fue promovida por parte de la Asociación de los Amigos de los Museos de Osuna y ha sido efectuada dentro del marco de la subvención de la Junta de Andalucía para el "Inventario de la pintura flamenca de la colegiata y capilla de la Universidad de Osuna" (n.º exp. PDWMZ210000020208), solicitada por el párroco de la colegiata Antonio Jesús Rodríguez Báez, a quien también agradecemos todas las facilidades dadas.

Madrid, 2022

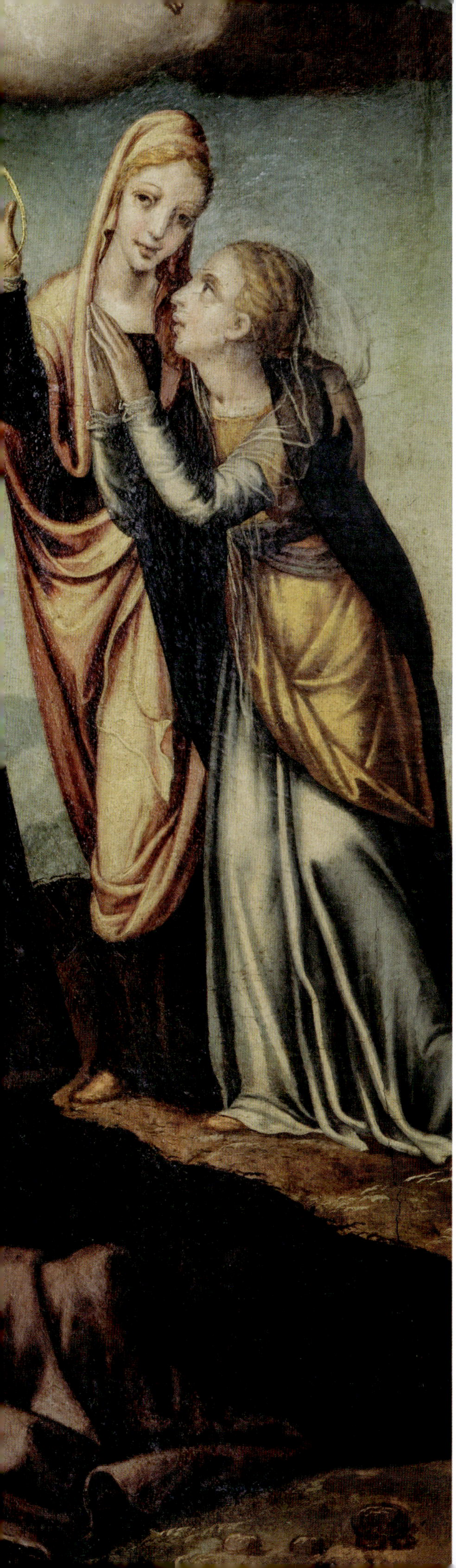

Índice

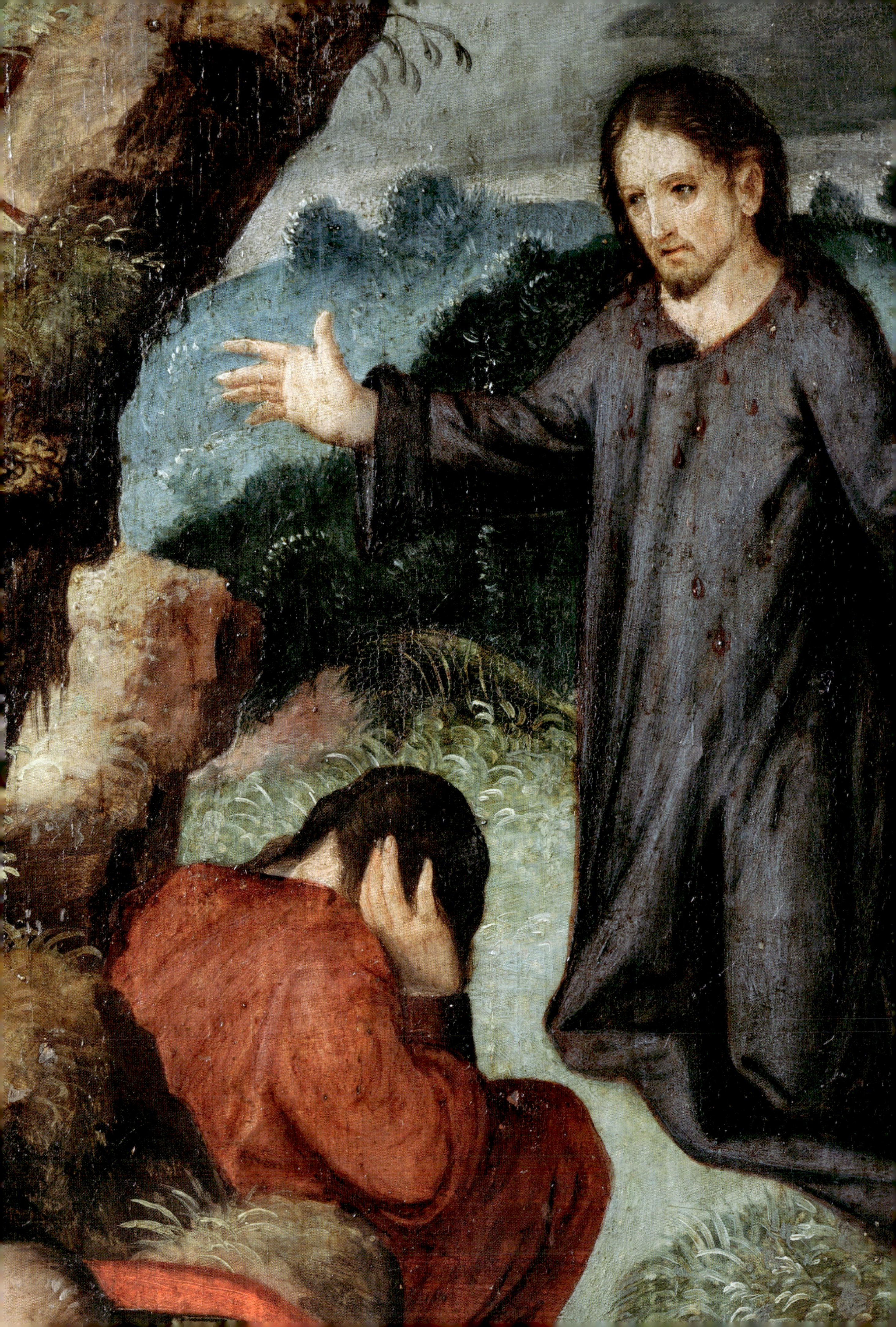

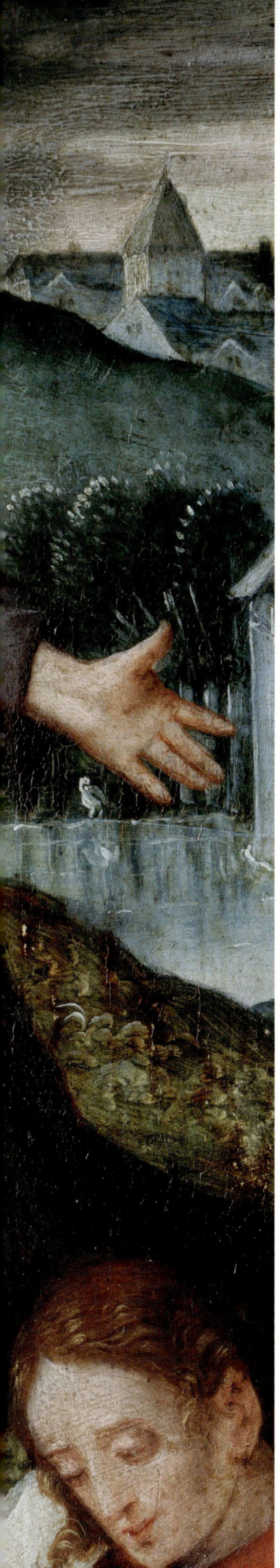

Prólogo

En marzo de 2019, tras la clausura de las exposiciones temporales "Nápoles en Osuna, José de Ribera en el legado artístico de los duques de Osuna" y "Obras del barroco italiano en el monasterio Nuestra Sra. de Trápana", organizadas por el Patronato de Arte de Osuna y su extensión cultural, la Asociación Amigos de los Museos, tuvimos la convicción de que había llegado el momento de estudiar y tratar de poner en valor el conjunto de tablas de origen flamenco que se encuentran en la colegiata y en la Universidad de Osuna y de las que, salvo alguna excepción como las relacionadas con Hernando de Esturmio, se tenía un escaso conocimiento.

En aquel momento consideramos de enorme interés ponernos en contacto con el Instituto Moll, prestigioso centro de investigación de pintura flamenca, creado por Editorial Prensa Ibérica, S.A. y gestionado por Epiarte, con el objetivo principal de fomentar el estudio y el conocimiento de esta corriente pictórica y su relación con España durante los siglos XV al XVIII.

El 26 de marzo de 2019 visitaron por primera vez la colegiata de Osuna Ana Diéguez Rodríguez, directora del Instituto Moll, y Arantxa Moll Sarasola, en representación de Epiarte.

Tras esa primera visita, se acuerda que el Instituto Moll realice un estudio histórico artístico de la colección, con el objetivo de contextualizar las obras históricamente, que habría de contener un estudio independiente de cada una de ellas.

El 16 de junio de 2019 se formaliza el primer documento entre ambas entidades. Se realiza una relación de 40 obras pictóricas a estudiar, de las que se acuerda realizar una primera fase de las 11 que se consideran de mayor valor artístico, entre las que se encontraban la *Adoración de los pastores*, *Jesús se despide de su madre*, *Lamentación*, *Virgen con el Niño*, *Crucifixión*, *Virgen de la papilla con San Juanito* y *Tríptico de la Crucifixión con el Noli me tangere*.

Los trabajos de esa primera fase tuvieron un plazo de 12 meses, quedando finalizados en febrero de 2020. Se realizaron bajo la dirección de Ana Diéguez Rodríguez, con la supervisión del profesor Matías Díaz Padrón, Presidente de Honor de dicho Instituto.

Una vez realizada la primera fase del estudio, sufragada al 50 % por el Patronato de Arte de Osuna y su extensión cultural Amigos de los Museos, surge la oportunidad de continuar y completar el estudio gracias a la aparición, en junio de 2020, de las subvenciones de la Consejería de Cultura y Patrimonio Histórico de la Junta de Andalucía para la conservación-restauración e inventario de bienes muebles del patrimonio histórico de carácter religioso en Andalucía. En concreto la Línea 2: realización de inventarios que faciliten el conocimiento de los bienes muebles integrantes del patrimonio histórico de carácter religioso en Andalucía.

Al tratarse de una línea de subvenciones para entidades religiosas, la solicitud de dicha subvención la realiza, a instancia nuestra, la Ilustre Iglesia Colegial Parroquial Mayor de Nuestra Señora de la Asunción de Osuna, siendo párroco D. Antonio Jesús Rodríguez Báez. El 20% no subvencionado del coste de los trabajos fue asumido, a partes iguales, entre el Patronato de Arte y los Amigos de los Museos.

El equipo técnico para la realización de los trabajos quedó conformado, como no podía ser de otro modo, por un grupo multidisciplinar de profesionales al servicio del Instituto Moll. Entre los que se encontraban: Ana Diéguez Rodríguez, doctora e historiadora del Arte y directora del proyecto; Tamara Alba González-Fanjul, licenciada en Bellas Artes, Conservación y Restauración; Eloy González Martínez, licenciado en Historia del Arte, investigador y experto en catalogación; y José Morón Borrego, diplomado en fotografías de obras de arte por el Royal College of Art de Londres.

Una vez finalizados los trabajos de inventario, todo el resultado de la investigación fue depositado en el sistema MOSAICO de la Junta de Andalucía. Sistema de información que integra en una única herramienta las actuaciones necesarias para la gestión y documentación de los bienes culturales llevadas a cabo en el ámbito de la Secretaría General para la Cultura por la Dirección General de Patrimonio Histórico, el Instituto Andaluz del Patrimonio Histórico y las Delegaciones Territoriales de Cultura, Turismo y Deporte de la Junta de Andalucía.

Para acabar de difundir todo el conocimiento adquirido gracias a las investigaciones que se pusieron en marcha en el primer trimestre de 2019, era imprescindible concluir el proceso con la publicación de los resultados. Lo que se ha hecho posible gracias al interés de la Dirección General de Patrimonio Histórico de la Consejería de Turismo, Cultura y Deporte, que en ningún momento tuvo dudas de la importancia de publicar los relevantes resultados de las investigaciones acometidas a lo largo de estos años.

En este libro, *La pintura flamenca del siglo XVI en Osuna (Sevilla). Arte, devoción y significado para los condes de Ureña*, se ha llegado a una serie de conclusiones que inciden en la comprensión de la estética renacentista de la primera mitad del siglo XVI, en relación a la movilidad de los artistas y al gusto por una estética concreta, en este caso la flamenca, dentro de los territorios de las antiguas archidiócesis de Sevilla y Granada. Lo que pone frente al siguiente gran reto de nuestras entidades y que no es otro que el de poder organizar en la colegiata de Osuna una gran exposición temporal sobre la temática del arte flamenco del siglo XVI en las antiguas archidiócesis de Granada y Sevilla.

Estamos trabajando con la Consejería de Cultura, Turismo y Deporte de la Junta de Andalucía en la firma de un "Protocolo Marco", ya muy avanzado, que permitiría desarrollar actividades culturales conjuntas, mediante la firma de convenios específicos amparados por dicho Protocolo. Seguramente, esa exposición temporal sería, sin lugar a duda, el mejor colofón al proyecto iniciado hace cuatro años y el mejor comienzo de futuras actuaciones.

Patronato de Arte / Amigos de los Museos de Osuna

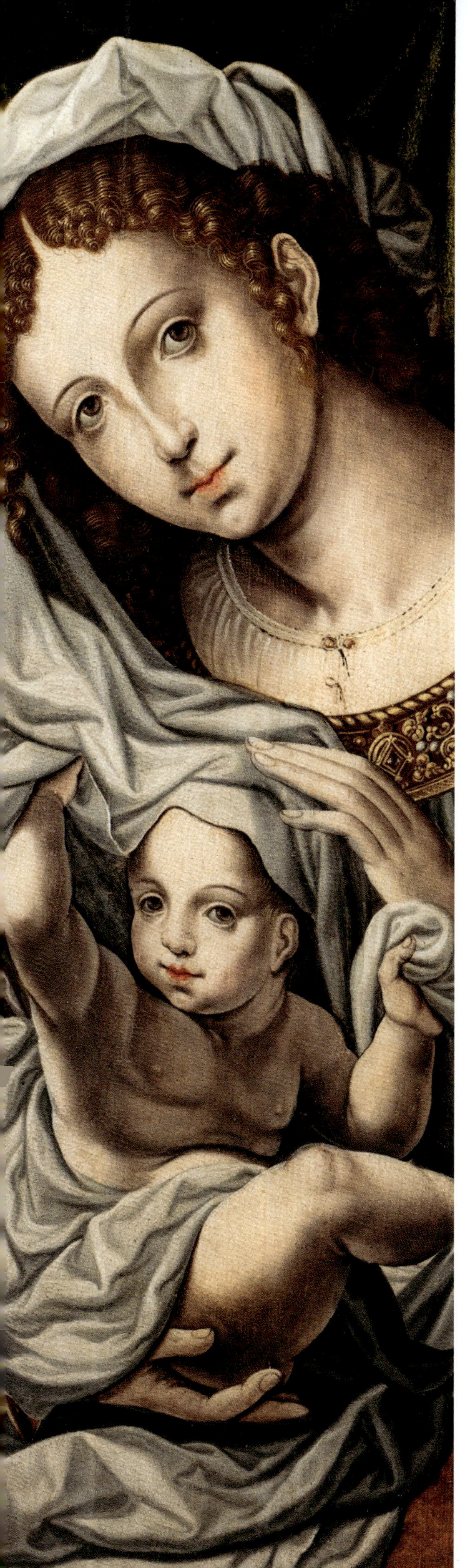

Preámbulo a

La pintura flamenca del siglo XVI en Osuna (Sevilla).
Arte, devoción y significado para los condes de Ureña

Las inquisitivas miradas que nos dirigen la *Virgen con el Niño* desde la tabla del Maestro de Osuna (Cat. 04), podrían ser una metáfora perfecta para este revelador libro. La Virgen y el Niño contemplan con dulzura a los historiadores y amantes del arte del siglo XXI, interrogándonos con su mirada. Asomando bajo el velo de la *Madonna*, parece que el Niño Jesús nos invita a investigar el origen de esta pintura e intentar entender qué está ocurriendo aquí. Al fondo, unos peregrinos atraviesan un idealizado paisaje del norte, llegando a una ciudad. De alguna forma, esa inquietante e idealizada arquitectura cúbica, es acogedora.

Siguiendo los modelos flamencos de la *Madonna del velo* de Jan Gossaert del museo de la Mauritshuis (La Haya), esta pintura es ejemplo de las muchas cuestiones que se abren sobre la fuerte interdependencia del arte hispano y neerlandés de los siglos XV, XVI y XVII que aún permanecen sin respuesta. La historia del arte se ha centrado habitualmente en las grandes estrellas que destacan dentro de esa bóveda celeste cuando se estudia la presencia del arte flamenco en la península ibérica: Juan de Flandes, Pieter Coecke, Michiel Coxcie y Peter Paul Rubens. Sin embargo, tal y como ocurre en la astronomía, la mayor parte de la materia no se encuentra en las estrellas, se oculta en los agujeros negros, bien escondidos de nuestra mirada, apenas discernibles. Más allá de las paredes de los museos, donde las estrellas de la historia del arte se han colocado formando constelaciones bien organizadas, los historiadores del arte han empezado a explorar la enorme cantidad de obras y conjuntos artísticos que se encuentran esparcidos en la península ibérica y en las antiguas colonias españolas, para tener una mejor comprensión de la fascinante simbiosis producida entre los lenguajes artísticos flamenco e ibérico, sus mezclas y las formas en que han impactado en la cultura visual de todo el mundo.

El estudio de la interdependencia del arte hispánico y neerlandés, así como la de sus artistas, es importante a muchos niveles. A menudo acuñado como "estilo hispanoflamenco", estas expresiones de experimentación artística y creatividad ya no son consideradas sólo como una etiqueta de la cápsula temporal de un pasado lejano. Ellas han suscitado el interés de muchos académicos importantes como Elisa Bermejo, Matías Díaz Padrón, Didier Martens, Pilar Silva, Ronda Kasl, Abigail Newman, Aaron Hyman, Eduardo Lamas y la propia Ana Diéguez-Rodríguez; y son, finalmente, reconocidas como las impulsoras de muchas innovaciones artísticas posteriores. La interacción experimental del ingenio artístico flamenco e hispano no sólo configuró la cultura visual en España, sino que también resultó ser imprescindible para comprender los cambiantes paradigmas artísticos en el vasto reino español en la temprana Europa moderna. Por ello, los escasos estudios sobre los intercambios entre los Países Bajos y España, particularmente en el siglo XVI, podrían haber sido igual, o incluso más importantes, que las bien estudiadas interacciones entre *I Fiamminghi* e Italia.

Este excelente estudio elaborado por Ana Diéguez Rodríguez documenta y analiza exhaustivamente un ejemplo excepcional de tal combinación de lo hispano y de lo flamenco en Osuna. Pese a ser más conocida por ser el telón de fondo de la exitosa serie de televisión, *Juego de Tronos*, la pequeña ciudad de Osuna, situada al sur de España, en realidad oculta un ejemplo excelente y apenas conocido de ese entrelazado entre las formas del norte y las que se daban en el sur, por lo que resulta un modelo paradigmático para estudiar ese fenómeno. En una espléndida mezcla de pintura y de otros materiales, los interiores de varios de los edificios que definen el horizonte de la ciudad dan testimonio del gusto de la élite española más allá de Madrid, – en este caso, el de los condes y condesas de Ureña, especialmente el de estas últimas – por un arte religioso de inspiración neerlandesa. Estos conjuntos, formados a partir de diversas obras de arte, son un magnífico ejemplo de la permeabilidad del arte flamenco en el interior de España, ya sea a través del mercado del arte o de la producción local. El resultado de la investigación de Ana Diéguez Rodríguez, publicado en este libro, es más que fascinante. Nos mira fijamente a los ojos, como lo hace el Niño Jesús desvelándose bajo el paño de María. No sólo contribuye a nuestro conocimiento sobre la pintura del siglo XVI flamenca y española, sino que también amplía y fundamenta las obras de maestros como Gerard van Wijtvelt y el llamado Maestro del hijo pródigo, plantea nuevas preguntas y añade aún más enigmas a las complejísimas cuestiones de las relaciones e interacciones de los artistas flamencos y españoles trabajando juntos. El maestro anónimo de Osuna no es más que un ejemplo; y la mirada inquisitiva de su *Madonna*, una invitación a acercarse a este compendio artístico único.

Koenraad Jonckheere
Universidad de Gante
Septiembre, 2023

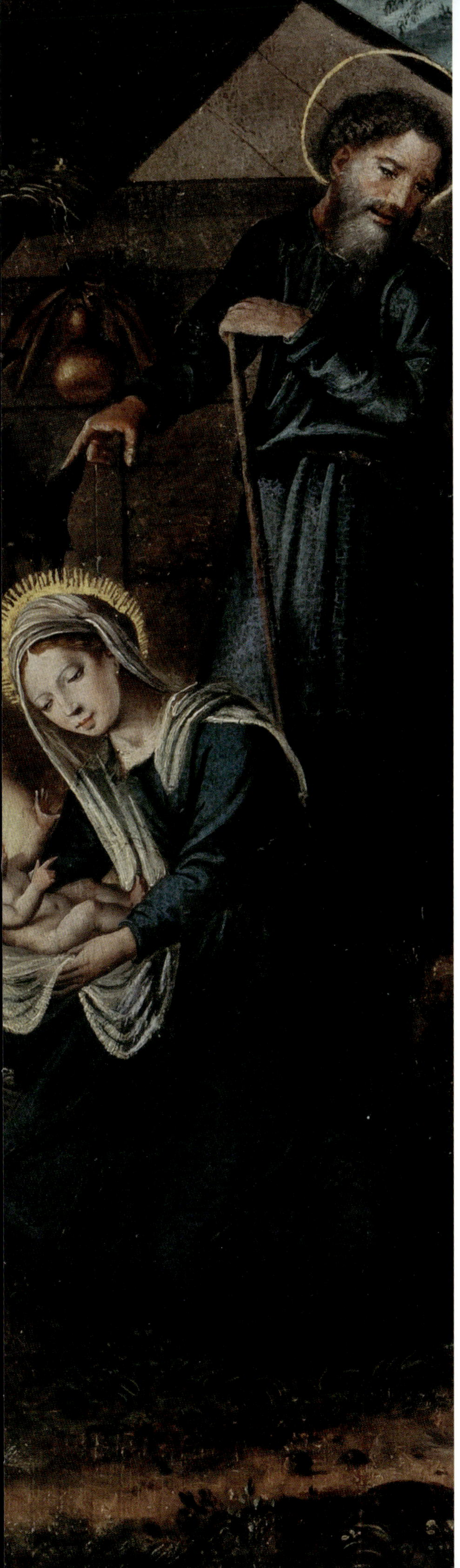

Foreword to

*The Sixteenth Flemish Painting in Osuna (Seville).
Art, Devotion and Meaning for the Counts of Ureña*

The inquiring gazes of the *Virgin and the Christ child* on
the panel by the master of Osuna (Cat. 04), may well be
a perfect metaphor for this eye-opening book. The Virgin and the Christ child tenderly stare at us, twenty-first
century art historians and art lovers, with questioning
eyes. Peeping from under the Madonna's veil, it feels
as if Christ child invites us to investigate the genesis of
this panel and try to understand what is happening here.
In the background, farmers walk around in an imaginary
northern landscape. It is somewhat troubling. The architecture is unrealistically cubic, yet inviting.

Clearly based on Flemish models such as Jan Gossart's
Madonna and Child with the veil in the Mauritshuis in The
Hague, this panel is exemplary of the many questions on
the strong interdependency of Spanish and Netherlandish art in the fifteenth, sixteenth and seventeenth century
which remain to be answered. Art history has typically fo-
cused on the stars brightly shining at the vault of heaven
when studying the presence of the Flemish art on the Iberian peninsula: Juan de Flandes, Pieter Coecke, Michiel
Coxcie and Peter Paul Rubens. However, as in astronomy,
most of the matter is not to be found in the stars. It is con-
cealed in black holes, well hidden from our gazes, hardly
discernible. Moving beyond the museum walls where the
stars of art history have been put on well-organized cons-
tellations, art historians have started to explore the vast
amount of works of art and ensembles that are scattered
on the Iberian peninsula and the former Spanish colonies
to gain a better understanding of the fascinating sym-
biosis of Flemish and Iberian artistic idioms, their blends
and the ways in which it impacted visual cultural around
the globe.

The study of the interdependency of Hispanic and
Netherlandish art and artists is important on many levels.
Often coined the 'Hispano-Flemish style', these expres-
sions of artistic experiment and creativity are no longer
considered to be time capsules of a distant past sole-
ly. They have attracted the attention of many important
scholars such as Elisa Bermejo, Matías Díaz Padrón, Didier Martens, Pilar Silva, Ronda Kasl, Abigail Newman,

Aaron Hyman, Eduardo Lamas and indeed Ana Diéguez Rodríguez and are finally being recognized as the start-engines of many innovations. Not only did the experimental interplay of Flemish and Spanish artistic wit shape visual culture in Spain, but it also proved to be imperative to understand the changing artistic paradigms in the vast Spanish realm in early modern Europe. As such, the hardly studied exchanges between the Low Countries and Spain, particularly in the sixteenth century might well have been equally, if not more important than the well-studied interactions between *I Fiamminghi* and Italy.

This most excellent study by Ana Diéguez Rodríguez comprehensively documents and analyzes an outstanding example of such a Hispano-Flemish ensemble. Although better known as a background in the hit TV-series *Game of Thrones*, the small town of Osuna in the South of Spain indeed hides an excellent and hardly known example of Hispano-Flemish interlacing, which proves to be exemplary for the phenomenon. In a splendid blend of painting and other media, the interiors of several of the skyline defining buildings in the town actually testify of the taste of the Spanish elite well beyond Madrid – in this case the counts and countesses of Ureña, especially these last ones - for religious art with a Netherlandish touch to it. Molded together from a variety of artworks, these ensembles are a wonderful example of the permeability of the Flemish art in the hinterland of Spain, either through the art market or by local production. The result Ana Diéguez Rodríguez' research, as published in this book, is more than fascinating. It stares us in the eyes, as Christ from under Mary's veil. Not alone does it add to our knowledge of sixteenth century Flemish and Spanish painting; or does it expand and substantiate the oeuvres of such masters as Gerard van Wijtvelt and the so-called Master of the prodigal son. It poses new questions and adds even more riddle to the highly complex issues of Hispano-Flemishness. The anonymous master of Osuna is merely a case in point; the inquiring gaze of his Madonna, an invitation.

Koenraad Jonckheere
Ghent University
September 2023

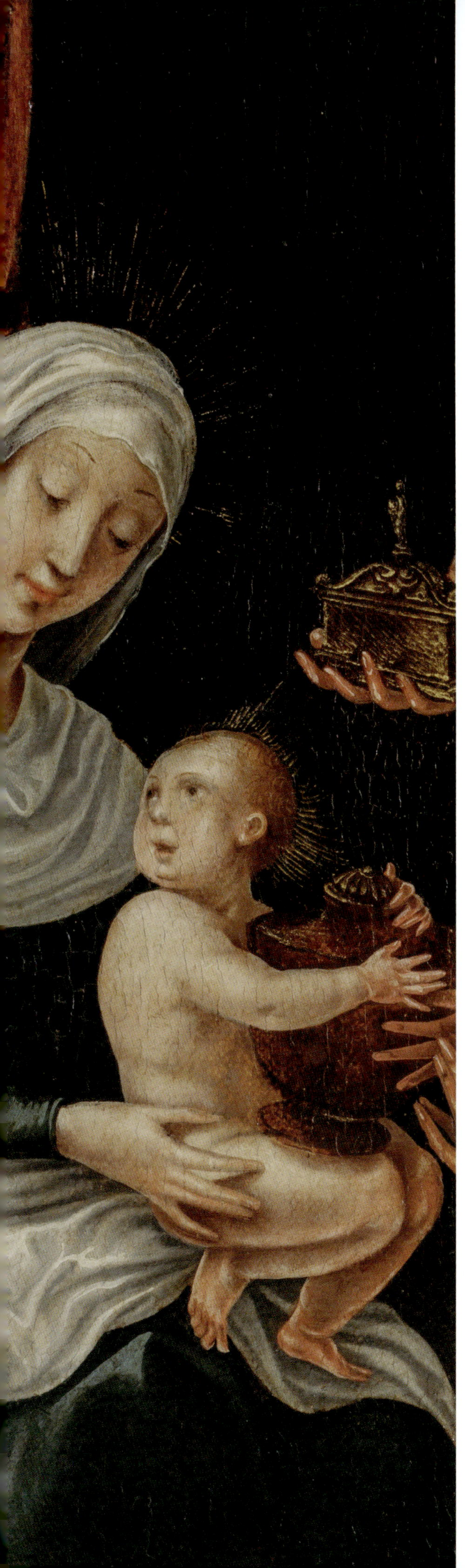

Introducción

Rescatar la historia de la huella inexorable del tiempo es una labor que se nos ha encomendado a los historiadores. Los especializados en arte, además, partimos de las imágenes, su localización y la documentación conservada para entender a los personajes que han encargado esas obras, su contexto y el momento en el que se han creado. Su ubicación primera es primordial para poder avanzar con paso firme en esta tarea, y el conjunto de piezas realizadas por artistas flamencos a mediados del siglo XVI, salvaguardado en el conjunto monumental de Osuna, es excepcional en este sentido.

Osuna pasó a ser villa ducal en 1562, cuando Felipe II otorga a Pedro Téllez-Girón y de la Cueva (Osuna, 1537-Madrid, 1590), V conde de Ureña, el título de I duque de Osuna. Sin embargo, arquitectónicamente y artísticamente hablando, la villa a mediados del siglo XVI ya había adquirido el porte y la entidad que la caracteriza. La ciudad entra a formar parte del mayorazgo de los Girón cuando en 1463 el rey Enrique IV autoriza a Pedro Girón de Acuña Pacheco (Belmonte, 1423-Villarubia de los Ojos, 1466), maestre de Calatrava (1445-1466), la permuta de las villas de Bélmez y Fuenteovejuna (ambas en la provincia de Córdoba) por las de Osuna y Cazalla (en la provincia de Sevilla)[1]. Pedro Girón la incluye en su testamento como parte del mayorazgo para su hijo primogénito, Alfonso Téllez-Girón (ca.1453 -1469). Debido a su prematura muerte, el mayorazgo pasa a su hermano Rodrigo Téllez-Girón (Moral de Calatrava, 1456-Loja, 1482), quien se convierte en el I conde de Ureña[2]. Tras su fallecimiento sin descendencia, es su hermano gemelo, Juan Téllez-Girón (Moral de Calatrava, 1456-Osuna, 1528), quien recibe el mayorazgo y el título de II conde Ureña. Antes de ello, había sido nombrado en 1469 notario mayor de Castilla por el rey, Enrique IV, y en 1470, aposentador mayor. Su posición en la Corte se afianza al casarse con una de las hijas del VI condestable de Castilla,

---

1   Oficialmente no es hasta el año siguiente, 1464, cuando se hace con este territorio. A. Franco Silva, "Don Pedro Girón, fundador de la Casa de Osuna (1423-1466)", en *Osuna entre los tiempos medievales y modernos (siglos XIII-XVIII)*, Sevilla, Universidad de Sevilla, 1995, p. 83.
2   M. Ciudad Ruiz, "El maestrazgo de Don Rodrigo Téllez-Girón", en *La España Medieval*, 23, (2000), p. 325.

Pedro Fernández de Velasco (Burgos, 1425-1492), Leonor de la Vega y Velasco. Los Reyes Católicos le ratifican en 1482 la propiedad de las villas de Osuna y Cazalla que le había otorgado a su padre Enrique IV[3], y es a partir de este momento cuando Osuna se convierte en cabeza del mayorazgo y el lugar de enterramiento de los condes de Ureña, dentro de la iglesia-fortaleza que existía desde la Edad Media, donde ahora se levanta la actual colegiata[4]. Hereda a Juan Téllez-Girón su primogénito, Pedro Girón y Velasco, III conde de Ureña (ca. 1477-Sevilla, 1531), que va a estar muy poco tiempo al frente, pues fallece en 1531. Sucediéndole su hermano, Juan Téllez-Girón y Velasco (Osuna, ca. 1494-1558), IV conde de Ureña. Este será el padre del I duque de Osuna, Pedro Téllez-Girón y de la Cueva, y a la sazón el catalizador de todas las empresas artísticas que se acometen en la parte alta de la villa, desde la reconstrucción de la iglesia de Santa María, convertida en colegiata, la edificación del panteón familiar en la capilla del Santo Sepulcro, hasta la universidad y el hospital de la Encarnación.

Es dentro de estos edificios, en especial dentro del panteón de los condes de Ureña, donde el arte flamenco encuentra su mayor esplendor. Los IV condes de Ureña tenían muy claro el tipo de fundación que querían hacer y a qué artistas recurrir, así como el programa iconográfico que se presenta en todo ese espacio. De hecho, es ante la unidad que se advierte en esta concatenación de estancias, las obras conservadas en ellas y las noticias que se tienen de los artistas implicados, cuando surgen varias incógnitas: ¿fue realmente el IV conde de Ureña el ideólogo de este conjunto, fue alguien cercano a él, o fue una propuesta heredada que continúa?, ¿quién, o quienes, están dictando la temática y el programa iconográfico?, ¿estaba terminado ya a mediados del siglo XVI, tras el fallecimiento del IV conde de Ureña, o contó con otros promotores dentro de la casa de Ureña que completaran lo comenzado?, ¿qué pretensiones hay detrás de todo esto?, ¿por qué se despierta este fervor constructivo en el primer tercio del siglo XVI en los condes de Ureña?

Para facilitar las respuestas a estas preguntas, la aproximación al espacio del Santo Sepulcro y de la colegiata de Osuna se hará, en primer lugar, a través de las obras flamencas conservadas y directamente vinculadas con la fundación, así como a sus artífices. En este sentido, el lector podrá consultar primero el catálogo donde se hace una aproximación a la pintura flamenca del siglo XVI conservada en Osuna. Este catálogo, le ayudará a visualizar en conjunto las obras citadas a lo largo del texto.

En segundo lugar, es necesaria una reflexión sobre los motivos últimos de la elección de los artistas representados, el programa planteado y su relación directa con la creación del lugar de enterramiento de los Ureña. Esto servirá de guía para reconocer una intención de afianzamiento de un linaje dentro de la estructura cortesana en la que se movían sus integrantes, en especial, en los dos primeros tercios del siglo XVI.

A pesar de contar con esta muestra excepcional de pintura y escultura flamenca del siglo XVI conservada en su lugar primigenio, los cambios de ubicación de las piezas, en ocasiones por razones de conservación, en otras por razones de reubicación dentro del culto litúrgico y por cuestiones de adaptación del entorno arquitectónico para el que habían sido pensadas, alteran y dificultan, considerablemente, la lectura correcta de su intención primera. No obstante, a pesar de estos cambios de localización desde su origen hasta hoy en día, no podemos olvidar que el conjunto de Osuna sigue activo y empleado, en parte, para los usos que le dieron origen. La documentación conservada ha servido para localizar con bastante precisión su ubicación primera, logrando entender la dimensión completa del mensaje planteado por los condes de Ureña y sus asesores, así como la presencia de la escuela flamenca y su estela en el arciprestazgo de Sevilla antes de la irrupción rotunda de lo italiano en Osuna a través de los duques de Osuna[5].

---

3   F. Fernández de Béthencourt, *Historia genealógica y heráldica de la monarquía española: casa real y grandes de España*, t. 2, Madrid, Establecimiento tipográfico de Enrique Teodoro, 1900, p. 530.

4   Era una de las poblaciones fronterizas con el reino nazarí de Granada, de ahí su importancia como lugar defensivo y estratégico. A. C. Viña Brito, "Osuna en la época de don Juan Téllez-Girón, segundo conde de Ureña", en *Osuna entre los tiempos medievales y modernos (siglos XIII-XVIII)*, Sevilla, Universidad de Sevilla, 1995, pp. 95-104.

5   L. M. Linde, "Pedro Girón y Catalina Enríquez de Ribera. El vínculo entre Italia y Osuna", en *Italia en Osuna*, ed. Pedro J. Moreno de Soto, (Osuna, Colegiata de Nuestra Señora de la Asunción-Monasterio de la Encarnación y Nuestra Señora de Trápana, 2018-2019), pp. 36-44.

LA PINTURA FLAMENCA
DEL SIGLO XVI EN OSUNA (SEVILLA)

Arte, devoción y significado para los condes de Ureña

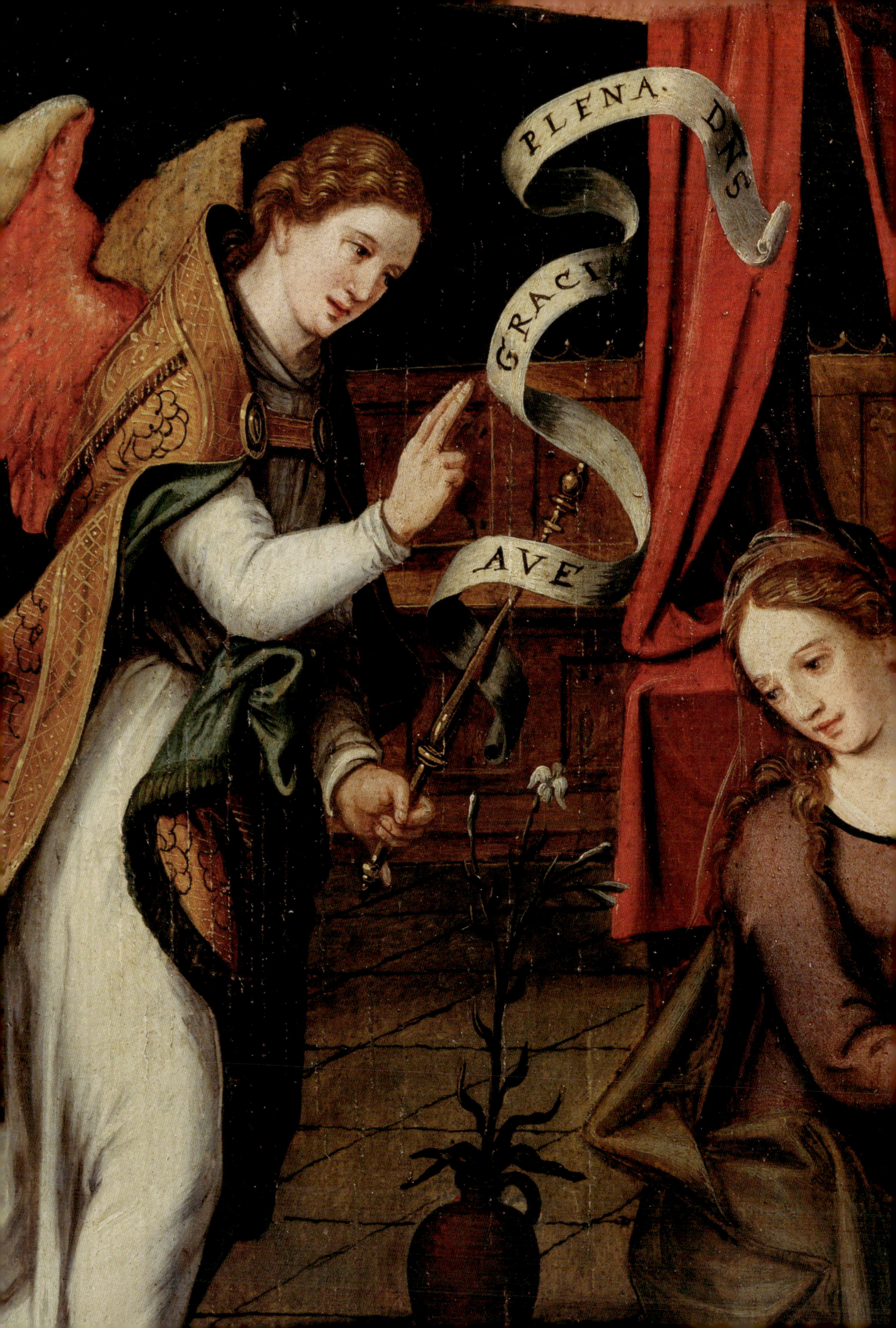
PLENA. DNS
GRACI
AVE

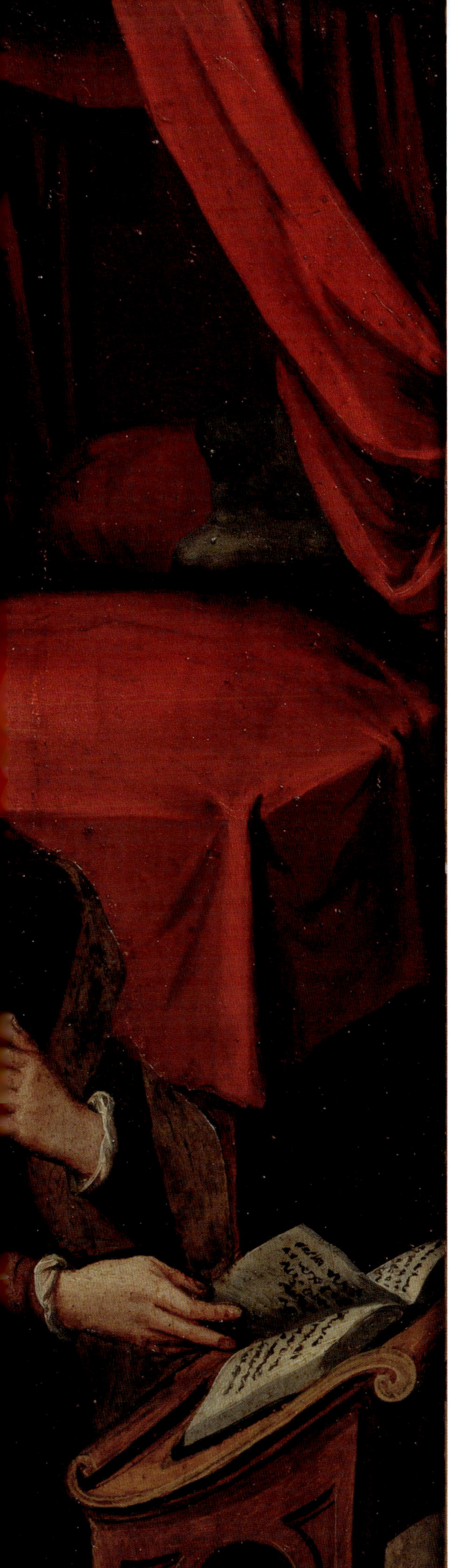

El Santo Sepulcro de Osuna. Panteón de los condes de Ureña y duques de Osuna. Toda una declaración de intenciones

Todos aquellos que se han acercado al estudio de la arquitectura erigida en la acrópolis de Osuna, han resaltado la figura del IV conde de Ureña, Juan Téllez-Girón, como el artífice de todo el planteamiento y su puesta en marcha, en parte, por su formación previa como eclesiástico[6]. Una característica acorde a su situación de segundón en la línea familiar de los Téllez-Girón, por la cual estaba alejado de los derechos sucesorios, y su formación se decantó más hacia los estudios eclesiásticos y humanistas. Sin embargo, la prematura muerte de sus dos hermanos mayores hace que sea él quien asuma la cabeza de la Casa de los Téllez-Girón en 1531 y cambie su residencia del Arahal (Sevilla), donde se había asentado poco después de dejar la carrera eclesiástica[7], a Osuna, ciudad principal del mayorazgo.

En Osuna, va a dar empuje a una serie de construcciones en las que resaltan dos elementos directamente vinculados con su estirpe: por un lado, la exaltación del linaje de los Ureña y, por otro, la defensa de la Inmaculada Concepción de María. A partir de ese momento, la genealogía de su Casa va a quedar vinculada de forma perenne a la localidad de Osuna a través del establecimiento del panteón familiar ubicado en la capilla del Santo Sepulcro, y a la defensa del dogma mariano por medio de la fundación de la universidad[8].

---

6   Gerónimo Gudiel, *Compendio de algunas historias de España, donde se tratan muchas antigüedades dignas de memoria; y especialmente se da noticia de la antigua familia de los Girones, y de otros muchos linajes*, Alcalá, 1577, fol. 114v-115v; Antonio García de Córdoba, *Compendio de las Antigüedades y excelencias de la Illustrísima villa de Ossuna*, 1746, fol. 88.

7   M. García Fernández, "Señores y Vasallos en la Osuna del Renacimiento: los primeros condes de Ureña (1469-1558)", *Apuntes 2. Apuntes y documentos para una historia de Osuna*, 1 (1996), p. 18.

8   Esta fijación con la Inmaculada Concepción del IV conde de Ureña la explica Moreno de Soto, señalando su presencia no sólo en la capilla de la universidad (1547-1548), sino también en la capilla de la Virgen de la granada adscrita a la capilla del Santo Sepulcro, y a la donación que hace el IV conde de Ureña a la colegiata de la capilla que cierra la cabecera del templo por el lado de la epístola, con la advocación de la Concepción de Nuestra Señora, el 7 de octubre de 1552, para "enterramiento de los rectores, canónigos, colegiales (…) ya que a causa de no ser naturales desta dicha villa no tienen entierros donde se enterrar cuando fallesçieren". F. Rodríguez Marín, *Apuntes y documentos para la historia de Osuna*,

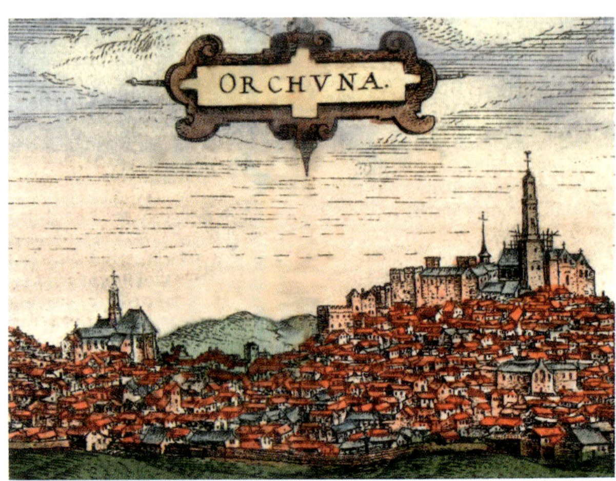

Fig. 1. Joris Hoefnagel, *Detalle de la villa de Osuna en el siglo XVI*, ca. 1563-1567. *Civitates Orbis Terrarum*, Colonia, vol. 2, fol. 3. © Biblioteca Nacional de España, Madrid.

Los IV condes de Ureña van a ser los responsables de impulsar, entre 1532 y 1549, tres edificaciones en la parte alta de la ciudad dominando todo el territorio: la colegiata de Nuestra Señora de la Asunción, la universidad de la Limpia Concepción de Nuestra Señora y el hospital de la Encarnación del Hijo de Dios[9] (Fig. 1). Este conjunto de edificios hay que entenderlos en una dimensión que va más allá de la gestión de un condado y de la devoción espiritual de un promotor. Son edificaciones con un mensaje y significado que excede la sola relación con los Ureña. No estamos indicando con ello que haya habido un modelo urbanístico determinado

para los enclaves, pues, en parte, como en el caso de la iglesia colegial, su ubicación ya estaba limitada por la existencia previa de una iglesia sobre la que se renovó la actual[10].

La iglesia colegial de la Asunción de Nuestra Señora se erige en un lugar preeminente oteando la ciudad de Osuna. Representa la dimensión espiritual de la fe basada en el culto y la veneración a Dios. Es el primero de los edificios en construirse debido a que vino a sustituir a la iglesia que con la misma advocación estaba en el entorno del castillo y se dice que se había quemado años antes de 1531[11]. Esta eventualidad explica que las noticias sobre su dotación y construcción sean anteriores a la herencia del mayorazgo por parte de IV conde de Ureña en 1532, y un aspecto a tener muy en cuenta a la hora de reflexionar sobre el verdadero papel de Juan Téllez-Girón en esta empresa. No obstante, es él quien consigue la bula del Papa Paulo III que otorga a la iglesia la calidad de colegiata el 13 de noviembre de 1534, y establece el panteón de su linaje en la capilla del Santo Sepulcro, dispuesto bajo la capilla mayor.

La relación de los Ureña con esta iglesia de Osuna era previa a la llegada del IV conde de Ureña y se ratifica por las disposiciones que su hermano, Rodrigo Téllez-Girón, fallecido el 29 de noviembre de 1526, había indicado en su testamento. En ellas establece ser enterrado en la capilla mayor de la iglesia de Santa María de Osuna "que se estaba edificando"[12], dejando una cantidad de cincuenta mil maravedís "para la obra e edificación de la capilla principal de la iglesia de esta villa donde mi cuerpo ha de ser enterrado"[13]. Esto demuestra que la iglesia ya estaba en plena construcción antes de la llegada del

1889, pp. 113-114, ed. facsímil, Amigos de los Museos de Osuna, Osuna, 2006, pp.119-120; P. J. Moreno de Soto, *Dogma, poder e ideología. La casa de Osuna y la devoción a la Inmaculada Concepción*, Osuna, Sevilla, 2006, pp. 71 y 107.

9   Sobre estas fundaciones y su arquitectura hay abundante bibliografía al respecto: J. Sánchez Herrero, "La Colegiata de Osuna. Su organización", en *Actas de las II Jornadas de Historia. Osuna entre los tiempos medievales y modernos (XII-XVIII)*, Sevilla, 1995; J. M. Miura Andrades, "Las órdenes religiosas en Osuna y su entorno hasta fines del siglo XVI", en *Actas de las II Jornadas Osuna entre los tiempo medievales y modernos*, 1995, pp. 337-362; A. M.ª Ariza y Montero-Coracho, *Bosquejo biográfico de don Juan Téllez-Girón, IV conde de Ureña*, Osuna, 1890, p. 18; F. Olid Maysounave, *Una figura del siglo XVI osunés: don Juan Téllez-Girón, IV conde de Ureña y sus fundaciones*, Osuna, 1940; H. Sancho de Sopranis, "Don Juan Téllez-Girón y la Universidad de la Concepción de Osuna", *Hispania*, LXXII (1958), pp. 356-436; P. J. Moreno de Soto y J. Ildefonso Ruiz Cecilia, "El antiguo edificio de la Universidad de Osuna y su complejo docente. Nuevas perspectivas", *Cuaderno de los Amigos de los Museos de Osuna*, 9, (2007), pp. 46-54; Raúl Villagrasa-Elías, "Documentos referentes al Hospital de la Encarnación de Osuna que fundó y dotó Juan Téllez-Girón, conde de Ureña", *Cuadernos de Historia Moderna*, 48, 1 (2023), pp. 9-36 (DOI: https://doi.org/10.5209/chmo.80640).

10   Sobre los edificios en el entorno de la universidad y la no presencia de un plan urbano previo: P. J. Moreno de Soto y J. Ildefonso Ruiz Cecilia, "El antiguo edificio de la Universidad de Osuna…", *op. cit.*, p. 46.

11   Esta iglesia del castillo fue levantada poco tiempo después de la conquista de Osuna por Fernando III "el Santo" en 1239, y fue dedicada a la Virgen. M. Rodríguez-Buzón Calle, *La colegiata de Osuna*, Arte Hispalense, ed. Sevilla, 1982, 2ª. ed. Unión de editoriales españolas, Sevilla, 2012, p. 17. Antonio García de Córdoba es quien señala este incendio de principios del siglo XVI en su texto de 1746, pero Moreno de Soto apunta a que no hay datos que hayan corroborado este hecho. Agradezco a Pedro Jaime Moreno sus sugerencias y precisiones a este manuscrito.

12   Archivo Municipal de Osuna (en adelante AMO). Documentos procedentes del archivo de Rodríguez Marín. Testamentos y Capitulaciones, Leg. 25, n.º 67. A. M. Cabello Ruda y F. Ledesma Gámez, "La memoria del linaje. La capilla del Santo Sepulcro de Osuna", *Cuadernos de los Amigos de los Museos de Osuna*, 20, (2018), p. 32.

13   Archivo Histórico de la Nobleza de Toledo (en adelante: AHNoT), Sección Nobleza, Sección Frías. C. 1587, D. 3.

IV conde de Ureña y, como indican Cabello Ruda y Ledesma Gámez, un cambio de mentalidad en las nuevas generaciones, donde la tradición medieval basada en la nobleza territorial bascula ahora hacia la necesidad de asentarse y ejercer influencia en la Corte, para lo que era fundamental consolidar y legitimar su cercanía al monarca a través del origen y antigüedad de su linaje, al mismo tiempo que dejar constancia de ello a través de su ostentación pública por medio de fundaciones y obras[14].

Con la bula papal de 1534 se reconocía a los condes de Ureña y a sus descendientes como "patronos únicos con plenas facultades" sobre la colegiata[15]. La fecha de 1533 en la portada occidental del inmueble fija una cronología para el edificio[16], en torno al que se orquestan el resto de construcciones. Esta necesidad de contar con un lugar apropiado para el culto y la colocación del sagrario tras la reconstrucción de la iglesia, explica que el comienzo de la construcción del recinto sagrado fuera anterior a los planes del IV conde de Ureña, y que las obras fueran tan rápidas y continuas por haber comenzado antes de obtener el mayorazgo. De hecho, como ya intuía Rodríguez-Buzón, esto explica que en octubre de 1531 el vicario de la iglesia, Gonzalo de Carvajal, esté concertando con el pintor Juan de Zamora en Sevilla un retablo para el Sagrario[17], y que en 1532 sea requerido Arnao de Vergara, maestro vidriero de la catedral de Sevilla, para realizar dos vidrieras con las armas de los

Ureña y los Velasco. Esto es prueba de que las obras iban a buen ritmo y ya contaba con un espacio adecuado para el culto entre finales de 1532 y principios de 1533[18]. De hecho, es singular que a Arnao de Vergara se le estuvieran pidiendo esas vidrieras con las armas de los padres de Juan Téllez-Girón, incidiendo en la idea defendida por Cabello Ruda y Ledesma Gámez, de que el espacio del presbiterio de la colegiata ya fuera prerrogativa de los Ureña[19]. Por eso, la bula de 1534 viene a ratificar un empeño familiar por establecer el panteón del linaje en relación con la capilla mayor de la Iglesia, y de ahí su forzada ubicación en eje con el altar mayor. Posiblemente, la previsión del panteón en dependencia con la dotación de la capilla del Santo Sepulcro y el resto de su conjunto ya parte de esa fecha, pero no se ejecuta hasta 1545-1555.

Al lado de este edificio, el hospital de la Encarnación del hijo de Dios se alza como lugar donde enfermos con pocos recursos y expósitos encontraban un lugar de acogida. Es la puesta en práctica de esa fe defendida por la iglesia, completando la dimensión terrenal del hombre representada a través de la caridad. Levantado en el flanco norte de la colina, la construcción del hospital de la Encarnación se termina en 1549[20]. El momento de la Encarnación se representa a través de la aceptación de María de ser madre del redentor tras el anuncio del arcángel Gabriel. Es el momento en que Dios se hace hombre, uno más dentro de la humanidad. Por lo que no es baladí que se escoja ese tema, precisamente, para un hospital de caridad, es decir, un lugar activo para el mundo[21], incidiendo en la idea de que las obras y la ayuda al prójimo son las que apuntalan la fe.

Gerónimo Gudiel, el que había sido médico y el primero de los biógrafos de Juan Téllez-Girón, comenta esta necesidad del conde de completar la

---

14   I. Atienza Hernández, "*Pater familias*: economía, clientelísmo y patronato en el Antiguo Régimen", en *Relaciones de poder, producción y parentesco en la Edad Media y Moderna*, CSIC, Madrid, 1990, pp. 411-458; A. M. Cabello Ruda y F. Ledesma Gámez, "La memoria del linaje…", *op. cit.*, p. 31.
     En este sentido es realmente revelador el trabajo de Sergio Ramírez sobre Francisco de los Cobos. En su libro se entiende cómo uno de los cortesanos más cercanos al emperador encuentra en las promociones artísticas el recurso para afianzar su posición y legitimar su presencia en la corte. S. Ramiro Ramírez, *Francisco de los Cobos y las Artes en la corte de Carlos V*, CEEH, Madrid, 2021, p. 185.

15   M. Rodríguez-Buzón Calle, *La Colegiata de Osuna…*, *op. cit.*, p. 19.

16   En las monografías previas sobre la colegiata, la fecha que se lee es de 1535. M. Rodríguez-Buzón Calle, *La colegiata de Osuna…*, *op. cit.*, pp. 15 y 18; M. F. Morón de Castro, "La puerta del Sol de la colegiata de Osuna", *Cuadernos de los Amigos de Osuna*, pp. 27-30 (en esp. 28); Moreno de Soto en 2020 comprueba que la fecha en realidad es 1533. P. J. Moreno de Soto, *Teatro de Triunfos. Patrimonio, fiesta y religiosidad en la villa ducal de Osuna durante la Edad Media*, Arte Monografías, Sevilla, 2020, pp. 421-423.

17   Contrato firmado el 2 de octubre de 1531. J. Hernández Díaz, *Arte y artistas del Renacimiento en Sevilla. Documentos para la historia del Arte en Andalucía*, Sevilla, Universidad de Sevilla, 1933, pp. 102-104.

18   M. Rodríguez-Buzón Calle, *La colegiata de Osuna…*, *op. cit.*, p. 18.

19   A. M. Cabello Ruda y F. Ledesma Gámez, "La memoria del linaje…", *op. cit.*, p. 33.

20   M. Rodríguez-Buzón Calle, *Guía Artística de Osuna*, Sevilla, ed. 2006, p. 47; M. S. Rubio Sánchez, *El Colegio-Universidad de Osuna (Sevilla), 1548-1824*, Osuna, 2006, p. 75; R. Villagrasa-Elías, "Documentos referentes al Hospital de la Encarnación…", *op. cit.*, pp. 20-21.

21   Moreno de Soto ya apunta a cómo las devociones de la Inmaculada Concepción y de la Virgen del Carmen van a ser muy apreciadas por el IV conde de Ureña, "que hallarán el paralelo refrendo en el establecimiento de su celebración y en los programas iconográficos desplegados en las distintas fundaciones (…) especialmente en la colegiata, el Santo Sepulcro y la Universidad ursaonense". P. J. Moreno de Soto, *Dogma, poder e ideología…*, *op. cit.*, p. 63.

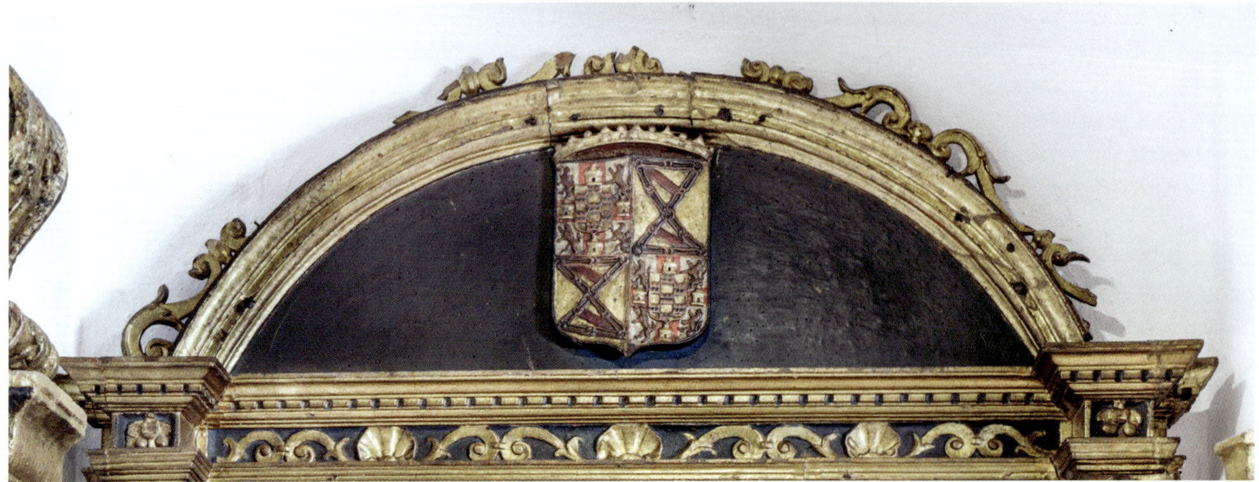

FIG. 2. Taller de los Ortega (?), *Detalle del escudo de Leonor de la Vega y Velasco* en el *retablo de la Anunciación*. Capilla del Santo Sepulcro, altar del evangelio. Osuna. © Junta de Andalucía. Foto: Pepe Morón.

fe con la caridad al hablar, precisamente, de esta fundación del conde:

> "Y porque enténdio, que tener cuydado y amor de Dios fin el del próximo es andar en su ley con sólo un pie, faltándole el otro de no menor importancia, propuso emplearse ni mas ni menos en el dé los pobres, doliéndose grandemente de sus necesidades/ socorriéndoles en ellas con muchas y grandes limosnas, que en todo su estado hacía, vistiendo desnudos, hartando hambrientos, casando huerfanas, proveyendo de medicina y médicos a los enfermos: para lo qual edificó un hospital en la villa de Ossuna, a donde atiende de todas estas obras, que con gran charidad se exercitauan, criava niños expositos, y despues de llegados a edad conviniente, les hazia deprender officios"[22].

Erigido al mismo tiempo que el resto de edificios de esta acrópolis, en palabras de Madoz, "magnífico hospital con numerosas salas", su función fue la de "recibir todos los enfermos pobres de la población, y [ser] (…) refugio de ancianos, desvalidos y niños espósitos (sic)"[23]. Este edificio, a principios del siglo XVII, acogió a los primeros jesuitas que llegaron a Osuna poco antes de 1612[24]. A partir de 1626 pasó a ser ocupado por las mercedarias descalzas bajo la advocación de Nuestra Señora de la Encarnación de Trápana por fundación de la IV duquesa de Osuna, Isabel de Sandoval y Padilla[25].

Finalmente, coronando la colina, se encuentra el edificio de la universidad. El aspecto intelectual se alza en la parte más elevada de Osuna, incluso por encima de la iglesia. Se dedica al estudio y se pone bajo la advocación de uno de los dogmas más controvertidos del siglo XVI: la presencia de María en la mente de Dios antes, incluso, de la creación del mundo y, por tanto, preservada de todo mal y nacida sin mancha[26]. No es casual que el

---

22 G. Gudiel, *Compendio de algunas historias…, op. cit.,* fol. 117v.

23 P. Madoz, *Diccionario Geográfico-Estadístico-Histórico de España,* XII, Madrid, 1849, p. 403.

24 Sobre el establecimiento de la orden de Ignacio de Loyola en Osuna, los problemas de su fundación y con el cabildo municipal: F. J. Gutiérrez Núñez, "Orígenes y fundación del colegio de la Compañía de Jesús de Osuna en el primer tercio del siglo XVII", *Apuntes 2,* 5, (2007), pp. 170-184; J. Serrano, "El colegio de la Compañía de Osuna. Fundación y primeros años de vida a través de los manuscritos de la Universidad de Granada y Real Academia de la Historia", *Apuntes 2,* 5, (2007), pp. 209-233.

25 F. Cano Manrique, *Fundación en Osuna del monasterio de la Encarnación de Trápana de madres mercedarias descalzas (14 de noviembre de 1626),* Madrid, 2001, pp. 20-22; P. J. Moreno de Soto, *Teatro de Triunfos, op. cit.,* p. 174.

26 Stratton ya señala cómo este dogma se extendió desde las clases acomodadas al pueblo llano. M. Navarro Sorní, "La Inmaculada Concepción: del misterio al dogma", en *Intacta María. Política y religiosidad en la España Barroca,* ed. P. González Tornel, Museo de Bellas Artes de Valencia, 2017, p. 19. P. Civil, "Iconografía y relaciones en pliegos…", *op. cit.,* p. 152; J. Domínguez Búrdalo y A. Sánchez Jiménez, "El dogma de la Inmaculada Concepción como arma de confrontación territorial en la Sevilla del siglo XVII", *RILCE, Revista de Filología Hispánica,* 26, 2, (2010), pp. 309-315. Sobre la presencia pública de la *Tota Pulcra* en Sevilla: E. Escuredo Barrado, "Cura Rerum Publicarum: Luis de Hontiveros y la decoración de la puerta del Arenal de Sevilla", en *Vestir la arquitectura,* XXII Congreso Nacional de Historia del Arte, vol. 1, Universidad de Burgos, 2018, pp. 769 y 770; J. A. Ollero Pina, "La exaltación de la Inmaculada Concepción en Sevilla, 1615-1622", en *Intacta María. Política y religiosidad en la España Barroca,* ed. P. González Tornel, Museo de Bellas Artes de Valencia, 2017, pp. 77-85. De hecho, desde la antigua provincia de Sevilla y Granada se llevaron a cabo importantes campañas de promoción,

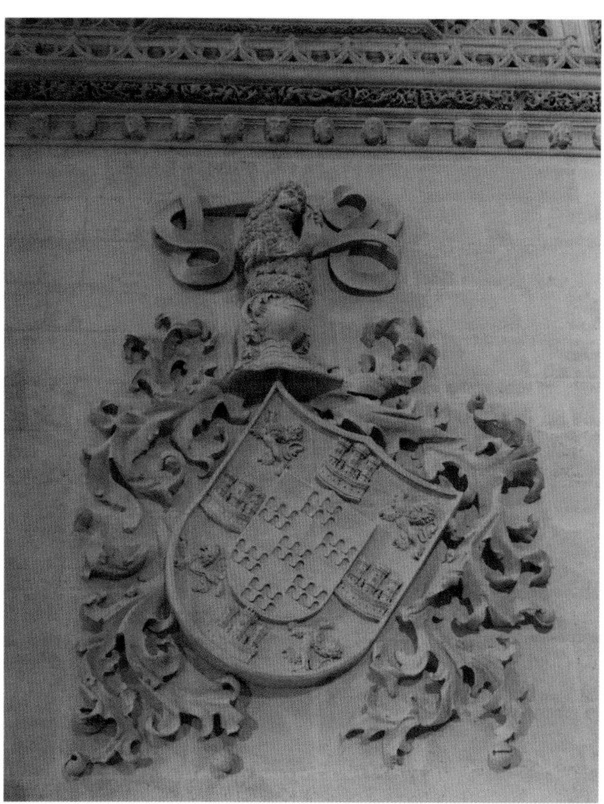

Fig. 3. *Escudo de los Fernández de Velasco y Manríquez.* Catedral de Burgos, capilla del Condestable. © José Matesanz.

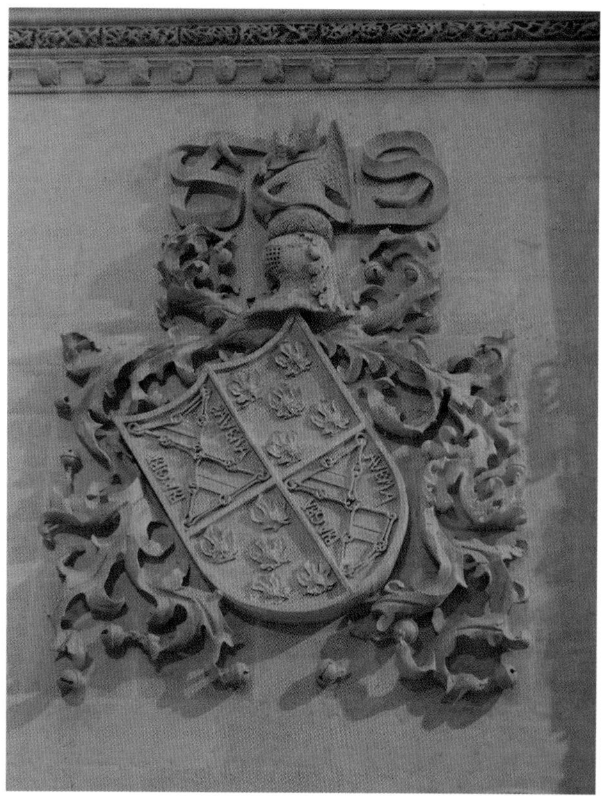

Fig. 4. *Escudo de los Mendoza y Figueroa.* Catedral de Burgos, capilla del Condestable. © José Matesanz.

aspecto más "mental", el mundo de las ideas, esté, precisamente, relacionado con la fundación de esta universidad en la parte más alta y donde la cátedra de teología será clave desde su comienzo[27].

Todos los biógrafos coinciden en que es la madre del IV conde de Ureña, Leonor de la Vega y Velasco (fallecida en 1522), quien inculcó una especial devoción por la Inmaculada Concepción de María y la encarnación del hijo de Dios a su hijo, Juan[28]. De hecho,

las palabras del saludo angélico: "Ave María Gratia Plena Dominus Tecum" aparecen como lema de los De la Vega en su escudo[29], y su presencia se repite por doquier en la capilla del Santo Sepulcro, como se verá. Además, el propio Juan Téllez-Girón, en la escritura de fundación de la Universidad de Osuna ratifica este hecho: "se ha edificado en nombre de la Ilustrísima señora dña Leonor de la Vega y Velasco, mi señora y mi madre, que nuestro Señor tenga consigo (…) y le puse nombre casa de la Sta. Concepción de nuestra Señora de cuya festividad su señoría fue tan particularmente devota"[30]. Precisamente, la obligación hacia sus padres, el II conde y condesa de Ureña, parece que está detrás de estas fundaciones, como destacan Cabello Ruda y Ledesma Gámez al

---

que terminaron por dar sus frutos ya a mediados del siglo XVII.

27 Fray Vicente Beltrán de Heredia, "La facultad de teología en la Universidad de Osuna", *La ciudad tomista*, 49, (1934), pp. 145-173; H. Sancho de Soprani, "Don Juan Téllez y la Universidad de la Concepción de Osuna", *Hispania. Revista española de historia*, 72 (1958), pp. 356-436; A. Álvarez, "Tradición concepcionista en la provincia Bética", *Archivo Hispalense*, (1957), p. 183. (pp. 159-197). M.ª Soledad Rubio Sánchez, *El Colegio-Universidad de Osuna…*, op. cit., pp. 187, 191.

28 "(…) era ya tan familia en su Casa, el entrañable afecto a la Madre de su Concepción Purísima, Hidalga de toda sospecha de la original culpa, que el día Octavo de Diziembre le daban a el Conde Don Juan Téllez-Girón las Pascuas, y se ponía cadenas, y joyas sus hijos, y lo más escogido de la Familia, y dura hasta oy el llamar a el día de la Concepción de María Santísima, la Gran Pascua de la Casa de Ureña". Alonso Núñez de Castro, *Vida de San Fernando, ley viva de*

Príncipes, Madrid, 1673, ed. facsímil, A Coruña, 2010, introducción s. f. (fol. 10r y 10v.); P. J. Moreno de Soto, *Teatro de Triunfos…*, op. cit., pp. 364-365, 378-379.

29 Biblioteca Nacional de España (en adelante BNE), Diego Hernández de Mendoza, *Blasones de varios linajes de Españas*, fol. 429 y 429v, "De la Vega". Manuscrito: Mss/3259 [Disponible en red: Biblioteca Digital Hispánica, http://bdh-rd.bne.es/viewer.vm?id=0000015098&page=1] (Consultada el 2-06-21).

30 Archivo de la Universidad de Osuna (en adelante AUO), Sig. Prov. Leg. 9. *Escritura de donación del Collegio de la Santa Concepcion*, 8 de diciembre de 1548, fol. 4r-4v.

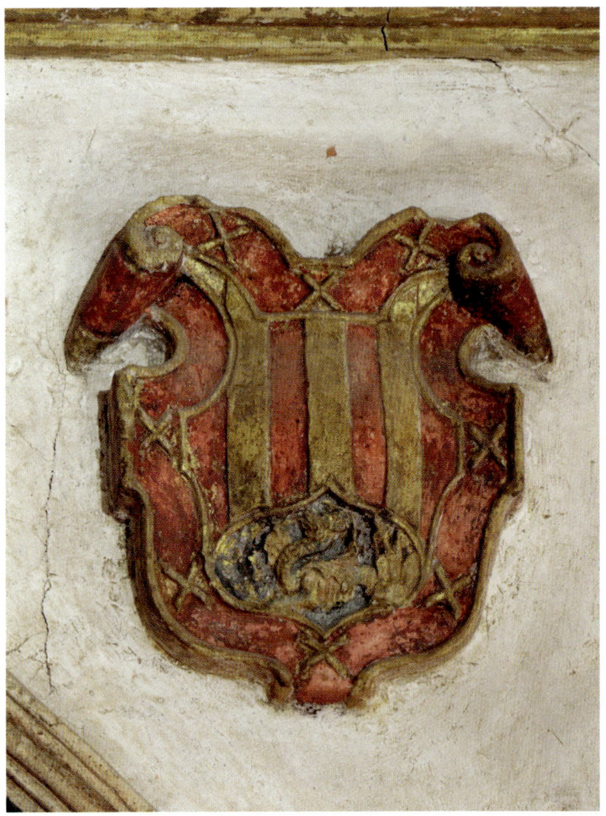

revisar la figura del IV conde de Ureña en relación al Santo Sepulcro y la elogiosa biografía que le hace Jerónimo Gudiel en 1577[31]. Incidiendo en esto, es, precisamente en una cláusula del testamento del IV conde de Ureña, otorgado el 12 de octubre de 1556, donde explica el "gran cargo y obligación en que soy al conde mi señor mi padre y a mi señora la condesa mi madre (…) y atento esto yo quise fundar y perpetuar tres capellanías que fuesen notables memorias por las ánimas de sus señorías"[32].

Esta implicación directa de los II condes de Ureña y, en especial, de la condesa, Leonor de la Vega, con el establecimiento de un lugar de enterramiento para su estirpe, queda precisada por dos hechos. El primero es la presencia destacada de su escudo sobre el altar de la Encarnación en la nave del

evangelio en la capilla del Santo Sepulcro (Fig. 2) y, el segundo, es el ejemplo que para ella debió de suponer la capilla funeraria que sus padres, los condestables de Castilla, levantaron en la cabecera de la catedral de Burgos. De hecho, el escudo de Leonor de la Vega lleva la conjunción de las armas de los Fernández de Velasco y los Mendoza, derivados del de su padre, Pedro Fernández de Velasco Manrique de Lara (1425-1492)[33] (Fig. 3), que ocupan el cuartel primero y cuarto, y los de su madre, Mencía de Mendoza y Figueroa[34] (1421-1500) (Fig. 4), en el segundo y tercer cuartel.

Además, como sugieren Cabello Ruda y Ledesma Gámez, en el planteamiento de los edificios de Osuna habría que tener también muy presente no sólo a la madre del conde, la ya citada Leonor de la Vega y Velasco, sino también la figura de la mujer del IV conde de Ureña, María de la Cueva y Toledo (1495-1566). Hija del II duque de Alburquerque, Francisco Fernández de la Cueva y Mendoza (1467-1526), y de la hija del I duque de Alba, Francisca Álvarez de Toledo (casada en 1476). Su escudo familiar, el de los Alburquerque[35], aparece tanto en la colegiata como en los espacios de la capilla del Santo Sepulcro[36] (Fig. 5). Fue una mujer con una experiencia importante en la Corte, primero como camarera mayor de la emperatriz Isabel de Portugal y luego, tras el fallecimiento de su marido en 1558, con la reina Isabel de Valois[37]. Por eso, como sugiere

---

31 A. M. Cabello Ruda y F. Ledesma Gámez, "La memoria del linaje. La capilla…", *op. cit.*, pp. 31-32.

32 Archivo Histórico de la Nobleza, Toledo (en adelante AHNoT), Sección Nobleza. Osuna. Legajo 8, n.º 20. *Copia autorizada del testamento y codicilo del sr. Conde de Ureña don Juan Téllez-Girón*. 12 de octubre de 1556. A. M. Cabello Ruda y F. Ledesma Gámez, "La memoria del linaje…", *op. cit.*, p. 31.

33 Los Fernández de Velasco llevan por armas un jaqueado de quince piezas de oro y veros y bordura camponada de Castilla y León.

34 Una de las características del escudo de la madre de Leonor de la Vega es que a las armas de los Mendoza añade una cadena en aspa brochante sobre la partición en frange de la banda original de los Mendoza. P. Ladrero García, "Un supuesto retrato de Mencía de Mendoza y Figueroa. Propuesta de nueva identificación", *Berceo*, 156 (2009), pp. 149-189 (esp. p. 154 y nota 12).

35 Escudo mantelado, en campo de oro dos palos de gules; el mantel de sinople con un dragón de oro. Bordura de gules con siete aspas de oro.

36 A. M. Cabello Ruda y F. Ledesma Gámez, "La memoria del linaje…", *op. cit.*, p. 34.
Se casa con don Juan Téllez el 25 de abril de 1532, aunque las capitulaciones y cartas de dotes son de l3 de septiembre de 1532. AHNoT, "Capitulaciones, cartas de dote y arras entre Beltrán de la Cueva, [III] duque de Alburquerque, y Juan Téllez-Girón, [IV] Conde de Ureña, por el matrimonio de este último con María de la Cueva." Signatura: ES.45168.AHNOB/1//OSUNA,C.5,D.12-13.
BNE, Diego Hernández de Mendoza, *Blasones de varios linajes, op. cit.*, fol. 919v y 920, "De los de la Cueva". [Disponible en red: Biblioteca Digital Hispánica: http://bdh-rd.bne.es/viewer.vm?id=0000015098&page=1] (Consultada 1/10/2021).

37 AHNoT. "Testamento cerrado que otorgó María de la Cueva, condesa de Ureña". 12 de mayo de 1563. Signatura: ES.45168.AHNOB/1//OSUNA,C.9,D.4.

Mayer, también pudo ser a través de este contacto directo con la Corte como el gusto por los artistas procedentes de Flandes se asumiera por los Ureña como forma de emulación del patronato regio[38].

Fuese a través de María de la Cueva y Toledo, fuese a través de su suegra, Leonor de la Vega y Velasco, a quien Gudiel destaca como "una de las mas señaladas señoras deste reyno por el gran juyzio y entendimiento de que Dios quiso dotarla (…) De lo qual dio grande muestra, rigiendo su casa, y gobernando muchas veces todo el estado de Ureña, por aliviar del trabajo al conde, su marido"[39]; está claro que en los espacios del Santo Sepulcro la vinculación con la rama femenina de los Ureña va a estar muy presente.

Leonor de la Vega y Velasco ya había tenido precursores de este impulso femenino a los patronazgos artísticos dentro de su línea materna a través de los Velasco y Manrique y sus patrocinios en Medina de Pomar, Palencia y Calabazanos[40] (Figs. 6 y 7); o el

ejemplo la de su propia madre, Mencía de Mendoza y Figueroa, II condesa de Haro, cuyo papel en la capilla de los condestables de Burgos fue fundamental[41].

Es muy probable que tras el fallecimiento del IV conde de Ureña en 1558, fuera su mujer, María de la Cueva, la que sigue controlando todo el proceso constructivo[42]. De ahí que la presencia de sus armas en el patio de la capilla del Santo Sepulcro tenga todo el sentido al terminarse ese espacio, quizá, bajo su supervisión. Los escudos que se repiten en los arcosolios de los altares y las puertas de acceso al claustro son los de los Téllez-Girón, es decir los de los Ureña, junto con los Alburquerque, rama de la que procede María de la Cueva (Fig. 8).

Sea la facción femenina de la familia, sea la formación previa de Juan Téllez-Girón como eclesiástico, como se ve, las claves iconográficas de este conjunto están en relación directa con las líneas devocionales más vanguardistas del primer tercio del siglo XVI. En especial con la enconada defensa de la Virgen como corredentora e instrumento necesario para la salvación del hombre a través de su aceptación de ser madre de Cristo[43]. Un dogma que

---

38 Mayer así lo apunta al hablar de los trabajos de Hernando de Esturmio para los Ureña. A. L. Mayer, *Die Sevillaner Malerschule*, Leipzig, 1911, ed. trad. D. Romero, *Escuela sevillana de pintura*, Cajasol, Sevilla, 2010, p. 75.

39 Gerónimo Gudiel, *Compendio de algunas historias de España…, op. cit.* p. 120.

40 I. Beceiro Pita, "Los conventos de clarisas y sus patronas. Medina de Pomar, Palencia y Calabazanos", *Semata, Ciencias sociales e humanidades*, 26, (2014), pp. 319-341.
Beatriz Manrique de Lara, I condesa de Haro, fue la que encargó dos retablos de pintura a Flandes antes de su fallecimiento para la iglesia del convento de Medina de Pomar (Burgos), como apunta en su testamento de 1471. Pereda es el primero en relacionar esta información documental con la *Asunción de la Virgen* de Washington y con las grisallas de la *Anunciación y Visitación* del Museo del Prado del Maestro de la leyenda de Santa Lucía. Considera que era un sólo retablo a modo de tríptico con la grisalla como alas laterales. F. Pereda, "Mencía de Mendoza (†1500), mujer del I condestable de Castilla. El significado del patronazgo femenino en la Castilla del siglo XV", en *Patronos y coleccionistas. Los condestables de Castilla y el Arte (siglos XV-XVII)*, Universidad de Valladolid, 2005, p. 44. Desde mi punto de vista, esto podría ser posible, atendiendo a que se tratase de un díptico y no de un tríptico. Formato que no era ajeno al mundo flamenco con interesantes ejemplos en obras de la misma escuela de Brujas en obras de Gerard David y Adrian Isenbrant. La presencia de la grisalla ocultando la Asunción de la Virgen, además de motivos litúrgicos en relación con el tiempo de cuaresma, era una forma también de preservar una obra cuya iconografía iba más allá de una Asunción, pues se está evocando la idea de Inmaculada Concepción en un momento donde el dogma estaba siendo muy discutido. Sobre este asunto y su posible colocación del díptico dentro de la cabecera de la iglesia de Medina de Pomar: A. Diéguez-Rodríguez, "The Master of the Legend of Saint Lucy and his Paintings with a Spanish Provenance. A Coincidence or a Clientele?", *International Seminar at Tallinn: Glory and Luxury in Tallinn. St. Mary altarpiece by the Master of the Legend of St. Lucy*, The Art Museum of Estonia – Niguliste museum, 3 November, 2022. [En red: https://kunstimuuseum.ekm.ee/en/activities/projects/glory-and-luxury-in-tallinn-the-altarpiece-of-st-mary/].

41 F. Pereda, "Mencía de Mendoza (†1500)", *op. cit.*, pp. 37-40 y 48-63; F. Pereda, "Liturgy as women´s language: two noble patrons prepare for the end in fifteenth-century Spain", en *Reassessing the Roles of Women as "Makers" of Medieval Art and Architecture*, ed. Th. Martin, II, Brill, Leiden-Boston, 2012, pp. 937-988; D. Olivares Martínez, "Mujeres de la aristocracia y memoria de los linajes. Un análisis a través de los monumentos funerarios: María de Luna y Mencía de Mendoza", en *Género y envejecimiento*, XIX jornadas internacionales de investigación interdisciplinar, ed. P. Folguera, V. Maqueira, *et alii*, UAM ediciones, Madrid, 2013, pp. 589 y 598-604.

42 Esto mismo es lo que ocurrió con el III conde de Ureña, Pedro Téllez-Girón, que al fallecer en 1531, es su mujer, Mencía Pérez de Guzmán, la que continúa estableciendo patronazgo y capellanía en la capilla mayor del convento dominico de San Pablo de Sevilla, como lugar de enterramiento de ella y su marido. M. Estella Marcos, *Juan Bautista Vázquez el Viejo en Castilla y América. Nicolás de Vergara, su colaborador*, CSIC, Madrid, 1990, p. 11; F. García Sánchez, "Roque de Balduque, Juan Bautista Vázquez "el viejo" y Pedro Delgado: documento inédito del antiguo convento de San Pablo de Sevilla", *Ucoarte. Revista de Teoría e Historia del Arte*, 7, (2018), pp. 17-35; M.F. Morón de Castro, "El condado de Ureña frente al ducado de Medina-Sidonia: Ana de Aragón y Pedro Girón III", *Cuadernos de los Amigos de los Museos de Osuna*, 9, (2007), p. 20.

43 A. Álvarez, "Tradición concepcionista en la provincia de la Bética", *Archivo Hispalense*, 86 (1957), p. 183; S. Sebastián, *Contrarreforma y Barroco*, p. 224; S. Stratton, "La Inmaculada Concepción en el arte español", *Cuadernos de arte e iconografía*, I, (1988), pp. 102 y 116; P. Civil, "Iconografía y relaciones en pliegos. La exaltación de la Inmaculada en la Sevilla de principios del siglo XVII", en *Las relaciones de sucesos en España (1500-1750)*, eds. H. Ettinghausen, V.

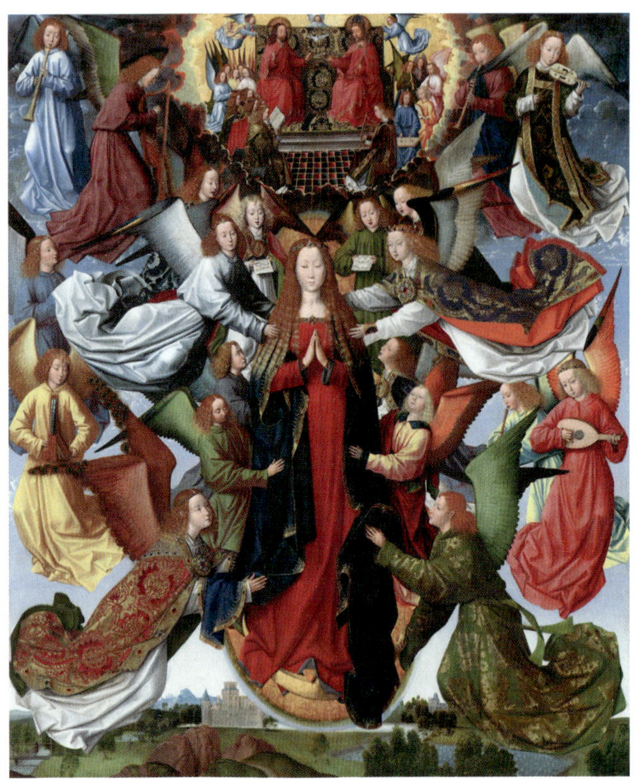

Fig. 6. Maestro de la leyenda de Santa Lucía, *María, reina del Cielo* (también conocido como *Asunción de la Virgen*), ca. 1470-1480. Samuel H. Kress Collection, National Gallery of Washington (inv. n° 1952.2.13). © Public Domain.

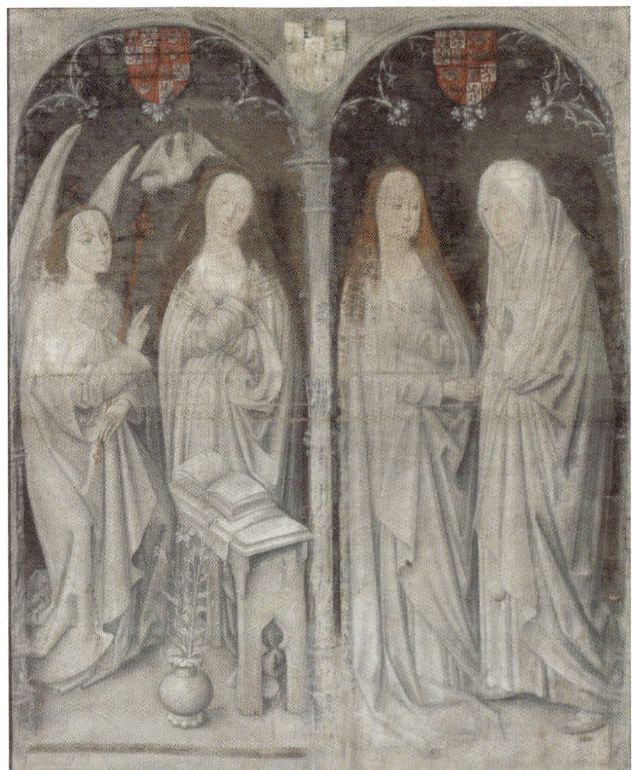

Fig. 7. Maestro de la leyenda de Santa Lucía, *La Anunciación y la Visitación*, ca. 1470-1480. Museo del Prado, Madrid (inv. n° P007023). © Museo del Prado.

se estaba atacando desde las posturas reformistas en toda Europa y que diversas órdenes religiosas, en especial la de los dominicos y los franciscanos, defendieron a través del ensalzamiento de advocaciones propias, la Virgen del Rosario en el caso de los dominicos, y la *Tota Pulchra* o Inmaculada Concepción por los franciscanos[44].

En 1515, el cardenal Cisneros funda en Alcalá de Henares la cofradía de la Inmaculada Concepción, y la fiesta del 8 de diciembre en relación con esta idea sin mácula de la Virgen va a ser celebrada en la universidad Complutense por él fundada en 1499[45]. Es evidente que esta exaltación de la Madre de Dios sin mancha encontró en los

Infantes, A. Redondo y M.ª C. García de Enterría, Madrid, Universidad de Alcalá, 1996, pp. 65-78; P. J. Moreno de Soto, *Dogma, poder e ideología…*, op. cit., p. 63; F. J. Martínez Medina, "La Inmaculada franciscana", en *A María no tocó el pecado primero "La Inmaculada en Granada"*, Monasterio de la Concepción, Granada, 2005, pp. 71-81.

44 Los dominicos se unieron a los franciscanos en la defensa de este dogma a principios del siglo XVII, y así aparecen representados en su defensa en las estampas que se grabaron para divulgar su devoción. R. M. Cacheda Barreiro, "Dogma, ideología y devoción: la Inmaculada Concepción a través de las estampas del siglo XVII", en *Actas del Simposium. La Inmaculada Concepción en España: religiosidad, historia y arte*, San Lorenzo de El Escorial, 2005, p. 852; J. I. Calvo Portela, "La Monarquía Hispánica defensora de la Inmaculada Concepción a través de algunas estampas españolas del siglo XVII", *Anales de Historia del Arte*, 23 (2013), pp. 162-163 (esp. pp. 155-168).
La mejor síntesis doctrinal sobre la Inmaculada queda descrita en el comienzo de la misa de la Inmaculada, celebración que se tenía catalogada como solemnidad: "Porque libraste a la Virgen Maria de toda mancha de pecado original, para que en la plenitud de la gracia fuese digna Madre de tu Hijo y comienzo e imagen de la Iglesia (…)".
Aparecen las primeras tipologías marianas en relación con la teología de Duns Escoto. Este fundamenta la maternidad divina de María, la Virgen es Inmaculada porque iba a ser Madre del Hijo de Dios hecho hombre. Se le añaden los elementos simbólicos de María revestida de sol con una luna a modo de escabel. Corona de doce estrellas a modo de las doce tribus de Israel. F. J. Martínez Medina, "La Inmaculada franciscana", en *A María no tocó el pecado primero…*, op. cit., p. 77; M. Navarro Sorní, "La Inmaculada Concepción: del misterio al dogma", en *Intacta María…*, op. cit., p. 25.

45 Libro de las constituciones de la Universidad Complutense. R. González Navarro, *Universidad Complutense. Constituciones originales Cisnerianas*, Alcalá de Henares, 1984, p. 94; M.ª E. Muñoz Santos, "Alcalá de Henares por la Inmaculada Concepción: los votos de la Magistral Universidad y Concejo (s. XVII), fiestas y arte", en *La Inmaculada Concepción en España; religiosidad, historia y arte*. Actas del simposio, coord. F. J. Campos y Fernández de Sevilla, vol. 1, Ediciones escurialenses, El Escorial, 2005, p. 550.

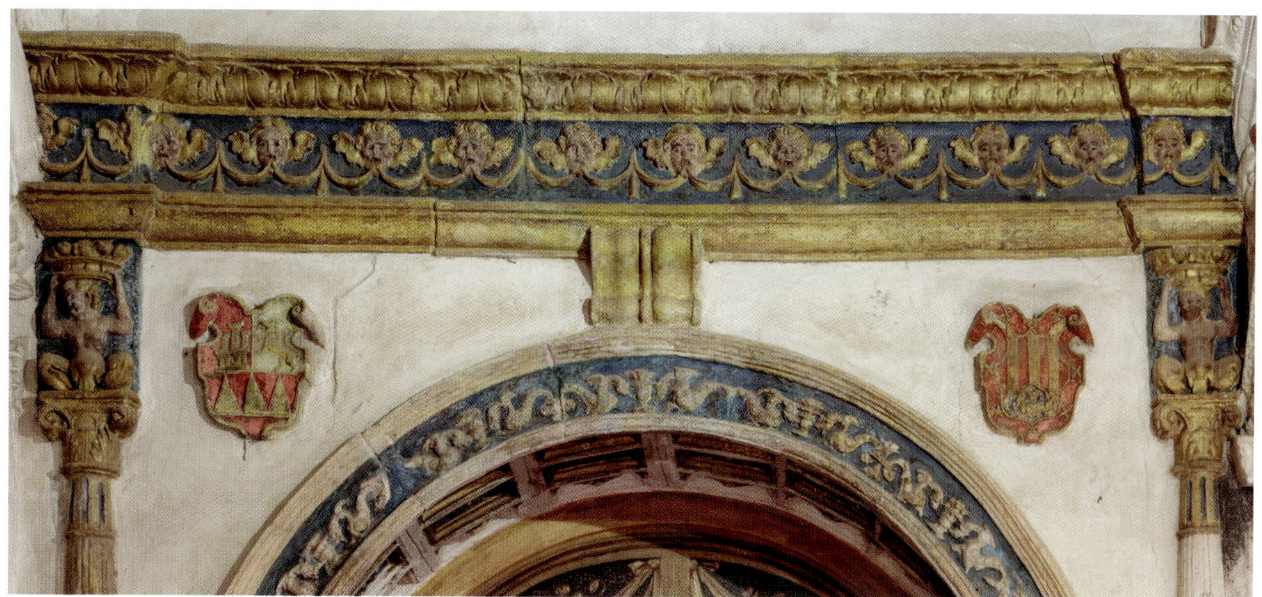

Fig. 8. *Escudo de los Tellez-Girón y los Alburquerque.* Patio de la capilla del Santo Sepulcro, Osuna.
© Amigos de los Museos de Osuna. Foto: Pepe Morón.

territorios hispanos una especial veneración[46]. No extraña el hecho al tener en los Habsburgo, y en todo su linaje, a unos fervorosos defensores[47]. En Flandes, los duques de Borgoña, línea que entronca con los Trastámara a través del enlace de Juana I de Castilla con Felipe "el Hermoso" de Borgoña, desde el siglo XV ensalzaban la figura de la Virgen concebida sin pecado a través de la advocación de Nuestra Señora del árbol seco. Una devoción en relación directa con su dinastía[48].

Este sentido de defensa de la fe frente a la "heregia Lutherana", unido al empuje femenino de la Casa de Ureña por justificar y reconocer su linaje[49], están en la base de las fundaciones y dotaciones que hace Juan Téllez-Girón, IV conde de Ureña, y que recalca su primer biógrafo, Gerónimo Gudiel, en 1577[50]. Por eso, se entiende que se haya visto en este conde y en su formación primera a la persona que delinea el programa iconográfico desplegado en este conjunto, como hombre instruido en letras y gramática que le permitía leer

---

46 Es Felipe III quien en 1616 establece la vinculación directa de su linaje y los territorios bajo su dominio y el dogma de la Inmaculada Concepción. A partir de su reinado, el resto de monarcas va a continuar el mismo sesgo. J. I. Calvo Portela, "La Monarquía Hispánica defensora de la Inmaculada Concepción…", *op. cit.*, p. 158; P. González Tornel, "Lope, Calderón y la Inmaculada Concepción de María. La fabricación de una heroína en la España del siglo XVII", en *La Piedad de la Casa de Austria. Arte, dinastía y devoción*, eds. V. Mínguez e I. Rodríguez (dirs.), Gijón, ediciones Trea, 2018, p. 152.

47 I. Martínez, "Estandarte de la monarquía española. El uso político de la Inmaculada Concepción", en *Un privilegio sagrado. La Concepción de María Inmaculada. La celebración del dogma en México*, México, Museo de la Basílica de Guadalupe, 2005, pp. 123-154; P. González Tornel, "El éxito social de la Inmaculada Concepción en España: textos, imágenes y fiestas", en *Intacta María…, op. cit.*, 2017, pp. 87-98.

48 La capilla de la cofradía de Nuestra Señora del árbol seco estaba ubicada en el antiguo convento franciscano de Brujas. A ella pertenecieron como miembros honorarios todos los duques de Borgoña. Sobre esta relación de la Virgen sin mácula, el culto a Santa Ana, y las estrechas referencias iconográficas de esta advocación de la cofradía de la Virgen del árbol seco y la Inmaculada: A. Diéguez-Rodríguez, "El ámbito religioso flamenco y los grupos de poder. El ejemplo

del desaparecido convento franciscano de Brujas", *Librosdelacorte.es*, 3 (2015), pp. 75, 76-78.
Sobre su dimensión más europea: C. Bravo Lozano, "La Concepción Inmaculada de María en el contexto de la Pietas Hispanica", en *Intacta María…, op. cit.*, pp. 109-119.

49 Como defienden Cabello Ruda y Ledesma Gámez "sus figuras [las de las diversas condesas] quedaron oscurecidas detrás de las actividades de los miembros varones y su labor no ha sido justamente considerada". A. M. Cabello Ruda y F. Ledesma Gámez, "La memoria del linaje…", *op. cit.*, p. 33.

50 "qual fue este excelentissimo varón [Juan Téllez-Girón], pues al tiempo que Alemania e Inglaterra inficionadas de la heregia Lutherana despedían de si los ornamentos e imagines de las iglesias, [él]l velando con animo Christiano, como verdadero hijo de la Iglesia las recogia y amparava, y aun muchas vezes con sospiros y lagrimas: y assi dexó en su villa de Ossuna y en todo su estado del Andaluzia tan gran numero de iamgines, y de tan excelente mano, que con difficultad se podrían juntar en gran parte del reyno, y ni mas ni menos muchos ornamentos de los que compró de Inglaterra, menospreciados de los Lutheranos". G. Gudiel, *Compendio de algunas historias…, op. cit.*, fol. 119r.

latín y los clásicos con soltura[51]. Pero tampoco habría que descartar a la figura del primer abad de la colegiata, Gonzalo de Carvajal (fallece en agosto de 1543), colegial mayor de San Ildefonso en Alcalá de Henares[52], como otro de los responsables de concretar la temática de los espacios y su interrelación. Natural de Estepa, fue el cura rector de la iglesia antes de ser convertida en colegiata. Lo que explica que fuera él en 1531 quien está concertando el retablo del sagrario con Juan de Zamora, indicándole su temática, y variándola al año siguiente. Debido a su formación en la ciudad complutense y su presencia en Osuna en los años en los que se están fraguando estas fundaciones en relación con los Ureña también lo hacen propicio a ser uno de los ideadores de estos programas[53]. Sí es cierto que en mayo de 1547, dos años después de la fundación por bula papal de la capilla del Santo Sepulcro como lugar de enterramiento de los Ureña, quien estaba como abad de la colegial era el Dr. Santiago Sánchez, del que nada se sabe salvo su procedencia de la villa zamorana de Fuentesaúco[54]. El caso es que todo el programa del conjunto del Santo Sepulcro es muy complejo,

como se verá, por lo que tuvo que ser una mente iniciada la que elaborara su planteamiento. Fuera el IV conde de Ureña[55], o alguno de los colegiales responsables de la iglesia o encargados de la cátedra de Teología de la recién fundada universidad de Osuna, el caso es que la coherencia del mensaje y los temas elegidos excede, en mucho, la formación de los artistas trabajando en estos edificios por esas fechas.

En este sentido, conviene recordar aquí otra figura en relación con los condes de Ureña. Se trata del místico y asceta fray Francisco de Osuna (*ca.* 1472-*ca.* 1540), que en la introducción de su primer y segundo *Abecedario espiritual* dedica la obra y la meditación en la "sagrada passion de xto" al "illustrissimo y muy magnifico señor el señor don Juan Téllez-Girón: conde de urueña, II", explicando que:

"(…) el motivo porq[ue] lo q[ui]se ititular a n[uest]ra ilustrissima señoría. Como yo de[s]de niño me aya criado a v[uest]ras migajas, y mis antecessores ayan sido criados familiares de v[uest]ra casa: pareciome cosa justa ofrecer mi primer fruto do[n]de recebi el favor de mi tierna edad. E porq[ue] passe muy en breve lo te[m]poral veo yo y todos ta[m]bien me dizen ser tan crecida en v[uest]ra ilustrissima señoria la devoción sanctissima de la sagrada passion q[ue] por agradaros en esto saben ya de coro las mas personas de Ossuna (…)"[56].

Además, en 1532, año en que el IV conde de Ureña debe tomar las riendas del mayorazgo, fray Francisco de Osuna es enviado a Toulousse a la "Congregación General" que allí se celebra, como representante de Castilla[57]. En este sínodo se va a tratar el tema de la Inmaculada Concepción de María, pero también le da la oportunidad al místico de viajar por Flandes, territorio donde estará

---

51 G. Gudiel, *Compendio de algunas historias…*, op. cit., fol. 115r; A. M. Cabello Ruda y F. Ledesma Gámez, "La memoria del linaje…", op. cit., p. 34.
  García de Córdoba así lo expresa indicando que "dotole la naturaleza de Yngenio emiente", en especial "en el arte de la pintura (…) [y] diestrísimo en la Música". García de Córdoba, *Compendio de las Antigüedades…*, op. cit., fol. 88v.

52 Archivo de la Colegial de Osuna, "Catálogo de los Señores Abades de la insigne iglesia colegial de Osuna, desde su fundación hasta que fue suprimida". L. Jiménez-Tuset y Martín, *Archivos importantes de la villa de Osuna*, 2020, p. 1 [Disponible en red: https://tamayorecuerdosdeunafamilia. es/archivos-y-catalogos-importantes-de-la-villa-de-osuna/] (Consultado 22-06-21].

53 Tras el fallecimiento de Gonzalo de Carvajal en agosto de 1543, le sucede Cristóbal de Barrionuevo, natural de Córdoba y obispo de la diócesis de Tagaste. Fue nombrado obispo de Tagaste en 1515 por bula de León X. Steph. Antonii Morcelli, *Africa Christiana*, vol. I., Brixie: Ex Officina Bettoniana, 1816, p. 299. El 9 de enero de 1530 estaba impartiendo la solemne bendición de la colegiata de Santa María del Mercado en Berlanga de Duero (Soria), promovida por los III condestables de Castilla y II duques de Frías. B. Alonso Ruiz, *Arquitectura tardogótica en Castilla. Los Rasines*, Universidad de Cantabria, Santander, 2003, p. 201.
  Esta indicación del libro de los abades de la colegial de Osuna que señala su prelatura de Tagaste y que renuncia al cargo por su avanzada edad, permite suponer que sólo debió de estar al cargo de la colegiata unos tres años, como mucho, desde finales de 1543 a antes de mayo de 1547.

54 Sucede al obispo Cristóbal de Barrionuevo. L. Jiménez-Tuset y Martín, *Archivos importantes…*, op. cit. p. 1. [Disponible en red: https://tamayorecuerdosdeunafamilia.es/ archivos-y-catalogos-importantes-de-la-villa-de-osuna/] (Consultado 22-06-21).

---

55 Para Moreno de Soto, además, este último espacio es muestra de la obsesión que mostró el conde de Ureña hacia la muerte, "como consecuencia, tal vez, de su inicial preparación para el estado eclesial". P. J. Moreno de Soto, *Dogma, poder e ideología…*, op. cit., p. 54.

56 F. de Osuna, *Primera parte del Abecedario Espiritual*, (Sevilla: Juan Cromberger, 1528), fol. 1v y fol. 2. P. J. Moreno de Soto, *Teatro de Triunfos. Patrimonio, fiesta y religiosidad…*, op. cit., pp. 376-378.

57 Además de los *Abecedarios Espirituales*, fray Francisco de Osuna escribe su *Sanctuarium Biblicum* en el que hace defensa de la concepción de María sin mácula. H. Zamora Jambrina, OFM, "Francisco de Osuna", en *Diccionario Biográfico. Real Academia de la Historia*.
  [En línea: http://dbe.rah.es/biografias/7581/francisco-de-osuna (Consultado: 22-06-2021)].

desde la primavera de 1534 y no volverá a tierras hispanas hasta 1536.

Lo que sí está claro es que los IV condes de Ureña entroncan con el mismo sentimiento que muestran otros importantes linajes a finales del siglo XV y principios del siglo XVI, como los condestables de Castilla en la catedral de Burgos[58], los Vélez en la catedral de Murcia[59], el marquesado del Cenete y los Mendoza, en la capilla de los Tres Reyes en el convento de Santo Domingo de Valencia[60], o los Cobos en la iglesia del Salvador de Úbeda[61], por poner algunos ejemplos cercanos a Osuna y a su genealogía, donde se quiere establecer un lugar de memoria de la persona que funda la capilla y su dinastía *inter vivos*, a emulación de la Corona[62].

Esta necesidad de hallar un lugar idóneo para el enterramiento, al mismo tiempo que la pertenencia a una estirpe, va a estar detrás de todas estas nuevas capillas funerarias que se levantan a lo largo de todo el siglo XVI. Esta prerrogativa de reyes, de espacios singulares de inhumación cercanos al presbiterio o altar mayor comienzan en la Edad Media[63], y van a ser los precedentes tipológicos más cercanos a la propuesta de Osuna. De hecho, su singular aspecto, pues a la capilla y al panteón se acceden bajando por unas escaleras abiertas en un lateral de la capilla de la epístola de la colegiata, al lado del presbiterio, hacen que los precedentes tipológicos para esta estructura se encuentren en la idea de la antigua cripta como lugar donde reposan los restos de mártires o se conservan reliquias[64].

Lo distintivo de este espacio del Santo Sepulcro de Osuna ya lo destaca García de Córdoba en 1746: "(…) toda tan especial D Simetria que quizá no tendrá Semejante en el Universo (…); Parece que el Christianismo fundador quiso por medio de esta Magestuaosa fábrica ver desde el cielo Su Cuerpo asistente a las divinas alabanzas"[65]. La capilla del Santo Sepulcro se sitúa en eje vertical con la capilla mayor de la colegiata. De planta rectangular dividida en tres naves a través de columnas de orden corintio muy esquematizado, conocido como "de moñas"[66], su estructura responde a una planta basilical simplificada de cabecera cuadrada. Es su reducida altura la que recuerda las fórmulas de las criptas (Fig. 9). Se considera que el arquitecto encargado de su diseño fue Martín de Gaínza (1505-1556), por su cercanía con Diego de Riaño, arquitecto con quien se vincula la puerta occidental de la colegiata fechada en 1533[67]. Las tres naves en que se estructura la capilla del Santo Sepulcro se cierran por doce bóvedas de cañón rebajado decoradas con tondos con florones. Sujetan este cerramiento cuatro arcos escarzanos que, en la cabecera y en los pies, descansan sobre pilastras adosadas al muro. La decoración de grutescos y la policromía en este espacio es exuberante. Esto se debe no sólo a la

58 F. Pereda Espeso y A. Rodriguez G. de Ceballos, "Coeli enarrant gloriam dei". Arquitectura, iconografía y liturgia en la capilla de los Condestables de la Catedral de Burgos", *Annali di Architettura: revista del Centro Internazionale di Studi di Architettura "Andrea Palladio"*, n.° 9 (1997), pp. 17-34; C. G. Villacampa, "La capilla del Condestable de la Catedral de Burgos: Documentos para su historia", *Archivo español de arte y arqueología*, 4, n.° 10 (1992), pp. 25-44; J. J. Martín González, "La imaginería de los retablos de la Capilla del Condestable de la Catedral de Burgos", *Archivo Español de Arte*, 68, n.° 272 (1995), p. 437; M. Estella Marcos, *La imaginería de los retablos de la capilla del Condestable*, Burgos, Asociación de Amigos de la Catedral, 1995; E. Díez Varona, "De lo "moderno" a lo "antiguo": el cambio en el gusto artístico y su plasmación en la escultura monumental a través de la figura de Francisco de Colonia. Los casos del exterior de la sacristía de la Capilla del Condestable y de la Puerta de la Pellejería de la Catedral de Burgos", en *Vestir la arquitectura: XXII Congreso Nacional de Historia del Arte*, vol. 1, Burgos, Universidad de Burgos, 2019, pp. 113-118; F. Crosas López, "Las lecturas de doña Mencía: la iconografía del retablo de Santa Ana de la capilla del Condestable de la Catedral de Burgos", *Scriptura*, n°13 (1997), pp. 207-216.

59 A. Rodríguez G. de Ceballos, "La capilla funeraria de los Vélez en la catedral de Murcia", *Anuario del Departamento de Historia y Teoría del Arte*, vol. XVI (2004), pp. 45-53; S. Sebastián López, "Interpretación iconológica de El Salvador de Úbeda", *Boletín del Seminario de Estudios de Arte y Arqueología: BSAA*, tomo 43 (1977), pp. 189-206.

60 N. García Perez, "Modelos de enterramiento, modelos de patronazgo: La Capilla de los Tres Reyes del Convento de Santo Domingo de Valencia y los Marqueses del Zenete", *Imafronte*, 12-20, (2007-2008), pp. 63-74 (esp. p. 65)

61 S. Ramiro Ramírez, *Francisco de los Cobos y las artes…, op. cit.*, p. 271.

62 A. M. Cabello Ruda y F. Ledesma Gámez, "La memoria del linaje…", *op. cit.*, p. 31.

63 G. Boto Varela, "Aposentos de la memoria dinástica. Mudanza y estabilidad en los panteones regios leoneses (1157-1230)", *Anuario de estudios medievales*, 42, 2 (2012), pp. 535-565.

64 Agradezco especialmente al profesor Miguel Hermoso Cuesta las sugerencias tipológicas y las conversaciones tan generosas que han llevado a plantear esta hipótesis para este espacio del Santo Sepulcro de Osuna.

65 A. García de Córdoba, *Compendio de las Antigüedades…, op. cit.*, fol. 136.

66 Es un tipo de capitel conocido muy típico en la zona de Sevilla en el siglo XVI conocido como "de moñas". Hecho en mármol de Carrara importado a través de Génova al puerto hispalense. M. Ángeles Toajas Roger, "Capiteles del primer Renacimiento en las Descalzas Reales de Madrid: Estudio del Patio del Tesorero", *Anales de Historia del Arte*, 13, (2003), pp. 111 y 116.

67 M. Rodríguez Buzón-Calle, *La colegiata de Osuna…, op. cit.*, p. 51; P. J. Moreno de Soto, *Teatro de Triunfos. Patrimonio…, op. cit.*, pp. 421-423.

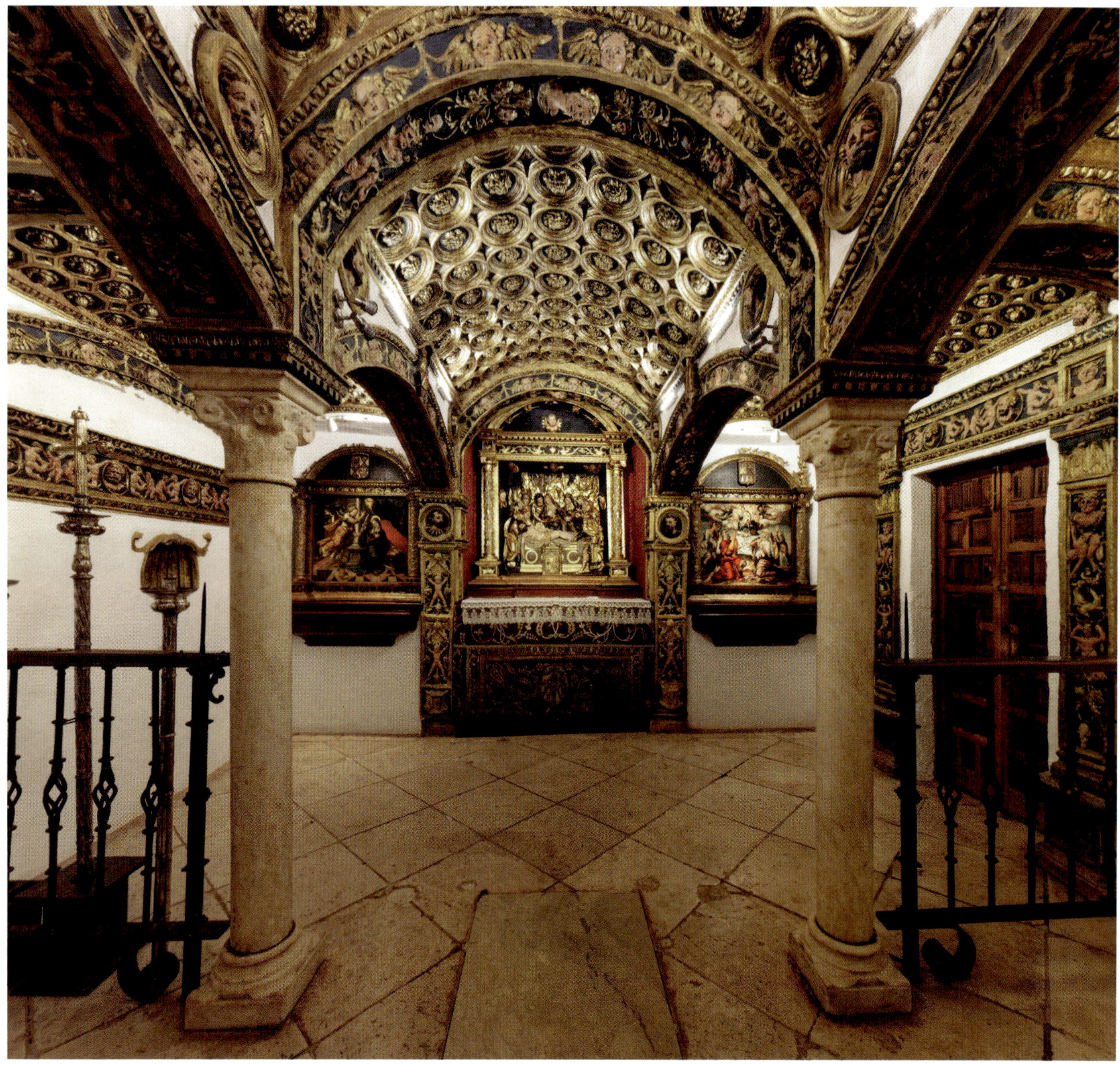

FIG. 9. Capilla del Santo Sepulcro dividida en tres naves a través de columnas. Capilla del Santo Sepulcro, Osuna.
© Amigos de los Museos de Osuna. Foto: Pepe Morón.

decoración renacentista empleada que relaciona la arquitectura con las fórmulas italianas que estaban llegando al sur de España, sino también por conjugar estos recursos de la *ars nova* con la "vieja tradición medieval de las criptas" que apunta Morón de Castro[68]. Una fórmula, esta última, que Bango Torviso asocia a un reaprovechamiento de un espacio, generalmente creado por un desnivel del terreno[69],

al que se une el sentido funerario propio de la cripta en relación con los martirologios y catacumbas.

Esta solución del panteón en eje a la capilla mayor de la colegiata, redunda también en la idea tomada de los panteones regios de Oviedo, León y Santiago de Compostela, como explica Boto Varela, "supone una eficaz conjunción de las fórmulas estructurales" buscando que el espacio mortuorio fuera "invisible desde la nave, como en León (...) pero orgánicamente dentro del templo, como en Oviedo"[70]. Por tanto, la solución del espacio de la

---

68 M. F. Morón de Castro, "Las empresas artísticas de los condes de Ureña", *Cuadernos de los Amigos los Museos de Osuna,* 7 (2005) p. 29.

69 I. Bango Torviso, "El espacio para enterramientos privilegiados en la arquitectura medieval española", *Anuario del departamento de historia y teoría del Arte,* 4 (1992), pp. 93-132. (esp. pp. 123-124)

70 G. Boto Varela, "Aposentos de la memoria dinástica…", *op. cit.,* p. 549.

capilla del Santo Sepulcro y su conglomerado de estancias, de las que hablaremos en breve, entroncan más con las propuestas medievales que con las capillas funerarias en altura que tanto éxito tuvieron a partir del siglo XV en Castilla[71].

Esta propuesta arquitectónica, bien por razones de adaptación a la orografía del terreno, bien por la necesidad de la familia de tener capilla propia en eje con el altar mayor de la colegiata, al mismo tiempo que su lugar de enterramiento, hace que la propuesta que plantea Morón de Castro, que ve en la capilla real de la catedral de Granada el precedente para esta propuesta ursaonense, deba reconsiderarse[72].

Pues un espacio como es el de la capilla real de Granada, realizado como capilla independiente pegada a su estructura[73], y no completamente inserta como es el planteamiento del panteón y capilla del Santo Sepulcro de Osuna, recuerda más a esas propuestas de criptas o catacumbas de las que hablaba Bango Torviso, y que menciona también Morón de Castro, de las que hay ejemplos, desde la tumba del apóstol Santiago en la catedral compostelana a la propia tumba de San Pedro en el Vaticano[74].

71 F. Marías y A. Serra, "La capilla Albornoz de la catedral de Toledo y los enterramientos monumentales de la España bajomedieval", en *Demeures d'éternité. Eglises et chapelles funéraires aux XVe et XVIe siècles*, ed. J. G., Picard, Paris, 2005, pp. 33-48; M. Miquel Juan, "La capilla real de la Santa Cruz en la catedral de Toledo. Reliquias, evocaciones, uso y decoración", *Anuario de Estudios Medievales*, 47/2 (2017), pp. 737-762 [En red: 10.3989/aem.2017.47.2.09].

72 M. F. Morón de Castro, "Las empresas artísticas…", *op. cit.*, p. 29.

73 Antonio Gallego y Burín, *La capilla real de Granada*. CSIC, n.º 5, Madrid, 1952, p. 19; E. E. Rosenthal, "El primer contrato de la capilla real", *Cuadernos de Arte de la Universidad de Granada*, 20 (1974), pp. 13-36; C. M.ª Labra González, "De la Chartreuse de Miraflores à la Chapelle Royale de Grenade", *e-Spania* [En línea], 3 | juin 2007, Publicado el 31 enero 2010. (En línea: http://journals.openedition.org/e-spania/171: DOI: https://doi.org/10.4000/e-spania.171; consultado en mayo, 2022); David Nogales Rincón, "La capilla real de Granada. Fundamentos ideológicos de una empresa artística a fines de la Edad Media", en *Pasado, presente y porvenir de las Humanidades y las Artes*, V, coord.. D. Arauz Mercado, Zacatetas, México, 2014, pp. 197- 217; M. T. García Gallador, *La Capilla Real de Granada. El estudio interdisciplinar de un monumento granadino. Innovación docente interdisciplinar en la universidad. Estudio de la Arquitectura, el Derecho y la Historia del Arte del patrimonio histórico-artístico de la ciudad de Granada a través de la fotografía estereoscópica*, Granada, Universidad de Granada, 2018, pp. 281-306.

74 Sobre las estructuras de las capillas funerarias en los siglos XIII y XIV: F. Gutiérrez Baños, *Las empresas artísticas de Sancho IV el Bravo*, Burgos, 1997, pp. 143-199; Juan Carlos Ruiz Souza, "Capillas Reales funerarias catedralicias de Castilla y León: Nuevas hipótesis interpretativas de las catedrales de Sevilla, Córdoba y Toledo", *Anuarios del Departamento de Historia y Teoría del Arte*, 18 (2006), p. 23.

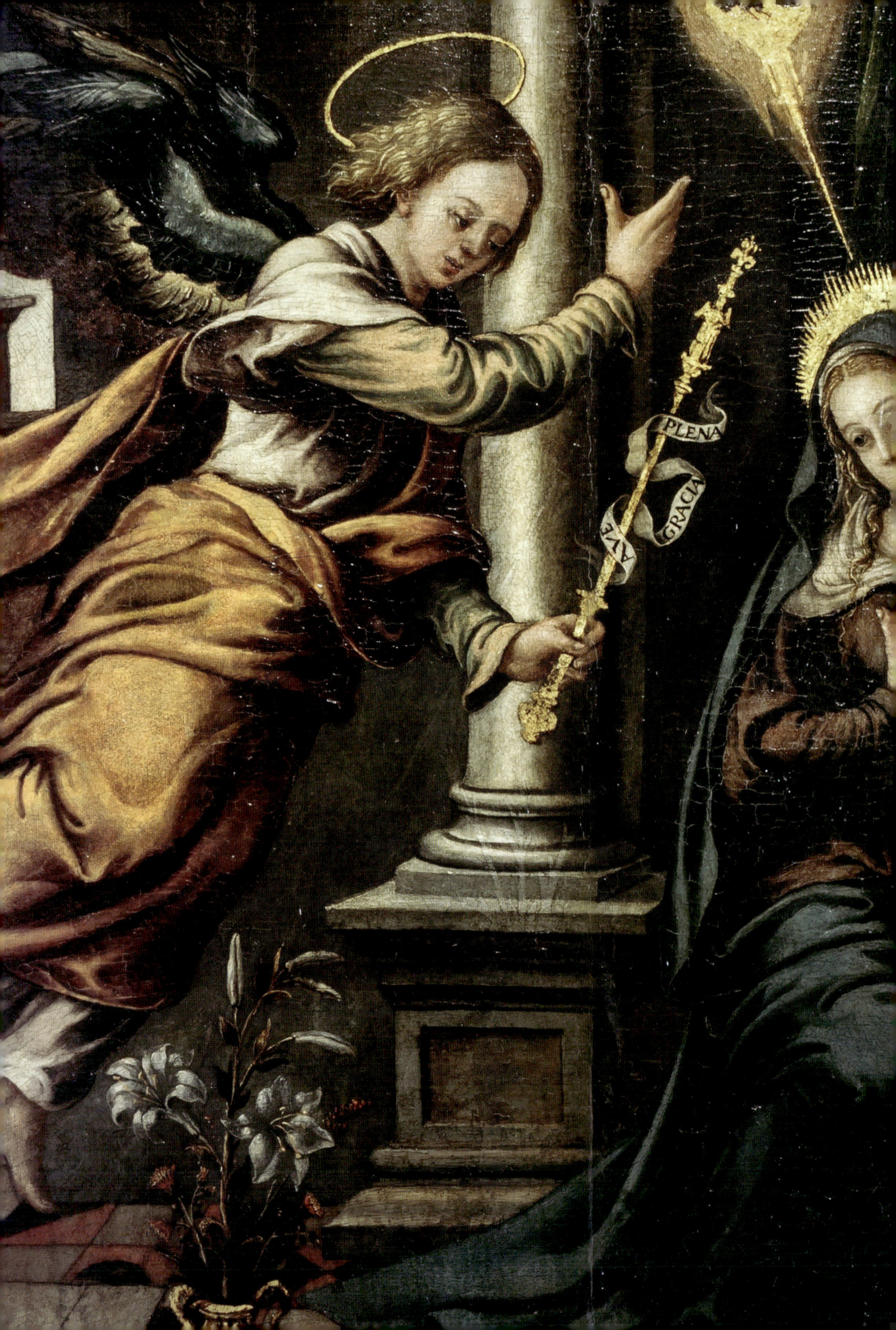
AVE
GRACIA
PLENA

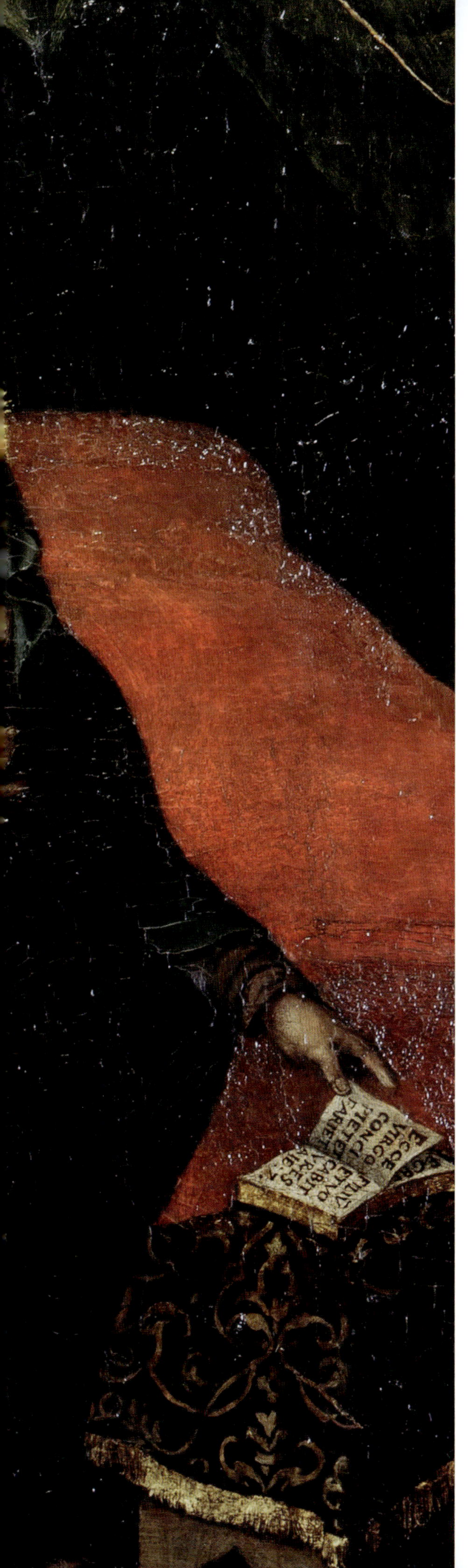

La pintura flamenca del siglo XVI conservada en la colegiata y en las antiguas estancias de la capilla del Santo Sepulcro

Dentro del legado que el IV conde de Ureña, Juan Té-llez-Girón, dejó en su fundación[75], prescindiendo de los ornamentos de orfebrería para el culto divino[76], destacan las pinturas flamencas de medio y pequeño formato recogidas en los inventarios de 1552 y de 1558[77]. De hecho, ese último inventario, realizado tras el fallecimiento del conde por orden de su hijo, Pedro Téllez-Girón y de la Cueva, V conde de Ureña y I duque de Osuna, explica que "su padre sacó esos ornamentos de su cámara y [los] pone en depósito para que sirviesen en la Capilla"[78].

Son un total de veintitrés obras en tabla, entre las donadas directamente por el conde de Ureña por aquellos años y las que son producto de los encargos a artistas flamencos entre 1532 y 1558, y de las que hay noticias a través de la documentación. A esto se añade la pintura mural aún conservada que, junto con los relieves y esculturas, completan un programa claro de exaltación de un linaje, de la devoción especial por la Inmaculada Concepción de la Virgen y de la presencia real del cuerpo y la

---

75 "Las primeras piezas que constituyen el legado artístico de la iglesia fueron donadas por el fundador en 1534. Él mismo reconoce su munificencia en el testamento que otorga el 12 de octubre de 1556". M. Rodríguez-Buzón Calle, *La colegiata de Osuna..., op. cit.*, p. 59.

76 BTNT-CSIC, Colección Rodríguez Marín. B. I. V. Historia, caja 19, 6.1 (8). "Ynventario de onamentos, alhajas y objetos de Sto. Sepulcro de los Excmos. Sres. Duques de Osuna, hecha con intervención del señor D. Antonio de Contreras, en 7 de Agosto de 1861", pliego 3, fols. 1-2v.; BTNT-CSIC, Colección Rodríguez Marín. B. I. V. Historia, caja 19, 6.1 (7), "Inventario del Santo Sepulcro, 1775", pliegos 2 y 3.

77 AAMO, *Inventario de 1552*, Leg. 233, fols. 2-3; BTNT-CSIC, Colección Rodríguez Marín. B. I. V. Historia, caja 19, 6.1 (6) *Inventario de 1559*, fol. 39-44.

78 BTNT-CSIC, Colección Rodríguez Marín. B. I. V. Historia, caja 19, 6.1 (6). "Ynventario de las alhajas y ornamentos y otras cosas que tiene la capilla del Sto. Sepulcro de esta villa de Osuna practicado por orden de Dn Pedro Girón, conde de Ureña en 4 de julio de 1559", fol. 39.

sangre de Cristo en la eucaristía, junto con la esperanza en la redención del hombre tras la muerte[79].

El lugar que contó con más obras flamencas, tanto importada como realizada por artistas nórdicos asentados en las tierras sevillanas durante el segundo tercio del siglo XVI, fueron los espacios en torno a la capilla del Santo Sepulcro. La capilla, de planta rectangular y tres naves, soluciona el espacio del culto en el presbiterio con tres altares destacados con retablos marco. El principal está dedicado a la exaltación del cuerpo de Cristo. Es ahí donde se ha colocado el sagrario y el relieve del *Santo Entierro de Cristo* de Roque de Balduque ('s Hertogenbosh? -Sevilla, *ca.*1561)[80] (Fig. 10). Los altares laterales los ocupan asuntos en relación con la Virgen. El altar del lado del evangelio está dedicado al momento de la encarnación y aceptación de la Virgen de ser la madre de Dios, y lo ocupa la pintura de la *Anunciación* de Gerard van Wijtvelt (Utrecht, *ca.* 1500?-*ca.* 1560?)[81] (Fig. 11); y el de la epístola, está dedicado a la concepción inmaculada de la Virgen representada a través de la escena de la *Alegoría de la Inmaculada Concepción* realizada por Hernando de Esturmio en 1555 (*ca.* 1515-1556)[82] (Fig. 12).

Es muy probable que, en este mismo espacio en la nave central, donde aún se conservan los sitiales del antiguo coro renacentista, estuvieran formando parte de su decoración once de las tablas flamencas que hoy se han colocado en una pequeña sala adyacente a la sacristía de la colegiata. Posiblemente estuvieran o bien en los respaldos o bien en el trascoro. Se trata de pequeñas escenas que conservan un marco antiguo de un tamaño aproximado de 50 x 40 centímetros cada una. Las historias se representan tanto de cuerpo entero, como son: la *Anunciación* (Cat. n.º 14), la *Natividad* (Cat. n.º 16), *Jesús en el huerto de los Olivos* (Cat. n.º 15), el *Calvario* (Cat. n.º 13), la *Alegoría de la Inmaculada Concepción* (Cat. n.º 18), la *Adoración de los reyes* (Cat. n.º 19) y la *Circuncisión* (Cat. n.º 20); como de una forma más devocional, optando por el formato de medio cuerpo y en primer plano: *Jesús con la cruz a cuestas* (Cat. n.º 10) y el *Descendimiento* (Cat. n.º 17). A este conjunto pictórico también pertenecería el *Calvario*, de mayor tamaño (84 x 70 cm), que se conserva en la sacristía de la colegiata (Cat. n.º 12) y que, posiblemente, fuera colocada en el sitial central de este coro renacentista.

Es Ariza Montero-Coracho quien da la clave de este cambio de ubicación para estas pequeñas obras en 1890. Está destacando diez pinturas del siglo XVI "de mérito e importancia" que estuvieron "colocadas en el respaldo de una sillería del Renacimiento"[83]. No hay datos de cuando estas pinturas se instalaron en ese nuevo espacio de la colegiata donde hoy las vemos. Probablemente, no llegaran de forma directa, sino pasando primero por otra estancia intermedia, como era la sala capitular de la capilla del Santo Sepulcro, situada en el muro sur del patio, del que se hablará en breve, donde las vio Ariza Montero-Coracho a finales del siglo XIX.

Tanto el número de pinturas conservadas como su tamaño encajan bien tanto con los huecos de los sitiales como con el trascoro de esta sillería situada en la nave central de la capilla del Santo Sepulcro. Está conformada por once sitiales labrados en los reposabrazos y misericordias, rematada con una bella crestería que cierra su parte alta. Los respaldos altos han desaparecido, dejando un hueco en esta parte que, en las estructuras habituales de las sillerías de coro, estaría cerrada y decorada[84]. Los

---

79 La defensa de la eucaristía, el papel de María en la redención y la creencia en la resurrección, fueron tesis atacadas por los protestantes en el siglo XVI, por lo que su exaltación y defensa por parte del programa aquí planteado dejaba clara la postura de los colegiales y de los condes de Ureña. De hecho, esa veneración por la eucaristía y el "Santísimo Cuerpo de Cristo", se ratifica en los duques de Osuna, y es la III duquesa, Catalina Enríquez de Ribera, quien funda una cofradía del Santísimo Cuerpo de Cristo en la colegiata a principios de 1606, y dota con lo necesario la procesión del viático para que salga de la colegiata con el decoro y la majestad requerida. P. J. Moreno de Soto, *Teatro de Triunfos…*, *op. cit.*, p. 437.

80 J. Palomero Páramo, *El retablo del Renacimiento: análisis y evolución (1560-1629)*, Diputación de Sevilla, Sevilla, 1983, pp. 134-159; M. Rodríguez-Buzón Calle, *La colegiata de Osuna…*, *op. cit.*, p. 13 y 78; A. J. Santos Márquez, "Sobre el escultor Roque de Balduque y sus trabajos para el IV conde de Ureña, don Juan Téllez-Girón", *Archivo Hispalense*, 303-305, (2017), p. 394.

81 Se ha optado por tomar la grafía que determina el Nederlands Instituut voor Kunstgeschiedenis de La Haya (en adelante RKD) para el nombre de este pintor, cuya ortografía varía dependiendo de la documentación. De hecho, es esta la única obra conservada, por el momento, firmada por él mismo como "GERALD WYTVEL DE VTRECHT". Sobre esta obra: A. Diéguez-Rodríguez, "La Anunciación del altar mayor del sepulcro de los condes de Ureña en Osuna y la figura de Gerrit Jansz van Wytfelt", *Cuadernos de los Amigos de los Museos de Osuna*, 21, (2019), pp. 112-115.

82 J. Miguel Serrera, *Hernando de Esturmio*, Sevilla, Diputación Provincial, 1983, p. 97.

---

83 A. M.ª Ariza y Montero-Coracho, *Bosquejo biográfico de don Juan Téllez-Girón…*, *op. cit.*, p. 20.

84 Teijeira Pablos explica que este espacio "respaldar o respaldo", era el más importante dentro de la tipología de los sillares de coro para albergar labor escultórica o pictórica. También que el término hace alusión al trascoro, donde habitualmente se colocaba labor de pintura. M.ª D. Teijeira

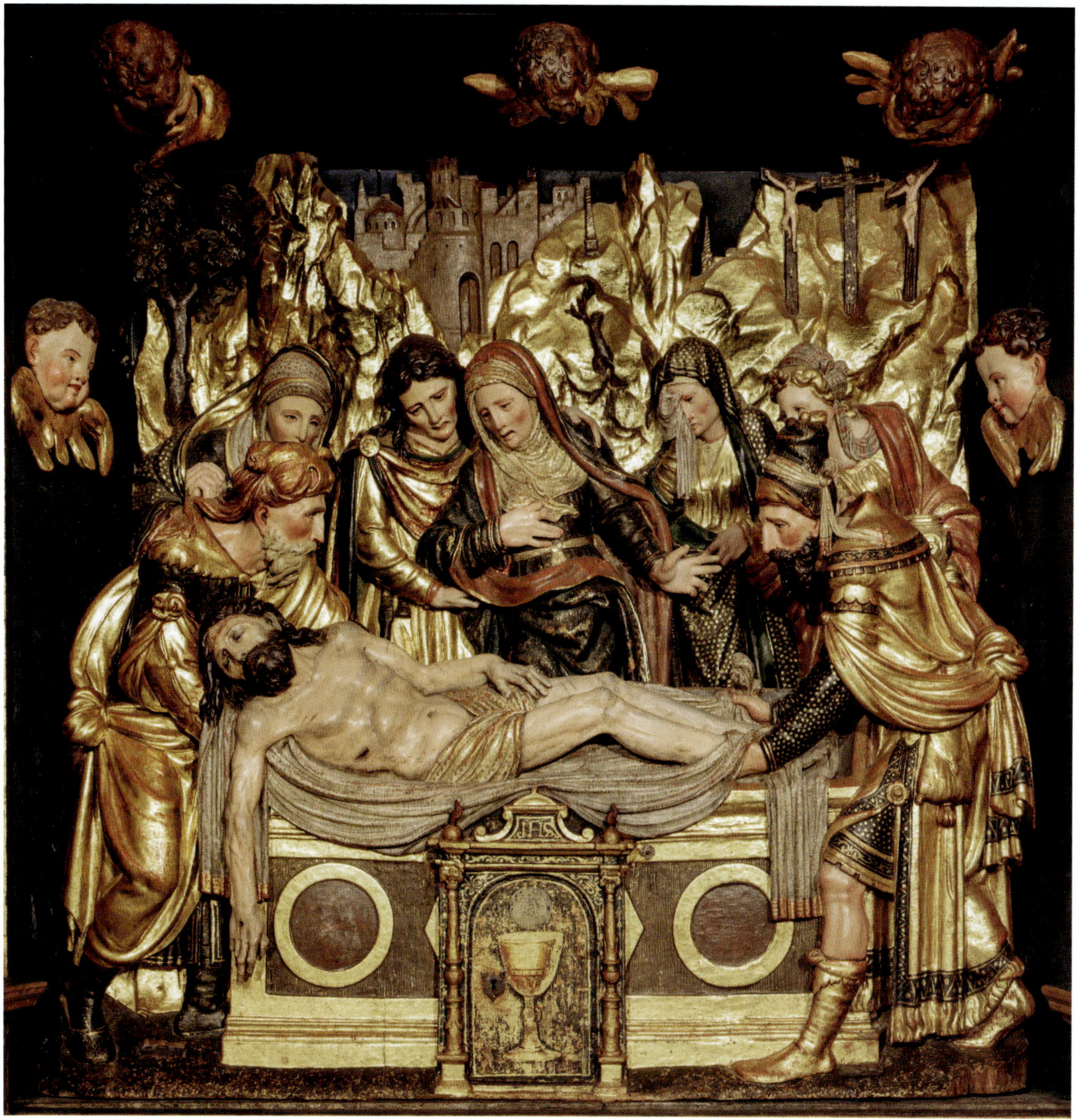

Fig. 10. Roque de Balduque, *Santo Entierro*. Capilla del Santo Sepulcro, retablo mayor, Osuna.
© Amigos de los Museos de Osuna. Foto: Pepe Morón.

respaldos solían contener escenas de los evangelios, tanto en relieve como pintados, así como alusiones a hagiografías de los santos. En este caso, parece que se han elegido escenas de la vida de Cristo y de la Virgen de pequeño tamaño, pues son las que se conservan y encajarían bien dentro de esos espacios. Son obras que tanto por el tipo de soporte, técnica y estilo, pueden relacionarse con el taller flamenco del Maestro del hijo pródigo, taller con una amplia producción a mediados del siglo XVI con destino a la península ibérica[85].

Pablos, "Notas para un glosario sobre sillerías de coro. Las fuentes documentales leonesas", *Estudios Humanísticos*, (2000), pp. 205-214; M.ª D. Teijeria Pablos, "Notas para un glosario sobre sillerías de coro. Las fuentes documentales calceatenses", *Berceo*, 142 (2002), pp. 243-252. (en esp. p. 244, nota 5).

85   J. Hernández Perera, "Una Virgen del Maestro del Hijo Pródigo", *Archivo Español de Arte*, (1954), pp. 154-157; J. Hernández Perera, "Algo más sobre el Maestro del Hijo Pródigo en España", *Archivo Español de Arte*, (1957), p.

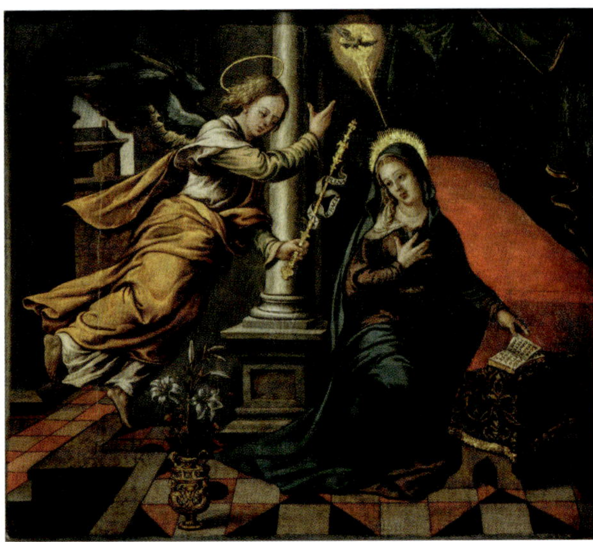

Fig. 11. Gerard van Wijtvelt, *Anunciación*, ca. 1554-1555. Capilla del Santo Sepulcro, retablo del evangelio, Osuna. © Junta de Andalucía. Foto: Pepe Morón.

En relación con este grupo de pinturas del coro de la capilla, están las cuatro que se colocaron en el *Retablo de la pasión* de la sacristía del Santo Sepulcro (Fig. 13). Responden en tamaño, estilo y composición con el mismo taller que realizó las del coro. Por lo que es fácil pensar que todas llegaron a Osuna en el mismo envío. Este retablo dedicado a la Pasión de Cristo fue concertado con el taller de los Ortega[86], importante familia de entalladores

asentados en Sevilla en relación directa con el escultor flamenco Roque de Balduque, y los pintores de la misma nacionalidad: Pedro de Campaña (1503-1587) y Hernando de Esturmio[87]. Era habitual que los talleres de escultura y pintura durante el siglo XVI tuvieran unas relaciones estables, trabajando habitualmente con los mismos maestros en diferentes proyectos o encargos. Las relaciones de estos artistas mancomunados para la realización de complejos programas y estructuras arquitectónicas, como se está estudiando en los últimos años, hace que, a pesar de contar con un maestro "cabeza" del taller que firma el contrato, sean otros maestros y talleres con los que colabora habitualmente los que terminen por ejecutar el encargo bajo sus órdenes. Estas subcontratas permiten tener una imagen más completa de cómo se estructuraban los talleres y quiénes eran los implicados en estos grandes proyectos[88]. Es a través de las obras conservadas, junto con los datos sesgados que van apareciendo en documentos de la época, los que ayudan a comprender todo el proceso creativo, donde la idea del "genio artístico" trabajando de forma individualizada que tanto se ha difundido desde el siglo XIX, pierde completamente su sentido al hablar de los siglos XVI y XVII. La relación de estos maestros en la Sevilla del siglo XVI suele ser estable, y se ve en trabajos de gran envergadura como fue el *Retablo mayor de Santa Ana* de Triana en Sevilla (Fig. 14),

---

139; J. Hernández Perera, "Nuevas pinturas identificadas del Maestro del Hijo Pródigo", *Goya*, 59, (1960), pp. 134 y 137; L. Reis-Santos, "Suzana no banho da oficina do Mestre do Filho Pródigo", *Museu*, maio, (1961), pp. 54-59; M. Díaz Padrón, "Nuevas pinturas identificadas del Maestro del Hijo Pródigo", *Goya*, (1980), pp. 130-139; M. Díaz Padrón, "Un tríptico inédito del Maestro del Hijo Pródigo en el Museo de Pontevedra", *Boletín del Museo del Prado*, 2, n.º 4, (1981), pp. 5-10; M. Díaz Padrón, "Dos nuevas pinturas identificadas del Maestro del Hijo Pródigo", *Archivo Español de Arte*, (1981), pp. 369-373; M. Díaz Padrón, "Una Piedad del Maestro del Hijo Pródigo en el Museo de Bilbao", *Boletín del Museo e Instituto "Camón Aznar"*, XXVII, (1987), pp. 91-93; J. M. González de Zárate, V. Bermejo, E. Angulo y R. Lamarca, "Una nueva tabla del Maestro del Hijo Pródigo (Taller) en el Instituto Ephialte. Su modelo iconográfico", *Archivo Español de Arte*, (1994), pp. 176-181; A. Diéguez Rodríguez, "Un tríptico del Maestro del Hijo Pródigo en la iglesia de la Asunción de Rueda (Valladolid)", *Goya*, 313-314, (2006), pp. 237-244; A. Diéguez Rodríguez, "Un tríptico del taller del Maestro del Hijo Pródigo en Ciudad Rodrigo (Salamanca)", *Boletín del Seminario de Arte y Arqueología*, LXXVIII, (2012), pp. 99-106.

86 Santos Márquez apunta a que es Bartolomé de Ortega el que se hace cargo de la talla y la entalladura de estos retablos. A. J. Santos Márquez, "Patrocinio y mecenazgo de don Juan Téllez-Girón, IV conde de Ureña, en Osuna", en *Congreso Internacional Imagen y Apariencia*, dir. y coord. M. C.

de la Peña Velasco, M. Pérez Sánchez, M.M. Albero Muñoz, M. T. Marín Torres y J. M. González Martínez, Universidad de Murcia, 2009, s/p. [En línea: https://digitum.um.es/digitum/handle/10201/44651] (Consultada 16-06-2021).
Agradezco a Antonio Joaquín Santos Márquez su amabilidad al contrastar conmigo los datos de su trabajo inédito sobre esta documentación que ratifica la presencia de Bartolomé de Ortega en los retablos para el complejo del Santo Sepulcro en Osuna. También agradezco a Manuel García Luque su labor como enlace para que esta investigación saliera adelante.

87 J. Hernández Díaz, *Arte Hispalense de los siglos XV y XVI. Documentos para la Historia del Arte en Andalucía*, vol. IX, Universidad de Sevilla, 1937, pp. 41-44.

88 "Quien lo firmaba era el encargado, a su vez de contratar a los otros maestros, cuya elección, de este modo, no recaía sobre los clientes". J. M. Serrera, *Hernando de Esturmio…*, *op. cit.*, p. 51; J. M. Serrera, "Vasco Pereira, un pintor portugués en la Sevilla del último tercio del siglo XVI", *Archivo Hispalense*, 213, 70 (1987), pp. 197-242 (esp. 222-228).
Recientemente se ha incidido en estas relaciones. J. M. Sánchez, "Los obradores artísticos sevillanos del siglo XVI: adaptaciones y cambios para satisfacer los encargos del mercado americano", *Anales del Instituto de Investigaciones Estéticas*, XXXV, 103 (2013), pp. 177- 196 (esp. 178-184); E. Escuredo Barrado, "Juan de Zamora, "pintor de Ymagineria": nuevos datos sobre sus relaciones profesionales y familiares", *BSAA arte*, LXXXII (2016), p. 55.

donde confluyen los entalladores Ortega y Nicolás Jurate, con los pintores Pedro de Campaña, Pedro Ximénez, Antón Pérez o Antón Sánchez, entre otros[89]; o el *Retablo mayor* de la concatedral de Cáceres, donde trabaja el escultor Roque de Balduque con el también entallador de origen francés, Diego Guillén Ferrant (¿?- Alcántara, 1558), al que citaremos en breve en la capilla de la Virgen de la granada en el recinto del Santo Sepulcro de Osuna.

Esta interrelación entre artistas es palpable en este *Retablo de la Pasión* de la sacristía. La calle central del retablo lo ocupa un *Cristo camino del Calvario* siguiendo los modelos de Sebastiano del Piombo que tuvieron gran popularidad[90], en parte por las versiones que hace Luis de Morales, a quien se le adscribe esta tabla[91]. La pintura aparece recogida en el inventario de 1552 entre los objetos pertenecientes al Santo Sepulcro de forma individualizada: "Un retablo de una tabla grande de pincel en que están nuestro señor como lleva la cruz a cuestas de muy buena mano, tiene tocados los cercos"[92]. Esta noticia, unida a la siguiente referencia de la obra en el inventario de 1559, realizado tras el fallecimiento del IV conde de Ureña, permite fijar la cronología para este retablo de la sacristía de la capilla del Santo Sepulcro entre 1555 y 1558, pues se cita que "En la sacristia está un retablo de un Cristo con la cruz a cuestas de pincel metido en un retablo de talla asido a la pared"[93]. Tenemos que esperar hasta el inventario de 1861, para que el resto de escenas de las calles laterales y ático de este retablo se describan:

"Una lámina en madera N[uestro] P[adre] Jesus Nareno con la Cruz a cuestas 1 v[ª][ra] menos dos pulg[ª][das] y ¾ ancho en el retablo que está en los cajones

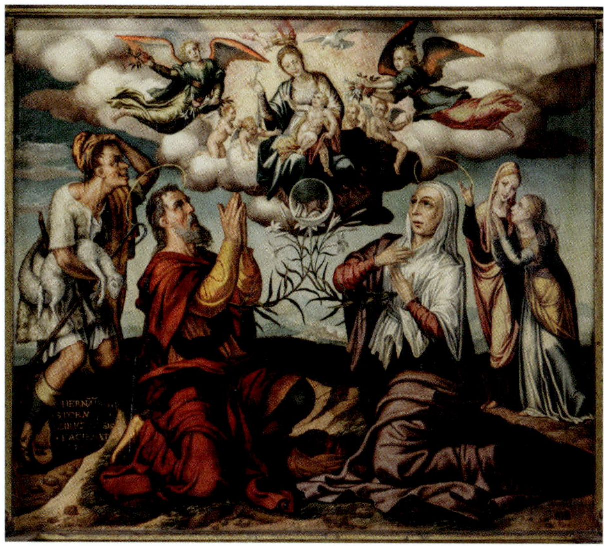

Fig. 12. Hernando de Esturmio, *Alegoría de la Inmaculada Concepción*, 1555. Capilla del Santo Sepulcro, retablo de la epístola, Osuna. © Junta de Andalucía: Pepe Morón.

de la sacristia, al parecer bueno, no es movible. En el mismo retablo de la sacristia cinco láminas en madera, cuatro de ½ v[ª][ra] y 1/3 ancho. El Sr. Crucificado, Ecce Homo, Virgen de los Dolores y la Oración en el Huerto, de ½ tercia de alto y 3 p[u]l[gadas] ancho, regular, no movibles"[94].

La descripción coincide con las pinturas que se conservan en el retablo. Estructurado en tres calles, las dos laterales se dividen en dos cuerpos donde se colocan las pinturas flamencas. En la del evangelio, está el *Ecce Homo* en el primer cuerpo, y *Jesús en el huerto de los Olivos* en el segundo (Figs. 15 y 16). En la calle de la epístola, es el *Calvario* el que ocupa el segundo cuerpo, y la *Quinta Angustia* el primero (Figs. 17 y 18). Hay una organización estética de todas las escenas además de iconográfica. Se han colocado las dos pinturas con las figuras de medio cuerpo y en primer plano en el primer cuerpo, más cercanas al espectador. Esta ubicación armoniza con el *Cristo camino del Calvario* de Morales de la calle central, también tomado de medio cuerpo y en el primer plano. Por tanto, todas aquellas escenas más proclives a mover a compasión al devoto se sitúan más cerca de su mirada. Una propuesta que entronca con las ideas derivadas de la *devotio moderna* que desde

<hr>

89 J. M. Palomero Páramo, *El retablo sevillano del Renacimiento*, Sevilla, Diputación Provincial, 1983, pp. 122-125; E. Valdivieso, *Pedro de Campaña*, Sevilla, 2008, p. 114; V. Pérez Cano, L. Pérez del Campo, E. Villanueva Romero, G. Ferreras Romero, B. Castellano Bravo, "Generar proyectos, sumar ideas: el retablo de Santa Ana en Triana (Sevilla)", *Revista Ph. Instituto Andaluz del Patrimonio Histórico*, 78, (mayo 2011), pp. 83-84.

90 M. Hirst, *Sebastiano del Piombo*, Oxford at the Clarendon Press, Oxford, 1981, pp. 134-136.

91 I. Bäcksbacka, *Luis de Morales*, Helsinki-Helsingfors, 1962, pp. 104, 152-153 y 166-167; C. Solís Rodríguez, *Luis de Morales*, Badajoz, 1999, pp. 250-251, n.º 47; M. Falomir, "Cristo con la cruz a cuestas", en *El divino Morales*, ed. L. Ruiz Gómez, Madrid, Museo del Prado, 2015, pp. 190-191, n.º 54.

92 Esa indicación de "tocados los cercos" posiblemente esté aludiendo al marco. AAMO, *Inventario de 1555*, Leg. 233, fol. 2.

93 BTNT-CSIC, Colección Rodríguez Marín. B. I. V. Historia, caja 19, 6.1 (6) *Inventario de 1559*, fol. 43.

94 BTNT-CSIC, Colección Rodríguez Marín. B. I. V. Historia, caja 19, 6.1 (8) "Ynventario de ornamentos, alhajas y efectos del Sto. Sepulcro de los Excmos. Sres. Duques de Osuna, hecho con intención del Admor. D. Antonio de Contreras en 7 de agosto de 1861", pliego 1, fol. 1v.

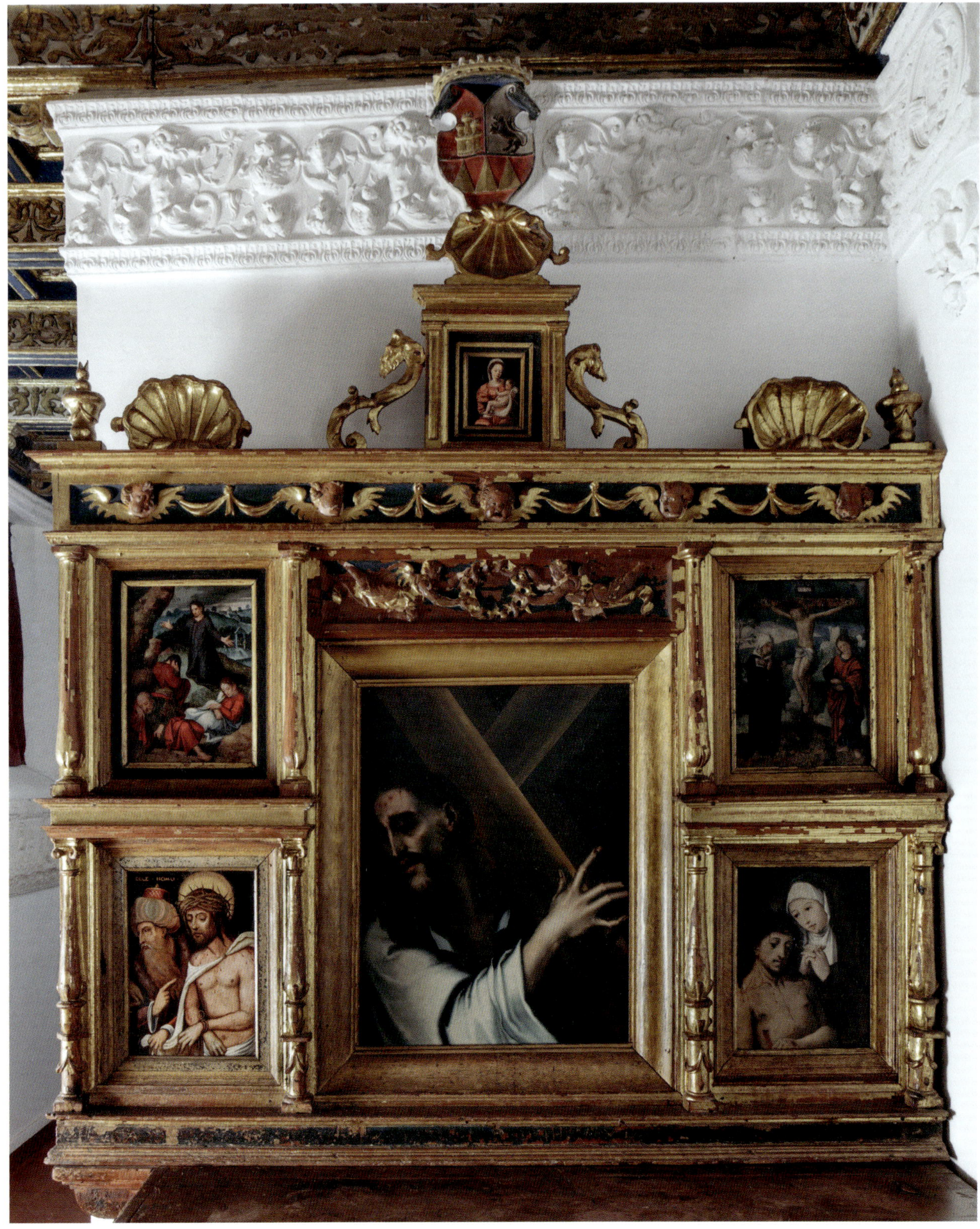

Fig. 13. Taller de los Ortega, *Retablo de la Pasión*, ca. 1555-1558. Sacristía del Santo Sepulcro, Osuna. © Junta de Andalucía. Foto: Pepe Morón.

el siglo XV se fueron difundiendo por Europa, que busca en la meditación de las escenas bíblicas la forma más directa de llegar al fiel.

Jesús en el huerto de los Olivos y el *Calvario*, ambas presentando los episodios en un paisaje y con las figuras de cuerpo entero, son el preámbulo de la pasión y su ejecución. En la oración en el huerto, Jesús asume solo su camino hacia el holocausto. El cáliz que debe beber está sobre la roca en la esquina superior izquierda, mientras sus amigos, sus discípulos, duermen ajenos a lo que se avecina. La cuadrilla con intención de apresarlo aparece al fondo a la derecha del segundo plano. Judas, como el traidor a su maestro, preside la comitiva. El *Calvario*, con la Virgen y san Juan a ambos lados de la cruz, es el momento culmen de todo el relato. La pintura ha perdido gran parte de sus cualidades debido al estado de conservación de la capa pictórica, sobre la que se observan importantes barridos que han mermado los detalles y calidades. Ambas escenas son iguales a las que con el mismo tema se citaron en el antiguo coro de la capilla del Santo Sepulcro y ahora están en una sala de la sacristía de la colegiata. Precisamente, son aquellas, en mejor estado de conservación, las que permiten conocer los detalles y el trabajo del taller que las llevó a cabo.

Finalmente, la indicación en el documento de 1861 de una obra dentro del retablo de medidas más pequeñas que las anteriores, de la cual no concreta sus dimensiones ni señala el tema, está aludiendo a la pequeña *Virgen con el Niño* del ático. Es la única que faltaría por detallar del retablo. Los datos encajan con su pequeño tamaño. Tiene un carácter de devoción privada mucho más acusada que el resto debido a su formato, por lo que sería muy probable que formara parte del ajuar privado de los condes de Ureña y fuera una de las obras que se tomaran para servicio de la capilla del Santo Sepulcro, como explicaba su hijo en 1558[95]. Esta pintura del ático se aleja de los patrones estilísticos del resto de pinturas del retablo de la Pasión. Sus características están más cercanas al taller o a un seguidor del conocido como Maestro del papagayo. Es un artista que se caracteriza por recrear las figuras femeninas como jóvenes de la época en su vestimenta y añadir un loro o papagayo en el entorno. En este caso, el ave no aparece, pero el tipo de rostro redondo y de cuello robusto, encaja con los modelos de este anónimo pintor flamenco[96].

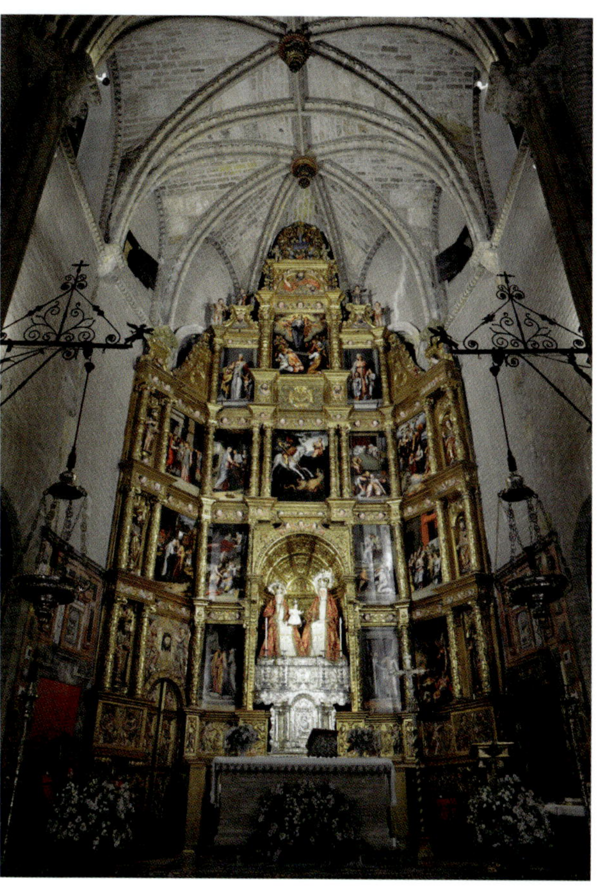

Fig. 14. Nicolás Jurate y Nufro de Ortega (entalladores), Andrés Ramírez, Andrés Morín, Antón Pérez, Antón Sánchez, Pedro de Campaña y Pedro Jiménez (pintores y doradores), *Retablo mayor de Santa Ana*. Triana, Sevilla. © Real Parroquia de la Señora de Santa Ana. Foto: César López Ardón.

En cambio, como ya se ha apuntado, las cuatro pinturas de las calles laterales presentan unas características más cercanas al conocido como taller del Maestro del hijo pródigo, artista que trabaja en Amberes en fechas paralelas al taller del Maestro del papagayo. Comparten tipos fisonómicos y soluciones de este taller que tuvieron una importante producción para el mercado. De hecho, parece ser que es precisamente en el comercio abierto donde los condes de Ureña se hicieron con este grupo de piezas. El II conde de Ureña es ratificado en el cargo de aposentador de las ferias de Medina del

---

95 BTNT-CSIC, Colección Rodríguez Marín. B. I. V. Historia, caja 19, 6.1 (6). "Ynventario de las alhajas y ornamentos y otras cosas que tiene la capilla del Sto. Sepulcro de esta villa de Osuna practicado por orden de Dn Pedro Girón, conde de Ureña en 4 de julio de 1559", fol. 39.

96 Por ahora, las únicas obras conocidas fechadas de este maestro son un *Retrato femenino* de colección privada de 1524, y una *Virgen con el Niño*, también en manos privadas, con la fecha de 1520. Sobre las características del Maestro del papagayo y su trabajo para el mercado: J. Sanzsalazar, "Una pintura del Maestro del Papagayo en el Museo Mayer van der Bergh de Amberes", *Archivo Español de Arte*, 304 (2003), pp. 446-449; J. Sanzsalazar, "Un San Jerónimo penitente del Maestro del Papagayo en colección privada madrileña", *Archivo Español de Arte*, LXXVIII, (2005), pp. 413-438. J. Sanzsalazar, "Revisión de erróneas atribuciones al Maestro del Papagayo. Una nueva Virgen con Niño en España y su dibujo subyacente", *Mas Arte*, 66, (2011), pp. 34-38 (en esp. p. 38).

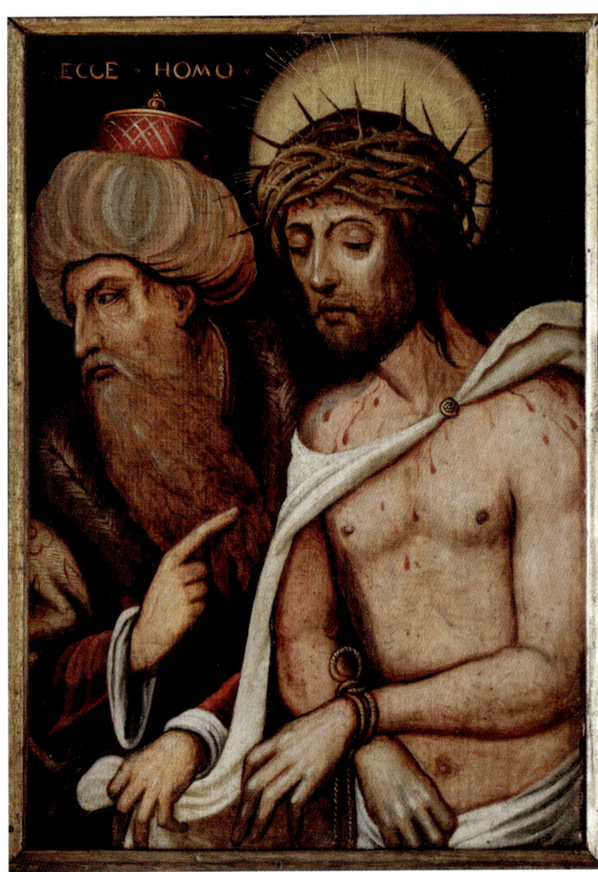

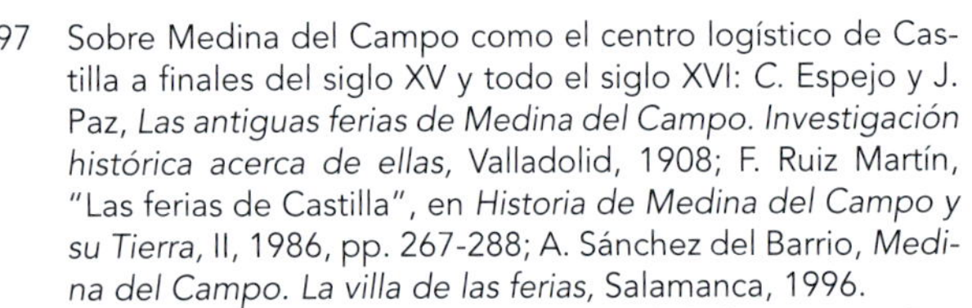

Fig. 15. Taller del Maestro del hijo pródigo, *Ecce Homo*, retablo de la pasión. Sacristía del Santo Sepulcro, Osuna. © Junta de Andalucía. Foto: Pepe Morón.

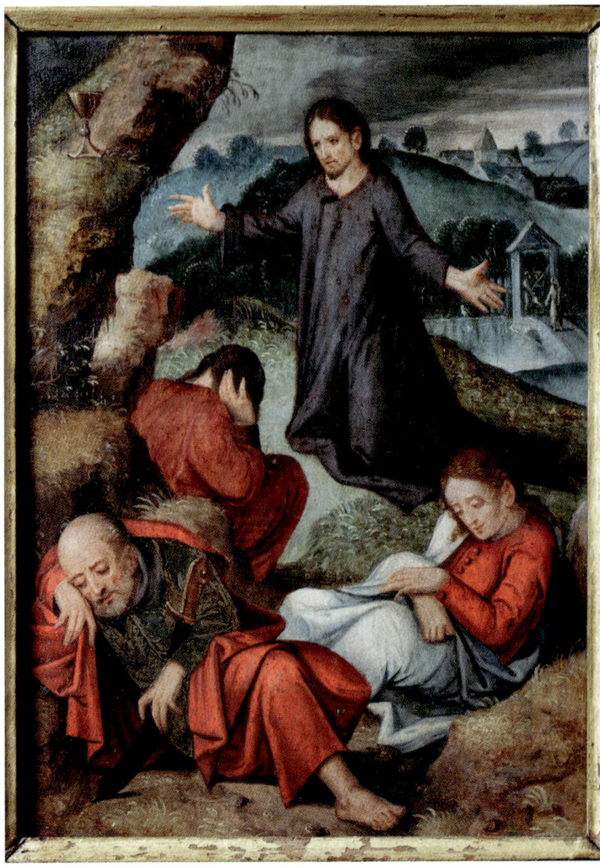

Fig. 16. Taller del Maestro del hijo pródigo, *Oración en el huerto*, retablo de la pasión. Sacristía del Santo Sepulcro, Osuna. © Junta de Andalucía. Foto: Pepe Morón.

Campo en Valladolid en 1470[97]. Un cargo que el rey, Enrique IV, le deja en heredad[98], por lo que los Ureña tenían una relación muy estrecha con las mercancías que desde otros lugares de Europa llegaban a tierras castellanas.

Estas escenas de las calles laterales concuerdan compositivamente y formalmente con algunas del antiguo coro ya descritas. En especial el *Calvario*,

Jesús en el huerto de los Olivos y el *Ecce Homo*, actualmente en una sala de la sacristía de la colegiata; y el *Descendimiento* de medio cuerpo, en la misma sala que las anteriores, y con otra pintura del mismo asunto que perteneció al Santo Sepulcro y está en préstamo en el convento de la Encarnación de Osuna (Fig. 19). Se ve que todas han salido del mismo taller al repetir las composiciones y estilo a la hora de aplicar las pinceladas y estructurar las figuras. Este sentido seriado de las obras coincide con las fórmulas empleadas para las piezas hechas expresamente para el mercado libre, donde los temas más populares, como eran los devocionales en relación con la vida de Cristo y la Virgen, tenían una gran aceptación por parte del público que llegaba a las ferias y podía adquirir piezas más baratas que las hechas expresamente por encargo. Estas pinturas tenían un fuerte carácter funcional, por tema y tamaño, de forma que coincidieran con las necesidades y gustos del cliente y fueran fácilmente adaptables

---

97 Sobre Medina del Campo como el centro logístico de Castilla a finales del siglo XV y todo el siglo XVI: C. Espejo y J. Paz, *Las antiguas ferias de Medina del Campo. Investigación histórica acerca de ellas*, Valladolid, 1908; F. Ruiz Martín, "Las ferias de Castilla", en *Historia de Medina del Campo y su Tierra*, II, 1986, pp. 267-288; A. Sánchez del Barrio, *Medina del Campo. La villa de las ferias*, Salamanca, 1996.

98 "(...) que yo hos e fecho e fice/ merçed al dho Maestre Dn. Pedro Giron que Dios hya por juro de eredad/para siempre jamas del oficio del aposantamiento delas ferias de Medina del Cam/po é delos cambios dela Villa para él y para sus herederos é subcesores é/para quien deel ô dellos oviere titulo ô causa segun que mas (...)". Archivo Histórico de la Nobleza (en adelante AHNo), OSUNA, C.36, D.30-31. "Carta de confirmación y nueva Merced que el Sr. Rey D. Enrique hizo por juro de heredada al Sᵒʳ. Dⁿ. Juan Téllez-Girón segundo conde de Ureña del Oficio de Aposentamiento de Medina del Campo", 3 de mayo de 1470, fol. 10.

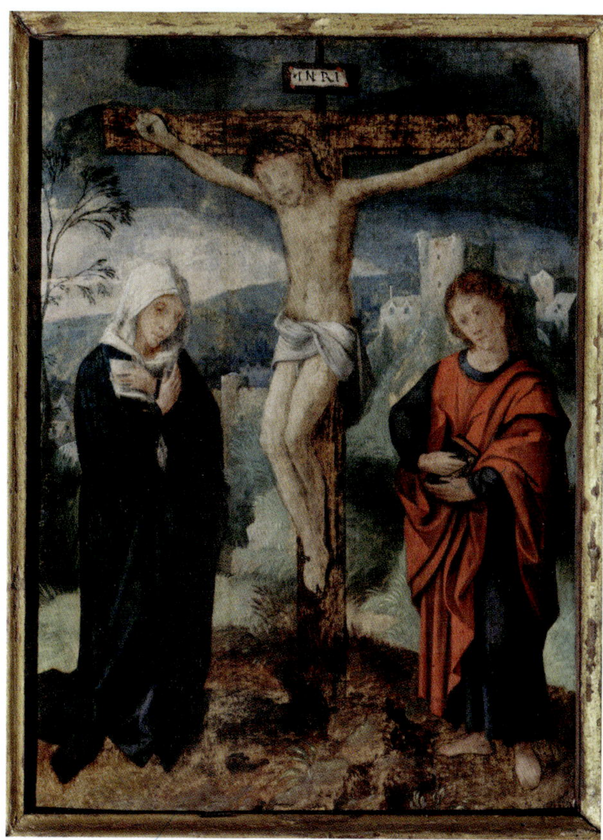

F_IG_. 17. Taller del Maestro del hijo pródigo, *Calvario*, retablo de la pasión. Sacristía del Santo Sepulcro, Osuna. © Junta de Andalucía. Foto: Pepe Morón.

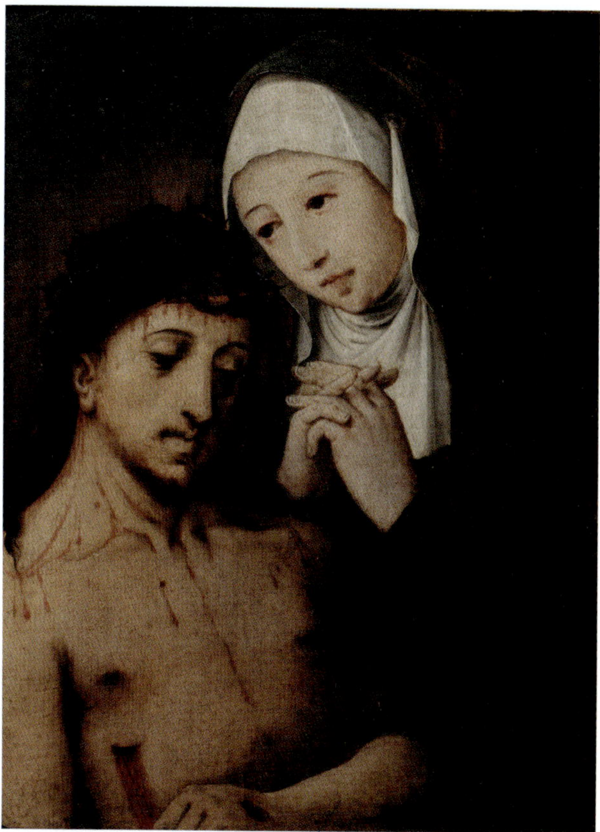

F_IG_. 18. Taller del Maestro del hijo pródigo, *Quinta Angustia*, retablo de la pasión. Sacristía del Santo Sepulcro, Osuna. © Junta de Andalucía. Foto: Pepe Morón.

al llegar a su lugar de destino[99]. Este debió de ser el caso de este grupo de pinturas de pequeño tamaño de origen flamenco que se adaptaron en Osuna tanto al discurso de este retablo dedicado a la Pasión de Cristo como al de la sillería de coro de la capilla del Santo Sepulcro.

De hecho, algunas de estas piezas, como son la *Alegoría de la Inmaculada Concepción* (Fig. 20), la *Adoración de los reyes* y la *Circuncisión* (Figs. 21 y 22), han sido adaptadas a una nueva iconografía. Han sufrido importantes repintes realizados por un artista local con acentos manieristas muy acusados, dando lugar a escenas completamente diferentes de las que tenían en origen. El análisis del dibujo subyacente revela el perfil que tuvieron esas composiciones primigenias. Es muy evidente en el caso de la *Circuncisión*, donde se ve el diseño de los pliegues de un amplio paño o manto en el suelo, o unas líneas tras la figura del mohel que no encajan con esa figura (Figs. 23 y 24). Además, el cambio de marco deja ver una policromía diferente en todos los bordes que también se ve en las otras escenas de la *Adoración de los reyes* y la *Alegoría de la Inmaculada Concepción*, ratificando los repintes que el estilo de las pinturas, tan diferente al resto de la serie, ya había revelado. De hecho, esta última escena, repite la novedosa solución abordada por Esturmio para esta iconografía en el altar de la epístola de la capilla del Santo Sepulcro, obra fechada en 1555. Une, junto a esa idea del árbol de Jesé, la imagen del abrazo ante la puerta dorada de santa Ana y san Joaquín, pero colocando a

---

99   M. A. Fernández del Hoyo, "Sobre el comercio de obras de arte en Castilla en el siglo XVI", *BSAA*, 61, (1995), p. 366; F. Vermeylen, "Exporting Art across the globe. The Antwerp art market in the Sixteenth Century", en *Kunst voor de markt 1500-1700. Nederlands Kunthistorisch Jaarboek*, 50, (1999), pp. 13-29; F. Vermeylen, "The commercialisation of art: Painting and Sculpture in Sixteenth- Century Antwerp", en *Early Netherlandish Painting at the Crossroads. A Critical look at current methodologies*. The Metropolitan Museum of Art, Simposia, Nueva York, 2001, pp. 46-61; P. Silva Maroto, "Flanders and the Kingdom of Castile", en *The Age of Van Eyck: the Mediterranean world an early Netherlandish Painting, 1430-1530*, Gante, 2002, pp. 142-154; A. Diéguez-Rodríguez, "The artistic relations between Flanders and Spain in the 16th Century: an approach to the Flemish Painting trade", *Journal for Art Market Studies*, 2 (2019), pp. 1-17. [En línea: DOI: https://doi.org/10.23690/jams.v3i2.90].

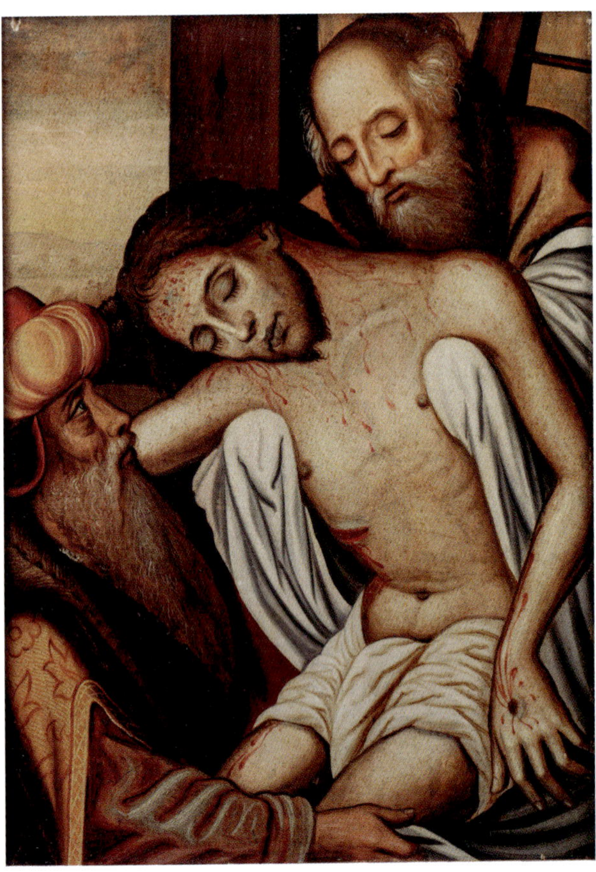

FIG. 19. Taller del Maestro del hijo pródigo, *Descendimiento*. Convento de la Encarnación, Osuna. © Amigos de los Museos de Osuna. Foto: Pepe Morón.

ambos personajes de rodillas en el primer plano y sin contacto ninguno. Brota de sus pechos un vástago que se une en el centro dando lugar a una flor de la que surge la imagen de la Virgen. Esa alusión a la Inmaculada Concepción de María se completa al colocar tras santa Ana y san Joaquín dos figuras: una en relación con Gedeón, y la segunda con la parentela de María[100]. Una iconografía tan particular que fue copiada por un pintor local ya en la segunda mitad del siglo XVI, por lo que permite aproximar una cronología para la intervención en estas tablas posterior a 1555.

En esta misma línea de coordinación de un programa determinado donde cada escena se coloca en estrecha relación con el mensaje que se quiere trasmitir y su función dentro de la escenografía religiosa donde se ubica, está todo el conjunto pictórico del patio del Santo Sepulcro. Se trata de un patio de doble piso, estructurado en sus cuatro crujías por arcos de medio punto dobles en la parte baja, y de

forma más simplificada en el segundo piso, dando lugar a una balconada. La decoración de *candelieri* en el exterior del arco y rosetones casetonados en el intradós es mucho más profusa y abundante que en el segundo piso, en especial, en la decoración del entablamento que sustenta las impostas de los arcos. Un artesonado de madera simple cierra las galerías. Cada paño del patio contaba con pinturas murales que también responden al mismo periodo cronológico de mediados del siglo XVI que el resto de la construcción. De estas pinturas sólo han quedado restos en la parte alta de los muros, más salvaguardados de la intemperie. En esos paramentos se han abierto cuatro hornacinas para albergar cuatro pinturas flamencas de importación que se colocaron como retablos hornacina a modo de altares. En el muro este estaba la primera hornacina, en el hueco que hoy ocupa la puerta de acceso al Santo Sepulcro desde el exterior (Fig. 25). En el muro sur se abren dos hornacinas: una cercana a la puerta de entrada al claustro procedente del pasillo de la sacristía, y la otra, al otro lado del muro junto a la escalera de subida al segundo piso (Fig. 26). En el muro norte, en la esquina junto a la puerta de entrada a la antigua sala del capítulo, está situada la cuarta hornacina (Fig. 27).

Es muy interesante esta previsión arquitectónica, pues estas hornacinas se hicieron expresamente para albergar cuatro pinturas flamencas dispuestas en el siguiente orden: en la primera hornacina del muro este estaba la *Virgen con el Niño* conocida como *Virgen del velo* (Fig. 28), actualmente se conserva en el interior de la sacristía de la capilla del Santo Sepulcro, encima de una segunda cajonera; en los altares del muro sur se colocaron la *Adoración de los pastores* y *Jesús despidiéndose de su madre antes de entrar en Jerusalén* (Figs. 29 y 30); finalmente, en la hornacina del muro norte estaba la *Lamentación ante el cuerpo muerto de Jesús* (Fig. 31). Estas pinturas fueron retiradas de sus hornacinas a mediados del siglo XX para preservarlas de las inclemencias climáticas que sufrían en un patio abierto. De hecho, su estado de conservación en 1966 era delicado, como delatan unas fotografías en blanco y negro de esa época, por lo que fueron enviadas al Instituto Central de Restauración de Madrid (actual IPCE). Allí fueron intervenidas siguiendo los criterios del momento. Se rebajó su soporte y se las dotó de un engatillado, privándolas así de sus marcos originales. Afortunadamente, las fotografías antiguas que se tomaron antes de la intervención

---

100 Sobre la cuestión de esta iconografía véase en estas páginas el catálogo 08.

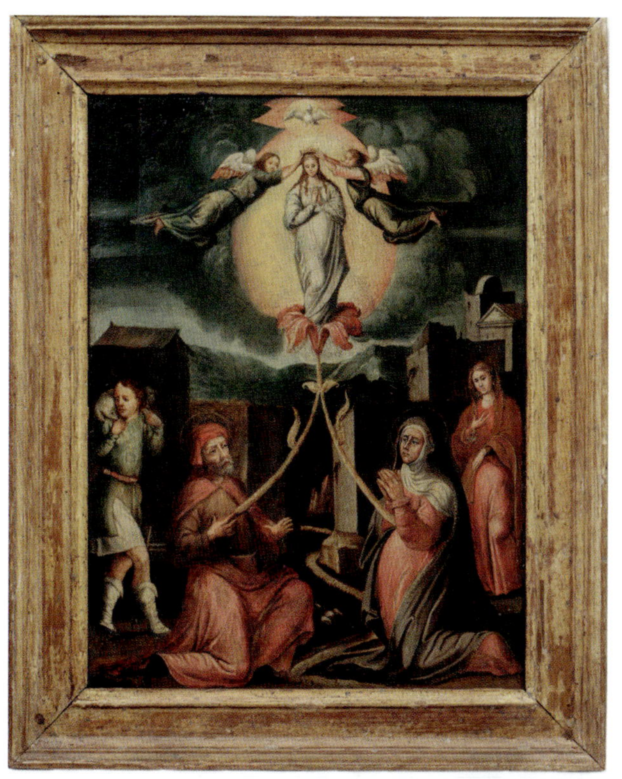

FIG. 20. Taller local, *Alegoría de la Inmaculada Concepción*. Saleta de la sacristía de la colegiata de Nuestra Señora de la Asunción, Osuna. © Junta de Andalucía. Foto: Pepe Morón.

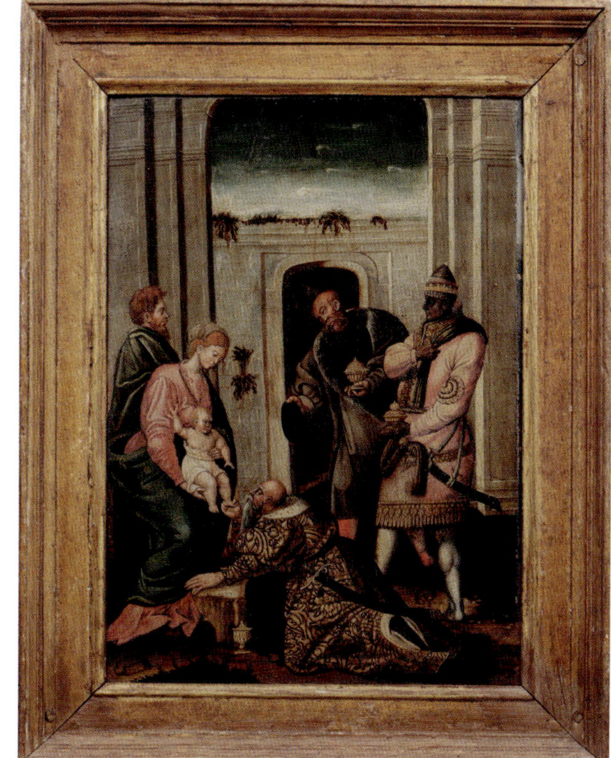

FIG. 21. Taller local, *Adoración de los reyes*. Saleta de la sacristía de la colegiata de Nuestra Señora de la Asunción, Osuna. © Junta de Andalucía. Foto: Pepe Morón.

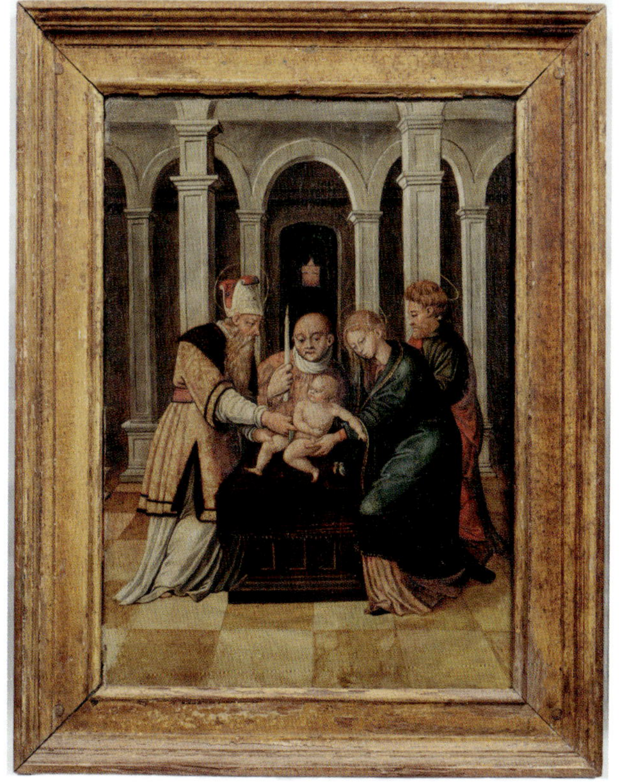

FIG. 22. Taller local, *Circuncisión*. Saleta de la sacristía de la colegiata de Nuestra Señora de la Asunción, Osuna. © Junta de Andalucía. Foto: Pepe Morón.

permiten reconocer las alteraciones sufridas[101]. Actualmente, estas tres pinturas están reubicadas en la capilla de los Reyes, situada en la nave de la epístola de la colegiata.

Estas cuatro pinturas del patio ya aparecen recogidas en la dotación primera de ornatos para el Santo Sepulcro. Se localizan en el inventario de 1552 de forma intercalada con otras pinturas de menor tamaño: "Otro retablo en que está nuestra señora con el niño en brazos (…); otra tabla mayor donde está el nacimiento de nuestro señor (…). Otra tabla mayor en la cual está el despedimiento de nuestro señor de su madre. Otra tabla mayor en que está el descendimiento de la cruz"[102]. Aunque no se señalan medidas, la referencia a que son mayores de tamaño responde a la comparación con las otras más pequeñas que terminaron colocadas en las arquitecturas de talla que se estaban haciendo, y de las que hemos dado ya cuenta. De hecho, en el inventario de 1559, estas cuatro pinturas de mayor tamaño ya estaban colocadas en el patio, y así se citan dentro del apartado de "Retablos e imágenes": "En los cuatro altares del claustro

---

101 Véanse en el catálogo: n.º 01, 02, 03 y 04.
102 AAMO, *Inventario de 1555*, Leg. 233, fols. 2 y 2v.

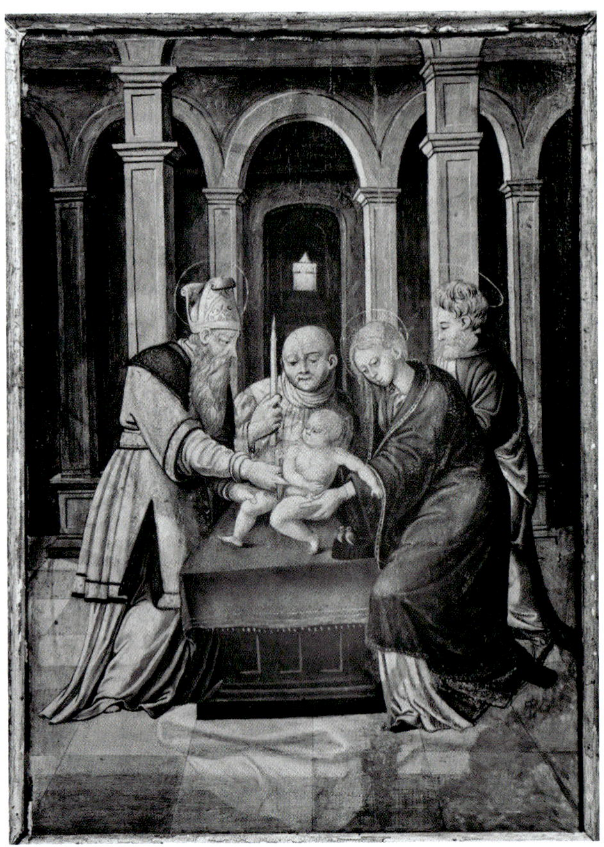

Fig. 23. Taller local, *Circuncisión*, reflectografía. Diseño de un manto en el suelo. Saleta de la colegiata de Nuestra Señora de la Asunción, Osuna. © Junta de Andalucía. Foto: Pepe Morón.

están cuatro retablos de pincel asidos en los tabernáculos"[103]. El marco original de estas pinturas se conoce gracias a que la tabla de la *Virgen del velo* no fue intervenida como las tres enviadas a Madrid en 1966. Es un marco que se adapta completamente al arco de medio punto de la hornacina del patio. Estructurado a través de unas finas columnas abalaustradas a ambos lados y pequeñas cabezas de querubines unidas por sus alas desplegadas que decoran el dintel. También el gusto por los

---

103 BTNT-CSIC, Colección Rodríguez Marín. B. I. V. Historia, caja 19, 6.1 (6) *Inventario de 1559*, fol. 43.
   Este inventario, además, está dando noticias de otras piezas que han desaparecido del conjunto del Santo Sepulcro, cuya iconografía está en relación con algunas de estas pinturas. La más singular es la que aparece como "Otro retablo de una tabla grande en que está el despedimiento de nuestro señor de su madre". BTNT-CSIC, Colección Rodríguez Marín. B. I. V. Historia, caja 19, 6.1 (6) *Inventario de 1559*, fol. 43v.
   A *priori* se podría pensar que se trata de la misma que está en el patio, pero es poco probable. Quizá otra versión o copia del mismo modelo, atendiendo al gusto por el duplicado de escenas del mismo taller que también se observa en las tablas de pequeño formato.

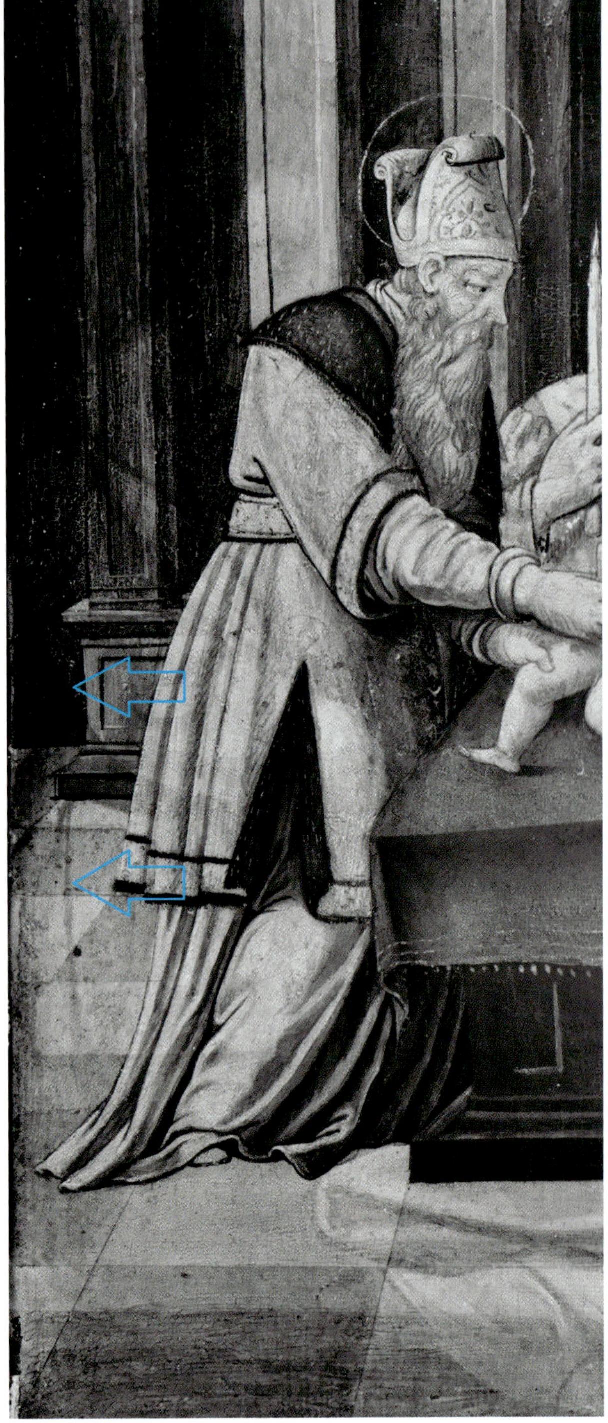

Fig. 24. Taller local, *Circuncisión*, reflectografía, detalle de las líneas tras la figura del mohel. Saleta de la colegiata de Nuestra Señora de la Asunción, Osuna. © Junta de Andalucía. Foto: Pepe Morón.

motivos de lazadas ondulantes de la parte superior y el resto de características antes descritas son similares a los mismos elementos ornamentales que presenta el *Retablo de la Pasión* de la sacristía en

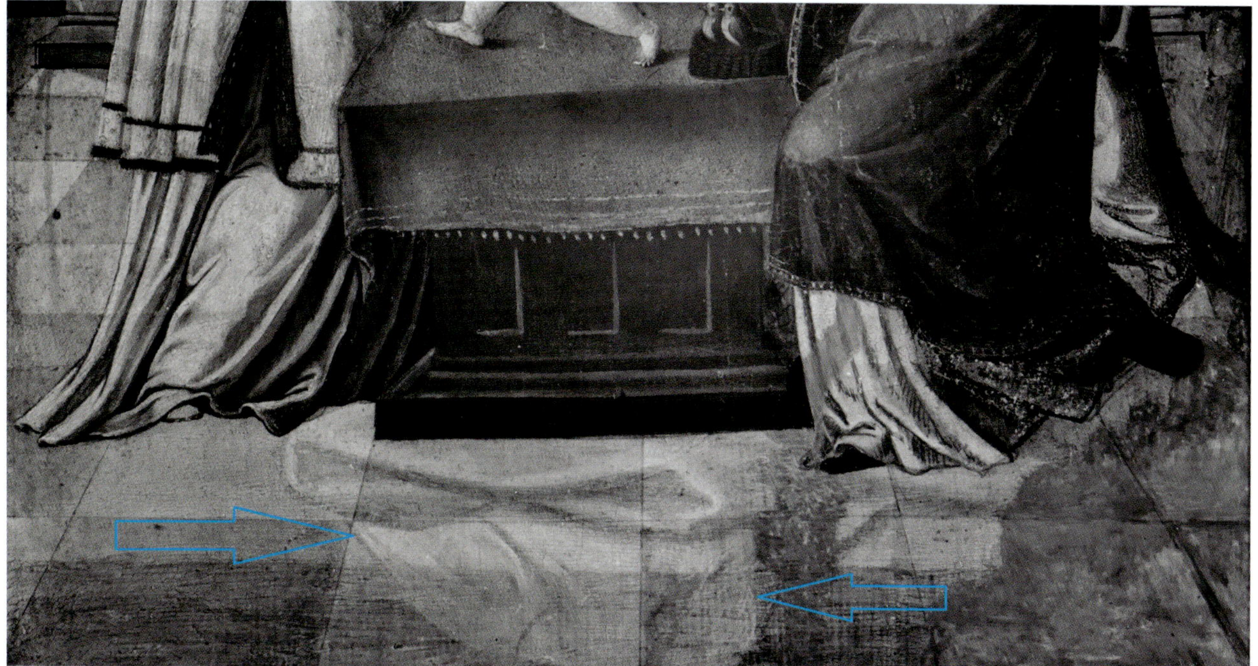

Fig. 23b. Osuna. Circuncisión. Detalle reflectografía.

su estructura lígnea, obra en relación con el taller escultórico de los Ortega[104].

Estos altares hornacina del patio aún conservaban tres de las pinturas en 1861, cuando los cita en ese lugar el capellán, Antonio de Contreras: "Cuatro láminas, en madera, en los altares del patio, formando todos en medio punto, de vª[ra] alto, y 1 menos ½ tercia ancho. El descendimiento, La despedida de Jesús a su madre, El Calvario, y un nascimiento, regular"[105]. Incluye una pintura de un *Calvario*, posiblemente la escena de la crucifixión, que sustituyó a la *Virgen del velo*. Esta última pintura fue extraída de su marco retablístico y se cita en la capilla de la Concepción del Santo Sepulcro por esas fechas:

"Otra lámina de la V[irgen] de Belén de medio punto, de medio punto (sic) en tabla, de una vara de alto y una menos tercia de ancho, con la(sic) cuadro dorado aunque viejo, al parecer regular, movible, en la expresada capilla"[106].

Esta capilla de la Concepción del Santo Sepulcro a la que se refiere la documentación es la que está al lado de la sacristía (Fig. 32), a la cual se accede por las mismas escaleras que salen de la capilla del Santo Sepulcro desde la nave de la epístola. Allí se erige el retablo de la Virgen apocalíptica rodeada de sol que popularmente se conoce como *Virgen de la granada*, debido a que la imagen sujeta uno de estos frutos en su mano derecha. Esta figura y el retablo fueron hechos en el mismo momento en que se están realizando los tres altares de la capilla del Santo Sepulcro. La escultura ha sido atribuida tanto a Roque de Balduque, artista con el que el conde de Ureña está contratando los retablos del Sepulcro, un *Calvario* y un *Cristo flagelado*[107], como al entallador de origen francés, Diego Guillén Ferrant[108]. La relación entre ambos escultores

---

104 Véase nota 86.
105 BTNT-CSIC, Colección Rodríguez Marín. B. I. V. Historia, caja 19, 6.1 (8) "Ynventario de ornamentos, alhajas y efectos del Sto. Sepulcro de los Excmos. Sres. Duques de Osuna, hecho con intención del Admor. D. Antonio de Contreras en 7 de agosto de 1861", pliego 1, fol. 2.
106 "Ynventario de ornamentos, alhajas y efectos del Sto. Sepulcro de los Excmos. Sres. Duques de Osuna, hecho con intervención del Admor. D. Antonio de Contreras en 7 de agosto de 1861". BTNT-CSIC, Colección Francisco Rodríguez Marín, B.I.V. Historia, caja 19, 6.1. (8), pliego 1, fol. 1.

La expresada capilla a la que se refiere el inventario es la que se indica en la primera entrada de este inventario como "capilla de la Concepción".
107 A. J. Santos Márquez, "Sobre el escultor Roque de Balduque...", *op. cit.*, pp. 393-404.
108 M. Rodríguez Buzón-Calle, *La colegiata de Osuna...*, p. 70; A. de la Banda y Vargas, *La colegiata de Osuna*, Sevilla, 1995, p. 24; P. J. Moreno de Soto, *Dogma, poder e ideología...*, *op. cit.*, p. 71; C. J. Sánchez Távora, "Capilla de la Virgen de la Granada. La recuperación de un espacio singular", *Cuadernos de los Amigos de los Museos de Osuna*, n.º 13, (2011), pp. 109-112. A. J. Santos Márquez, "Patrocinio y mecenazgo de don Juan Téllez-Girón...", *op. cit.*, s/p. [En línea: https://digitum.um.es/digitum/handle/10201/44651] (Consultada 16-06-2021); C. Álvarez

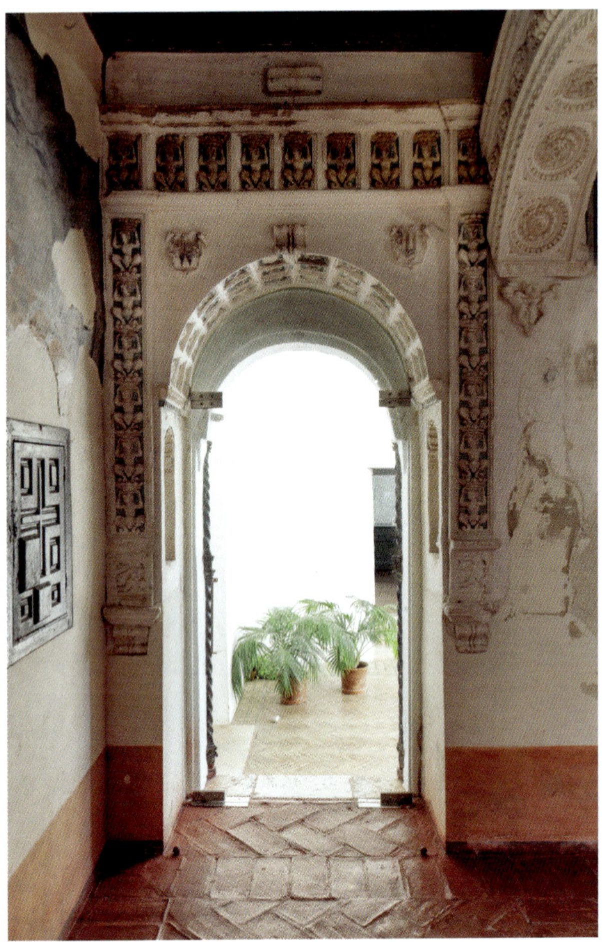

Fig. 25. Primera hornacina, puerta de acceso al patio del Santo Sepulcro, ca. 1545-1555. Osuna. © Amigos de los Museos de Osuna. Foto: Pepe Morón.

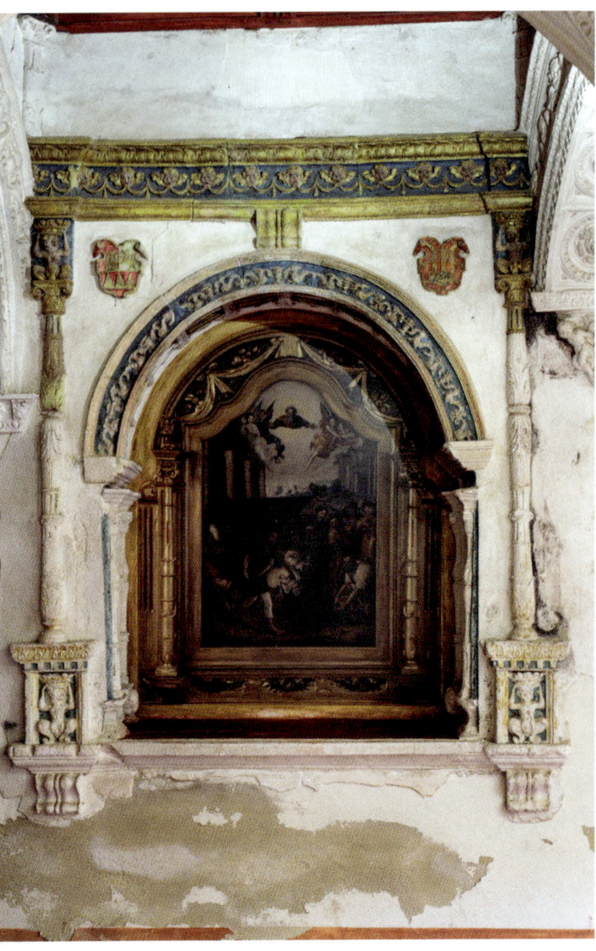

Fig. 26. Segunda y tercera hornacina, muro sur, patio del Santo Sepulcro, ca. 1545-1555. Osuna. © Amigos de los Museos de Osuna. Foto: Pepe Morón.

era estrecha, pues ambos aparecen trabajando por las mismas fechas que en Osuna, 1547-1551, en el retablo mayor de la concatedral de Santa María de Cáceres[109].

Tras este inciso sobre la nueva ubicación de la tabla de la *Virgen del velo*, cabe explicar los motivos de su traslado en el siglo XIX. El principal fue la abertura de una puerta hacia el exterior empleando la hornacina que ocupaba esta pintura en el muro este. De esta forma, se accede a los espacios del Santo Sepulcro a través del claustro. Antes de esta

intervención, sólo se podía alcanzar el patio desde el exterior a través de la puerta abierta en el pasillo que conectaba la sacristía y el claustro, como explica De Besa Gutiérrez[110] (Fig. 33). Ese pasillo tenía una puerta, ahora cegada, que permitía pasar a los espacios del Santo Sepulcro sin necesidad de tener que entrar por la puerta principal de ingreso a la capilla del Santo Sepulcro a través de la capilla de la Inmaculada Concepción en la iglesia de la colegiata (Fig. 34). Es entre 1880 y 1896 cuando se abre la puerta del patio, como señala el arcipreste de Osuna, Antonio Valderrama Valcárcel, al explicar a la comisión de monumentos histórico y artísticos de la provincia de Sevilla las intervenciones arquitectónicas que se iban a realizar[111].

Delgado, *"Virgen con el Niño* de Roque Balduque, siglo XVI. Su restauración y estudio técnico-científico", en *Arte del Renacimiento en Sevilla*, eds. I. Cano Rivero, I. Hermoso Romero y M.V. Muñoz Rubio, Museo de Bellas Artes de Sevilla, 2022, pp. 101 y 103.

109 J. Hernández Díaz, "Roque de Balduque en Santa María de Cáceres", *Archivo Español de Arte*, 43, 172, (1970), pp. 375-384; D. A. Martín Nieto, "El entallador y escultor Guillén Ferrant", *Boletín de la Real Academia de Extremadura de las Letras y las Artes*, 12, (2002), pp. 75-179.

110 R. de Besa Gutiérrez, "Intervenciones en el Santo Sepulcro de la Colegiata de Osuna: 1880-1896", *Cuadernos de los Amigos de los Museos de Osuna*, 18, (2016), p. 106.

111 Sobre este asunto: R. de Besa Gutiérrez, "Intervenciones en el Santo Sepulcro…", *op. cit.*, pp. 103-109.

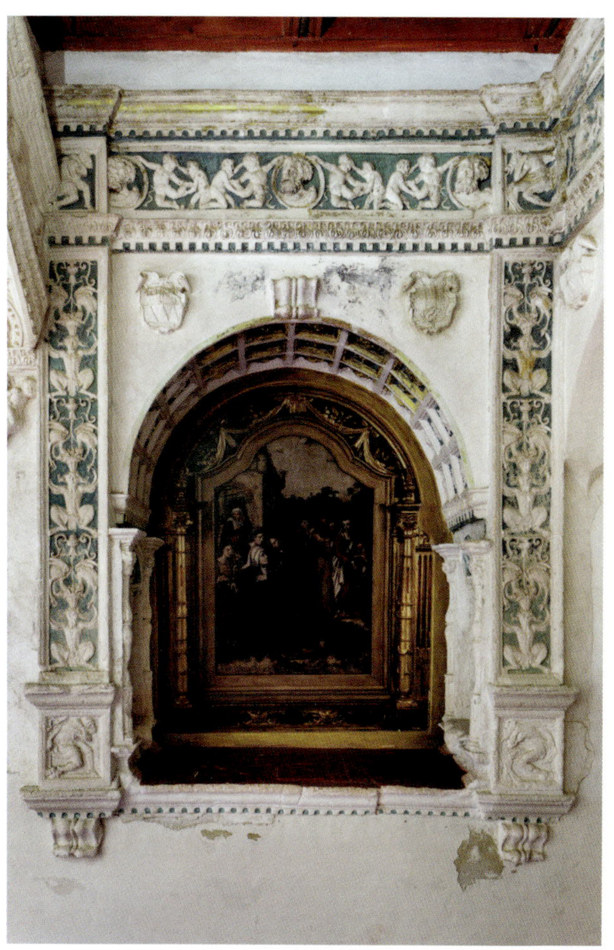

Fig. 26. Segunda y tercera hornacina, muro sur, patio del Santo Sepulcro, ca. 1545-1555. Osuna. © Amigos de los Museos de Osuna. Foto: Pepe Morón.

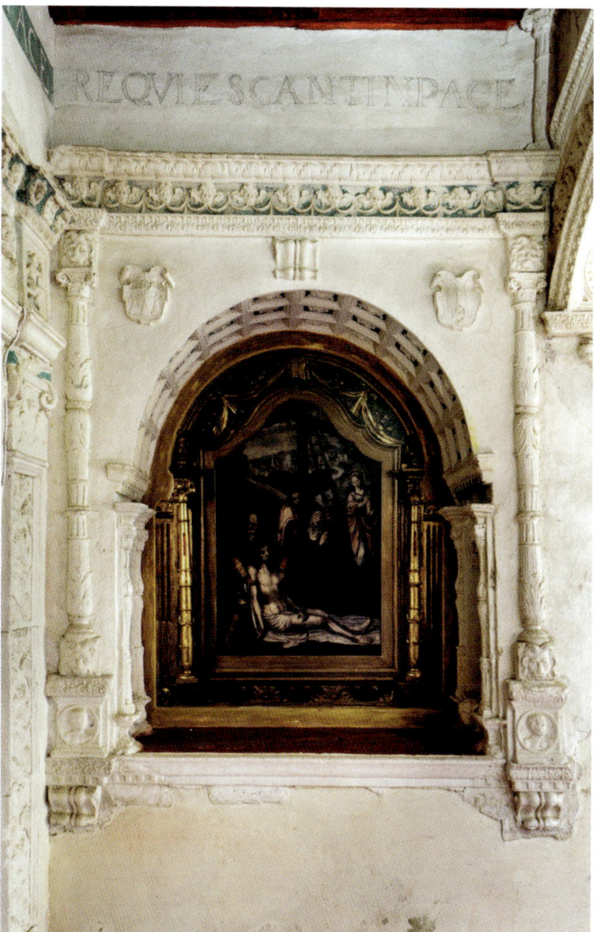

Fig. 27. Cuarta hornacina, muro norte, patio del Santo Sepulcro, ca.1545-1555. Osuna. © Amigos de los Museos de Osuna. Foto: Pepe Morón.

El segundo motivo por el que se produce el traslado de la *Virgen del velo* al interior, seguramente fue buscando acentuar el tema de la Pasión dentro de todas las escenas del patio. Esto justifica el cambio de esta *Virgen con el Niño* por el *Calvario* que se cita en el inventario de 1861. Este *Calvario*, por medidas y formato, debió de ser la tabla central del *Tríptico de la Crucifixión* que actualmente se conserva en la sala de la sacristía de la colegiata (Fig. 35). Esto explica que las alas laterales con el *Noli me tangere*, separados los personajes de la escena en ambas tablas, aparecieran en el mismo inventario de 1861 como "formando medio punto", es decir, uniendo ambas alas laterales. Las medidas coinciden con las de la tabla central: "Dos tablas formando medio punto de 1 v[ª][ra] alto y 1 v[ª][ra] menos 2 p[a]l[mos] ancho con el Y(…) y S[an] Juan moldura negra, endeble, está

en la sacristia"[112], aunque tienen dificultades para reconocer la iconografía. Posiblemente, son estas dos alas y la tabla central con el tema de la crucifixión, algunas de las obras que cita el arcipreste de Osuna en su relación de finales del siglo XIX que deben ser restauradas. Para ello contaban con el trabajo de un tal "Sr. Lucena", destacando que el trabajo estará "bien hecho por haberlas practicado el Sr. Lucena, artista de esa Ciudad [Sevilla] que creo que es el mismo que hizo la del notable cuadro de la Gamba en esa Yglesia Catedral de

---

112 "Ynventario de ornamentos, alhajas y efectos del Sto. Sepulcro de los Excmos. Sres. Duques de Osuna, hecho con intervención del Admor. D. Antonio de Contreras en 7 de agosto de 1861". CSIC, Archivo Francisco Rodríguez Marín, B.I.V. Historia, caja 19, 6.1. (8), pliego 1, fol. 1v.
Las medidas dadas en el inventario coinciden aproximadamente con el actual de las alas laterales. Las medidas expresadas en vara serían unos 84 x 56 cm, al estar ambas tablas unidas formando un medio punto.

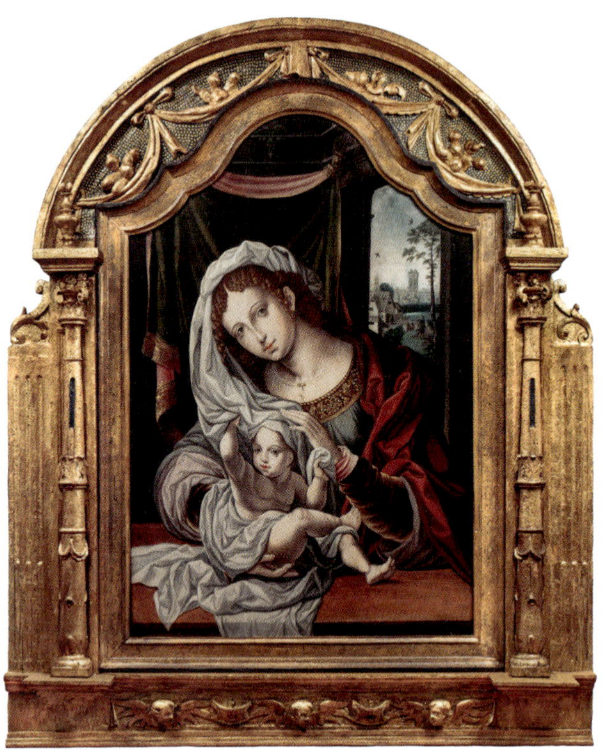

FIG. 28. Maestro de Osuna, *Virgen con el Niño* o *Virgen del velo*, ca. 1545-1555. Sacristía del Santo Sepulcro, Osuna. © Junta de Andalucía. Foto: Pepe Morón.

FIG. 29. Maestro de Osuna, *Adoración de los pastores*, ca. 1540-1545. Capilla de los reyes, colegiata de Nuestra Señora de la Asunción, Osuna. © Junta de Andalucía. Foro: Pepe Morón.

Sevilla"[113]. Aunque no hay datos concretos, por el momento, también cabría la posibilidad de pensar en que sería este mismo "restaurador" el que se encargase de volver a colocar en el marco original arquitectónico a la *Virgen del velo*, al desaparecer ese espacio como altar y convertirlo en puerta.

Sobre el *Tríptico de la Crucifixión y el Noli me tangere* no hay noticias hasta el siglo XIX. Se comprende la confusión en el tema de las alas laterales, pues no es muy común encontrar el episodio por separado. No se conoce el momento en que llega al conjunto del Santo Sepulcro. En el reverso de la tabla central sólo se ve una inscripción en tiza "Tota" (sic), y en los reversos de las alas laterales la policromía imitando piedras jaspeadas no evidencia ninguna inscripción que apunte si también formaría parte de los ornamentos de este espacio. De hecho, todas las obras que en origen estuvieron destinadas a las estancias

del Santo Sepulcro presentan en su reverso una inscripción indicándolo, como se ve en el reverso de la *Virgen del velo*, o en la tabla de la *Quinta Angustia*, de la que se hablará en breve, por poner dos de los ejemplos más evidentes (Figs. 36 y 37).

Lo que está claro es que la localización de estas cuatro pinturas flamencas en el patio, jalonando las pinturas murales, no ha sido fruto de la casualidad, sino que tienen una intención respecto al mensaje final en relación con todo el espacio del Santo Sepulcro. Por eso, es fundamental abordar el conjunto pictórico del patio como un todo. Así, en el muro este, donde estaba el altar de la *Virgen del velo*, se ha recreado la escena del *Paraíso* en una pintura mural que ocupaba todo el paramento (Fig. 39). Es el momento que, tras la creación, se produce la entrada en el mundo del pecado y la muerte. En el muro sur se representa la *Santa Cena* (Fig. 40). Su importancia se destaca al estar flanqueada por dos altares hornacina en cada lado. En el primero se ha colocado la pintura de la Natividad con la *Adoración de los Pastores*, es decir, la imagen que presenta a Dios hecho hombre que viene a vencer a la muerte a través de su encarnación y sacrificio; y, en el segundo, la *Despedida de Jesús de su madre*. Esta es una iconografía

____

113 R. de Besa Gutiérrez, "Intervenciones en el Santo Sepulcro…", *op. cit.*, p. 108.
Esta pintura "de la Gamba" se trata de la de la *Genealogía temporal de Jesús* de Luis de Vargas en la capilla de la Concepción de la catedral de Sevilla. E. Escuredo Barrado, "El retablo de la Alegoría de la Inmaculada Concepción de Luis de Vargas: algo más que una gamba", *Goya: Revista de arte*, 382, (2023), pp. 15-32.

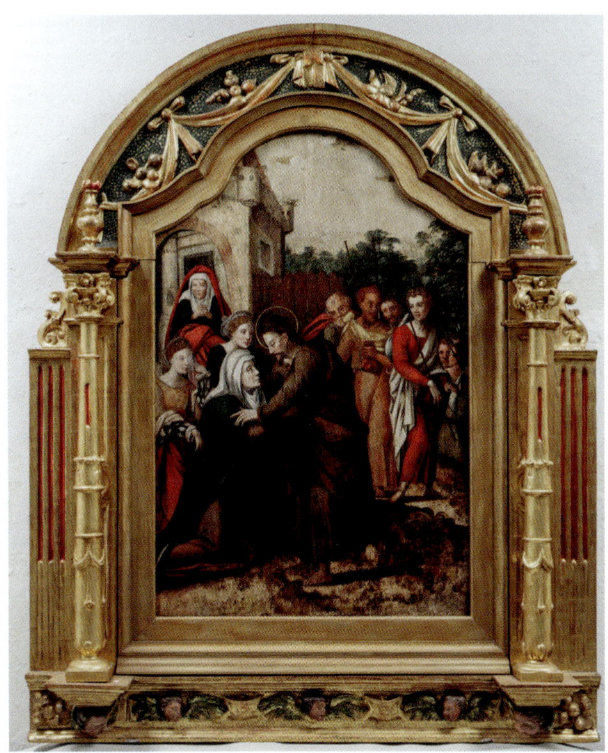

FIG. 30. Maestro de Osuna, *Jesús despidiéndose de su madre antes de entrar en Jerusalén*, ca. 1545-1555. Capilla de los reyes, colegiata de Nuestra Señora de la Asunción, Osuna. © Junta de Andalucía. Foto: Pepe Morón

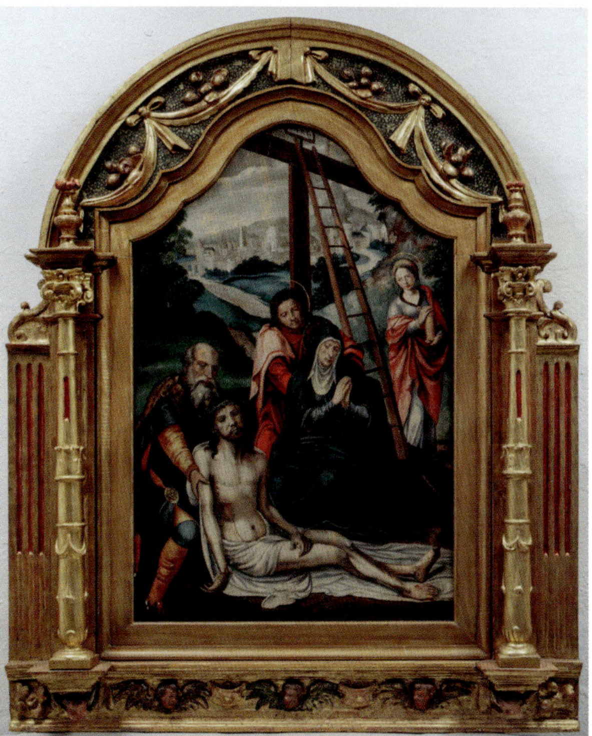

FIG. 31. Maestro de Osuna, *Lamentación ante el cuerpo muerto de Jesús*, ca. 1540-1545. Capilla de los reyes, colegiata de Nuestra Señora de la Asunción, Osuna. © Junta de Andalucía. Foto: Pepe Morón.

no muy habitual. Se ha relacionado con el momento previo en el que Jesús se dirige a Jerusalén donde será crucificado. Antes de asumir su destino se despide de su madre[114]. Por eso, la *Santa Cena*, situada entre el momento en que Dios nace como hombre y el momento en que como hijo de Dios asume su sacrificio, es uno de los más trascendentales dentro de la historia de la salvación. Su holocausto pasará a ser conmemorado en cada eucaristía al recrear la Santa Cena, el momento en que Jesús transforma el pan y el vino en imagen de su cuerpo inmolado por la salvación y, por tanto, la presencia real de Dios entre los hombres.

En el muro oeste, entre dos puertas, la que sube al piso superior y la del antiguo capítulo, está la escena de *Pentecostés* (Fig. 41). Dios envía a su Espíritu de modo que el hombre nunca esté solo, sino que cuente con su presencia leal, al igual que en la eucaristía. Finalmente, en el muro norte, la hornacina con la *Lamentación sobre el cuerpo de Cristo* da paso a la escena del *Juicio Final* (Fig. 42). Un Cristo

de la misericordia, aún visible, divide las almas virtuosas de aquellas que deben pasar por un purgatorio, mostrando que Dios venció a la muerte. Un hecho que no ocurriría sin la aceptación de María de su destino, por eso se vuelve a terminar en ese altar de la *Virgen con el niño* del muro este.

Aunque las pinturas murales están en muy mal estado de conservación[115], lo que ha quedado de ellas, en especial en las partes altas del muro sur y norte con la *Santa Cena* y el *Juicio Final*, revela las trazas de un artista con personalidad definida, que sabe componer bien en el espacio generando

---

114 *Meditaciones de San Buenaventura*. L. Réau, *Iconografía del arte cristiano. Iconografía de la biblia*, 1, vol. 2, Barcelona, ed. Serval, 1996, p. 411.

115 A comienzos del siglo XXI, se llevaron a cabo tareas de consolidación de esta pintura mural por parte de la Junta de Andalucía. Se ha intentado acceder al informe del proceso (entre enero y julio de 2021), pero en ninguna de las instancias a las que se preguntó conservan copia del mismo. Fuentes orales en Osuna, nos comunicaron que las pinturas estaban mejor antes de la intervención, pues se aplicó un producto con intención de preservarlas de la intemperie al estar en un patio abierto, cuyo resultado no ha sido del todo el deseado.

Serrera ya había adelantado que estaba estudiando estas pinturas murales. J. M. Serrera, "La pintura mural sevillana del siglo XVI y su influencia en México", en *Primeras Jornadas de Andalucía y América*. La Rábida, vol. 2 (1981), pp. 323-336, (esp. 336 nota 20). Desgraciadamente, nada se sabe de este trabajo inédito del malogrado historiador.

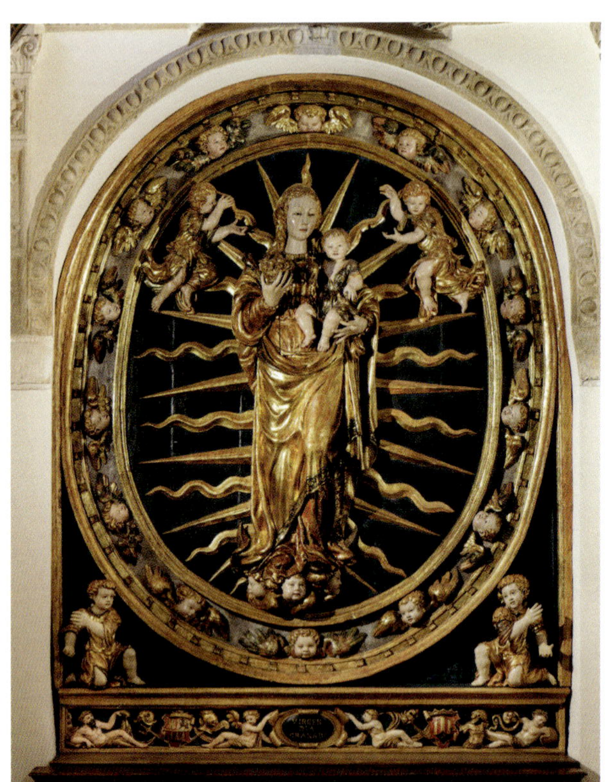

profundidad y donde la arquitectura va a ser un elemento fundamental de la estructuración de la escena. En la *Santa Cena*, el detalle de los dos criados saliendo por la puerta de la izquierda, muestra unas figuras bien esbozadas y proporcionadas, expresivas en sus gestos, que recuerdan, precisamente, el trabajo de algunos de los artistas documentados colaborando en el recinto del Santo Sepulcro (Fig. 38).

No es extraño que estas pinturas murales fueran ejecutadas por alguno de esos artistas que estaban implicados en los trabajos del Santo Sepulcro entre 1540 y 1560. De hecho, la coherencia de todos estos espacios hace pensar que el programa fue planteado de forma previa, probablemente, por una persona versada.

Lamentablemente, aunque no contamos, por el momento, con la documentación que avale esta hipótesis en relación con los trabajos de Osuna, salvo las obras conservadas y su encaje dentro del espacio donde fueron colocadas, sí hay precedentes de esta forma de actuación. Es el caso de las obras de la catedral de Granada y el trabajo de supervisión por parte de Diego de Siloé (Burgos,

ca. 1495-Granada, 1563) de la ejecución de las vidrieras... para la cabecera de este edificio por parte de Juan del Campo y el maestro vidriero que Teodoro de Holanda había contratado en Amberes[116], controlando que las escenas se ajustaran al programa dado[117]. Por otro lado, algunos documentos relativos a obras emprendidas en el conjunto de Osuna desde 1530 a 1547, fuera de la producción flamenca que aquí se analiza, sí inciden en esta misma idea de un programa dictado. Es el caso del *Retablo del Sagrario* en la capilla del evangelio en el presbiterio de la colegiata (Fig. 43). El contrato firmado el 2 de octubre de 1531 con el pintor Juan de Zamora por parte del rector de la iglesia, señala que la labor de Zamora consistía en "pintar y dorar el sagrario, hecho en casa de los hortegas". Sobre el sagrario se colocaría una "storia que le fuese señalada o será la cena del señor o será su trasfiguración", y en las calles laterales cuatro tablas con los cuatro doctores de la Iglesia[118]. La escena elegida finalmente para la calle central es la *Santa Cena*, variando completamente los temas de las tablas laterales. Es un contrato del 28 de junio de 1532, firmado de nuevo por el pintor y el rector de la iglesia, el que explica que sustituyen "los cuatro doctores por cuatro istorias las cuales yo el dicho

---

116 Hasta fechas recientes se había pensado que Teodoro de Holanda era un maestro vidriero que había concertado con la catedral de Granada parte del programa de las vidrieras. Sin embargo, la revisión de la documentación de la catedral de Granada publicada en 1976 por Nieto Alcaide, junto con el decisivo hallazgo de Jan van Damme en julio de 2022, sacando a la luz un documento del 5 de octubre de 1556, ratifica que Teodoro de Holanda, tal como era conocido en España, era Dierick Henrickss, un comerciante de productos flamencos en la península y no un maestro vidriero. Jan van Damme, "Teodoro de Holanda et les projects pour les vitraux de la cathédrale de Grenade", en *30th International Colloquium of the Corpus Vitrearum. The Concept and Fabrication of Stained Glass from the Middle Ages to the Art Nouveau*, Barcelona, Cerdanyola del Vallès, Girona, July, 2022, pp. 59-65; A. Diéguez-Rodríguez, "Coexistence of different nationalities and multidisciplinarity in the artistic workshops of the ancient kingdoms of Seville and Granada in the mid-16th century", en *Artists, Agents and Patrons from the Low Countries in the Iberian World*, Symposium, Brussels, 9 December, 2022.

117 E. E. Rosenthal, *La Catedral de Granada: un estudio sobre el Renacimiento Español*, ed. Juan Santana Lario, Editorial Universidad de Granada, 2°. ed., 2015, pp. 125-132; Nieto Alcaide, *La vidriera del Renacimiento en Granada*, Diputación de Granada, 2002, p. 75.

118 Juan de Zamora se compromete en entregar la obra un año. J. Hernández Díaz, *Arte y artistas del Renacimiento en Sevilla...*, *op. cit.*, p. 102; M. Rodríguez-Buzón Calle, *La colegiata de Osuna...*, *op. cit.*, p. 79.

juan de Zamora tengo fablado e platicado"[119]. El retablo se conserva en el lugar para el que había sido encargado, y puede verse que las escenas laterales que ocupan la calle del evangelio son la *Transfiguración del Señor* —tema que se había pensado el año antes para la calle central—, la *Ascensión del Señor*; y en la calle de la epístola, la *Resurrección* en el primer cuerpo, y el *Juicio Final* en el segundo cuerpo[120].

Esta coherencia temática se aplica en otros conjuntos retablísticos concertados en ese momento para Osuna, como fue el *Retablo de la Inmaculada Concepción de María*. Obra encargada en Sevilla al entallador Nicolás de León por el conde de Ureña en fecha anterior a 1547[121]. No se ha localizado el documento original de este encargo por parte del conde al entallador. Sin embargo, las noticias indirectas que se conservan permiten saber que la comisión debió de ser hecha antes de junio de 1547, pues es en esa fecha cuando el entallador hace alusión a este compromiso con el conde al subcontratar los servicios del pintor flamenco asentado en Sevilla, Hernando de Esturmio, al que necesita para realizar "syete tableros" para ese retablo con los cuatro doctores de la Iglesia y tres escenas de la

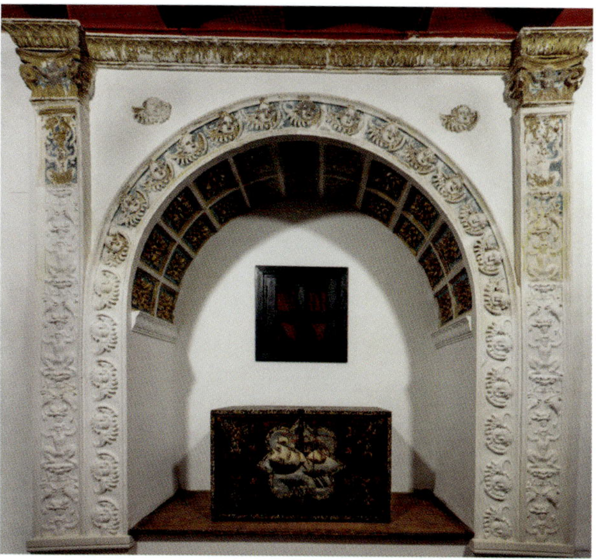

Fɪɢ. 33. Interior de la puerta de acceso al pasillo de la sacristía del Santo Sepulcro. Ahora cegada.

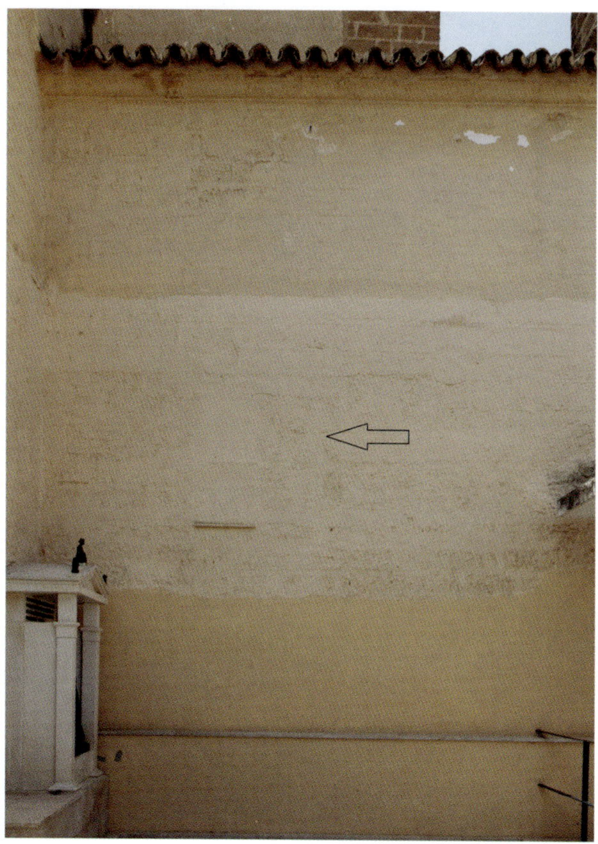

Fɪɢ. 33. Muro exterior del pasillo de la sacristía del Santo Sepulcro con evidencias del arco de entrada desde el exterior. Osuna. © Amigos de los Museos de Osuna. Foto: Pepe Morón.

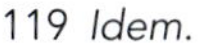

119 *Idem.*
   Es interesante apuntar que el retablo mayor de la iglesia de Santa María de Jesús en Sevilla, conocido como el retablo de Maese Rodrigo de Santaella, fue concertado con el que se considera el maestro de Juan de Zamora, Alejo Fernández, en 1520, donde aparecen los cuatro doctores de la Iglesia en las calles laterales del primer cuerpo. Pero, aún es más singular que el *Retablo sacramental* de la iglesia de San Juan Bautista de Marchena, obra realizada en el taller de los Ortega y con esculturas de los cuatro padres de la Iglesia en las calles laterales de Roque de Balduque entre 1558 y 1560, está repitiendo el mismo esquema iconográfico planteado para el *Retablo del Sagrario de Osuna* en el documento de 1531 y que luego se varió. Sobre este retablo de Marchena: J. L. Ravé Prieto, *Arte religioso en Marchena, siglos XV al XIX,* (s.n), 1986, p. 22; F. J. Herrera García, "Los orígenes de una afortunada creación artística. El retablo gótico en Sevilla", en *El retablo sevillano, desde sus orígenes a la actualidad,* ed. F. Halcón, F. Herrera, A. Recio, Fundación Real Maestranza de Caballería de Sevilla, Diputación de Sevilla, Fundación Cajasol, Sevilla, 2009, p. 56.
120 Angulo apunta a la diferencia de estilo en estas tablas, señalando la probable interacción de dos artistas diferentes. D. Angulo, "El pintor Juan de Zamora", *Archivo Español de Arte,* 12, 36 (1936), p. 203.
121 Así se especifica en el propio documento por parte de Esturmio. "(…) e me obligo de vos pintar (…) para un retablo que vos el d[ic]ho nicolao de león teneis a v[uest]ro cargo del señor conde de Ureña (…)". Archivo de Protocolos de Sevilla (AHPSe), *Oficios 1,* Libro 1, 1547, fol. 778. Trascripción de J. Gestoso Pérez, *Apéndice al ensayo de un diccionario de los artífices que florecieron en Sevilla desde el s. XIII al XVIII inclusive,* Sevilla, 1908, p. 306.

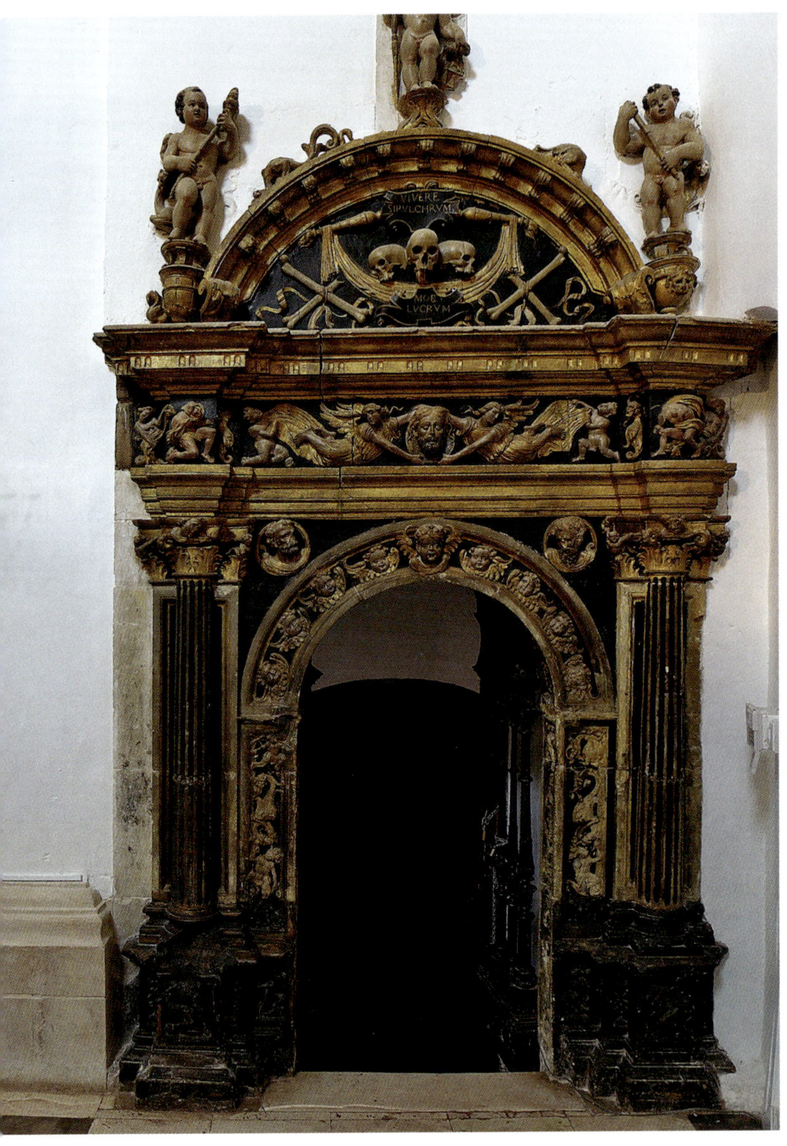

Fig. 34. Puerta de entrada a la capilla del Santo Sepulcro a través de la capilla de la Inmaculada Concepción. Osuna, capilla de la epístola en el presbiterio de la colegiata de Nuestra Señora de la Asunción. © Amigos de los Museos de Osuna.

infancia de Jesús[122]. El contrato de la pintura lo firman ambos artistas el 1 de junio de 1547, y se especifica de forma muy concreta la temática, la postura, vestimenta y colocación de los atributos de los doctores de la Iglesia, mientras las escenas de la infancia de Cristo son más genéricas en su descripción:

"Un sant geronimo de pinzel vestido como cardenal sentado con una iglesia en la mano e libros a los pies; Un san Gregorio ansymismo de pinzel vestido como papa con su tiara e sentado con el espíritu santo en el [h]onbro y en la mano ansimismo la iglesia y libros á los pies; Un san agustin de pinzel vestido como obispo para decir misa sentado y la yglesia en la mano y a los pies libros; Un sant anbrosio de pinzel que este de la misma forma e manera que san agustín; la santísima encarnación del hijo de dios e n[uest]ra señora de pinzel; el sancto nasçimiento de n[uest]ro señor i[e] su xp[ist]o ansimismo de pinzel, los tres reyes magos ansimismo de pinzel"[123].

Esturmio tenía que entregar las pinturas para antes del 29 de septiembre de 1547 "Obligose [Esturmio] a pintarlos de buena obra a vista de maestros del oficio desde el día de la fecha de la escritura [1 de junio] hasta el de san miguel del mismo año"[124]. El tener un periodo de tiempo de ejecución tan concreto por parte del pintor, indica que la parte retablística y escultórica ya estaba terminada, o muy avanzada, por parte de Nicolás de León. Lamentablemente, parece que el entallador no llegó a asentar el retablo, pues falleció entre julio y agosto de ese mismo año, como declaran sus herederos en febrero de 1548[125].

Este retablo con las escenas pintadas de Esturmio de 1547 se pensó que se había perdido, pero Mayer, en 1911, lo vincula con el que ocupa el altar mayor de la capilla de la universidad de Osuna[126] (Fig. 44). La armazón del siglo XVI de Nicolás de León no ha llegado a nuestros días, pero las pinturas sí, al ser recolocadas en el retablo actual del siglo XVIII. Posiblemente esta reubicación de las tablas se realizó en 1786, año que aparece inscrito en una grafía diferente en la esquina inferior del libro abierto en el primer plano de la tabla con la figura de *San Gregorio Magno*[127] (Fig. 45).

---

122 AHPSe, *Oficios 1*, Libro 1, 1547, fol. 778. Trascripción de J. Gestoso Pérez, *Apéndice al ensayo de un diccionario…*, *op. cit.*, pp. 305-306; J.M. Serrera Contreras, *Hernando de Esturmio…*, *op. cit.*, p. 92.

123 AHPSe, *Oficios 1,* Libro 1, 1547, fol. 778. Trascripción J. Gestoso Pérez, *Ensayo de un diccionario de los artífices que florecieron en Sevilla desde el s. XIII al XVIII inclusive*, Sevilla, 1909, p. 306.

124 AHPSe, Oficios 1, Libro 1 del año 1547, fol. 778. Trascripción J. Gestoso Pérez, *Ensayo de un diccionario…*, *op. cit.*, p. 306.

125 Esta noticia sobre Nicolás de León la da Gómez Sánchez en 2015. J. A. Gómez Sánchez, "Hernando de Esturmio. Un pintor neerlandés en la Sevilla del Renacimiento", en *El San Roque del convento de Santa Clara: una obra maestra de Esturmio restaurada, op. cit.*, p. 39, nota 81. Este dato sirve al autor para preguntarse sobre el estado del retablo y si llegó a terminarlo el dicho Nicolás de León.

126 A. L. Mayer, *Die Sevillaner Malerschule*, Leipzig, 1911, p. 44, ed. trad. D. Romero, *Escuela sevillana de pintura*, Cajasol, Sevilla, 2010, p. 75.

127 Véase catálogo n.° 25.07 en estas páginas.

Las pinturas conservadas de Esturmio coinciden tanto con la descripción del contrato de 1547 como con el estilo del artista. Si el retablo de Nicolás de León y de Esturmio fue el que se hizo en un primer momento para la capilla de la universidad, al relacionar con él las noticias de 1547 y 1548, pudo ser colocado en esa capilla antes del 8 de diciembre de ese último año. Pues el día de la Inmaculada Concepción, el obispo de Marruecos, Sancho Díaz de Trujillo, bendijo la capilla del edificio y es la fecha que figura en la escritura de donación por parte del IV conde de Ureña[128]. Sin embargo, no es segura que esta hubiera sido la ubicación primera de este retablo. Se supone por la advocación de estas pinturas de Esturmio, que encajan con la dedicación a la Inmaculada Concepción de María del edificio[129], pero, en la colegiata, también hay otra capilla dedicada a la Inmaculada Concepción situada en el lado de la epístola del presbiterio que también era prerrogativa de los Ureña, y donde este retablo encargado a Nicolás de León y Esturmio también tendría sentido.

Esta capilla de la Inmaculada Concepción de Nuestra Señora de la colegiata fue entregada por el IV conde de Ureña a la universidad el 7 de octubre de 1552, con el fin de que sirviera de lugar de enterramiento para "los dichos Rector, cançellarios, collegiales, cathedrativos, Doctores [y] maestros" del colegio y universidad que no

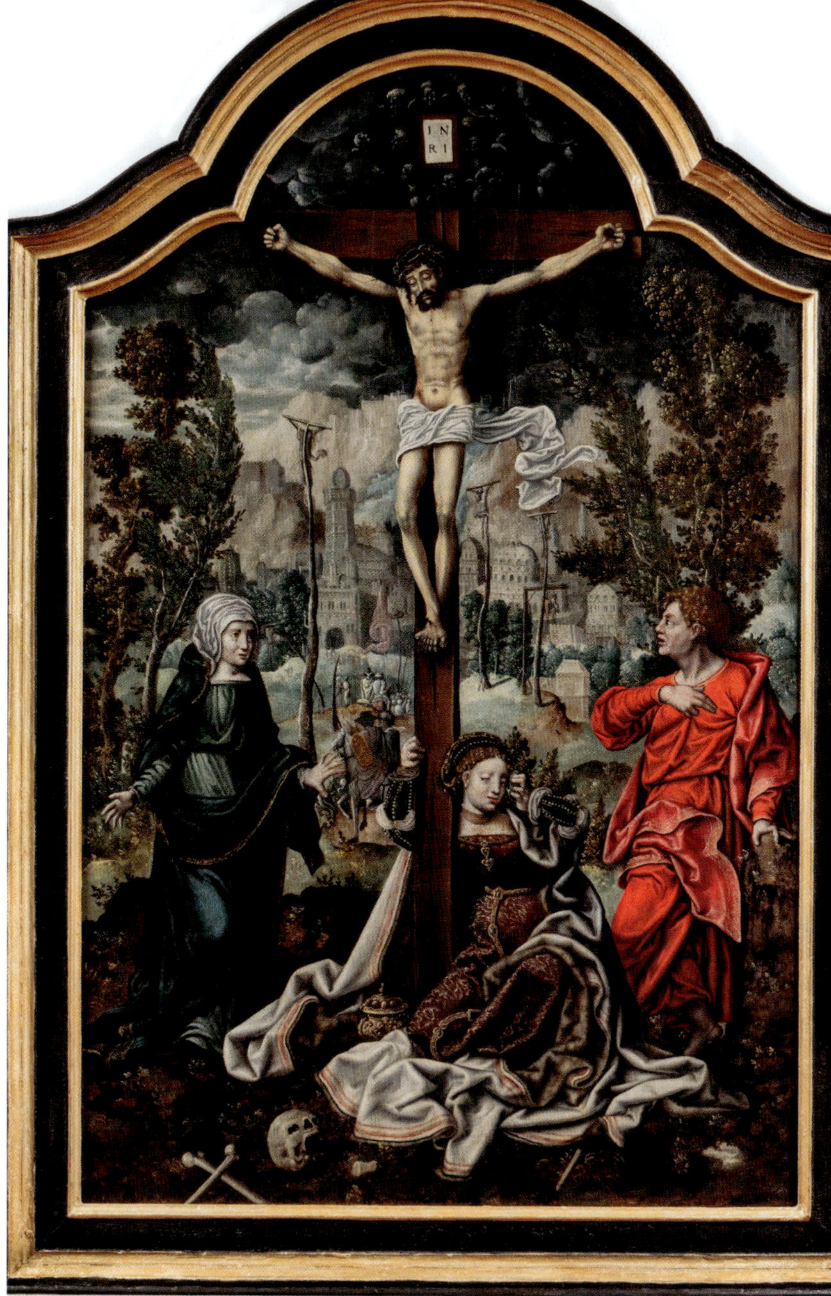

Fig. 35. Anónimo flamenco, *Calvario*, tabla central del *Tríptico de la Crucifixión*. Saleta de la sacristía de la colegiata de Nuestra Señora de la Asunción, Osuna. © Junta de Andalucía. Foto: Pepe Morón.

fueran naturales de Osuna[130]. Esta relación con la casa de los Ureña, y luego de los Osuna, continuó

---

128 Archivo de la Universidad de Osuna (en adelante AUO), Sig. Prov. Leg. 9. *Escritura de donación del Collegio de la Santa Concepcion*, 8 de diciembre de 1548, fol. 4r-4v; M. S. Rubio Sánchez, *El colegio-Universidad de Osuna…, op. cit.*, p. 19.

129 El edificio de la universidad se estaba levantando a la par que las obras de la iglesia y capilla del Santo Sepulcro, pero no con la premura con la que debieron ser ejecutadas las últimas. De hecho, es posible que existiera un primer proyecto con el que se comenzara la construcción de la universidad, como parecen evidenciar las referencias arqueológicas y antiguas imágenes en relación con la parte de la fachada, capilla y sala de grados. Estos espacios son los que debieron de servir de base para la fundación solemne del día de la Inmaculada de 1548, completándose, poco a poco, el resto del edificio a lo largo de los siglos siguientes. P. J. Moreno de Soto y J. Ildefonso Ruiz Cecilia, "El antiguo edificio de la Universidad de Osuna", *Cuadernos de los Amigos de los Museos de Osuna*, 9 (2007), pp. 48 y 51.

130 M. Merry y Colón, *Del origen, fundación, privilegios y excelencias de la Universidad de Osuna*, Madrid, 1868, p. 23; F. Rodríguez Marín, "Provisión del conde don Juan, haciendo merced de la capilla de Nra. Sra. de la Concepción, a favor de la universidad para enterramiento de las personas que de ella falleciesen", en *Apuntes y documentos para la historia…, op. cit.*, ed. facsímil, p. 120; M.ª S. Rubio Sánchez, *El*

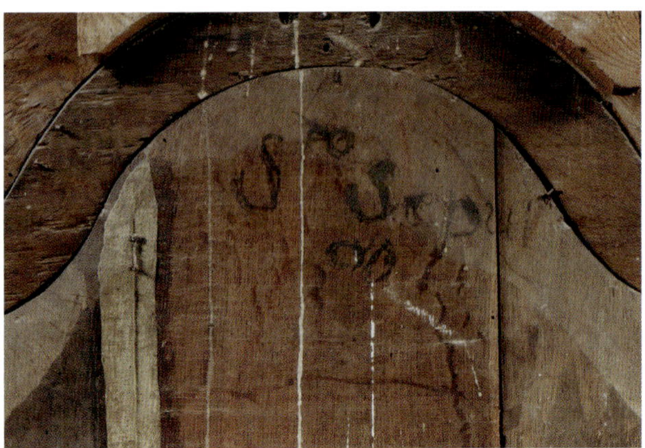

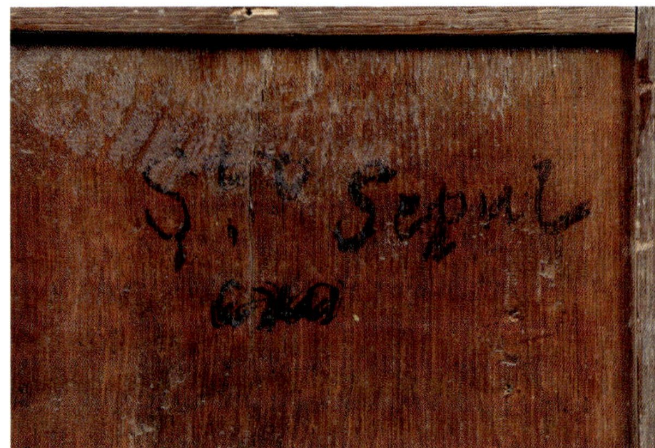

Fig. 36. Maestro de Osuna, *Virgen del velo*, reverso con la inscripción de "Santo Sepulcro". Sacristía del Santo Sepulcro, Osuna. © Junta de Andalucía. Foto: Pepe Morón.

Fig. 37. Anónimo flamenco, *Quinta Angustia*, reverso con la inscripción de "Santo Sepulcro". Pasillo de la sacristía de la colegiata Nuestra Señora de la Asunción, Osuna. © Junta de Andalucía. Foto: Pepe Morón.

en el tiempo. En 1771, esta capilla rehace su retablo, y fue Pedro Zoilo Téllez-Girón, VIII duque de Osuna (Madrid, 1728-1787), quien dona una lámpara, el retablo y la imagen titular para presidir la capilla[131]. En el centro de la bóveda de crucería de este espacio está el escudo de los condes de Ureña, y en el centro del ático del nuevo retablo, estaba un blasón de madera policromada de la casa ducal, que actualmente se ha traslado a otras dependencias de la colegiata[132], ratificando que la capilla les pertenecía. El caso es que el cambio en el retablo de esta capilla hacia 1771[133], encaja bien con el momento en que parece que se colocaron las siete escenas de Esturmio en el nuevo retablo de la capilla de la Universidad de Osuna. Una obra también realizada en la segunda mitad del siglo XVIII, donde la fecha de 1786, a la que ya se ha referido, inscrita en una grafía más moderna sobre el libro abierto en el primer plano de la pintura de *San Gregorio Magno*, quizá sea testimonio del año del cambio de ubicación y asentamiento del retablo.

Incidiendo en esta hipótesis que propone situar en un primer momento estas pinturas de Esturmio de los cuatro doctores de la Iglesia y de la vida de la Virgen en relación con la infancia de Cristo en la colegiata, hay que tener en cuenta que la iconografía de los cuatro doctores de la Iglesia en un retablo para la iglesia ya se había tenido en cuenta en 1532, en el contrato citado que firmaran Juan de Zamora y el rector de la iglesia para el *Retablo del Sagrario*[134]. Una propuesta para las calles laterales que se cambia por las cuatro escenas en relación con la apoteosis de Jesús que hoy se conservan. No obstante, cabe preguntarse si este cambio de los cuatro padres de la Iglesia pudo deberse a que su presencia era más adecuada en un retablo relacionado con la advocación de la Virgen, en especial con aquel que defiende su Concepción Inmaculada, donde los escritos de los doctores de la Iglesia son un precedente a este dogma que se estaba defendiendo en pleno siglo XVI.

Llegados a este punto, con todos estos datos, es importante apuntar a las noticias documentales de otro retablo concertado para Osuna que, por fecha y artífices implicados, también podría encajar para uno de los espacios principales de la colegiata. Se trata de un documento de 1534 trascrito por Gómez Sánchez en 2010[135]. Arnao de Vergara renuncia a su parte en el contrato que previamente había firmado

---

colegio-Universidad de Osuna…, *op. cit.*, p. 148; P. J. Moreno de Soto, *Teatro de Triunfos…*, *op. cit.*, p. 370.

131 Antonio Palomo Páez de Cañete se encarga del retablo y la escultura es de Diego Martínez. P. J. Moreno de Soto, "Esculturas y retablos antequeranos en el patrimonio artístico de Osuna", *Cuadernos de los Amigos de los Museos de Osuna*, extra 16 (2014), pp. 110-111.

132 P. J. Moreno de Soto, *Teatro de Triunfos…*, *op. cit.*, p. 370.

133 Es curioso que, precisamente, un año después de haber terminado de dorar el retablo mayor, abril de 1770, se hace el nuevo retablo para la capilla de la Inmaculada Concepción con esta estructura también del siglo XVIII. Los dos espacios con patronazgo de los Osuna se ven unificados visualmente por los nuevos retablos dieciochescos.
Sobre el retablo mayor de la colegiata del siglo XVIII véase p. 65 y notas 153 a 155 en este texto.

134 J. Hernández Díaz, *Arte y artistas del Renacimiento en Sevilla…*, *op. cit.*, p. 102.

135 Gómez Sánchez trascribe el documento y deja abierta la cuestión de si el retablo fue ejecutado o se perdió. J. A. Gómez Sánchez, "De Arnao de Vergara a Vicente Menardo. Nuevos documentos de artistas vidrieros del Renacimiento sevillano", *Laboratorio de arte*, 22 (2010), pp. 55, 57 y 65-66.

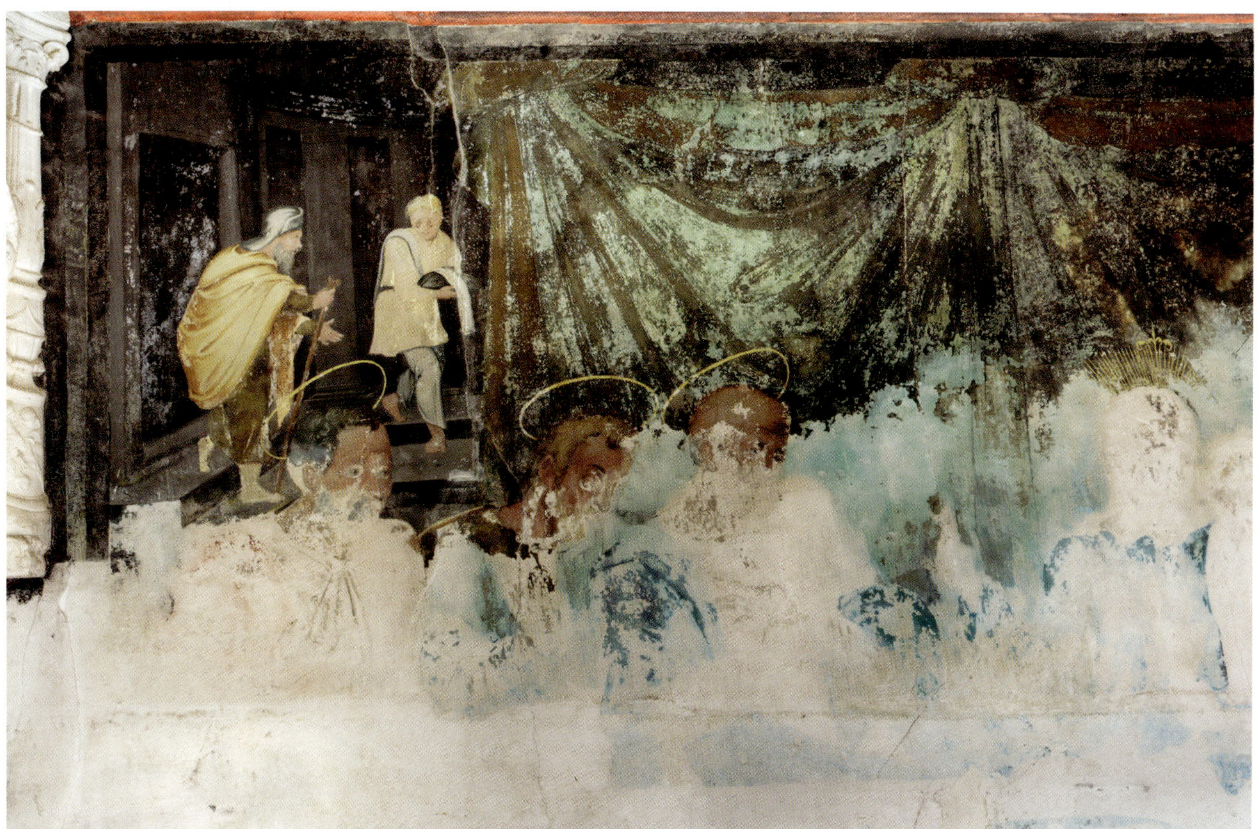

Fig. **38.** Detalle del fragmento de la *Santa Cena*. Patio del Santo Sepulcro, Osuna. © Amigos de·los Museos de Osuna. Foto: Pepe Morón.

con el entallador Nicolás de León para la realización de un retablo para la iglesia de la villa de Osuna, y que ambos habían subscrito de forma mancomunada. Lamentablemente, ese documento no especifica de forma clara cuál era la iglesia y la ubicación del mismo. Sin embargo, al indicarse que era para la "iglesia de la dicha villa de Osuna", quizá se pueda relacionar con la colegiata, que funcionaba por entonces como iglesia del núcleo urbano. Si esto fuera así, este documento está explicando cómo Arnao de Vergara deja a Nicolás de León la "fechura del dicho retablo porque ambos de compañía lo tomamos"[136]. El uso del vocablo "fechura" puede ser confuso para nosotros, y pensar que se trata de la realización concreta de la obra, pero en la época, como explica Sebastián de Covarrubias en su *Tesoro de la lengua castellana*, se entiende por primera acepción de "Hechura": la forma de la cosa, fuera de los materiales[137]. Esto lleva a pensar que, quizá,

a lo que está renunciando Arnao de Vergara es a los diseños o bocetos del retablo o de las escenas en él contenidas[138], pues esa "hechura" no indica si se trata de la propia arquitectura del retablo o de las historias en él representadas. Como hipótesis, y atendiendo a que en este documento de renuncia de Arnao de Vergara están firmado como testigos Martín de Gaínza, "aparejador de la Santa Yglesia de Sevilla", y Juan Picardo, "cantero vecino desta dicha çibdad" [Sevilla] "todos de mancomún... e como principales debdores", quizá a lo que Arnao de Vergara está precisamente renunciando es a las "hechuras" de las escenas a representar en el retablo, y no tanto a la estructura, que podría ser planteada no sólo por Gaínza sino por el propio Nicolás de León.

De hecho, no es la primera vez que se tiene constancia del traspaso de modelos que deben ser

---

136 J. A. Gómez Sánchez, "De Arnao de Vergara a Vicente Menardo. Nuevos documentos…", *op. cit.*, pp. 65-66.

137 "Hechura, la forma de la cosa, como dezir. Este vaso es de buena hechura. Otras vezes significa el precio del trabajo del oficial, fuera de los materiales, que el Italiano llama ma-

nifatura, el Castellano las manos, como la hechura, o echuras del sayo, y capa que se da al sastre. En Latin se llama opus". Sebastián de Covarrubias Orozco, *Tesoro de la lengua castellana o española*, Madrid, 1674, fol. 50v.

138 J. A. Gómez Sánchez, "De Arnao de Vergara a Vicente Menardo. Nuevos documentos…", *op. cit.*, pp. 55 y 57.

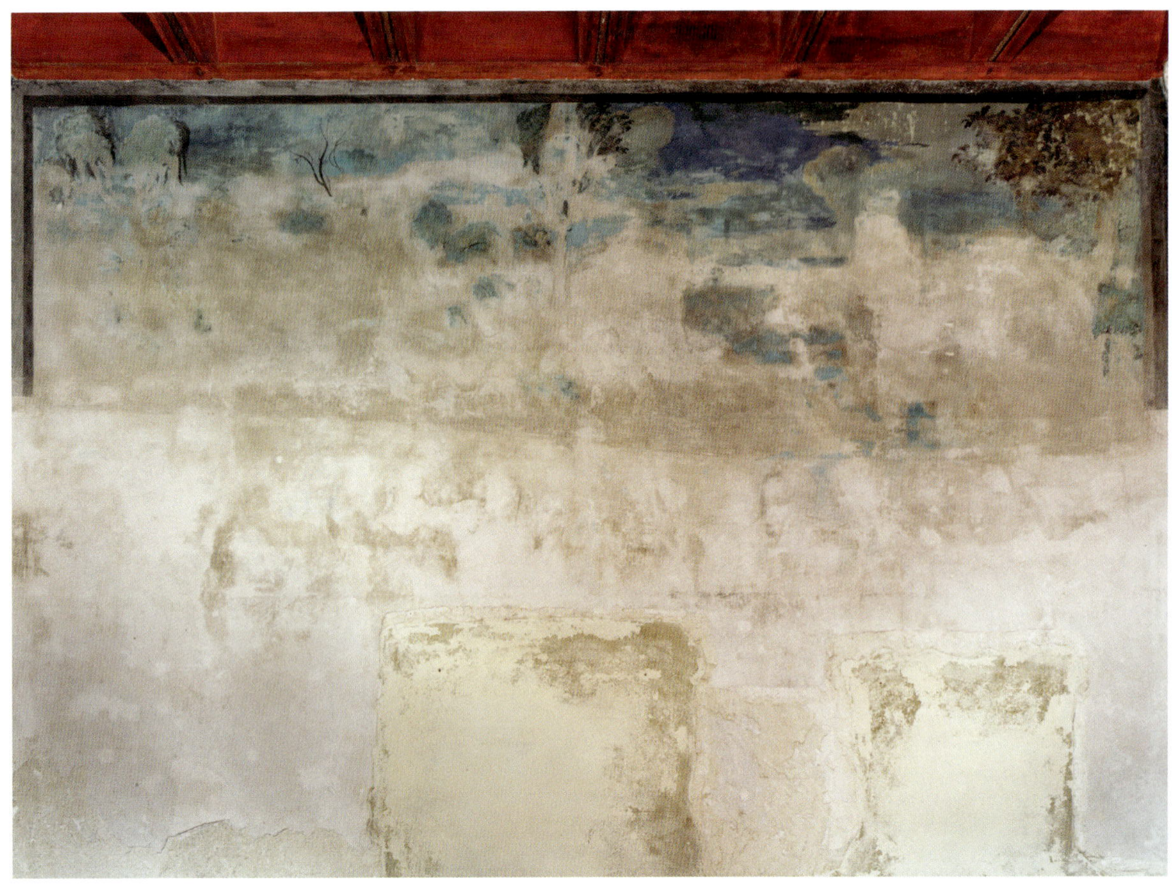

Fig. 39. Fragmento de pintura mural con el *Paraíso y Expulsión de Adán y Eva*. Patio del Santo Sepulcro, Osuna. © Amigos de los Museos de Osuna. Foto: Pepe Morón.

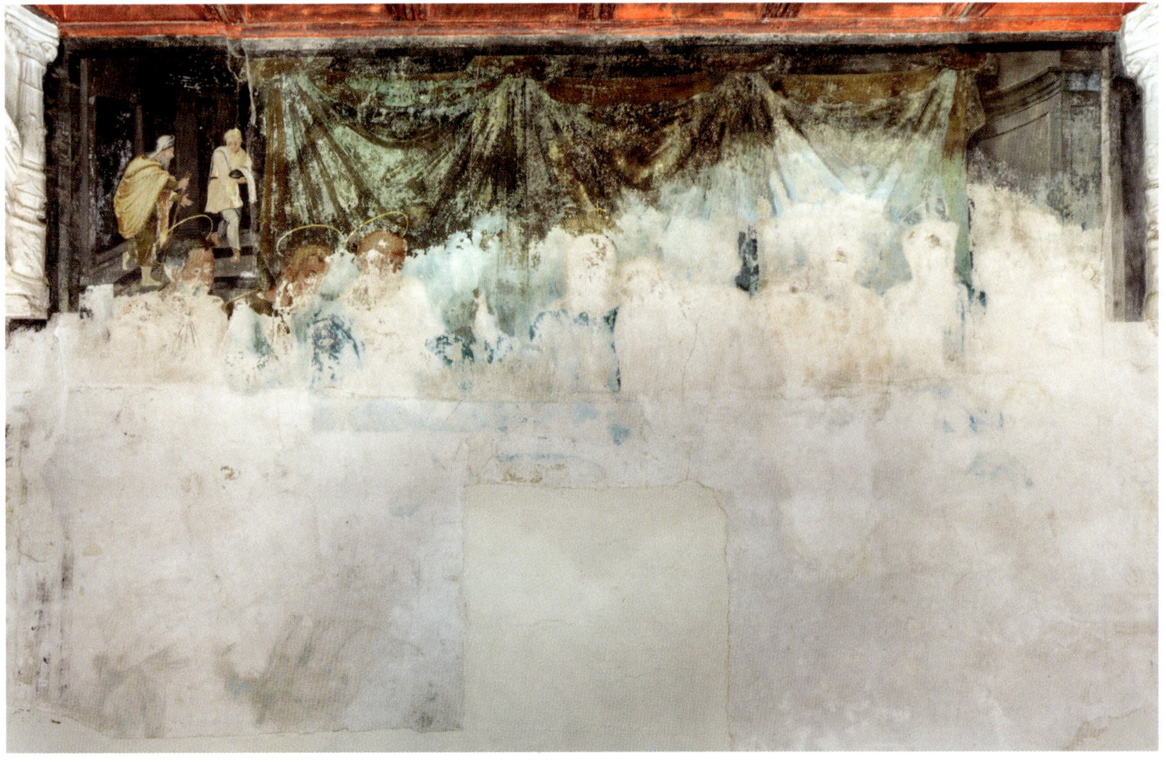

Fig. 40. Fragmento de pintura mural con la *Santa Cena*. Patio del Santo Sepulcro, Osuna. © Amigos de los Museos de Osuna. Foto: Pepe Morón.

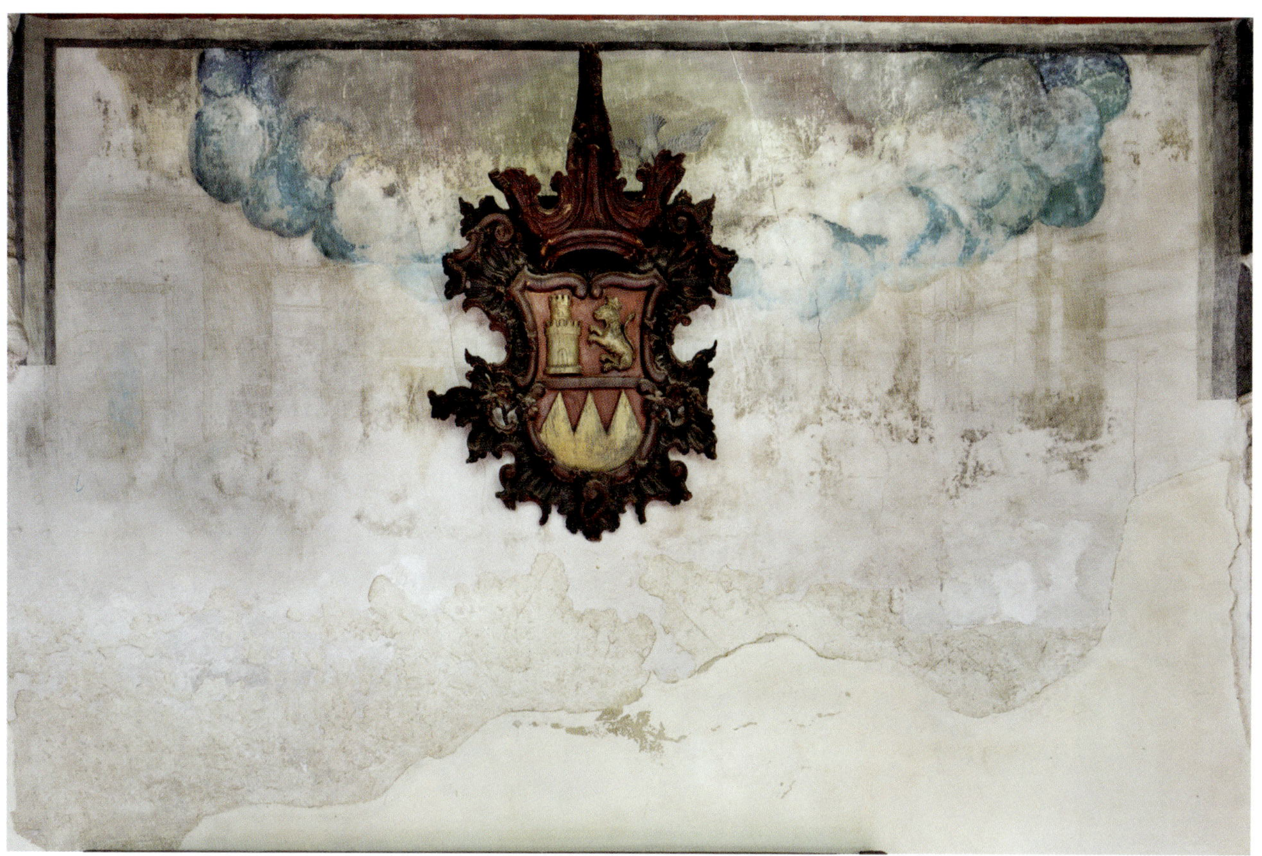

Fɪɢ. **41.** Fragmento de pintura mural con *Pentecostés*. Patio del Santo Sepulcro, Osuna. © Amigos de los Museos de Osuna. Foto: Pepe Morón.

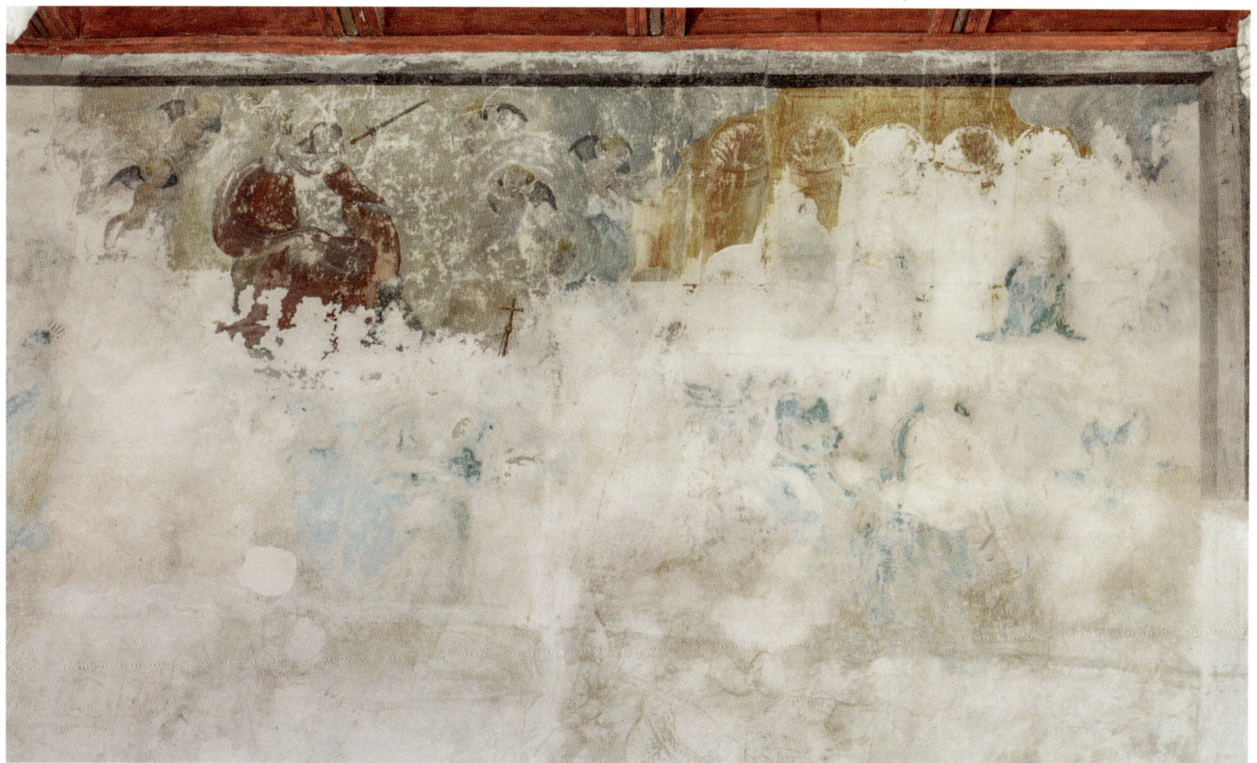

Fɪɢ. **42.** Fragmento de Pintura mural con el *Juicio Final*. Patio del Santo Sepulcro, Osuna. © Amigos de los Museos de Osuna. Foto: Pepe Morón.

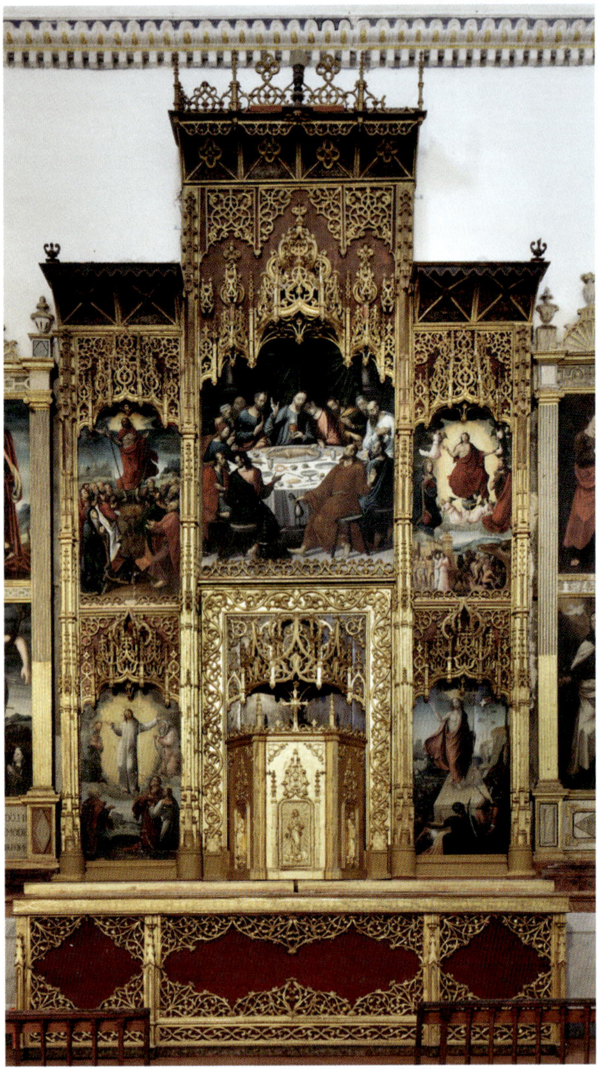

seguidos por otro artista. En febrero de 1551, Estacio de Bruselas, pintor flamenco asentado en Llerena (Extremadura), contrata a Luis de Vargas, pintor vecino de Sevilla, para que este pinte y coloree diez tableros para un retablo que el primero tenía concertado[139]. Vargas debe hacer el trabajo sobre los soportes ya "aparejados y enyesados" que le hace llegar Estacio de Bruselas a Sevilla, y seguir las historias que el flamenco le indicase. En junio de 1552, se estaba pidiendo a Pedro de Campaña un diseño de una historia, posiblemente en relación a Isaías, para la capilla real de la catedral de Sevilla,

que fue llevada a relieve por el entallador Lorenzo de Bao. Un año después, se vuelve a recurrir al pintor flamenco, para los diseños de tres reyes, y para otros tres, en febrero de 1554, para ser trasladados también a piedra[140].

Teniendo presente este modo de actuar, y volviendo al contrato firmado entre Nicolás de León y Hernando de Esturmio en junio de 1547, no extraña que el primero indicase de forma tan específica los temas y asuntos a representar en los siete tableros del retablo, pues quizá contase con un modelo o diseño previo que estuviera siguiendo. Para Gómez Sánchez, el retablo que habían concertado sobre 1534 Nicolás de León y Arnao de Vergara debía ser otro diferente al que luego Nicolás de León subcontrata en sus escenas con Esturmio, pues alega que había pasado demasiado tiempo entre una fecha y otra[141]. Además, da por seguro que el de 1534 debía ser para la colegiata y, el segundo, en cambio, para el edificio aledaño. Desde mi punto de vista, en cambio, es muy posible que el retablo de Nicolás de León y Arnao de Vergara de 1534 fuera precisamente para una de las capillas principales de la colegiata, o para la mayor o para la de la Inmaculada Concepción de la epístola, que como se acaba de explicar estuvo bajo el patronazgo de los Ureña[142]. De esta última capilla no conocemos su retablo anterior, pero por iconografía encaja con los tableros que se conservan insertos en el retablo dieciochesco de la capilla de la universidad, trasladados en ese último siglo a su nuevo emplazamiento.

Es difícil pensar que las capillas principales de la colegiata no tuvieran el decoro y la ornamentación requerida, en unos momentos donde se estaban acometiendo importantes reformas y ajustes en este sentido. Si en octubre de 1531 se estaba concertando el *Retablo del Sagrario* de la colegiata con Juan de Zamora, no podemos pensar que el espacio más importante de la iglesia, su capilla mayor, no estuviera también provista del cuidado y embellecimiento necesarios. Salvo que se estuvieran llevando a

---

139 A. J. Santos Márquez, "Testimonio del vínculo entre dos pintores: Luis de Vargas y Estacio de Bruselas", *Norba-Arte*, XXVI (2006), pp. 245-249.

140 Archivo de la Catedral de Sevilla (en adelante ACS), *Libro de cargo y data*, 1552, fol. 61v., 83v.; *Libro de cargo y data*, 1553, fol. 84; *Libro de cargo y data*, 1554, fol. 22. Fue Alfredo Morales el que da a conocer esta documentación y propone la escena de Isaías como la que debió de dibujar Campaña. A. Morales, "Pedro de Campaña y su intervención en la capilla real de Sevilla", *Archivo Hispalense*, LX, 185, (1977), pp. 189-194.

141 J. A. Gómez Sánchez, "De Arnao de Vergara a Vicente Menardo…", *op. cit.*, p. 57.

142 Véanse páginas 57 y 58 de este texto.

cabo obras en ella que hacían que el culto principal se trasladase, temporalmente, a la capilla del evangelio de la cabecera. Aun así, lo más probable, es que los trabajos en el altar mayor se terminasen lo antes posible. Por tanto, en los mismos años en que se está acometiendo el *Retablo del Sagrario*, o unos años después, también se colocaría una estructura adecuada en la capilla mayor. Las primeras noticias del retablo mayor de Osuna son de la segunda mitad del siglo XVI. Se trata de una carta de pago del escultor Diego de Velasco del 19 de noviembre de 1583, en la que se señala que se le deben los honorarios por "raçon de un modelo que yo hize del rretabo para el altar mayor de la iglesia mayor de osuna"[143]. Que la colegiata recurriera al escultor Diego de Velasco para realizar el retablo mayor tenía su sentido, pues era, junto con Jerónimo Hernández y Juan de Oviedo "el viejo", el artífice de varios retablos que se estaban ejecutando en Osuna en la década de 1580: el mayor de la iglesia de Santo Domingo y el mayor de la iglesia de Nuestra Señora del Carmen[144]. Lamentablemente, Diego de Velasco fallece en 1592, y por la carta de pago, probablemente, el proyecto no se había puesto en marcha. Parece ser que se recurre a Juan de Oviedo "el mozo" (Sevilla, 1565-Salvador de Bahía, Brasil, 1625) y a Juan Martínez Montañés (Alcalá la Real, Jaén, 1568-Sevilla, 1649) para que realicen el encargo a finales del siglo XVI, pero tampoco tuvo fortuna. Es verosímil que este encargo para Osuna se hiciera a los dos artistas después de junio de 1596, fecha en la que firman una compañía artística en Sevilla para realizar los retablos de Cazalla de la Sierra, Villamartín y Aracena, y de todas aquellas obras de escultura que se les ofreciera en los seis años siguientes a la fecha de este concierto[145]. Esto tendría

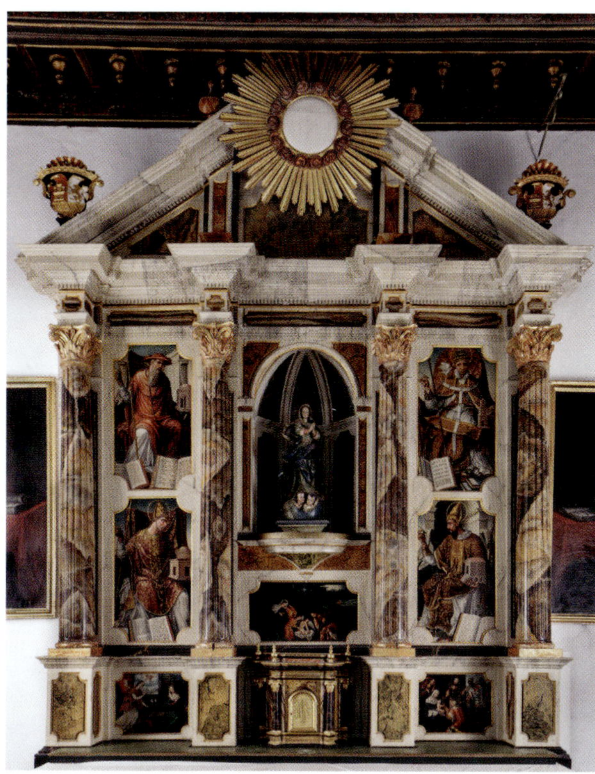

Fig. **44.** Hernando de Esturmio (pintura), *Retablo de la Inmaculada Concepción de María*. Capilla de la universidad, Osuna. © Junta de Andalucía. Foto: Pepe Morón.

sentido, pues el 8 de marzo de 1602, precisamente seis años después de ese documento de colaboración, estaban reclamando al antiguo mayordomo de la colegiata de Osuna, Alonso Crespo, el dinero que se les "debía por la arquitectura, escultura, talla y ensamblaje del retablo del altar mayor"[146]. Algo habían trabajado, pero nada se sabe de qué paso con esta estructura y escultura[147].

La siguiente noticia del estado de la capilla mayor y su altar en las primeras décadas del siglo XVII la da un comentario indirecto anterior a 1627, en relación con la donación que hace la III duquesa de Osuna, Catalina Enríquez de Ribera (*ca.* 1570-1635), de "diez cuadros de excelente pintura que

---

143 C. López Martínez, *Desde Martínez Montañés hasta Pedro Roldán, Sevilla*, 1932, p. 150; J. M. Palomero Páramo, *El retablo sevillano del Renacimiento: análisis y evolución (1560-1629)*, Sevilla, 1983, p. 331; J. L. Romero Torres, "Juan Martínez Montañés, maestro de generaciones", en *Martínez Montañés y Osuna*, J. L. Romero Torres y P. J. Moreno de Soto, Osuna, Amigos de los Museos de Osuna, 2011, p. 167.

144 J. M. Palomero Páramo, *El retablo sevillano…, op. cit.*, pp. 246-248; Á. Recio, "La versatilidad del Renacimiento: variedad material, icónica, tipológica y funcional", en *El Retablo sevillano desde sus origines a la actualidad*, Sevilla, 2009, p. 125; P. J. Moreno de Soto, "Osuna, la ciudad ducal a comienzos del Barroco", en *Martínez Montañés y Osuna*, J. L. Romero Torres y P. J. Moreno de Soto…, *op. cit.*, p. 37.

145 "Concierto de compañía artística entre Juan de Oviedo y de la Bandera y Juan Martínez Montañés", Sevilla, 5 de junio de 1596. AHPSe. SPNSe, Legajo 15047, oficio 22, libro 1°, 1596, fol, 1133r-1134r. Trascripción: Antonio J. Santos

---

Márquez, "Compañía artística entre Juan de Oviedo y de la Bandera y Juan Martínez Montañés. Una aportación inédita a sus respectivas biografías", *Archivo Español de Arte*, LXXXIV, 334, (2011), pp. 163-170 (esp. p. 170).

146 J. L. Romero Torres, "Juan Martínez Montañés, maestro…", *op. cit.*, p. 171.

147 Palomero Páramo se plantea que debieron de seguir el diseño de Diego de Velasco de 1583, en cambio, Romero Torres sugiere que debieron de renovar la propuesta por una estructura de perfil manierista en línea con lo que habían hecho para Cazalla de la Sierra. J. L. Romero Torres, "Juan Martínez Montañés, maestro…", *op. cit.*, p. 171.

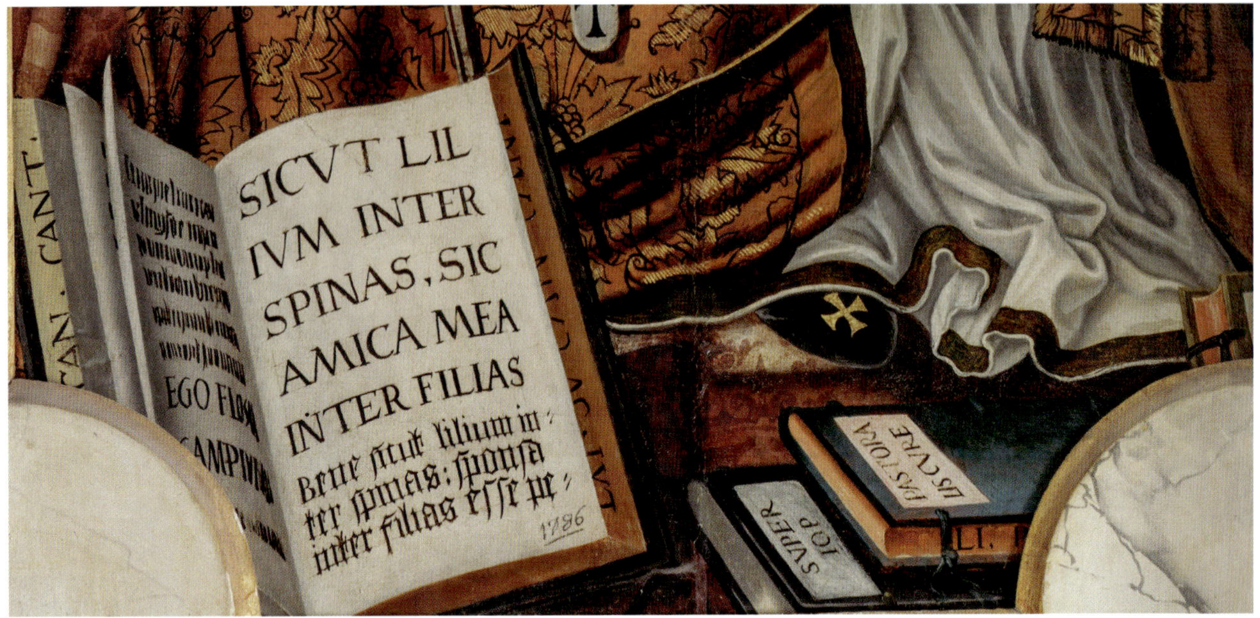

FIG. **45.** Hernando de Esturmio, *San Gregorio Magno. Retablo de la Inmaculada Concepción de María*. Capilla de la universidad, Osuna. © Junta de Andalucía. Foto: Pepe Morón.

truxo de Italia" [148]. Esta nota explica que "el altar mayor estaba sin retablo y muy indecente con unas pinturas blancas y negras, de suerte que un altar [así] no pudiera estar" [149]. La ambigüedad en la indicación de "unas pinturas blancas y negras" abre un interesante abanico de posibilidades. Desde que se trate de pinturas que se hayan ennegrecido por el humo de las velas, hasta que pudieran estar realizadas en grisalla, o que se tratase de bocetos sin terminar de ejecutar. La parquedad de datos, junto a que dice que el "altar mayor estaba sin retablo" también abre la probabilidad a que, en realidad, se tratase de pinturas murales que perdieron su policromía, dejando sólo el diseño. Esta presencia de pintura mural en el conjunto no es nueva, y no extraña que este espacio estuviera también decorado con escenas sobre el muro, al igual que se ven en los paños del patio del Santo

Sepulcro y algunos restos en torno al *Retablo de la Virgen de la Victoria* en la capilla del evangelio del Santo Sacramento en la cabecera de la iglesia.

Finalmente, en relación con la cabecera de la colegiata, su altar mayor y el *Retablo del Sagrario* vinculado con Juan de Zamora y su taller, es interesante recordar que en la colegiata se conserva otro retablo de perfil renacentista vinculado al mismo taller de Juan de Zamora[150]: el *Retablo de la vida de la Virgen* que ocupa la capilla de los Reyes en la nave de la epístola (Fig. 46). Su iconografía encaja muy bien con la advocación de la *Asunción de la Virgen* , a quien está dedicada la iglesia, por lo que su eventual colocación en la zona del presbiterio no sería extraña. El retablo está estructurado en dos cuerpos y tres calles, donde la central destaca en altura para intensificar el eje principal de devoción. Se levanta sobre un banco estrecho en cuya parte central se abre el sagrario[151]. De este modo, el sagrario, la imagen de bulto redondo de la *Virgen con el Niño* del primer cuerpo, y la tabla con la *Asunción de la Virgen* siguiendo el modelo de su enterramiento rodeada por los apóstoles, concentra la significación de toda la estructura y exalta la figura

---

148 Acta del 13 de abril de 1627. Trascripción. M. Rodríguez Buzón-Calle, *La Colegiata de Osuna…*, *op. cit.*, p. 75.
Entre estos cuadros estaban los de Ribera que los duques habían concertado con el pintor español sobre 1617-1618. G. Finaldi, "Calvario", en *El joven Ribera*, ed. J. Milicua y J. Portús, Museo del Prado, 2011, pp. 167-168; V. Farina, "El arte en Nápoles en la época el gobierno del III duque de Osuna (1616-1621)", en *Italia en Osuna*, ed. P. J. Moreno de Soto, Osuna, 2018, pp. 61-67; G. Finaldi, "Pinturas de Ribera para el III duque de Osuna", en *Italia en Osuna*, ed. P. J. Moreno de Soto…, *op. cit.*, pp. 82-97.

149 M. Rodríguez Buzón-Calle, *La Colegiata de Osuna…*, *op. cit.*, p. 75; G. Finaldi, "Calvario" en *El joven Ribera…*, *op. cit.*, p. 167; G. Finaldi, "Pinturas de Ribera para el III duque…", *op. cit.*, p. 82.

150 D. Angulo Íñiguez, "El pintor Juan de Zamora", *Archivo Español de Arte y Arqueología,* 12, 36 (1936), pp. 204-205.

151 Gómez Sánchez vincula la estructura arquitectónica con el taller de los Ortega, a pesar de haber sido muy restaurada en 1976, y la escultura de la imagen titular con Jorge Fernández. J. A. Gómez Sánchez, "De Arnao de Vergara a Vicente Menardo…", *op. cit.*, p. 55, nota 14.

de María a quien se dedica la iglesia. En las calles laterales se han colocado imágenes en relación con la vida de la Virgen y la infancia de Cristo. La lectura se comienza por el segundo cuerpo desde la calle del evangelio con la *Anunciación*, siguiendo en la de la epístola con la *Natividad de Jesús*. Se vuelve a la calle del evangelio para continuar con la *Adoración de los reyes*, y se termina con la *Circuncisión y presentación* en la de la epístola. Aunque su lectura parezca un poco caótica, tiene su sentido. Pues después de la calle central, la que le sigue en importancia es la del evangelio, que concentra en ella la aceptación de María de ser la madre de Dios con la *Anunciación*, y por tanto el momento de la encarnación de Dios en hombre, y el reconocimiento de que el mensaje de redención de Jesús no es sólo para los judíos sino para todas las naciones, representada esa idea a través de la *Adoración de los reyes* procedentes de todas las partes del mundo conocido. En la calle de la epístola, la *Natividad*, el comienzo de la misión de Jesús como hijo de Dios hecho hombre se termina con la prefiguración de lo que será su pasión con el primer momento en que Jesús derrama su sangre en la circuncisión. Se ve que este retablo hubiera encajado bien en alguno de los espacios del presbiterio de la colegiata, tanto por su temática como por relacionarse con el trabajo del taller de Juan de Zamora, artista al que se está recurriendo de forma expresa y documentada en el retablo del sagrario. Sin embargo, se podría achacar que no fue hecho para esa parte principal de la iglesia, donde el patronazgo de los Téllez-Girón estaba determinado, pues en el banco del retablo, a ambos lados de la puerta del sagrario, aparecen dos escudos que no tienen relación ni con la familia de los Girones ni con la de los Osuna (Fig. 47), pero sí con los Pérez de Ayala, cuya cripta funeraria precisamente tiene su entrada a través de esta capilla de la epístola a los pies de la colegiata[152]. Una mirada atenta al banco del retablo permite advertir que la parte central del sagrario y los escudos han sido repintados. No sabemos si esta intervención está remedando lo que había en un primer momento o si, por el contrario, se incluyó tras el traslado a esta nueva capilla donde el patronazgo era de otros señores. El caso es que está indicando que sobre

este retablo quizá haya más incógnitas de las que se pensaba, esperando a ser resueltas en estudios futuros. Aquí sólo se plantea una hipótesis de trabajo atendiendo a la necesidad de un retablo adecuado para los espacios principales de la colegiata entre 1530 y 1550.

Lo que es poco probable es que el altar mayor no contara con alguna estructura que ennobleciera ese espacio. De hecho, las noticias posteriores en relación con este lugar y su retablo, desde el diseño propuesto en 1583 por Diego de Velasco hasta la realización del que hoy se conserva, comenzado en 1712 y terminado en 1770[153], inciden en la importancia y la necesidad de renovación de esta zona. La cabecera de la colegiata debió de sufrir importantes tensiones, pues sufrió dos hundimientos en el siglo XVIII[154]. El primero entre 1721-1724, favoreció que la primitiva capilla en estilo renacentista y cubierta por un artesonado de madera, se arreglara siguiendo las nuevas fórmulas del barroco pleno[155]. El segundo, en relación con el gran terremoto de Lisboa de 1755, hizo que los capitulares se trasladaran a la iglesia de las Descalzas hasta que se asegurara la fábrica de la colegiata, regresando en marzo de 1756[156].

En resumen, y centrándonos en el momento en que llega la mayor parte de la pintura flamenca, los retablos de esta cabecera desde mediados del siglo XVI hasta principios del siglo XVII, en que comienzan los cambios en la capilla mayor, presentarían un perfil similar al que tienen los de la capilla del sagrario.

En relación con la pintura flamenca conservada, es necesario destacar el *Retablo de la Virgen de la Victoria* en esta capilla del evangelio[157] (Fig. 48). El

---

152 F. Ledesma Gámez, "Marcos de Luque y la pintura en Osuna en el tránsito del siglo XVI al XVII. Una reflexión inicial", *Cuadernos de los Amigos de los Museos de Osuna*, 13, (2011), pp. 75-77. C. J. Sánchez Távora, "Capilla de los Ayala, la cripta olvidada", *Cuadernos de los Amigos de los Museos de Osuna*, 17 (2015), pp. 121-124.

153 La traza de este retablo tuvo que ser enmendada en varias ocasiones. M. Rodríguez Buzón Calle, "Riesgos y venturas del retablo mayor de la colegiata de Osuna", *Archivo Hispalense*, 190 (1979), pp. 9-39; C. Gutiérrez Moya, "Nuevas noticias sobre el retablo mayor de la Colegiata de Osuna", *Archivo Hispalense*, 214, (1987), pp. 211-218; A. Recio Mir, "VI. El brillante final del Barroco: el retablo Rococó", en *El retablo sevillano. Desde sus orígenes…, op. cit.*, p. 380.

154 "quebrantatto mucho las bovedas y algunas capillas de la Yglesia Colegial de esta villa, y con espesialidad la Torre de ella". P. J. Moreno de Soto, "El Fénix irresoluto o la sublimación del patrimonio: la torre de la colegiata de Osuna y su sino histórico", *Cuadernos de los Amigos de los Museos de Osuna*, 6, (2004), p. 31.

155 M. Rodríguez Buzón Calle, "Riesgos y venturas del retablo mayor…", *op. cit.*, p. 28.

156 *Ibidem*, p. 18.

157 La Virgen de la Victoria es una advocación con gran arraigo en Málaga y su provincia. La iconografía presenta la imagen sedente, en cambio, esta de la colegiata de Osuna, la presenta en pie. En Osuna, la orden de los mínimos de San

retablo flanquea el citado *Retablo del Santo Sacramento* de Juan de Zamora por el lado del evangelio, y fue encargado por Francisco de Oviedo, hijo de Gerónimo de Oviedo[158], al entallador Diego de Mendoza y al pintor flamenco asentado en Sevilla, Juan Bautista de Amiens, en 1584[159]. La imagen titular fue realizada por Manuel del Pino, que también se encargaría de su policromía y la del retablo[160]. La cronología de este retablo y pinturas es posterior a la promoción de los condes de Ureña de su lugar de enterramiento. No obstante, el hecho de que personajes notables de la sociedad ursaonense del momento también quisieran emular al conde de Ureña y, posteriormente, a los duques de Osuna, eligiendo como lugar de enterramiento el entorno de la colegiata de Osuna, es significativo del símbolo que suponía elegir este espacio cercano a los señores de Osuna y en uno de los edificios más suntuosos del momento. De hecho, Gerónimo de Oviedo había sido "mayordomo del pan" del conde de Ureña a mediados de siglo, y su hijo, Francisco, promotor del retablo, figura en la documentación como mayordomo del duque y formó parte del cabildo municipal[161].

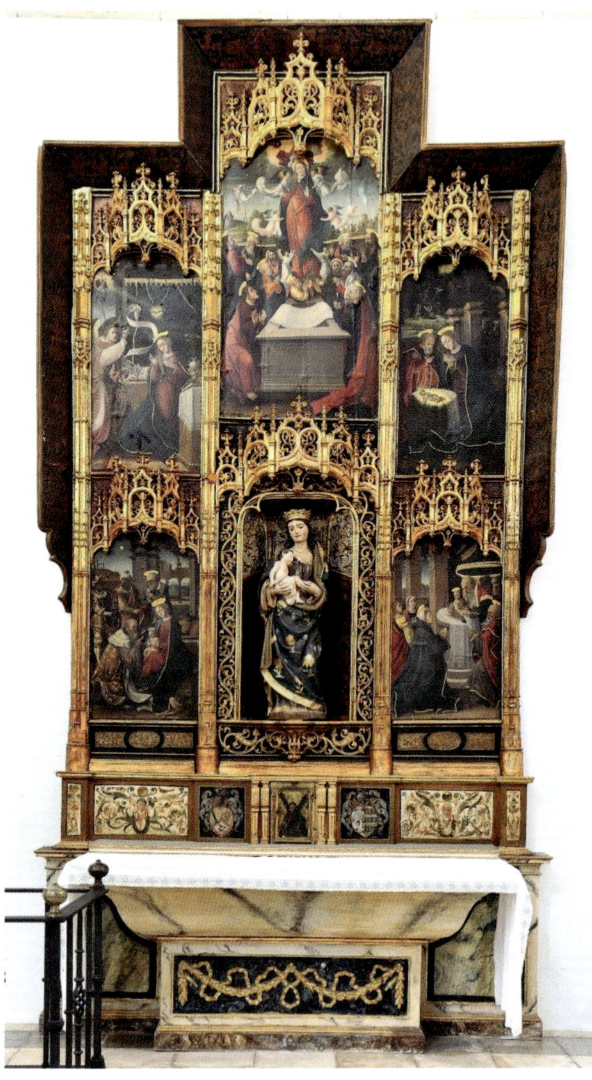

Fig. 46. Juan de Zamora, *Retablo de la vida de la Virgen*. Capilla de los Reyes en la nave de la epístola, colegiata Nuestra Señora de la Asunción, Osuna. © Amigos de los Museos de Osuna. Foto: Óscar González.

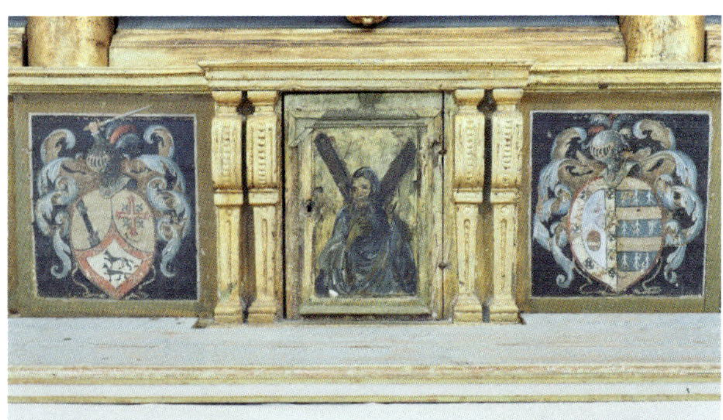

Fig. 47. *Escudo de los Pérez de Ayala*. Colegiata Nuestra Señora de la Asunción, Osuna. © Amigos de los Museos de Osuna. Foto: Óscar González.

Francisco de Paula se asentó en 1549, en una iglesia a las afueras de la villa. A comienzos del siglo XVII se trasladan al interior, cuya iglesia aún pervive. J. L. Romero Torres, "Iconografía de la Virgen de la Victoria en Andalucía. De la escultura religiosa a la imagen devocional", en *Los mínimos en Andalucía: IV Centenario de la fundación del Convento de Nuestra Señora de la Victoria de Vera*, Almería, 2006, pp. 497-538; F. J. Rodríguez Marín, "Inicio de la orden de los Mínimos en España. El convento de Nuestra Señora de la Victoria de Málaga", en *Los mínimos en Andalucía…, op. cit.*, pp. 411-454; J. A. Jordán Fernández, *Los conventos de la Orden de los Mínimos en la provincia de Sevilla. Historia, economía y arte (siglos XVI-XIX)*. Sevilla, Secretariado de Publicaciones de la Diputación de Sevilla, 2013, pp. 112-113. Agradezco a Miguel Hermoso Cuesta todas estas apreciaciones sobre la relación de la Virgen de la Victoria con la orden de los Mínimos.

158 F. Ledesma Gámez, "Noticias sobre Diego de Mendoza, entallador y carpintero en Osuna (1576-1617)", *Laboratorio de arte*, 9, (1996), pp. 105-124.

159 La ciudad de Amiens en el siglo XV y XVI perteneció a los antiguos territorios del condado de Flandes. J. A. Vilar Sánchez, "La frontera de los Países Bajos Reales, allende el Ultramosa. Las conflictivas tierras renanas de su Majestad Católica", *E-Spania. Revue interdisciplinaire d'ètudes hispaniques médiévales et modernes*, [Online], 24 | juin 2016, online dal 15 juin 2016, (consultato el 01 septembre 2021). URL: http://journals.openedition.org/e-spania/25746; DOI: https://doi.org/10.4000/e-spania.25746

160 P. J. Moreno de Soto, "Osuna, la ciudad ducal a comienzos del Barroco", en *Martínez Montañés y Osuna…, op. cit.* pp. 34-35.

161 F. Ledesma Gámez, "Noticias sobre Diego de Mendoza…", *op. cit.*, p. 107.

El retablo consta de dos cuerpos divididos en tres calles y un ático de remate con la figura de *Dios Padre*. La calle central, en el primer cuerpo, está ocupada por una escultura de la Virgen de la Victoria, flanqueada por las tablas pintadas de *San Francisco de Asís* en la calle del evangelio, y *San Sebastián* en el de la epístola, con el retrato orante de medio cuerpo de una mujer, quizá familiar de los Oviedo, a los pies del santo. En el segundo cuerpo *San Antonio Abad* ocupa la calle del evangelio, *San Pedro y San Pablo* la calle central, y *Santa Catalina de Alejandría* la de la epístola. En estas escenas, a pesar de que Juan Bautista de Amiens se define como flamenco, pues así firma la tabla de *San Sebastián*[162], las escenas responden a los tipos hispanos donde las figuras ocupan la gran parte del espacio situadas en el primer plano. Esta adecuación a las fórmulas hispanas es habitual en los artistas flamencos asentados en la península, pues entran dentro de la dinámica de los talleres donde los trabajos mancomunados suelen ser la tónica general en el siglo XVI[163].

Para cerrar este apartado, es interesante reseñar aquellas obras que, a pesar de no figurar como de escuela flamenca en la documentación, la temática y el formato hacen sospechar que este también hubiera sido su origen. Se recogen en los primeros inventarios en relación con el Santo Sepulcro. Se tratarían de un *Dios padre con Jesús muerto en los brazos*, un díptico con "una imagen de nuestro señor y en la otra de nuestra señora", y un *Tríptico con la Adoración de los Reyes* en la tabla central y la *Natividad* y la *Anunciación* en las alas laterales[164].

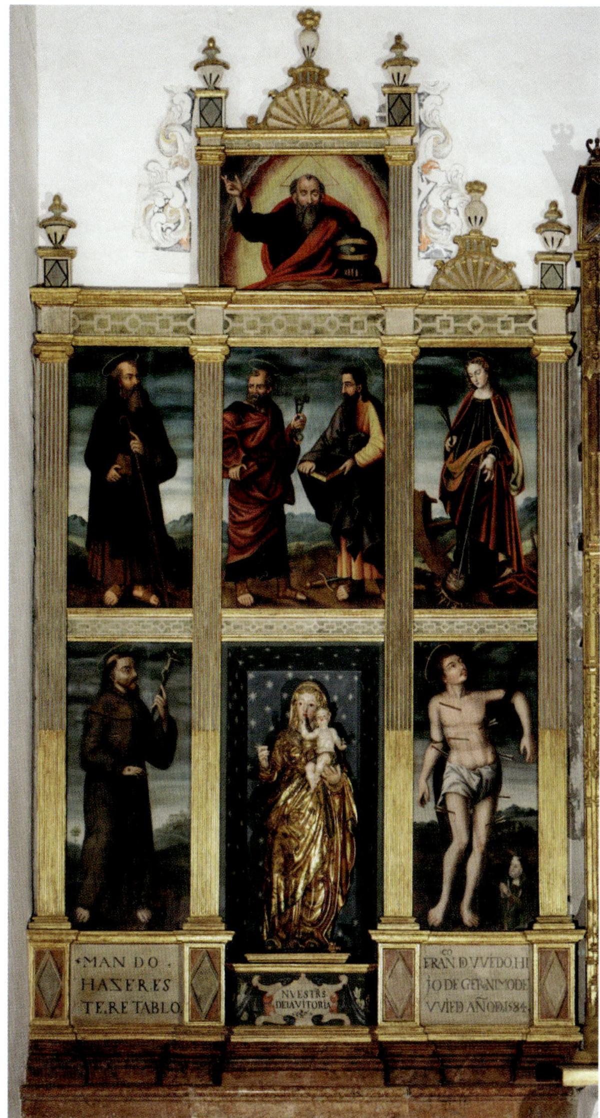

Fig. 48. Diego de Mendoza y Juan Bautista de Amiens, *Retablo de la Virgen de la Vitoria*, 1584. Capilla del evangelio en el presbiterio de la colegiata Nuestra Señora de la Asunción, Osuna. © Amigos de los Museos de Osuna. Foto: Pepe Morón.

En el inventario de 1559, además de estas obras citadas, se incluyen "un retablo mediano de la huida a Egipto" y un tríptico pequeño con "Cristo y los dos ladrones" en la tabla central y la *Deposición de Cristo en el sepulcro* y *Cristo camino del Calvario* en las alas laterales[165]. El inventario de 1861 especifica que el Dios Padre con el cuerpo de Cristo muerto se trata de una *Santa Trinidad*, y sus medidas serían sobre 63 x 56 cm, atendiendo a su paso de varas

---

162 En la esquina inferior izquierda: "IVAN BAUTIS(ta)/FLAMEN-CO ME/PINSEBAT 1584".

163 Este tipo de trabajo en los talleres hispanos del siglo XVI y en especial los sevillanos: J. M. Serrera, "Vasco Pereira, un pintor portugués…", *op. cit.*, pp. 197-237; L. Vasallo Toranzo e I. Fiz Fuertes, "Organización y método de trabajo de un taller de pintura a mediados del siglo XVI. El caso toresano", *Boletín del Museo de Instituto "Camón Aznar"*, XCI, (2003), pp. 313-326; J. M. Sánchez, "Los obradores artísticos sevillanos del siglo XVI: adaptaciones y cambios para satisfacer los encargos del mercado americano", *Anales del Instituto de investigaciones estéticas*, XXXV, 103, (2013), pp. 177-196.

164 AAMO, *Inventario de 1552*, Leg. 233, fols. 2 y 2v. La tabla con Dios Padre con Jesús muerto en sus brazos se vuelve a recoger en el inventario de 1559, así como el díptico, que se especifica que es un *Ecce Homo y Nuestra Señora*. BTNT-CSIC, Colección Rodríguez Marín. B. I. V. Historia, caja 19, 6.1 (6) *Inventario de 1559*, fol. 43v. Se podría pensar que este díptico hiciera alusión al *Varón de Dolores* y la *Dolorosa* que se conservan en la colegiata y que podrían funcionar como díptico, sin embargo, no hay datos concretos que permitan vincular estas dos tablas con las referencias documentales. Sobre estas obras y los motivos por los que no se incluyen dentro del grupo de obras donadas al

Santo Sepulcro por el IV conde de Ureña, véase Cat. n.º 23 y 24.

165 BTNT-CSIC, Colección Rodríguez Marín. B. I. V. Historia, caja 19, 6.1 (6) *Inventario de 1559*, fol. 43v y fol. 44.

a centímetros, y estaría colocado a la entrada de la puerta de la iglesia. Tenemos que pensar que se trata de la capilla del Santo Sepulcro y no de la colegiata, debido a que el inventario especifica que su contenido es sobre los "ornamentos, alhajas y efectos del Santo Sepulcro de los Excelentísimos Srs. Duques de Osuna"[166]. Lamentablemente, en la actualidad no quedan vestigios de estas obras citadas dentro de estos espacios.

Los pintores flamencos representados

LA PINTURA IMPORTADA

Tras la recopilación de toda la pintura flamenca conservada en el conjunto de la colegiata de Nuestra Señora de la Asunción, capilla del Santo Sepulcro y universidad de Osuna, toca discernir a qué artistas se ha recurrido y si estos fueron elegidos con una intención determinada o simplemente se contó con aquellos que durante el segundo tercio del siglo XVI eran los más reconocidos, tanto en tierras sevillanas como en Flandes; o si fueron unas tarifas más competitivas en relación calidad-precio el criterio seguido para su elección, atendiendo al momento de fuerte dispendio dentro de las obras de la colegiata y Universidad de Osuna[167].

Entre las obras de importación se aprecia que hay dos grupos bien diferenciados atendiendo a su estilo y composiciones: las pinturas de pequeño tamaño con escenas de la vida de la Virgen y de la pasión de Jesús, en relación con el taller del Maestro del hijo pródigo; y las cuatro pinturas de las hornacinas del patio del Santo Sepulcro, que se acercan a las tipologías y a las referencias compositivas del taller de Pieter Coecke van Aelst, pero alejándose de su estilo, dando lugar a una personalidad individualizada dentro de todos sus seguidores.

El Maestro del hijo pródigo y su taller

El Maestro del hijo pródigo (activo en Amberes, *ca.* 1530-1560) fue definido bajo esta denominación por Hulin de Loo y por Ring a principios del siglo XX[168]. Ambos pusieron las bases para la identificación de su estilo partiendo de la tabla de la *Parábola del hijo pródigo* del Kunsthistorischesmuseum de Viena (Fig. 49) y de varias obras del Museo de Gante. Sin embargo, no es hasta el trabajo de Marlier de 1967 cuando su producción se analiza en profundidad, viendo en sus composiciones las influencias de Pieter Coecke van Aelst (Aelst, 1502-Bruselas, 1550), Pieter Aertsen (Ámsterdam, 1508-1575) y Jan Mandijn (Haarlem, *ca.* 1500-Amberes, *ca.* 1570)[169]. De todos ellos toma modelos y fórmulas que emplea en sus escenas, al mismo tiempo que recurre a influencias italianas, en particular de la escuela romana de Perino del Vaga (Florencia, 1501-

166 "Otra, en madera El Padre Eterno con su hijo en los brazos, ó con una Sta. Trinidad, ¾ alto 2/3 ancho, regular, a la entrada de la puerta de la Yglesia". D. Antonio de Contreras en 7 de agosto de 1861. BTNT-CSIC, Colección Francisco Rodríguez Marín, B.I.V. Historia, caja 19, 6.1. (8), pliego 1, fol. 2.

167 Sobre la importancia del número de obras frente a la calidad para el cliente hispano del siglo XVI comprando en Flandes, ya dan noticia tanto Felipe de Guevara (1500-1566) como Benito Arias Montano (1527-1598). Guevara cuenta que, en 1540, acompañando a un amigo por los mejores talleres de pintura sobre lienzo de Amberes, había apartado doce para llevarse, pero que ese mismo día por la tarde, su amigo se disculpó para visitar solo la ciudad y que había pasado de nuevo por otros talleres donde "vino cargado con veinte y quatro liençps a ducado. Dixome que muy mejor era embiar a su casa XXIIII° liençps, que no XII por un mesmo precio". F. de Guevara, *Comentario de la pintura y pintores antiguos*, fols. 16v-17, ed. E. Vázquez Dueñas, (Akal, Madrid, 2016), p. 194.
Arias Montano escribe el 14 de agosto de 1568 desde Amberes, al licenciado Juan de Ovando en España, explicando cómo el precio de las pinturas varía bastante de una obra de gran calidad a otra de menor, incluso, dentro del mismo taller. Pero debido al uso que se le daban en España, sobre todo devocional, bien valían las de segundo orden. Correspondencia, 16 de enero de 1570. M. Jiménez de la Espada, "Correspondencia del Dr. Arias Montano con el Licenciado Juan de Ovando", *Boletín de la Academia de la Historia*, XIX, (1891), pp. 478-479; F. J. Sánchez Cantón, *Fuentes

literarias para la historia del Arte Español*, V, Madrid, 1941, p. 344.

168 G. Hulin de Loo, *Catalogue du Musée des Beaux- Arts de Gand*, Ghent, 1909; G. Ring, "Der Meister des verlorenen Sohnes, Jan Mandyn und Lenaert Kroes", *Jahrbuch für Kunstwissenschaft*, (1923), pp. 196-201.

169 Z. Van Ruyven-Zeman, "Monumentale glasschilderkunst in de kathedraal van Granada. Teodoro de Holanda, de Meester van de Verloren Zoon en de relatie tot Pieter Aertsen", en *Pieter Aertsen. Nederlands Kunsthistorisch Jaarboek 1989*, 40, (1990), pp. 272-274; D. van Heesch, "Out of Bosch´s shadow: A rediscovered altarpiece by Jan Mandijn", *Oud Holland*, 3/4, vol. 131, (2018), pp. 109-121 (esp. 116-117). También se ha querido relacionar el trabajo del Maestro del hijo pródigo con Willem Key. Jonckheere sugiere que la pintura de *Venus y Amor* de colección privada que atribuye al Maestro del hijo pródigo no se puede entender sin el trabajo de Willem Key. K. Jonckheere, *Willem Key (1516-1568). Portrait of a Humanist Painter*, Brepols, Turnhout, 2011, pp. 48-49, Fig. 17. Sin embargo, desde mi punto de vista, esta obra de *Venus y Amor* recuerda más al diseño atribuido a Jan Ramey, *Juda y Tamar*, de 1568 del Album d'Aremberg. Cabinet des Estampes, Lieja. G. Denhaene, *Lambert Lombard Renaissance et Huamnisme à Liege*, Fonds Mercator, Anvers, 1990, p. 227.

Roma, 1547) y de los cartones para tapices de Rafael que llegaron a Bruselas entre 1515 y 1520[170], y que el Maestro del hijo pródigo hace evidentes en sus composiciones de grandes figuras[171]. Volkaert y Van Ruyven-Zeman demuestran que la labor de este maestro no sólo se circunscribe a la pintura, sino también es determinante como diseñador de vidrieras y de cartones para tapices[172].

Precisamente, hay que pensar en diseños de este maestro como pauta para los trabajos de su taller que se conservan en Osuna. Son las tablas de la *Anunciación*, *Jesús en el huerto de los Olivos*, *Jesús con la cruz a cuestas*, *Quinta Angustia* y varias *Crucifixiones* las que muestran una relación más clara con el trabajo del Maestro del hijo pródigo. De hecho, en estas escenas también se aprecian analogías con trabajos de Pieter Coecke van Aelst y de Pieter Aertsen, de las que ya se habían hecho eco los estudios sobre el pintor. Ambos artistas coinciden trabajando en las décadas centrales del siglo XVI en Amberes, en el mismo periodo que el Maestro del hijo pródigo. Sus figuras de canon alargado, perfil nervioso en su diseño y composiciones cerradas que equilibran el dinamismo de los gestos, posturas y expresiones de los personajes, así como el empleo de un colorido vivo matizado en los fondos, encajan tanto con los diseños como con las pinturas atribuidas a su mano. Las soluciones en los perfiles de la Virgen y de san Juan en el *Calvario* de la sacristía de la colegiata (Fig. 50), son similares a las que diseña el Maestro del hijo pródigo en la madre de Sara y en Azarías del dibujo de la *Historia de Tobías* en la École National Superieur des Beaux-Arts de París (inv. n.º MAS.1870) (Fig. 51), y en los *Calvarios* de colecciones privadas de Alemania y Francia, así como en la *Lamentación* del tríptico de la iglesia de Rueda (Valladolid) y colección privada madrileña. Unos modelos que también repite en la *Anunciación, Jesús en el huerto de los Olivos* y *Quinta Angustia* de este grupo de Osuna.

Lo realmente interesante de este artista es que va a contar con una importante producción con destino a la península ibérica. Su influencia en España, y en particular en la zona andaluza, no sólo se va a producir a través de su obra pictórica, sino también, como ha señalado Van Ruyven-Zeman, por medio de los diseños que realizó para las vidrieras de la catedral de Granada[173].

Independientemente de que la obra del Maestro del hijo pródigo presente una red comercial muy activa hacia los territorios hispanos, y el hecho de que el trabajo de su taller aparezca en Osuna, no es esta una cuestión menor. En particular, teniendo en cuenta la fuerte presencia flamenca trabajando en el acondicionamiento del interior del sepulcro entre 1535 y 1555, con Roque de Balduque, Hernando de Esturmio y Gerard van Wijtvelt e, incluso, Arnao de Vergara, a la cabeza. Este último maestro de formación flamenca tiene una amplia producción en vidrieras por todos los territorios de los antiguos arzobispados de Sevilla y Granada, como demuestra la documentación y las obras conservadas de su mano y taller[174]. Se traslada hacia 1537 a trabajar

170 N. Dacos, "Perin del Vaga et trois peintres de Bruxelles au palais Della Valle", *Prospectiva. Revista di storia dell'arte antica e moderna. Omaggio a Fiorella Sricchia Santero*, I, 91-92, (1998), pp. 157-170; N. Dacos, "Autor de l'Adoration des Berges de Tommaso Vincidor: Léonard Thiry, Le Maître du Fils Prodigue et les Autres", *Liber amicorum Raphael de Smedt. Miscellanea Neerlandica*, 24, (2001), pp. 95-116; N. Dacos, "De Perin del Vaga à Lambert Suavius. Les histories d'Amour et Psyque", *Revue Belge d'Arquéologie et d'Histoire de l'Art*, LXXII, (2003), pp. 81-112; A. van Camp, "A collection of tapestry Cartoons at the Ashmolean Museum in Oxford", *Studia Bruxellae-Museés et Archives de la Ville de Bruxelles*, 12, (2019/1), pp. 345-386.

171 A. Diéguez-Rodríguez, "Un tríptico del maestro del hijo pródigo en la iglesia de la Asunción de Rueda (Valladolid)", *Goya. Revista de arte*, 313-314 (2006), p. 238 y nota 17.

172 A. Volckaert, "De Meester van de Verloren Zoon en de Brusselsse wandtapijtkunst", *Jaarboek van het Koninklijk Museum voor Schone Kunsten*, Antwerpen, (1987), pp. 93-106; Z. Van Ruyven-Zeman, "Monumentale glasschilderkunst in de kathedraal…", *op. cit.*, pp. 263-289.

173 Z. Van Ruyven-Zeman, "Monumentale glasschilderkunst in de kathedraal…", *op. cit.*, pp. 263-289, (esp. 267-272); V. Nieto Alcaide, *La vidriera del Renacimiento en Granada*, Diputación de Granada, 2002, pp. 81-90.
Nieto Alcaide sugiere relacionar a Teodoro de Holanda con Dirk Vellert. V. Nieto Alcaide, *La vidriera del Renacimiento…*, *op. cit.*, p. 83; V. Nieto Alcaide, "Las Vidrieras", en *El libro de la catedral de Granada*, L. Gila Medina (ed. y coord.), vol. 1., Granada, Sacta Ecclesia Metropolitana Granatensis. 2005, pp. 548-574 (esp. 567); mientras que Van Ruyven propone a Dierick Dierickx. Z. Van Ruyven-Zeman, "Monumentale glasschilderkunst…", *op. cit.*, p. 266. Es Jan van Damme en 2022 quien a través de un documento de archivo descubre la verdadera identidad de Teodoro de Holanda: Dierick Hernicxss. J. van Damme, "Teodoro de Holanda et les projects…", *op. cit.*, pp. 60, 64-65.
Durante el proceso de edición de este trabajo se intentó por todos los medios conseguir varias imágenes de las vidrieras de la catedral de Granada. Agradecemos las facilidades en la cesión de derechos por parte de su cabildo y responsables, sin embargo, debido a la altura a la que están y que no tienen fotografías propias que pudieran facilitar, no ha sido posible incluir ninguna en este libro. Remitimos a las imágenes que se reproducen en la bibliografía previa.

174 V. Nieto Alcaide, *Arnao de Vergara*, Sevilla, 1974. Arnao de Vergara se define asimismo como pintor, más que como vidriero, oficio que conocía perfectamente. Sin embargo, documentos lo refieren más como el artista al cargo de un proyecto, es decir como el diseñador, que como ejecutor. Los diversos subarrendamientos de esos proyectos así lo

a Granada, donde figura asentado desde 1540. Interesa fijar las fechas y esta relación por lo explicado con anterioridad respecto a la intervención del Maestro del hijo pródigo en los diseños para la catedral de Granada que le encarga Teodoro de Holanda entre 1554 y 1556 y, también, por la implicación que el pintor de Utrecht, Gerard van Wijtvelt va a tener con Arnao de Vergara en Granada a partir de 1544, precisamente en la ejecución de diversas vidrieras[175].

Si en la década de los cuarenta, tanto Arnao de Vergara y Gerard van Wijtvelt estaban en Granada, lugar donde entre 1554 y 1557 estaban llegando las vidrieras siguiendo las composiciones del Maestro del hijo pródigo que trae desde Amberes Teodoro de Holanda[176], es posible que esta interrelación de talleres y artistas compatriotas en un país extranjero facilitara la llegada de obras procedentes de ese taller del Maestro del hijo pródigo para Osuna, donde ya se recogen las pinturas en el inventario de 1552[177]. Una cronología que se ajustaría bien con el momento de ejecución de esas tablas en Amberes entre 1545 y 1550.

Las relaciones entre naturales de un país, así como la interrelación entre familiares asentados en otras tierras, era común en la época y una forma de tejer redes estables que facilitaban la llegada de oriundos de un país extranjero a los territorios donde ya se había instalado un pariente o un colega de profesión[178]. En este sentido, es sugerente pensar que quizá hubiera alguna relación entre el marchante flamenco, Cornelis Diericks, natural de Amberes, que en 1554 está entregando a los duques de Medina Sidonia en Sanlúcar de Barrameda tres pinturas con escenas de paisajes, "tres provincias", y otra con diversos pájaros[179], con el vidriero Dierick Dierickx, activo en la ciudad del Escalda desde 1553[180]; o con el comerciante Dierick Henricxss, con quien Van Damme ha identificado con claridad a Teodoro de Holanda[181].

Junto a estas escenas más cercanas al Maestro del hijo pródigo en Osuna, aparecen otras afines, pero con características propias. Es el caso de la *Virgen con el Niño y san Juanito* —conocida como *Virgen de la papilla*— (Fig. 52). La tabla muestra una clara dependencia del modelo que el Maestro del hijo pródigo empleó en la obra del mismo tema de colección privada de Zarauz y del Museo Lázaro Galdiano de Madrid (inv. n.º 3020)[182], así como

demuestran. J. A. Gómez Sánchez, "De Arnao de Vergara a Vicente Menardo….", *op. cit.*, pp. 53-54; J. A. Mingorance Ruiz, "La presencia flamenca en la Cartuja de Santa María de la Defensión de Jerez de la Frontera", *Atrio*, 18, (2012), p. 144.

175 L. Pérez Bueno, *Vidrios y vidrieras. Artes decorativas españolas*, ed. Alberto Martín, Barcelona, 1942, p. 264; V. Nieto Alcaide, *Las vidrieras de la catedral de Sevilla*, Corpus Vitrearum Medii Aevi, España, I, CSIC, Madrid, 1969, p. 96; J. A. Gómez Sánchez, "De Arnao de Vergara a Vicente Menardo…", *op. cit.*, p. 56; A. Diéguez-Rodríguez, "La Anunciación del altar mayor del sepulcro…", *op. cit.*, p. 112.

176 "El 3 de julio de 1554 se presentó ante el cabildo de la catedral de Granada, el vidriero flamenco Teodoro de Holanda ofreciéndose a "hazer las vidrieras para esta iglesia y traellas de Flandes a contento del Cabildo y menos precio y mejor obra que las dos que al pronto están puestas hazia la sacristía", sin percibir cantidad alguna hasta que fueran aceptadas". V. Nieto Alcaide, *La vidriera del Renacimiento…*, *op. cit.*, p. 75.

177 Archivo de la Asociación de los Museos de Osuna (AAMO), Leg. 233. Inventario de 1552, fols. 2-3.
Calvario, *Jesús en el huerto de los Olivos*, la *Quinta Angustia*, *Jesús con la cruz a cuestas*, la *Anunciación* y la *Natividad*. Véanse estudios correspondientes de estas obras en el catálogo, n.º 10, 12, 14, 15 y 16.

178 A. Diéguez-Rodríguez, "The artistic relations between Flanders and Spain in the 16th Century: an approach to the Flemish painting trade", *Journal for Art Market Studies*, 2 (2019), pp. 1- 17.
[En línea: https://www.fokum-jams.org; https://creativecommons.org/licenses/by-nc/4.0/; DOI 10.23690/jams.v3i2.90].

179 F. Cruz Isidoro, "Pintores flamencos e hispanos en la corte del VI duque de Medina Sidonia de 1540 a 1554", en *Archivos de la iglesia de Sevilla. Homenaje al archivero D. Pedro Rubio Merino*, ed. C. Álvarez Márquez, M. Romero Tallafigo, Córdoba, 2006, p. 154.
Esas tres provincias las identifica Lamas-Delgado con los territorios de Alemania, Sicilia y una provincia sin definir, de acuerdo al inventario realizado en 1558, tras la muerte del duque de Medina Sidonia, donde se especifican estas obras, y la descrita como unos pájaros con la realizada con este tema sobre papel pegada a lienzo. E. Lamas-Delgado, "The Dukes of Medina Sidonia and Netherlandish Art: On the Artistic Patronage of a Sixteenth-Century Iberian Court", en *Netherlandish Art and Luxury Goods in Renaissance Spain*, ed. D. van Heesh, R. Janssens, J. van der Stock, (Turnhout: Harvey Miller, 2018), p. 212.

180 Se registra como "hijo de maestro". Ph. Rombouts y Th. Van Lerius, *De Liggeren en andere historische archieven*, I, Amberes, 1872, p. 183; Z. Van Ruyven-Zeman, "Monumentale glasschilderkunst…", *op. cit.*, p. 266. Véase notas 173 y 174.

181 Dierick Henricxss de Ámsterdam, conocido en España como Teodoro de Holanda flamenco, está pidiendo el 5 de octubre de 1556, el juicio de cuatro maestros vidrieros en Amberes: Henrick Smits, Ambrosius Smit, Gommaer vanden Driesche y Michiel Hermans, sobre las 27 vidrieras que les había presentado a finales de septiembre de ese mismo año. Estas vidrieras coinciden en temática con las que se colocaron en la catedral de Granada y Teodoro de Holanda se había encargado de contratar en nombre de la catedral en Amberes. J. van Damme, "Teodoro de Holanda et les projects…", *op. cit.*, pp. 59-65.

182 J. Hernández Perera, "Una Virgen del Maestro del hijo pródigo", *Archivo Español de Arte*, 27, (1954), p. 157; M. Díaz Padrón, "Dos nuevas pinturas identificadas del Maestro del Hijo Pródigo", *Archivo Español de Arte*, 215, (1981), pp.

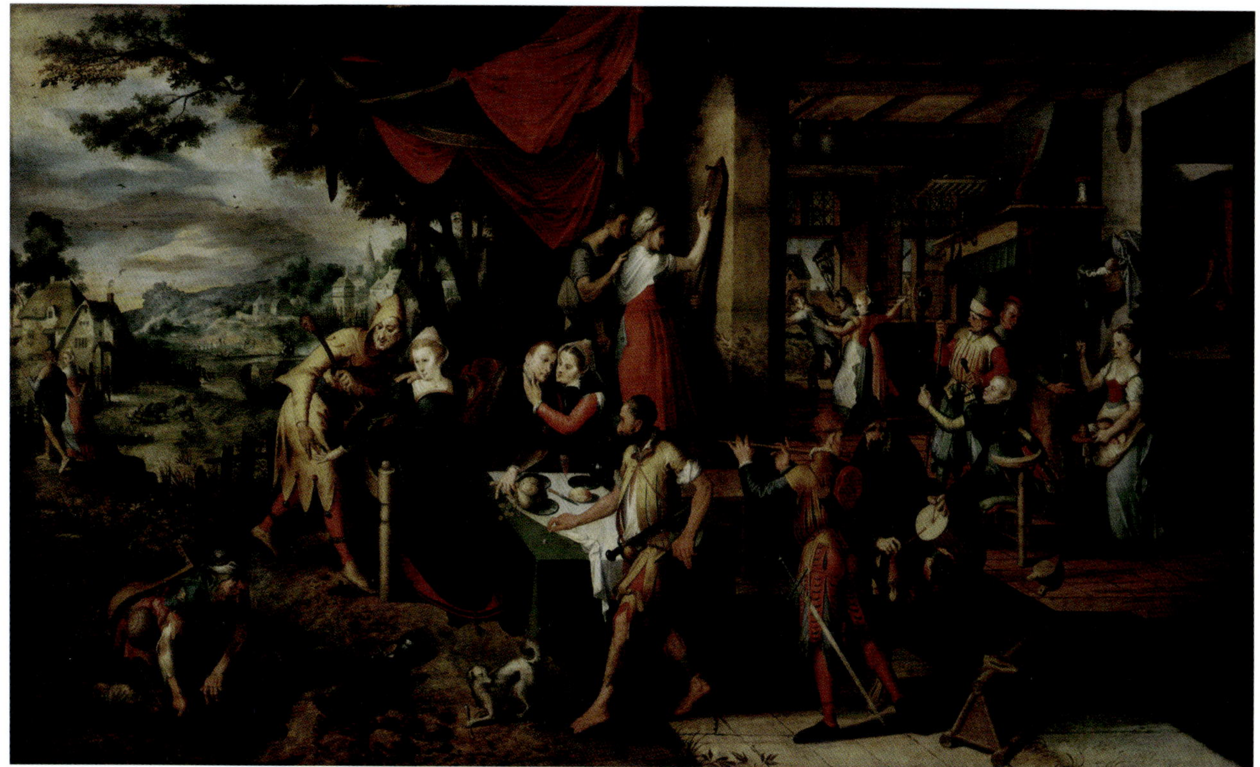

_FIG. 49. Maestro del hijo pródigo, *Parábola del hijo pródigo*. Kunsthistorischesmuseum, Viena. © KHM-Museumsverband.

en otras versiones en colecciones privadas[183]. El modelo iconográfico tiene sus precedentes en los modelos de principios del siglo XVI de la escuela de Brujas dentro del taller de Gerard David, como es la *Virgen con el Niño y las gachas* del Palazzo Bianco de Génova, Museos Reales de Bruselas o el Aurora Trust de New York, por sólo citar algunas de las versiones más representativas para ilustrar la popularidad que tuvo el tema[184]. El asunto fue reinterpretado a lo largo de todo el siglo XVI, como muestra

tanto la versión de Osuna como otras en el mercado internacional[185], donde los mismos personajes se colocan en un exterior. Esta interacción entre composiciones también se observa en la *Epifanía* de colección privada, que aparece como "entorno del Maestro del hijo pródigo", o la *Caridad* de la antigua colección Hannover, atribuida erróneamente a Vicent Sellaer[186] (Fig. 53). Estas escenas están definiendo la producción de un maestro con influencias muy diversas dentro del entorno italianizante de Amberes. Padrón Mérida fue la primera en individualizar su producción y su abundante presencia en la península ibérica, dándole el nombre de Maestro de los modelos de Pieter Coecke (activo en Amberes, *ca.* 1540-1560)[187]. Achaca la influencia del Maestro del hijo pródigo en este artista por la dependencia de ambos de las propuestas de Pieter

____

369-371; D. Martens, y A. López Redondo, "Catálogo razonado de la colección de tablas flamencas de los siglos XV y XVI del Museo Lázaro Galdiano", en *Tablas flamencas de los siglos XV y XVI del Museo Lázaro Galdiano,* Madrid, 2017, pp. 147-148.

183 Entre ellas, un tríptico donde la tabla central responde al mismo modelo, mientras que las laterales fueron realizadas por otro maestro menos hábil en un momento posterior. Alcalá subastas, Madrid, (5 y 6 de octubre, 2016, n.° 216). *Una Virgen con Niño y ángeles*, también de colección privada de Madrid, repite esta escena interior, variando a san Juan por dos de los ángeles (Ansorena, Madrid, 6 de noviembre de 2000, n.° 122) (T., 96 x 67 cm).

184 M. W. Ainsworth, *Gerard David. Purity of Vision in an Age of Transition,* Metropolitan Museum, New York, 1998, pp. 295-307; C. Périer-D'Ieteren, "Virgin and Child with the Milk Soup after Gerard David: Series of Paintings on the Same Theme after Known Models", en *Making Copies in European Art 1400-1600*, Brill's Studies on Art, 286/30, Brill, 2018, pp. 261-286.

____

185 (T. 87,5 x 56,5 cm) Sotheby's Londres, 6 de diciembre de 2012, n.° 307. Donde se adscribe al Maestro del papagayo, pero donde se observan aspectos más próximos al Maestro de los modelos de Pieter Coecke, en especial para el Niño y san Juan.

186 Hannover, Sotheby's, del 5 al 15 de octubre de 2005, n.° 22. (T., 104 x 82'5 cm).

187 A. Padrón Merida, "Presencia en España del "Maestro de los modelos de Pieter Coeck", *Academia*, II, (1997), pp. 445-459.

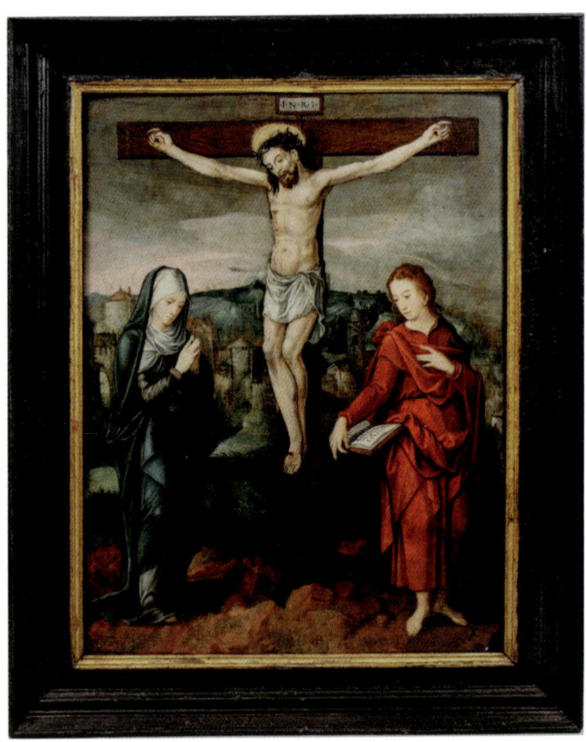

Fig. 50. Maestro del hijo pródigo y taller, *Crucifixión*. Sacristía de la colegiata Nuestra Señora de Asunción, Osuna. © Junta de Andalucía. Foto: Pepe Morón.

Coecke van Aelst[188]. Sin embargo, en el caso de las composiciones vinculadas con el Maestro del hijo pródigo a las que recurre el Maestro de los modelos de Pieter Coecke, no se han encontrado, por el momento, precedentes dentro del trabajo de Pieter Coecke, por lo que cabe pensar más en una relación directa entre el Maestro de los modelos de Pieter Coecke con el taller del Maestro del hijo pródigo[189]. De hecho, no sólo en las obras citadas se ve la influencia de este último en el Maestro de los modelos de Pieter Coecke, sino también en otras obras como, *Susana y los ancianos*, que el Maestro de los modelos de Pieter Coecke versiona en las tablas de los mismos temas de la colección Amhongen Brose y antigua colección Hannover[190] (Fig. 54). Por otro

lado, si había dudas de la relación de este maestro con la ciudad de Amberes, la *Sagrada Familia en un interior* con la vista de la catedral a través de la ventana de colección privada de Génova[191], ratifica este hecho. Bien es cierto que puede estar tomando un modelo grabado de la vista de la ciudad, pero también que esté recurriendo a lo que tiene en su entorno.

En esta pintura de la *Virgen con el Niño y san Juanito* de Osuna, el Maestro de los modelos de Pieter Coecke, además de reflejar estas influencias del Maestro del hijo pródigo también trasluce las de Vincent Sellaer (*ca.* 1490-*ca.* 1544), artista natural de Malinas y asentado en Amberes hasta finales de la década de 1560. La pose de san Juanito y el gesto del Niño los retoma, con ligeras variantes, de los mismos personajes de la *Sagrada Parentela* del Museo de Copenhague (KMS 322) (Fig. 55), muy evidente en la versión que hace del mismo tema el Maestro de los modelos de Pieter Coecke en colección privada de Estocolmo[192] (Fig. 56).

Dentro de su producción, este maestro tiene dos tendencias muy definidas para construir sus personajes: una, donde es el dibujo el que prima sobre el color, y otra, donde son los tonos los que componen las figuras. La tabla de Osuna se encuadra dentro de la primera tendencia. Al igual que la *Virgen con el Niño* del Museo de Bellas Artes de Cádiz[193], y la ya citada *Virgen con el Niño y ángeles* de colección privada de Madrid. En ellas, los rostros femeninos están diseñados con pocas líneas que definen las narices rectas, bocas pequeñas, característico hoyuelo en el mentón afilado, más acentuado en las figuras de perfil, y ojos de párpado grueso y cejas arqueadas y finas rematadas hacia arriba en el final, enmarcando los ojos y dándole una impronta propia del pintor. El colorido de su paleta es más apagado si lo comparamos con el de Pieter Coecke

---

188 *Ibidem*, p. 448.

189 Su producción se ha confundido habitualmente con obras del taller del Maestro del hijo pródigo.

190 La escena de *Susana y los ancianos* la versiona el modelo que el taller del Maestro del hijo pródigo realizó en la de colección privada de Ámsterdam. (Sotheby's, Ámsterdam, 13 de mayo, 2003, n.º 36). El gesto de la joven y del anciano tomándola por detrás, al igual que la escultura a un lado de la fuente, son motivos reiterados en ambas soluciones, sólo varía uno de los ancianos que para el Maestro de los modelos de Pieter Coecke entra por la esquina inferior izquierda, de espaldas al espectador, abriendo una diagonal en profundidad que dirige la mirada hacia el fondo de la composición.

191 Génova, Boetto (28 de mayo, 2005, lot. n.º 40), (T., 107 x 72 cm).

192 Son muchos los préstamos que toma este maestro de composiciones de Vincent Sellaer. La *Virgen con el Niño y ángeles* de la colección del marqués de Salisbury en Hatfeld House de Vincent Sellaer la recupera el Maestro de los modelos de Pieter Coecke en sentido invertido, y con el Niño volviéndose hacia los ángeles y moviéndose del regazo de su madre en antigua colección privada madrileña. Ansorena, Madrid, (6 de noviembre, 2000, n.º 122) (T. 96 x 67 cm, en el catálogo como Maestro del hijo pródigo). Muy singular es la *Alegoría de la paz y la concordia* de la Kunstakademie de Dusseldorf, atribuida en los diferentes catálogos y artículos especializados a Vincent Sellaer, pero cuyas características responden al hacer del Maestro de los modelos de Pieter Coecke.

193 A. Padrón Mérida, "Presencia en España...", *op. cit.*, p. 446.

van Aelst, con una tendencia a los tonos suaves y pasteles para los fondos, recurso que le permite contrastar los colores vivos de las vestimentas de la escena del primer plano.

Una nueva personalidad: el Maestro de Osuna

El siguiente conjunto con entidad propia dentro de la pintura flamenca albergada en Osuna que llegó a través de la importación, son las cuatro tablas para las que se abrieron los altares-hornacinas en el patio del Santo Sepulcro: la *Virgen con el Niño* —o *Virgen del velo*—, la *Adoración de los pastores*, *Jesús despidiéndose de su madre* y la *Lamentación ante el cuerpo de Cristo muerto* (Figs. 28-31). Las cuatro presentan prototipos y referencias compositivas similares cercanas a propuestas del taller de Pieter Coecke van Aelst, al mismo tiempo que unas características de estilo que lo alejan de este artista.

En la *Virgen con el Niño* y en la *Adoración de los pastores*, el pintor recurre a dos tipologías ya forjadas sobre los años veinte del siglo XVI. En el primer caso, es el modelo que codifica Jan Gossaert en la versión del Maurithuis de La Haya (inv. n.º 830), donde prima el sentido intimista de la imagen (Fig. 57). Las versiones popularizadas a partir de 1530 por el taller de Pieter Coecke[194], rompen esa intimidad para incluir la escena dentro del episodio de la huida a Egipto, abriendo un vano en la estancia que deja ver un paisaje donde tienen cabida diferentes referencias a ese viaje de la Sagrada Familia tomadas de los evangelios apócrifos[195] (Fig. 58). En este caso, además, la versión de Osuna da una clave a través del perfil de la ciudad que se divisa al fondo, que incide en el lugar y momento de creación de la pintura, pues el perfil cuadrangular de la torre de la

---

194 G. Marlier, "Paul Coeck et la Vierge au voile", en *La Renaissance Flamande: Pierre Coeck d'Alost*, Brussels, 1966, pp. 245-247; A. Padrón Mérida, "Un tríptico inédito y algunas tablas de la Virgen y Niño con velo, por Paul Coeck", *Boletín del Museo de Instituto "Camón Aznar"*, XXXIII (1988), pp. 5-16.

195 Más evidente en esta relación con el episodio de la huida a Egipto están las versiones del tema por parte de Paul Coecke de los Museos reales de Bruselas (inv. n.º 587), Museo de la Chartreuse de Douai (inv. n.º 283), o la de colección privada de Madrid, donde en el paisaje del fondo se incluye a la Sagrada Familia sobre un jumento. M. Díaz Padrón, "La Virgen y el Niño en la huida a Egipto de Paul Coeck van Aelst", *Philostrato. Revista de historia y arte*, 8 (2020), pp. 61-71, [DOI: https://doi.org/10.25293/philostrato.2020.08]. [En línea: http://philostrato.revistahistoriayarte.es/index.php/moll/article/view/philostrato.2020.08/523; consultada: 22-06-2021].

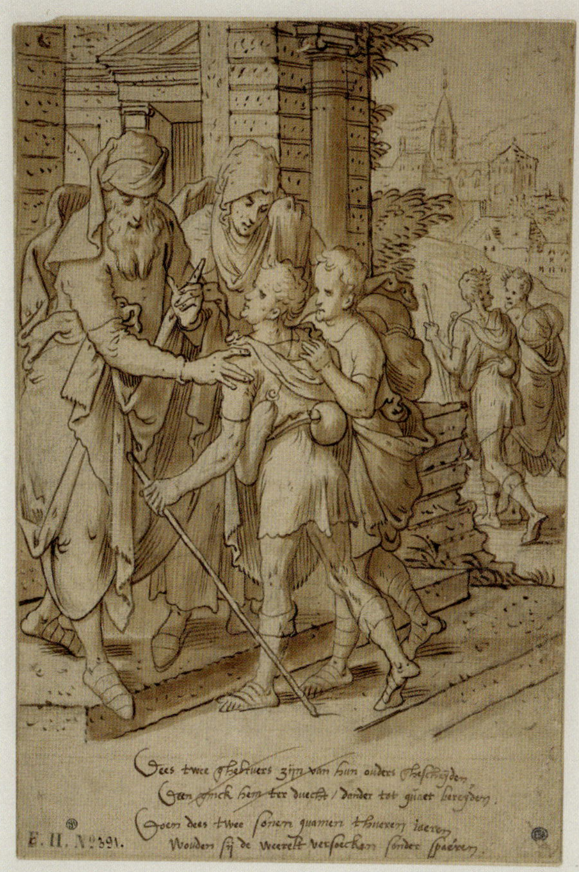

FIG. 51. Maestro del hijo pródigo, *Historia de Tobías*. © École National Superieur des Beaux-Arts, París. (inv. nº MAS.1870).

iglesia, con una doble ventana geminada y tejado doble a dos aguas, se puede relacionar con la torre de la iglesia de Santiago en Amberes, obra que ya estaba levantada hacia 1533 (Figs. 59 y 60).

Respecto a la *Adoración de los pastores*, se recurre al modelo difundido en Flandes a través de los cartones para tapices de Giulio Romano siguiendo a Rafael que se llevaron a Bruselas en la primera mitad del siglo XVI, y del que hubo muchas copias y versiones[196]. De hecho, esta *Adoración* tiene como referente la representación del mismo tema que hizo Giovanni Francesco Penni hacia 1520 en el cartón o dibujo del Museo del Louvre (inv. n.º 3460) (Fig. 61), y del que la pintura de Osuna parece tomar el modelo directamente, repitiendo la arquitectura de fondo e, incluso, la figura del Dios Padre flanqueado

---

196 N. Dacos, "Cartons et dessins Raphaélesques à Bruxelles: l'action de Rome aux Pays-Bas", *Bollettino d'Arte*, supl. Au n.º 100 (1997), pp. 1-21; S. Zdanov, "Pieter Coeck, Bernard van Orley et les maniéristes anversois: transmission d'une figure raphaélesque entre Bruxelles et Anvers", *Revue de l'Art*, 205, 3, (2019), pp. 19-29, (esp. pp. 21-24).

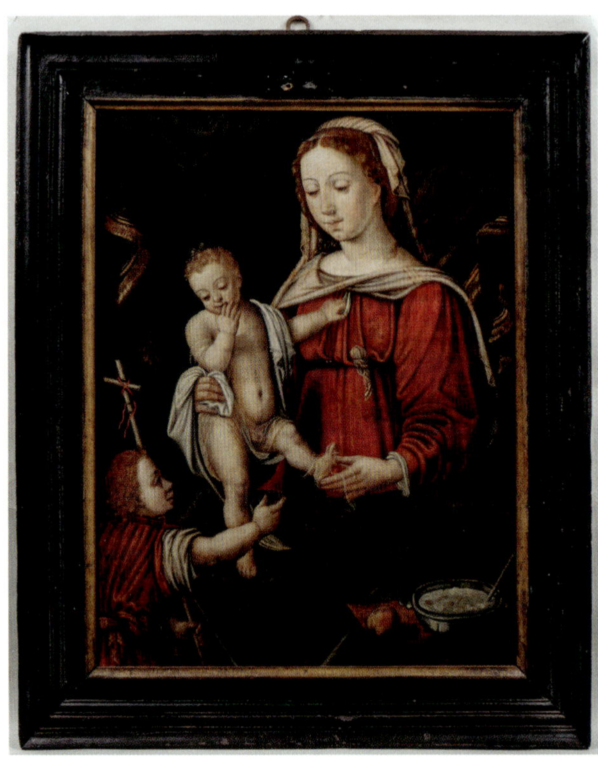

por ángeles de la parte superior[197]. Frente a este modelo, la versión de Osuna simplifica el entorno arquitectónico al reducir el edificio del segundo plano a la derecha por unas ruinas, y disminuir el canon de las columnas de la izquierda. El espacio del pesebre se hace más pequeño, haciendo que las figuras de la derecha tengan menor organicidad en el espacio respecto a la solución del dibujo. Sin embargo, este autor aumenta el paisaje incluyendo el perfil de una ciudad en la lejanía que se ha diluido con el celaje por el paso del tiempo.

Más personales en las soluciones son las tablas de *Jesús despidiéndose de su madre* y la *Lamentación ante el cuerpo de Cristo muerto*. En la primera,

el artista recurre a la idea del abrazo entre María y su prima Isabel en la escena de la visitación para subvertirla al momento en que Jesús se despide de su madre camino hacia Jerusalén, donde sabe que será ajusticiado, es decir, el momento en que Jesús asume su deber de sufrir la pasión para liberar y redimir a la humanidad[198]. Quizá el referente iconográfico más cercano sea la propuesta del Rijksmuseum de Ámsterdam (inv. n.º SK-A-1719), atribuida a Cornelis Engebrechtsz, y datada entre 1515 y 1520, que repite el gesto genuflexo de la Virgen y el abrazo con su Hijo, así como la imagen de la plañidera y la mujer afligida de la izquierda, o la multitud de los discípulos contemplando la escena desde un segundo plano (Fig. 62).

En la *Lamentación ante el cuerpo de Cristo muerto* se reducen los personajes habituales en esta escena y se juega con su disposición espacial en una diagonal que parte de José de Arimatea, sujetando el cuerpo inerte de Cristo en el primer plano a la izquierda y llega hasta María Magdalena, en pie en el tercer plano a la derecha, sujetando con ambas manos el tarro de ungüentos. Su pose y actitud presenta un sentido clasicista que recuerda a las Venus clásicas, cuyos modelos se estaban difundiendo por toda Europa a través de dibujos y fuentes grabadas[199].

Junto a estas novedades iconográficas, este artista, a la hora de construir sus figuras, opta por rostros de amplias frentes y mejillas de pómulos marcados y narices contundentes, en especial en los personajes masculinos, cercanas a las que se ven en los cartones para tapices de la escuela de Bruselas en relación a los modelos de Rafael, anteriormente ya citados. En cambio, los rostros femeninos tienden a perfiles más alargados, de frentes proporcionadas, cabellos ondulados, recogidos en velos que se anudan en la parte baja, como son las mujeres que acompañan a la Virgen en la escena de la despedida, o se cubren completamente por tocas y mantos las de más edad. En estos son muy característicos los pliegues del velo en paralelas ondulaciones bajo la barbilla,

---

197 [En línea: http://arts-graphiques.louvre.fr/detail/oeuvres/14/100668-LAdoration-des-bergers-max. (Consultada 1-02-2020)]. Este dibujo sería uno de los cartones utilizados para el conjunto de los doce tapices de la *Scuola Nova* conservados en los Museos Vaticanos. Este conjunto, con escenas de la vida de Cristo, fue encargado por el Papa León X, pero realmente su ejecución se lleva a cabo bajo el pontificado de Clemente VII.
En 1563 la escena fue grabada por Hieronymus Cock en sentido invertido, lo que le dio aún más popularidad. A. Geremicca y D. Allart, *Raphaél et la gravure. De Rome aux anciens Pays-Bas et à Liège*, La collection d'Arts graphiques anciens du Musée Wittert, 2021, pp. 118-120, n.º 31.

198 Sobre la iconografía de esta obra, véase catálogo n.º 2 en estas páginas.

199 N. Dacos, *Roma Quanta Fuit: Ou l'Invention du Paysage de Ruines*, Brussels, 2004; A. J. DiFuria, *Heemskerck's Rome: Antiquity, Memory and the Berlin Sketchbooks*, PhD diss, University of Delaware, 2008; V. Lleó Cañal, "Quanta Roma fuit, ipsa ruina docet: el impacto de las ruinas en la sensibilidad artística moderna", *Boletín de la Real Academia Sevillana de Buenas Letras*, 36, (2008), pp. 93-108; M. A. Bass, *Jan Gossaert and the Invention of Netherlandish Antiquity*, Princeton University Press, Oxford, 2016.

al igual que el sutil pliegue central del paño sobre la frente. Salvo la escena de la Virgen con el Niño, el resto de episodios se desarrolla en exteriores, donde los paisajes del fondo son tratados con sutileza en su vegetación y en la vista de las ciudades al fondo. Estos perfiles urbanos se definen por tonos de ocres y grises, destacando tanto las construcciones imaginadas cuando se recrea una Jerusalén ideal, como propuestas clásicas en la *Adoración de los pastores*, al depender de un modelo italiano, o referentes cercanos al taller, como es la evocación de Amberes al fondo en la *Virgen con el Niño*.

Incluso, a la hora de seguir prototipos ya acuñados, este autor se muestra más individualizado en su personalidad. De hecho, en aquellas zonas menos intervenidas y mejor conservadas, como son el rompimiento de gloria de la *Adoración de los pastores*, la Magdalena y Virgen dolorosa de la *Lamentación* y la *Virgen con el Niño*, se aprecia un trabajo muy personal en el tratamiento de las sombras en las carnaciones, con un sentido luminoso que enfatiza el sentido plástico de las figuras, así como preciosista en el acabado. La línea define las figuras y plegados y gusta de las figuras de canon alargado cuando las trata de cuerpo entero. Los perfiles óseos de las cabezas están muy definidos y se acentúan por el contraste acusado de luces y sombras aplicadas en las carnaciones. En las escenas del fondo en las que ha incluido figuras en el paisaje, estas son realizadas con toques de color en tonos grises, donde las luces y sombras dotan de expresividad a estos personajes cuyos rasgos se han difuminado a favor de la elocuencia del gesto. Es un artista personal, que, a pesar de seguir los modelos romanistas derivados de Rafael y Jan Gossaert, no recurre a la mera copia, sino que hace sus versiones. Algo que corroboran las reflectografías de estas cuatro pinturas. Se observa que no ha habido ningún tipo de elemento mecánico para la plasmación del diseño, o por lo menos no se ha detectado. El dibujo se ha hecho a través de un medio líquido aplicado a pincel. Los trazos oscuros delimitando los perfiles y las sombras se destacan en el rostro de la Virgen en la escena de la *Virgen con el Niño*, en especial en la ceja derecha del personaje, que se ha bajado respecto a la propuesta primera (Fig. 63); y también en los plegados arremolinados de la manga derecha del mismo personaje, que traslucen esas líneas anchas y fluidas que marcan las zonas que deben sombrearse. La misma técnica se observa en la *Adoración de los pastores*, con cambios sustanciales respecto al resultado final en las

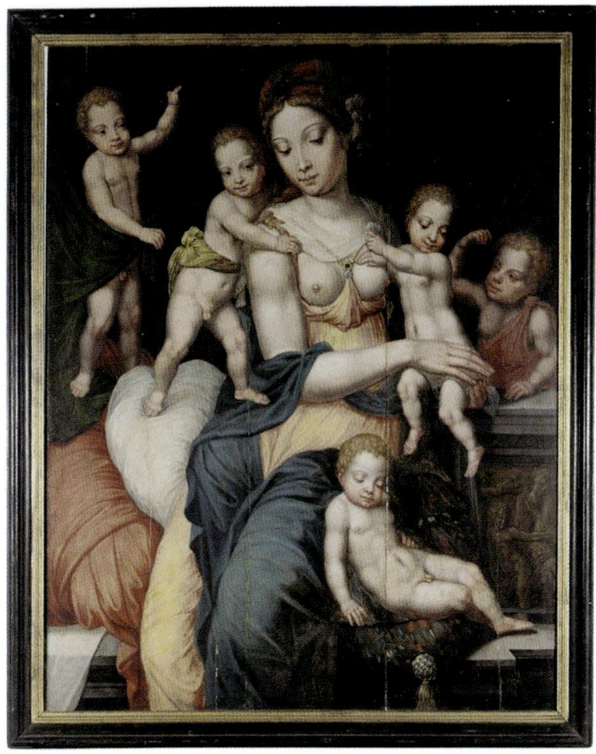

Fig. 53. Maestro de los modelos de Pieter Coeck, *Caridad*. Antigua colección Hannover. © Foto: A. Diéguez.

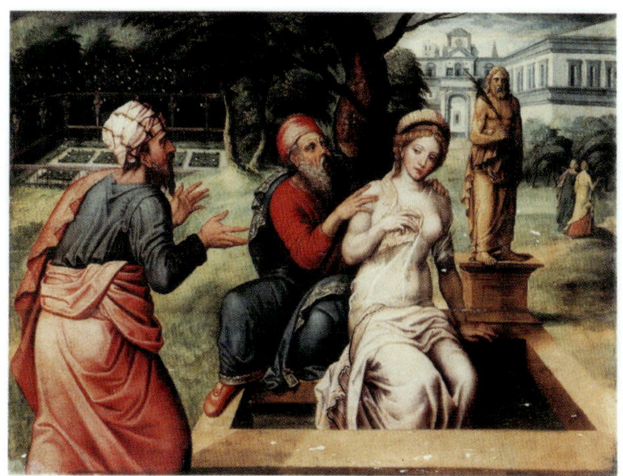

Fig. 54. Maestro de los modelos de Pieter Coeck, *Susana y los ancianos*. Antigua colección Amhongen Brose, Ámsterdam. © Foto: A. Diéguez.

manos de Dios Padre, en los ángeles de la derecha y en el segundo a la izquierda, que están demostrando la libertad de ejecución de la obra por parte del artista (Fig. 64). Algo que también delata el dibujo de la *Lamentación*, en especial en la figura de san Juan, que ha bajado su encaje, y en los pies de Cristo, que gracias a ese dibujo se puede conocer su solución primera, mucho más coherente que los repintes realizados tras las pérdidas de policromía

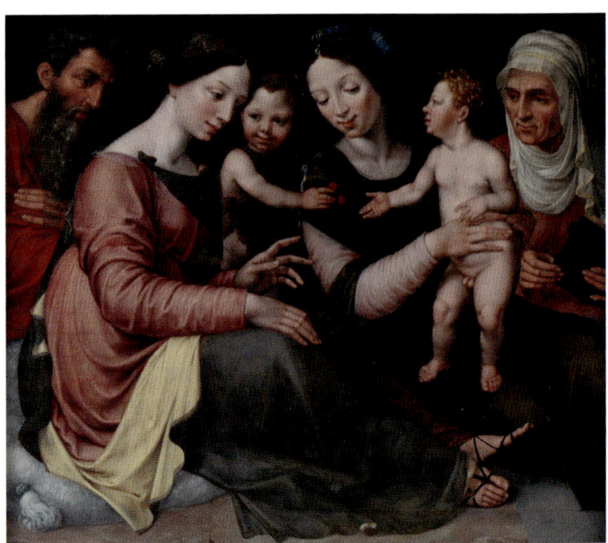

en esa zona a mediados del siglo XX[200] (Fig. 65). En esta escena, así como en el paisaje de la *Virgen con el Niño*, en cambio, sí parece que el artista recurrió a un medio seco y fino para su definición, pues el trazo responde más al uso de carboncillo.

Todas estas características, junto con las reminiscencias a las tipologías femeninas habituales en el taller de Pieter Coecke, en especial en las figuras femeninas acompañando a la Virgen en la escena de la *Despedida de Jesús a su madre*, cuyo encaje del rostro, disposición de los cabellos, tipo de tocado, recuerdan a las de Pieter Coecke y su taller en las vírgenes de la *Epifanía* de la iglesia de San Salvador de Segovia[201], *Sagrada Familia* de la antigua colección del conde de Casa Rojas[202], o la *Sagrada Familia del jilguero* de la colección Epiarte[203] (inv. n.º 1200) (Fig. 66) han permitirlo individualizar a este artista y relacionar su trabajo con otras piezas del entorno sevillano. Son las escenas del *Martirio de santa Catalina* en el tríptico que la familia Bravo de Lagunas envió a su capilla familiar dedicada a santa Catalina de Alejandría en la iglesia de San Vicente en Sevilla[204], obra que estaba colocada en su

ubicación sevillana ya en 1540[205]. En estas escenas se ven aspectos comunes a estas cuatro tablas del patio del Santo Sepulcro de Osuna. Se advierte el uso de la misma tipología de rostros para las figuras masculinas, como se observa al comparar los soldados de la izquierda en la *Decapitación de santa Catalina* (Fig. 67), y el rostro de Jesús y sus discípulos en la *Despedida de su Madre* de Osuna. También el hecho de disponer en esta escena en el segundo plano tras una loma unas figuras que se ven en tres

200 Véase en el catálogo el n.º 3.

201 E. Bermejo, "Pinturas inéditas de Pieter Coeck conservadas en España", *Archivo Español de Arte*, (1981), pp. 113-142 (esp. pp. 118-121).

202 Sotheby´s Londres (29 de abril, 2010), lot. n.º 3.

203 J. Sanzsalazar, "Sagrada Familia", en *La Huella y la Senda. El VI Centenario en la Diócesis Rubicense* [Cat. Exp. Catedral de Santa Ana, Las Palmas de Gran Canaria, enero-mayo 2004], Las Palmas de Gran Canaria, 2004, pp. 323-325.

204 Hay interesante bibliografía sobre este tríptico. Serrera fue el primero en vincular sus alas laterales con el trabajo del ta-

ller amberino de Jan van Hemessen. M. A. Serrera, "Nuevas obras de Jan van Hemessen", *Boletín del Seminario de Arte y Arqueología de Valladolid*, LII, (1987), pp. 363-368; G. Ferreras Romero y R. Magdaleno Granja, "San Benito con los caballeros de Alfaro y Bravo de Lagunas y Virgen anunciada (Grisalla). Jan van Hemessen. Investigación y tratamiento", *PH. Boletín del Instituto Andaluz del Patrimonio Histórico*, V, (1997), pp. 19-30. Sin embargo, las tablas centrales, se escapan de este taller y maestro. Dadas a conocer por Pérez del Campo en 2001, tras la restauración por parte del Instituto de Patrimonio Andaluz. L. Pérez del Campo, "El políptico de la familia Bravo de Lagunas, obra de Jan Sanders van Hemessen. Nuevas investigaciones", *PH. Boletín del Instituto Andaluz del Patrimonio Histórico*, 37, diciembre 2001, pp. 101-108; V. Marqués Ferrer, "Políptico de la familia Bravo de Lagunas, 1543", en *Arte del Renacimiento en Sevilla*, ed. I. Cano Rivero, I, Hermoso Romero y M.V. Muñoz Rubio, Sevilla, 2022-2023, pp. 130-136.

205 "Ytem otro retablo de madera de Flandes con la historia de Santa Catalina y la ymagen de Santa Catalina de bulto y un crucifijo de pincel con dos puertas en una San Sebastián y San Roque y en la otra San Benito con ciertas figuras en la capilla de Santa Catalina". Archivo parroquial, Sevilla. Libro de bienes muebles, iglesia de San Vicente mártir, 1540, s/f. Trascripción: M. A. Serrera, "Nuevas obras de Jan van Hemessen…", *op. cit.*, p. 367, nota 8.

La estructura de este tríptico, independientemente de las alas laterales, ha sido planteada por Serrera en su parte central, atendiendo a la documentación, como una escultura de bulto de santa Catalina con una escena de pincel del crucificado en la parte superior. Propuesta que ha sido desestimada por Pérez del Campo, al incluir dentro de esta parte central las seis escenas que aún se conservan y de las que daba información de su inclusión en el retablo la documentación posterior del siglo XVII, donde además se especifica que por la parte superior central era "ovado". El autor propone que son las tablas con las seis escenas del Martirio las que ocuparían el retablo central. M. A. Serrera, "Nuevas obras de Jan van Hemessen…", *op. cit.*, p. 367; L. Pérez del Campo, "El políptico de la familia Bravo de Lagunas…", *op. cit.*, pp. 103-105.

Es muy probable que, además de las escenas pictóricas, hubiera una calle central en la estructura de la tabla central del tríptico que avanzara el entablamento en semicírculo para la parte superior. Sería ahí donde se colocaría el crucificado "de pincel", dejando la parte inferior para una caja u hornacina donde se colocaría la escultura de bulto de santa Catalina, rodeada por las seis escenas de su vida. En un esquema similar a la estructura del *Retablo de San Jerónimo* para el monasterio de Santa Ana en Tendilla, Guadalajara, encargado por los condes de Tendilla. K. de Clippel, *Catharina van Hemessen (1528-na1567). Een monografische studie over een ´uytnemende wel geschickte vrouwe in de conste der schilderyen*, Brussel, 2004, pp. 128-141.

cuartos, que responden al mismo planteamiento que los soldados de la derecha del segundo plano en la tabla citada de santa Catalina. Incluso el mismo modo de trabajar los paisajes y el fondo con grises y ocres que se ven en el horizonte; o en los tipos de construcciones del fondo, donde la torre que flanquea la escena de la despedida, de perfil cuadrangular y pequeñas torretas cilíndricas en las esquinas, es similar a la que aparece al fondo, entre la columnata, donde santa Catalina está siendo azotada por negarse a los requerimientos del emperador (Fig. 68). Volviendo a la fisonomía, también hay relación en los modelos femeninos empleados. Así, se puede comparar a santa Catalina en la misma escena de su martirio, con el pelo ondulado hacia atrás y llevando un ropaje que se ciñe a sus hombros y cadera a través de unos broches, cuya formulación es similar a los que aparecen en la figura de José de Arimatea sujetando el cuerpo de Cristo de la *Lamentación* de Osuna. También coinciden en el tratamiento de los pliegues en el manto que sujeta la Magdalena de la citada *Lamentación* de Osuna, con los de la figura de santa Catalina en la *Condena a la hoguera de los oradores paganos* (Fig. 69).

Todas estas similitudes llevan a relacionar la labor del mismo maestro y taller en las cuatro obras de Osuna con las seis escenas del martirio de santa Catalina de la capilla de los Bravo de Lagunas en la iglesia de San Vicente de Sevilla. Un artista que conoce de primera mano las referencias de uno de los talleres más importantes asentados en Amberes en el primer tercio del siglo XVI como es el de Pieter Coecke van Aelst, al mismo tiempo que las propuestas renacentistas llegadas a tierras flamencas a través de artistas vinculados a la corte, sea en Bruselas o en Malinas, dando lugar a un lenguaje propio, y al que se ha optado por individualizar con el nombre de Maestro de Osuna. Este nombre provisional facilitará definir y agrupar su producción hasta que la documentación, o estudios posteriores, permitan relacionar su trabajo con alguno de los talleres activos en Amberes entre 1535 y 1550[206], cronología base en la que se fijan sus obras.

Por otro lado, el hecho de probar que una parte de su producción tiene como destino la península ibérica con estos ejemplos en la capilla de los Bravo

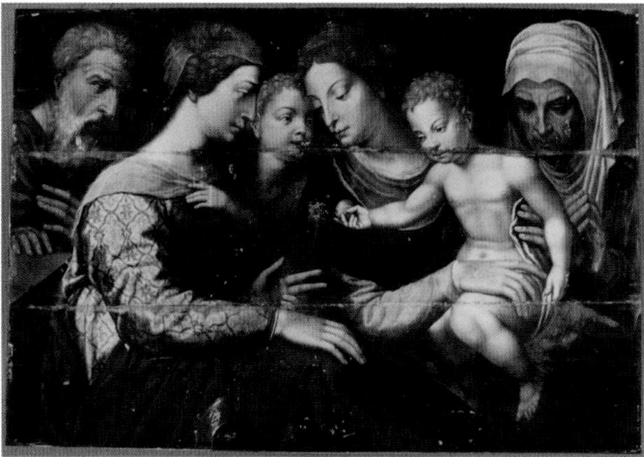

Fig. **56.** Maestro de los modelos de Pieter Coeck, *Sagrada Parentela*. Colección privada, Estocolmo. © Foto: A. Diéguez.

de Lagunas y estas tablas de Osuna, y que en el paisaje de la *Virgen del velo* se recrea precisamente la torre de la iglesia de Santiago de Amberes, parroquia en torno a la que se concentraba en la ciudad del Escalda la comunidad hispana más numerosa, —en parte por tener en el apóstol al patrón de la "nación española" en Amberes[207]—, son indicativos de que este artista y su taller debieron de tener una relación fluida con las familias de origen español asentadas en la ciudad.

A pesar de no contar con datos más concretos, no nos resistimos a dejar planteada una hipótesis de trabajo en torno a las influencias y relación de este Maestro de Osuna con uno de los talleres más importantes de la ciudad, en tamaño y relación con la corte de los Habsburgo, como fue el de Pieter Coecke van Aelst[208]. Poco se conoce de sus aprendices y sus hijos, también formados en el mismo taller, en cuanto a continuadores de sus formulaciones y redes clientelares, donde la península ibérica debió de ser lugar de término de mucha de su producción. Así, entre la muerte de Pieter Coecke

---

206 Sería interesante poder relacionar al comendador de Peraleda y veedor de Campo de S.M., Sancho Bravo de Lagunas, con el IV conde de Ureña, Juan Téllez-Girón, y que hubiera sido a través del primero como el conde manda realizar las cuatro pinturas para Osuna.

207 Gracias a las donaciones de estos mercaderes y familias de españoles asentados en las inmediaciones, se pudo sufragar parte de los gastos de la construcción de la iglesia. Tres de los mercaderes más solventes viviendo en Amberes se ocuparon de donar el dinero necesario para levantar el coro y tres capillas del transepto. Los mercaderes eran Antonio de Polanco, Alonso de Santa Gadea y Diego de Santa Cruz. Rijksarchief Antwerpen Kerkarchief Saint-Jacobs, Antwerpen, sig. 251a/28. Transcription por Jeffrey Muller, *St. Jacob´s Antwerp Art and Counter Reformation in Rubens´s Parish Church*, Brill, Leiden-Boston, 2016, p. 29, nota 55.

208 L. Jansen, "Considerations on the size of Pieter Coecke´s Workshop: Apprentices, Family and Journeymen. A contribution to the Study of Journeymen on a micro level", en *Invisible Hands?. The Role and Status of the Painter´s Journeyman in the Low Countries ca. 1450-ca. 1650,* ed. Natasja Peeters, Peeters, Leuven, Paris, Dudley, 2007, p. 101.

en 1550, al óbito de sus aprendices directos y, en especial, la de sus hijos, Pieter Coecke II en 1559[209], Michiel Coecke y Paul Coecke en 1569 —este último con un interesante taller del que da noticia Karel van Mander[210]—, el trabajo del taller amberino del patriarca debió de pervivir en el tiempo, adaptando composiciones de éxito de Pieter Coecke I a sus propias singularidades. Esto favorece que se pueda agrupar una producción definida en el estilo, como la que se ha acabado de explicar en torno al Maestro de los modelos de Pieter Coecke, Maestro del hijo pródigo o a esta nueva personalidad del Maestro de Osuna. La tarea de conectar estas obras con los nombres de pintores trabajando entre 1540 y 1560 es más compleja, aunque estimulante para nuevas investigaciones.

Entre todos estos seguidores, son singulares las personalidades de dos de sus hijos: Pieter Coecke II y Paul Coecke. Son de los únicos de los que da noticias el historiador Karel van Mander en 1604 y, del último, además, Duverger publica en 1979 el inventario de las pertenencias que quedaron en su domicilio familiar tras su fallecimiento en 1569[211]. Van Mander destaca de Paul Coecke su habilidad como copista de composiciones de Jan Gossaert y como pintor de flores[212]. Además, contó con un relevante taller que continuó su viuda, Mayken Roebroecx, tras su defunción. Una mujer muy activa, hija también de un maestro pintor, que seguía pagando al ayudante que su marido tenía en el taller para continuar con el trabajo contratado después del deceso de su esposo[213]. Se asume que Paul Coecke debió de terminar su aprendizaje con su medio hermano, Pieter Coecke II[214], pues su padre ya había fallecido por entonces. Por otro lado, que este taller de Pieter Coecke II y Paul Coecke debió seguir dentro de la estela familiar, lo corrobora el hecho de que Mayken Roebroecx contrae

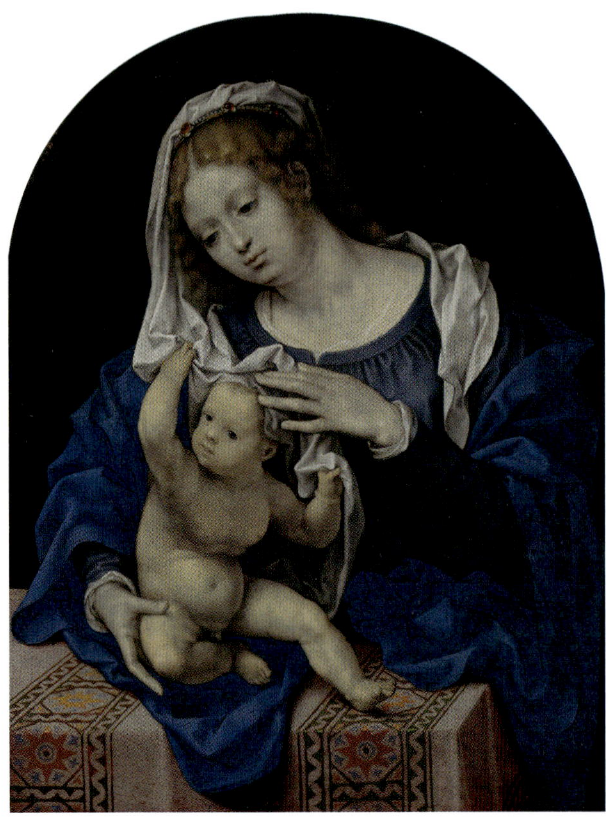

Fig. 57. Jan Gossaert, *Virgen con Niño*. © Maurithuis, La Haya.

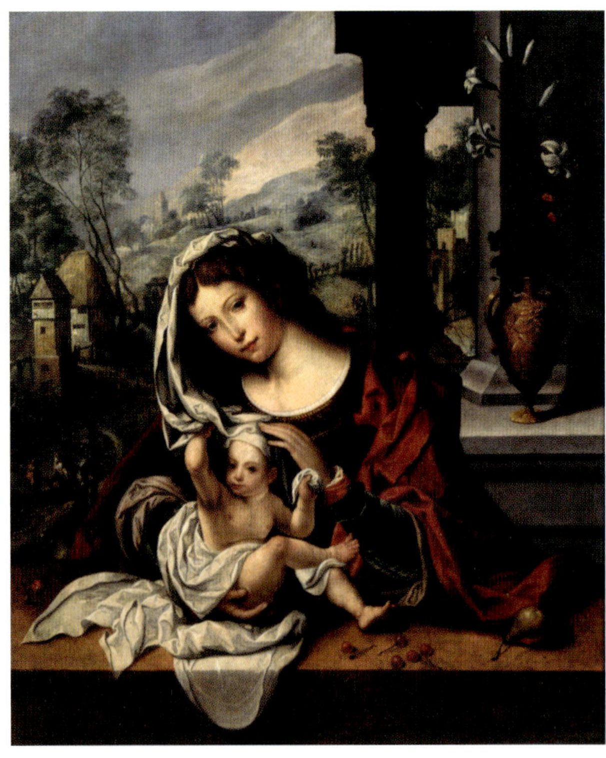

Fig. 58. Paul Coecke, *La huida a Egipto*. © Musée de la Chartreuse, Douai (inv. n.° 283).

---

209 SAA, Schepenregisters, sub Grapheus en Asseliers, 2 (1559), fols. 69r. Trascripción: G. Marlier, *La Renaissance flamande…*, *op. cit.*, p. 47; E. Duverger, "Enkele gegevens over de Antwerpse schilder Pauwels Coecke van Aelst (1569), zoon van Pieter en Anthonette van Santa", *Jaarboek Koninklijk Museum voor Schone Kunsten*, Antwerpen, (1979), p. 213; L. Jansen, "Considerations on the size of Pieter Coecke´s Workshop…", *op. cit.*, p. 97.

210 K. van Mander, *Het Schilderboek*, 1604, fol. 218v., ed. H. Miedema, *Karel van Mander. The Lives…*, *op. cit.*, I, p. 133.

211 *Idem*; E. Duverger, "Enkele gegevens over de Antwerpse schilder…", *op. cit.*, p. 213.

212 K. van Mander, *Het Schilderboek…*, *op. cit.*, fol. 218 v., ed. H. Miedema, I, p. 133.

213 E. Duverger, "Enkele gegevens over de Antwerpse schilder…", *op. cit.*, p. 213.

214 *Idem*.

segundas nupcias con Gillis van Coninxloo[215], pintor que pasó primero por el taller de Pieter II[216] y después por el taller de Lenaert Kroes, pintor que Ring identifica con el Maestro del hijo pródigo, debido al monograma que aparece en dos pinturas con el tema de Tobias[217]. De este Lenaert Kroes, sólo hay las noticias que destaca Van Mander, indicando que era un pintor de figuras y paisajes, tanto en acuarela —técnica habitual para los cartones para tapices como para los modelos para vidrieras—, como al óleo[218]. Que este Gillis van Coninxloo no aparezca como maestro registrado en la guilda de pintores hasta 1570[219], no quiere decir que no trabajara previamente dentro de los talleres señalados con anterioridad. Ya se sabe que los maestros con taller no tenían obligación de dar noticia de los pintores que trabajaban para ellos como *knapen* (oficiales), y mucho menos si son hijos de pintor, como es el caso de Gillis van Coninxloo[220].

Como se ve, las relaciones entre pintores y talleres eran muy estrechas, y explican cómo modelos y composiciones se repetían a lo largo del tiempo, incluso tras el fallecimiento del maestro titular del taller. En este sentido, es muy interesante retomar aquí tanto la figura de Paul Coecke como la de Gillis van Coninxloo. Al analizar las obras que Paul Coecke había dejado en su taller tras su muerte, y que se describen en su inventario, aparecen, además de las habituales obras de temática religiosa del momento y paisajes, una *Historia de Tobías*, una *Susana y los ancianos*, una *Caridad* y una *Alegoría de la paz y la concordia*[221]. Unos temas que se encuentran en la producción tanto del conocido como Maestro de

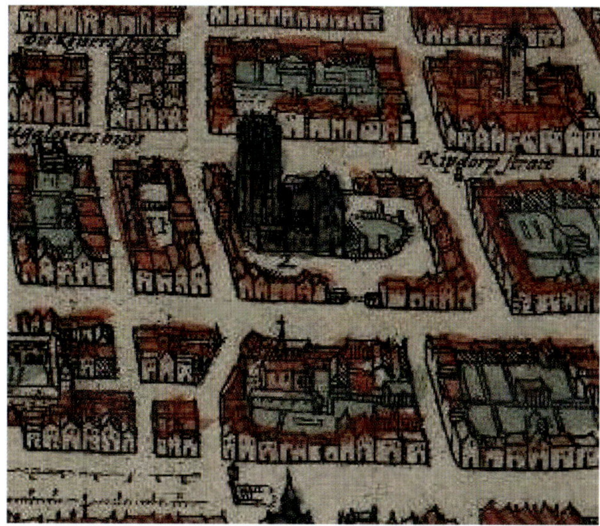

Fig. 59. Frans Hogenberg, *Torre de la iglesia de Santiago de Amberes*, dibujo, detalle de los planos de población de Amberes, 1567. *Civitatis Orbis Terrarum*, vol. 1. © Biblioteca Nacional de España.

los modelos de Pieter Coecke[222], como del Maestro del hijo pródigo[223]. De hecho, en relación con estos últimos, no se puede dejar de ver el estrecho vínculo que el pintor Gillis van Coninxloo II tendría con estos maestros, al haberse formado con Pieter Coecke II van Aelst y Lenard Kroes, y haber desposado a la viuda de Paul Coecke. Sería muy sugerente pensar que es este Gillis van Coninxloo II la persona detrás de esta amplia producción. Sin embargo, la definición de Van Conixloo II por parte de Karel van Mander como un excelente pintor de paisajes quizá haya hecho diluir su otra producción[224]; al igual

---

215 K. van Mander, *Het Schilderboek…*, *op. cit.*, fol. 218v.; H. Miedema, "Kinship and network I Karel van Mander", en *Family Ties. Art Production and Kinship Patterns in the Early Modern Low Countries*, ed. Koenraad Brosens, Leen Kelchtermans, K. van der Stighelen, Brepols, 2012, p. 14.

216 K. van Mander, *Het Schilderboek*, fol. 268r., ed. H. Miedema, *Karel van Mander. The Lives…*, *op. cit.*, vol. 5, 1998, p. 78.

217 G. Ring, "Der Meister der Verloren Sohnes, Jan Mandyn…", *op. cit.*, pp. 196-201.

218 K. van Mander, *Het Schilderboek*, fol. 268r, ed. H. Miedema, *Karel van Mander. The Lives…*, *op. cit.*, I, p. 330.

219 Tenemos que pensar que este Gillis van Coninxloo se trata del II, y no del I, que está registrado en la guilda de pintores en 1539. Ph. Rombouts & Th. van Lerius, *De Liggeren…*, *op. cit.*, I, p. 134.

220 Sobre la problemática de su filiación, véase H. Miedema, "Kinship and network I Karel van Mander…", *op. cit.*, pp. 13-14.

221 E. Duverger, "Enkele gegevens over de Antwerse schilder…", *op. cit.*, pp. 216-218, 223 y 225.

222 El Maestro de los modelos de Pieter Coecke trabaja el tema de la *Caridad* en la antigua colección Hannover (K. Steinacker, *Der Bau-und Kunstdenkmäler des Kreises Blankenburg*, Wolfenbütterl, 1922, p. 95, n.º 113 (T. 104 x 82,5 cm); y en colección privada de Ámsterdam (Christie's Amsterdam, 16-11-2005); *Susana y los ancianos* de colección privada en Alemania (Amhongen Burse, 30-04 al 2-05, 2001; T., 68, 5 x 92, 5 cm); y una *Alegoría de la paz* (o *El amor y la concordia*), en la Kunstacademie de Dusseldorf.

223 Una *Susana con los ancianos* de medio cuerpo de este maestro estuvo en mercado artístico de París (Tajan, 13 de diciembre de 2005, n.º 11) (T. 77 x 87 cm); otra del mismo tema y con las figuras de más de tres cuartos en colección particular de Colonia. (Carola van Ham, Colonia, 16 de noviembre de 2007, n.º 749, T. 89 x 106 cm). *Una historia de Tobías* en el mercado artístico londinense (T., 86,2 x 130,8 cm) (Bonhams, 8 de diciembre de 2016, n.º 28); y otra en el mercado neoyorkino del mismo pintor (T., 75 x 101, 5 cm) (Sotheby's, 27 de enero de 2012, n.º 414).

224 Esto ocurrió también con Jan Mandijn, pintor con una muy interesante producción en Amberes a mediados del siglo XVI, que siguiendo los comentarios de Karel van Mander se vinculaba con uno de los seguidores de El Bosco por sus te-

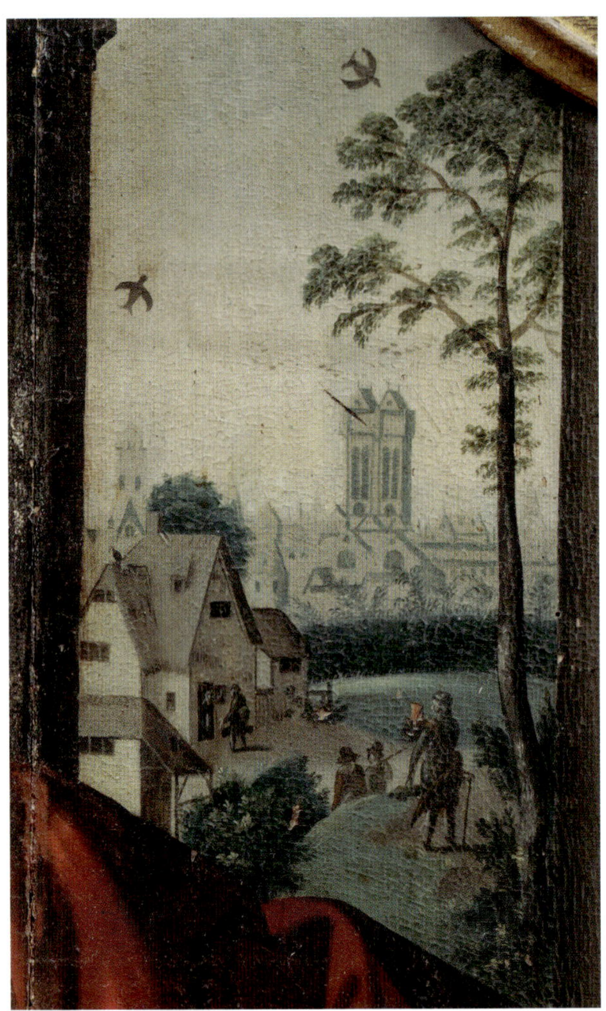

que lo ha hecho con Paul Coecke la singularidad de "copiar composiciones de Gossaert" y ser gran pintor de flores[225], definición que ante su inventario *postmortem* debe ser revisada.

Estas estrechas relaciones familiares y laborales de los pintores flamencos del siglo XV hacen que los modelos se trasladen de unos talleres a otros con toda naturalidad. Solamente es el estilo de cada una de las obras el que da las claves de su vinculación a un taller determinado.

Lo que está claro es que la pintura que llega desde Amberes a Osuna entre 1535 y 1550 tiene una clara relación con uno de los talleres con mayor proyección internacional en la ciudad, como fue el de Pieter Coecke van Aelst, a cuyos seguidores han de atribuirse los grupos de piezas importadas para este conjunto ursaonense que se estaba levantando por esas fechas. Un grupo de obras con una temática definida que responde a un programa determinado.

EL FOCO FLAMENCO ASENTADO EN SEVILLA. DE ARNAO DE VERGARA A PEDRO DE CAMPAÑA Y HERNANDO DE ESTURMIO

De hecho, paralelamente a esta pintura importada, en estos edificios de la colegiata, capilla del Santo Sepulcro y Universidad de Osuna van a estar trabajando algunos de los artistas flamencos asentados en Sevilla con mayor éxito en los dos primeros tercios del siglo XVI en la zona. Se trata de Arnao de Vergara, Roque de Balduque, Hernando de Esturmio y Gerard van Wijtvelt.

Arnao de Vergara (Burgos, *ca.* 1500-Granada, *ca.* 1557), aunque por su apellido podría pensarse que no tiene relación con el arte flamenco, su padre, Arnao de Flandes "el viejo" es quien lo forma en Burgos en el trabajo de las vidrieras. Había llegado a la ciudad castellana a finales del siglo XV desde los Países Bajos buscando trabajo al amparo de la importante catedral que se estaba edificando[226]. Su hijo siguió sus pasos y fue uno de los artífices más relevantes del segundo cuarto del siglo XVI en torno a las obras de la catedral de Sevilla, introduciendo elementos ya renacentistas en las formulaciones de estos espacios[227]. Frente a su padre y a su hermano, Arnao de Vergara no sólo se va a dedicar a realizar vidrieras, sino también se ocupa de pintar miniaturas, firmando tanto como "yluminador"[228], como pintor[229]. En Osuna se le va a requerir tanto como

---

mas extravagantes y fantasiosos. Sin embargo, Van Heesch ha relacionado su trabajo con varios trípticos en la iglesia de San Eustaquio en Scherpenheuvel-Zichem, demostrando que la labor de este pintor va más allá de la estela de El Bosco. D. van Heesch, "Out of Bosch's shadow: A rediscovered…", *op. cit.*, pp. 109-121.

225 K. van Mander, *Het Schilderboek*, ed. H. Miedema, *Karel van Mander. The Lives…*, *op. cit.*, I, p. 133.

226 V. Nieto Alcaide, "La Asunción de la Virgen. Arnao de Flandes y su círculo", en *Lux. Las edades del hombre*, Burgos-Carrión de los Condes-Sahagún, 2021, p. 159.

227 Llega a la ciudad en 1525. V. Nieto Alcaide, *Arnao de Vergara*, (Sevilla, Diputación Provincial, 1974).

228 V. Nieto Alcaide, *Las vidrieras de la catedral de Sevilla*, (Madrid: CSIC, 1969), p. 208; M. Romero Bejarano, "El maestro Arnao de Vergara, autor de las primitivas vidrieras de la iglesia de la Cartuja de Santa María de la Defensión, en Jerez de la Frontera", *Actas del XIV Congreso de Historia del Arte*, *Málaga*, T. 2., 2003, pp. 451-458; J. A. Mingorance Ruiz, "La presencia flamenca en la Cartuja…", *op. cit.*, p. 144.

229 "(…) Arnao de Vergara, pintor vesino desta ciudad de Sevilla (…)", Archivo Histórico de Protocolos de Sevilla, Oficio IV, Cristóbal de la Becerra. Libro único, 1534, cuaderno 17, s/

vidriero en 1532, para realizar unas vidrieras con las armas de los Ureña para la iglesia que se estaba haciendo[230], como pintor o diseñador. Esta última faceta parece ser la que ostentó en 1534, a la luz del documento de concordia que firma con el entallador Nicolás de León, y da a conocer Gómez Sánchez en 2010[231]. Como ya se ha explicado páginas atrás[232], en el documento Vergara renuncia a seguir con el retablo concertado para la iglesia de Osuna de forma mancomunada con Nicolás de León, dejando a este último la "fechura del dicho retablo porque ambos de compañía lo tomamos"[233]. Este texto incide en dos aspectos muy significativos dentro del trabajo de los talleres de artistas asentados en la zona de Sevilla en la primera mitad del siglo XVI, y explica la coherencia de estilo y programa desplegado en todo el conjunto de Osuna: por un lado, recalca la interacción entre las compañías de artistas, y, por otro, destaca el trabajo conjunto en diferentes fábricas en un mismo periodo.

En el documento no se especifica cuál es la advocación del retablo ni el lugar exacto para el que estaba previsto, pero sí que es interesante que, junto al entallador, Nicolás de León, y de Arnao de Vergara, estaban firmando esta concordia en calidad de testigos, Martín de Gaínza, "aparejador de la Santa Yglesia de Sevilla", y Juan Picardo, "cantero vecino desta dicha çibdad" [Sevilla], "todos de mancomún… e como principales debdores". La presencia de estos maestros en el contrato de Osuna no es casual, como bien destaca Gómez Sánchez[234]. Martín de Gainza, como aparejador de Diego de Riaño (fallecido en 1534), maestro de obras, va a proseguir los proyectos comenzados por este, entre los que se vincula la iglesia y capilla del Santo Sepulcro de Osuna[235]. Con Riaño también se relaciona a

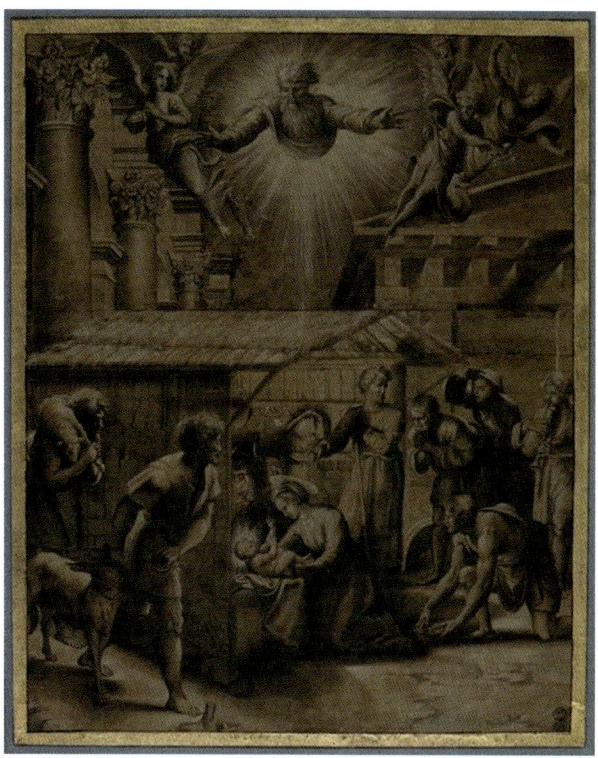

Fig. 61. Giovanni Francesco Penni, *Adoración de los pastores*, ca. 1520, cartón o dibujo. © Museo del Louvre, dist. RMN-Grand Palais – Foto: Michel Urtado, (inv. n° 3460).

Nicolás de León en otros trabajos en Sevilla[236], por lo que su presencia en Osuna coincide con todo el entramado de profesionales en torno al trabajo de Riaño-Gainza.

Sobre el trabajo mancomunado y estas compañías de artistas trabajando a la par en proyectos de gran envergadura, ya da noticias la documentación de la época. Generalmente, en este tipo de proyectos el cliente encargaba el trabajo a un maestro con el que firma el contrato, y es el profesional quien después subcontrata con otros artífices la terminación de la obra del modo que había firmado con el promotor[237].

fol. Trascripción de J. A. Gómez Sánchez, "De Arnao de Vergara a Vicente Menardo…", *op. cit.*, p. 65, doc. 1. También así aparece en Jerez de la Frontera. M. Romero Bejarano, "El maestro Arnao de Vergara, autor…", *op. cit.*, I, pp. 451-458.

230 *V. Nieto Alcaide, Las vidrieras de la catedral de Sevilla…, op. cit.*, p. 208.

231 J. A. Gómez Sánchez, "De Arnao de Vergara a Vicente Menardo. Nuevos documentos…", *op. cit.*, pp. 65-66.

232 Véase en este texto páginas 59 a 62..

233 J. A. Gómez Sánchez, "De Arnao de Vergara a Vicente Menardo. Nuevos documentos…", *op. cit.*, pp. 65-66.

234 *Ibidem*, p. 56.

235 Se piensa en Martín de Gaínza (1505-1556) por su cercanía a Diego de Riaño, arquitecto con quien se vincula la "Puerta del Sol" de la colegiata, y por su trabajo conjunto en la iglesia de San Miguel y castillo de Morón de la Frontera en relación con los condes de Ureña. M. F. Morón de Castro, "La puerta del Sol de la colegiata de Osuna", *Cuadernos de los Amigos de los Museos de Osuna*, n.° 6, (2004), pp. 27-30.

236 A. J. Morales, "Puntualizaciones sobre la obra escultórica de Nicolás de León", *Boletín del Museo de Instituto "Camón Aznar"*, XXV, (1986), pp. 17-20; A. Morales, *La obra renacentista del Ayuntamiento de Sevilla*, Sevilla, Servicio de publicaciones del ayuntamiento, 1981, p. 72; M. F. Morón de Castro, "La puerta del Sol…", *op. cit.*, pp. 27-30.

237 Son múltiples los ejemplos, pero en la órbita de lo que estamos trabajando, destacan los retablos de la iglesia de Santiago en Jerez y de San Pedro en Arcos de la Frontera firmados por la familia de los Ortega en el primer caso, y en el segundo, quizá algún artista en el entorno de Nicolás de León, como sugiere Gómez Sánchez. J. M. Serrera, *Hernando de Esturmio…, op. cit.*, p. 53; J. A. Gómez Sánchez,

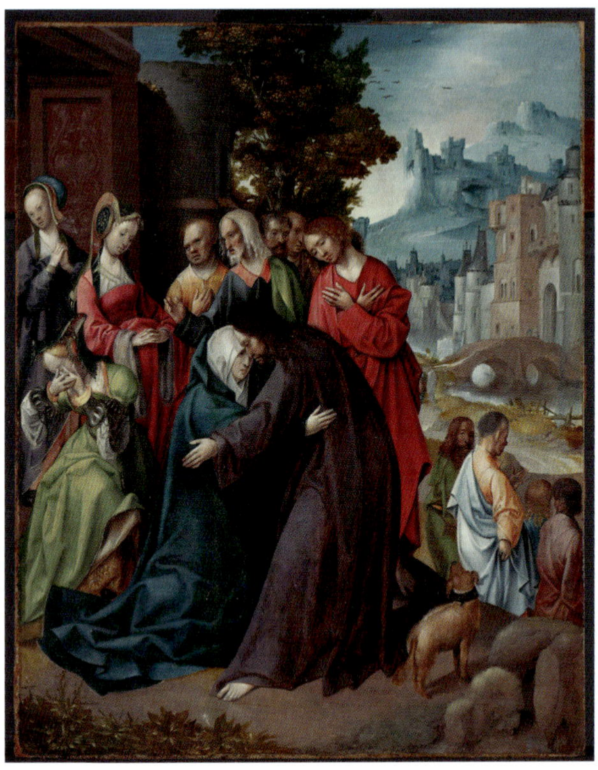

Por otro lado, como explica Serrera, en estos momentos, salvo excepciones, el cliente buscaba el contrato más barato[238], y no tanto quien era el que ejecutaba la obra, sino quien se ajustaba a las pautas dadas por el menor precio. Atendiendo a lo que se ve en el conjunto de Osuna, parece que esto pudo ser así, pero siempre manteniendo una unidad de estilo en el conjunto artístico, la temática establecida y la coherencia de espacios y decoración. Por eso, la preexistencia de un programa dado y distribuido por la compañía Riaño-Gainza, explica la presencia tanto de Nicolás de León, como de

los Ortega[239], Juan de Zamora o Arnao de Vergara, trabajando de forma conjunta[240]. Precisamente, es en este ambiente de compañías artísticas donde se encuadra el trabajo de Hernando de Esturmio y Gerard van Wijtvelt.

Hernando de Esturmio (Zierikzee, Zelanda, *ca.* 1515-Sevilla, 1556) fue uno de los artistas flamencos asentados en Sevilla con mayor proyección en las décadas centrales del siglo XVI[241]. Su trabajo, junto con el de su compatriota, Pieter de Kempener (Bruselas, 1503-1587), conocido por estas tierras meridionales como Pedro de Campaña, va a ser fundamental para el devenir de la escuela sevillana de pintura[242].

La primera vez que aparece citado en relación con Osuna es en 1547, cuando Nicolás de León firma un contrato con el pintor para la realización de siete tablas con las escenas de la *Anunciación*, *Natividad*, *Adoración de los pastores* y los *Cuatro doctores de la Iglesia* que necesitaba para terminar el retablo que tenía concertado con el conde de Ureña[243]. El contrato es muy específico en cuanto a cómo tenían que estar representados los

---

"Hernando de Esturmio. Un pintor neerlandés…", *op. cit.*, pp. 29 y 30, nota 53.
Sobre estas compañías, Marchena Hidalgo explica como Andrés Ramírez, pintor que trabaja junto con Arnao de Vergara, Roque de Balduque y Hernando de Esturmio asume las fórmulas de estos en su producción; o la valoración que hace Lamas-Delgado de la compañía de Roque de Balduque como figura que gestiona contratos y media entre artistas para que el trabajo se lleve a cabo. R. Marchena Hidalgo, "Andrés Ramírez, pintor del siglo XVI", *Laboratorio de Arte*, 21, (2008-2009), p. 68; E. Lamas-Delgado, "The Dukes of Medina Sidonia and Netherlandish Art…", *op. cit.*, p. 212 y 215-216.

238 Explica los contratos a la baja, y la importancia del tema, más que la persona que lo ejecuta. J. M. Serrera, *Hernando de Esturmio…, op. cit.*, pp. 43-51.

239 El taller de los Ortega está siendo referenciado en relación con Osuna en 1531, cuando a Juan de Zamora se le encarga el retablo para el sagrario de la colegiata y, años después, el mismo taller es el encargado de realizar los retablos de la capilla del Santo Sepulcro donde se colocan el relieve de Roque de Balduque y las pinturas de Gerard van Wijtvelt y Hernando de Esturmio. A los Ortega también pertenecen los retablos hornacina del patio y el *Retablo de la pasión* de la sacristía del Santo Sepulcro, coincidiendo en estilo y referentes decorativos. Santos Márquez apunta a que es Bartolomé de Ortega el que se hace cargo de la talla y la entalladura de estos retablos. A. J. Santos Márquez, "Patrocinio y mecenazgo de don Juan Téllez-Girón…", *op. cit.*, s.p. Agradezco a Antonio Joaquín Santos Márquez su amabilidad al contrastar conmigo los datos de su trabajo inédito sobre esta documentación que ratifica la presencia de Bartolomé de Ortega en los retablos para el complejo del Santo Sepulcro en Osuna. También agradezco a Manuel García Luque su labor como enlace para que esta investigación saliera adelante.

240 Recientemente se ha incidido en estas relaciones. E. Escuredo Barrado, "Juan de Zamora, "pintor de Ymagineria": nuevos datos sobre sus relaciones profesionales y familiares", *BSAA arte*, LXXXII (2016), p. 55.

241 Sobre Esturmio en Sevilla: Juan Miguel Serrera, *Hernando de Esturmio…, op. cit.*, pp. 68-81.

242 D. Angulo, *Pedro de Campaña*, Sevilla, 1951, pp. 16-19; N. Dacos, "Fortune critique de Pedro de Campaña, de Pacheco à Murillo et à Constantin Meunier", *Revue Belge d'Archeologie et d'Histoire de l'Art*, 53 (1984), pp. 91-117. E. Valdivieso, *Pedro de Campaña*, Sevilla, 2008, pp. 29-30.

243 Archivo de Protocolos de Sevilla (AHPSe), *Oficios 1*, Libro 1, 1547, fol. 778. Transcripción de J. Gestoso Pérez, *Apéndice al ensayo de un diccionario de los artífices que florecieron en Sevilla desde el s. XIII al XVIII inclusive*, Sevilla, 1908, pp. 305-306; J.M. Serrera Contreras, *Hernando de Esturmio…, op. cit.*, p. 92.

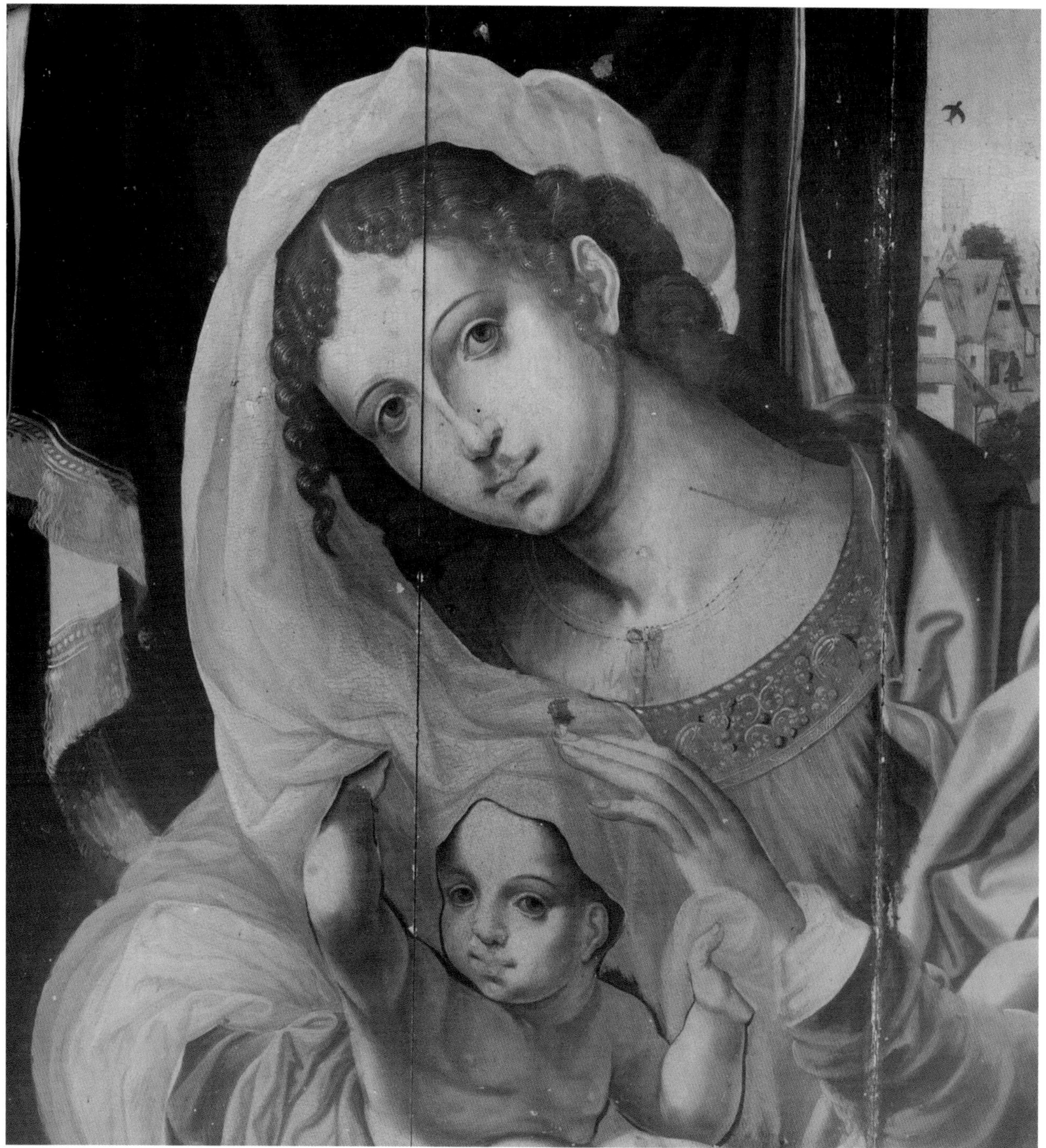

Fig. 63. Maestro de Osuna, *Virgen con el Niño*, reflectografía, detalle. Sacristía del Santo Sepulcro, Osuna. © Junta de Andalucía. Foto: Pepe Morón.

asuntos y el tiempo de ejecución: tres meses. Se firma el 1 de junio y Esturmio tenía que entregar las pinturas para antes del 29 de septiembre de 1547 "Obligose [Esturmio] a pintarlos de buena obra a vista de maestros del oficio desde el día de la fecha de la escritura [1 de junio] hasta el de san miguel del mismo año"[244]. En el contrato no se señala el lugar para el que era el retablo, pero al ser por "cargo del señor conde de Ureña" y la fecha de 1547 del documento, cabe pensar que

244 AHPSe, Oficios 1, Libro 1 del año 1547, fol. 778. Transcripción J. Gestoso Pérez, *Apéndice al Ensayo de un Diccionario...*, *op. cit.*, p. 306.

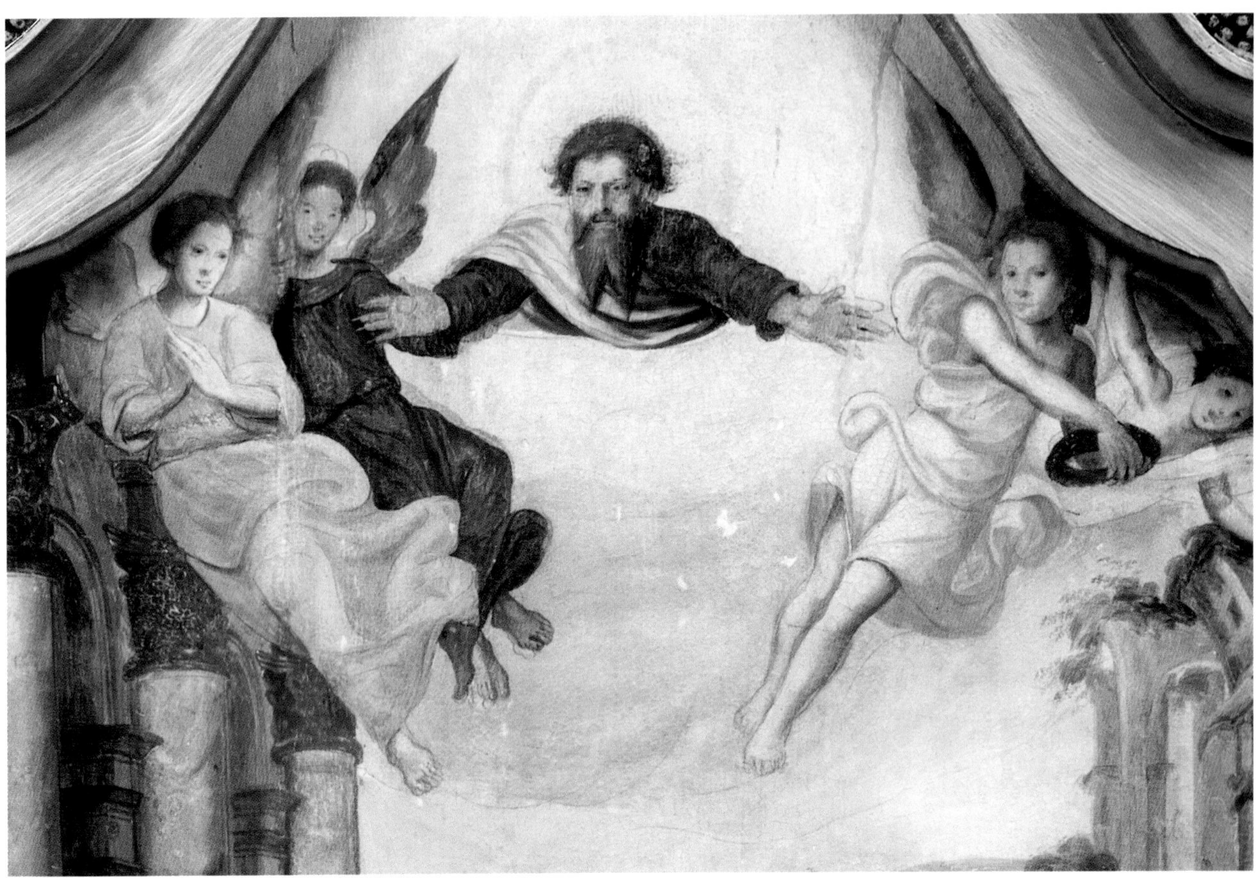

sería para alguno de los edificios en pleno proceso constructivo de su fundación en Osuna. De hecho, fue Mayer el primero en vincular esta noticia con las pinturas conservadas en el retablo mayor de la capilla de la universidad de la Inmaculada Concepción de Osuna[245] (Fig. 44). Hasta 1911, se pensaba que el retablo había desaparecido.

Esta fecha del contrato de junio de 1547, junto con que las pinturas estén incluidas dentro de un retablo del siglo XVIII en la capilla de la universidad de Osuna[246], y que la temática esté estrechamente relacionada con el dogma de la Inmaculada Concepción a quien está consagrada la universidad, ha hecho pensar, precisamente, que el conde de Ureña había concertado con Nicolás de León el retablo para este espacio. Sin embargo, puede haber otras alternativas también verosímiles que se pueden relacionar con el contrato de este retablo, como

la que se ha indicado páginas atrás en relación con la capilla de la Inmaculada Concepción de la colegiata, en el lado de la epístola del presbiterio[247]. Independientemente de su ubicación primera, parece que el entallador no llegó a asentar el retablo, pues falleció entre julio y agosto de ese mismo año, como declaran sus herederos en febrero de 1548[248].

La temática de las pinturas encaja bien con la advocación de alguna capilla dedicada a la Inmaculada Concepción de María, sin embargo, frente a la presencia actual de las tablas en la universidad de Osuna, se ha planteado si este contrato previo de Nicolás de León con el conde de Ureña para la realización de un retablo podría tratarse del ya mencionado páginas atrás, de 1534, en el que estaba implicado Arnao de Vergara, pintor y vidriero. En él renuncia a la parte que le correspondía del trabajo

---

245 A. L. Mayer, *Die Sevillaner Malerschule*, Leipzig, 1911, ed. trad. D. Romero, *Escuela sevillana…, op. cit.* p. 75.

246 La fecha de 1786 inscrita en una grafía más moderna en la esquina de uno de los libros del primer plano que presenta la pintura de San Gregorio Magno.

247 Véase páginas 57 a 62 en este texto..

248 Gómez Sánchez da noticia de esta documentación inédita en 2015. J. A. Gómez Sánchez, "Hernando de Esturmio. Un pintor neerlandés…", *op. cit.*, p. 39, nota 81. Esta noticia sirve al autor para preguntarse sobre el estado de la obra, y si llegó a terminarla el dicho Nicolás de León.

en el retablo, por lo que Nicolás de León tendría que contar con un pintor para rematar la obra. Gómez Sánchez ve muy poco probable este hecho, aludiendo a que ha pasado demasiado tiempo entre ese primer contrato (anterior a 1534) y el de 1547, además de que da por seguro que el primero debía ser para un retablo en la colegiata y, el segundo, en cambio, para el edificio aledaño[249].

Sin embargo, desde mi punto de vista, y como ya comenté páginas atrás, es extraño que frente a toda la frenética actividad artística realizada en la colegiata desde 1530 a 1545, nada se sabe del retablo mayor de la colegiata anterior al que se está concertando con Juan Martínez Montañés y Juan de Oviedo en el último cuarto del siglo XVI[250]; o del retablo de la capilla de la Inmaculada Concepción de la propia colegiata en el presbiterio del lado de la epístola, también bajo el patronazgo de los Ureña.

Es muy singular que en el contrato de 1547 entre Nicolás de León y Esturmio se describan de forma muy precisa cómo deben ser representados los cuatro doctores de la Iglesia en cuanto a postura, vestimenta y colocación de sus atributos:

> "Un sant geronimo de pinzel vestido como cardenal sentado con una iglesia en la mano e libros a los pies; Un san Gregorio ansymismo de pinzel vestido como papa con su tiara e sentado con el espíritu santo en el onbro y en la mano ansimismo la iglesia y libros á los pies; Un san agustin de pinzel vestido como obispo para decir misa sentado y la yglesia en la mano y a los pies libros; Un sant anbrosio de pinzel que este de la misma forma e manera que san agustín"[251].

En cambio, las otras tres pinturas con la *Anunciación*, *Natividad* y *Adoración de los Reyes* son citadas por el tema sin dar mayor indicación al pintor.

Esta precisión en la temática de las pinturas de Esturmio de 1547, junto con los cambios en el retablo concertado en 1531 y 1532 con Juan de Zamora, confirma que detrás de la elección temática de los proyectos retablísticos y escenas desplegadas en la colegiata y conjunto del Santo Sepulcro de Osuna, hay una mente que fija el discurso de todo el programa con un fin[252]: la exaltación de la Virgen, de la eucaristía y del linaje de los Ureña.

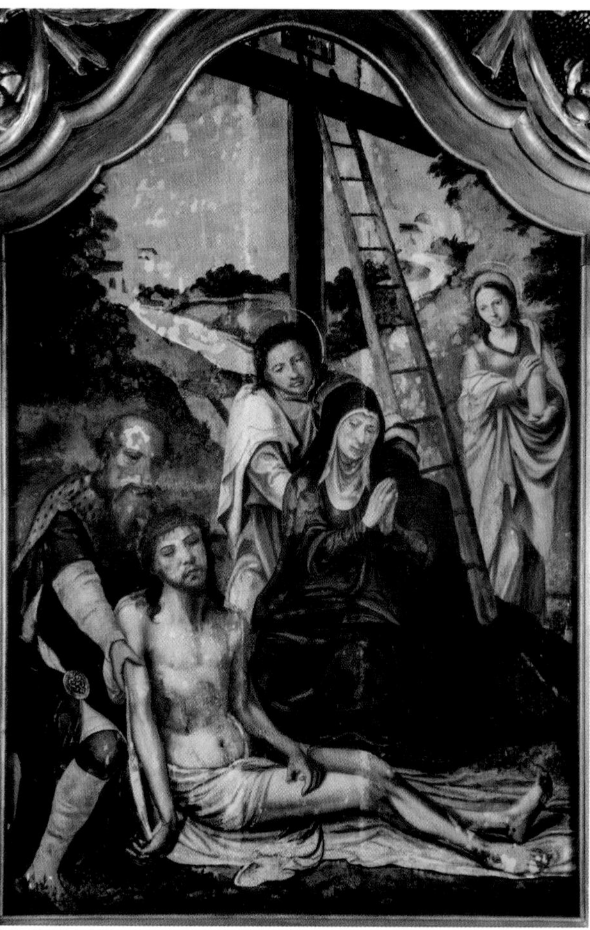

FIG. **65**. Maestro de Osuna, *Lamentación*, reflectografía, detalle. Capilla de los Reyes, colegiata de Nuestra Señora de la Asunción, Osuna. © Junta de Andalucía. Foto: Pepe Morón.

Este mismo sentido de obra dictada se desprende de la siguiente pintura que Esturmio realiza para Osuna en 1555. Se trata de la *Alegoría de la*

---

249 J. A. Gómez Sánchez, "De Arnao de Vergara a Vicente Menardo…", *op. cit.*, p. 57.

250 Véase nota 145.

251 AHPSe, *Oficios 1*, Libro 1, 1547, fol. 778. Trascripción J. Gestoso Pérez, *Apéndice al ensayo de un diccionario…*, *op. cit.*, p. 306.

252 La presencia de intelectuales u hombres versados detrás de estos programas es algo conocido. Como ejemplo en la época, se recurre al ya mencionado programa de las vidrieras en la cabecera de la catedral de Granada, véase nota 116; pero también Benito Arias Montano en el programa de la biblioteca de El Escorial, o Jean Oste en Brujas, profesor de lenguas antiguas, se encarga de determinar el programa general para las decoraciones de la *Entrada de Felipe II* en Gante en 1549, para lo que no duda en viajar a Colonia y otras ciudades europeas donde consultar bibliotecas que le dieran las claves para la elección de los temas a representar. M. Legeirse, "La joyeuse entrée du Prince Philippe a Gand en 1549", en *Les Fêtes de la Renaissance*, vol. II, París, 1975, p. 306; J. M. Serrera, "Un precedente del programa iconográfico de la Biblioteca de El Escorial, el de la Biblioteca Capitular y Colombina de la catedral de Sevilla", en *Estudios inéditos del IV Centenario de la terminación de las obras del Real Monasterio de El Escorial*, Madrid, CSIC, 1987; F. J. Pizarro Gómez, "Antes y después de la fiesta regia. Artífices y cronistas de las celebraciones festivas de Felipe II", en *El Rey Festivo. Palacios, jardines, mares y ríos como escenarios cortesanos (siglos XVI-XIX)*, ed. I. Rodríguez Moya, Universitat de Valencia, 2019, p. 64.

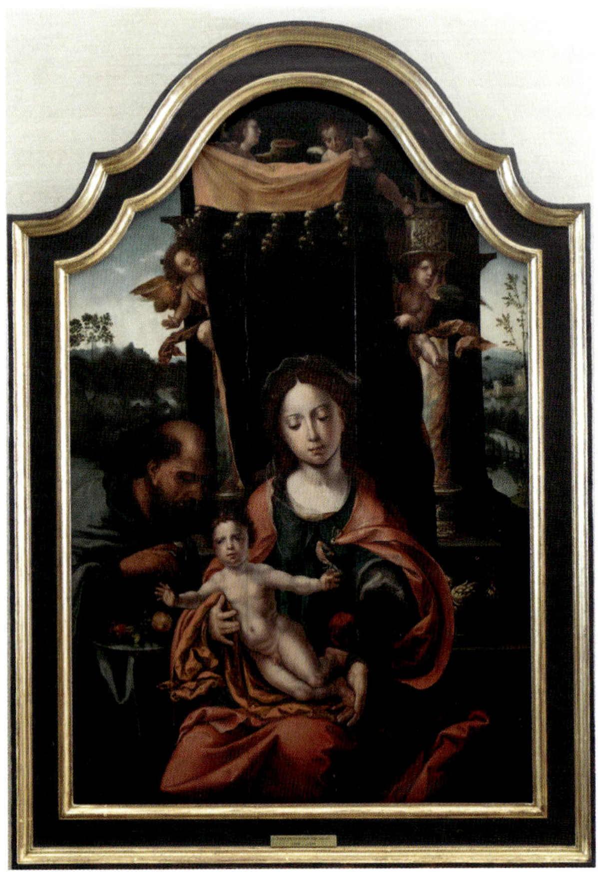

Fig. **66.** Pieter Coecke van Aelst, *Sagrada Familia del jilguero*. © Colección Epiarte.

Inmaculada Concepción para la capilla del Santo Sepulcro (Fig. 12), colocada en el altar del lado de la epístola dentro de un retablo hornacina con las armas de los Girón en el ático. El pintor no duda en dejar constancia de su autoría y su fecha de ejecución (Fig. 70).

Esturmio presenta una imagen alegórica de la Concepción Inmaculada de María recurriendo a los modelos clásicos de presentar a san Joaquín y santa Ana como intermediadores de esa concepción. Aunque tradicionalmente esta propuesta se representa como el abrazo ante la puerta dorada de ambos progenitores, en este caso Esturmio recurre al modelo del árbol de Jesé que combina con los dos santos. Una formulación que escultóricamente ya tiene precedentes en el retablo de santa Ana en la capilla de la Concepción de la catedral de Burgos, obra de Diego de Siloé, realizado entre 1486 y 1495, y policromado por el pintor, Diego de la Cruz[253]. En

Osuna, Esturmio se centra en la estirpe directa de la Virgen colocando a sus padres arrodillados en el primer plano y mirando hacia la parte superior. Allí, en un rompimiento de gloria, sobre la azucena que se abre en el centro de los dos tallos que salen del pecho de los dos progenitores, aparece la Virgen sedente con el Niño en brazos rodeada de ángeles que se acercan con azucenas y rosas[254], símbolos de pureza y de la pasión. Sobre la cabeza de la Virgen asoman unas manos para coronarla, aludiendo a la figura de Dios Padre, mientras, a la derecha, sobrevuela el Espíritu Santo. Las tres personas de la Trinidad se concentran en torno a la figura de María, incidiendo en que su concepción ya estaba presente en la mente de Dios mucho antes de la creación[255]. Tras Joaquín, Gedeón y la piel del cordero que, a pesar del rocío caído no se moja (Libro de los Jueces), precedente de la virginidad de María; y, tras santa Ana, las dos hermanas de la Virgen, María de Cleofás y María de Salomé[256]. Finalmente, el pintor alude a la imagen de la Virgen apocalíptica a través de los sutiles rayos de sol que emanan a su alrededor. Esturmio plantea aquí un esquema compositivo muy elaborado, tomando referentes conocidos y otros que ha ensayado en otras obras de su producción, dando lugar a una propuesta única. La imagen de la Virgen con el Niño es similar a la que aparece en la Virgen de la parte alta de la tabla de *San Jerónimo* del Museo de Bellas Artes de Sevilla (D1390P) (Fig. 71), obra que Valdivieso ve como de Pieter de Kempener[257], pero Navarrete Prieto la adscribe a Esturmio[258], señalando la relación, precisamente, de la parte alta con la Virgen de esta *Alegoría* de Osuna. Serrera, hablando de esta obra de Esturmio, ve clara la dependencia de las tipologías

253 D. Martens, "Diego de la Cruz, cuarenta años después de su redescubrimiento: balance de las investigaciones y nuevas propuestas", *Goya*, 283-284 (2001), pp. 208-222; P. Silva

Maroto, *Donación Várez Fisa*, Museo Nacional del Prado, Madrid, 2013, p. 38.

254 Esta imagen de la *Virgen con el Niño* saliendo de una flor tuvo mucho éxito. En Sevilla hay otros ejemplos dentro de la producción de Niculoso Francisco Pisano (producción 1502-1529). A. Pleguezuelo Hernández, "Azulejo de la Virgen María con el Niño Jesús", en *Arte del Renacimiento en Sevilla…, op. cit.*, pp. 118-120.

255 L. Réau, *Iconographie de l'Art Chrétien. Nouveau Testament…, op. cit.*, p. 75.

256 Sobre la sagrada parentela y como Ana se casó dos veces más concibiendo otras dos hijas. L. Réau, *Iconographie de l'Art Chrétien. Nouveau Testament…, op. cit.*, pp. 141-143. Sobre este asunto y las discrepancias iconográficas respecto a las recientes propuestas, véase catálogo n.º 08 en estas páginas.

257 E. Valdivieso, *Pedro de Campaña…, op. cit.*, pp. 53-54.

258 B. Navarrete Prieto, "Catálogo", *Arte Antiguo en la Exposición Iberoamericana de 1929*, ed, dir. B. Navarrete Prieto, Sevilla, 2014, pp. 152-153.

de rostros femeninos, en especial el de Santa Ana, con los que el artista había ensayado en el *Retablo de San Pedro* de Arcos de la Frontera[259].

Haber recurrido a Esturmio para esta escena, además de su estrecha relación con los artistas trabajando al mismo tiempo en los edificios de Osuna, pudo influir el hecho de que fue uno de los pintores que trató el tema de la Inmaculada Concepción de forma recurrente en su producción en tierras sevillanas. La primera vez de la que tenemos constancia del acercamiento del pintor al tema fue en julio de 1539, cuando concierta las diez tablas del *Retablo de la Inmaculada Concepción* para la capilla del mercader Rodrigo Álvarez en el monasterio de San Francisco de Sevilla[260]. En el retablo se debía pintar una Inmaculada Concepción con sus insignias, según las que aparecen en un retablo de la Merced: Dios Padre, los cuatro doctores de la Iglesia, la aparición del ángel a san Joaquín y el abrazo de san Joaquín a santa Ana ante la puerta dorada, además de los retratos del banco. El siguiente trabajo de Esturmio relativo a este tema data del 12 de abril de 1546, cuando contrata el retablo dedicado a santa Ana para la capilla que Juan Ramos (difunto) tenía en la iglesia de Santa Olalla en Huelva. El contrato lo firma con Cristóbal Donato, clérigo, en nombre del licenciado Francisco de Morgáez[261]. Las escenas serían: en las calles laterales, san Joaquín "con sus pastores y ganado y un ángel que le diga" y la aparición del ángel a santa Ana "y la moça y unos páxaros en un nydo"; mientras que, rematando la calle central, en el ático, estaría el *Calvario* con la Virgen y san Juan. El primer cuerpo lo ocuparía el *Abrazo de san Joaquín y santa Ana* y la *Natividad de la Virgen*, mientras que en el banco se colocarían

---

259 J. M. Serrera, *Hernando de Esturmio…*, *op. cit.*, p. 77 y lám. 8v.

260 Es el retablo cuyo armazón y entalladura se había concertado con Bartolomé de Ortega el 23 de junio de 1539. Por lo que el trabajo de ambos artistas en proyectos comunes aparece en fechas tempranas. De hecho, en el contrato aparece también Nicolás de León, ratificando la relación de los tres artistas antes de trabajar en las obras de Osuna para el conde de Ureña. "Retablo para el monasterio de san Francisco de Sevilla", AHPSe, Oficio, V, 1539, Llb. III. Reg. 26. Trascripción: J. Hernández Díaz, *Arte y artistas del Renacimiento en Sevilla…*, *op. cit.*, VI, pp. 61-63; J. Hernández Díaz, *Arte Hispalense de los siglos XV y XVI. Documentos para la Historia del Arte en Andalucía*, vol. IX, Universidad de Sevilla, 1937, pp. 41-44; J. A. Gómez Sánchez, "Hernando de Esturmio. Un pintor neerlandés…", *op. cit.*, p. 35.

261 AHPSe, Protocolos, Oficio 4, Cristóbal de la Becerra, 1546, Libro 2, cuaderno 28, fol. 683v.; J. A. Gómez Sánchez, "Hernando de Esturmio. Un pintor neerlandés…", *op. cit.*, pp. 36-37.

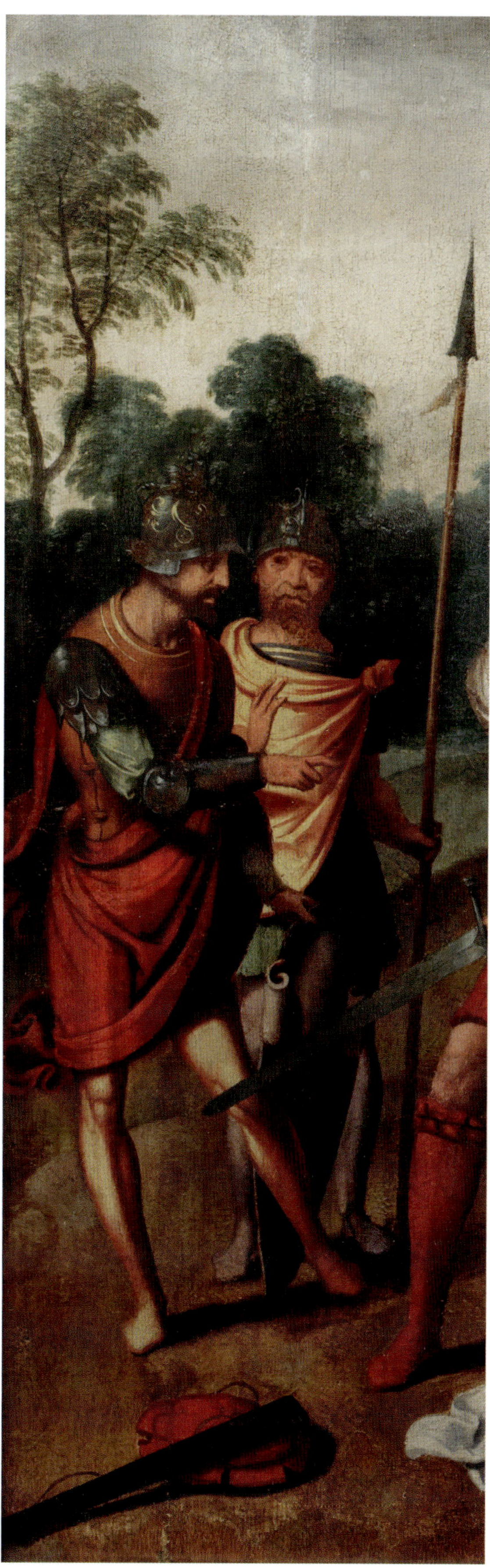

Fig. **67.** Maestro de Osuna (aquí atribuido), *Decapitación de santa Catalina*, tríptico de la familia Bravo de Lagunas. Capilla de santa Catalina, iglesia de San Vicente, Sevilla. © Junta de Andalucía. Foto: Pepe Morón

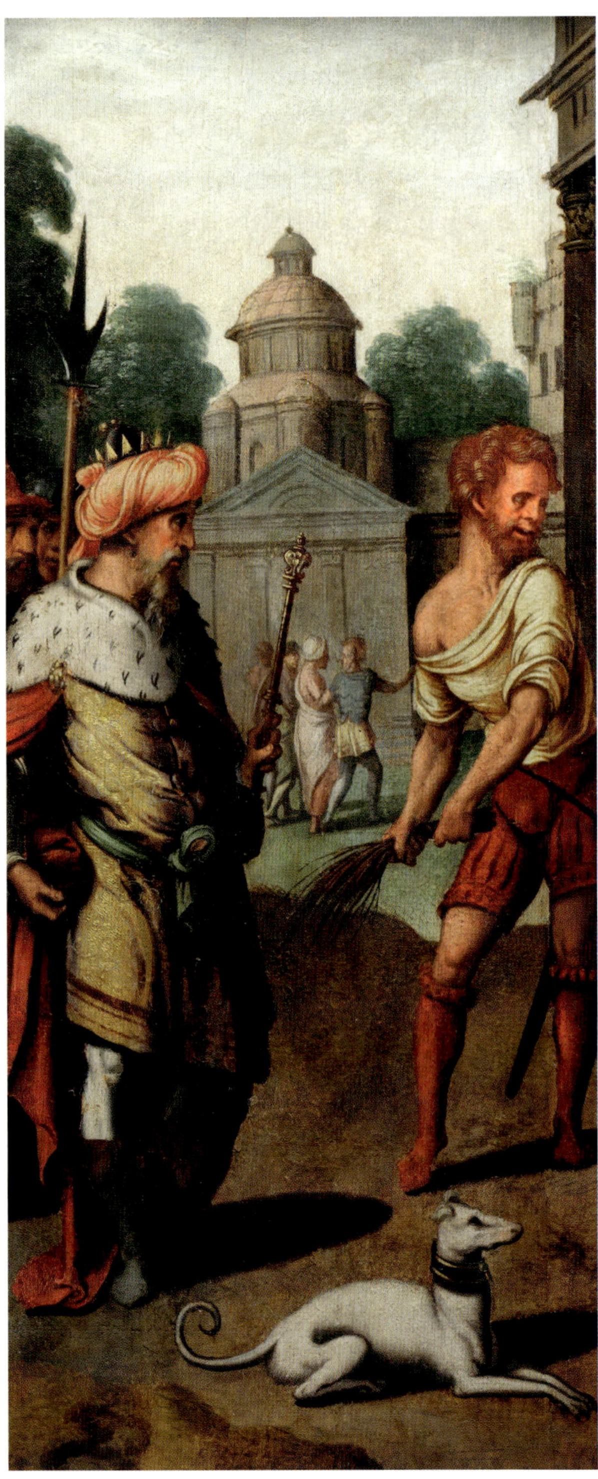

la *Presentación de la Virgen en el templo*, "y unos ángeles que la suben las quince gradas", y al otro lado "santa Olalla". Rematando el ático dos tondos donde se representaría la *Anunciación*[262].

El año de 1547 va a ser muy fecundo en cuanto a obras relativas a esta temática para Esturmio y su taller. Le vuelven a encargar un retablo de la *Inmaculada Concepción* y otros santos para la parroquia de la Asunción de Alcalá del Río, destinado al altar fundado por Juan García de los Naranjos, párroco[263]. Y en ese mismo año, ya se ha citado el contratado por Nicolás de León, cuyas pinturas se conservan en la capilla de la Universidad de Osuna.

En 1549, el tema lo aborda como la *Sagrada parentela* en el retablo que le encarga Alonso Castro, alcalde de Sanlúcar de Barrameda, y se conserva en la iglesia de Nuestra Señora de la O de esta localidad gaditana[264].

Parece que Esturmio fue un referente para aquellos retablos concertados entre 1540 y 1555 donde esta iconografía en torno a la Virgen sin mácula era la protagonista. Una iconografía que, como correspondía a un momento donde el dogma estaba siendo objeto de discusión[265], aún no se había codificado su representación y se planteaba a través de metáforas variadas, desde el árbol de Jesé hasta la sagrada parentela. Iconografía, por otra parte, con una larga tradición en Flandes y en los países germanos desde la Edad Media. En este sentido, es precisamente entre 1554 y 1556, que el Maestro del hijo pródigo está diseñando la *Genealogía de la Virgen* para la vidriera de la catedral de Granada,

262 La obra de talla estaba a cargo de Bartolomé de Ortega. Gómez Sánchez ha propuesto la *Crucifixión* del Museo de Bellas Artes de Sevilla como parte de este retablo perdido. J. A. Gómez Sánchez, "Hernando de Esturmio. Un pintor neerlandés…", *op. cit.*, p. 57.

263 J. A. Gómez Sánchez, "Hernando de Esturmio. Un pintor neerlandés…", *op. cit.*, p. 57; E. Lamas-Delgado, "The Dukes of Medina Sidonia and Netherlandish Art…", *op. cit.*, p. 210.

264 J. A. Gómez Sánchez, "Hernando de Esturmio. Un pintor neerlandés…", *op. cit.*, pp. 41-42; E. Lamas-Delgado, "The Dukes of Medina Sidonia and Nethelandish Art…", *op. cit.*, pp. 210-211.
Durante la terminación de este libro se ha tenido constancia de la defensa de la tesis de Antonio M. Romero Dorado, "La capilla palatina de los duques de Medina Sidonia y la iglesia mayor de Sanlúcar de Barrameda: historia de una dualidad y de una hibridación", presentada en la Universidad de Sevilla en 2022. En ella el autor habla de este retablo dentro del epígrafe dedicado a la Capilla de las Ánimas, pp. 907-946.

265 P. J. Moreno de Soto, *Dogma, poder e ideología. La casa de Osuna…*, *op. cit.*, pp. 17-45; J. I. Calvo Portela, "La Monarquía Hispánica defensora de la Inmaculada Concepción, a través de algunas estampas españolas del siglo XVII", *Anales de Historia del Arte*, (2013), vol. 23, n.º esp., 155-168.

construcción a cargo de Diego de Siloé, que traslada desde Amberes Teodoro de Holanda[266], empleando un esquema compositivo similar al que recurre Esturmio para esta alegoría de Osuna.

La trascendencia de esta pieza de la *Alegoría de la Inmaculada Concepción* de Esturmio, colocada en uno de los lugares más significativos de todo este espacio arquitectónico como era la capilla del Santo Sepulcro, hace que sea una de las pocas obras conservadas firmada y fechada por el artista. Esto no implica que el asunto lo haya resuelto el pintor, y aún más, teniendo en cuenta que en el contrato de 1547 que firma el pintor por otras pinturas para Osuna se especifican concretamente los temas y el modo de representarlos. Por lo que no habría que descartar unas indicaciones explícitas dadas para la ejecución de esta *Alegoría de la Inmaculada Concepción*. La estela de este prototipo se ve en que el modelo va a ser sintetizado y reutilizado por artistas de la zona. El primero es un artista local de finales del siglo XVI que superpone la composición basada en la de Esturmio a otra pintura dentro del grupo de tablas de importación destinadas a la sillería de coro de la capilla del Santo Sepulcro[267] (Fig. 20). Juan Bautista de Amiens, pintor que se ha citado en relación con el *Retablo de la Virgen de la Victoria* de la colegiata, va a recuperar el mismo modelo para la escena central del retablo que realiza en 1601 para la iglesia de Nuestra Señora de Carmona[268], demostrando que el alcance de las propuestas de Esturmio continúan hasta comienzos del siglo XVII.

Otro artista de origen septentrional del que hay constancia de su presencia de forma precisa trabajando para la capilla del Santo Sepulcro es Gerard van Wijtvelt (Utrecht, ¿?- Andalucía, *ca.* 1560). A él se debe la escena de la *Anunciación* colocada en el altar de la nave del evangelio (Fig. 11), obra firmada por el pintor en el que se indica su lugar de nacimiento en Utrecht (Fig. 72).

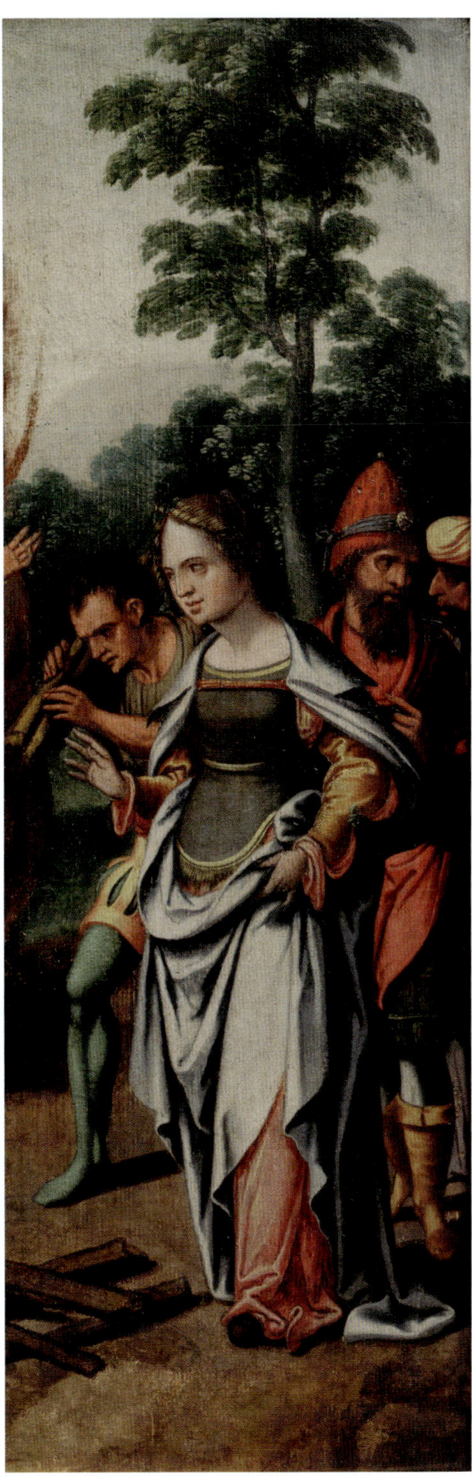

Fig. 69. Maestro de Osuna, *Condena a la hoguera de los oradores paganos*, tríptico de la familia Bravo de Lagunas. Capilla de Santa Catalina, iglesia de San Vicente, Sevilla. © Junta de Andalucía. Foto: Pepe Morón.

266 Z. Van Ruyven-Zeman, "Monumentale glasschilderkunst in de kathedraal van Granada…", *op. cit.*, p. 267. Puede que se trate de la que aparece referida en el documento de inspección de las vidrieras de octubre de 1556, referido como "ontfanckenisse onser vrouwen", aludiendo a la concepción de Nuestra Señora, traducido por Van Damme como "l'Anonctiation à Joachim". J. van Damme, "Teodoro de Holanda et les projects…", *op. cit.*, p. 65.

267 Véase páginas 45 y 46 de este texto, y los números de catálogo 19, 20 y 21.

268 E. Mira Caballos, "Algo más sobre la vida y obra de Juan Bautista de Amiens", *Atrio. Revista de Historia y Arte*, 7 (1995), pp. 127-130.

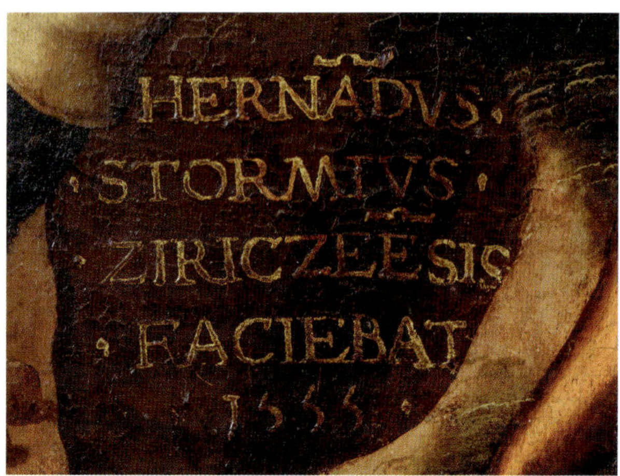

Fig. 70. Hernando de Esturmio, *Alegoría de la Inmaculada Concepción*, detalle de la firma del pintor y año de realización, 1555. Altar del lado de la epístola, capilla del Santo Sepulcro, Osuna. © Junta de Andalucía. Foto: Pepe Morón.

Su relación con compatriotas como Roque de Balduque y Hernando de Esturmio incide en la idea de la importancia de las compañías entre maestros para llevar a cabo complejos programas artísticos, donde escultores, pintores, doradores, entalladores y vidrieros interaccionan para ejecutar las obras encargadas en el tiempo determinado y siguiendo los requisitos dados.

Sobre Van Wijtvelt no hay mucha documentación registrada, en parte por la singularidad de su apellido. Al igual que ocurría a la gran mayoría de sus compatriotas, solían adaptar su apellido a una grafía más sencilla para la pronunciación hispana, por lo que Pieter de Kempener pasó a ser conocido como Pedro de Campaña, Hermand Sturm como Hernando de Esturmio, De Campan como Del Campo, y así un largo etcétera. En otros casos, no adaptaban su apellido pues preferían hacer referencia a su lugar de origen como elemento diferenciador, de ahí todos los Juan y Arnao de Flandes, Rodrigo Alemán o Juan Bautista de Amiens, que aparecen en la documentación de la época. Gerard van Wijtvelt no va a ser una excepción y, junto a su nombre, incluye su lugar de origen. Esto facilita su seguimiento en tierras hispanas, aunque su rastreo no está siendo sencillo. Fue Gómez Sánchez en 2010, el primero en relacionar a este Van Wijtvelt con el ayudante nórdico que va a tener Arnao de Vergara en Granada a partir de 1544: Giraldo Bilfet de Utrecht[269]. La grafía de su apellido

ha cambiado, y sólo el nombre, lugar de origen y coincidencia de los años activo en tierras hispanas, permiten relacionarlo con el mismo artista.

Debió de llegar a la península a comienzos de la década de 1540, pues en 1539 se localiza en su ciudad natal realizando la decoración heráldica para engalanar las calles de Utrecht en memoria del fallecimiento de la emperatriz, Isabel de Portugal (1503-1539)[270]. Una tarea por la que el concejo quedó muy satisfecho, apuntando en sus cuentas que "mereció cada uno de los tres florines que cobró por cada escudo". Además de esa relación con Arnao de Vergara en Granada desde 1544 que se ha mencionado, es probable que años antes, desde 1542, fuera uno de los oficiales con los que contase Vergara para las vidrieras de la iglesia del Hospital de Santiago de Cuenca, donde se cita como "Giraldo De olanda", o Giraldo Bilfet; y 1547, en la misma ciudad haciendo la vidriera de la puerta del Jamete de la catedral, por la que en 1554 aún estaba recibiendo pago por ello[271]. Su fallecimiento debió de ser poco antes de

____

Sobre Giraldo y su relación con Granada y Arnao de Vergara: V. Nieto Alcaide, *Las vidrieras de la catedral de Sevilla…*, *op. cit.*, p. 96.

270 Agradezco al profesor Raymond Fagel esta precisión a la traducción desde el neerlandés del término "Keyserinne" por emperatriz, en vez de "regente" que había interpretado en mi texto de 2019. Correspondencia personal con la autora, 16 de diciembre de 2022.
"Geryt schilder, betalt die somme van tien ponden en tien scell, wt saicke hij nae pijncteren van stads wegen tegens die wt feair van onse alre genste Keyserinne, hoichleicker memorie die in den Dom gehouden worde geschildert en gemaakt heeft in den getale van 70 wapenen wair van hij verdient heeft van elke drie scell" (Se le paga al pintor Geryt Jansz van Wytfelt, la suma de 10 libras y 10 Florines [por] la decoración de 70 escudos heráldicos que se hizo en la celebración en memoria de nuestra emperatriz [Isabel de Portugal] y se colocó a lo largo de las calles de la ciudad. Se mereció [el pintor] cada uno de los tres Florines por cada uno). Kameraars rekening in het Archief der Stad, Utrecht. Trascripción de Ch. Kramm, "Uitvaart gehouden in de Domkerk, 1538-1539", *Tijdschrift voor geschiedenis oudheden en statistiek van Utrecht*, 6, (1840), p. 180; Ch. Kramm, *De levens en werken der hollandsche en Vlaamsche Kunstschilders, beeldhouwers, graveurs en bouwmeesters van den vroegsten tot op onze tijd*, VI, Amsterdam, 1863, p. 1894; A. Diéguez-Rodríguez, "La Anunciación del altar mayor del sepulcro…", *op. cit.*, p. 112 y nota 5.
271 Archivo Catedral de Cuenca (ACC), Secretaría, *Libro de Fábrica*, 1547-1590, fol. 35r. Transcripción de E. Bermejo, *La catedral de Cuenca*, 1976, p. 222; L. M.ª Palacios Méndez, "El arco de Sebastián Ramírez de Fuenleal, obra de Étieen Jamet (1546-1550). Propaganda católica en la catedral de Cuenca en tiempos de Carlos V", en *El imperio y las hispanias de Trajano a Carlos V*, eds. S. de María y M. Parada López de Corselas, Bononia University Press, 2014, p. 115, nota 11.
En 1554 se apunta que con la cantidad de 15.000 maravedís con que "se acabaron de pagar las vedrieras quehizo sobre las puertas principales de la dicha iglesia catedral". ACC, *Libros de Fábrica*. Libro 12, fol. 47 v. F. A. Chacón

____

269 J. A. Gómez Sánchez, "De Arnao de Vergara a Vicente Menardo…", *op. cit.*, p. 56.

1560, fecha en que su mujer, Jannecken Thoniszdz, ya figura como viuda en Utrecht[272].

Tomando como base la *Anunciación*, o altar de la *Encarnación* de Osuna, que es como aparece referenciado en la documentación de la época, se ve que es un artista dependiente de composiciones conocidas. No obstante, una observación directa de la obra, junto con la reflectografía de la misma, permite advertir cambios sustanciales en cuanto al diseño previo de la escena y su resultado final (Fig. 73).

En este sentido, al no tener por el momento una producción amplia de Van Wijtvelt localizada, la comparación de sus obras se hace con aquellos artistas con los que está más vinculado. Así, es fácil intuir la influencia que Arnao de Vergara pudo tener en sus escenas. En este caso, es la *Anunciación* de este último para la catedral de Sevilla la que parece más próxima a esta solución en Osuna[273].

Esta interacción entre ambos artistas hace volver a plantearse si Arnao de Vergara estuvo mucho más presente de lo que se podría pensar en el discurso y diseño de las escenas a representar en todo el conjunto de obras llevabas a cabo en el entorno de los IV condes de Ureña. No sólo por el ya referido contrato de concordia con Nicolás de León de 1534, sino también por otros precedentes como los de 1537 y 1540 en relación con las vidrieras para la cartuja de Jerez, en el que se especifica que Arnao debía entregar "los patrones" para las seis vidrieras de la iglesia "debuxados conforme a las dichas ystorias" antes de comenzar el trabajo para que los diseños fueran aprobados por los comitentes[274]. Estas noticias, junto a otro documento de 1537 en el que crea compañía con su hermano, el también maestro vidriero, Arnao de Flandes, y con Juan del Campo, también maestro flamenco en el mismo oficio, inciden en su tarea como diseñador más que como ejecutor, advirtiendo de cómo su trabajo se

Gómez-Monedero, "Giraldo de Holanda. Maestro vidriero y conservador de las vidrieras de la catedral de Cuenca, 1547-1556", en *Vestir la arquitectura. XXII Congreso Nacional de Historia del Arte*, ed. René J. Payo Hernanz, E. Martín Martínez de Simón *et alii*, Universidad de Burgos, 2019, p. 801.

272 J. Bok, "De waarheid in de archief: Kunstenaars op reis", *Kunstschrift*, 34, 4, (1990), p. 5.

273 A. Diéguez-Rodríguez, "La Anunciación del altar mayor del sepulcro…", *op. cit.*, pp. 112-115.

274 Archivo de Protocolos Notariales de Jerez de la Frontera (en adelante APNJF), Concierto de seis vidrieras para la Cartuja de Jerez, 1537. Oficio III. Rodrigo de Cuenca, fol. 763 y ss. Trascripción M. Romero Bejarano, "El maestro Arnao de Vergara, autor de las primitivas vidrieras de la iglesia de la cartuja de Santa María de la Defensión en Jerez de la Frontera", en *Correspondencia e integración de las artes…, op. cit.*, p. 455.

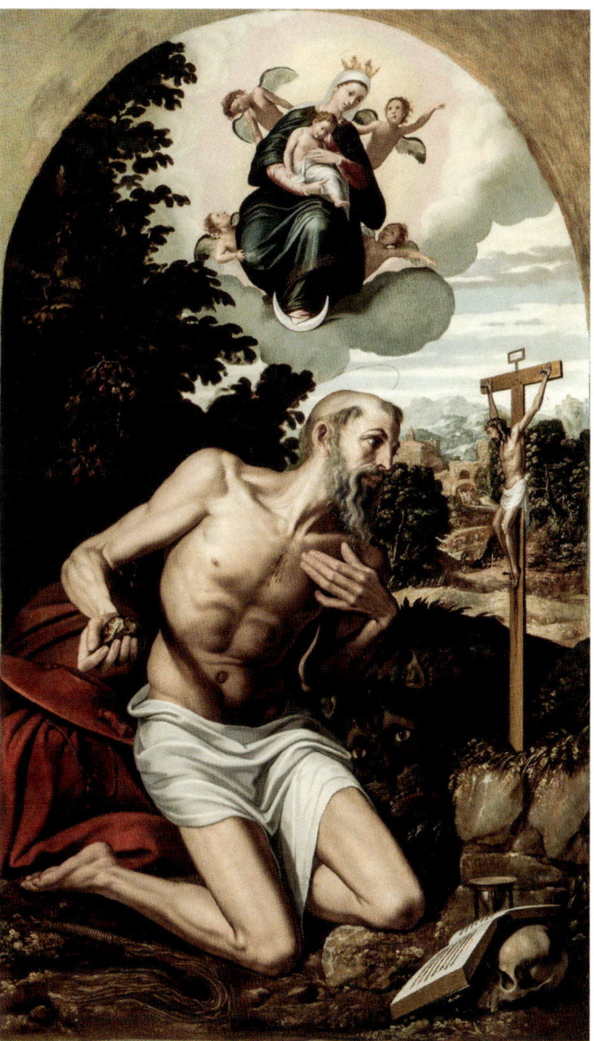

Fɪɢ. **71.** Hernando de Esturmio, *San Jerónimo*. Museo de bellas artes, Sevilla (inv. nº D1390P). © Pepe Morón.

expande no sólo por tierras andaluzas occidentales, sino también orientales.

En relación con estos trabajos dentro de los espacios del Santo Sepulcro, es importante incluir las pinturas murales que estaban en el patio, de las que quedan restos que delatan un estilo muy particular en relación con los artistas implicados a mediados del siglo XVI en la decoración y acondicionamiento de todo el recinto.

Los restos que han pervivido al paso del tiempo y a las inclemencias climáticas, permiten suponer que las pinturas murales representadas eran el *Paraíso y la expulsión de Adán y Eva*, la *Santa Cena*, *Pentecostés* y el *Juicio Final* (Figs. 39-42). En las tres últimas se advierte que este pintor gusta de las estructuras arquitectónicas de influencia clásica para enmarcar sus escenas. En el caso de la *Santa Cena*

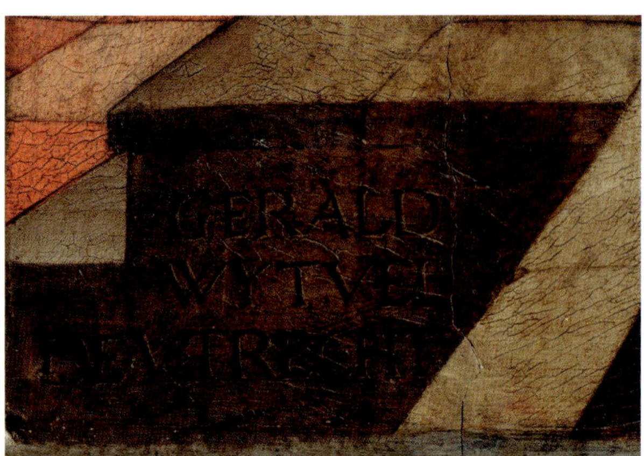

Fig. 72. Gerard van Wijtvelt, *Anunciación*, detalle de la firma del autor. Altar del lado del evangelio, capilla del Santo Sepulcro, Osuna. © Junta de Andalucía. Foto: Pepe Morón.

se ven muy bien en la parte alta los restos de un espacio arquitectónico adintelado; en la escena de *Pentecostés* incluso el diseño de una monumental arquitectura almohadillada (Fig. 41); y en el *Juicio Final*, unas hornacinas rematadas en veneras a ambos lados del Cristo de la misericordia (Fig. 42). Todo incide en la monumentalidad del espacio, dando las claves de un artista que está asumiendo formulaciones más avanzadas. De hecho, también se aprecia un gusto por el dinamismo en la presentación de los paños de perfil ondulado, como en el diseño del personaje de espaldas en primer plano de la *Santa Cena*, o en el propio manto que cubre al Cristo de la misericordia del *Juicio Final*. Los pintores que están haciendo un uso de la arquitectura con una gran destreza espacial en la Sevilla de mediados del siglo XVI son pocos, y destaca, de forma muy acentuada, Pedro de Campaña y Luis de Vargas[275]. No obstante, en ningún momento se puede aseverar la intervención de estos maestros en Osuna. En el caso del artista flamenco, a pesar de las estrechas relaciones que presenta tanto con el taller de los Ortega, como con el del entallador Nicolás de León, y con su compatriota Hernando de Esturmio, en especial hacia 1555-1556 cuando están colaborando en diferentes trabajos para los

condes de Niebla en Sanlúcar de Barrameda[276], no hay noticias directas de su implicación en tareas para los Ureña.

De hecho, al fallecer al poco tiempo Esturmio, los trabajos contratados por este los termina su taller y Pedro de Campaña[277]. Es muy sugerente la vinculación que Lamas-Delgado hace en 2018 de los restos de pintura mural en la iglesia de Nuestra Señora de la O de Sanlúcar de Barrameda con el trabajo de Hernando de Esturmio[278]. Propuesta que, a tenor de los restos, no habría que desestimar. Incluso, el rostro de la joven recuerda esquemas similares empleados por Campaña en la escena de la *Visitación* del *Retablo de Santa Ana* de Triana en Sevilla, obra fechada entre 1550 y 1556[279].

Para terminar con los pintores de origen flamenco trabajando en Osuna en el siglo XVI, es necesario recordar la intervención de Juan Bautista de Amiens en el *Retablo de la Virgen de la Victoria* en la capilla del Sagrario de la colegiata de Nuestra Señora de la Asunción, del que ya se ha hecho mención páginas atrás.

Amiens es un pintor que simplifica el sustrato nórdico en el que pudo haberse formado para adaptarse al gusto hispano por las figuras de cuerpo entero en primer plano, ocupando prácticamente todo el espacio sin interacción con el entorno. Aunque pueda parecer que es un artista apegado a la tradición, en especial al trabajo de aquellos artistas flamencos de la primera mitad del siglo XVI trabajando en la escuela de Brujas, muy populares en la península ibérica, como son Ambrosius Benson o

<hr>

275 Este último, llega de su primera estancia en Italia en 1550. E. Escuredo Barrado, "Le dio un flagelo suplicándole que le golpeara": Luis de Vargas (1567), una vida en anécdotas", *Imparilitas. Homenaje a la profesora Fátima Halcón*, ed. Elena Escuredo, ed. Los papeles del sitio, Valencina de la Concepción (Sevilla), 2021, p. 99, nota 14.
Sobre la admiración sobre su trabajo mural, la misma autora. E. Escuredo Barrado, "Le dio un flagelo…", *op. cit.*, p. 100.

276 Esturmio y Campaña están trabajando juntos para los condes de Niebla a partir de abril de 1556.
Sobre las relaciones de Campaña con otros pintores del momento en Sevilla véase: E. Escuredo Barrado, "Juan de Zamora, pintor de ymaginería: nuevos datos…", *op. cit.*, pp. 51-64; F. Cruz Isidoro, "El patronazgo y la corte artística de los Pérez de Guzmán en la Sanlúcar de los siglos XVI y XVII", en *Influencias y confluencias: Sanlúcar de Barrameda ciudad mundo en la edad moderna*, ed. Hélène Thieulin-Pardo, *e-Spania. Revue interdisciplinaire d'etudes hispaniques médiévales et modernes*, (février 2017), pp. 14 y 17 [https://doi.org/10.4000/e-spania.26216]; E. Escuredo Barrado, "Aportación documental al catálogo de Pedro de Campaña: un retablo para la devoción privada", *Archivo Español de Arte*, abril-junio (2019), pp. 161-174.

277 Andrés Ramírez fue uno de esos pintores que trabaja con Esturmio. R. Marchena Hildago, "Andrés Ramírez, pintor del siglo XVI", *Laboratorio de arte*, 21 (2008-2009), pp. 67-88.

278 E. Lamas-Delgado, "The Dukes of Medina Sidonia and Nethelandish Art…", *op. cit.*, p. 211, Fig. 3.

279 E. Valdivieso, *Pedro de Campaña…*, *op. cit.*, p. 123; C. Valle Pérez, L. Pérez del Campo, E. Villanueva Romero, G. Ferreras Romero, B. Castellano Bravo, "Criterios, proyectos y actuaciones. General proyectos, sumar ideas: el retablo de Santa Ana en Triana (Sevilla)", *Revista PH*, n.° 78 (mayo 2001), pp. 78-97.

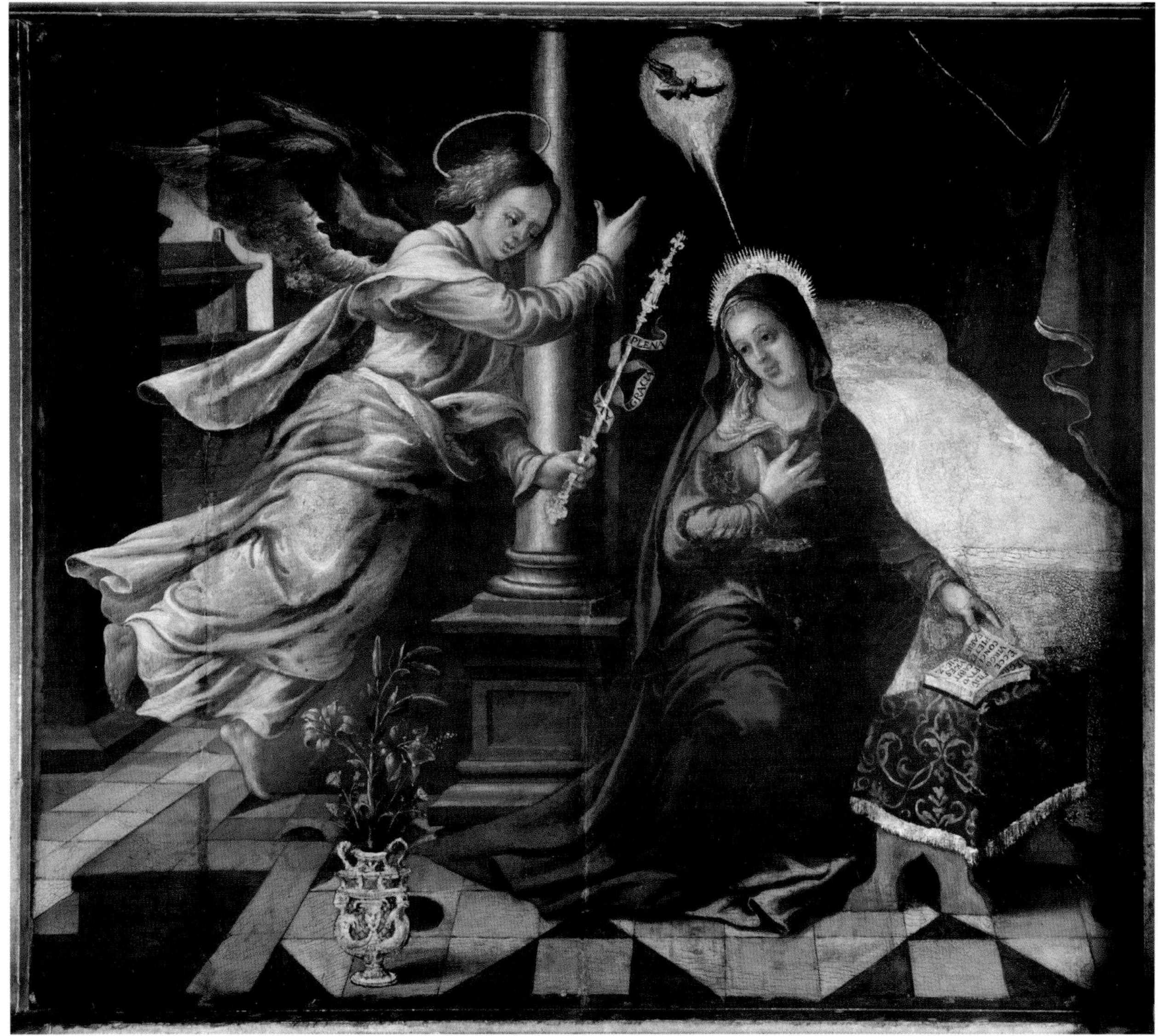

FIG. 73. Gerard van Wijtvelt, *Anunciación*, reflectografía. Altar del lado del evangelio, capilla del Santo Sepulcro, Osuna. © Junta de Andalucía. Foto: Pepe Morón.

Pieter Claeissens I; lo cierto es que su vínculo está en la escuela de Lieja y las propuestas derivadas de Lambert Lombard (Lieja, *ca.* 1505-1566). Esto es fácil de ver al comparar las figuras de Pedro y Pablo de este *Retablo de la Virgen de la Victoria* de Osuna (Fig. 42), con los grabados de los mismos personajes que difundió Lambert Suavius, siguiendo los modelos de Lombard (Figs. 75 y 76).

Por otro lado, también es interesante la presencia del retrato femenino de medio cuerpo en actitud de adoración en la esquina inferior derecha de la pintura de san Sebastián. El atuendo de la mujer, vestida con toca de viuda, lechuguilla en torno al cuello, saya verde con ribetes dorados en torso y mangas y cubierta por un manto, encaja con el periodo de ejecución del retablo en 1584, quizá la moda es un poco anterior. Posiblemente se trate de la viuda de Francisco de Oviedo, que fue, según la inscripción, quien financió el retablo (Fig. 77).

APROXIMACIÓN AL PROGRAMA ICONOGRÁFICO DESPLEGADO EN LAS ESTANCIAS DEL SANTO SEPULCRO

A lo largo de estas páginas, ya se han adelantado algunos aspectos claves a la hora de abordar el programa iconográfico expuesto en el interior de estos espacios arquitectónicos de la acrópolis de Osuna. El primero de ellos es la certeza de la existencia de una voluntad previa que fija los temas a representar, junto a otra persona, o personas, que hayan definido los diseños a ejecutar, logrando así una unidad tanto de estilo como coherencia temática que domina en todo el interior, a pesar de las diferentes manos y artistas que están interviniendo. Estamos ante un planteamiento completo, propio de los talleres del siglo XVI, donde el maestro define los diseños de los temas, mientras se subcontrata su ejecución para terminar el proyecto en el tiempo requerido por el promotor.

Entre todos los edificios, destaca la interacción de los espacios del Santo Sepulcro, desde la capilla del panteón, capilla de la Inmaculada —o Virgen de la granada—, sala capitular, sacristía y claustro. Unos recintos interrelacionados no sólo por su función sino también por todo el programa iconográfico desplegado, desde el acceso al mismo, hasta la llegada al claustro, donde, a remedo del paraíso, tiene lugar todo un espacio que se puede denominar "de la redención". En este lugar se condensa un programa de salvación y esperanza para el hombre, sintetizando las ideas desarrolladas en las zonas precedentes. Las pinturas murales de este patio interactúan iconográficamente con los altares hornacina abiertos en cada una de sus esquinas, donde la encarnación de Dios hecho hombre, la eucaristía, el Espíritu Santo y el papel corredentor de María son los ejes de su interpretación.

Todo este espacio se está redefiniendo entre 1545 y 1555[280]. Tenía dos accesos. El primero, aún vigente, es desde el interior de la colegiata, a través de la portada abierta en la capilla de la Inmaculada Concepción, situada en el lado de la epístola del presbiterio, al lado de la capilla mayor. Esta entrada comunica directamente la colegiata con la capilla del Santo Sepulcro y el panteón (Fig. 34). De este modo, la capilla del Santo Sepulcro está en eje vertical al altar mayor. El segundo acceso, hoy en día cegado, daba paso desde el exterior al pasillo de entrada a la sacristía de la capilla del Sepulcro y al patio de la redención. Esta portada se cerró en fecha tardía, posiblemente ya en el siglo XIX, alterando la estructura arquitectónica del pasillo que comunica-

ba ambos lugares y la del propio patio[281] (Fig. 78). Es esta última intervención la que afectó al retablo y a la hornacina abierta en el extremo izquierdo del muro este del claustro, haciendo que desapareciera como altar para convertirse en la entrada habitual a este patio y modificando la lectura completa del programa iconográfico planteado. Este reajuste del entorno se produjo entre 1880-1896[282]. Teniendo en cuenta los comentarios que hace el arcipreste del momento, Antonio Valderrama, por esas fechas, y las directrices del oficio redactado por parte de la Comisión de monumentos de Sevilla, en el que se especificaba que el informe señalara "las reparaciones, mejoras ó innovaciones, que de quince años hasta la fha. Se hayan hecho en el histórico y apreciabilísimo monumento del Sto. Sepulcro"[283].

Debido a este cambio en el siglo XIX, el programa iconográfico ideado en estos espacios en relación con la capilla del Santo Sepulcro se altera. De hecho, la entrada a la capilla y panteón a través de la colegiata está avanzando al espectador lo que se va a encontrar dentro. Se concibe como una portada clásica con un programa escatológico claro. Un arco de medio punto decorado con cabezas de angelotes en la rosca y grutescos en las pilastras laterales, se flanquea a ambos lados por columnas acanaladas de orden corintio que sostienen un entablamento corrido con decoración de ángeles, en cuyo centro está el rostro de Cristo, a modo de tondo, como si fuera el paño de una Verónica. Se cierra en la parte alta por un frontón semicircular con tres *putti*, dos a cada lado en eje con las columnas de la parte baja, y uno en el centro llevando el escudo de los Téllez-Girón[284] (Fig. 34). La decoración incide en

---

280 Bula de Pablo III del 26 de febrero de 1545 en la que se constituye como templo personal del IV conde de Ureña y sus herederos, con derecho de enterramiento, asistida por nueve capellanes, dos sacristanes, tres acólitos y una capilla musical. A. M.ª Ariza, *Bosquejo biográfico de don Juan…*, *op. cit.*, pp. 19 y 21.
Es probable que la reestructuración de estos espacios comenzara, según Rodríguez-Buzón Calle "cuando la colegiata estaba prácticamente concluida", hacia 1545. M. Rodríguez-Buzón Calle, *La colegiata de Osuna…*, *op. cit.*, p. 124.

---

281 R. De Besa Gutiérrez, "Intervenciones en el Santo Sepulcro…", *op. cit.*, pp. 106 y 108.

282 Como explica De Besa Gutiérrez al analizar el minucioso informe remitido en 1896 por el arcipreste de Osuna, por aquel entonces Antonio Valderráma Valcárcel, a instancias de la Comisión de Monumentos Histórico Artísticos de la provincia de Sevilla. R. M. López Rodríguez, "La comisión provincial de monumentos histórico-artísticos de Sevilla", Tesis doctoral, Universidad de Sevilla, 2010, p. 115; R. De Besa Gutiérrez, "Intervenciones en el Santo Sepulcro…", *op. cit.*, pp. 103-104.

283 "Sobre las reparaciones ó reformas hechas en el monumento del Santo Sepulcro enterramiento de los Girones e dha. Villa de Osuna". Archivo de la Comisión de Monumentos Históricos de Sevilla. Real Academia de Santa Isabel de Hungría. Carpeta de Municipios. Sección 12.ª Sevilla Provincia: D-Z, n.º 15. Osuna. *Cit.* R. De Besa Gutiérrez, "Intervenciones en el Santo Sepulcro…", *op. cit.*, p. 103.

284 El escudo de los Téllez-Girón está conformado por el castillo dorado (Castilla), el león rampante (León) y los tres girones en rojo. Se marca de este modo el patrocinio de la capilla por parte de esta casa.

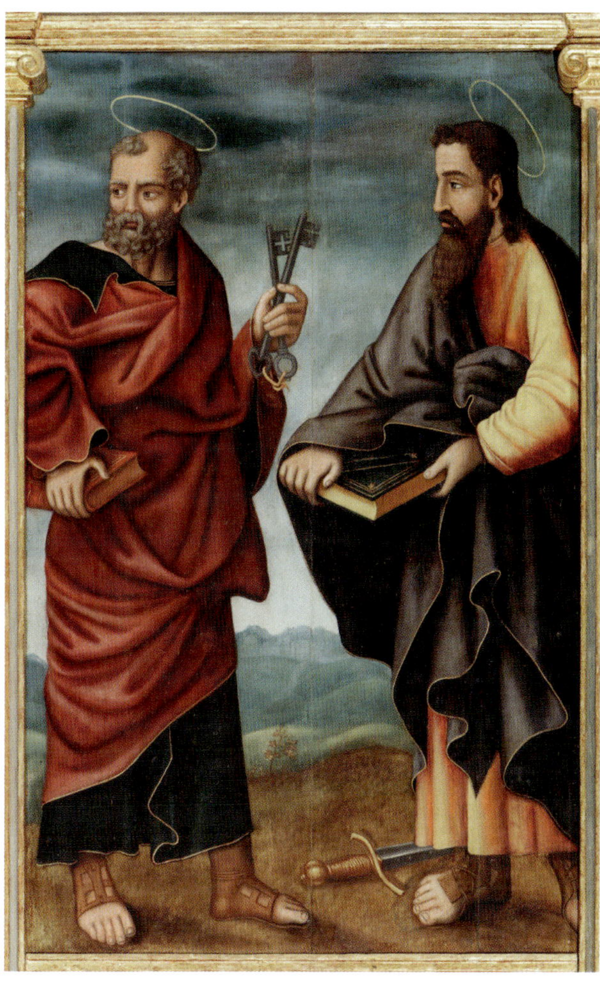

Fig. 74. Juan Bautista de Amiens, *San Pedro y San Pablo*, retablo de la Virgen de la Vitoria, 1584. Capilla del Sagrario, colegiata de Nuestra Señora de la Asunción, Osuna. © Junta de Andalucía. Foto: Pepe Morón.

la idea de la muerte, desde el emblema del tímpano donde tres calaveras dispuestas de perfil y de frente, y dos tibias cruzadas a ambos lados dan significado visual a los lemas dispuestos en las cartelas. En la superior puede leerse "VIVERE SEPULCHRUM" —Tumba viva—, y en la inferior: "MOR LUCRUM"— en la muerte mi beneficio—. Ambos epígrafes son tomados de los textos de san Ambrosio, *De bono mortis* (2 y 15), donde se detalla que la propia vida es un sepulcro para el alma, rodeada de pecados y de corrupción, y no es hasta la llegada de la muerte cuando el hombre adquiere su mayor ganancia: la liberación de su alma y pasa "de la corrupción a lo incorrupto, de la mortalidad a la inmortalidad"[285]. Por tanto, la entrada a este espacio es el lugar donde el hombre

---

285 *Patrología latina*, XIV, *c.* 542 y *c.* 547. L. Gómez Canseco, *Don Bernardo de Sandoval y Rojas. Dichos, escritos y una vida en verso*, Huelva, 2017, p. 221.

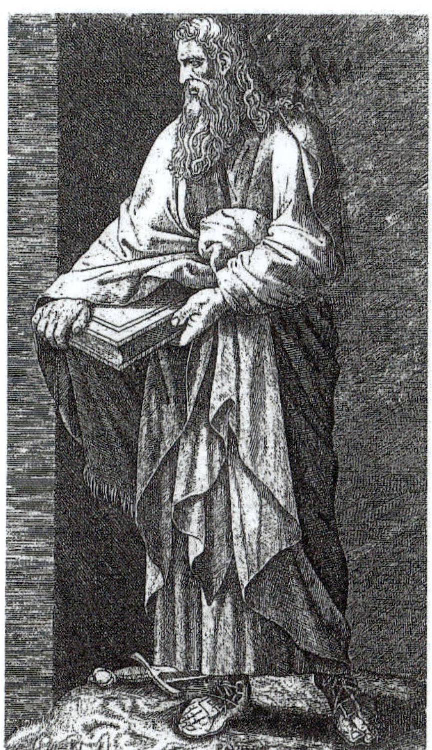

Fig. 75. Lambert Suavius siguiendo a Lambert Lombard, *San Pedro*, grabado. © Metropolitan Museum of Art, Nueva York.

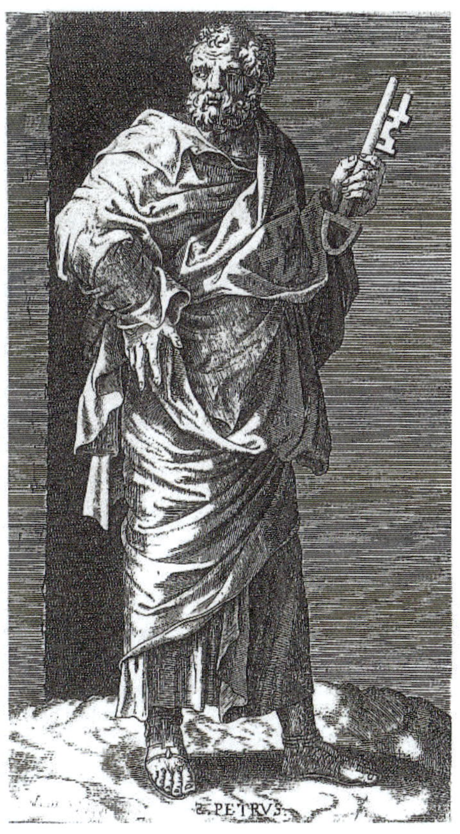

Fig. 76. Lambert Suavius siguiendo a Lambert Lombard, *San Pablo*, grabado. © Metropolitan Museum of Art, Nueva York.

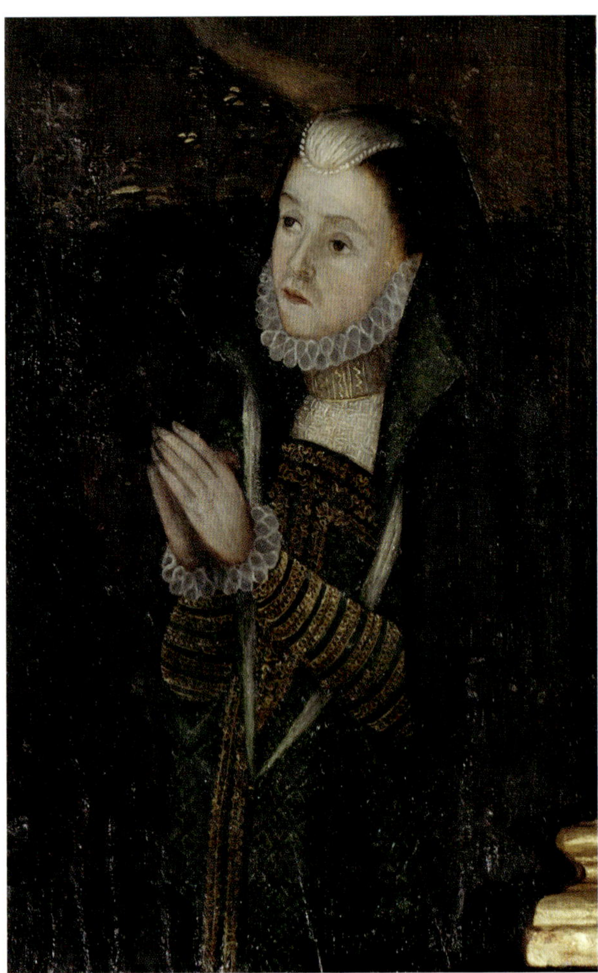

Fig. 77. Juan Bautista de Amiens, *Retrato de la viuda de Francisco de Oviedo*, retablo de la Virgen de la Victoria. Capilla del Sagrario, colegiata de Nuestra Señora de la Asunción, Osuna. © Junta de Andalucía. Foto: Pepe Morón.

da flanqueada por querubines y en cuyas enjutas se colocan los bustos de san Pedro y san Pablo —dos rostros que vuelven a repetirse reiteradamente en las albanegas de los arcos escarzanos del interior de la capilla—. Se accede así, desde el espacio terrenal a otra dimensión, espiritual y eterna, donde los Evangelios y la Iglesia, representados por las figuras de Pedro y Pablo, son la llave del cristiano para llegar a la resurrección. Por eso, sobre los dos rostros de los apóstoles se sitúa el entablamento, donde dos ángeles sujetan el rostro de Cristo a modo de tondo. Cristo tras su holocausto venció a la muerte, a la que se alude a través de su emblema, la calaveras y las tibias, en el tímpano central de la portada, permitiendo así liberar al alma de su prisión. La muerte no es vista como algo negativo, sino imprescindible para alcanzar la verdadera vida.

Las puertas que cierran este vano de entrada resaltan esta misma idea al estar decoradas con una serie de pinturas relativas a las postrimerías. Estos dos postigos no son los originales, pues no encajan de forma exacta con las molduras de la puerta, pero las pinturas sí debieron de formar parte de la original, donde también tendrían cabida el resto de cuarterones desplegados en el recinto del sepulcro y panteón. De hecho, cuatro de ellos con un filete dorado alrededor muestran el tamaño y el formato original que debieron de tener todos (Fig. 79). Representan figuras de esqueletos portando filacterias con inscripciones latinas a modo de emblemas renacentistas[286] (Fig. 79). La mayoría de estas frases

alcanza su plenitud, al desprenderse de lo que le corrompe y poder llegar a Dios en espíritu.

Esta última idea se traslada a la portada, introduciendo en el basamento sobre el que se levanta la estructura diversas figuras de esclavos, ancianos, huesos y calaveras, es decir, lo corrupto. Dejando atrás este mundo terrenal, a medida que se va elevando la portada la decoración va cambiando, colocando en los espacios marginales diferentes elementos monstruosos que se torturan unos a otros, desde genios con tridentes, dragones, harpías y serpientes, hasta llegar a la rosca del arco de entra-

---

Para Moreno de Soto, estos adagios, como el de la puerta principal de la colegiata, fueron inspirados por el propio IV conde de Ureña "como consecuencia, tal vez, de su inicial preparación para el estado eclesial, dio constantes muestras de la contradictoria obsesión que sintió hacia la muerte". P. J. Moreno de Soto, *Dogma, poder e ideología…, op. cit.*, p. 54 y nota 9.

---

286 Todas tienen el mismo estilo, aunque sus medidas varían debido a que fueron sacadas de sus cuarterones originales. No obstante, siguen la misma fórmula de presentar un esqueleto de cuerpo entero y de frente sobre un fondo oscuro. Un pequeño montículo con referencias a la vegetación aparece en la parte baja, y, a pesar del motivo similar, el pintor dota de distintas posturas y tamaños a los esqueletos, logrando así romper la monotonía y dar dinamismo, aspecto, este último, que se acentúa por la filacteria que cada uno de los esqueletos sujeta con una de sus manos y se enarbola en la parte alta. Las filacterias que se leen en las puertas son las siguientes: en el ala derecha, bajando, en la escena superior: "Festina Tempus/ et memento finis tui" [Apresura el tiempo y acuérdate de tus promesas] (Eclesiástico 36, 10); en la central: "Nescis qua hora ve/nero vigila semper vite para tu min/ veniam" [Velad pues no sabéis cuando llegará la hora] (Mt., 24, 42); y la inferior: "Verum/ tamen/ uni/ versa vanitas omnis homo/ vi/ vens" [El hombre anda en todas las cosas banales del mundo] (Salmos 38, 6-7). El ala izquierda, bajando, en la escena superior: "Beatus homo qui Semper est pavidus" ["Bienaventurado el hombre que siempre teme a Dios"] (Proverbios, 28,14); la central: "Ante iudicium Para iustitiam [tibi]" [Antes de juzgar, examínate a ti mismo] (Eclesiástico 18, 19); y la inferior: "latet ultimus dies, ut observentur omnes" [Aguarda oculto el último día, para que puedan ser observados el resto de los días] (tomado del Sermón 39 de san Agustín de Hipona).

corresponden a fragmentos de textos sagrados referidos al temor de Dios, la prudencia y la muerte. La mayor parte de los aforismos derivan de los libros del Eclesiástico, Proverbios, Salmos, Evangelio de San Mateo y el *Sermón 39* de san Agustín de Hipona[287]. Finalmente, el lema Resquiescant in Pace se repite sobre el escudo de los Girón con una calavera y en el friso del patio a modo de letanía. Todo un conjunto de alusiones al mundo funerario que concuerda a la perfección con el sentido del recinto.

Al bajar la escalera, se abre el espacio de la capilla del Santo Sepulcro. Decorado y policromado de forma tan profusa que abruma los sentidos (Fig. 80). Es muy significativo que en las enjutas de los arcos se repita el mismo motivo de los tondos con los bustos de san Pedro y san Pablo que flanquean el arco del altar mayor y la puerta de entrada de forma muy destacada[288], debido a que la capilla estaba bajo la protección de los "bienaventurados apóstoles San Pedro y San Pablo"[289] (Figs. 81 y 82). Toda una serie de grutescos y cabezas aladas ornamenta este recinto funerario, siguiendo el mismo modelo que los de la portada. Es muy posible que la fuente de inspiración se encuentre en grabados de artis-

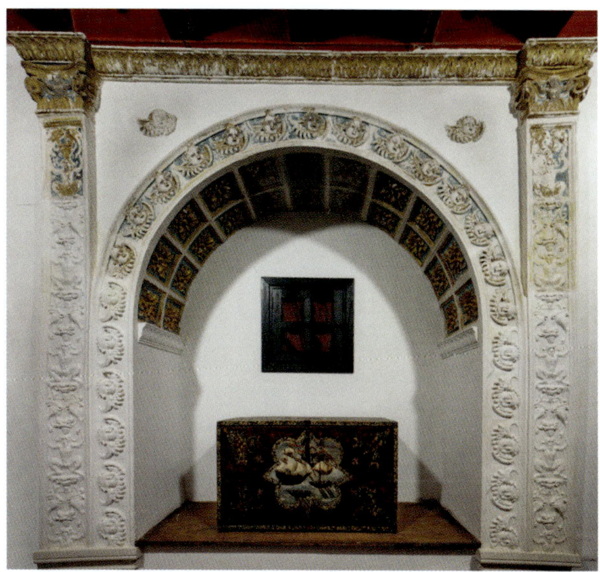

Fig. **78**. Antiguo acceso al recinto del Santo Sepulcro desde el exterior, actualmente tapiado. Pasillo de acceso a la sacristía del Santo Sepulcro, Osuna. © Amigos de los Museos de Osuna. Foto: Pepe Morón.

tas italianos y germanos[290]. En los muros laterales comienza a aparecer una serie de frisos, ménsulas y columnas fingidas adornadas con personajes de todo tipo, desde centauras, sátiros y *putti*, a máscaras, bucráneos y figuras vegetalizadas, que se extiende a los lados de la estancia y por el intradós de los arcos. Incluso, se han incluido representaciones del dios pagano Pan. Esta no va a ser la única referencia a la mitología clásica dentro del recinto. Una venera con el busto de Hércules tocado con la piel del león de Nemea se ha colocado en los pies del muro de cierre de la nave de la epístola. Su presencia tiene un fin simbólico, al entroncar con la mitología el origen que se da a la estirpe de los Ureña[291], incidiendo en la idea de legitimación de su poder y su relación con Osuna que se plantea en todo el espacio arquitectónico[292].

Entre las que están desplegadas por el recinto del panteón: "Memor semper esto exitus tuum et en obliviscar is Eternit iudiciis et non erit de fefectuum in anima tua" [Recuerda siempre tu destino y no olvides el juicio eterno y tu alma no tendrá defectos]; la siguiente, más estrecha: "Nescit homo finem suum" ["Nadie sabe cuándo le llegará su hora"] (Eclesiastés, 9:12); del mismo tamaño: "Vigilate, quia nescitis diem, neque horam" [Velad, no se sabe el día ni la hora] (Mt. 25, 13); "Memento iudicii mei sic erit et tuum mihi heri hodie" [Recuerda que mi destino será el tuyo, ayer yo y hoy tú] (Eclesiástico, 38:23); y la última que se conserva: "Nil scire vocata peccator sicut mor triste quens meditatio" [No hay mejor meditación para el pecador que conocer la tristeza de la muerte].

287 Véase nota anterior.

288 M. Rodríguez- Buzón Calle, *Guía Artística de Osuna…, op. cit.*, p. 18.
La presencia de Pedro y Pablo es continua en todo el conjunto. De hecho, en el muro lateral de la nave de la epístola se coloca el púlpito, abierto en la pared a modo de vano —hay que acceder a él a través de un pasillo en la zona de la sacristía— se decora con dos relieves con las figuras de cuerpo entero de san Pedro y san Pablo dentro de veneras flanqueadas por columnas abalaustradas. Concentran la idea de los dos apóstoles como los referentes de la doctrina cristiana difundida a todos los hombres a través de la Iglesia.

289 P. J. Moreno de Soto, "Mudar las cosas terrenas en celestiales y las transitorias en eternas. I. La fundación de la Santa Capilla del Santo Sepulcro de Nuestro Señor Jesucristo, panteón de la Cada de Osuna", *Cuadernos de los Amigos de los Museos de Osuna*, 23, (2021), p. 59. Agradezco a Pedro Jaime Moreno la lectura atenta de este manuscrito antes de que entrara en imprenta y su generosidad a la hora de compartir conmigo sus publicaciones antes de que salieran a la luz.

290 S. Sebastián López, "Las fuentes inspiradoras de los grutescos del plateresco", *Príncipe de Viana*, año 27, n.º 104-105 (1966), pp. 229-234. Para el entorno sevillano véase: I. Hermoso Romero, "*Con su romano. Sobre la ornamentación en Sevilla en el siglo XVI*", en *Arte del Renacimiento…, op. cit.*, pp. 53-67. Por el momento, no se ha encontrado la fuente concreta en la que pueden estar inspiradas estas decoraciones de Osuna.
Agradezco a la historiadora del arte, Alicia Lozano, la ayuda prestada en la documentación de este espacio de la capilla del Santo Sepulcro, durante su estancia en el Instituto Moll en los primeros meses de 2021.

291 P. J. Moreno de Soto, "Hércules en los orígenes mitológicos y el elogio…", *op. cit.*, pp. 170-172.

292 A. M. Cabello Ruda y F. Ledesma Gámez, "La memoria del linaje…", *op. cit.*, pp. 31 y 33.

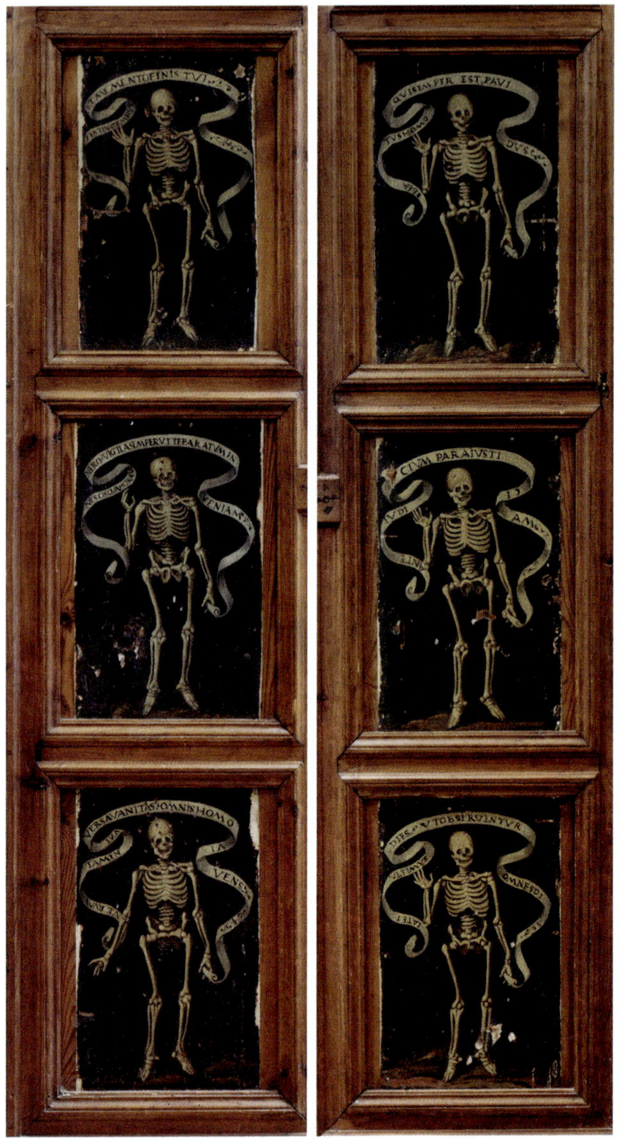

Fig. 79. Cuarterones desplegados en el recinto del sepulcro y panteón. © Amigos de los Museos de Osuna. Foto: Pepe Morón. Figuras de esqueletos portando filacterias con inscripciones latinas a modo de emblemas renacentistas.
© Amigos de los Museos de Osuna. Foto: Pepe Morón.

El altar principal de la capilla lo ocupa un soberbio alto relieve del *Santo Sepulcro* o *Colocación del cuerpo de Cristo dentro del sepulcro*. Este funciona al mismo tiempo como sagrario, al abrir una puerta en el centro para colocar las especies eucarísticas. El sagrario actual es del siglo XVII, pero es muy posible que sustituyera a uno anterior mejor adaptado al sepulcro donde se coloca el cuerpo de Cristo (Fig. 10). Se juega con la idea de la presencia real del cuerpo de Cristo a través de la consagración y la imagen visual que el espectador presencia, con las siete figuras en torno al cuerpo de Cristo depositándolo en su lugar de sepultura. Una dimensión

que se amplía al tener esta capilla la finalidad de ser el lugar de descanso final de los condes de Ureña y todos sus descendientes, cuyo acceso primero a su lugar de enterramiento era, precisamente, por un hueco abierto frente a este altar mayor.

A ambos lados del altar principal, los altares de la nave del evangelio y de la epístola están dedicados a la exaltación de la figura de María. Su presencia es imprescindible para que tuviera lugar la redención del hombre y la esperanza en la resurrección. Por eso, en el lado del evangelio está la *Anunciación*, el momento de la aceptación de María de ser la madre de Jesús[293]. En cambio, en la epístola, es la presencia de María en la mente de Dios antes de toda la creación, dando lugar a la idea de la Concepción Inmaculada de María. Un dogma que a principios del siglo XVI adquiere una gran popularidad y va a ser defendido de forma especial por las sedes arzobispales de Sevilla y Granada, con su reflejo en las clases acomodadas, en especial en las casas de los Medina Sidonia y del conde de Niebla a través de la rama femenina de estos linajes[294]. De hecho, dentro del propio recinto de los espacios del Santo Sepulcro se abre una capilla dedicada a la Virgen apocalíptica, prefiguración de la Inmaculada[295], representada en este caso con su hijo en brazos y conocida popularmente como la *Virgen de la granada*. Este retablo ocupa todo el espacio del altar y, como ya se ha señalado, ha sido atribuido de forma indistinta tanto a Roque de Balduque como a Guillén Ferrant, quien ya tenía relación con Balduque desde su colaboración en el retablo mayor de la concatedral de Santa María de Cáceres[296].

Esta presencia continua de artistas foráneos en Osuna en relación con el taller de Balduque o con el taller de los Ortega, también se advierte en el trabajo de un alto relieve en terracota policromado dedicado a *San Jerónimo en el desierto* que ocupa el arcosolio abierto en el tramo final de la nave de la epístola de la capilla del Santo Sepulcro. La obra se

---

293 Fray Luis de Granada en su *Discurso devoto del soberano misterio de la Encarnación del Hijo de Dios,* ya explica cómo María comparte el mismo destino que su hijo: "Y así estuvo ella con el hijo crucificado, crucificada; y también con el sepultado, sepultada; y también con el resucitado, resucitada". *Biblioteca de autores españoles*, Madrid, 1848-1884, XI, p. 232.

294 E. Ruiz-Galvez Priego, "La Inmaculada, emblema de la Firmeza femenina", *Arenal*, 13, 2 (2006), pp. 295-297 (pp. 291-310).

295 P. J. Moreno de Soto, *Dogma, poder e ideología…, op. cit.,* p. 71.

296 Véanse notas 107 y 108 en estas páginas.

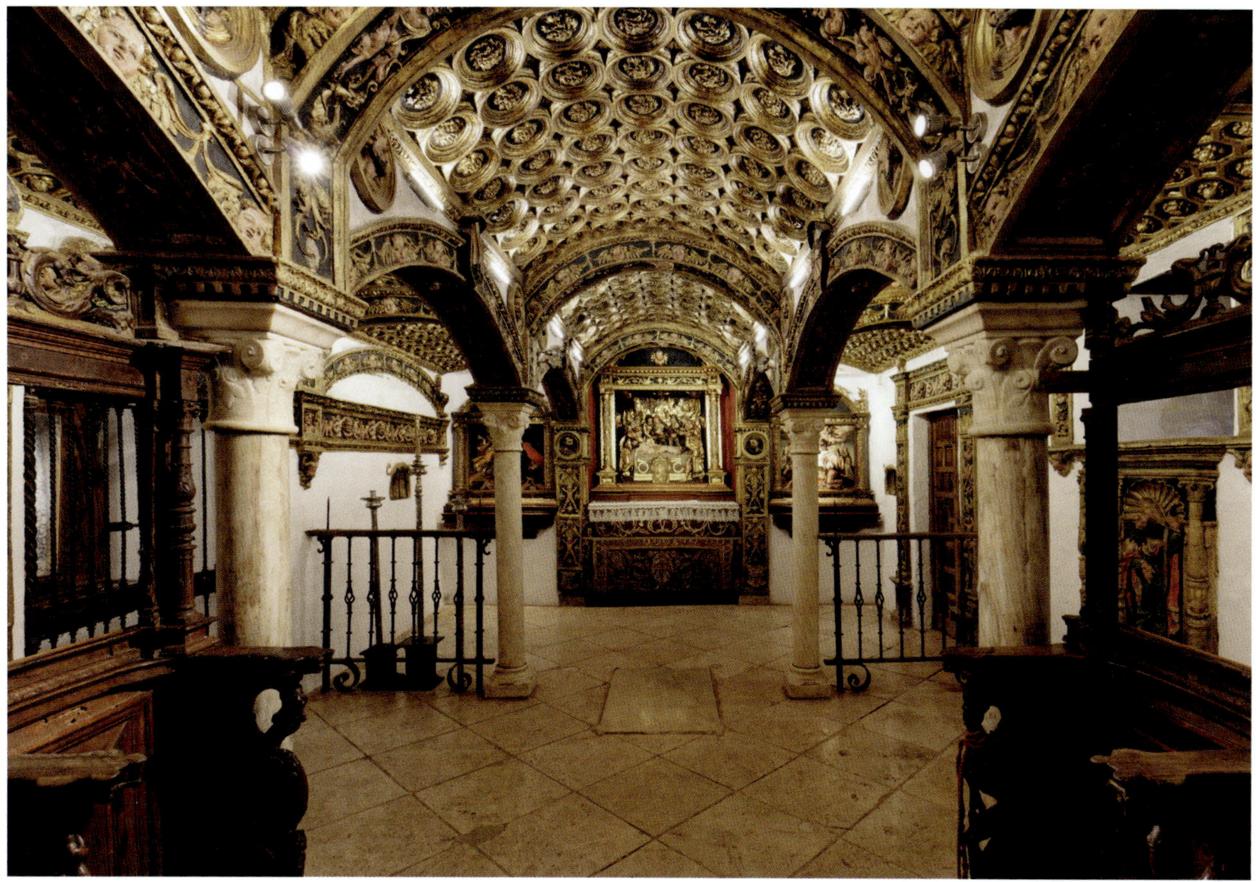

ha relacionado con el escultor de origen francés Miguel Perrín y el entallador Bartolomé de Ortega[297] (Fig. 83).

La especial veneración que los Ureña tuvieron por el santo doctor de la Iglesia explica que, dentro de todo este programa de la capilla del Santo Sepulcro centrado en Cristo, la Virgen y la eucaristía, se incluya este altar. Una obra de un gran naturalismo y gran calidad de ejecución. Además de en este espacio concreto, en un lugar tan destacado como es la capilla del panteón, san Jerónimo aparece en otras dependencias. Una tabla flamenca lo representa en su estudio como doctor de la Iglesia[298], mientras que otra más pequeña, posiblemente ajena al ámbito flamenco de finales del siglo XVI, actualmente en la sacristía de la colegiata,

lo capta de medio cuerpo y perfil durante su retiro en el desierto luchando contra las tentaciones[299]. Posiblemente, fuera María de la Cueva y Toledo (Cuéllar, ¿?- Madrid, 1566), esposa del IV conde de Ureña, la que promoviera el culto a san Jerónimo pues, además de su estrecha relación con la emperatriz Isabel de Portugal, de quien fue dama, y es de todos conocido el nexo de los Habsburgo con la orden jerónima[300], Ariza apunta en 1890 a que "al lado del sarcófago de doña Maria de la Cueva, hay un S. Jerónimo en tabla, que no era despreciable,

297 R. Baglioni, A. Bouzas Abad, J. A. Filter Peinado y A. Gómez Morón, "Restauración de San Jerónimo penitente, altorrelieve policromado del siglo XVI. Panteón ducal de la colegiata de Osuna", *Cuadernos de los Amigos de los Museos de Osuna*, (2011), p. 105. Sobre Perrín: J. García Nistal, "Miguel Perin en la escultura del Renacimiento español: la "Virgen con el Niño" de la catedral de León", *Anuario del Departamento de Historia y Teoría del Arte*, 21, (2009), pp. 69-80.

298 Véase en el catálogo n.º 6 en estas páginas.

299 Esta tabla es de mayor grosor al resto que se conservan. Ni la forma en que está trabajado el soporte, ni el estilo de la obra pueden relacionarse con el trabajo habitual de los talleres flamencos del siglo XVI.

300 J. Campos y Fernández de Sevilla, "El P. Sigüenza y la Orden de San Jerónimo en el tránsito del siglo XV al XVI", *Cuadernos de Investigación Histórica*, 23 (2006), pp. 19-64; P. Renoux-Caron, "El santo y el libro: San Jerónimo, patrón de los libreros y de los traductores en la España del Quinientos", en C. Vincent-Cassy y P. Civil, *Hacedores de Santos. La fábrica de la santidad en la Europa católica (siglos XV-XVIII)*, (Aranjuez: Doce Calles, 2019), pp. 73-89; P. Renoux-Caron, "San Jerónimo en España en el siglo XVI". *Mirabilia: electronic journal of antiquity and middle ages*, n.º 31 (2020), pp. 337-375. [En línea: https://raco.cat/index.php/Mirabilia/article/view/377847; Consultada: 25-04-2022].

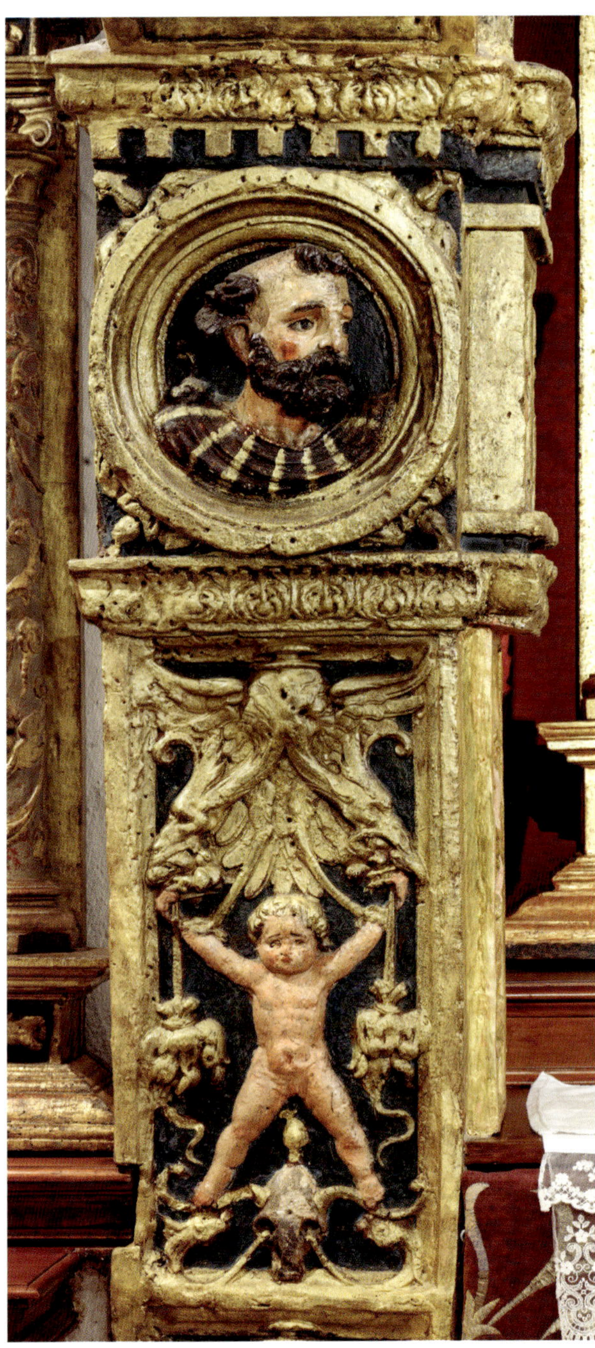

FIG. 81. Tondo de san Pedro. Arco del altar mayor de la capilla del Santo Sepulcro, Osuna. © Amigos de los Museos de Osuna. Foto: Pepe Morón.

pero que ha sido restaurado con poco acierto"[301]. Posiblemente se trate del que lo presenta dentro de su estudio, pues es una obra muy barrida que en origen no debió de ser desdeñable. Una obra que repite el modelo difundido por Joos van Cleve y su taller[302], y del que hay múltiples versiones en la península ibérica[303].

A la sacristía de estos espacios del Santo Sepulcro se tiene acceso por el interior y el exterior. Como es necesario para la liturgia, una puerta en la nave de la epístola de la capilla da acceso directo al pasillo interior de la sacristía, mientras que en el otro pasillo que conecta el patio con esa dependencia se abre la puerta que daría acceso externo a ambos espacios sin necesidad de pasar por los recintos sagrados. Estos pasillos sirven, además de comunicación entre las capillas con la sacristía, para diferenciar estos lugares de culto de aquellos más prosaicos, pero necesarios para las celebraciones diarias. En la sacristía, dos cajoneras adaptadas al espacio sirven para guardar todos los tejidos y objetos necesarios en los oficios divinos[304]. Sobre la cajonera principal, aquella que se ve al entrar por el pasillo de conexión con el patio, se ha colocado un retablo donde la pasión y sacrificio de Jesús

---

301 A. M.ª Ariza y Montero-Coracho, *Bosquejo biográfico de D. Juan Téllez-Girón. IV…, op. cit.*, p. 21.

302 Sobre la popularidad y el éxito de la composición: M. Leeflang, *Joos van Cleve. A Sixteenth-Century Antwerp Artist and his Workshop*, Brepols, 2015, pp. 171-173, y 179-180. La autora constata que la mayor parte de estas escenas fueron realizadas entre 1534 y 1538, y una gran mayoría tras la muerte de pintor, después de 1541.

303 J. Lavalleye, *Les primitifs flamands. II. Repertoire des peintures flamands. Collections d'Espagne*, Bruxelles, 1958, pp. 40-41; E. Bermejo, "Taller de Joos van Cleve, San Jerónimo en su estudio" en *Las pinturas sobre tabla de los siglos XV y XVI de la catedral de Burgos*, Burgos, 1994, pp. 80-83; M. J. Friedländer, *Early Netherlandish Painting*, IX, Leiden-Brussels, 1972, pp. 31, 58, n.º 39; O. Hand, *Joos van Cleve…, op. cit.*, pp. 161-162.

304 Objetos que Juan Téllez-Girón, IV conde de Ureña, deja para el culto y así lo expresa en su testamento del 12 de octubre de 1556: "[…] yo he dado para la sacristia vestimentas de seda y brocado de plata y oro, casullas, cruces y libros y custodias y otras muchas piezas de servicio de altar (…) y ansí mismo yo di a la dicha capilla dos piezas de oro con perlas y piedras preciosas y la una es un cáliz de oro con patena y la otra una cruz de altar (…) y un cofre de plata para encerrar el Smo. Sacramento la Semana Santa y otras muchas piezas de oro y plata". Recogido por M. Rodríguez-Buzón Calle, *La colegiata de Osuna…, op. cit.*, pp. 71-72. Realidad que también destaca Gudiel en 1577: "El oro y la plata en custodias, cruces, calices, patenas y ostiarios, atriles, candeleros pequeños y granades, vinageras y campanillas, scetros y acetres, encensarios, navetas y fuentes de estaño, que no se puede numerar, pues ninguna cosa necesaria para el culto divino es de otro metal, sino de oro y plata". G. Gudiel, *Compendio de algunas historias…, op. cit.*, p. 117v.

es su tema principal. Como ya se ha comentado en estas páginas, es un retablo realizado por el taller de los Ortega, con la escena de Cristo de medio cuerpo camino del Calvario con la cruz a cuestas siguiendo las versiones de Luis de Morales en su calle central[305], con cuatro escenas flamencas de la pasión en las calles laterales, una tablita de la Virgen con su hijo en brazos a modo de ático, y el escudo de los Ureña rematando todo el conjunto, dejando claro quiénes estaban detrás de su patronazgo[306]. Parece que este retablo está advirtiendo lo que nos vamos a encontrar en el altar mayor de la capilla del Santo Sepulcro: el enterramiento de Cristo después de todo su calvario. Es un resumen de lo que ha tenido que sufrir Jesús para lograr vencer a la muerte. Aspecto ya señalado en la portada de bajada a la capilla del Sagrario a través de la colegiata y de la que se habló páginas atrás.

Por este mismo pasillo que daba acceso a la sacristía se llega al claustro de dos pisos. Un espacio estructurado en su parte baja a través de dobles arcos de medio punto rebajados en cada uno de sus lados y sostenidos por columnas de orden jónico esquematizado, dando lugar a un capitel de volutas de perfil innovador en su parte baja (Fig. 84). Sobre el capitel, un entablamento decorado en cada una de sus caras con dos *putti* contrapuestos llevando sobre sus espaldas una cabeza de león. Unos acantos en las esquinas completan esta sección. Este mismo esquema decorativo de los *putti* atlantes sirve como ménsulas desde donde arrancan los arcos de los cuadrantes que descansan sobre las paredes del cerramiento. El piso superior siguiendo el mismo ritmo, se organiza a través de arcos escarzanos dobles sobre columnas de orden toscano. La decoración se hace menos profusa, y sobre los capiteles un friso con cornisa decorada con un *putto* con las alas desplegadas abre sus manos para sujetar las cabezas de carnero dispuestas en cada una de las esquinas. Unos florones simples sirven de ornamento al intradós de los arcos, contrastando con los casetones con florones de los arcos del cuerpo bajo y las cabezas de *putti* con las alas desplegadas de

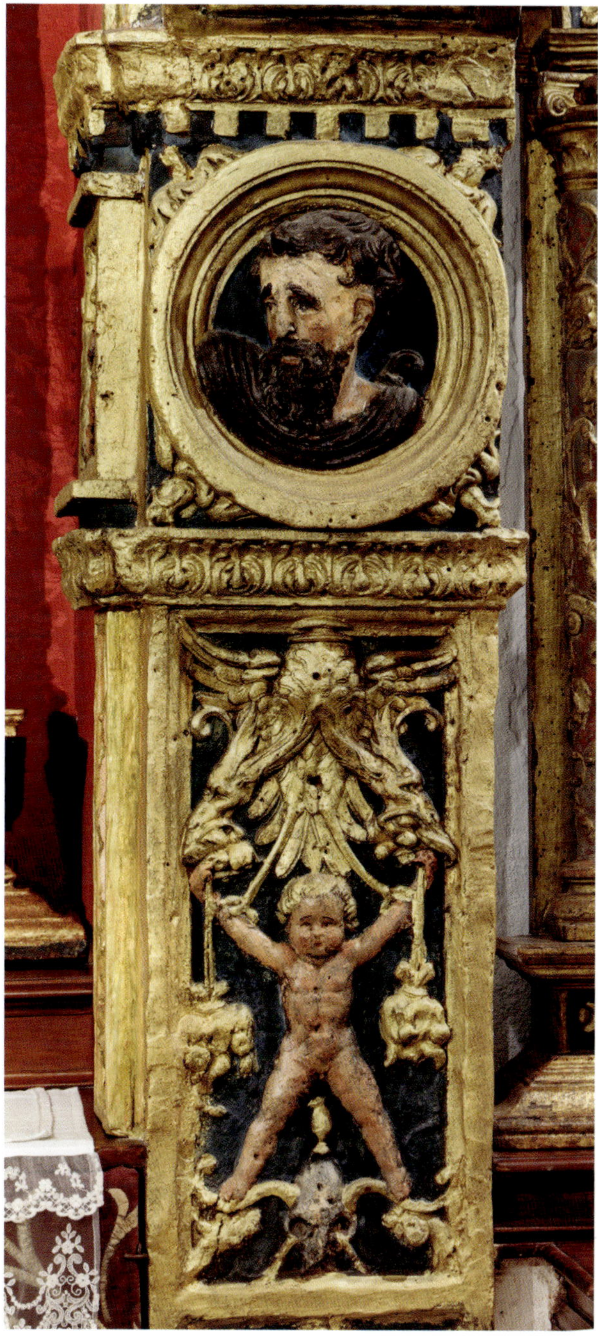

Fig. 82. Tondo de san Pablo. Arco del altar mayor de la capilla del Santo Sepulcro, Osuna. © Amigos de los Museos de Osuna. Foto: Pepe Morón.

305 I. Bäcksbacka, *Luis de Morales…, op. cit.,* pp. 104, 152-153 y 166-167; C. Solís Rodríguez, *Luis de Morales…, op. cit.,* pp. 250-251, n.º 47; M. Falomir, "Cristo con la cruz a cuestas", en *El divino…, op. cit.,* pp.190-191, n.º 54.

306 El escudo dividido en tres campos, los dos superiores con un castillo y un león rampante, dejando el cuartel inferior para los tres jirones a los que hace alusión el apellido Girón. Ejecutoria otorgada a favor de Juan Téllez-Girón, conde de Ureña, 1556, Valladolid (AHN. Nobleza. Osuna, CP. 9. D11).

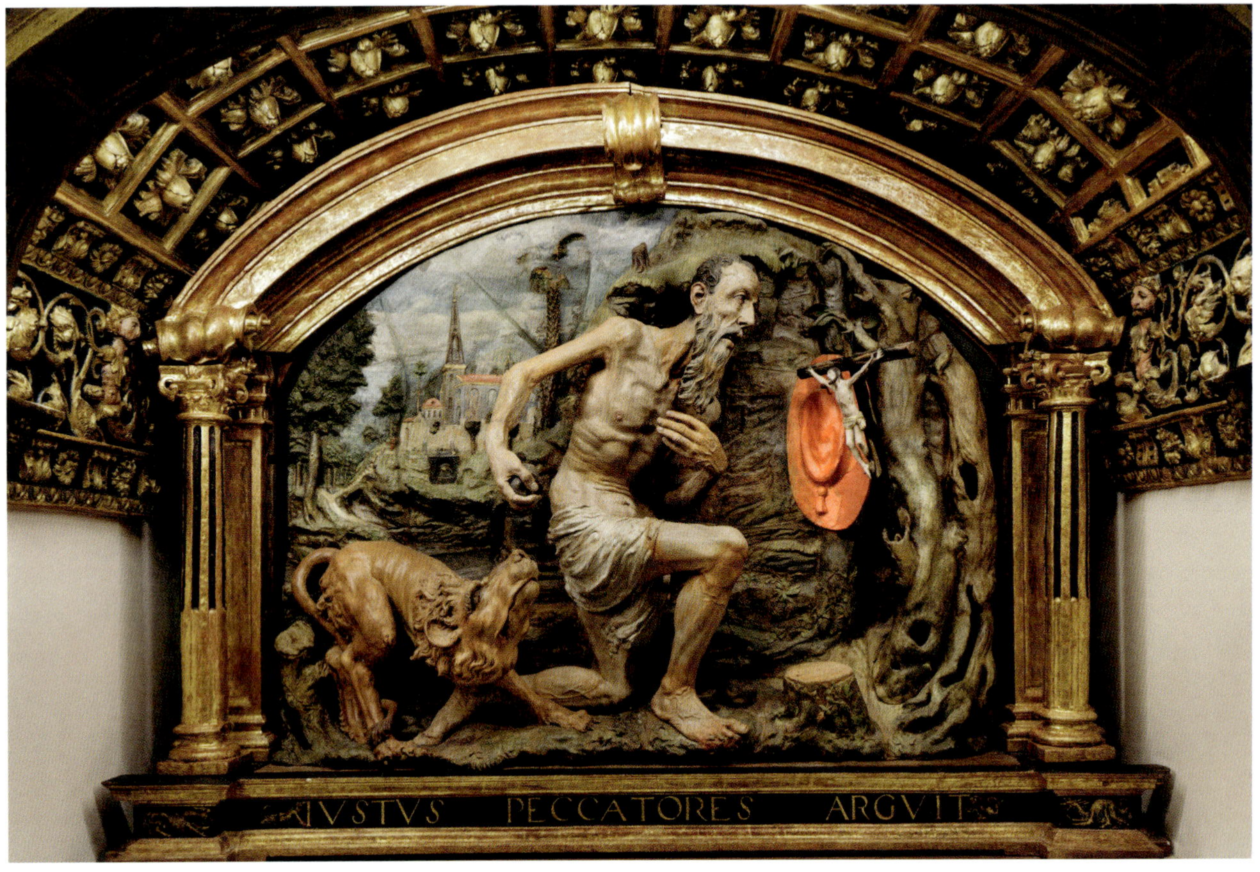

Fig. 88. Miguel Perrín y Bartolomé de Ortega, *San Jerónimo en el desierto*. Nave de la epístola, capilla del Santo Sepulcro, Osuna © Amigos de los Museos de Osuna. Foto: Pepe Morón.

las caras externas de los arcos, coincidiendo estos motivos decorativos con los empleados en el interior de la capilla del Santo Sepulcro. La decoración y soluciones arquitectónicas recuerdan algunas de las propuestas difundidas por Diego de Sagredo en su *Medidas del Romano*, libro editado en Toledo en 1526, y que el diseñador de este conjunto del Santo Sepulcro de Osuna pudo tener como referencia para sus balaustres y soluciones arquitectónicas[307] (Figs. 85 y 86). Este mismo tratado pudo estar detrás de las propuestas de arcosolios que abre en cada uno de los paramentos del claustro. El arco de medio punto se eleva sobre dos hornacinas con veneras a cada lado flanqueadas por columnas abalaustradas de orden corintio. Sobre el entablamento se sustenta el arco decorado en su intradós con casetones y florones, repitiendo el mismo esquema de los espacios mayores del patio y capilla del Santo Sepulcro. Todas las hornacinas que se abren en el patio van

a seguir la misma estructura, pero varían la decoración de enmarque, alternando los motivos de las pilastras, columnas abalaustradas y entablamentos, dando lugar a espacios dinámicos y resaltados visualmente. (Figs. 25, 26 y 27) El paramento sur, más cercano a las escaleras de subida al segundo piso, se estructura a través de unas pilastras adosadas al muro con grutescos elevados sobre unos pilares con tondos. En ellos se repite el modelo del hombre agachado cubierto con un manto que aparecía en la parte baja de la puerta de entrada a la capilla del Santo Sepulcro desde el interior de la colegiata, y al que se volverá en los resaltes del entablamento. Un elemento de raigambre clásica con una greca de *putti* juguetones que sustentan tondos con un busto barbado. Las pilastras vuelven a ser el recurso que se emplea para el arcosolio del muro este, actualmente convertido en puerta. La decoración del entablamento se altera al emplear unas figuras antropomorfas en cuclillas sujetando una corona vegetal sobre la cabeza. De hecho, esta misma estructura y decoración se va a retomar para los enmarques de las puertas del patio: la que lleva hacia las escaleras

---

307 Es significativa la comparación de los balaustres decorativos que se usan en el patio del sepulcro, tanto en su estructura como la de las hornacinas, en relación con las páginas del libro de Diego de Sagredo.

que comunican al segundo piso y la de la sala capitular[308]. Los enmarques de las hornacinas del muro este, más cercano a la puerta de entrada al patio desde la sacristía, y el de la pared norte pegado a la puerta de la sala capitular, recurren a las columnas abalaustradas elevadas sobre pequeños plintos de diversa decoración y sujetando un entablamento corrido con decoración de cabezas de angelotes con resalte sobre los soportes.

A pesar del interés que esta estructura arquitectónica presenta, son las pinturas murales y las que antiguamente ocupaban cada una de las hornacinas de este patio las que conciernen a este discurso, tanto por la calidad de las mismas como por los temas representados y sus características estilísticas. En este espacio se sintetiza lo avanzado en las salas anteriores, incidiendo en la presencia real de Cristo tanto en la eucarística como en la figura del Espíritu Santo, y en la figura imprescindible de la Virgen en toda esta misión mesiánica.

Gudiel en su loa a los Girones que hace en 1577 para el I duque de Osuna, Pedro Téllez-Girón, destaca que este conjunto: "Tiene este sepulchro un claustro para las processiones con quatro altares en las esquinas con imagines y pinturas en las paredes de admirable mano, y un cabildo, donde los capellanes suelen tratar sus negocios, tan lleno de hermosura, que parece un pedaço de cielo"[309]. García de Córdoba, ya en el siglo XVIII, continúa destacando la calidad artística y de materiales empleados en el conjunto: "[desde] una costossima Sacristia, por la que Se Sale a un primoroso Patio Claustrado con un altar en cada uno de los Quatro Angulos, y sus paredes y techumbres adornadas de Costossísimas pinturas (…)"[310]. Lamentablemente de las pinturas murales sólo quedan partes que permiten advertir la calidad con la que fueron realizadas y que destacan los escritores anteriores. Afortunadamente las pinturas sobre tabla de los arcosolios se conservan en el interior de la colegiata y recinto del Santo Sepulcro, por lo que entendemos lo que tuvo que ser su visión dentro del programa para las que fueron realizadas en un espacio completamente policromado.

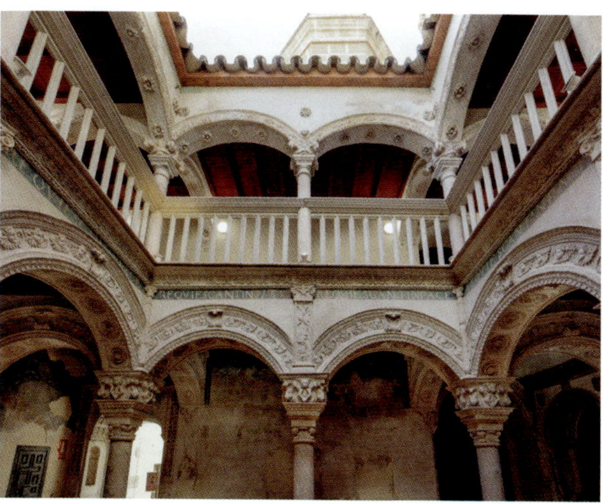

FIG. 89. Estructura del patio, 1545-1555. Patio del Santo Sepulcro, Osuna. © Amigos de los Museos de Osuna. Foto: Pepe Morón.

Si todas las estancias y su decoración están plenamente interrelacionados, en el caso de este patio esta tónica se incrementa. Como ya se ha comentado, su análisis y significación debe ser abordada como un todo, donde las pinturas importadas colocadas en las esquinas a modo de altares dentro de los arcosolios jalonan el programa basado en la redención. Así, en el muro este estaba el altar de la *Virgen con el Niño*, o *Virgen del velo*, a la que inmediatamente le sigue la pintura mural con el *Paraíso*, donde tiene cabida la caída del hombre en el pecado y la muerte. En el muro sur se abren dos altares. El más cercano a la puerta de entrada al claustro desde el pasillo de la sacristía lo ocupa la *Adoración de los pastores*, es decir, el nacimiento de Dios hecho hombre que con su humildad viene a vencer a la muerte a través de su sacrificio. En el paño sur, se diseña la *Santa Cena*, el momento en que se establece la eucaristía y, por tanto, la presencia real de Dios entre los hombres. Al final del muro se abre el otro altar donde estaría *Jesús despidiéndose de su madre* antes de dirigirse hacia Jerusalén, donde sería sometido a la Pasión. En el muro oeste, entre dos puertas, la que sube hacia el piso alto y la que da hacia la sala capitular, la escena de *Pentecostés*. Dios envía su Espíritu Santo, de modo que el hombre nunca esté solo, contando con su presencia no sólo en la eucaristía sino también en el día a día. Finalmente, en el muro norte, la hornacina con la *Lamentación ante el cuerpo de Cristo* da paso a la escena del *Juicio Final*, donde un Cristo de misericordia, aún visible, divide las almas virtuosas de aquellas que deben pasar por un purgatorio, mostrando que Dios ven-

---

308 Para la entrada de acceso actual y la alteración del conjunto, véase: R. de Besa Gutiérrez, "Intervenciones en el Santo Sepulcro de la Colegiata…", *op. cit.*, pp. 103-109.

309 G. Gudiel, *Compendio de algunas historias de España…*, *op. cit.*, 1577, p. 117v.

310 A. García de Córdoba, *Compendio de las Antigüedades…*, *op. cit.*, 1746, fol.135v.

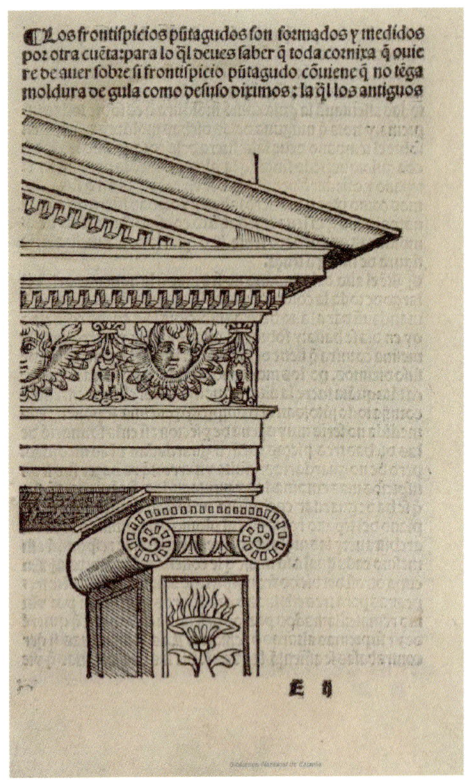

FIG. 85. Diego de Sagredo, *Medidas del Romano*, 1526, folio 23r. © Gallica, Biblioteca Nacional de Francia.

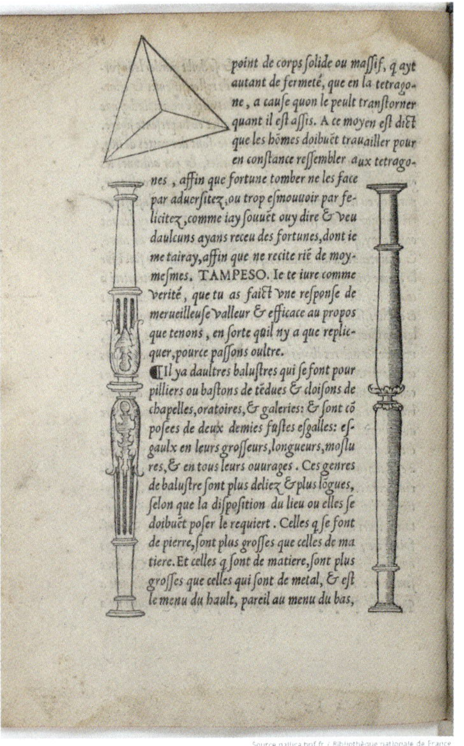

FIG. 86. Diego de Sagredo, *Medidas del Romano*, 1526, folio 37r. © Biblioteca Digital Hispánica, Biblioteca Nacional de España.

ció a la muerte, dando esperanza al hombre tras su deceso. Al llegar aquí, se vuelve al punto de partida, pues la redención y salvación del hombre no ocurriría sin la aceptación de María, por eso se vuelve a terminar en ese altar de la *Virgen con el Niño* del muro este[311].

Toda esta coherencia temática, junto con el programa propuesto para los espacios del Santo Sepulcro, incide en la presencia de una mente con una idea clara de lo que se debía exponer, así como un maestro o taller concreto al que recurrir para buscar una unidad de estilo en todo el conjunto que, difícilmente, se lograría si se fuera haciendo de forma desordenada y no se siguieran unas pautas. Ya se ha comentado que la ejecución de la arquitectura se ha vinculado, con dudas, con el trabajo de algún arquitecto en relación con Diego de Riaño o Martín de Gaínza. No obstante, atendiendo a las soluciones decorativas tampoco habría que descartar la intervención, aunque fuera solamente del diseño, de algún otro arquitecto trabajando en tierras andaluzas. Sobre todo, teniendo en cuenta el estrecho vínculo entre esta fundación del Santo Sepulcro y una de las hijas del condestable de Castilla: Leonor de la Vega y Velasco.

Dejando a un lado el espacio arquitectónico bajo patronazgo de los Ureña, entre 1530 y 1560, es el programa pictórico-artístico que completa estos espacios y la estrecha relación de los talleres implicados, colaborando en otros importantes conjuntos que se están acometiendo en la diócesis de Sevilla y en los territorios cercanos bajo dominio de las familias más poderosas de entonces, como son los

____

311 En el paño norte, justo en el espacio que queda entre la terminación del arco interior de la galería baja y la hornacina-puerta al exterior desde el patio del Sepulcro, donde estaría la *Virgen con el Niño*, quedan restos de una pintura mural que representa un esqueleto llevando su ataúd con diversas leyendas latinas en torno a su cuerpo. Su esquema responde al mismo que se veían en las postrimerías de los cuarterones de la puerta de entrada a la capilla del Santo Sepulcro desde la colegiata. No hay datos para suponer que se trate del mismo artista o taller que los restos de pintura mural del patio, por eso, se ha preferido dejar su análisis en suspenso hasta que tengamos más datos. No obstante, no podemos dejar de apuntar a la similitud de este esqueleto con el de la capilla de los Enterramientos, o capilla de los Ayala, debajo de la capilla de los Reyes de la colegiata, en relación con el pintor Marcos de Luque, que está trabajando en Osuna desde 1586. F. Ledesma Gámez, "Marcos de Luque y la pintura en Osuna en el tránsito del siglo XVI al XVII. Una reflexión inicial", *Cuadernos de los Amigos de los Museos de Osuna*, 13, (2011), pp. 74-77.
La inclusión de este esqueleto dentro del programa iconográfico del patio se relaciona con la misma idea mortuoria del recinto.

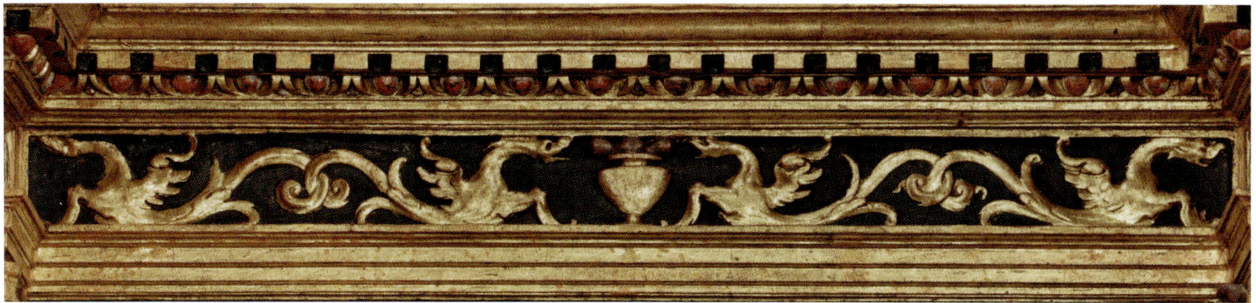

Fig. 87. Taller de los Ortega (?), Detalle del entablamento del *Retablo del Santo Entierro*. Capilla del Santo Sepulcro, Osuna. © Amigos de los Museos de Osuna. Foto: Pepe Morón.

duques de Medina Sidonia, asentados en Sanlúcar de Barrameda, o los condes de Niebla, por lo que se entiende que los Ureña recurran a los mismos artistas y talleres que sus émulos.

De hecho, el mismo tipo de consignas y temas que los que encontramos en el Santo Sepulcro se están aplicando en otros grandes conjuntos artísticos que se están llevando a cabo durante estas fechas en tierras andaluzas. Muy evidente es la comparación de la temática del patio con el programa de las vidrieras desplegadas en la girola y cabecera de la catedral de Granada, cuya advocación es, precisamente, la *Encarnación de Nuestro Señor*. En torno a esta presencia real de Dios entre los hombres, se representa la historia de la redención a través de las veinticuatro vidrieras realizadas a mediados del siglo XVI por Juan del Campo y el taller del Maestro del hijo pródigo[312].

En Osuna, al igual que en el programa de Granada, todo comienza con la caída del hombre: en la escena mural del paraíso en el patio del sepulcro, y en la vidriera inferior de la cabecera de la catedral de Granada; le sigue la representación de la divinidad hecha hombre y su reconocimiento en la escena del *Nacimiento* y *Adoración de los pastores*: en la hornacina del muro norte en Osuna, y en dos de las vidrieras inferiores de la cabecera de Granada. La *Santa Cena* va a ser la constatación de su

sacrificio, pero también la instauración de la eucaristía y, por tanto, la presencia real de la divinidad entre los hombres en cada celebración eucarística[313]. Tanto la *Natividad* y la *Santa Cena* van a incidir en la naturaleza dual de Cristo, como hombre y como Dios, reconociendo al Salvador en la *Adoración de los pastores*[314].

La escena de *Pentecostés* sigue las pautas clásicas para esta representación. En el caso de la pintura de Osuna sólo han quedado los vestigios de la arquitectura del interior donde tenía lugar el acontecimiento y la paloma del Espíritu bajando en la parte central, con las nubes arremolinadas en lo alto, acentuando ese aspecto divino del acontecimiento. Es interesante que, frente a las representaciones habituales de la paloma bajando con las alas en cruz mostrando su parte interna, en Osuna se opta por colocar la paloma del Espíritu en sentido inverso, subrayando ese descenso hacia la Virgen y los apóstoles.

El programa de Osuna, intrínsecamente vinculado con el lugar de descanso de los Ureña, incluye una escena del *Juicio Final* en su muro norte. Lo que se conserva es la parte superior con el Cristo de la misericordia rodeado de cabezas de ángeles en una nube que se abre en el centro de la escena, dividiendo a los bienaventurados de los condenados con la espada y la vara de la azucena a ambos lados de su cabeza. En la parte izquierda de la pintura aún se reconoce la estructura arquitectónica fingida de ocho hornacinas rematadas en veneras donde estarían sedentes diferentes figuras. Tres de ellas se vislumbran aún dentro de esas hornacinas y parecen responder a los apóstoles, aunque también

---

312 E. E. Rosenthal, *La catedral de Granada. Un estudio sobre el Renacimiento español*, Editorial Universidad de Granada, ed. 2015, pp. 126-128; V. Nieto Alcaide, *La vidriera del Renacimiento en Granada…*, *op. cit.*, pp. 45-60.
Las diez ventanas superiores fueron diseñadas por Siloé y ejecutadas en España por Juan del Campo, mientras que las catorce inferiores fueron mandadas realizadas por Teodoro de Holanda en Amberes, dentro del taller del Maestro del hijo pródigo. Todo el programa fue concebido en 1528, aunque ejecutado en el segundo tercio del siglo XVI. E. E. Rosenthal, *La catedral de Granada…*, *op. cit.*, p. 126; Jan van Damme, "Teodoro de Holanda et les projects…", *op. cit.*, pp.59-65.

---

313 E. E. Rosenthal, *La catedral de Granada…*, *op. cit.*, p. 127.
314 *Idem.*

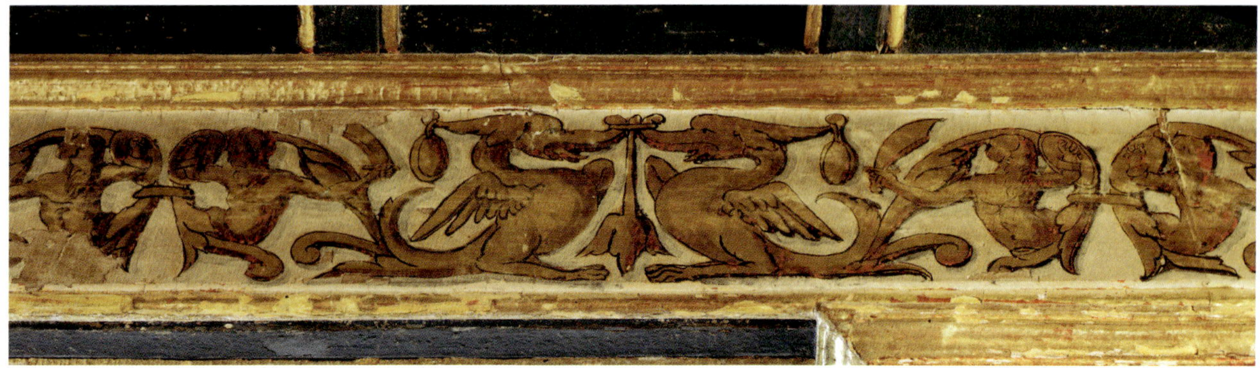

Fig. 88. Detalle de la decoración pictórica del artesonado. Sacristía del Santo Sepulcro, Osuna. © Amigos de los Museos de Osuna. Foto: Pepe Morón.

podrían ser algunos de los veinticuatro ancianos del Apocalipsis[315].

Todo queda encajado y explicado en este patio. La tarea corredentora de María, su aceptación; la presencia de Dios entre los hombres, primero tomando su forma humana y luego a través de la eucaristía; la presencia del Espíritu que mueve la tarea evangelizadora de la Iglesia; y la esperanza en la resurrección tras la muerte.

De hecho, todos los temas desplegados entre el conjunto de la colegiata y el panteón de los Ureña se aúnan para conciliar una significación que va desde la advocación a María de la iglesia, su papel principal dentro de la corredención y el haber sido concebida sin mácula, que la ha hecho digna de no pasar por la experiencia de la muerte y la degradación del cuerpo, aspecto común a todos los mortales, y que se recalca con la presencia del panteón de los Ureña bajo el altar mayor. Un espacio donde el carácter mortal del ser humano halla en la fe y en el conocimiento profundo de los evangelios la esperanza en una vida eterna, a la que todos estamos llamados por el sacrificio de Cristo en la pasión.

Conclusiones

Por todo lo aquí expuesto, y en aras de hallar una respuesta a las preguntas planteadas en la introducción de estas páginas, lo primero que se advierte es que, atendiendo a los datos manejados hasta ahora, los IV condes de Ureña continúan un programa y unas disposiciones que ya parten de sus antepasados donde la capilla mayor de la iglesia de Santa María de la Asunción de Osuna era

de su patronazgo, por lo que se buscaría un lugar cercano a ella para fijar su lugar de enterramiento. Quizá en origen esto se plantease de una forma más sencilla, y fue con la llegada de los IV condes de Ureña cuando el programa constructivo adquiere una trascendencia mayor, dando lugar a un espacio independiente de culto y enterramiento que se ratifica por la bula papal de 1534 para la capilla del Santo Sepulcro.

El contenido del conjunto requiere de una estructuración, tanto a nivel constructivo —fuera Diego de Riaño (fallece en 1534) o Martín de Gainza (1506-1556) como se viene sosteniendo[316]— como significativo, que evidencia la presencia de un programa y un esquema a seguir por los artistas implicados en su construcción y dotación ornamental que va más allá de los temas a representar. El rector de la iglesia del castillo era en 1531 Gonzalo de Carvajal, nombrado primer abad de la colegiata, puesto que ocupó hasta su fallecimiento en 1543. Formado en Alcalá de Henares, su nombre aparece en el contrato del 2 de octubre de 1531 que firma con el pintor Juan de Zamora para la realización del retablo del sagrario para la iglesia, y después, el 11 de marzo de 1532, contratando con Arnao de Vergara las dos vidrieras para la capilla mayor con las armas de los Ureña[317].

Hay unanimidad en cuanto a que los espacios del Santo Sepulcro se reestructuran entre 1545 y 1555. En él se documentan trabajando los artistas con mayor proyección en el entorno de la catedral de Sevilla y su territorio, como son Arnao de Vergara, Juan de Zamora, Nicolás de León, el taller de los Ortega, Roque de Balduque, Gerard van Wijtvelt o

---

315 L. Réau, *Iconografía del arte cristiano…*, op. cit., 1, vol. 2, p. 761.

316 Véanse páginas de las notas 33 a 35.

317 V. Nieto Alcaide, *Las vidrieras de la catedral de Sevilla*, (Madrid, CSIC, 1969), p. 208.

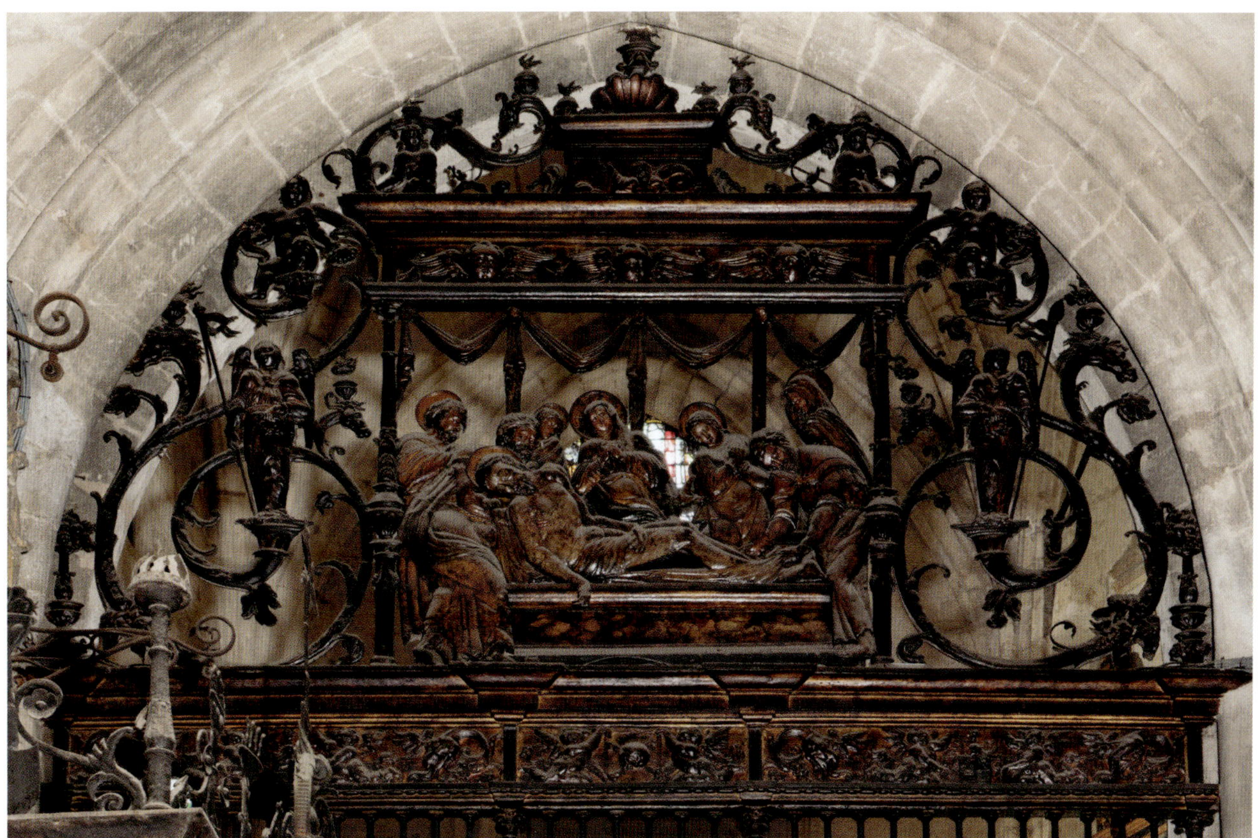

Fig. 89. Pedro Delgado siguiendo a Martín de Gainza, *Reja para la capilla del Mariscal*, detalle de la parte superior, 1555. © Cabildo catedral de Sevilla. Foto: Pepe Morón.

Hernando de Esturmio. Esta interacción de artistas y talleres que solían trabajar de forma mancomunada, explica que junto a Balduque también se encuentre Esturmio, o junto a Arnao de Vergara, Gerard van Wijtvelt, o junto a Juan Giralte, Juan de Zamora, incidiendo en lo que Serrera ya había explicado respecto al modo de abordar los proyectos estos talleres del siglo XVI, donde entalladores, pintores y arquitectos trabajaban en conjunto en la misma obra, aunque sólo el promotor o encargado de ella hubiera firmado el contrato con uno de los artistas[318]. Teniendo esto en cuenta, es fácil observar las estrechas relaciones laborales que unían a estos hombres. Así, el taller de los Ortega está siendo citado en 1531 en el contrato de Juan de Zamora con el rector de la iglesia de Osuna, indicando que los

entalladores estaban realizando el sagrario para el retablo para el que se le encargan las pinturas. Por eso, no extraña que Santos Márquez haya constatado el trabajo de Bartolomé de Ortega en las estructuras retablísticas de los altares del Santo Sepulcro. De hecho, posiblemente fuera el mismo taller quien ejecuta los marcos retablo donde se colocan las pinturas flamencas del patio del sepulcro. Los elementos decorativos de las cabezas de ángeles con las alas desplegadas, las veneras y los enlazados se repiten en mayor o menor medida en todas estas armazones de los retablos de la capilla del Santo Sepulcro, retablo de la sacristía y hornacinas del patio[319]. Una relación entre ellos que se extiende más allá del trabajo en Osuna, pues entre 1558 y 1580, Bartolomé de Ortega y Roque de Balduque

---

318 "Quien lo firmaba era el encargado, a su vez de contratar a los otros maestros, cuya elección, de este modo, no recaía sobre los clientes". J. M. Serrera, *Hernando de Esturmio, op. cit.*, p. 51.
Recientemente se ha incidido en estas relaciones. E. Escuredo Barrado, "Juan de Zamora, "pintor de Ymagineria": nuevos datos sobre sus relaciones profesionales y familiares", *BSAA arte*, LXXXII (2016), p. 55.

319 En los retablos de la capilla del Santo Sepulcro las veneras decoran los entablamentos de los laterales, mientras que las cabezas de ángeles se reservan para el frontón del retablo principal del Santo Entierro. Estos últimos motivos se usan en el entablamento del retablo de la sacristía, y las veneras se individualizan a modo de peinetas como remates de las tres calles del retablo. Esta interacción de las cabezas de angelillos es la misma que se ve en el zócalo del marco de la *Virgen del velo*.

estaban trabajando en el *Retablo sacramental de san Juan Bautista* en Marchena[320], donde es curioso que proyecten un retablo escultórico con un planteamiento iconográfico similar al que Gonzalo de Carvajal había firmado en 1531 con el pintor Juan de Zamora para la capilla del sagrario de la colegiata, con la escena de la *Santa Cena* sobre el sagrario y tabernáculo y los *Cuatro doctores de la Iglesia* en las calles laterales.

Independientemente de ver al mismo taller llevando a cabo el trabajo de ensambladura, al contemplar en conjunto los elementos decorativos de todas estas estancias del Santo Sepulcro se advierte que los mismos prototipos de grutescos, cabezas de angelotes con alas desplegadas, veneras, grifos y bichas enroscados y enfrentados, vegetación y tondos con los bustos de san Pedro y san Pablo se repiten también en la arquitectura y elementos pictóricos, apuntando a un diseño previo que lo unifica todo. Así, las bichas del entablamento del retablo del Santo Sepulcro se repiten en la decoración del artesonado de la sacristía (Figs. 87 y 88). Es una ornamentación clásica con referentes en la *Escalera Dorada* de la catedral de Burgos diseñada por Diego de Siloé y ejecutada entre 1522 y 1526, donde las veneras en el entablamento, el juego de las bichas, las cabezas de angelotes con las alas desplegadas e, incluso, dos tondos con los bustos de san Pedro y san Pablo tienen su cabida en el remate de rejería de esta escalera. Un lenguaje ornamental el de las bichas con similitudes a la pintura del artesonado del antiguo palacio de la familia Solís y que hoy decora el despacho del Rey del Cuarto real alto del Alcázar de Sevilla[321], una decoración que se fecha a mediados del siglo XVI, por lo que las propuestas de Osuna podrían ser un poco anteriores[322]. Por otro lado, el uso de cabezas aladas para los entablamentos es un lenguaje ornamental que también asume Martín de Gainza en el diseño de la reja de la capilla del Mariscal de la catedral de Sevilla (Fig. 89), donde, incluso, reproduce la composición del *Santo Entierro* de Balduque de Osuna de forma más simplificada.

Por el momento no hay ninguna prueba de la relación directa de Siloé con Osuna, pero sí del maestro vidriero y pintor de formación flamenca, Arnao de Vergara, que pudo trasladar el lenguaje decorativo de Diego de Siloé. De hecho, esta idea del uso de las propuestas ornamentales de la *Escalera Dorada* de la catedral de Burgos como referente para algunas de las soluciones de las vidrieras de la catedral de Sevilla por parte de Vergara, ya fue expuesta por Nieto Alcaide en 2003[323]. Unos esquemas que luego continuaría su hermano en la sede hispalense entre 1543 y 1552[324]. Unas soluciones decorativas que, por tanto, también pudieron tener continuidad en Osuna. De hecho, esa constante de las cabezas de angelillos con las alas desplegadas, además de ser una propuesta que también difunde Diego de Sagredo, Arnao de Vergara la vuelve a emplear en la vidriera de la *Adoración de los Reyes* del Museo de Santa Cruz de Toledo, obra fechada entre 1544 y 1550, procedente del convento de San Jerónimo de Granada (Fig. 90). Una estructura arquitectónica para la escena religiosa en la que recurre a unas hornacinas en forma de venera, a una decoración recargada y a las columnas en forma de balaustre, en directa conexión con el lenguaje arquitectónico y decorativo de Osuna.

De hecho, Vergara, además de en 1532, vuelve a estar implicado dentro de las obras de Osuna en 1534, renunciando a la parte que le correspondía de un retablo para el conde de Ureña[325]. Desiste cobrar por "la hechura", por lo que parece estar aludiendo más a su labor como diseñador que como pintor. Una habilidad, la primera, que ya había quedado reflejada en la documentación de la cartuja de Jerez de la Frontera. Esta renuncia del trabajo en Osuna, quizá se deba al inminente traslado a Granada del artista, dejando en manos de otros maestros las obras emprendidas.

Lo que está claro es que en todos los espacios del Santo Sepulcro hay una intención estética clara, reservando los lugares principales de la capilla prin-

320 J. L. Ravé Prieto, *Arte religioso en Marchena…, op. cit.*, p. 22; F. J. Herrera García, "Los orígenes de una afortunada creación artística…", *op. cit.*, p. 56.

321 I. Hermoso Romero, "*Con su romano.* Sobre la ornamentación en Sevilla en el siglo XVI", en *Arte del Renacimiento en Sevilla…, op. cit.*, pp. 61-62.

322 Este tipo de decoración de inspiración clásica fue común en Sevilla desde comienzos del siglo XVI. J.A. Gómez Sánchez, "Suysos, caballerías de caballos, mugeres como van cavalgando…": un proyecto de pintura mural para el palacio de las Dueñas en 1540", *Laboratorio de arte*, 31 (2019), p. 115.

323 V. Nieto Alcaide, "Grutescos en vidrio: el ornamento y la vidriera española del siglo XVI", *Quintana*, 2, (2003), pp. 29-40 (esp. p. 34).

324 I. Hermoso Romero, "*Con su romano.* Sobre la ornamentación…", *op. cit.*, p. 57.

325 AHPSe, Protocolos, Oficio IV. Cristóbal de la Becerra. Libro único de 1534, cuaderno 17, s/f. trascripción J. A. Gómez Sánchez, "De Arnao de Vergara a Vicente Menardo…", *op. cit.*, pp. 65-66.

cipal para la producción de tres artistas flamencos trabajando por entonces en la zona:
Roque de Balduque, Hernando de Esturmio
y Gerard van Wijtvelt. Tres artistas foráneos
dando lo mejor de su arte para exaltación
del culto religioso y del linaje de los Ureña. El sustrato flamenco de la capilla no va
a quedar ahí, pues se van a colocar en los
respaldos de la sillería de coro las pinturas
importadas desde Flandes con temas de la
vida de Cristo y la Virgen. Todo esto está
resaltando el gusto por una estética concreta que va más allá de una razón pecuniaria,
como podría pensarse[326]. En este sentido es
interesante recordar de nuevo a la II condesa de Ureña, Leonor de la Vega y Velasco,
cuyos padres, los II condes de Haro, condestables de Castilla, están contando con la habilidad de Simón de Colonia y de Arnao de
Flandes, padre de Arnao de Vergara, para
su capilla funeraria de la catedral de Burgos.
Quizá la presencia de Arnao de Vergara en
Osuna sea más relevante de lo que pueda
parecer, pues antes del impulso de los IV
condes de Ureña a las obras de Osuna, él
ya estaba trabajando en la fábrica. Una actividad que continúa, y que debió de alterar-
se tras su traslado a Granada[327], pero de la
que no debió de desvincularse del todo al
contar con la presencia de Gerard van Wijtvelt, operario flamenco con quien trabaja
en la ciudad de la Alhambra. De hecho, en
Osuna se ocupa, precisamente, del altar de
la *Anunciación* en cuyo frontón de remate
campean las armas de Leonor de la Vega.

Esta relación con Vergara tampoco es-
capa a Hernando de Esturmio, uno de los
pintores flamencos asentados en Sevilla con
mayor relevancia, junto con Pedro de Campaña. En 1547, cuando firma el contrato con
Nicolás de León para hacer las pinturas que
completan su retablo, se dan unas especificaciones
muy concretas para la representación de los cua-

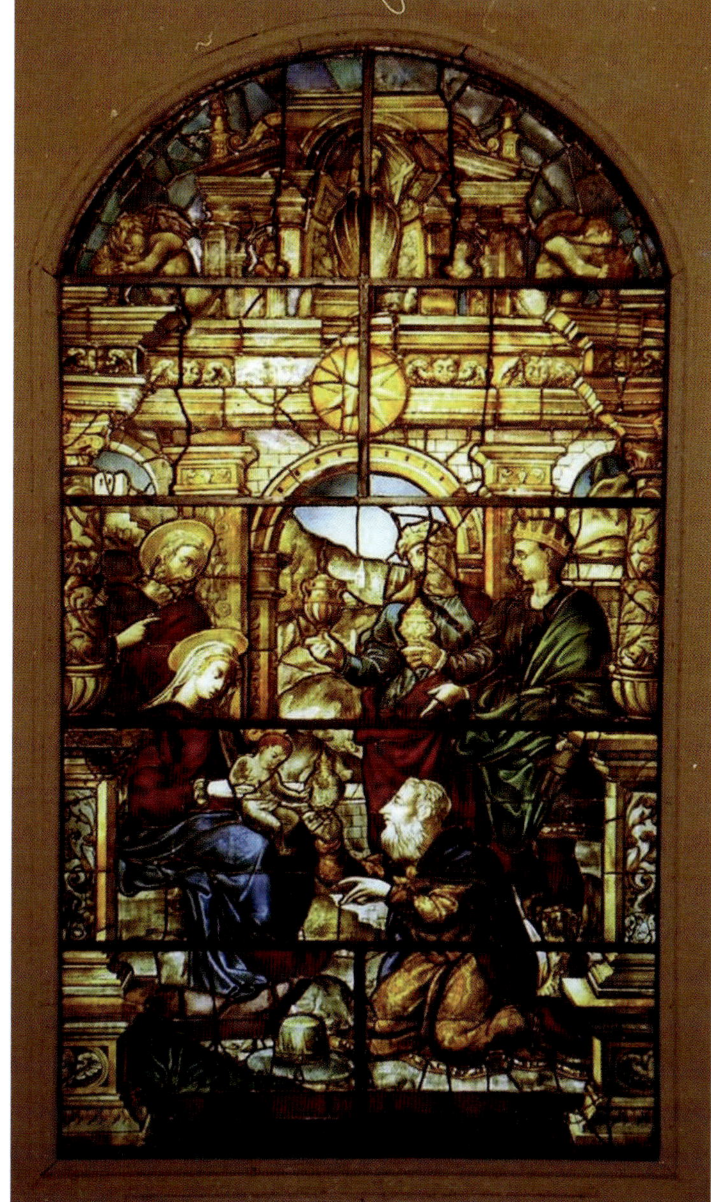

FIG. **90.** Arnao de Vergara, *Adoración de los Reyes*, ca. 1544-1550,
vidriera. Museo de Santa Cruz, Toledo.
© Ministerio de Cultura y Deporte. Inv. nº CE1481.

tro doctores de la Iglesia. De estas pinturas, conservadas en la capilla de la Universidad de Osuna,
Serrera destaca, precisamente, la dependencia del
pintor flamenco de las propuestas de Arnao de Vergara en los rostros de los mismos personajes que
este último realizó para las vidrieras de la catedral
de Sevilla. En especial en el *San Jerónimo*, que el
estudioso sevillano considera una "exacta réplica"
del mismo personaje en la vidriera del crucero de

---

326 Serrera explica que en la mayoría de los contratos firmados en Sevilla y su entorno en el siglo XVI que siguen una
propuesta "a la baja", "la mayoría de las veces", quienes
ejecutaban las obras era "un factor casi secundario". J.M.
Serrera Contreras, *Hernando de Esturmio…, op. cit.*, p. 50.

327 Se documenta trabajando en la Alhambra en 1538. En Granada se documenta hasta 1557, trabajando en la catedral y
en San Jerónimo. E. Galera Mendoza, *Artistas y artesanos
en las obras reales de la Alhambra. Reinado de los Austrias*,
Universidad de Granada, Granada, 2019, pp. 479-480.

la catedral hispalense[328]. Como hipótesis, es interesante pensar que esta vinculación, más allá de una propuesta de inspiración para el pintor de Zierikzee, podría estar aludiendo a un diseño previo de Arnao de Vergara. Por lo que esta tarea de Vergara como inventor de composiciones y no sólo maestro vidriero, ya defendida por Nieto Alcaide y Gómez Sánchez[329], podría tener cabida y sentido dentro de la coherencia de este conjunto ursaonense.

Un caso excepcional es la singular iconografía de la *Alegoría de la Inmaculada Concepción* de Esturmio, firmada y fechada en 1555. Data que coincide con la misma del inventario del Santo Sepulcro, fijando una cronología clara para la terminación de estos espacios de la capilla del Santo Sepulcro. Aunque Esturmio trata en otras ocasiones de su producción el tema la *Inmaculada Concepción* a través de la imagen de la sagrada parentela de Jesús y del árbol de Jesé, sin embargo, la propuesta que aquí presenta enlaza directamente con los esquemas más septentrionales, muy asentada en Flandes y países germanos desde la Edad Media, y que vemos que, por los mismos años, es muy parecida a la que trae Teodoro de Holanda desde Flandes para la vidriera de la catedral de Granada. Un diseño, el granadino, vinculado directamente con el estilo del conocido como Maestro del hijo pródigo.

No puede dejar de verse como algo fuera de lo casual que, precisamente, a los esquemas y propuestas de este último maestro flamenco y su taller trabajando en Amberes a mediados del siglo XVI es a quien hay que vincular las pequeñas tablas de importación que se habían, posiblemente, colocado en el coro de la capilla —hoy están en la saleta de la colegiata— y en las calles laterales del *Retablo de la pasión* de la sacristía del Santo Sepulcro de Osuna. Realizadas de una forma más industrial y donde incluso se duplica el mismo modelo. Su presencia aquí no deja de incidir en esa relación de artistas y talleres que va más allá de una demarcación territorial.

Especial atención requieren las cuatro pinturas flamencas dispuestas de forma destacada en el programa del patio del Santo Sepulcro. Estilísticamente están en estrecha relación con los talleres de Amberes de mediados del siglo XVI y, en particular, con los derivados del de Pieter Coecke van Aelst, pintor de Carlos V. Las tipologías de sus figuras y algunas de sus composiciones hallan su reflejo en escenas en relación con este taller, aunque también se ven elementos que difieren de él. Por lo que cabe vincularlas con un artista de su entorno, quizá alguno de sus hijos o familiares que, tras el fallecimiento de Pieter en 1550, continúa de forma independiente. En este caso, se sabe que la composición de la *Virgen del velo* alcanzó gran éxito y fue muy repetido por la escuela pictórica de Amberes hasta finales del siglo XVI. Paul Coecke, hijo natural de Pieter, fue uno de los maestros que contó con un taller más activo en este tipo de escenas de la Virgen con el Niño, como ya explica Van Mander en 1604[330]. Sin embargo, en el ejemplo de Osuna aparecen otros elementos como es la inclusión de la vista de la ciudad de Amberes con el perfil de la iglesia de Santiago, el sentido más lineal de presentar la escena y el modo de aplicar las sombras que están definiendo a un pintor de personalidad independiente.

Esta individualización se acentúa en las escenas en las que no tiene tanta dependencia tipológica. De hecho, son esas figuras más menudas y ese desarrollo del paisaje que se ven en la *Lamentación* y *Jesús despidiéndose de su madre* que hacen pensar en el trabajo del mismo pintor flamenco que ha realizado las escenas del *Martirio de Santa Catalina* del tríptico de la capilla de los Bravo en la iglesia de San Vicente de Sevilla. Estas similitudes y estas características entre estos dos conjuntos pictóricos en Osuna y en Sevilla destacan una personalidad diferente, con entidad propia, a la que se le ha dado el nombre de Maestro de Osuna, precisamente por encontrarse aquí las obras que definen su estilo.

Finalmente, aunque aquí no se ha podido abordar con la profundidad requerida, en parte por los pocos vestigios que han sobrevivido y por el tiempo que se

---

328 J.M. Serrera Contreras, *Hernando de Esturmio...*, op. cit., pp. 52 y 76.

329 V. Nieto Alcaide, *Arnao de Vergara...*, op. cit., p. 21; J. A. Sánchez Gómez, "De Arnao de Vergara a Vicente Menardo...", op. cit., p. 59. [Disponible en: http:dx.doi.org/10.12795/LA.2010.i22.04]
Nieto Alcaide hablando del taller que tiene Arnao de Vergara en Sevilla cita a Guillermo Escorre (Willem van der Score), V. Nieto Alcaide, *Las vidrieras de la catedral de Sevilla...*, op. cit., p. 23; V. Nieto Alcaide, *Arnao de Vergara...*, op. cit., p. 22; Raymond Fagel, *De Hispano-Vlaamse Wereld. De contacten tussen Spanjaarden en Nederlanders, 1496-1555*, Brussel- Nijmegen, 1996, p. 245. La relación entre ambos maestros comienza en abril de 1535 y octubre de ese mismo año.
En relación con la presencia de diseños derivados de Arnao de Vergara, Gómez Sánchez relaciona un esquema de una *Santa Cena* con el artista y la fecha en 1537. J. A. Sánchez Gómez, "De Arnao de Vergara a Vicente Menardo...", op. cit., p. 63.

330 K. van Mander, *Het Schilderboek*, 1604, fol. 218v., ed. H. Miedema, *Karel van Mander. The Lives...*, op. cit., I, 1994, p. 133.

ha dado para la realización de este libro, la pintura mural del patio del Santo Sepulcro requeriría de un análisis destallado. Pues las trazas que quedan advierten del trabajo y el diseño de un maestro singularmente dotado, con rasgos de la comprensión del lenguaje renacentista en la estructuración de los espacios y del naturalismo de las expresiones y recreación de la naturaleza que ya Gudiel en 1577 destaca como "de admirable mano", y García de Córdoba, dos siglos después, de "Costosísimas pinturas".

Como se ve la "mano flamenca" en el conjunto de Osuna va más allá de unas obras de importación. Entre antes de 1532 a 1558, año del fallecimiento de Juan Téllez-Girón, IV conde de Ureña, y del traslado a la corte de Felipe II de su viuda, María de la Cueva y Toledo, todo un programa se levanta siguiendo una estética renacentista y naturalista que delata una intención, pero también un gusto concreto. El panteón de los Ureña se erige como baluarte de su linaje, una empresa que comparten con otros nobles de la primera mitad del siglo XVI en sus respectivos territorios. Es la llegada de la Corte de Carlos V y el nuevo papel que tiene que asumir la aristocracia hispana dentro de su entramado la que hace que este tipo de programas y propuestas constructivas incidan en resaltar la antigüedad y devoción por el servicio a su rey y sus predecesores.

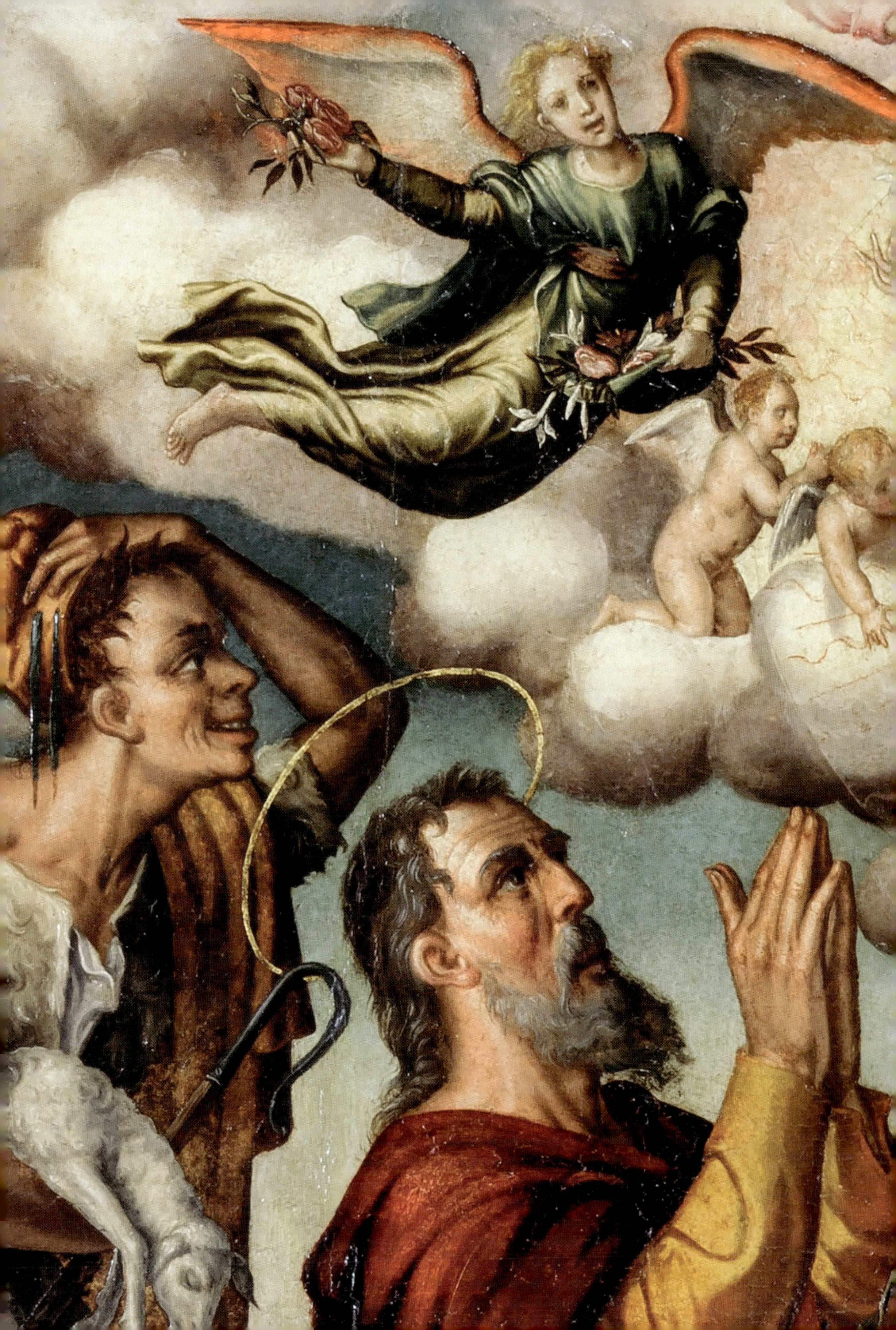

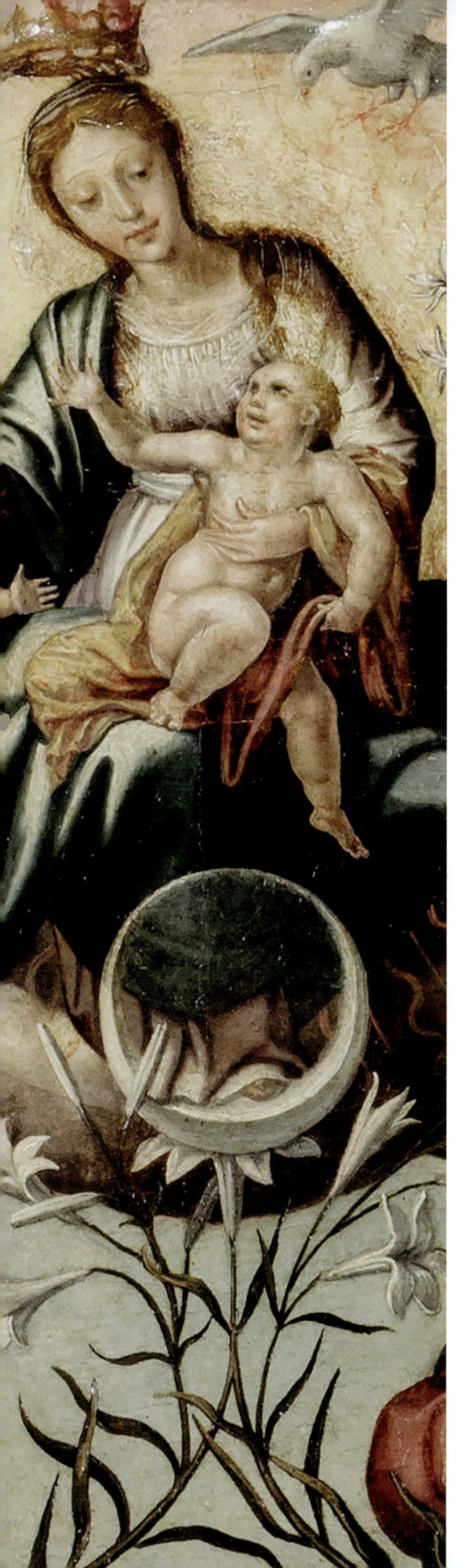

Aproximación al catálogo de la pintura flamenca del siglo XVI conservada en Osuna

Por ELOY GONZÁLEZ MARTÍNEZ Y ANA DIÉGUEZ-RODRÍGUEZ
Estudio técnico por Tamara Alba González-Fanjul

La ordenación de este catálogo de la pintura flamenca conservada en la colegiata y Universidad de Osuna se va a hacer siguiendo el itinerario actual en la visita musealizada a los espacios del Santo Sepulcro y colegiata, es decir, entrando por la puerta del patio del Santo Sepulcro. Sólo se va a alterar respecto a las tres pinturas conservadas actualmente en la capilla de la Virgen de los Reyes, situada a los pies de la colegiata, en el lado de la epístola. Estas pinturas se van a citar teniendo en cuenta su lugar original de ubicación, el patio del Santo Sepulcro, pues ahí aún se localizan las hornacinas donde deberían estar colocadas, pero que, por razones de conservación, se han llevado al interior de la colegiata. Se ha decidido comenzar por estas piezas, para así continuar de forma ordenada por todos los espacios del Santo Sepulcro y colegiata hasta llegar a la capilla de la universidad.

Esta ordenación del catálogo difiere respecto al del ensayo de este libro, en el que se han seguido criterios académico-científicos que permitan la correcta interpretación de las pinturas en el marco para el que estaban destinadas y el programa original desplegado por los condes de Ureña y sus asesores.

El estado de conservación de las obras ha sido evaluado por Eloy González Martínez y por mí entre finales de 2020 y octubre de 2021. Tamara Alba, debido a cuestiones personales, no pudo tener contacto directo con las piezas. Aun así, su análisis ha partido de la exhaustiva documentación gráfica realizada por Pepe Morón junto con las anotaciones que nosotros tomamos de cada una de las piezas en su análisis *in situ*.

Madrid, junio de 2022

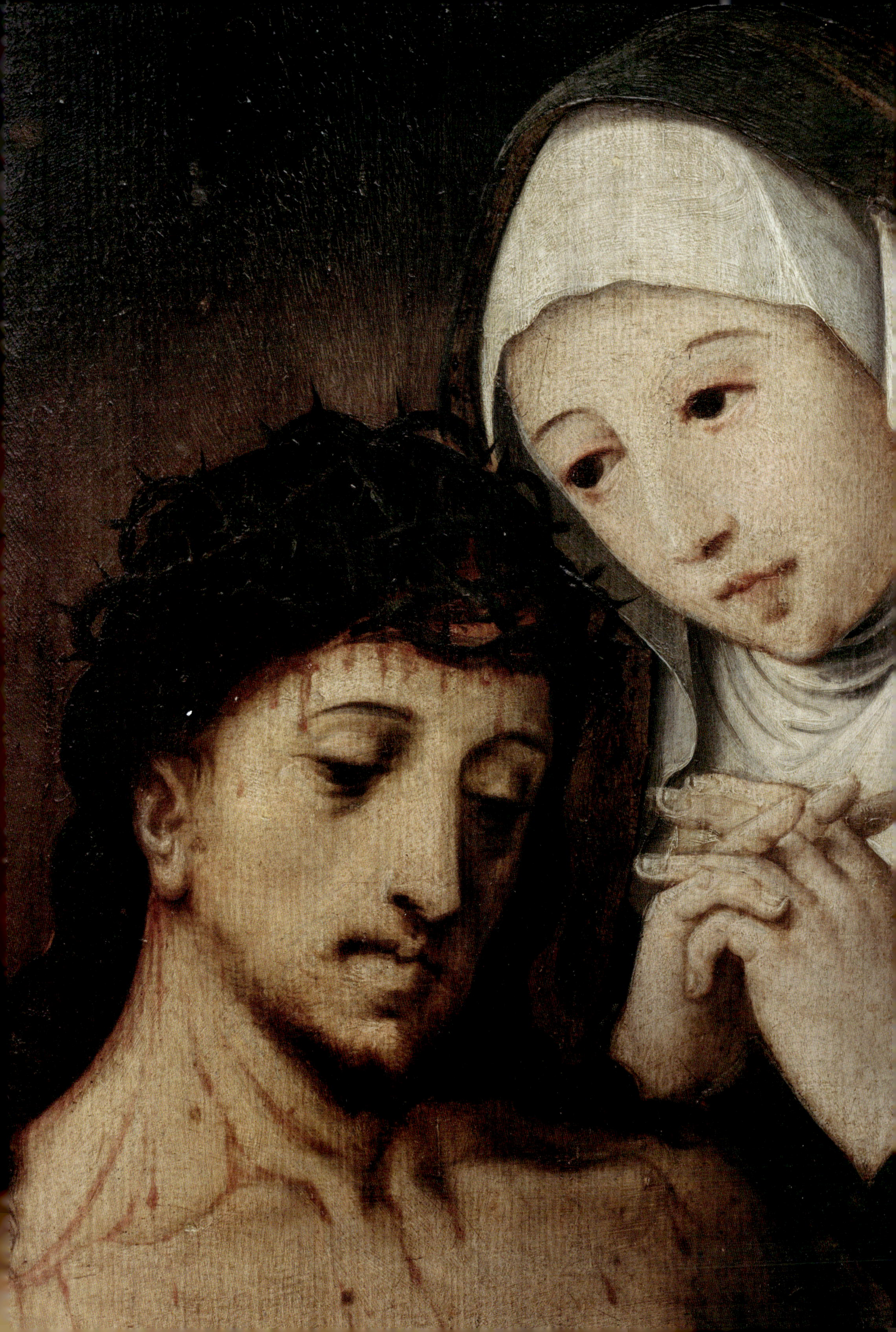

Índice del catálogo de la pintura flamenca conservada en Osuna

Cat. 19. Anónimo, repintada por un taller local, *Adoración de los reyes*

Cat. 20. Anónimo, repintada por un taller local, *Circuncisión*

Cat. 21. Anónimo seguidor de Joos van Cleve, *Tríptico de la Crucifixión y Noli me tangere*

Cat. 22. Juan Bautista de Amiens, Diego de Mendoza (entallador) y Manuel del Pino (escultor), *Retablo de la Nuestra Señora de la Victoria*

Cat. 22.01. Juan Bautista de Amiens, *San Francisco*

Cat. 22.02. Juan Bautista de Amiens, *San Antón abad*

Cat. 22.03. Juan Bautista de Amiens, *San Pedro y San Pablo*

Cat. 22.04. Juan Bautista de Amiens, *Dios Padre*

Cat. 22.05. Juan Bautista de Amiens, *Santa Catalina de Alejandría*

Cat. 22.06. Juan Bautista de Amiens, *San Sebastián con donante*

Cat. 23. Anónimo, *Varón de dolores*

Cat. 24. Anónimo, *Busto de la Dolorosa*

Cat. 25. Hernando de Esturmio (pintura), *Retablo de la Inmaculada Concepción*

Cat. 25.01. Hernando de Esturmio, *Anunciación*

Cat. 25.02. Hernando de Esturmio, *Natividad*

Cat. 25.03. Hernando de Esturmio, *Adoración de los reyes*

Cat. 25.04. Hernando de Esturmio, *San Agustín*

Cat. 25.05. Hernando de Esturmio, *San Jerónimo*

Cat. 25.06. Hernando de Esturmio, *San Ambrosio*

Cat. 25.07. Hernando de Esturmio, *San Gregorio Magno*

Rechazadas:

R.26. Anónimo, *San Jerónimo en el desierto*

R.27. Anónimo, *Calvario*

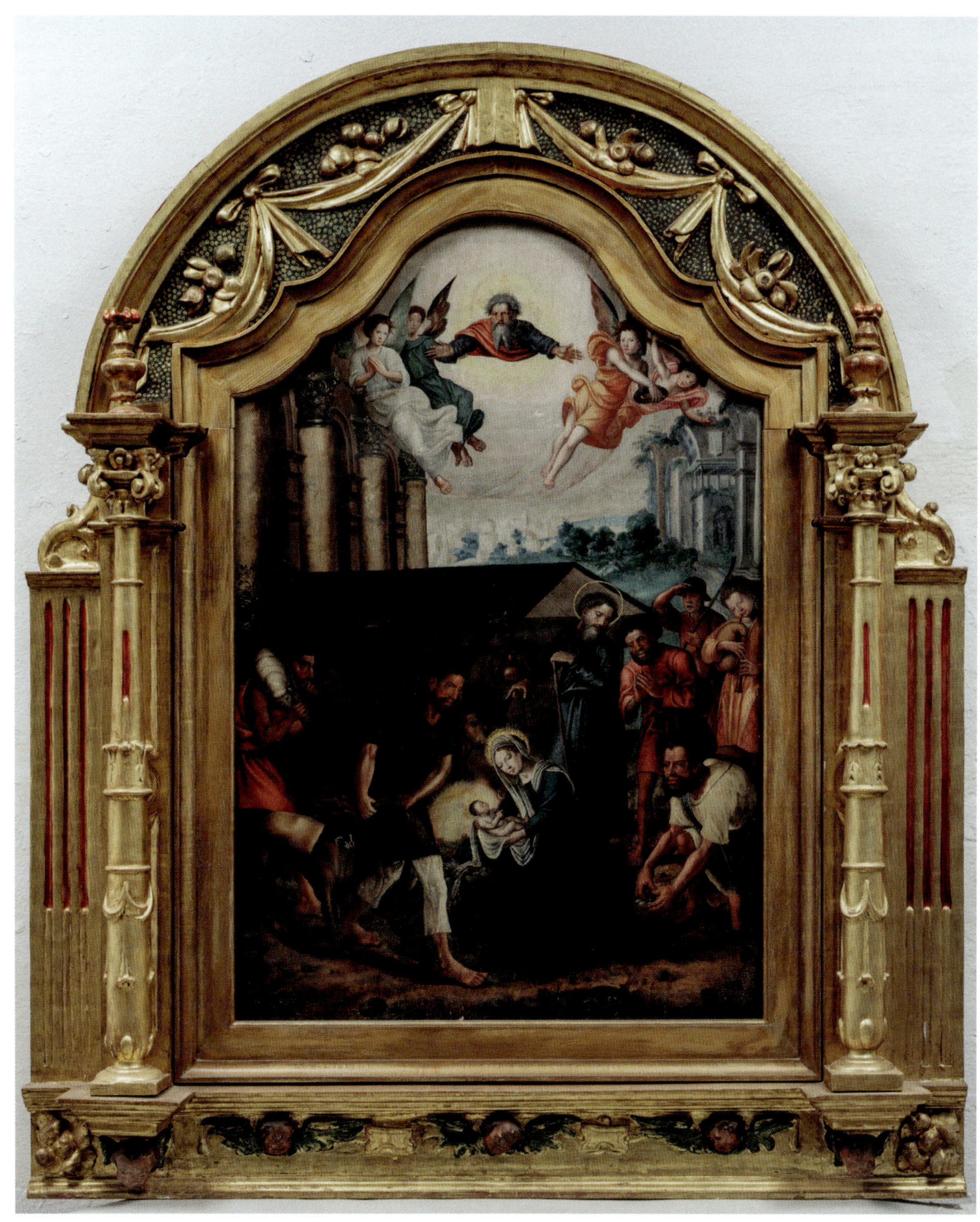

01

Título: *Adoración de los pastores*
Autor/taller/escuela: Maestro de Osuna[331*]

____

331 ** La personalidad artística de este maestro se define en el
estudio previo a este catálogo. Su dependencia de las propuestas derivadas del taller de Pieter Coecke van Aelst son
claras, pero se aleja de este maestro en su ejecución.

Código Mosaico (Junta de Andalucía):
014106800930013.0000
Cronología: 1540-1550
Soporte: tabla
Técnica: óleo
Medidas: 102, 5 x 69 cm (s/m); 145 x 99 cm (c/m)
Inscripciones: ninguna. El reverso ha sido alterado
al colocarle un engatillado en 1966.

Localización: primera capilla de la nave de la epístola conocida como capilla de la Virgen de los Reyes de la colegiata de Nuestra Señora de la Asunción.

Procedencia: patio del Santo Sepulcro, primera hornacina del muro sur del patio. En este lugar aún se documenta en 1861.

Estado de conservación: en esta obra no se han detectado orificios de xilófagos que indiquen un posible debilitamiento de la madera del soporte, que está engatillado y se mantiene sin deformaciones. Las tablas que lo conforman debieron de estar separadas en el pasado, dadas las reintegraciones que atraviesan longitudinalmente el fondo, el pesebre y uno de los pastores a la izquierda, así como el fondo, san José y la Virgen a la derecha.

Soporte, preparación y pintura están bien cohesionados entre sí, sin levantamientos ni otras alteraciones que puedan ocasionar la pérdida de estos últimos estratos. En este sentido, se han diferenciado cuarteados de edad, que se extienden por toda la superficie, y reintegraciones cromáticas en las grietas antes señaladas, en el tejado del pesebre y en los ropajes de la Virgen y san José. Igualmente, se ha detectado una leve alteración de los colores por oxidación de la película de protección, acompañada de suciedad superficial generalizada y hongos en la zona de las patas delanteras del perro, sobre la cabeza del pastor que lo lleva atado con una correa y a la izquierda de san José.

El marco es nuevo y, como tal, carece de daños. Sin embargo, la estructura en la que está integrado presenta pérdidas de materia en el relieve de la esquina inferior derecha, además de una grieta vertical bajo la basa de la columna de este lado. Otra grieta, también vertical, se ha localizado en el centro del arco y se extiende de extremo a extremo del mismo. En el dorado se han observado desgastes, lagunas y suciedad.

Restauraciones: restaurada en el Instituto de Restauración de Madrid (actual IPCE) entre 1966-1969. Presentaba importantes pérdidas de la capa pictórica en la parte inferior y lado izquierdo. (Fig. 01.01)

Bibliografía:

A. M.ª Ariza y Montero-Coracho, *Bosquejo biográfico de don Juan Téllez-Girón IV conde de Ureña*, Osuna, 1890, p. 20; *Inventario artístico de Sevilla y su provincia*, I, Madrid, 1982, p. 431; M. Rodríguez-Buzón Calle, *La colegiata de Osuna*, 1.ª ed. 1982. Col. Arte Hispalense, n.º 28, 2.ª ed. 2012, p. 86; M. Rodríguez-Buzón Calle, *Guía artística de*

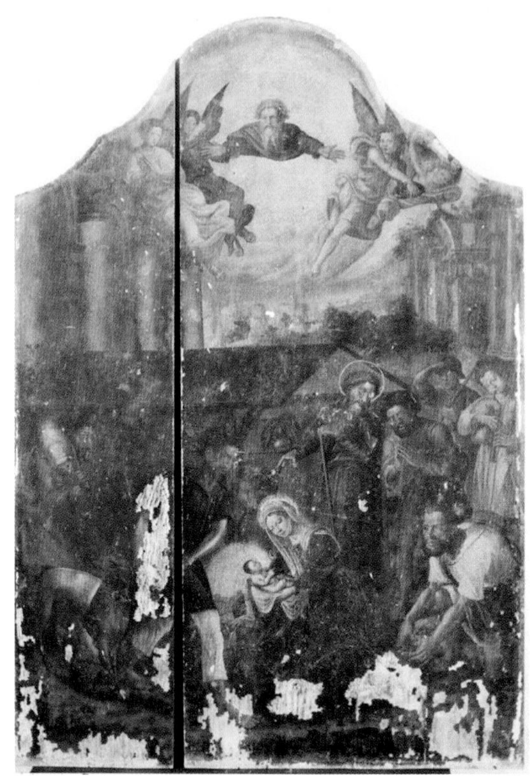

Fig. 01.01. Maestro de Osuna, *La adoración de los pastores*. Fotografía anterior a la intervención del Instituto de Restauración de Madrid (IPC), entre 1966-1969. Archivo fotográfico. © Amigos de los Museos de Osuna.

Osuna, Osuna, 2006, p. 32; R. de Besa Gutiérrez, "Intervenciones en el Santo Sepulcro de la colegiata de Osuna: 1880-1896", *Cuadernos de los Amigos de los Museos de Osuna*, 18, (2016), pp. 107 y 108.

Descripción y comentario:

Esta escena fue muy popular y se conservan bastantes ejemplos de esta composición. Derivada del modelo que plantea Giovanni Francesco Penni en el dibujo que envía a Bruselas para que se tomara como pauta para los tapices encargados por León X siguiendo las propuestas de Rafael. El dibujo de la *Adoración de los pastores* se conserva en el Museo del Louvre (*ca.* 1520, inv. n.º 3460) (Fig. 01.02). La pintura de Osuna toma el modelo directamente, repitiendo la arquitectura de fondo e incluso la figura del Dios Padre flanqueado por ángeles de la parte superior[332]. El propio gesto tierno del Niño,

---

332 Este dibujo sería uno de los cartones utilizados para el conjunto de los doce tapices de la *Scuola Nova* conservados en los Museos Vaticanos. Este conjunto, con escenas de la vida de Cristo, fue encargado por el Papa León X, pero realmente su ejecución se lleva a cabo bajo el pontificado de Clemente VII. [En línea: http://arts-graphiques.louvre.

estirando los brazos en busca de su madre, recuerda el de algunas Vírgenes con Niño que, siguiendo modelos de Leonardo, realizaron Rafael y su entorno.

El estilo nocturno, con un fuerte contraste de luces y sombras a través del potente foco lumínico que tiene su origen en la figura del Niño, se mitiga en la propuesta de Osuna. Este recurso parte de la *Huida de san Pedro* de las *Stanzas* vaticanas, de Rafael y, en especial, de Correggio con la *Adoración de los pastores* (conocida como *La Noche*)[333]. Simbólicamente, la emanación lumínica tiene que ver con la identificación del Niño con la luz que alumbrará el mundo[334], de ahí su importancia dentro de la composición.

La influencia de los referentes clásicos que asume el Renacimiento queda patente en la imagen del pastor de la izquierda, que remite a representaciones del *Moscóforo* o del *Hermes Crióforo*, trasladadas a la iconografía cristiana como imagen del Buen Pastor, como se ven en pinturas como las de las catacumbas de San Calixto. Esta imagen del pastor portando una oveja o carnero será recurrente en la pintura italiana de los siglos XV y XVI.

En el Museo de Bellas Artes de Sevilla se conserva una composición idéntica, de menor calidad que la de la tabla ursaonense, y que se puede adscribir a algún seguidor de este Maestro de Osuna (Fig. 01.03)[335]. Frente a la tabla de Osuna, se elimina la

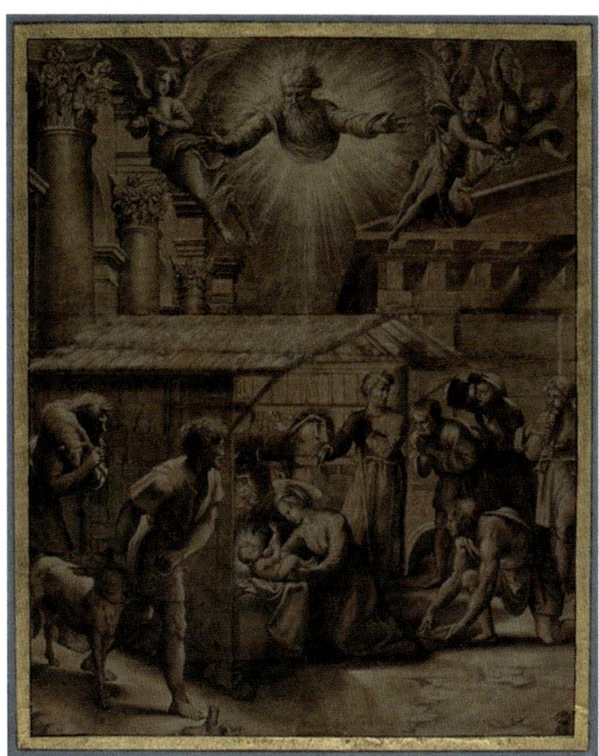

Fig. 01.02. Francesco Penni, *Adoración de los pastores*, ca. 1520 © Museo del Louvre, dist. RMN-Grand Palais - Photo S. Nagy (n° inv. NV 3460 Recto).

referencia arquitectónica a la derecha del paisaje de fondo, añadiendo en su lugar dos figuras en un camino. Además, acentúa la nocturnidad de la escena en el paisaje y en la figura del Dios Padre y los ángeles en la parte superior al contrastar mucho más las transiciones de luces y sombras. También hay que mencionar una composición similar, vinculada al taller de Pieter Coecke van Aelst, en el Museo de Bellas Arte de Gante (n.º inv. 1903 J; Fig. 01.04)[336]; y otras versiones en colecciones privadas[337]. Presenta algunas variaciones, como la composición espacialmente más comprimida en el lado izquierdo, el paisaje de fondo o la eliminación del pastor con la gaita del lado derecho en favor de una columnata en perspectiva, similar a la que cierra el lado opuesto.

Esta obra de Osuna presenta importantes repintes, reconocibles a simple vista y que se acentúan en la reflectografía de la obra (Fig. 01.05). Entre los más evidentes están la camisa blanca que se ha superpuesto al torso del pastor agachado de la derecha,

<hr>

fr/detail/oeuvres/14/100668-LAdoration-des-bergers-max. Consultada: 1-02- 2020].

333 Fechada entre los años 1525-1530 y conservada en la Gemäldegalerie de Dresde.

334 (Juan 8, 12): "Yo soy la luz del mundo. El que me sigue no andará en tinieblas, sino que tendrá la luz de la Vida". También a comienzos de la predicación de Jesús hay una referencia simbólica a la luz como revelación de la verdad (Mateo 4, 12-17): "Cuando Jesús se enteró de que Juan había sido arrestado, se retiró a Galilea. Y, dejando Nazaret, se estableció en Cafarnaún, a orillas del lago, en los confines de Zabulón y Neftalí, para que se cumpliera lo que había sido anunciado por el profeta Isaías: *¡Tierra de Zabulón, tierra de Neftalí, camino del mar, país de la Transjordania, Galilea de las naciones! El pueblo que se hallaba en tinieblas vio una gran luz; sobre los que vivían en las oscuras regiones de la muerte, se levantó una luz.* A partir de ese momento, Jesús comenzó a proclamar: «Conviértanse, porque el Reino de los Cielos está cerca»".

335 (Ó/T., 109 x 69 cm), fechada hacia 1550, figura como escuela flamenca a partir de un original de Lambert Lombard. Procede del convento de la Concepción de San Juan de Palma (Sevilla). J. Hernández Díaz, *Museo Provincial de Bellas Artes, Sevilla*, Madrid, Dirección General de Bellas Artes, 1967, p. 48, il. n.º 7. Cita además una tabla semejante en la iglesia de Santa Eulalia de Paredes de Navas (Palencia); E. Valdivieso González, *La pintura en el Museo de Bellas Artes de Sevilla*, Sevilla, 1993, p. 84, n.º 72.

<hr>

336 (T. 68 x 57 cm) [En línea: http://balat.kikirpa.be/object/102105. Consultada: 1-02-2020].

337 Atribuida a Lambert Lombard, actualmente se sitúa dentro del círculo del Maestro del hijo pródigo. (Ó/T., 104,2 x 68,6 cm (s/m); 106,7 x 50,2 cm (c/m). Phillips Auctioneers (Londres), (2 de diciembre de 1997, lote n.º 269).

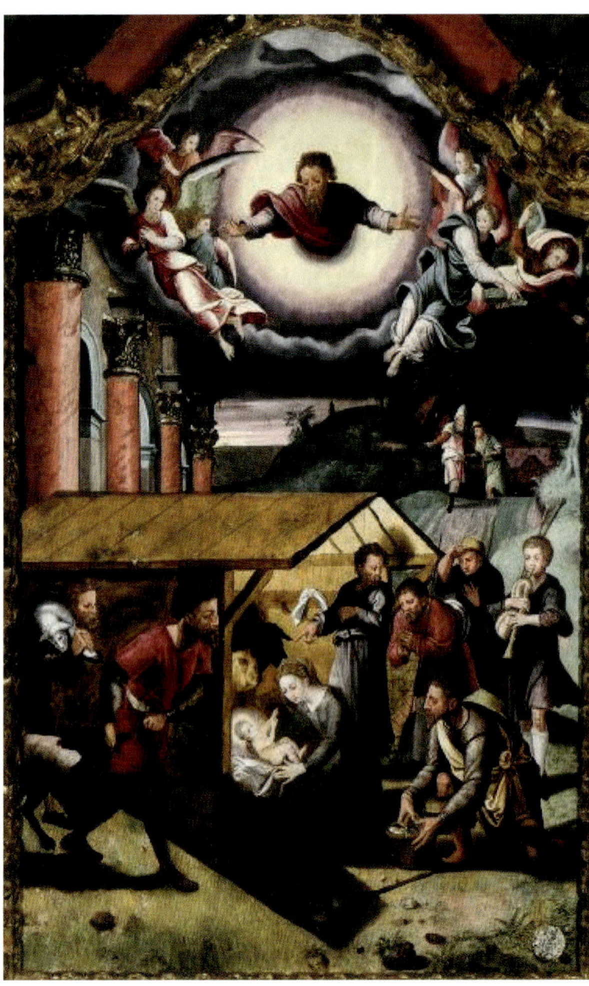

los pantalones del mismo color claro del pastor central llevando el perro, el velo de la Virgen, que se ha ampliado hasta caer por debajo del paño con el que toma el cuerpo del niño, y la luminosidad que emana este último y se expande alrededor de su cabeza. Este tipo de repintes, buscando un mayor decoro en la representación al cubrir zonas anatómicas más expuestas, responden a un momento posterior ajeno a este maestro. Sin estos repintes, la pintura es más coherente con la imagen rafaelesca que toma como modelo, encajando con las soluciones que se ven en las versiones del Museo de Bellas Artes de Gante y colección privada, donde estos añadidos no existen. Por supuesto, los nimbos en torno a san José, el Niño y la Virgen también responden a intervenciones posteriores que nada tienen que ver con la propuesta primera.

El dibujo subyacente que se ve en las zonas más claras, y que ratifica la reflectografía, responde a un trazo lineal a carboncillo, sin pautas de copiado, o,

por lo menos, no se han detectado, y sirve para encajar la escena. Se ve en el rompimiento de gloria de la parte superior, donde las nubes concéntricas en torno a Dios Padre y los perfiles de los ángeles, en los que se advierte como el pintor no ha seguido de modo fiel el diseño, sino que lo ha adaptado al resultado final. Se ve en los pies de los ángeles de la izquierda, la mano de Dios Padre, o el perfil del diseño del rostro del ángel más cercano de la derecha. En la parte inferior también se advierten cambios, aunque menos claros debido a los importantes repintes. No obstante, en el gaitero de la derecha se ha ajustado de otro modo el encaje de la figura, y se ha variado la oreja de la mula más cercana a la mano de san José. Otro tipo de cambios, como por ejemplo el modo en que está tratada la cabeza del perro, responden a la restauración hecha a finales de los años sesenta del siglo XX, al comprobar el estado de conservación de la obra por esas fechas.

La obra forma parte de un conjunto, tanto por tamaño como por formato y estilo (véanse Cat. n.° 02, 03 y 04). Se colocaron en los altares abiertos en los muros del claustro, dentro de un programa de redención donde se destaca la figura de la Virgen. En el inventario de 1552 esta pintura se identifica con un nacimiento, y en el de 1558 se cita sin precisar su temática en "los cuatro altares del claustro" en "cuatro retablos de pincel asidos a los tabernáculos"[338]. Posiblemente estas estructuras fueran realizadas al mismo tiempo que el *Retablo de la pasión* de la sacristía, pues repiten el mismo tipo de decoración de cabezas aladas del entablamento de este retablo, incluso la expresividad de los rostros es la misma que aparece en la parte baja de estos retablos marco que se hicieron para las hornacinas del claustro[339]. Este trabajo lígneo se ha puesto en relación con el taller de los Ortega, familia de entalladores muy estrechamente vinculados a las obras de Osuna a mediados del siglo XVI[340].

---

338 BTNT-CSIC, Colección Rodríguez Marín. B. I. V. Historia, caja 19, 6.1 (6). "Ynventario de las alhajas y ornamentos y otras cosas que tiene la capilla del Sto. Sepulcro de esta villa de Osuna practicado por orden de Dn Pedro Girón, conde de Ureña en 4 de julio de 1559", fol. 43.

339 Esta comparación se va a hacer siempre para estas cuatro obras tomando como base el retablo marco de la *Virgen del velo*, la única estructura completamente original de este conjunto. Los otros tres marcos fueron intervenidos de forma muy agresiva cambiando partes originales por nuevas. Véanse reversos de estas obras en su apartado correspondiente (Cat. n.° 02 y 03).

340 A. J. Santos Márquez, "Patrocinio y mecenazgo de don Juan Téllez-Girón, IV conde de Ureña, en Osuna", *Congreso internacional Imagen Apariencia*, noviembre, 2008, Universidad

La pintura y su retablo estaban aún en su primera ubicación en 1861, donde se sigue identificando como un nacimiento[341]; y a principios del siglo XX, donde los cita Fernández Casanova cuando realiza el catálogo monumental de España[342]. En fecha indeterminada, se mueve de su lugar original hacia el interior, posiblemente por razones de conservación. Al estar en un patio abierto, estas pinturas, al igual que las murales que ocupaban los cuatro paños, han sufrido bastante las inclemencias climáticas. Posiblemente, cuando en 1966 se envía al Instituto de Restauración de Madrid, junto con *Jesús despidiéndose de su madre* y la *Lamentación*, para salvaguardarlo del problemático estado en el que se encontraba, se sustituyó el marco original de época por el actual. Las imágenes e informes conservados en el archivo del IPCE permiten reconocer los daños y entender la intervención hecha, siguiendo los criterios de antaño[343].

Debido a la agresiva intervención en el soporte por las fechas indicadas, donde se le dotó de un engatillado, no hay datos en el reverso que nos puedan aportar más conocimiento sobre la obra. Es la *Virgen del velo* del mismo conjunto, que por suerte no fue intervenida, la que permite constatar que el soporte y el marco original de la pieza siguen las fórmulas de trabajo flamencas[344], incluso conserva marcas de los carpinteros que preparaban la madera (véase Cat. n.º 04).

Esta pintura, aunque cercana a las propuestas señaladas de Pieter Coecke van Aelst, también se ha relacionado con modelos de Lambert Lombard al estar adscritas algunas obras con esta misma

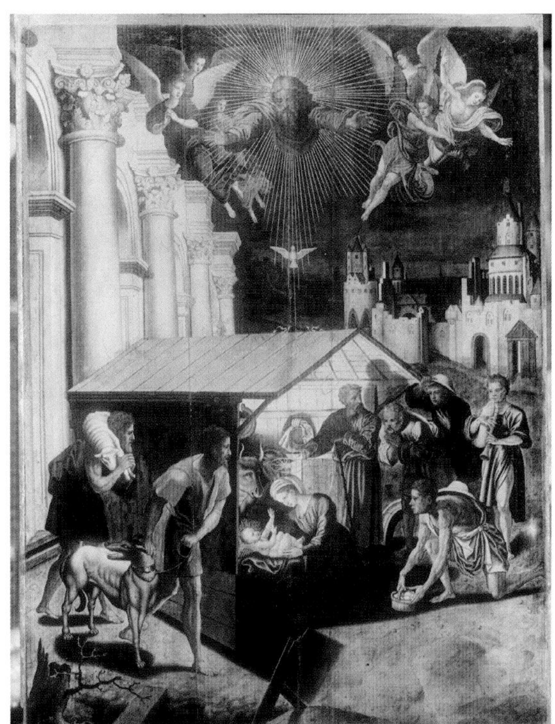

FIG. 01.04. Taller de Pieter Coecke van Aelst, *Adoración de los pastores*, mediados del siglo XVI. © Museum voor Schone Kunsten, Gante. Foto: Dominic Provost.

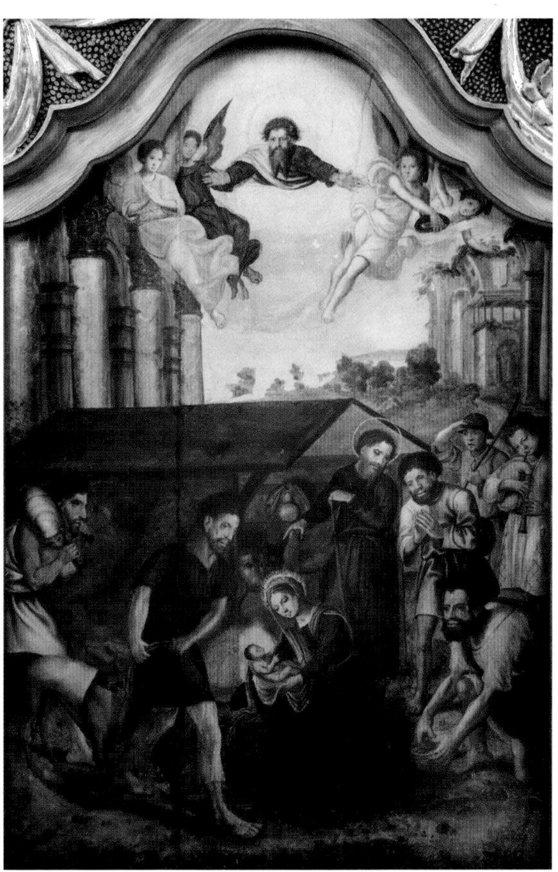

FIG. 01.05. Maestro de Osuna, *Adoración de los pastores*, reflectografía © Junta de Andalucía. Foto: Pepe Morón.

---

de Murcia, 2009, s.p.; A. J. Santos Márquez, "Sobre el escultor Roque de Balduque y sus trabajos para el IV conde de Ureña, don Juan Téllez-Girón", *Archivo Hispalense*, n.º 303-305, (2017), p. 403. Agradezco a Antonio Joaquín Santos Márquez y a Manuel García Luque su ayuda para comprobar este dato.

341 "Cuatro láminas, en madera, en los/ altares del patio, formando todos/ un medio punto, de vª alto y 1 menos ½ tercia ancho. El descendimiento/ la despedida de Jesus de su madre/ El calvario y un nacimiento regular". BTNT-CSIC. Archivo Rodríguez Marín. B.I. V. Historia. Serie 6.1 (8). Inventario de 1861, pliego 1, fol. 2.

342 BTNT-CSIC, *Catálogo Monumental de España. Provincia de Sevilla*, por Adolfo Fernández Casanova, tomo II, Edad Moderna, 1.ª parte, Texto, 1907-1909 (manuscrito), p. 51. [En línea: http://aleph.csic.es/imagenes/mad01/0010 CMTN/html/001359510 V02T.html#page/1/mode/2up].

343 Examen previo. Tablas. 12-11-1966. Archivo del IPCE, n.º Reg. Gral. 860-861-862.

344 La indicación que se hace a que se trata de pinturas hispanoflamencas (es decir españolas siguiendo modelos flamencos), no tiene lugar. M. Rodríguez-Buzón Calle, *Guía artística de Osuna*, Osuna, 2006, p. 32.

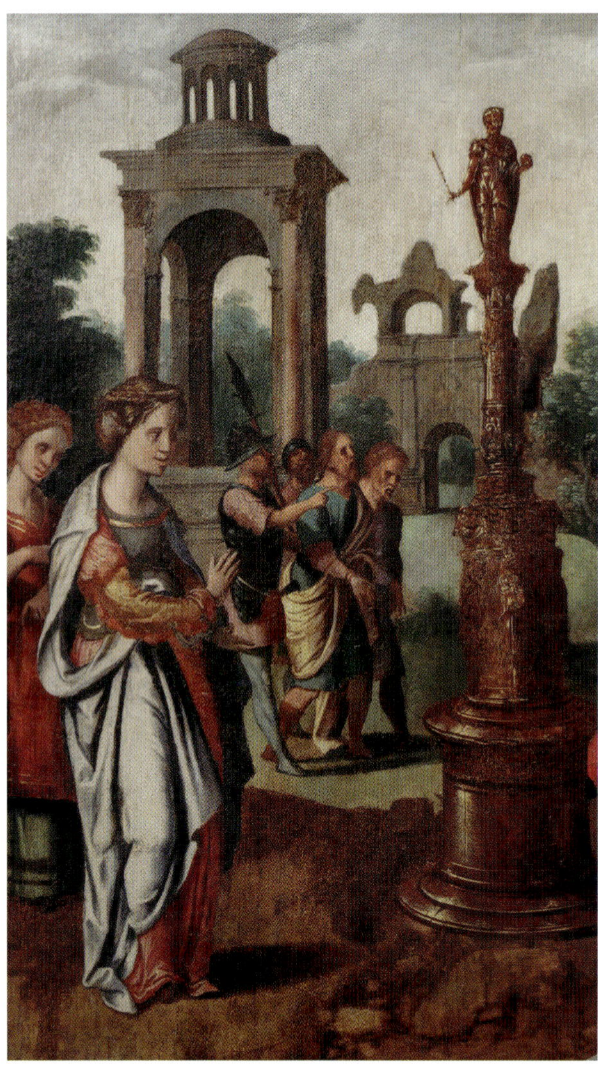

Fig. 01.06. Maestro de Osuna (aquí atribuido), *Adoración de los ídolos*, detalle, mediados del siglo XVI. Iglesia de san Vicente, Sevilla. © Junta de Andalucía. Foto: Pepe Morón.

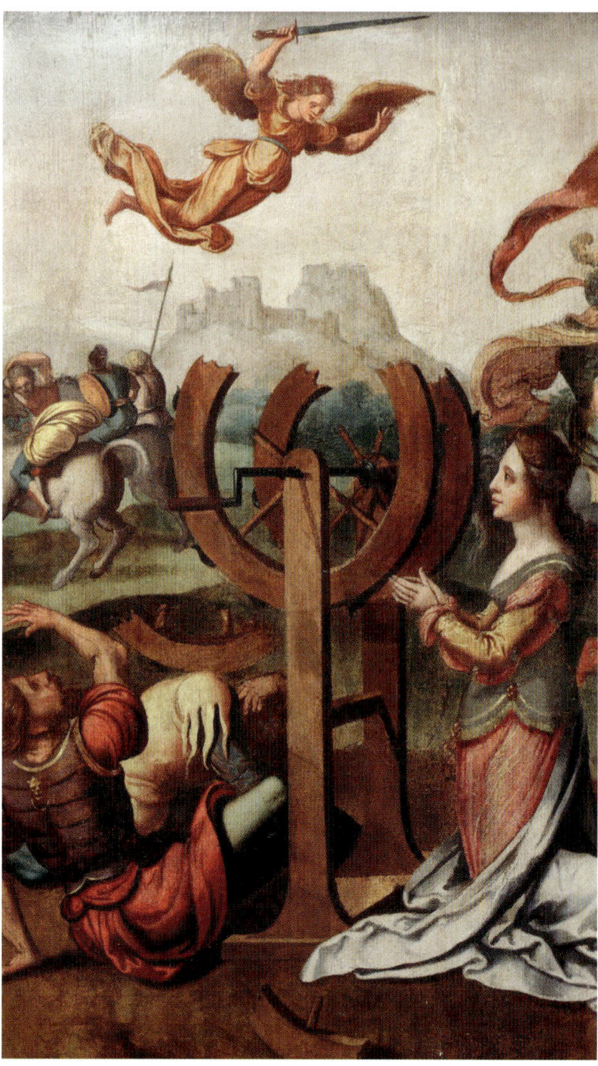

Fig. 01.07. Maestro de Osuna (aquí atribuido), *Martirio de santa Catalina con la rueda dentada*, detalle, mediados del siglo XVI. Iglesia de san Vicente, Sevilla. © Junta de Andalucía. Foto: Pepe Morón.

temática a este artista[345]. Sin embargo, las características formales se alejan de estos dos maestros, aunque partan de sus composiciones. Sus figuras de canon alargado, con una estructura ósea muy marcada en las cabezas, la forma de aplicar las sombras con una luminosidad particular, de gran sutilidad en algunas figuras como es en los rostros de los ángeles, destacan unas características muy personales en este maestro. Junto a esto, y otros elementos que se han explicado en las primeras páginas de este texto, se advierte que este artista está cercano al estilo que se aprecia en las escenas de santa

Catalina del *Tríptico de la familia Bravo* en la iglesia de San Vicente de Sevilla. La arquitectura de fondo, a la derecha, repite los modelos que se observan en la tabla de la *Adoración de los ídolos* del tríptico en la iglesia de San Vicente (Fig. 01.06); y los ángeles de la tabla de Osuna recuerdan al que viene a socorrer a la santa de los tormentos de la rueda dentada del tríptico sevillano (Fig. 01.07). Ese dinamismo de las figuras, esos paisajes de tonos claros del fondo y las formulaciones cercanas a propuestas de la escuela de Amberes del segundo tercio del siglo XVI encajan con el mismo espíritu que se observan en esta pintura de Osuna.

---

345 La propia pintura del Museo de Bellas Artes de Sevilla, y las que acentúan el nocturno del Museo Cataharijneconvent de Utrecht (inv. n.° s/123), o la del Museo Lindenau en Altenburgo en Turingia (inv. n.° 169).

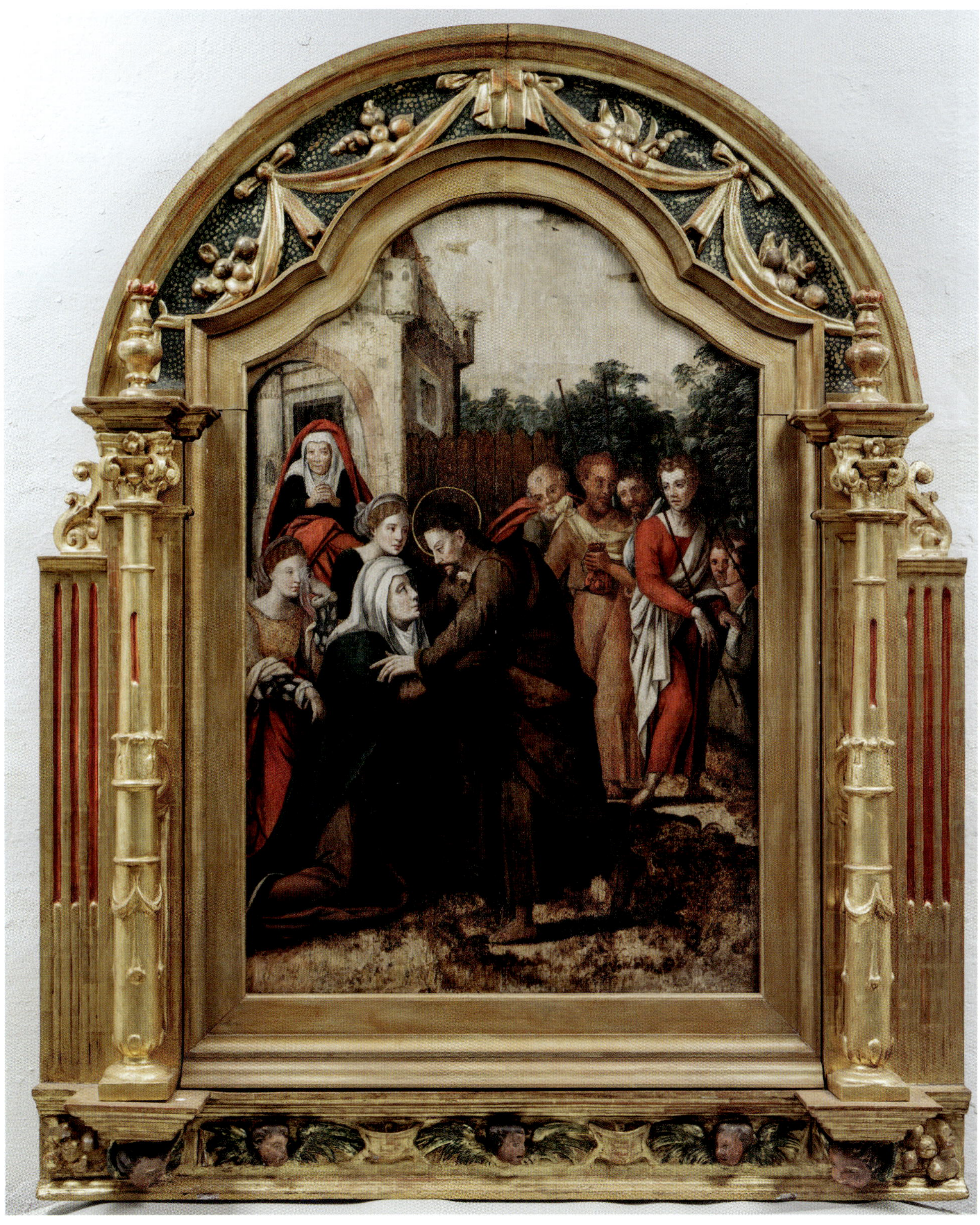

02

Título: *Jesús despidiéndose de su madre*
Autor/taller/escuela: Maestro de Osuna

Código Mosaico (Junta de Andalucía): 014106800930014.0000
Cronología: 1540-1550
Soporte: tabla
Técnica: óleo

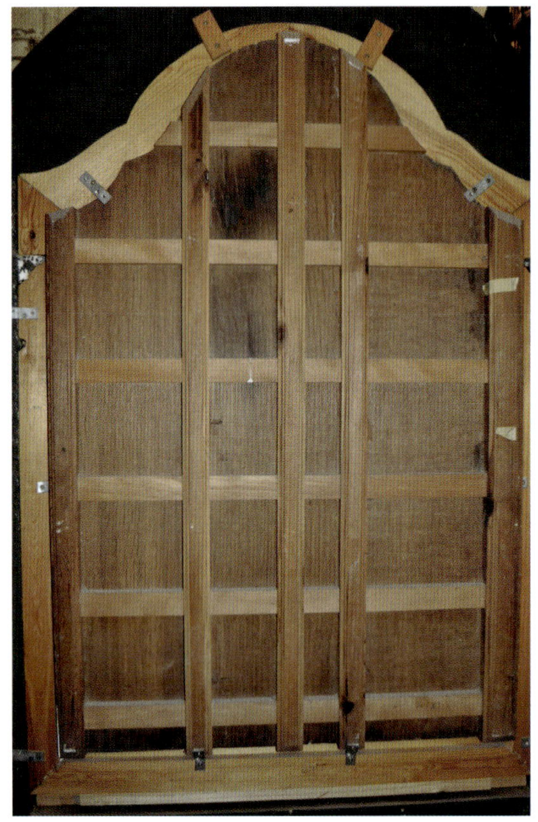

Fig. 02. 01. Maestro de Osuna, *Jesús despidiéndose de su madre*, reverso. Capilla de la Virgen de los Reyes, colegiata de Nuestra Señora de la Asunción, Osuna. © Junta de Andalucía. Foto: Pepe Morón.

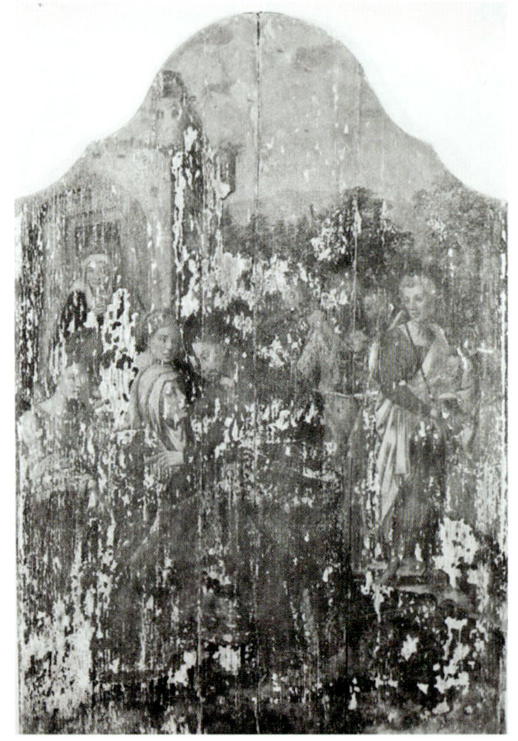

Fig. 02.02. Maestro de Osuna, *Jesús despidiéndose de su madre*. Fotografía anterior a la intervención del Instituto de Restauración de Madrid (IPC), entre 1966-1969. Archivo fotográfico. © Amigos de los Museos de Osuna.

Medidas: 99,5 x 66 cm (s/m); 144,5 x 118,5 cm (c/m)

Inscripciones: no se ha encontrado ninguna, pero es muy posible que tuviera una inscripción en tinta negra en el reverso indicado que pertenece al "Sto Sepulcro", igual que aparece en la *Virgen del velo* (Cat. n.º 04), obra con la que forma parte del mismo conjunto.

Localización: primera capilla de la nave de la epístola conocida como capilla de la Virgen de los Reyes de la colegiata de Nuestra Señora de la Asunción.

Procedencia: patio del Santo Sepulcro, segunda hornacina del muro sur.

Estado de conservación: el soporte está engatillado, lo que implica la pérdida irreversible de características originales, como pueden ser el acabado del reverso y la posible existencia de marcas en él. No obstante, la visualización directa de dos cajas que debieron de albergar espigas ahora ausentes en su interior, ha permitido concluir que este era el sistema de unión de las tablas, que se conservan estables (Fig. 02.01). En este sentido, no se han hallado indicios de ataques biológicos en esta cara de la obra y tampoco en el anverso, cuyos estratos están bien cohesionados entre sí. Desde el punto de vista estético, la capa pictórica presenta barridos derivados de una limpieza excesiva, así como reintegraciones y repintes cuya tonalidad altera el equilibrio cromático de la escena, un hecho al que contribuye la suciedad superficial generalizada.

Por otro lado, el marco original ha sido sustituido por uno nuevo, cuyo buen estado contrasta con la grieta vertical que atraviesa de extremo a extremo el centro del arco de la estructura donde permanece insertado. En esta última también son evidentes las pérdidas de materia que afectan a todos los estratos en el relieve de la esquina inferior derecha y otras de pintura y preparación en la parte inferior, próximas a las basas de las columnas laterales. El dorado, aunque desgastado y sucio, mantiene buena adherencia con el soporte.

Restauraciones: restaurada en el Instituto de Restauración de Madrid (actual IPCE) entre 1966-1969. Presentaba importantes pérdidas de la capa pictórica en la parte inferior y lado izquierdo (Fig. 02.02).

Bibliografía:

A. M.ª Ariza y Montero-Coracho, *Bosquejo biográfico de don Juan Téllez-Girón. IV conde de Ureña*, Osuna, 1890, p. 20; *Inventario artístico de*

Sevilla y su provincia, I, Madrid, 1982, p. 431; M. Rodríguez-Buzón Calle, *La colegiata de Osuna*, 1.ª ed. 1982. Col. Arte Hispalense, n.° 28, 2.ª ed. 2012, p. 86; M. Rodríguez-Buzón Calle, *La colegiata de Osuna*, Sevilla, ed. 1985, p. 78; M. Rodríguez-Buzón Calle, *Guía artística de Osuna*, Osuna, 2006, p. 32; R. de Besa Gutiérrez, "Intervenciones en el Santo Sepulcro de la colegiata de Osuna: 1880-1896", *Cuadernos de los Amigos de los Museos de Osuna*, 18, (2016), pp. 107 y 108.

Descripción y comentario:

El momento en que Jesús se despide de su madre antes de dirigirse con sus discípulos a Jerusalén, donde será encarcelado y sufrirá la Pasión, no suele ser muy habitual encontrarlo en la producción artística hispana. Sin embargo, sí es más común en los ciclos septentrionales, como los que presenta Alberto Durero y Hans Leonard Schäufelein en sus grabados, o Cornelis Engebrechtsz, Gerard David o Jan van Coninxloo en diferentes obras pictóricas ya en el siglo XVI.

Es uno de los episodios más dolorosos de la vida de la Virgen, cuando se despide sabiendo cuál va a ser el destino de su hijo. El tema no tiene una base canónica, sino que se recoge en las *Meditaciones sobre la vida de Cristo* del Pseudo Buenaventura. Aparece a finales de la Edad Media en relación con el ciclo de los Siete Dolores de la Virgen integrados en los autos sacramentales[346]. Seguramente por ello no es un tema muy habitual dentro de la iconografía cristiana y, de hecho, a pesar de lo comentado, no es uno de los temas que suele acompañar el ciclo iconográfico de los Siete Dolores en la pintura flamenca[347]. No obstante, es una iconografía más habitual en el norte que en el sur, lo que ha hecho que en la bibliografía reciente este pasaje se haya identificado con el abrazo de san Joaquín y santa Ana ante la puerta dorada[348], más común y conocido por tierras meridionales.

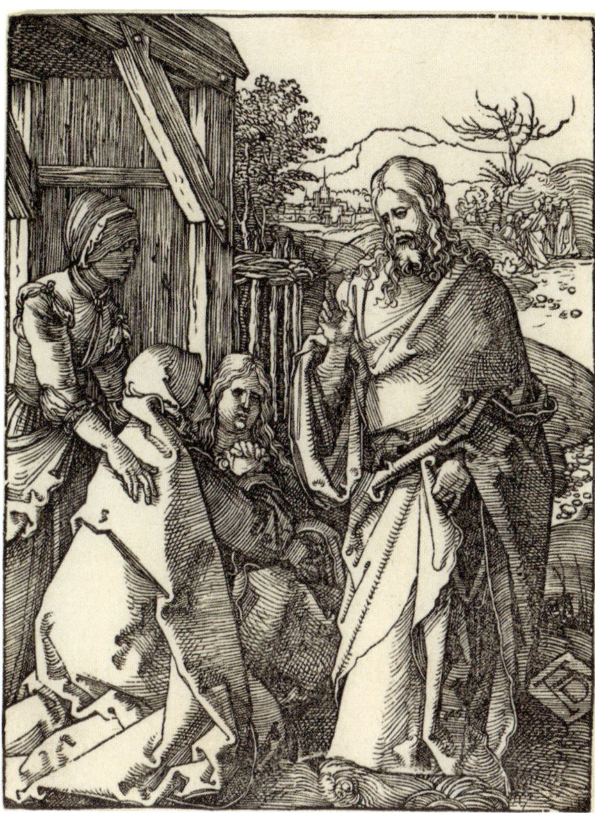

Fig. 02.03. Alberto Durero, *Jesús despidiéndose de su madre*, ca. 1509-1510. © Cortesía de la National Gallery of Art, Washington (n° inv. 1941.1.36).

El umbral de la casa representada en la izquierda es descriptivo del momento doméstico de la escena, ya que es una referencia a la casa de María en Betania en la que se desarrolla este capítulo de la vida de la Virgen. El patetismo que se deprende anticipa los trágicos momentos de la Pasión y las reticencias de María a la marcha de su Hijo a Jerusalén, conocedora del sufrimiento y del trágico final al que Jesús estaba destinado desde su nacimiento.

En la representación de este tema es habitual el encuentro de Cristo y María sin ningún tipo de contacto físico, como en la representación del tema que hace Durero en sus ciclos de la pasión, donde la Virgen se arrodilla ante su Hijo, que permanece impasible ante su madre con un simple gesto de bendición (Fig. 02.03)[349]. El grabado del maestro alemán prescinde de la presencia de los apóstoles, y tan sólo presenta en la escena a dos santas mujeres. Más cercana a la pintura de Osuna es la estampa con el mismo tema que ilustra el *Speculum passionis Domini Nostri Ihesu Christi*, con grabados

---

346 L. Réau, *Iconografía del arte cristiano*, t. 1, vol. 2, Iconografía de la Biblia. Nuevo Testamento, ed. Del Serbal, 1996, p. 411.

347 Por ejemplo, este tema no aparece en la tabla *Los siete dolores de María* de Adrián Isenbrandt en la iglesia de Nuestra Señora de Brujas (*c.* 1518-1535), o en la obra de Pieter Pourbus, *María rodeada por los siete dolores* conservada en la iglesia de Santiago en la misma ciudad (1556). Ambas pinturas recogen los episodios canónicos que formarían parte del ciclo de los "Siete Dolores de la Virgen", como son: la *Circuncisión*; la *Huida a Egipto*; la *Pérdida del Niño Jesús en el templo*; el *Encuentro de Jesús y María camino del Calvario*; el *Descendimiento* y finalmente el *Entierro de Cristo*.

348 M. Rodríguez-Buzón Calle, *Guía artística de Osuna*, Osuna, 2006, p. 32.

349 Se conserva una estampa en la National Gallery de Washington (*ca.* 1509-1510, inv. n.° 1943.3.3637).

sentido, hay referentes iconográficos como la pintura del Rijksmuseum de Ámsterdam (inv. n.º SK-A-1719), atribuida a Cornelis Engebrechtsz, y datada entre 1515 y 1520, que repite el gesto genuflexo de la Virgen y el abrazo con su Hijo, así como la imagen plañidera y afligida de la izquierda, o la multitud de los discípulos contemplando la escena desde un segundo plano (Fig. 02.05).

La Virgen aparece acompañada de otras tres mujeres, seguramente las santas mujeres, denominación con la que se conoce a las tres Marías: María Magdalena, María Cleofás y María Salomé. Estas tres figuras aparecen relacionadas con el ciclo de la muerte y resurrección de Cristo, contribuyendo al embalsamamiento de su cuerpo como portadoras de los perfumes utilizados en el mismo[352]. La figura de María Magdalena, como personaje relevante también en el ciclo de la pasión y que es normal encontrar incluso en las escenas de la *Crucifixión* en llanto a los pies de la cruz, aparece destacada por su gesto plañidero, como observamos también en la pintura de Cornelis Engebrechtsz. Sin embargo, el Maestro de Osuna muestra una Magdalena más comedida en su expresión, siendo este mayor equilibrio en las muestras de emoción un rasgo característico de este maestro, como se observa también en la tabla de la *Lamentación*. Los rasgos de estas mujeres, con el pelo dividido simétricamente por una raya central muy marcada recogido en la nuca, y formado por mechones a base de pinceladas de color y luz ondulantes, los encontramos en el denominado Maestro de los modelos de Pieter Coecke. Pero el Maestro de Osuna se diferencia en las cabezas más cuadradas, frente al alargamiento más acusado del citado epígono de Coecke[353]. De hecho, sus tipologías las repite en el diseño de santa Catalina y de las figuras femeninas en los episodios relativos a la historia de la santa en el *Tríptico de la*

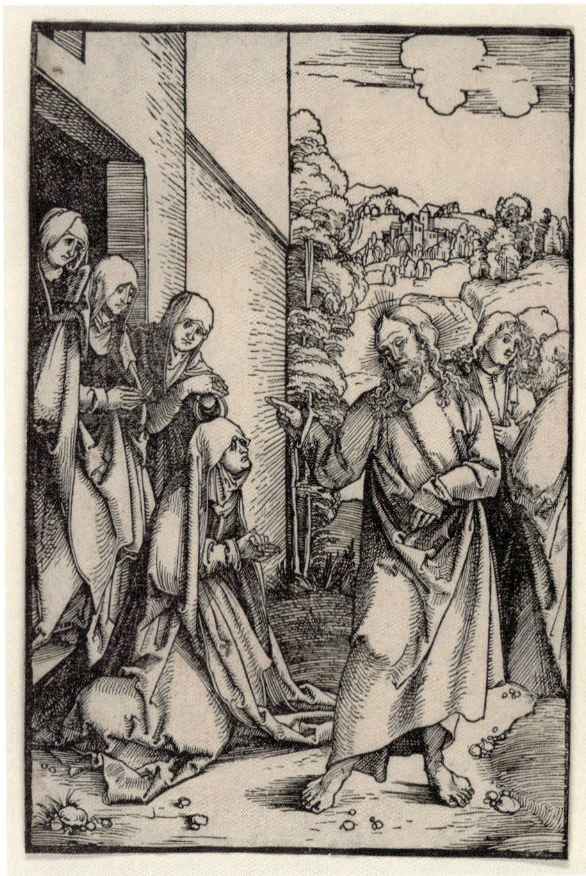

Fɪɢ. 02.04. Hans Leonard Schäufelein, *Jesús despidiéndose de su madre*, 1507. © Metropolitan Museum of Art, Nueva York.

de Hans Leonard Schäufelein, colaborador de Durero (Fig. 02.04). En este caso, la arquitectura es similar, con una puerta de la que salen las tres santas mujeres que acompañan a la Virgen. Asimismo, un grupo de tres apóstoles cierran la escena por la derecha, en clara simetría con el número de las santas mujeres[350].

Sin embargo, la tabla de Osuna parece que sigue un modelo que ha tomado como referencia otro tipo de representación del episodio, en el que la iconografía parece asumir gestos de otra de las escenas de la vida de la Virgen, como es la *Visitación*, donde sí es frecuente el contacto físico de María y su prima Isabel, o el gesto de respeto, inclinándose o arrodillándose, de esta última[351]. En este

---

350 *Speculum passionis domini nostri Iesu Christi*, Núremberg, 1507, f. XVIIIv. Los grabados xilográficos son del pintor y grabador alemán Leonhard Schäufelein (Núremberg, *ca.* 1480/85 - Nördlingen, *ca.*1538/40), discípulo o colaborador de Durero.

351 Debido a esto, se ha confundido la iconografía de esta tabla con la del *Abrazo ante la Puerta Dorada*, que repite el gesto afectuoso, en este caso teniendo como protagonistas a san

---

Joaquín y santa Ana. M. Rodríguez-Buzón Calle, *La colegiata de Osuna*, Sevilla, ed. 1985, p. 78.

352 Por eso se las denomina también como las *miróforas* (portadoras de mirra). Las escenas en las que se les suele representar son: las *Santas Mujeres comprando perfumes*; las *Santas Mujeres en el Santo Sepulcro*; y la *Aparición de Cristo a las Santas Mujeres*. L. Réau, *Iconografía del arte cristiano…*, *op. cit.* t. 2, vol. 4, pp. 413-414.

353 Características que observamos en la vírgenes del *Tríptico de la Sagrada Familia* o el *Tríptico de la adoración de los magos*, atribuidos al Maestro de los modelos de Pieter Coecke, ambos en el Museo de Bellas Artes de Vitoria. A. Padrón Mérida, "Presencia en España del Maestro de los modelos de Pierre Coeck", *Academia: Boletín de la Real Academia de Bellas Artes de San Fernando*, 85, (1997), p. 453, Fig. 4 y Fig. 5.

familia Bravo en la iglesia de San Vicente de Sevilla. Así lo vemos, por ejemplo, en la escena de la *Condena de los sabios a la hoguera*, donde se puede observar su similitud con la segunda santa mujer que participa de la despedida de Jesús (Fig. 02.06); o en la escena de la decapitación de santa Catalina, donde el modelo es similar al de María Magdalena en la tabla de Osuna (Fig. 02.07).

La obra presenta un repinte en el nimbo de Jesús, que no es original de la pintura. Anteriormente estuvo situada en una hornacina del patio del Santo Sepulcro[354], y su marco no es el original. Formaría parte del mismo conjunto pictórico que la *Virgen del velo*, la *Adoración de los pastores* y la *Lamentación* (Véanse catálogos 01, 03 y 04). Esta escena fue parte del planteamiento iconográfico original de todo el programa del Santo Sepulcro, y en 1552 se cita: "Otra tabla mayor en la cual está el despedimiento de nuestro señor de su madre"[355]. En 1559 ya estaba colocada en el patio[356], posiblemente con el enmarcamiento que se le hizo después de 1552. Una labor en relación, al igual que los otros tres altares del claustro, con el taller de entalladores de los Ortega. Debido a la fuerte alteración que sufrió este marco en la restauración de 1966, se recurre al marco de la *Virgen del velo* para advertir las mismas características de estilo que se aprecian en el *Retablo de la Pasión* de la sacristía, coincidiendo en su ejecución[357].

De hecho, existe una incoherencia respecto a esta tabla dentro del inventario de 1559, pues, en el mismo folio, un poco más abajo, se vuelve a citar de forma independiente: "Un retablo de una tabla grande en que está el despedimiento de nuestro señor de su madre"[358]. Es poco probable que se trate de otra repetición del tema, precisamente por lo

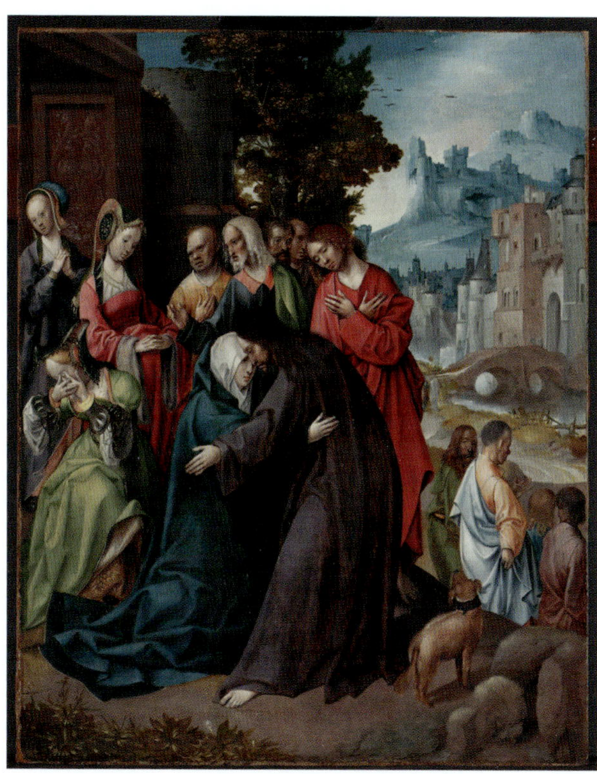

Fɪɢ. 02.05. Cornelis Engebrechtsz, *Jesús despidiéndose de su madre*, ca. 1515-1520. © Rijksmuseum, Ámsterdam.

poco habitual de esta iconografía, y al citarlo como "retablo", más bien debe tratarse de la pintura con su estructura lígnea aún sin colocar en su lugar en el patio.

En el inventario de 1861 de las alhajas y ornamentos del santo sepulcro continúa referido entre los altares del patio: "Cuatro láminas, enmarcadas en los altares el patio, formando todas un medio punto, de vª alto y de menos 1/2 tercia ancho- El descendimiento, la despedida de Jesús de su Madre, El Calvario, y un nacimiento, regular"[359]. Allí sigue a principios del siglo XX, donde la cita, junto con el resto de retablos, Fernández Casanova cuando realiza el catálogo monumental de España[360]. No obstante, el estado de conservación a mediados del siglo XX es deplorable como se ve en la fotografía conservada en el IPCE, donde las pérdidas de

354 Así se refleja en la ficha del Instituto de Restauración de Madrid conservada en Osuna, cuando se llevó para su restauración entre los años 1966-1969, junto con la *Lamentación* y la *Adoración de los pastores*. Actualmente también en la Capilla de la Virgen de los Reyes de la colegiata.

355 AAMO, Legajo 233, 1552, fol. 3.

356 En el inventario de 1559, debería de ser una de las que ya están situadas en el patio del Santo Sepulcro: "En los cuatro altares del claustro están cuatro retablos de pincel asidos en los tabernáculos". BTNT-CSIC, Colección Rodríguez Marín. B. I. V. Historia, caja 19, 6.1 (6). "Ynventario de las alhajas y ornamentos…" 4 de julio de 1559, fol. 43.

357 Sobre el trabajo de los Ortega para los Ureña: A. J. Santos Márquez, "Patrocinio y mecenazgo de don Juan Téllez-Girón…", *op. cit.*, s.p.; A. J. Santos Márquez, "Sobre el escultor Roque de Balduque y sus trabajos…", *op. cit.*, p. 403.

358 BTNT-CSIC, Colección Rodríguez Marín. B. I. V. Historia, caja 19, 6.1 (6). "Ynventario de las alhajas y ornamentos…" 4 de julio de 1559, fol. 43.

359 "Ynventario de ornamentos, alhajas y efectos del Sto. Sepulcro de los Excmos. Sres. Duques de Osuna, hecho con intención del Admor. D. Antonio de Contreras en 7 de agosto de 1861". BTNT-CSIC, Colección Rodríguez Marín. B. I. V. Historia, caja 19, 6.1 (8)

360 BTNT-CSIC, *Catálogo Monumental de España. Provincia de Sevilla*, por Adolfo Fernández Casanova, tomo II, Edad Moderna, 1.ª parte, Texto, 1907-1909 (manuscrito), p. 51. [En línea: http://aleph.csic.es/imagenes/mad01/0010 CMTN/html/001359510 V02T.html#page/1/mode/2up].

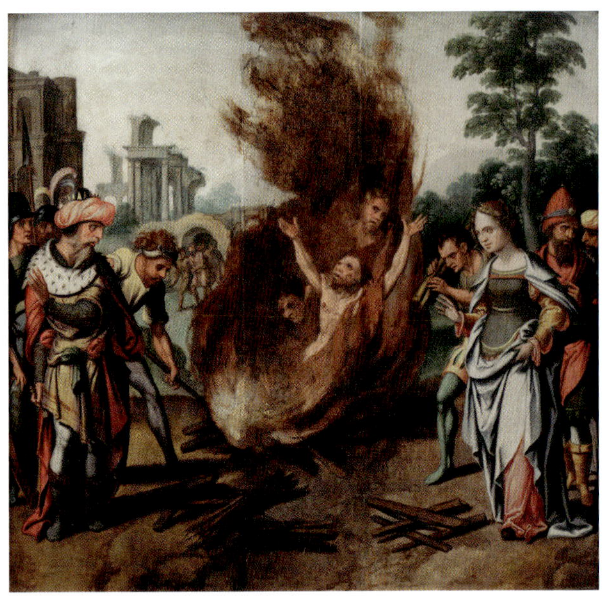

Fig. 02.06. Maestro de Osuna (aquí atribuido), *Los sabios en la hoguera*, mediados del siglo XVI. Iglesia de san Vicente, Sevilla. © Junta de Andalucía. Foto: Pepe Morón.

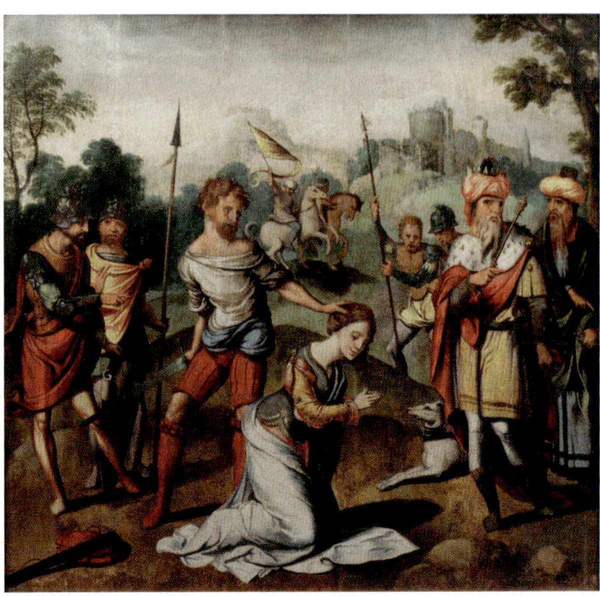

Fig. 02.07. Maestro de Osuna (aquí atribuido), *Decapitación de santa Catalina*, mediados del siglo XVI. Iglesia de san Vicente, Sevilla. © Junta de Andalucía. Foto: Pepe Morón.

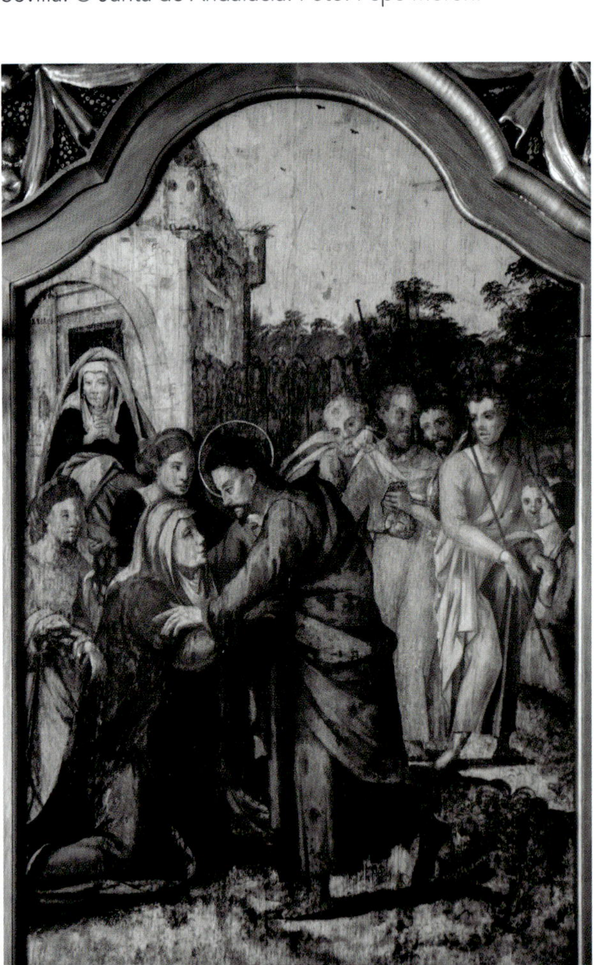

Fig. 02.08. Maestro de Osuna, *Jesús despidiéndose de su madre*, reflectografía. © Junta de Andalucía. Foto: Pepe Morón.

policromía son importantes en toda su superficie, explicando los importantes repintes que presenta actualmente.

La reflectografía realizada a la obra (Fig. 02.08) muestra un sutil diseño delimitando las figuras, la arquitectura y el paisaje, así como los detalles del cabello y vestiduras que muestran la libertad de ejecución del dibujo fuera de referentes previos.

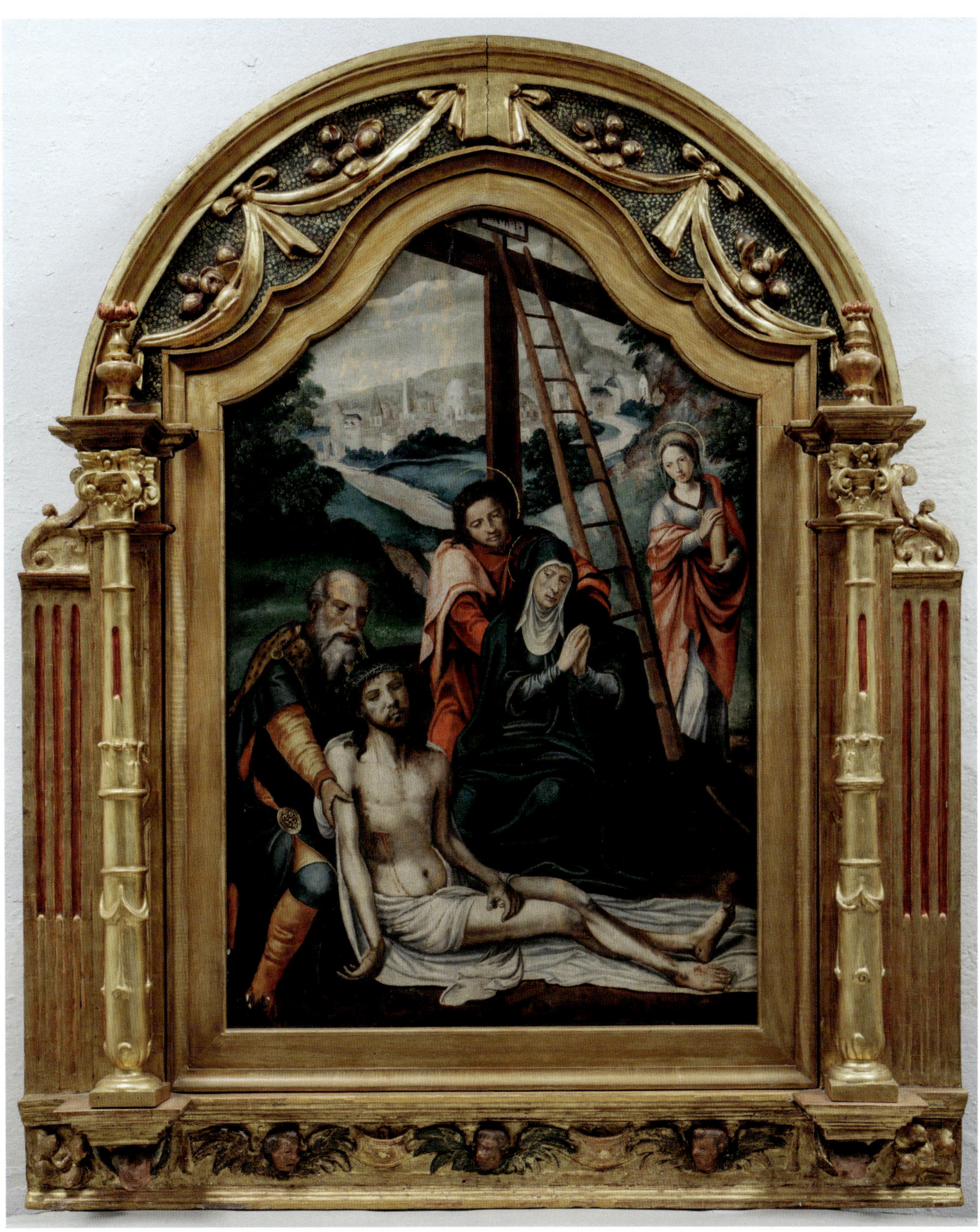

03

Título: *Lamentación*
Autor/taller/escuela: Maestro de Osuna
Código Mosaico (Junta de Andalucía):
014106800930015.0000

Cronología: 1540-1550
Soporte: tabla
Técnica: óleo
Medidas: 103,5 X 69 cm (s/m); 145 X 119 cm (c/m)
Inscripciones: no se ha encontrado ninguna, pero es muy posible que tuviera una inscripción en tinta

negra en el reverso indicado que pertenece al "Sto Sepulcro", igual que aparece en la *Virgen del velo* (Cat. n.º 04), obra con la que forma parte del mismo conjunto.

Localización: primera capilla de la nave de la epístola conocida como capilla de la Virgen de los Reyes de la colegiata de Nuestra Señora de la Asunción.

Estado de conservación: el soporte sobre el que se asienta esta pintura está engatillado. Como ya se ha explicado, esto supone la pérdida irreversible de rasgos originales y puede provocar deterioros tales como grietas, que no se han observado en este caso. En cambio, se han diferenciado galerías de insectos xilófagos, principalmente localizadas en el centro de la mitad superior.

El cuarteado es muy marcado en el anverso y ha dado lugar a abundantes levantamientos en toda la escena, así como a lagunas de pintura como las localizadas en la esquina inferior izquierda. Casi todas estas lagunas fueron tratadas en el pasado, como prueban las reintegraciones halladas en carnaciones, ropajes de los personajes y fondo de la composición. Sin embargo, desentonan con respecto a su entorno y las que atraviesan verticalmente el travesaño de la cruz se realizaron sin haber nivelado previamente la superficie, contribuyendo a desequilibrar la estética de la escena, también alterada por la suciedad superficial.

El marco original ha sido sustituido por uno nuevo. Destaca una grieta que se prolonga verticalmente de extremo a extremo en el centro del arco de la estructura que lo alberga, cuyo dorado y policromía están sucios y desgastados, incluso se han advertido pérdidas de estos estratos y de preparación en la zona inferior.

Restauraciones: restaurada en el Instituto de Restauración de Madrid (actual IPCE) entre 1966-1969. Presentaba importantes pérdidas de la capa pictórica en la parte inferior y en la parte izquierda. Se ha sustituido el antiguo marco de madera por otro de pino.

Bibliografía:

A. M.ª Ariza y Montero-Coracho, *Bosquejo biográfico de don Juan Téllez-Girón, IV conde de Ureña*, Osuna, 1890, p. 20; *Inventario artístico de Sevilla y su provincia*, I, Madrid, 1982, p. 431; M. Rodríguez-Buzón Calle, *La colegiata de Osuna*, 1.ª ed. 1982. Col. Arte Hispalense, n.º 28, 2.ª ed. 2012, p. 86; M. Rodríguez-Buzón Calle, *La colegiata de Osuna*, Sevilla, Diputación provincial, 1985, p. 78; M. Rodríguez-Buzón Calle, *Guía artística de Osuna*, Osuna, 2006, p. 32; R. de Besa Gutiérrez, "Intervenciones en el Santo Sepulcro de la colegiata de Osuna: 1880-1896", *Cuadernos de los Amigos de los Museos de Osuna*, 18, (2016), pp. 107 y 108.

Descripción y comentario:

Anteriormente dispuesta en una hornacina del patio del Santo Sepulcro, donde ya estaba colocada antes de 1559. Formaría parte del mismo conjunto que la *Virgen del velo* (n.º 04), la *Adoración de los pastores* (n.º 01) y *Jesús despidiéndose de su Madre* (n.º 02)[361].

Aunque en el inventario de 1552 aparece descrita como un descendimiento, la composición parece sintetizar dos momentos posteriores al descenso del cuerpo de Cristo tras su crucifixión: la deposición y la lamentación. La deposición es el momento que sigue al descendimiento del cuerpo de Cristo, siendo recostado sobre la piedra de la unción[362], de ahí la presencia de la cruz y la escala por la que acaban de bajar el cuerpo del redentor. Por su parte, el episodio de lamentación se sitúa entre la deposición y el entierro de Cristo. El lienzo sobre el que se asienta el cuerpo de Jesús hace referencia a esa piedra donde se depositaría para su unción[363].

Esta composición iconográfica de la lamentación se encuentra ya en ejemplos del siglo XV, pero en el caso de Osuna simplificada en cuanto al número de personajes, limitándose a la presencia de José de Arimatea sosteniendo el cuerpo inerte de Cristo; la Virgen, sostenida y consolada en su dolor por san

---

361 Aparece recogida en el inventario de 1552: "Otra tabla mayor en que está el descendimiento de la cruz". AAMO, Legajo 233, 1552, fol. 3. En el inventario de 1559 debe de ser de las que ya están situadas en claustro del sepulcro: "En los cuatro altares del claustro están cuatro retablos de pincel asidos en los tabernáculos". "En los cuatro altares del claustro están cuatro retablos de pincel asidos en los tabernáculos". BTNT-CSIC, Colección Rodríguez Marín. B. I. V. Historia, caja 19, 6.1 (6). "Ynventario de las alhajas y ornamentos…" 4 de julio de 1559, fol. 43.

362 L. Réau, *Iconografía del arte cristiano…, op. cit.,* t. 1. vol. 2., p. 537.

363 "En la iglesia del Santo Sepulcro, en Jerusalén, entre el Gólgota y la tumba, se venera una piedra de mármol amarillo manchado, cuyas manchas conservarían las huellas de las lágrimas de la Virgen. Fue sobre esa "piedra de la unción", recubierta por un lienzo como si fuese un altar, donde el cadáver de Cristo habría sido depositado después del descendimiento de la cruz". *Ibidem*, p. 538. Este lienzo podría ponerse en relación con el que la Virgen sostiene al Niño en la *Virgen del velo* (n.º 04) que formaba parte de las pinturas del patio del Santo Sepulcro, y que como se ha comentado en su estudio correspondiente, es una prefiguración del sudario que cubrirá el cuerpo de Cristo tras su muerte.

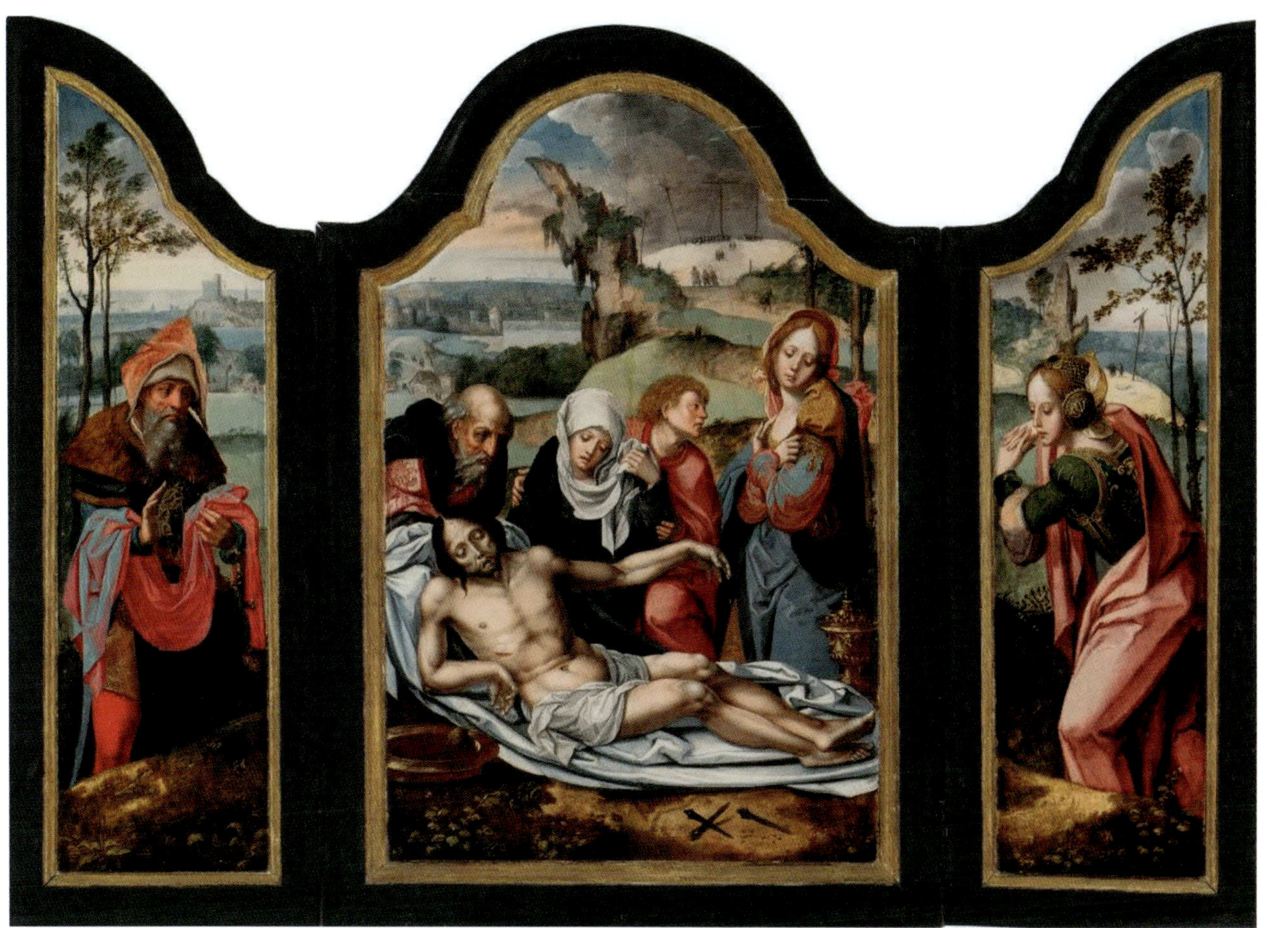

Fig. 03.01. Pieter Coecke van Aelst, *Tríptico de la Lamentación*, primera mitad del siglo XVI. © Arte Ederren Bilboko Museoa – Museo de Bellas Artes de Bilbao, Legado de don Laureano de Jado en 1927 (n° inv. 69/60).

Juan; y la Magdalena, identificada por el tarro de ungüentos, en un segundo término. Por lo general, la lamentación suele contar también con la presencia de Nicodemo, o incluso de la Magdalena, a los pies de Jesús, y otras santas mujeres[364].

La posición central de la imagen doliente de la Virgen María en la composición es significativa de la importancia que se le concede en este pequeño ciclo de pinturas del patio del sepulcro, y de su papel fundamental como intermediaria en la historia de la redención humana. Por ejemplo, en la tabla del mismo tema de Pieter Coecke conservada en

el Museo de Bellas Artes de Bilbao (Inv. n.° 69/60; Fig. 03.01)[365], la Virgen aparece integrada en el conjunto de personajes que forman parte de la escena. Observamos también el comedimiento del gesto del Maestro de Osuna respecto a Coecke, con ademanes menos afectados en figuras como la Magdalena, o incluso los propios brazos de Cristo, que caen de forma natural en la pintura de Osuna frente a la postura más forzada del tríptico de Bilbao. De hecho, la forma de disponer el cuerpo de Cristo recuerda fórmulas utilizadas por autores de la escuela de Brujas, que toman de Gerard David el estilo más monumental y equilibrado de influencia italiana. Un ejemplo lo tenemos en las *Lamentaciones* adscritas a la labor de Benson del Metropolitan Museum de Nueva York (Inv. n.° 1982.60.23; Fig. 03.02)[366], y la del Museo de Bellas Artes de San Francisco (Inv.

---

364 *Ibidem* p. 539. Así lo vemos en una tabla de Petrus Christus, conservada en los Museos Reales de Bellas Artes de Bélgica, donde José de Arimatea sostiene el cuerpo de Jesús, mientras Nicodemo recoge el sudario a los pies de Cristo, seguramente para proceder a su amortajamiento. La Virgen es confortada por san Juan y otra santa mujer, mientras la Magdalena aparece apartada a la izquierda de la composición. M. J. Friedländer, *Early Netherlandish Painting*, vol. I., ed. N. Veronee-Verhaegen, H. Norden, Leyden-Brussels, 1967, lám. 93.

365 Primera mitad del siglo XVI. (Óleo sobre tabla, 100 x 142 cm, abierto).
366 *Ca.* 1520-1525. (Óleo sobre tabla, 91,4 x 56,2 cm).

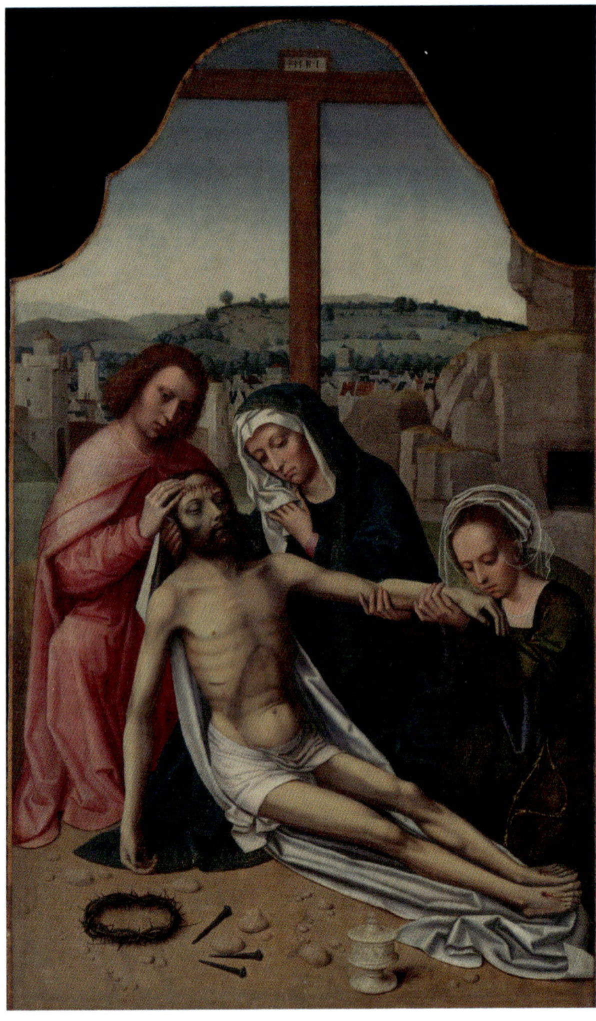

Fig. 03.02. Ambrosius Benson, *Lamentación*, ca. 1520-1525. © Metropolitan Museum of Art. Nueva York. The Jack and Belle Linsky Collection, 1982.

n.º 1956.90)[367], aunque esta última, sin embargo, la vemos más cercana al trabajo de Pieter Claeissens I[368]. Al igual que el Maestro de Osuna, buscan una mayor verticalidad en el cuerpo de Jesús, y en el caso del ejemplar de San Francisco, los brazos caen por su peso de forma natural, como en la tabla de Osuna.

Estamos, por tanto, ante un pintor muy equilibrado y contenido en gestos y composición respecto de otros pintores que se mueven también dentro de la influencia del manierismo romanista. Este gusto por buscar un mayor equilibrio lo encontramos también en la figura de Cristo, en una posición más vertical de lo que suele ser habitual en esta iconografía, como ya se ha comentado, donde se busca una mayor reclinación de su cuerpo. Incluso el propio esquema triangular de María lo sitúa dentro del espíritu italianizante de las Vírgenes del neerlandés Gerard David, serenas y firmemente asentadas en el suelo[369], o del propio esquema piramidal de las Vírgenes de Rafael de Urbino.

La forma de componer la escena también es significativa, ya que no busca las masas compactas que vemos en la citada *Lamentación* de Pieter Coecke (Fig. 03.01), sino una mayor individualización en grupos separados: José de Arimatea y Jesús; la Virgen y san Juan; y la Magdalena. Estos grupos, además, consiguen dotar de profundidad a la escena, ya que marcan una clara diagonal hacia el fondo, donde se sitúa María Magdalena con el tarro de ungüentos. Diagonal que tiene su contrapunto en la escala, representada en escorzo desde su base a la altura de la Virgen hasta lo alto de la cruz. Este uso de diagonales, marcadas por las cabezas o miradas de los personajes representados, está en consonancia con la manera de componer que se observa en obras de Rafael y sus epígonos. Además, es un tipo de composición que observamos en otro seguidor de Pieter Coecke como es el Maestro del hijo pródigo, concretamente en el tríptico de la *Lamentación* de la iglesia de la Asunción de Rueda (Valladolid; Fig. 03.03)[370]. Aquí busca también la profundidad por medio de diagonales marcadas a partir de los brazos y el cuerpo de Cristo, prescindiendo también del esquema de friso con el que Coecke organiza su pintura y que está influenciado, todavía, por el *Descendimiento* de Rogier van der Weyden del Museo del Prado (antes de 1443) (Inv. n.º P002825). Vemos, sin embargo, una postura más forzada del cuerpo de Cristo en esta pintura del Maestro del hijo pródigo, frente a la estabilidad que transmite el representado por el Maestro de Osuna.

Esta mayor individualización es la que le permite al pintor destacar la figura de la Virgen en la composición, como ya se comentó. En este sentido, es coherente con la especial devoción que los condes de Ureña profesaban hacia la figura de la Virgen,

---

367 (Óleo sobre tabla, 65,1 x 78,7 cm), fechada genéricamente por el museo como del siglo XVI.

368 B. Dewilde y A. van Oosterwijk, "Puzzling Art. Reconstructing the Claeissens's Oeuvre", en *Forgotten Masters. Pieter Pourbus and Bruges Painting from 1525 to 1625*, ed. A. van Oosterwijck, Snock, Groeningenmuseum, Bruges, 2017, pp. 38-45.

369 Esquema triangular o piramidal que podemos observar en la Virgen del *Descanso en la huida a Egipto* del Museo Nacional del Prado (ca. 1515, inv. n.º P002643).

370 A. Diéguez Rodríguez, "Un tríptico del Maestro del Hijo Pródigo en la iglesia de la Asunción de Rueda (Valladolid)", *Goya*, 313-314, (2006), pp. 237 y 239, Fig. 1 y Fig. 2.

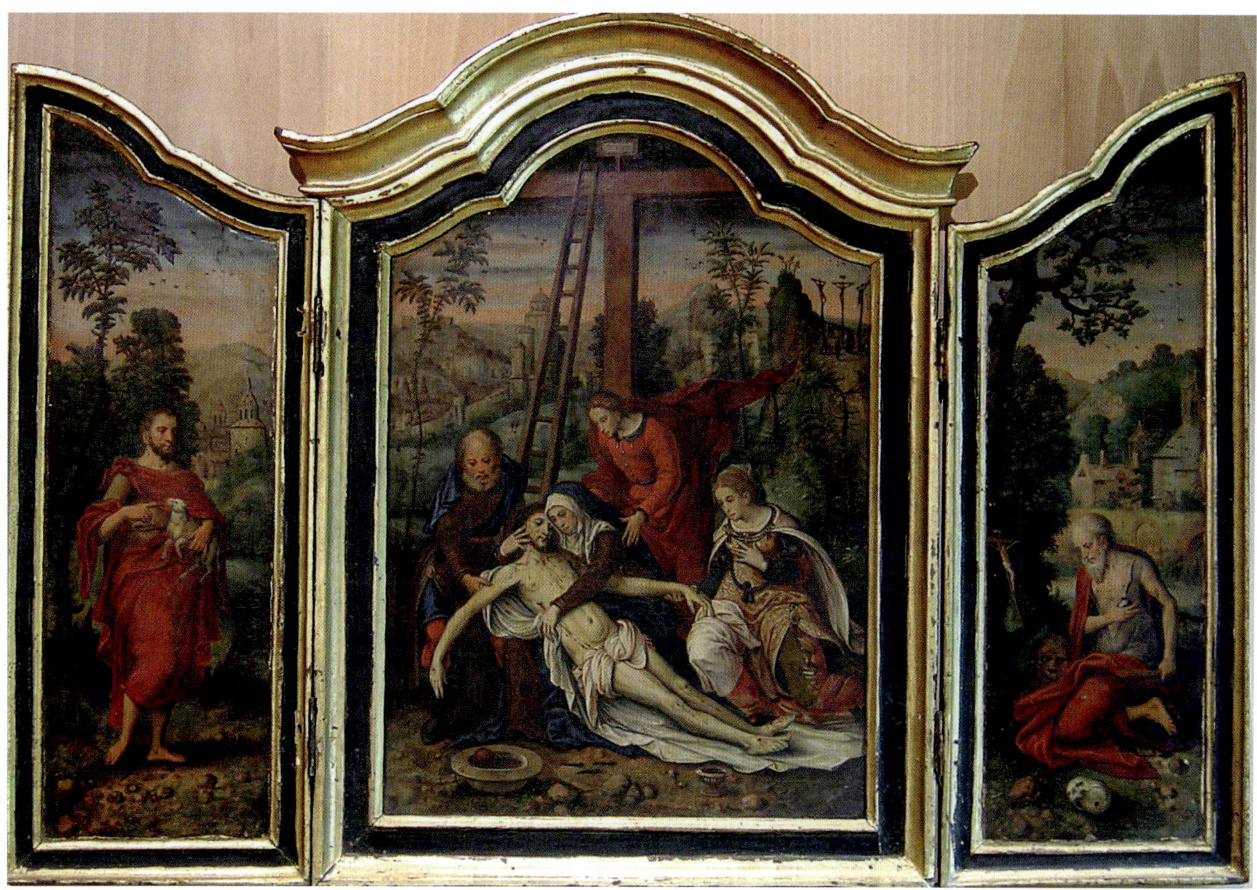

como se ha puesto de manifiesto en el estudio introductorio.

Por último, debemos mencionar la inspiración en modelos difundidos por las estampas de Durero en cuanto a la cruz en forma de *tau* griega, con la escala colocada en diagonal, así como en la ciudad y el río que sirve como paisaje de fondo (Fig. 03.04). Este mismo tipo de cruz, aunque en una posición frontal y con una escala similar, la encontramos en una *Lamentación* del mercado artístico atribuida a un seguidor de Pieter Coecke (Fig. 03.05)[371]. Sin embargo, el paisaje de fondo no sigue la estampa de Durero con la fidelidad que lo hace la tabla de Osuna, que repite un río en recorrido diagonal. También es interesante señalar en esta pintura la santa mujer en segundo plano, a la derecha de la escalera, y que recuerda la posición similar de la figura de María Magdalena en la tabla de Osuna. Otro pintor en relación con el taller de Pieter Coecke, el Maestro del hijo pródigo, recrea también el

mismo tipo de cruz y escala en la tabla central del tríptico de la *Lamentación* de la iglesia de Nuestra Señora de la Asunción de Rueda ya citado anteriormente (Fig. 03.03).

Junto a estas consideraciones compositivas, a nivel estilístico la pintura está en relación con las otras obras asignadas en estas páginas al Maestro de Osuna. De hecho, los modelos masculinos de rostro cuadrangular y barbas ondulantes repiten los esquemas que se aprecian en la *Decapitación de Santa Catalina* del tríptico de los Bravo de la iglesia de San Vicente de Sevilla.

La obra presenta repintes en los nimbos de la Virgen, san Juan y María Magdalena.

---

371 Se ha relacionado con el Maestro de las Medias Figuras. Christie's (Mónaco) 14 de junio de 1996, lote n.º 1; Im Kinsky (Viena) 21 de abril de 2010, lote n.º 35.

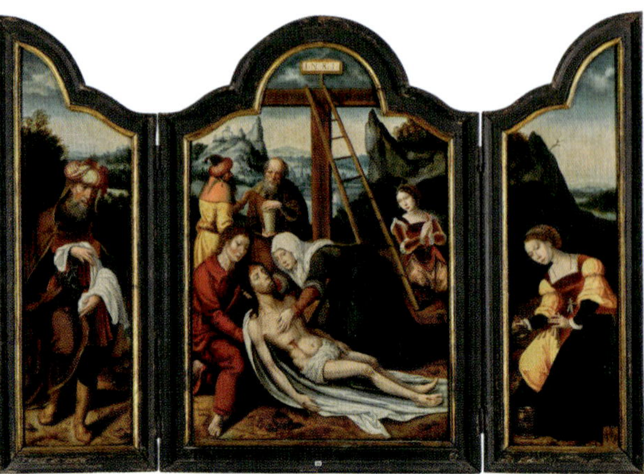

Fig. 03.05. Seguidor de Pieter Coecke van Aelst, *Lamentación*, mediados del siglo XVI. Colección privada, paradero desconocido.

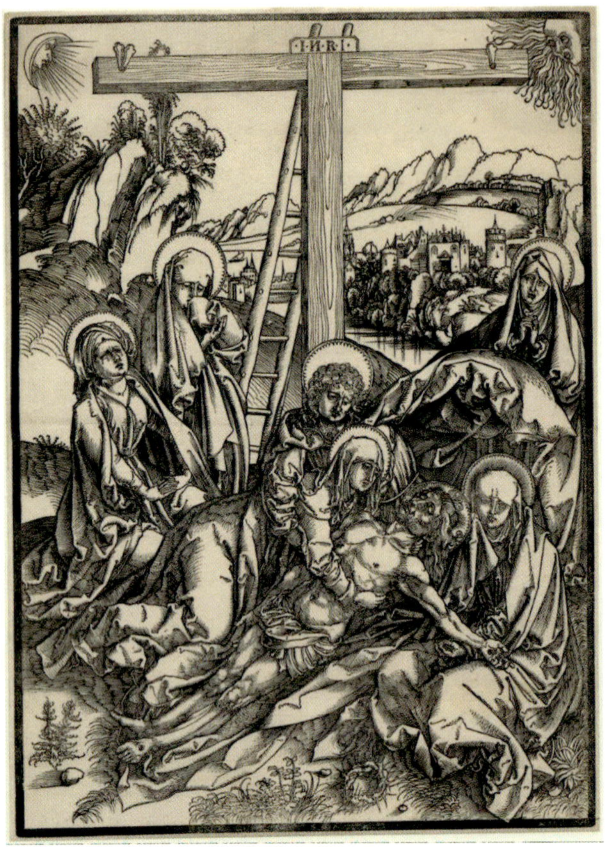

Fig. 03.04. Alberto Durero, *Lamentación*, ca. 1495-1498. British Museum, Londres. © The Trustees of the British Museum.

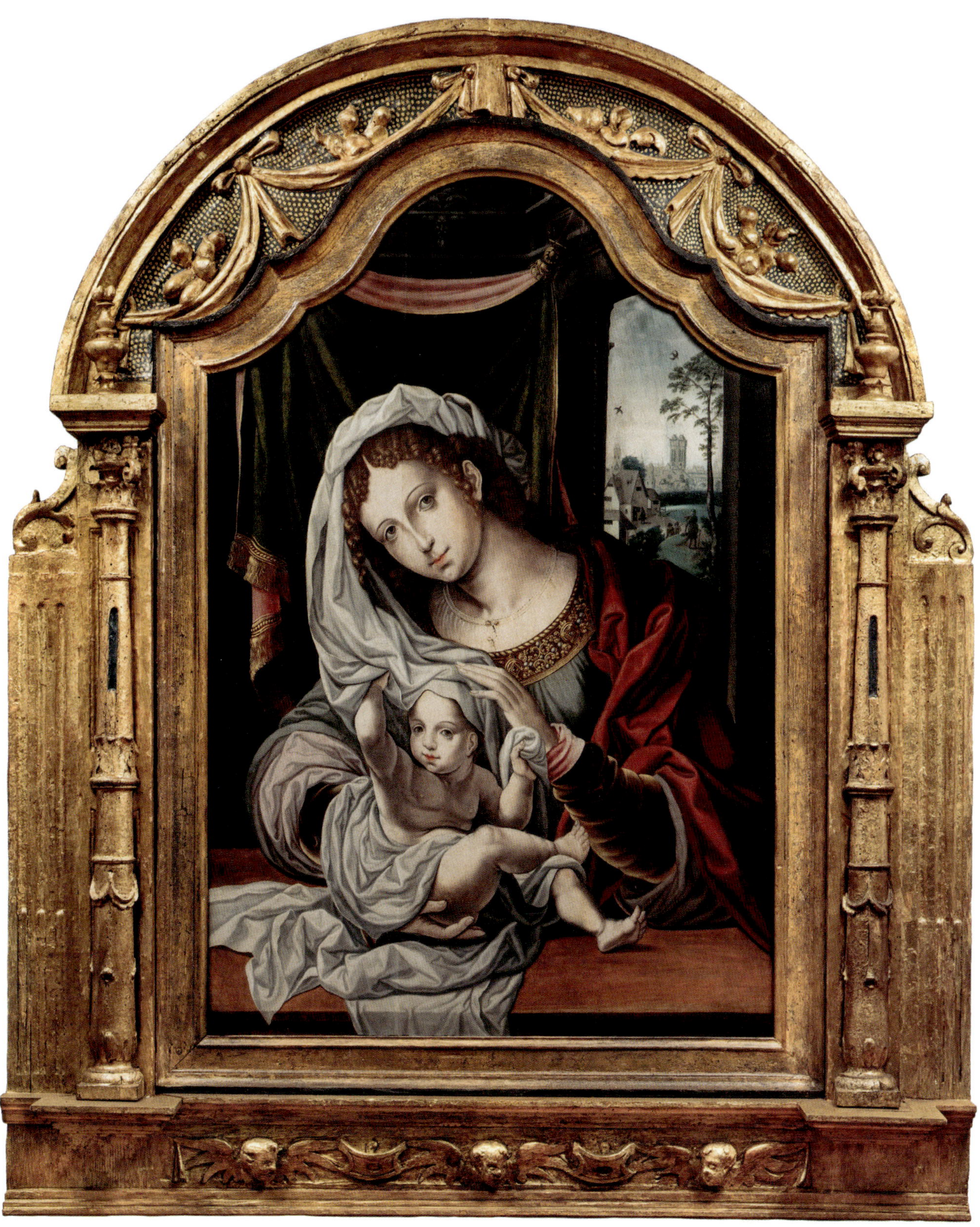

04

Título: *Virgen con el Niño o Virgen del velo*
Autor/taller/escuela: Maestro de Osuna
Código Mosaico (Junta de Andalucía):
014106800930038.0000

Cronología: 1540-1550
Soporte: tabla
Técnica: óleo
Medidas: 105 x 71, 5 cm (s/m); 144 x 121 cm (c/m)
Inscripciones: ninguna sobre la capa pictórica. En el reverso, en cambio, presenta varias marcas de

carpintero incisas en el primer tablón izquierdo del reverso (Fig. 04.05 y 04.07), y la inscripción "Sto. Sepul/cro" en tinta negra en la parte superior del tablón central y tablón derecho.

Localización: sobre una segunda cajonera en la sacristía del Santo Sepulcro.

Procedencia: patio del Santo Sepulcro. Fue realizada para ocupar la hornacina del muro este dentro del programa iconográfico de este patio. Estuvo en ese lugar, posiblemente, hasta principios del siglo XIX. El inventario de 1861 la localiza ya en la "capilla de la Concepción" del Santo Sepulcro, aludiendo a la capilla de la Virgen de la granada. En 1982, estaba en el "despacho del director".

Estado de conservación: el corte radial y el biselado de los extremos de las tablas que conforman el soporte de esta pintura, destinados a mantenerlas estables frente a las variaciones de las condiciones ambientales en su entorno, no han logrado evitar que se deformen. Probablemente, esta contrariedad ha sido provocada por su contacto directo con abundante humedad, como evidencian las manchas y cercos oscuros que destacan en la mitad inferior del reverso, aunque también podría haber influido la eliminación de la preparación que inicialmente debía de cubrir esta cara de la obra, según indican los restos conservados sobre la misma.

Dicha humedad, además, podría haber mermado la consistencia de la madera, igual que el ataque de xilófagos cuyos orificios se observan dispersos por la superficie, incluidas las tiras de tela adheridas a la junta de la tabla izquierda con la central. Este último detalle implica que el ataque se produjo con posterioridad a la adición de esas telas, usualmente encoladas a lo largo de las uniones para reforzarlas durante el proceso de acondicionamiento de los soportes para recibir la pintura, si bien el entramado regular y el apresto de las localizadas en este panel indican que no son originales. En cambio, sí lo son las líneas incisas trazadas sobre la tabla izquierda, que corresponden a marcas realizadas por el fabricante del soporte.

Los orificios producidos por xilófagos también son visibles en el anverso, donde la separación de las tablas ha dado lugar a levantamientos de capa pictórica y preparación, aún sin tratar. En la misma situación están las pequeñas pero abundantes

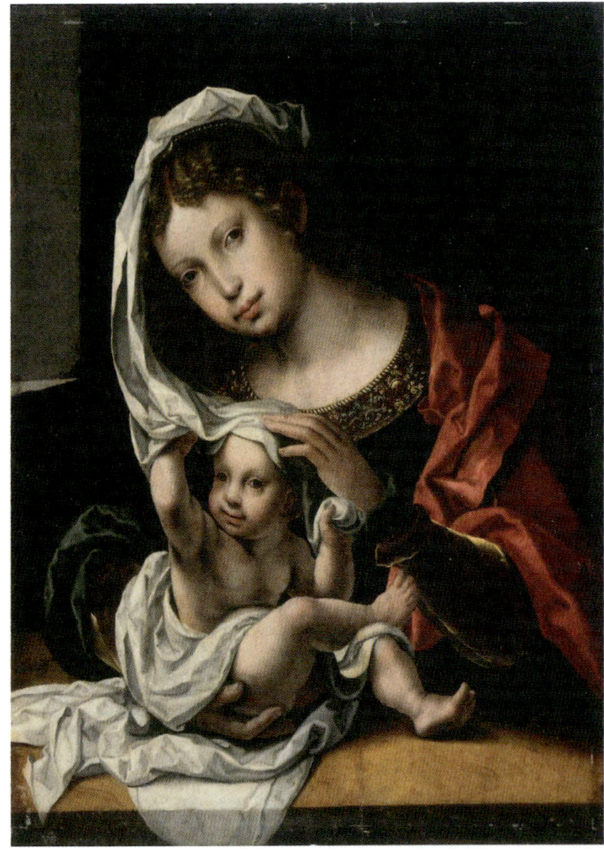

Fɪɢ. **04.01.** Jan Gossaert, *Virgen con Niño*, ca. 1520. © Maurithuis, La Haya.

Fɪɢ. **04.02.** Paul Coecke?, *Virgen del velo*. Colección privada, paradero desconocido.

lagunas que se distribuyen por toda la escena, dejando el soporte a la vista e indicando la deficiente cohesión de los estratos situados sobre este, igual que los levantamientos localizados en zonas como las carnaciones del Niño. A estas alteraciones se suma la distorsión que la oxidación del barniz y la suciedad superficial provocan en los tonos de la composición.

En lo que respecta al marco y a la estructura en la que este se asienta, los cercos provocados por la humedad son especialmente evidentes en la parte inferior derecha del reverso, donde también es notoria la oxidación de los clavos utilizados tanto para ensamblar sus piezas como para mantener la obra sujeta. La intensidad del ataque de xilófagos es tal que se distinguen galerías producidas por estos insectos, al tiempo que en la parte delantera se han localizado pérdidas de materia lígnea, sobre todo en el canto del larguero izquierdo del marco. En el centro del arco que remata el retablo, una grieta se extiende transversalmente y se ramifica en otras dos que se prolongan en diagonal hacia ambos lados, debido a tensiones provocadas por los clavos usados para fijar la pieza del reverso destinada a colgar la obra, que además están oxidados.

Las lagunas de dorado y policromía son especialmente abundantes y dejan la madera a la vista en los relieves de este arco, los capiteles de las columnas y la base donde se sitúan las cabezas de los ángeles. La superficie está muy erosionada y oscurecida en general, debido a los depósitos de suciedad.

Restauraciones: no constan.

Bibliografía:

A. M.ª Ariza y Montero-Coracho, *Bosquejo biográfico de don Juan Téllez-Girón, IV conde de Ureña*, Osuna, 1890, p. 20; *Inventario artístico de Sevilla y su provincia*, I, Madrid, 1982, p. 437; M. Rodríguez-Buzón Calle, *La colegiata de Osuna*, Sevilla, Diputación provincial, 1985, p. 78; R. De Besa Gutiérrez, "Intervenciones en el Santo Sepulcro de la colegiata de Osuna: 1880-1896", *Cuadernos de los Amigos de los Museos de Osuna*, 18, (2016), pp. 105 y 108.

Descripción y comentario:

Esta pintura formaba parte del conjunto que se destinó a los cuatro altares de las esquinas del patio del Santo Sepulcro, o patio de la redención. Su ubicación responde a un cuidado programa iconográfico que se planteó en tiempos del IV conde de

Ureña, y que se vio alterado, especialmente, en el siglo XIX. Esta pintura estaba colocada en el arcosolio abierto en el muro este. A su lado, se desplegaba la gran escena del paraíso y la caída del hombre en el pecado, con su consecuente expulsión.

Entre 1870 y 1880, en el hueco de este altar se abrió una puerta de acceso directo al patio[372]. Hasta entonces, la entrada se hacía a través de la puerta que daba al pasillo de la sacristía. Sin embargo, es muy probable que la pintura ya no estuviera en este altar del patio a mediados del siglo XIX, aunque sí su marco arquitectónico, pues en el inventario de 1861 se citan los cuatro altares del patio, y en ninguno de ellos se describe esta Virgen con el Niño[373]. Sí hay una referencia en el mismo inventario a una "Virgen de Belén" en un formato de medio punto cuyas medidas encajarían con las de la pintura sin el marco arquitectónico (84 x 56 cm): "Otra lámina de la V[irgen] de Belén de medio punto, de medio punto (sic) en tabla, de una vara de alto y una menos tercia de ancho, con la(sic) cuadro dorado aunque viejo, al parecer regular, movible, en la expresada capilla"[374]. La expresada capilla a la que se refiere el inventario es la que se indica en la primera entrada de este inventario como "capilla de la Concepción" del Santo Sepulcro, donde está la Virgen apocalíptica rodeada de sol que comúnmente se le llama "de la granada"[375]. En 1982, año de la publicación del inventario general de Sevilla y su provincia, se

---

372 Para este asunto: R. De Besa Gutiérrez, "Intervenciones en el Santo Sepulcro…", *op. cit.*, pp. 103-109.

373 "Cuatro láminas, enmarcadas en los altares el patio, formando todas en medio punto, de vª alto y de menos 1/2 tercia ancho- El descendimiento, la despedida de Jesús de su Madre, El Calvario, y un nacimiento, regular". Ynventario de ornamentos, alhajas y efectos del Sto. Sepulcro de los Excmos. Sres. Duques de Osuna, hecho con intención del Admor. D. Antonio de Contreras en 7 de agosto de 1861". BTNT-CSIC, Archivo Francisco Rodríguez Marín, B.I.V. Historia, caja 19, 6.1. (8), fol. 2.

374 "Ynventario de ornamentos, alhajas y efectos del Sto. Sepulcro de los Excmos. Sres. Duques de Osuna, hecho con intervención del Admor. D. Antonio de Contreras en 7 de agosto de 1861". BTNT-CSIC, Archivo Francisco Rodríguez Marín, B.I.V. Historia, caja 19, 6.1. (8), fol. 1.

375 Esta imagen y el retablo fueron hechas exprofeso para esta capilla y coincide en tiempo al momento en que se está realizando el conjunto de los altares de la capilla del Santo Sepulcro. Ha sido atribuida tanto a Roque de Balduque, artista con el que el conde de Ureña está contratando los retablos del Santo Sepulcro y un Calvario y Cristo flagelado (A. J. Santos Márquez, "Sobre el escultor Roque de Balduque y sus trabajos para IV conde de Ureña…, *op. cit.*, pp. 393-404); como a Diego Guillen Ferrant. C. J. Sánchez *Távora*, "Capilla de la Virgen de la granada. La recuperación de un espacio singular", *Cuadernos de los Amigos de los Museos de Osuna*, n.º 13, (2011), pp. 109-112.

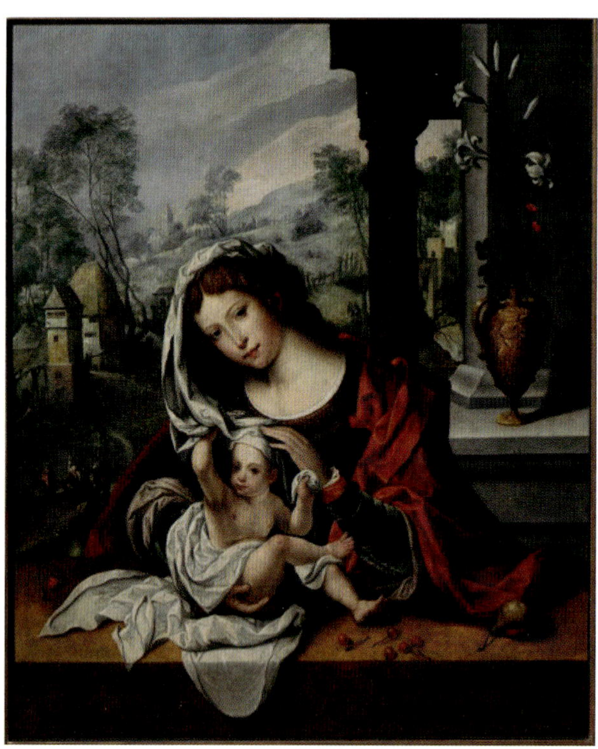

localiza en el "despacho del director", junto con el díptico de la *Virgen Dolorosa* y *Ecce Homo*[376].

La escena transcurre dentro de un interior, donde la Virgen de medio cuerpo presenta a su Hijo jugando con su velo. El origen de esta iconografía, conocida por la historiografía como de la *Virgen del velo*, se sitúa en un prototipo perdido creado por Jan Gossaert (Fig. 04.01), pero del que se conservan copias y variantes[377]. En este caso, un paño de

terciopelo verde, con raso en el reverso, sirve de enmarque a la figura de la Virgen. A la derecha se abre un vano que deja ver un paisaje urbano con pequeñas figuras y las torres de una iglesia al fondo.

Este modelo de la Virgen con el velo tuvo gran éxito y fue muy repetido por la escuela pictórica de Amberes a mediados del siglo XVI con distintas modificaciones. Uno de los maestros que más lo difundió fue Pieter Coecke y su taller, y, en particular, su hijo ilegítimo, también pintor, Paul Coecke. De hecho, Karel van Mander destaca esta habilidad de Paul de copiar composiciones de Jan Gossaert al hablar de su producción[378], de ahí que se haya asumido que tras estas Vírgenes con el velo estuviera su taller.

Precisamente, el rafaelismo que desprende la obra procede de esta influencia de Gossaert. Algunas obras similares, originalmente atribuidas a Gossaert, se restituyeron a los pinceles de Paul Coecke. El estudio de la obra de Rafael a través de las estampas que llegaban a los Países Bajos también influye en el romanismo de su estilo. La ternura y naturalidad que tiene el "jugueteo" del niño con el velo aporta a la composición una frescura que también recogerán los pintores flamencos que le siguen. En el caso de la pintura de Osuna, la connotación italiana se acentúa además con el árbol al fondo a la derecha, esbelto, de ramas finas y copa abierta, y que recuerda a modelos de pintores de la escuela de Umbría, como Perugino. Ese juego del Niño con el velo es una premonición de la mortaja con la que se cubrirá su cuerpo tras su muerte en la cruz. Por lo tanto, su inclusión dentro del mismo conjunto de escenas del ciclo de la redención y pasión de Cristo, encaja perfectamente con el espacio donde fueron colocadas: el patio del lugar de enterramiento de los condes de Ureña y duques de Osuna.

La tipología de esta Virgen con Niño y velo es un ejemplo de la popularidad de algunos tipos iconográficos, con difusión y exportación más allá del ámbito flamenco. De ello dan fe las numerosas copias y réplicas que se conservan en distintas colecciones, como la de Osuna. El fluido comercio con Flandes,

---

376 *Inventario artístico de Sevilla y su provincia*, I, Madrid, 1982, p. 437.

377 Paul Fierens habla de un prototipo perdido de Gossaert del que se conserva una réplica de menor tamaño en el Maurithuis de La Haya. El modelo de Gossaert presenta una mesa que sirve de apoyo al Niño, y que es sustituida por un antepecho en las versiones posteriores, como la de Osuna. P. Fierens, "Une nouvelle Madonna de Gossaert", *Bulletin des Museus Royaux de Beaus-Arts de Belgique*, III, (1954), p. 93. Una ficha catalográfica y su consiguiente reproducción de esta obra de Gossaert se incluye en M. W. Ainsworth, S. Alsteens, S. y Nadine M. Orestein, *Man, Myth, and Sensual Pleasures. Jan Gossart's Renaissance*, The Metropolitan Museum of Art, New York, 2010, pp. 154-157. Elisa Bermejo y Carmen Soto, así como Ana Diéguez Rodríguez, se harán eco de la apreciación de Fierens. E. Bermejo y C. Soto Serrano, "Un reflejo del arte de Paul Coecke en la Virgen con el Niño de San Juan Teitipac (México)", *XIII Congreso Internacional de Historia del Arte. Ante el nuevo milenio: raíces culturales, proyección y actualidad del arte español*. Granada, 2 Vols., 2000, vol. II, p. 651; A. Diéguez Rodríguez,

La Pintura flamenca del siglo XVI en el norte de España: Galicia, Asturias, Cantabria, País Vasco y Navarra, 2 vols., Tesis doctoral, Universidade de Santiago de Compostela, 2012, I, p. 622. Esta vinculación con Gossaert ya fue establecida por M. Rodríguez-Buzón Calle, *La colegiata…, op. cit.* p. 78.

378 K. van Mander, *Het Schilderboek*, 1604, fol. 218v., ed. H. Miedema, *Karel van Mander. The Lives of the Illustrious Netherlandish and German Painter*, vol. 1-5, Doornspijk, 1994-1998, I, p. 133.

ya desde el siglo XV y que satisfacía los gustos de la clientela española, explica también la presencia de una obra de estas características en una colección española[379]. La posición y gesto de la Virgen y el Niño se mantienen en las distintas variantes iconográficas, difiriendo en los detalles del fondo, que suelen introducir cortinas, columnas o ventanales abiertos mostrando parte de un paisaje. En el primer plano, de medio cuerpo y dirigiéndose hacia el espectador, se simplifica el episodio de la huida a Egipto en el momento en que hacen una parada en el camino. La madre y el hijo descansan, entretenidos entre ellos, mientras san José está buscando acomodo o comida para el trayecto[380]. El vano que se abre a la izquierda deja ver un paisaje con una ciudad al fondo. En la primera casa, una mujer se asoma a la puerta para atender a un hombre barbado que podría identificarse con san José. El perfil de la ciudad, con una torre cuadrangular con dos vanos geminados terminada en un tejado doble a dos aguas, parece reproducir de forma esquemática la torre de la iglesia de Santiago de Amberes, cuya estructura estaba ya levantada hacia 1533, pero que nunca llegó a terminarse. Esta cronología encaja bien con el momento de ejecución de la obra, entre 1530 y 1545, y las influencias que se observan en la misma. Además, es interesante que, precisamente, sea la iglesia de Santiago la que se reproduce, pues en torno a esta iglesia se asentaba la comunidad española más importante del momento, ayudando a sufragar parte de los gastos de su construcción por tener al apóstol Santiago como patrono de la "nación española" en Amberes[381].

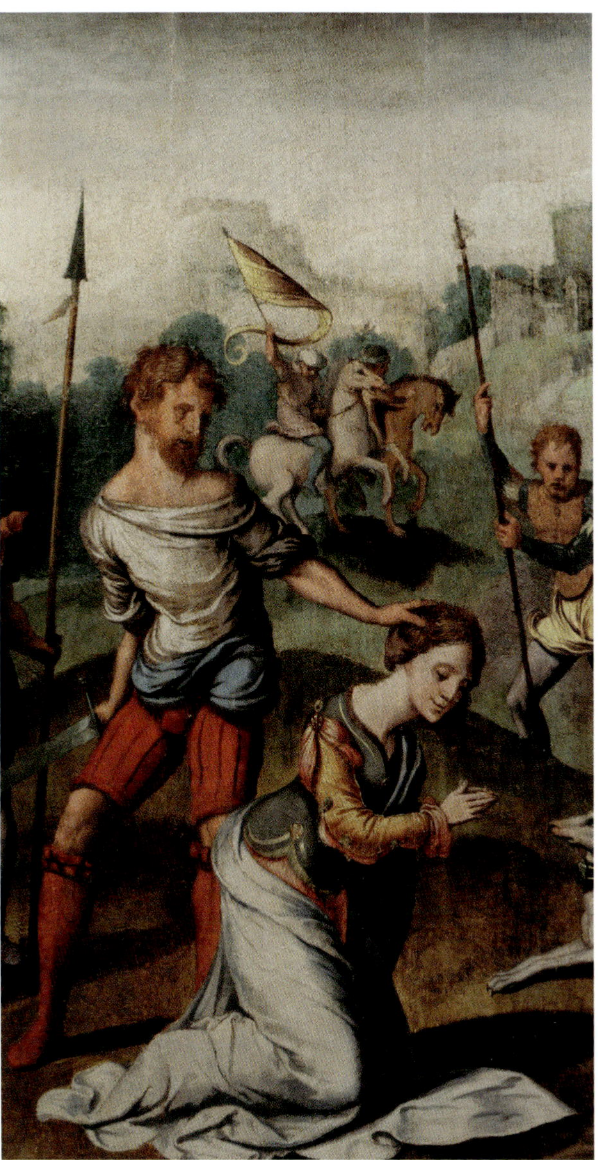

Fig. 04.04. Maestro de Osuna (aquí atribuido). *Decapitación de santa Catalina*, detalle, mediados del siglo XVI. Iglesia de san Vicente, Sevilla. © Junta de Andalucía. Foto: Pepe Morón.

---

379 Otros ejemplos en el patrimonio español lo encontramos en el trascoro de la colegiata de Nuestra Señora del Manzano en Castrojeriz (Burgos) o en la catedral de Palencia. E. Bermejo y C. Soto Serrano, "Un reflejo del arte de Paul Coecke…", *op. cit.*, pp. 651; 655 (Fig. 6) y 656 (Fig. 7).

380 Más evidente de esta relación con el episodio de la huida a Egipto están las versiones del tema por parte de Paul Coecke de los Museos Reales de Bruselas (inv. n.º 587), Museo de la Chartreuse de Douai (inv. n.º 283), o colección privada de Madrid, donde en el paisaje del fondo se incluye a la Sagrada Familia sobre un jumento. M. Díaz Padrón, "La Virgen y el Niño en la huida a Egipto de Paul Coecke van Aelst", *Philostrato. Revista de historia y arte*, 8 (2020), pp. 61-71, [DOI: https://doi.org/10.25293/philostrato.2020.08] [En línea: http://philostrato.revistahistoriayarte.es/index.php/moll/article/view/philostrato.2020.08/523; consultada: 22-06-2021].

381 Tres de los mercaderes más solventes viviendo en Amberes se ocuparon de donar el dinero necesario para levantar el coro y tres capillas del transepto. Los mercaderes eran Antonio de Polanco, Alonso de Santa Gadea y Diego de Santa Cruz. Rijksarchief Antwerpen Kerkchief Saint-Jacobs, Antwerpen, sig. 251a/28. Transcripción por Jeffrey Muller, *St.*

A pesar de toda la dependencia de los modelos de Virgen con Niño que repiten esta composición, la reflectografía (Fig. 04.08) permite advertir que el pintor no se valió de ninguna plantilla para la escena, por lo menos no se ha detectado. Sí, en cambio, se ve que el diseño se hace a través de un medio líquido aplicado a pincel. Los trazos oscuros delimitando los perfiles y las sombras se observan en el rostro de la Virgen, en especial en la ceja derecha del personaje, que se ha bajado respecto a la

---

Jacob's Antwerp Art and Counter Reformation in Rubens's Parish Church, Brill, Leiden-Boston, 2016, p. 29, nota 55.

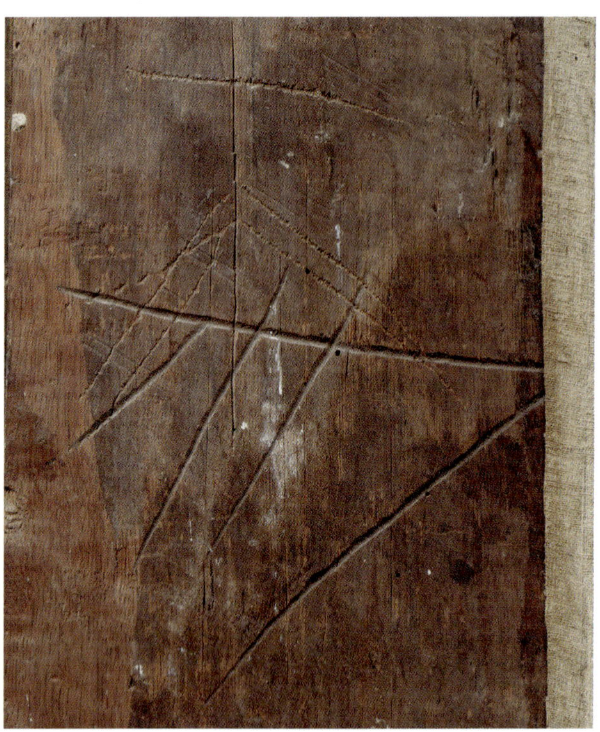

FIG. 04.05. Maestro de Osuna, *Virgen del velo*, marcas de carpintero incisas en el reverso. Sacristía del Santo Sepulcro, colegiata de Nuestra Señora de la Asunción, Osuna. © Junta de Andalucía. Foto: Pepe Morón.

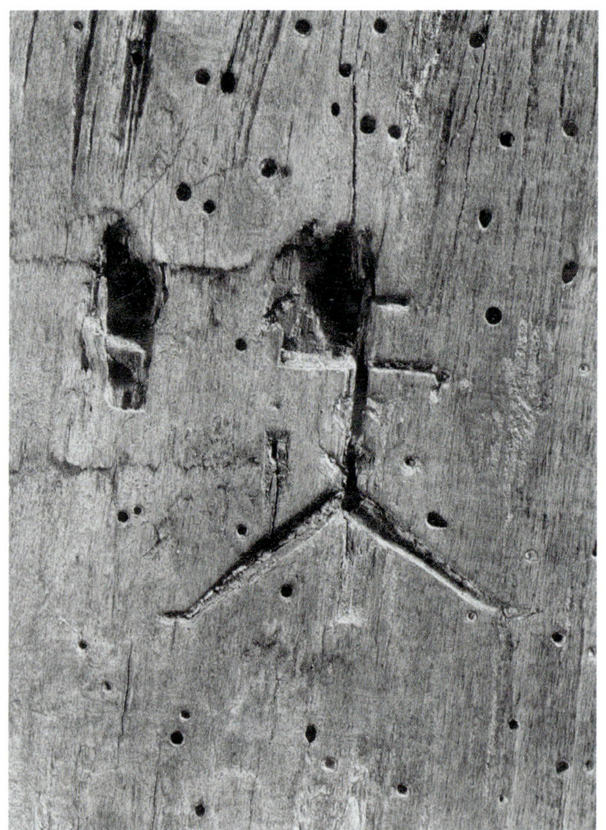

FIG. 04.06. Joost van Santvoort, *Santa Ana y la Virgen*, escultura, marca incisa. Begijnhof, Amberes © KIK-IRPA, Bruselas (cliché E017169).

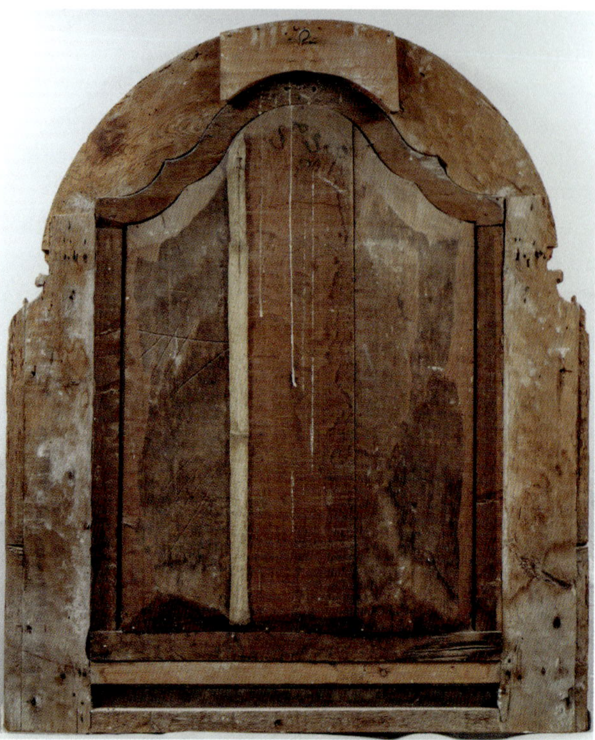

FIG. 04.07. Maestro de Osuna, *Virgen del velo*, reverso. Sacristía del Santo Sepulcro, colegiata de Nuestra Señora de la Asunción, Osuna. © Junta de Andalucía. Foto: Pepe Morón.

propuesta primera, y en el entorno del rostro, desde la sien hasta la barbilla. También los plegados arremolinados de la manga derecha de la Virgen traslucen esas líneas anchas y fluidas que marcan las zonas que deben sombrearse. Una de estas líneas debió de diseñarse por error en el centro del cuello de la Virgen, que delata el tipo de procedimiento empleado para el diseño. En el paisaje, en cambio, sí parece que el artista recurrió a un medio seco y fino para su definición. El perfil de la torre de la iglesia parece más alto, llega hasta el comienzo de las ramas más bajas del árbol; y la torre de la izquierda también ha reducido su tamaño respecto al perfil que muestra el dibujo subyacente.

El modelo concreto de la pintura de Osuna se encuentra en obras enmarcadas dentro del círculo o taller de Pieter Coecke, como las conservadas en colecciones privadas de Stuttgart[382], Viena[383],

382 M. W. Ainsworth, S. Alsteens, S. y N. M. Orestein, *Man, Myth, and Sensual Pleasures…, op. cit.*, p. 157, Fig. 160.

383 Dorotheum, Viena, (14-16 de marzo de 1957, n.º 2). Anteriormente, en la colección de Alfred Gerasch, en Viena. Según la nota personal de Max Friedländer del 19 de junio de 1944 en el reverso de la fotografía en el archivo fotográfico de este autor conservado en el Rijksbureau de La Haya. [En línea: https://rkd.nl/nl/explore/images/record?-

o la del Museo Real de Bellas Artes de Amberes (inv. n°183)[384]. Respecto a la obra de Stuttgart (Fig. 04.02) repite el gesto y postura de la Virgen y el Niño, así como el color de los paños, siendo característico la filigrana bordada de hilo de oro y perlas que decora el escote del vestido de la Virgen, aunque prescindiendo del fino paño transparente que sí ciñe su cuello en el ejemplar de Osuna. Asimismo, la obra conservada en Stuttgart simplifica el fondo, colocando simplemente parte de una ventana en la izquierda de la composición, sin ninguna referencia paisajística. También en el comercio español se conserva un modelo similar al de Stuttgart, atribuido a Paul Coecke, que añade una cortina verde de fondo, y una manzana en el antepecho sobre el que se apoya el Niño[385].

En cuanto a las obras de Amberes y Viena, difiere en el lado de colocación de la ventana, que además no incluyen ningún paisaje —en el caso de la pintura de Amberes, se coloca un jarrón con lirios—, además de que ambas añaden unas cerezas en el antepecho del primer plano. También hay que hacer mención de otra obra localizada en el mercado artístico atribuida a Pieter Coecke[386]. Es interesante ya que, junto con el amplio paisaje de fondo con escenas de la huida a Egipto, enriquece la iconografía al añadir la figura de dos ángeles: uno cerrando la izquierda de la composición sujetando distintas frutas, y otro de menor tamaño sosteniendo una corona, sobrevolando la figura de la Virgen.

Hay que mencionar también otro autor como es el denominado Maestro del hijo pródigo. Pintor relacionado asimismo con Pieter Coecke, es uno de los artistas que más repite este modelo de la Virgen con el velo, y con quien se pueden relacionar las tablas conservadas en la colección del Museo de Bellas Artes de Sevilla, variando sólo el fondo (n.°

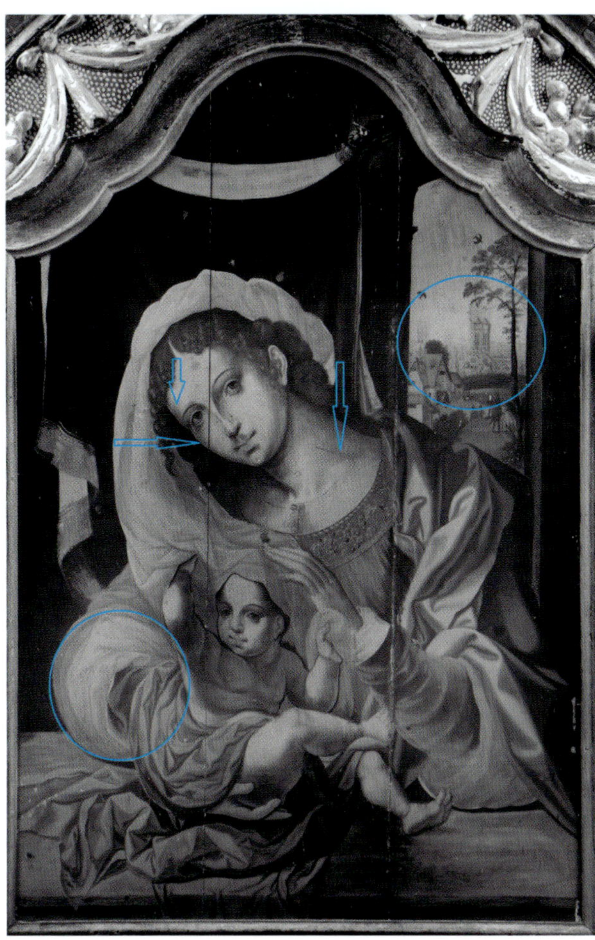

Fig.04.08. Maestro de Osuna, *Virgen del velo*, reflectografía. © Junta de Andalucía. Foto: Pepe Morón.

registro 3-5854)[387]; la del Museo Nacional de Varsovia (Inv. n.° M.Ob63 NMW)[388]; la de la cartuja de Douai, con un amplio paisaje y un jarrón con un lirio a la derecha (Fig. 04.03), y, finalmente, la versión variando el jarrón de la colección Kleinderber de Nueva York[389].

A pesar de todas estas relaciones directas con los modelos señalados del Maestro del hijo pródigo, el artista de esta pintura responde en la aplicación de las sombras y el tratamiento de los plegados a las maneras del Maestro de Osuna, especialmente significativa es su comparación con los del manto de

---

filters[kunstenaar]=Coecke+van+Aelst%2C+Pauwels&query=&start=1. Consultada: 1-02-2020]. Marlier la atribuye a Paul Coecke. G. Marlier "Paul Coeck et la Vierge au voile", en *La Renaissance Flamande: Pierre Coeck d'Alost*, Bruselas, 1966, p. 245.

384 En su momento atribuida a Jan Gossaert. M. J. Friedländer, "Ein neues Madonnenbild Jan Gossaerts", Der Cicerone 9. (1917), p. 121. [En línea: https://rkd.nl/nl/explore/images/record?filters[kunstenaar]=Coecke+van+Aelst%2C+Pauwels&query=&start=0. Consultada: 1-02-2020]. Por su parte, Vandamme la sitúa como obra de la escuela en el sur de los Países Bajos de la primera mitad del siglo XVI. E. Vandamme, *Catalogus Schilderkunst. Oude Meesters. Koninklijk Museum voor Schone Kunsten*, Antwerpen, 1988, p. 471.

385 Theotokópoulos, Cat. 2012: *Maestros del clasicismo (s. XV-XVII)*. Taller de restauración, 2012, pp. 38 y 39.

386 Nueva York, Christie´s Nueva York, 5 de abril de 2008, lote n.° 6.

---

387 Esta obra se ha localizado a través de una fotografía de 1949 conservada en el archivo de Laboratorio de Arte de Sevilla.

388 (Óleo sobre tabla, 88,5 x 69,5 cm) G. Koppel, "Catalogue. Works from the Collection of the National Museum in Warsaw", en *With a Curious Eye. Mannerist Painting from the National Museum in Warsaw*, Kadrioru Kunstimuseum, Tallinn, 2017, pp. 50-51.

389 Nueva York, Christie´s, 12 de enero de 1994, n.° 237. (T. 127 x 104, 8 cm).

santa Catalina del *Tríptico de la familia Bravo* en la iglesia de San Vicente de Sevilla (Fig. 04.04).

Por último, hay que mencionar que de las cuatro tablas de importación colocadas en el patio del Santo Sepulcro esta es la única de todas que aún conserva el marco original, y no ha sido engatillada, al no haber sido incluida en la restauración del año 1966[390]. Por eso presenta las marcas incisas en la madera, en el reverso de la tabla, y que dibuja un monte coronado con una cruz (Fig. 04.05). Una marca similar se encuentra en una escultura de *Santa Ana y la Virgen* de Joos Van Santvoort, aunque en este caso se trata de una cruz patriarcal de doble travesaño horizontal (Fig. 04.06)[391].

390 Sobre esta restauración en el Instituto de Patrimonio de Madrid, ver los respectivos estudios de las tres obras citadas que conforman el conjunto pictórico en el que se incluye esta tabla.

391 *C.* Vandenbussche-Van den Kerhove, "Rombout De Drijver en Joos Van Santvoort, beeldhouwers van de 16de eeuw", *Handelingen van de Kon. Kring voor oudheidkunde letteren en kunst van Mechelen*, LXXXII, (1978), p. 186 y p. 192, Fig. 6.

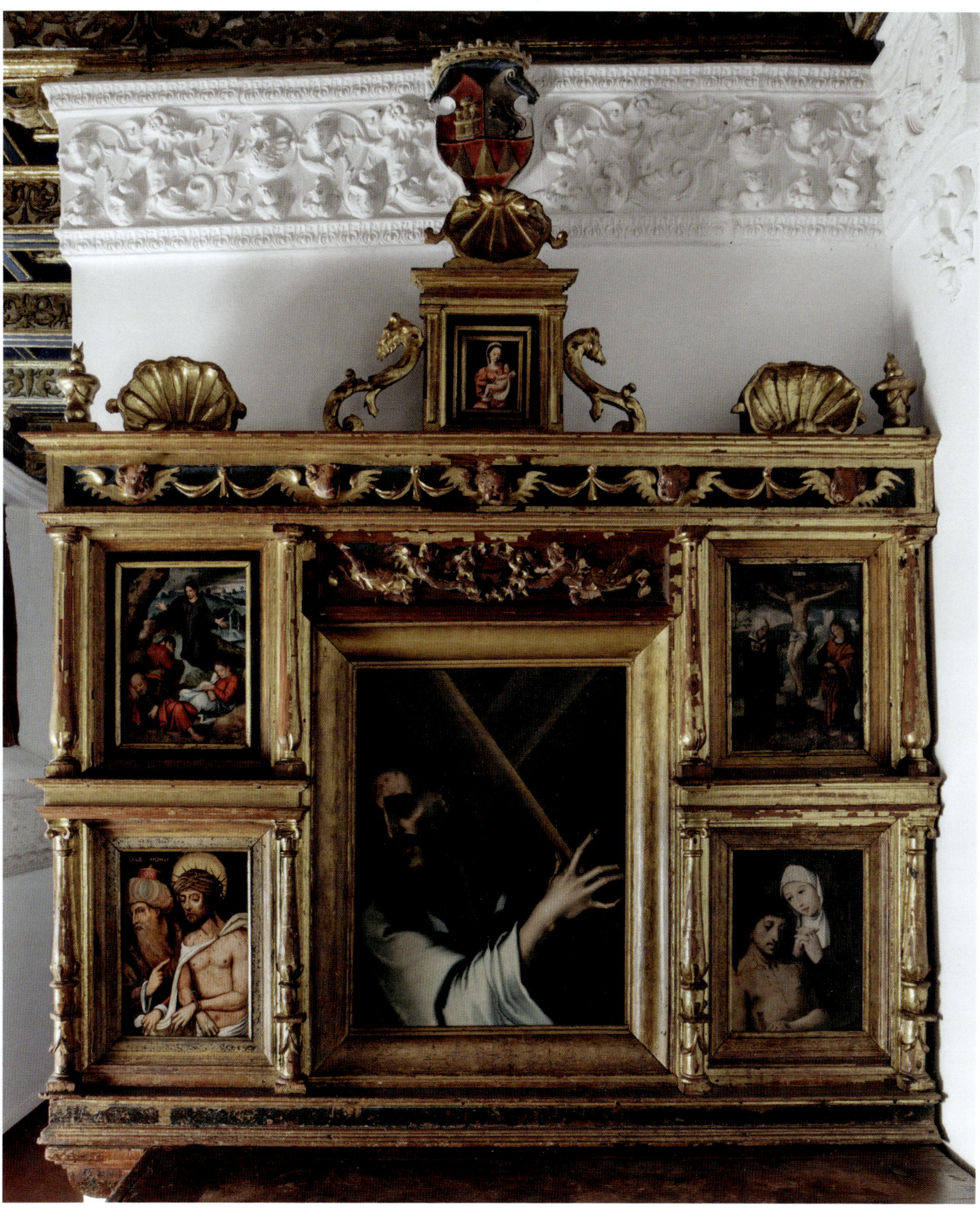

05

Título: *Retablo de la pasión*
Autor/taller/escuela: Taller de los Ortega
Código Mosaico: 014106800930032.0000

Cronología: 1540-1550
Medidas: 200 cm x 175 cm.
Localización: sobre una cajonera en la sacristía del Santo Sepulcro.
Procedencia: *in situ* desde su colocación antes de 1555.

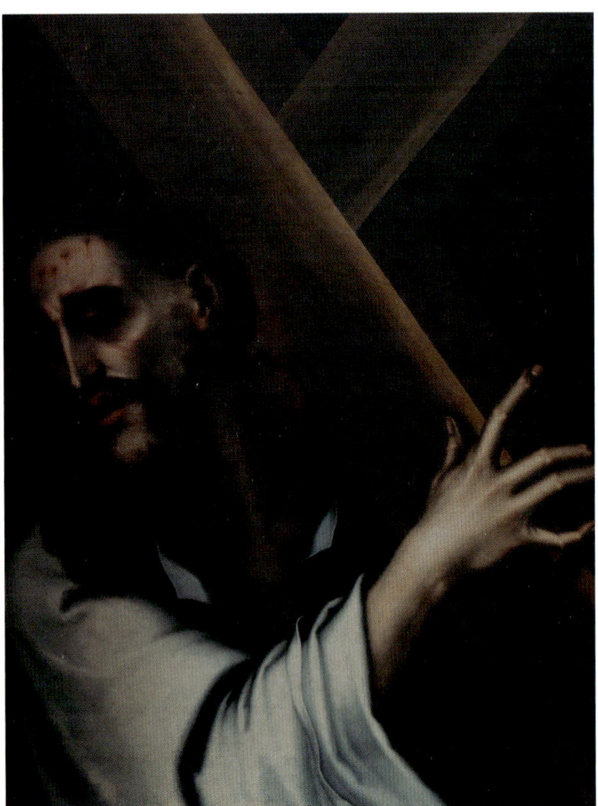

Estado de conservación: este retablo está adosado a una pared que impide acceder a su reverso para examinarlo y tomar fotografías que lo documenten. Por este motivo, el estado de las pinturas se ha estudiado desde la cara delantera.

Descripción y comentario:

Retablo de tres calles y ático, las calles laterales del primer cuerpo están acotadas por columnas abalaustradas, mientras que las del segundo cuerpo presentan columnas toscanas. La calle central está ocupada por una pintura de Cristo con la Cruz a cuestas, y las laterales con escenas de la Pasión, de escuela flamenca del siglo XVI.

El retablo coincide en época y estructura con los retablos renacentistas de mediados del siglo XVI. En este sentido, aparte de Roque de Balduque, que estaba trabajando de forma activa en los retablos de la capilla del Santo Sepulcro, el otro entallador en relación directa con estos trabajos para el Santo Sepulcro es Bartolomé de Ortega[392]. Su taller va a estar muy involucrado con los trabajos para el IV conde de Ureña, al igual que lo estaba el de Nicolás de León, con quien coinciden trabajando tanto Hernando de Esturmio como Juan de Zamora. Lamentablemente, de este último entallador no se conserva el retablo original que se le encargó para la capilla de la Inmaculada Concepción de la colegiata, que permitiría reconocer sus características. No obstante, este retablo de la sacristía donde está este *Jesús camino del Calvario* de Luis de Morales y taller como escena principal, responde al tipo de retablo plateresco derivado del modelo del retablo mayor de santa Ana de la iglesia de Triana en Sevilla, concertado en 1542, y, por tanto, donde el uso de balaustres separando las calles y la decoración, más simplificada, en el entablamento de querubines y veneras, enlaza con las propuestas más innovadoras de este momento como señala Palomero Páramo[393].

392 J. Hernandez, *Arte y artistas del Renacimiento en Sevilla. Documentos para la Historia del Arte en Andalucía*, tomo VI, Sevilla, 1933, pp. 61-63; A. J. Santos Márquez, "Patrocinio y mecenazgo de don Juan Téllez-Girón…", *op. cit.*, s/p. [El línea: https://digitum.um.es/digitum/handle/10201/44651, (Consultada: 16-06-2021)].

393 J. Palomero Páramo, "Definición, cronología y tipología del retablo sevillano del Renacimiento", *Imafonte*, 3-4-5, (1987-89), pp. 56-58.

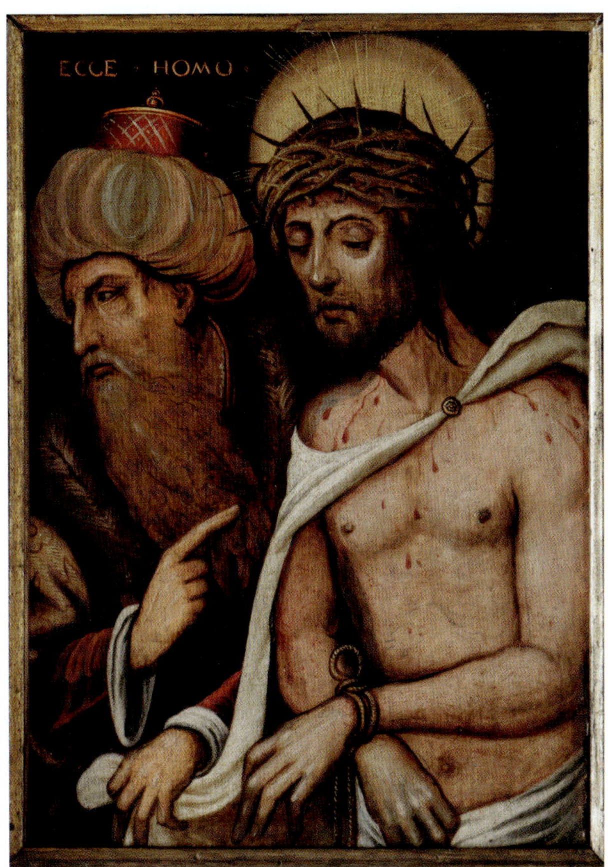

Cat. 05.01.

05.01

Título: *Ecce Homo*
Autor/taller/escuela: Taller del Maestro del hijo pródigo
Código Mosaico (Junta de Andalucía): 014106800930033.0000
Cronología: 1540-1550
Soporte: tabla
Técnica: óleo
Medidas: 40,4 x 29 cm (s/m); 52 x 42 cm (c/m)
Inscripciones: no consta ninguna en el anverso (el reverso no se ha podido revisar por estar ajustado a un retablo).
Localización: primer cuerpo de la calle del evangelio.

Estado de conservación: no se han observado alabeos, grietas ni otros posibles deterioros que puedan comprometer la estabilidad de la madera utilizada como base en esta obra. Los estratos mantienen buena cohesión entre sí, aunque se han diferenciado cuarteados reticulares, principalmente

concentrados en el turbante y la barba de Pilatos, que podrían derivar en levantamientos.

Igualmente, se han detectado pequeñas lagunas de pintura y reintegraciones en el fondo y en las sombras de los ropajes. Estas últimas destacan por su distinta tonalidad respecto a las zonas que las circundan, una alteración de la armonía estética de la composición a la que también contribuyen la oxidación de la película de protección y la suciedad superficial.

Por otro lado, en el marco son evidentes la separación de travesaños y largueros, las pérdidas de dorado que afectan al filo y al canto, y las de policromía localizadas en la entrecalle, donde la madera queda a la vista prácticamente en su totalidad.

Restauraciones: no constan.

Bibliografía:
R. De Besa Gutiérrez, "Intervenciones en el Santo Sepulcro de la colegiata de Osuna: 1880-1896", *Cuadernos de los Amigos de los Museos de Osuna*, 18 (2016), p. 108.

Descripción y comentario:
Esta escena de medio cuerpo muestra a Poncio Pilatos presentando al reo a la multitud. Sobre un fondo oscuro, concentra en el primer plano la figura de Cristo tras haber sido azotado en el pretorio y coronado de espinas junto a la figura de perfil de Pilatos. La tabla fue elegida para formar parte del retablo de la Pasión que se coloca en la sacristía de la capilla del Santo Sepulcro entre 1551 y 1558. En el inventario de este último año del Santo Sepulcro ya cita esta pintura en el este retablo, lugar donde continúa en 1861 cuando se hace la memoria para la Comisión de monumentos histórico- artísticos de la provincia de Sevilla:

"En el mismo retablo de la sacristia/ cinco láminas de madera, cuatro de 1/2 vara y 1/a ancho es el Crucificao, Ecce Homo/ Virgen de los Dolores y la oración en/ el Huerto de 1/ tercia de alto y 3 pies de ancho, regulares, no son movibles"[394].

---

394 BTNT-CSIC, Archivo Rodríguez Marín, B. I. V. Historia, caja 19, Serie 6.1 (8). "Inventario de los ornamentos, alhajas y efectos del Santo Sepulcro de los Excelentísimos Duques de Osuna hecho con intención del Admor, D. Antonio de Contreras, 7 de agosto de 1861", pliego 1, fol. 1v.

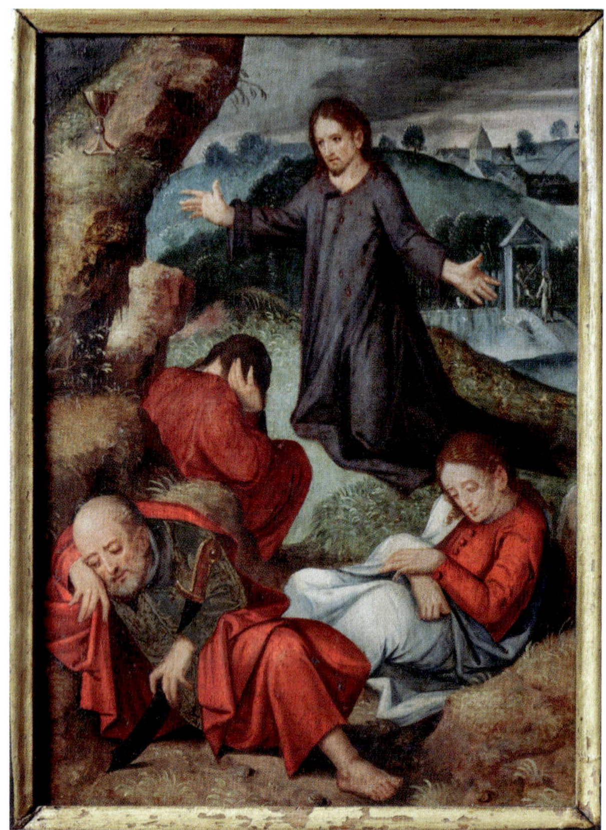

05.02

Título: *Jesús en el huerto de los Olivos*
Autor/taller/escuela: Taller del Maestro del hijo pródigo
Código Mosaico (Junta de Andalucía): 014106800930034.0000
Cronología: 1540-1550
Soporte: tabla
Técnica: óleo
Medidas: 38,5 x 28,5 cm (s/m); 51 x 42 cm (c/m)
Inscripciones: no consta ninguna en el anverso (el reverso no se ha podido revisar por estar ajustado a un retablo).
Localización: segundo cuerpo de la calle del evangelio.

Estado de conservación: en esta pintura tampoco se han hallado alabeos, grietas ni otros posibles deterioros de su soporte de madera. La preparación parece estar bien adherida, no así la capa pictórica, pues se han observado levantamientos en la esquina superior izquierda; pequeñas lagunas en los ropajes de los personajes, en el pie y la mano izquierda del

situado en primer plano; y reintegraciones cromáticas que resaltan por su distinta tonalidad respecto al entorno que las circunda. En relación con esto, se han localizado concentraciones de cuarteados en el centro del cielo, en torno a las mangas de Cristo y en la cola de su túnica, indicando un posible uso inadecuado de los materiales en esas áreas. Esto último también podría haber motivado la degradación de la pintura en la túnica del personaje más próximo al espectador que, junto con la suciedad en superficie y la desigualdad tonal de las reintegraciones cromáticas antes señaladas, contribuye a alterar la estética de la escena.

Los largueros y travesaños del marco están separados. De hecho, en la zona de la unión del larguero izquierdo con el travesaño inferior se ha producido una grieta que afecta a todos los estratos, incluida la madera de la moldura, cuyo interior ha quedado a la vista, igual que en dos pérdidas de materia producidas por xilófagos a la derecha. Los levantamientos y lagunas se distribuyen por toda la superficie, como prueba de los problemas de adhesión que afectan a los aparejos y al dorado en el filo y en el canto, así como a la policromía en la entrecalle.

Restauraciones: no constan.

Bibliografía:

R. De Besa Gutiérrez, "Intervenciones en el Santo Sepulcro de la colegiata de Osuna: 1880-1896", *Cuadernos de los Amigos de los Museos de Osuna*, 18 (2016), p. 108.

Descripción y comentario:

Esta escena presenta a Jesús en oración en el monte de los Olivos con los tres apóstoles: san Pedro, barbado y calvo en el primer plano con la espada con la que cortará la oreja de Malco; san Juan a la derecha, imberbe, y Santiago de espaldas en el segundo plano, dormido en otra postura completamente opuesta a la de sus compañeros. La escena se repite en la pintura del mismo tema que se conserva en la saleta de la sacristía de la colegiata (véase Cat. n.º 15). Jesús está de rodillas delante del cáliz que se le aparece a la izquierda. Al fondo, a la derecha, en un cuarto plano, se ve a Judas y a los soldados que vienen con antorchas para prenderle.

Es una historia recurrente dentro del taller del Maestro del hijo pródigo, pues otra versión apareció en colección privada, donde el fondo se simplifica bastante frente a las propuestas de Osuna.

El inventario de 1558 del Santo Sepulcro ya cita la pintura en el retablo, y ahí continúa en 1861 cuando se hace la memoria para la Comisión de monumentos histórico-artísticos de la provincia de Sevilla:

"En el mismo retablo de la sacristia/ cinco láminas de madera, cuatro de 1/2 vara y 1/a ancho es el Crucificao, Ecce Homo/ Virgen de los Dolores y la oración en/ el Huerto de 1/ tercia de alto y 3 pies de ancho, regulares, no son movibles".

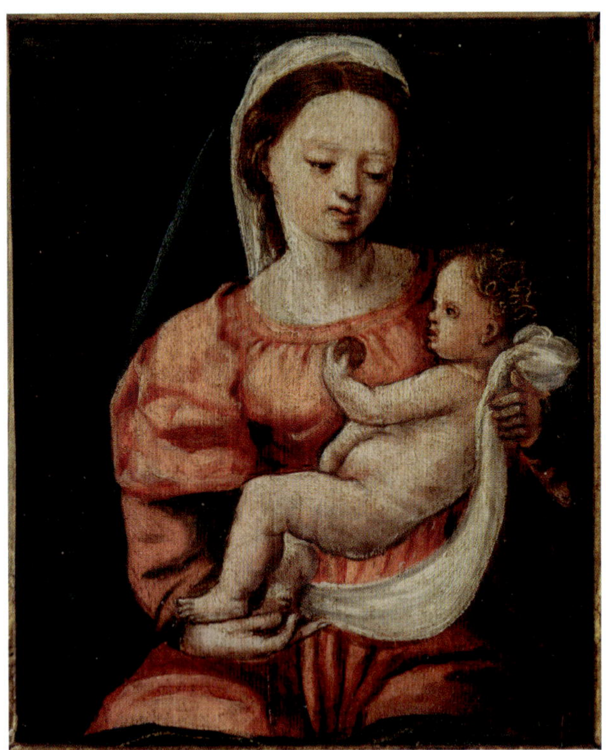

05.03

Título: *Virgen con el Niño*
Autor/taller/escuela: Seguidor del Maestro del papagayo
Código Mosaico (Junta de Andalucía): 014106800930035.0000
Cronología: 1535-1545
Soporte: tabla
Técnica: óleo
Medidas: 15,5 x 11,8 cm (s/m); 24, 5 x 20,8 cm (c/m)
Inscripciones: no consta ninguna en el anverso (el reverso no se ha podido revisar por estar ajustado a un retablo).
Localización: ático del retablo.

Estado de conservación: en el anverso no se distinguen deformaciones, grietas ni ataques biológicos perjudiciales para la conservación del soporte. Los estratos de preparación y pintura mantienen buena cohesión entre sí y también con el panel, situación que probablemente haya sido favorecida por intervenciones realizadas en el pasado, de las que son testimonio las reintegraciones de lagunas en el fondo y en el lado derecho del vestido de la Virgen, desde el punto de vista del espectador. Sin embargo, la película de protección está afectada por suciedad especialmente evidente en los empastes de las carnaciones y los ropajes. Los travesaños y largueros del marco están separados y se ha producido una pérdida de materia que afecta a todos los estratos en la parte superior del filo del larguero derecho

Restauraciones: no constan.

Bibliografía:

R. De Besa Gutiérrez, "Intervenciones en el Santo Sepulcro de la colegiata de Osuna: 1880-1896", *Cuadernos de los Amigos de los Museos de Osuna*, 18 (2016), p. 108.

Descripción y comentario:

Esta pequeña tablita de la Virgen con el Niño en una delicada intimidad de una madre y su hijo casi pasa desapercibida en lo alto del retablo. Su ubicación en eje con la calle central en la que Cristo lleva la cruz a cuestas, es toda una declaración de intenciones e incide en el mismo papel corredentor de la Virgen que el resto del programa desplegado en este espacio del Santo Sepulcro.

Esta disposición de la Virgen en lo alto, a modo de ático del retablo, con el escudo de los Ureña en la parte superior ya estaba en 1558. En 1861, se recoge sin identificar el tema de la obra, pero sí apuntando que es una de las "cinco láminas de madera", pues la de Jesús con la cruz a cuestas se referencia en la entrada anterior. Además, las medidas más pequeñas aportadas, frente a las otras tablas, también encajan con esta pintura: "1/2 tercia de alto y 3 pulgadas de ancho", que equivalen 14 x 6,9 centímetros, conservado su marco original.

La Virgen coge al Niño desnudo que juega con una pequeña fruta, posiblemente una manzana. Los hombros anchos, el rostro redondo y el cabello dispuesto hacia atrás con raya al medio cubierto por un velo en la parte alta y un manto azul que la cubre en la espalda y rodillas, son similares a ciertos modelos que emplea el conocido como Maestro del papagayo, pero de una forma mucho más simplificada en Osuna. Una *Sagrada Familia* de colección privada presenta esta tipología de Virgen con la mirada baja y el gesto similar.

Dentro del programa del retablo, la Virgen con su Hijo en brazos funciona como contrapunto a los mismos personajes de medio cuerpo de la escena de la *Quinta Angustia*, en el primer cuerpo de la calle de la epístola (véase Cat. n.º 05.05). Así, el nacimiento del redentor tiene su culmen en la pasión,

asumida libremente en la oración en el huerto, tomada como víctima propiciatoria en el *Ecce Homo*,
y llevando su cruz hasta el Calvario en la escena
central, para rematar en la crucifixión y en la inmo-
lación de Cristo, donde el cuerpo sin vida reposa
sobre el regazo de su madre como prefiguración
de la Iglesia.

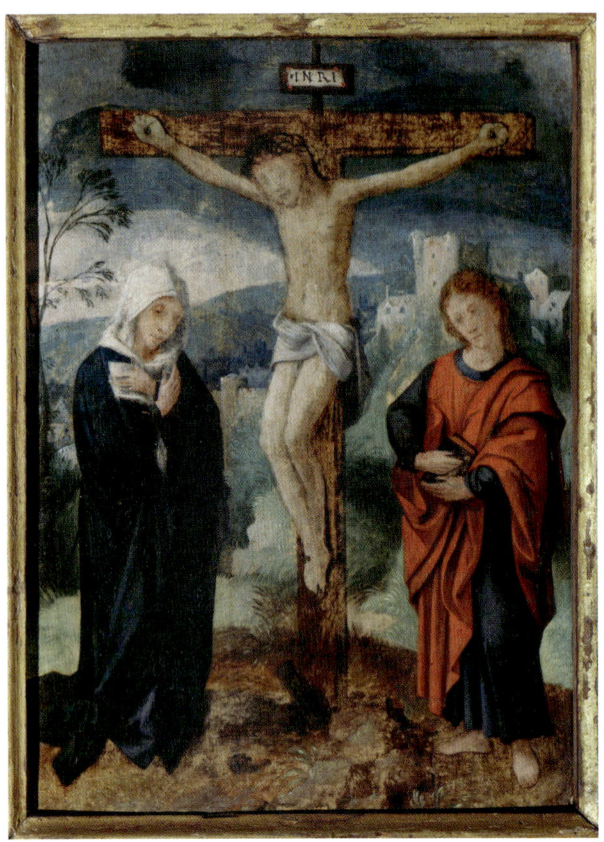

Cat. 05.04.

05.04

Título: *Calvario*

Autor/taller/escuela: Taller del Maestro del hijo pródigo

Código Mosaico (Junta de Andalucía): 014106800930036.0000

Cronología: 1540-1550

Soporte: tabla

Técnica: óleo

Medidas: 41 x 30,5 cm (s/m); 51 x 42 cm (c/m)

Inscripciones: no consta ninguna en el anverso (el reverso no se ha podido revisar por estar ajustado a un retablo).

Localización: segundo cuerpo de la calle de la epístola.

Estado de conservación: en esta pintura no se han observado ataques de xilófagos que comprometan la conservación del panel que le sirve de soporte. Sin embargo, este está combado y la separación de sus tablas ha sido evidenciada por una grieta, ya intervenida, que se prolonga verticalmente entre la Virgen y Jesucristo.

Los tratamientos efectuados en el pasado pueden haber influido en la buena cohesión de los estratos, de la que se exceptúan los levantamientos y lagunas advertidos en la parte inferior de la composición, en la base de la cruz y en los ropajes de los personajes. Las reintegraciones localizadas en estos ropajes y en la grieta de separación de las tablas desentonan con respecto a su entorno, al tiempo que la pintura original está muy barrida debido a una limpieza excesiva, que induce a concluir que la suciedad y los excrementos de insectos en el cielo se debieron de producir posteriormente.

Por otro lado, en el marco destacan la separación de largueros y travesaños, una pérdida de materia lígnea próxima al centro del filo en el travesaño inferior y los problemas de adhesión de aparejos y dorado, según se desprende de las lagunas que se distribuyen por la superficie dejando la madera a la vista.

Restauraciones: no constan.

Bibliografía:

R. De Besa Gutiérrez, "Intervenciones en el Santo Sepulcro de la colegiata de Osuna: 1880-1896", *Cuadernos de los Amigos de los Museos de Osuna*, 18 (2016), p. 108.

Descripción y comentario:

La escena presenta en primer plano y de cuerpo entero a los tres personajes principales de la historia: Jesús crucificado en el centro, la Virgen a su derecha en un gesto de contrición al cruzar sus manos sobre el pecho, y san Juan a la izquierda, llevando el libro del evangelio que luego escribirá como testigo de excepción. La obra ha sufrido un barrido muy agresivo que ha hecho perder calidades y matizaciones en los rostros de los tres personajes y ha afectado con mayor agresividad a los marrones del suelo y madero de la cruz. Sin embargo, a pesar de esta pérdida de calidad por su estado de conservación, se puede intuir fácilmente su estado previo gracias a que en la propia colección de la colegiata de Osuna se conserva otra tabla del mismo formato y asunto (véase Cat. n.º 13). Las actitudes de los tres personajes son similares y sólo varía el paño de pureza de Cristo que aquí se hace más sencillo. También el paisaje se altera en el tipo de construcciones, lo que está señalando que, a pesar de seguir un modelo común, no son copias literales, sino que el maestro interviene con cierta creatividad. En la crucifixión de la saleta de la sacristía de la colegiata se conservan mejor las características del estilo del taller del Maestro del hijo pródigo, más evidentes al comparar ese gusto por los rostros alargados y finos, y las barbillas marcadas que se aprecian en el *Tríptico de la Crucifixión* de colección privada (Fig. 05.04.1), con la tabla de la saleta y por extensión con la de este retablo. La figura de san Juan es menos dinámica que la que presenta en el *Tríptico de la Crucifixión* citado que, en cambio, retoma para el mismo personaje del *Calvario* de la sacristía de la colegiata (véase Cat. n.º 12), donde san Juan abre su libro y lo apoya sobre la cadera, mientras la Virgen junta sus manos en oración. Fuera de estos esquemas y referencias al estilo de este maestro flamenco activo en Amberes entre 1530 y 1560, la composición deriva directamente del grabado de Martin Schongauer de finales del siglo XV[395].

Al igual que el resto de las tablas del retablo, fue elegida para formar parte de este programa sobre la pasión que se levanta en la sacristía de la capilla del Santo Sepulcro entre 1551 y 1558 (Véase comentario en la primera obra de este conjunto, n.º 05). En el inventario de 1558 ya se cita esta pintura, y en agosto de 1861 está entre las que se señalan del retablo:

"En el mismo retablo de la sacristia/ cinco láminas de madera, cuatro de 1/2 vara y 1/quarta ancho es el Crucificado, Ecce Homo/ Virgen de los Dolores y la oración en/ el Huerto de 1/ tercia de alto y 3 pies de ancho, regulares, no son movibles"[396].

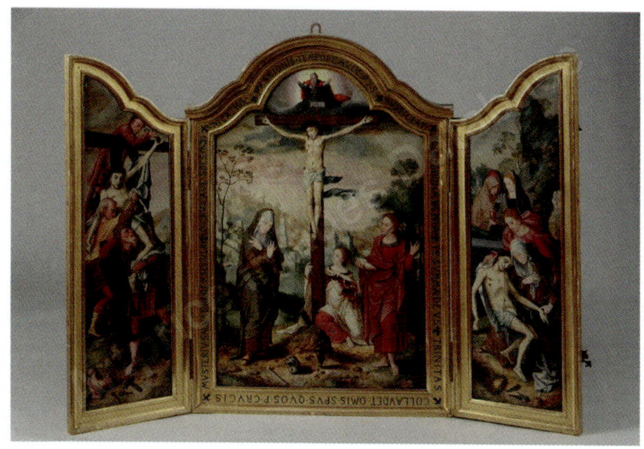

Fig. **05.04.1.** Maestro del hijo pródigo, *Tríptico de la Crucifixión*. Colección privada, paradero desconocido.

---

395 Una estampa de este grabado se conserva en el Museo del Petit Palais de Paris (inv. n.º GDUT8628). Fue una imagen con gran difusión.

396 BTNT-CSIC, Archivo Rodríguez Marín, B. I. V. Historia, caja 19, Serie 6.1 (8). "Inventario de los ornamentos, alhajas y efectos del Santo Sepulcro de los Excelentísimos Duques de Osuna hecho con intención del Admor, D. Antonio de Contreras, 7 de agosto de 1861", pliego 1, fol. 1v.

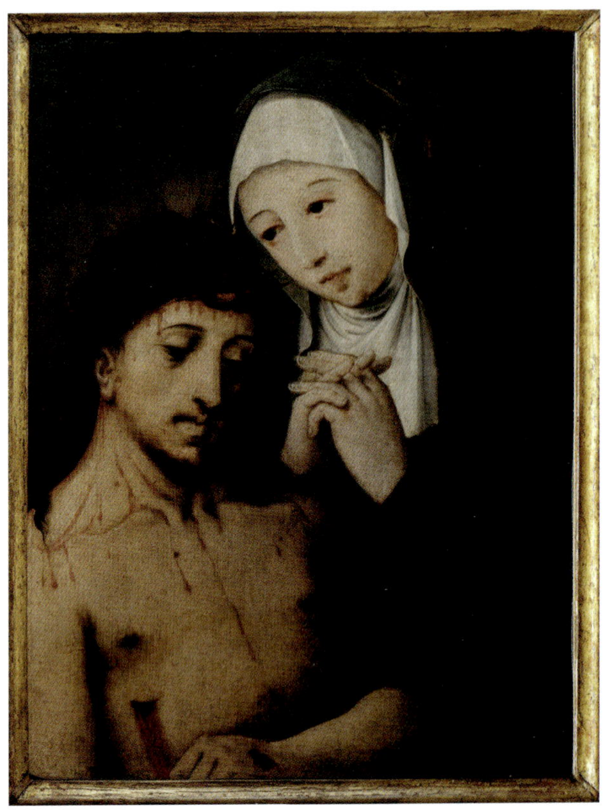

05.05

Título: *Quinta Angustia*
Autor/taller/escuela: Taller del Maestro del hijo pródigo
Código Mosaico (Junta de Andalucía): 014106800930037.0000
Cronología: 1540-1550
Soporte: tabla
Técnica: óleo
Medidas: 40 x 30 cm (s/m); 52,5 x 42 cm (c/m)
Inscripciones: no consta ninguna en el anverso (el reverso no se ha podido revisar por estar ajustado a un retablo).
Lugar de conservación: primer cuerpo de la calle de la epístola.

Estado de conservación: en la cara delantera de esta obra no se distinguen deformaciones, grietas ni ataques biológicos perjudiciales para su soporte. Tampoco se han advertido alteraciones que evidencien una mala cohesión de los estratos situados sobre este, problema que debió de existir en el pasado, teniendo en cuenta las reintegraciones localizadas en el fondo de la escena y en el manto de la Virgen.

Los materiales aplicados en este último se han degradado, probablemente como consecuencia de su incompatibilidad. Sin embargo, las abrasiones diferenciadas en el pecho y el brazo de Cristo parecen intencionadas. Finalmente, la suciedad superficial contribuye a oscurecer la escena.

Por otra parte, en las esquinas del marco hay añadidos de madera, que podrían estar destinados a solventar la separación de travesaños y largueros que les debió de afectar. Los levantamientos y desprendimientos demuestran que los aparejos y el dorado no están bien adheridos a la madera de la moldura.

Restauraciones: no constan.

Bibliografía:
R. De Besa Gutiérrez, "Intervenciones en el Santo Sepulcro de la colegiata de Osuna: 1880-1896", *Cuadernos de los Amigos de los Museos de Osuna,* 18 (2016), p. 108.

Descripción y comentario:
En relación con el *Ecce Homo* de la calle del evangelio, esta Quinta Angustia sigue un esquema de medio cuerpo reduciendo la escena a dos personajes: la Virgen en oración y el cuerpo de su hijo muerto sobre su regazo. Este rostro de Cristo es típico de los modelos que emplea el Maestro del hijo pródigo, como se aprecia en las *Lamentaciones* como la del Tríptico de la iglesia de la Asunción de Rueda (Valladolid), la del Catharijnemuseum de Utrecht, o la de medio cuerpo del Wallraf-Richartz Museum de Colonia[397] y colección privada de Zurich[398] (Fig. 05.05.1). Esa posición de las manos y gesto compungido de la Virgen, en cambio, lo emplea este maestro en la *Lamentación* de colección privada norteamericana[399] (Fig. 05.05.2).

Es una escena que tuvo mucha repercusión en el taller de este maestro, y en 1570 se fecha la versión del Suermondt-Ludwig Museum de Aquisgrán (inv. n.º GK-294), que invierte la composición y presenta una mayor interrelación entre los personajes. Esta pintura de Osuna es más temprana, teniendo en cuenta que en 1558 ya estaba incluida dentro del retablo de la sacristía donde se conserva desde esa fecha, como también corrobora la memoria de 1861

---

397 A. Diéguez-Rodríguez, "Un tríptico del Maestro del Hijo Pródigo…", *op. cit.,* pp. 237-243.
398 Zúrich, Koller, 19-06-2020, lot. n.º 3003, (T., 109 x 68, 5 cm)
399 Nueva York, Sotheby's, 01-02-2018, lot. n.º 509, (T., 111 x 72 cm), procedente de la colección del I conde de Leicester en Inglaterra, lord Robert Dudley (1532-1588).

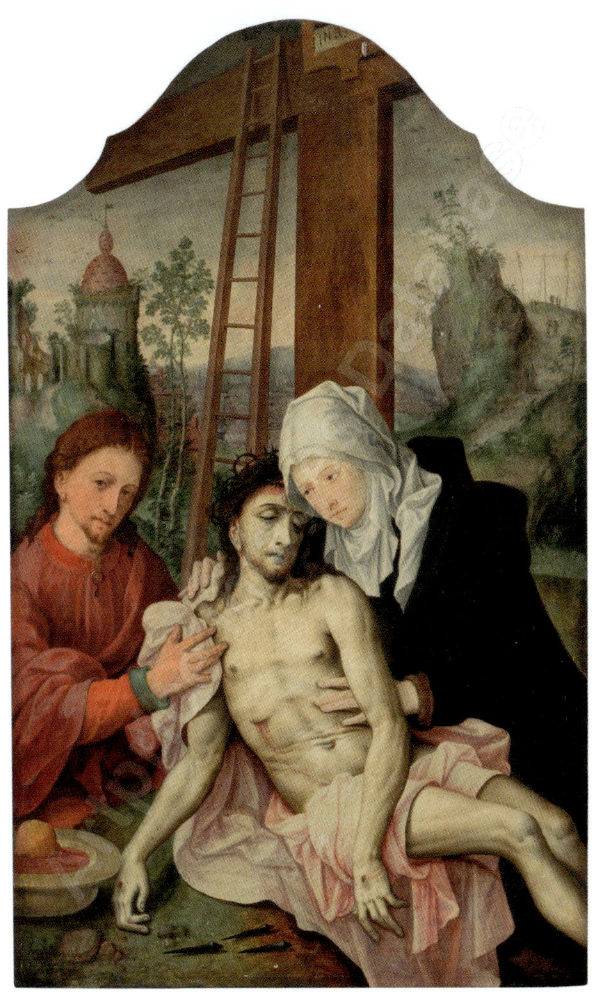

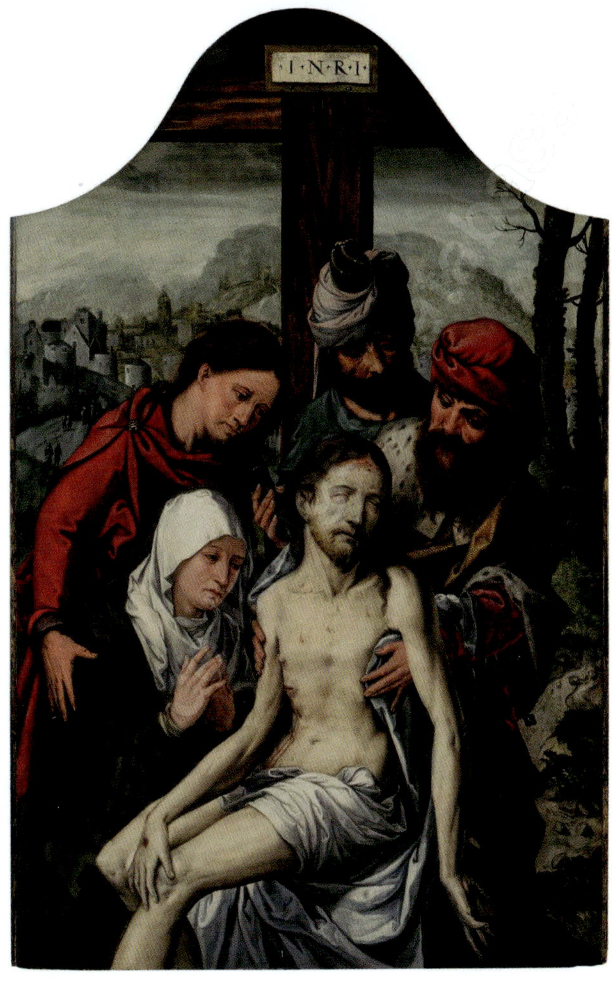

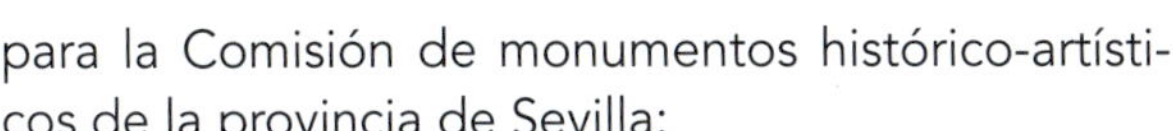

Fig. 05.05.1. Maestro del hijo pródigo, *Lamentación*. Antigua colección Matthias Baumann, paradero desconocido. © Koller Auctions, Zurich.

Fig. 05.05.2. Maestro del hijo pródigo, *Lamentación*. Antigua colección del I conde de Leicester, paradero desconocido.

para la Comisión de monumentos histórico-artísticos de la provincia de Sevilla:

> "En el mismo retablo de la sacristia/ cinco láminas de madera, cuatro de 1/2 vara y 1/a ancho es el Crucificao, Ecce Homo/ Virgen de los Dolores y la oración en/ el Huerto de 1/ tercia de alto y 3 pies de ancho, regulares, no son movibles"[400].

Como obra del taller del Maestro del hijo pródigo, una tabla de formato similar y con la Virgen tomando la cabeza de su hijo estuvo en el mercado nacional en los años 2000 y 2009[401].

---

400 BTNT-CSIC, Archivo Rodríguez Marín, B. I. V. Historia, caja 19, Serie 6.1 (8). "Inventario de los ornamentos, alhajas y efectos del Santo Sepulcro de los Excelentísimos Duques de Osuna hecho con intención del Admor, D. Antonio de Contreras, 7 de agosto de 1861", pliego 1, fol. 1v.

401 Madrid, Durán, 23-11-2000, lot. n.° 2053, (T., 30 x 21 cm); Madrid, Goya Subastas, 10-11-2009, lot. n.° 79/A, (T., 30 x 20,5 cm).

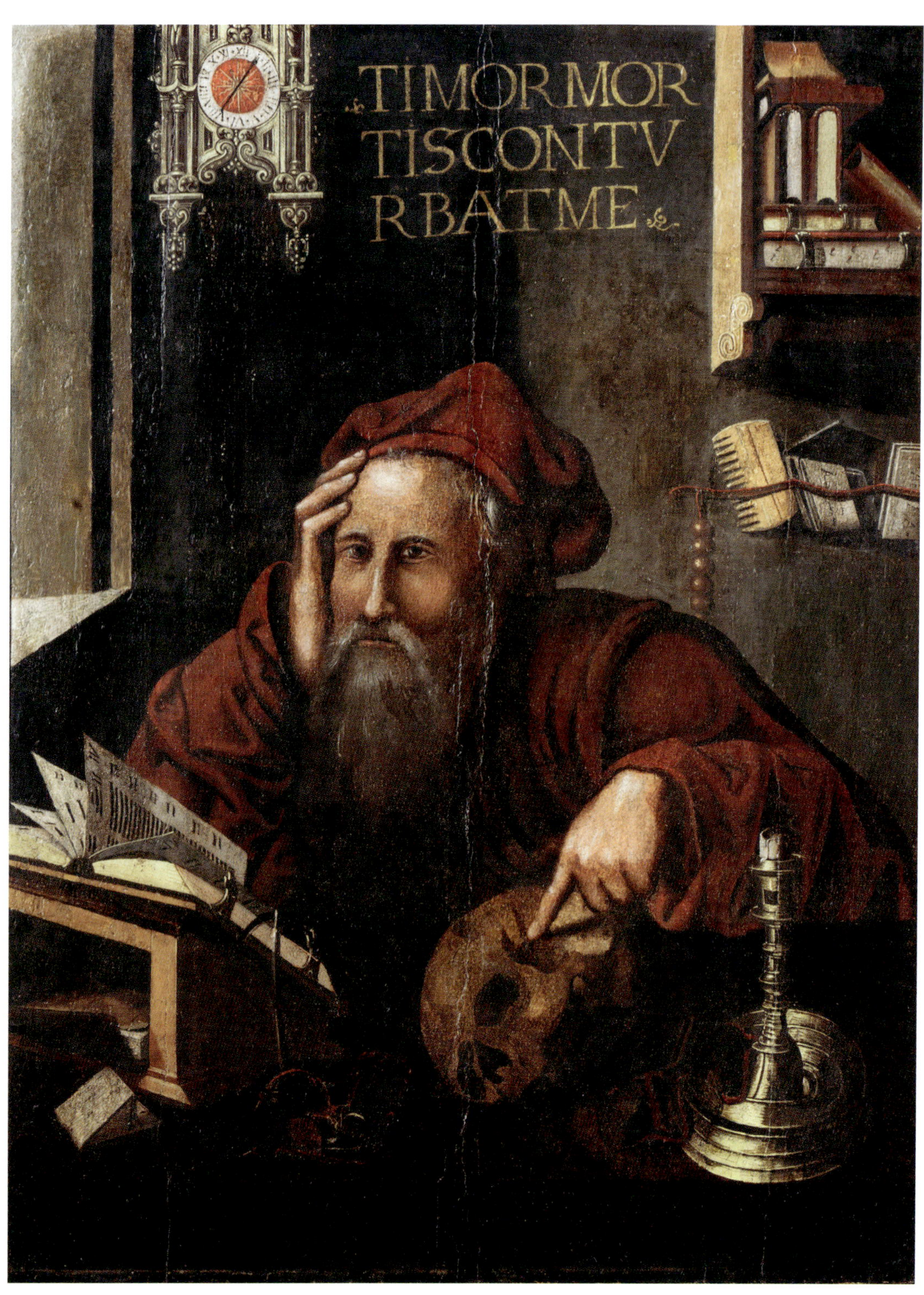

06

Título: *San Jerónimo en su estudio*
Autor/taller/escuela: Seguidor de Joos van Cleve
Código Mosaico (Junta de Andalucía): 014106800930039.0000
Cronología: 1550-1560

Soporte: tabla
Técnica: óleo
Medidas: 69 x 52,3 cm (s/m); 98, 5 x 82, 5 cm (c/m)
Inscripciones: "TIMORMOR / TISCONTV / RBAT-ME" (parte superior)
Localización: capilla de la Virgen de la granada del Santo Sepulcro.

Procedencia: posiblemente estuvo colocado al lado del sarcófago de María de la Cueva, IV condesa de Ureña.

Estado de conservación: no se han observado ataques biológicos perjudiciales para la consistencia y estabilidad del soporte, que se mantiene enderezado con ayuda de un sistema de listones encajados en piezas adheridas a la superficie trasera. Este sistema se complementa con las tiras de tela encoladas sobre las juntas de las tablas para reforzar su vínculo e implica la eliminación irreversible de características originales del panel, al tiempo que puede generar tensiones en su madera, como ocurre con los engatillados tradicionales.

Así, en la cara delantera se evidencian tres grietas que se prolongan verticalmente de extremo a extremo. Destaca la central, pues da origen a otras tantas y a levantamientos de pintura y preparación. En este sentido, las reintegraciones diferenciadas en zonas como el vano de la ventana, la pared del fondo y los ropajes del santo, denotan la antigua existencia de lagunas. En la película superficial, áreas mates contrastan con otras más brillantes indicando la absorción desigual del barniz.

Restauraciones: atendiendo a Ariza en 1890, la obra fue restaurada "con poco acierto".

Bibliografía:

A. M.ª Ariza y Montero-Coracho, *Bosquejo biográfico de don Juan Téllez-Girón, IV conde de Ureña*, Osuna, 1890, p. 21; *Inventario artístico de Sevilla y su provincia*, I, Madrid, 1982, p. 433.

Descripción y comentario:

San Jerónimo se representa en su vertiente humanista dentro de su estudio. Esta faceta tuvo gran éxito durante el siglo XVI a raíz de las propuestas protestantes de acercar la Biblia a las lenguas vernáculas, ya que fue el primero en traducir la Biblia hebrea al latín. Está sentado ante una mesa que separa el espacio del espectador. Con el rostro apoyado en su mano derecha, en gesto meditativo, mira de frente mientras señala con el índice de su mano izquierda hacia la calavera. Su representación se convierte así en un *Memento Mori*. Sobre la mesa diversos objetos acentúan este significado de la vanidad del tiempo y la vida y que terminarán por convertirse en atributos del santo. En el borde de la mesa una escribanía, unos quevedos en trampantojo hacia el espectador, al igual que la palmatoria con el cabo de vela y las despabiladeras y los libros apilados a un lado. Son símbolos del trabajo

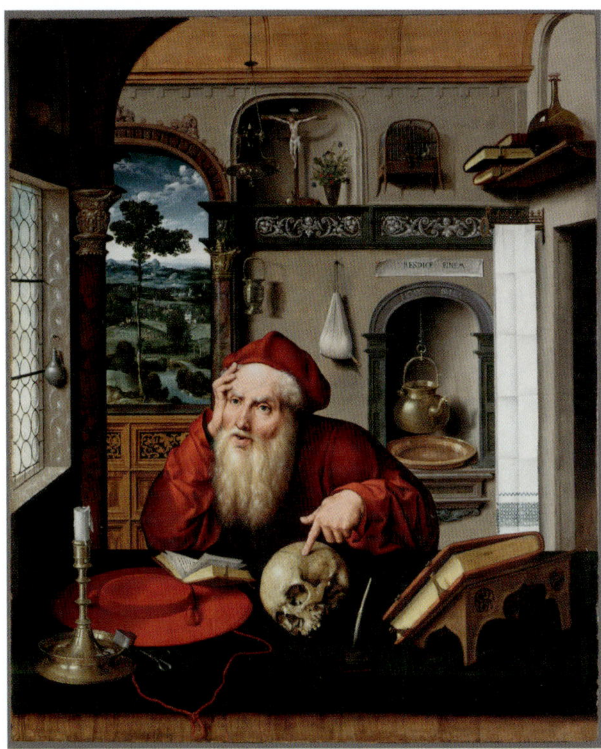

Fɪɢ. 06.01. Joos van Cleve y taller, *San Jerónimo*. © Harvard Art Museums/Fogg Museum. President and Fellows of Harvard College, Cambridge, Massachussets.

intelectual de san Jerónimo en la traducción e interpretación de los textos bíblicos, al mismo tiempo que signos de la vanidad humana y del paso inexorable del tiempo[402]. Para Hand, Joos van Cleve fue el primero en unir en una misma imagen las facetas de intelectual, penitente y testigo del juicio final de san Jerónimo[403].

Aquí estamos delante del intelectual y sabio por excelencia. Su gesto es el conocido desde la Antigüedad como signo de meditación: la cabeza apoyada en la palma de la mano. El gesto que hace señalando hacia la calavera indica cuál es el asunto que trae a su mente: la caducidad del cuerpo, el paso del tiempo y la llegada del juicio final. La vela casi consumida sigue la misma idea del efímero existir. Esa transitoriedad que el reloj de pared, artilugio humano para contabilizar el tiempo, hace evidente con el pasar de las horas.

Esta pintura sigue la tipología creada por Joos van Cleve y conocida a través del ejemplar de taller

---

402 Estas composiciones de objetos en torno a la figura de san Jerónimo se configuran como *Vanitas* que en el siglo siguiente se trabajan como género independiente.

403 O. Hand, *Joos van Cleve. The Complete Paintings*, New Haven-London, 2004, p. 94.

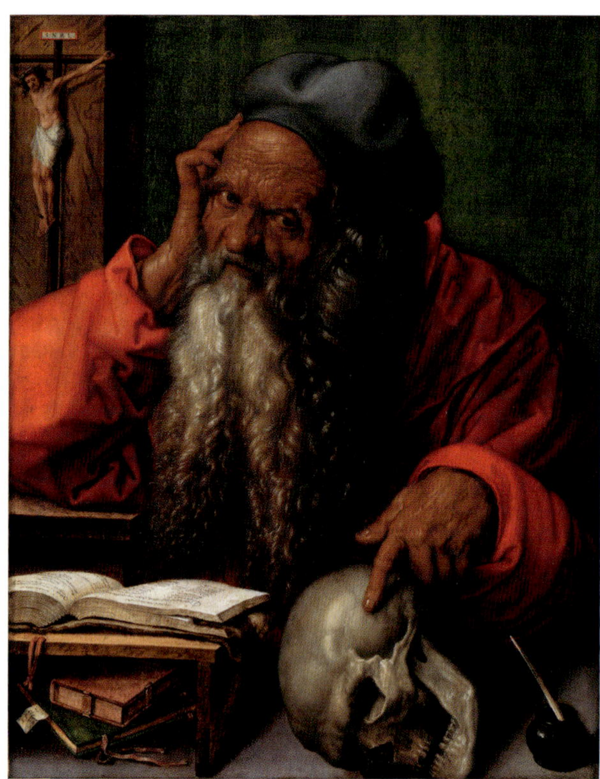

Fig. 06.02. Alberto Durero, *San Jerónimo*. © Museo de Arte Antiga, Lisboa.

del Harvard University Art Museum de Cambridge, Massachussets (Fig. 06.01). Varía la disposición de los objetos, aunque en esencia conserva los más importantes: la pose del santo, las hornacinas del fondo y el vano abierto a un paisaje. Las referencias para esta iconografía están en el *San Jerónimo* de Durero del Museo Nacional de Arte Antiga de Lisboa (Fig. 06.02), que ya Marlier explica y Hand ratifica[404].

Fue una composición que tuvo mucho éxito, sobre todo en España, donde se conservan ejemplares en colecciones privadas y museos. Los más cercanos a esta composición son los de catedral de Burgos[405], antigua colección del conde de las Infantas de Granada, antigua colección Alejandro de Araoz en Madrid y Museo de Bellas Artes de Bilbao[406] (Fig. 06.03). El pintor de esta versión de

Osuna es más tosco en su calidad. Copia la fórmula compositiva del pintor amberino pero el aspecto es mucho más contrastado en los tonos y cortante en sus líneas que las réplicas conocidas derivadas del prototipo de Joos van Cleve[407]. A este respecto, los ejemplares hispanos señalados también presentan una mayor acentuación de esa naturaleza lineal que quizá esté reflejando el empleo de algún grabado para su realización. No obstante, la similitud entre los tonos empleados entre las copias y versiones revela el conocimiento de un tipo pictórico común. A este respecto, es interesante señalar que Pieter Coecke también desarrolló esta iconografía dentro de su taller[408], por lo que la repercusión del modelo fue mucho mayor.

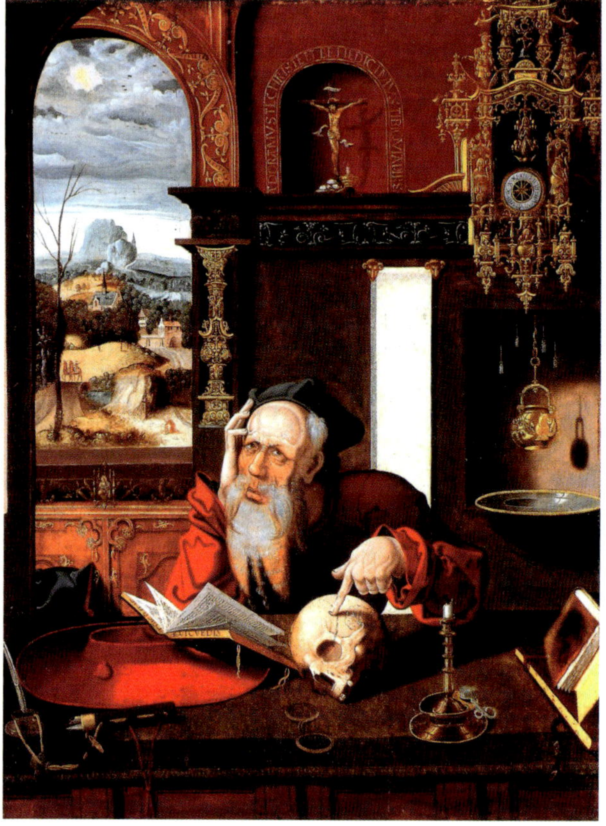

Fig. 06.03. Copia según Joos van Cleve, *San Jerónimo*. © Arte Ederren Bilboko Museoa – Museo de Bellas Artes, Bilbao

---

404 G. Marlier, *Erasme et la Peinture Flamande de Son Temps*, Damme, 1954, p. 199; O. Hand, *Joos van Cleve…, op. cit.*, p. 92.

405 E. Bermejo, "Taller de Joos van Cleve, San Jerónimo en su estudio", en *Las pinturas sobre tabla de los siglos XV y XVI de la catedral de Burgos*, Burgos, 1994, pp. 80-83.

406 J. Lavalleye, *Les primitifs flamands. II. Repertoire des peintures flamands. Collections d'Espagne*, Bruxelles, 1958, pp. 40-41. El ejemplar del Museo de Bellas Artes de Bilbao, inv. n.º 89/29, (T., 105 x 79 cm).

407 Sobre diferentes versions del tema: M. J. Friedländer, *Early Netherlandish…, op. cit.*, vol. IX, Leiden-Brussels, 1972, pp. 31, 58, n.º 39; O. Hand, *Joos van Cleve…, op. cit.*, pp. 161-162.

408 G. Marlier, *La Renaissance Flamande: Pierre Coeck d'Alost*, Brussels, 1966, pp. 254-257.

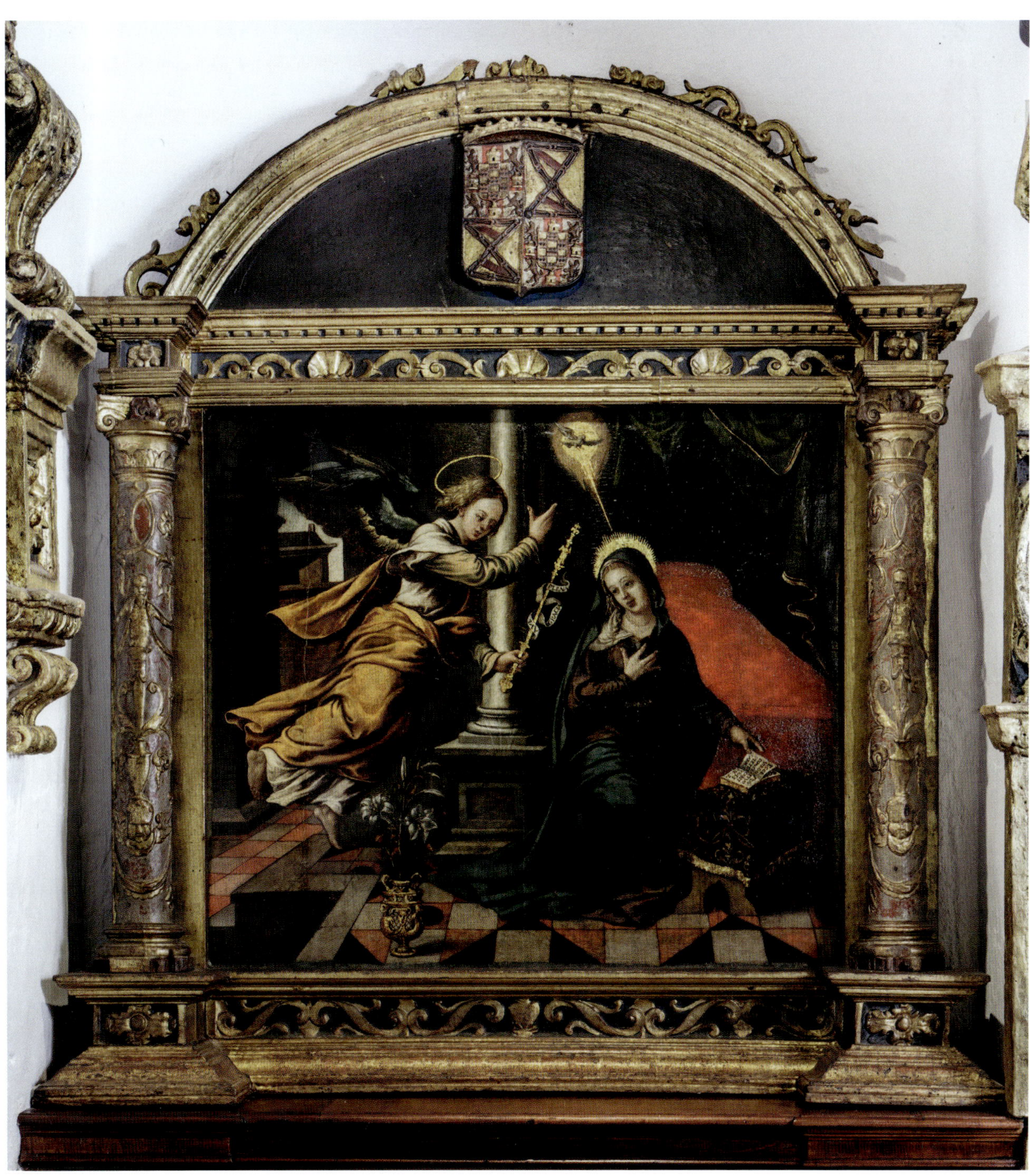

07

Título: *Anunciación*
Autor/taller/escuela: Gerard van Wijtvelt
Código Mosaico (Junta de Andalucía):
014106800930030.0000
Cronología: 1551
Soporte: tabla
Técnica: óleo

Medidas: 74 x 87´5 cm (s/m); 134 x 125´5 cm (c/m)
Inscripciones: en la parte inferior izquierda, sobre los escalones de subida al estrato donde está la Virgen: "GERALD/ WYTVEL/ DE·UTRECHT" (Fig. 07.01); en el libro abierto que está leyendo la Virgen: "ECCE/ VIRGO/ CONCI/ PIETET/ [p]ARIET// FILIU[m]/ ET·VO/ CABIT/ UR:ES/ AIE:7", (en la esquina de la página siguiente): "EGRE"; en la filacteria que se despliega en el cetro: "AVE/ GRACIA/ PLENA". En el reverso, tres etiquetas escritas

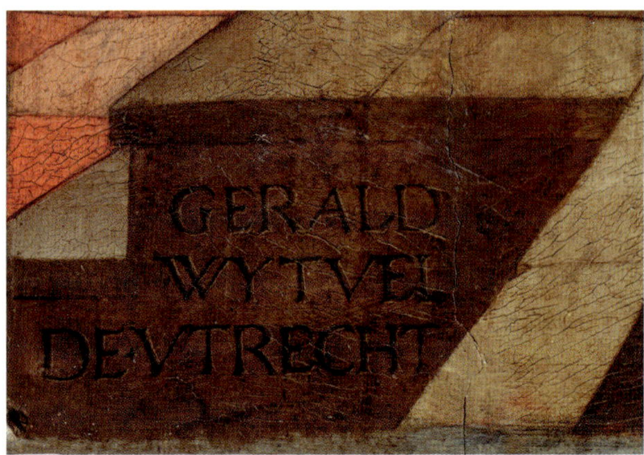

Fig. 07.01. Gerard van Wijtvelt, *Detalle de la firma de autor, Anunciación*, ca. 1555. Capilla del Santo Sepulcro, retablo del evangelio, Osuna. © Junta de Andalucía. Foto: Pepe Morón.

a mano: "Exposición Mariana. Colegiata de Osuna. Pintura. Anunciación. Osuna", "Capilla del Sto. Sepulcro. Osuna", "Colegiata de Osuna"[409].

Localización: altar de la nave del evangelio, capilla del Santo Sepulcro, colegiata de Nuestra Señora de la Asunción de Osuna.

Procedencia: se conserva en el lugar para la que fue realizada.

Estado de conservación: ante la imposibilidad de acceder al reverso de esta obra, que forma parte de un retablo adosado a una pared, su estado de conservación sólo se ha podido conocer desde la cara delantera. En esta no se han detectado alabeos, ataques de xilófagos ni otras alteraciones que puedan comprometer la estabilidad del soporte. Sin embargo, las tablas que lo componen se han separado y se han advertido un orificio y una hendidura más o menos circular que afectan a todos los estratos, incluido el soporte, en las esquinas superior e inferior del lado izquierdo, respectivamente.

Por otro lado, los estratos mantienen una buena cohesión, sin levantamientos ni grietas, salvo las producidas en dirección vertical por la separación de las tablas. En este estado han influido los tratamientos realizados en el pasado, de los que son testimonio las reintegraciones cromáticas en pliegues del manto amarillo que viste el ángel y en el cetro que porta, así como en la mano derecha de la Virgen, desde el punto de vista del espectador, y en la colcha roja que cubre la cama. En la parte baja de esta última, además, son evidentes los vestigios de su exposición a una fuente de calor, como puede ser el fuego de velas. A esto hay que añadir la alteración de los colores, producida por la oxidación de la capa de protección, y el oscurecimiento de la escena, debido a la acumulación de suciedad en superficie.

Restauraciones: En 1979 por el profesor de la Facultad de Bellas Artes de Sevilla, profesor Arquillo; en 2011, en el Museo del Prado, por José de la Fuente Martínez, Alicia Peral Lozano y Gemma García Torres.

Bibliografía:

P. Madoz, *Diccionario Geográfico-Estadístico-Histórico de España,* XII, Madrid, 1849, p. 402; C. Justi, *Miscellaneen aus drei Jahrhunderten Sapnischen Kunstlebens*, I, Berlin, 1908, p. 337; A. L. Mayer, *Die Sevillaner Malerschule,* Leipzig, 1911, ed. trad. D. Romero, *Escuela sevillana de pintura,* Cajasol, Sevilla, 2010, p. 75; J. Gestoso Pérez, "Notice historique et biographique des principaux artisttes flamands qui travaillerent à Seville depuis le XVIe siècle jusqu´a la fin du XVIII siècle", *Les Arts Anciens de Flandre*, Bruxelles, 1912, p. 141; *Catálogo-guía de la exposición mariana instalada en el templo del Divino Salvador,* Sevilla, 1929, p. 8, n.° 7; M. Rodríguez-Buzón Calle, *La colegiata de Osuna,* Sevilla, 1982, p. 110; *Inventario artístico de Sevilla y su provincia,* II, Madrid, 1985, p. 432; M. Rodríguez-Buzón Calle, *Guía artística de Osuna*, Osuna, 2006, pp. 18-19; P. J. Moreno de Soto, *Dogma, poder e ideología. La casa de Osuna y la devoción a la Inmaculada Concepción*, Osuna, Sevilla, 2006, p. 69; J. A. Gómez Sánchez, "De Arnao de Vergara a Vicente Menardo. Nuevos documentos de artistas vidrieros del Renacimiento sevillano", *Laboratorio de Arte*, 22 (2010), p. 56; J. De la Fuente Martínez, "Restauración de dos tablas procedentes de la colegiata de Osuna", *Cuadernos de los Amigos de los Museos de Osuna*, 13, (2011), pp. 113-114; A. Diéguez-Rodríguez, "La Anunciación del altar mayor del sepulcro de los condes de Ureña en Osuna y la figura de Gerrit Jansz van Wytfelt", *Cuadernos*

---

409 En este caso del reverso, se están siguiendo las indicaciones dadas por el restaurador que intervino en la pieza en 2011. J. De la Fuente Martínez, "Restauración de dos tablas procedentes de la colegiata de Osuna", *Cuadernos de los Amigos de los Museos de Osuna*, 13, (2011), p. 114.
La exposición mariana a la que se refiere la etiqueta fue la celebrada en Sevilla en 1929 con motivo de la Exposición Internacional Iberoamérricicana. Allí estuvo esta pintura, junto con *la Alegoría de la Inmaculada Concepción* de Hernando de Esturmio. Véase bibiografía.

de los Amigos de los Museos de Osuna, 21, (2019), pp. 112-115.

Descripción y comentario:

Este retablo con la escena de la *Anunciación a la Virgen* es, después del altar principal con el grupo escultórico del *Enterramiento de Cristo* de Roque de Balduque, el espacio que le sigue en importancia en la capilla del Santo Sepulcro. Su significación, al ser el momento de aceptación de la maternidad divina por parte de María, abre todo el ciclo de la redención, de ahí su relevancia y su colocación en el altar del lado del evangelio de la capilla del Santo Sepulcro de Osuna.

Realizada por el pintor flamenco Gerard van Wijtvelt, asentado en el entorno de Sevilla hacia 1540. Su trabajo está en estrecha relación con su compatriota Arnao de Vergara y los pintores de vidrieras que estuvieron trabajando para la catedral de Granada. De hecho, la importancia de este encargo y su lugar explica que, hasta el momento, sea la única obra conocida firmada por el artista donde nos indica cuál era su lugar de origen, la ciudad neerlandesa de Utrecht[410]. En 1544 se documenta trabajando en Granada bajo las órdenes de Arnao de Vergara como ya apunta Gómez Sánchez[411]. La finalización de las obras del espacio de la capilla del Santo Sepulcro se fija en 1555, coincidiendo con la fecha que figura en la pintura de la *Alegoría de la Inmaculada Concepción* de Esturmio del altar de la epístola. Es probable que ya estuvieran hechas un poco antes, al menos desde 1552, año en que se fecha el primer inventario de este espacio, salvo que haya un error de transcripción y sea el año de 1555[412], donde se cita entre los "Retablos de madera dorados y pintados" "otro retablo de pincel de la Encarnacion que está en otro altar con escudos de armas de Girón"[413]. En el inventario de

1558, realizado tras el fallecimiento del IV conde de Ureña, Juan Téllez-Girón, sigue en el mismo lugar y se cita como parte del conjunto de los tres altares de la capilla del Santo Sepulcro: "En los tres altares principales están tres retablos de que no se hace cargo por estar asidos a la pared. El de en medio es de bulto en que está nuestro señor como lo ponen en el sepulcro y el otro de la Encarnación y el otro de la Concepción"[414]. El siguiente inventario que hace mención de la obra es ya de agosto de 1861[415]. Poco antes de esta fecha, Madoz cita los altares colaterales del sepulcro en su *Diccionario Geográfico-Estadístico-Histórico de España* sin ningún tipo de comentario hacia las pinturas[416]. Justi en 1908 sugiere que esta obra podría estar en relación con el trabajo de los flamencos Bernard van Orley o Ambrosius Benson[417], el primero en relación con la corte de Margarita de Austria y María de Hungría, y el segundo con los talleres de Brujas. Gestoso en 1912 ya cita el trabajo de Van Wijtvelt y lo relaciona con Esturmio[418].

La escena es la habitual para este tema donde el arcángel san Gabriel sorprende a la joven en el interior de sus habitaciones en meditación para trasladarle la noticia de que ha sido elegida por Dios para ser la madre de su Hijo en la tierra. La Virgen se vuelve sorprendida hacia el ángel, y lleva su mano derecha abierta hacia el corazón en gesto de afirmación a la petición que le hace el ángel, de ahí que en la parte alta ya esté bajando el Espíritu Santo en forma de paloma para llenarla de la gracia de Dios que pregona la filacteria del ángel "AVE GRACIA PLENA". El pintor estructura la escena usando como eje la columna de fuste liso en el medio de la composición, pero muestra ciertas dificultades en la ejecución de la perspectiva, al colocar el arco de

---

410 Sobre el trabajo documentado de Gerard van Wijtvelt anterior a su llegada a tierras hispanas: A. Diéguez-Rodríguez, "La Anunciación del altar mayor ...", *op. cit.*, pp. 112-115.

411 J. A. Gómez Sánchez, "De Arnao de Vergara a Vicente Menardo. Nuevos documentos de artistas vidrieros del Renacimiento sevillano", *Laboratorio de Arte*, 22 (2010), p. 56.

412 Sobre esta propuesta A. Diéguez-Rodríguez, "La *Anunciación* del altar mayor…", *op. cit.*, p. 115, nota 19.

413 Archivo de la Asociación de los Amigos de los Museos de Osuna (AAAMO). Leg. 233. Inventario de 1552, fol. 2.
El escudo que aparece aquí no es el de los Téllez-Girón sino el de De la Vega Velasco, como se explica la introducción. Quizá hubiera algún movimiento de los retablos en fecha indeterminada, antes de llegar al siglo XX, pues en fotografías de principios de siglo se observa que los escudos corresponden a como se ve hoy en día, y no como los refie-

ren el inventario de 1552, donde estarían invertidos. Véase también Cat. n.º 3.

414 AAAMO. Lega. 233. Inventario de 1558, fol. 43.

415 "En la otra credencia está otra lámina de 1 vara menos 1 cuarta alto y 1 vara ancho, la Anunciación regular". BTNT-CSIC, Archivo Rodríguez Marín, B.I.V. Historia, Serie 6.1 (8). "Inventario de ornamentos, alhajas y efectos del Sto Sepulcro de los Excmos Sres Duques de Osuna hecho con Intención del Mayordomo D. Antonio Contreras, en 7 de Agosto de 1861", fol. 1-3.

416 P. Madoz, *Diccionario Geográfico-Estadístico-Histórico de España*, XII, Madrid, 1849, p. 402.

417 C. Justi, *Miscellaneen aus drei Jahrhunderten Sapnischen Kunstlebens*, I, Berlín, 1908, p. 337.

418 J. Gestoso Pérez, "Notice historique et biographique des principaux artisttes flamands qui travaillerent à Seville despuis le XVIe siècle jusqu'a la fin du XVIII siècle", *Les Arts Anciens de Flandre*, Bruxelles, 1912, p. 141.

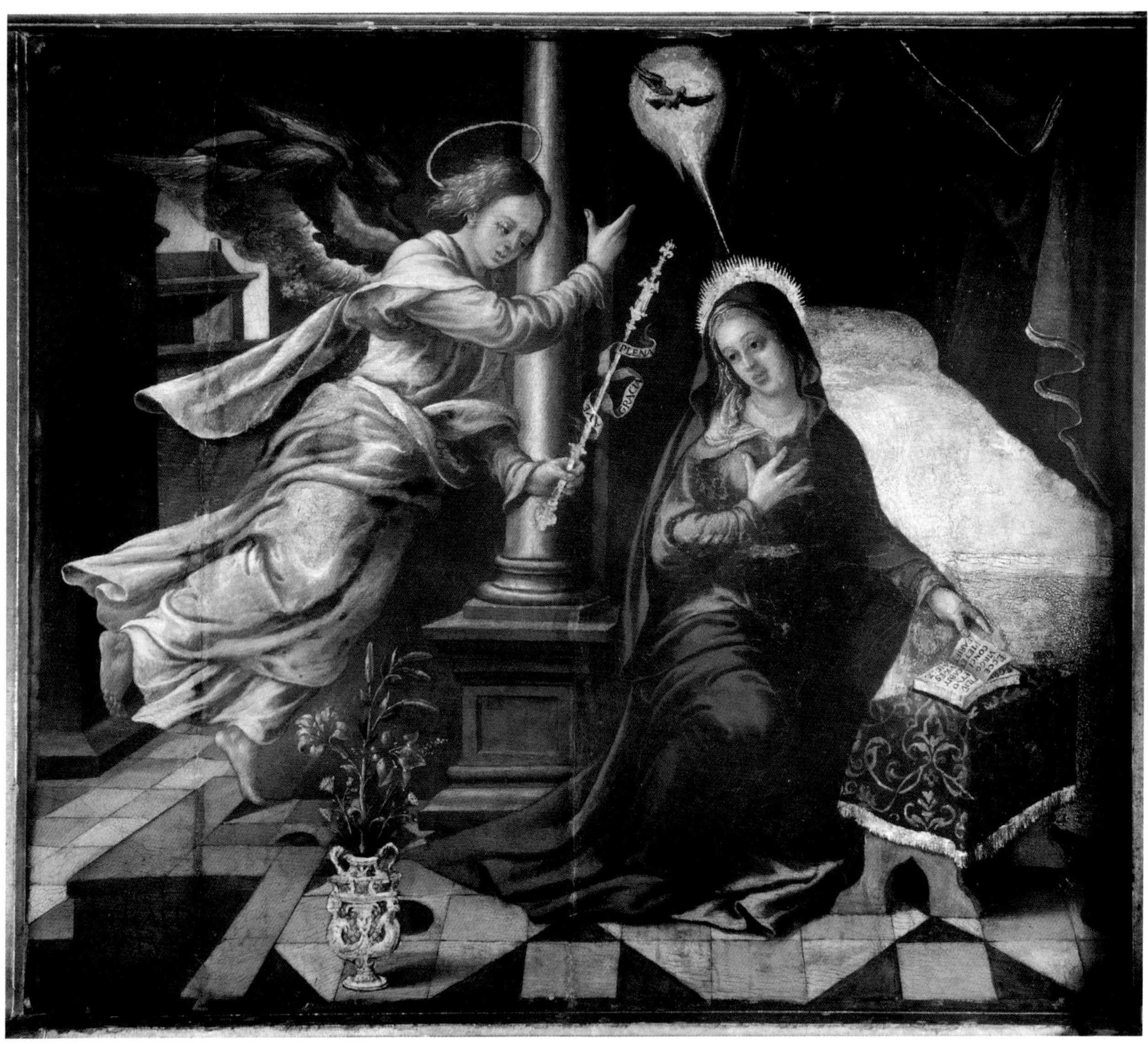

FigurA 07.02. Gerard van Wijtvelt, *La Anunciación*, reflectografía. © Junta de Andalucía. Foto: Pepe Morón.

acceso a la estancia tras el ángel proyectado hacia la derecha, mientras el lecho de la Virgen, que se ve a su espalda, se dispone hacia la izquierda. No extrañaría que esta disrupción del espacio se deba a un cambio en el proyecto inicial, algo evidente al advertir diversos arrepentimientos en varias zonas de la obra (Fig. 07.02). Las más evidentes son el cambio del florero con los lirios y los claveles que ahora se ven en primer plano, hacia la izquierda, mientras que en un primer momento el pintor lo había colocado más cercano a la Virgen, en medio de la composición, donde ahora está el plinto y la base de la columna. El ángel también ha variado de posición. Como se ve en su cetro y la manga de su túnica, que estarían más abajo. También sobre la cabeza de la Virgen se advierte el perfil de un

arco que sería la forma de cerrar ese espacio en vez de la cama colocada en dirección opuesta. La primera composición parece estar más cercana a la propuesta que Arnao de Vergara diseñó para la vidriera de la capilla de las Doncellas de 1534 en la catedral de Sevilla, y también a la propuesta que en 1547 realiza Esturmio para el banco del *Retablo de la Inmaculada Concepción* que se conserva en la capilla de la Universidad ursaonense (véase Cat. n.º 25.01). Si bien, es cierto que puede que en este último caso el pintor flamenco también estuviera tomando como referente un diseño previo de Arnao de Vergara (véase Cat. n.º 25.04 y n.º 25.05).

De hecho, precisamente por la relación de Nicolás de León y Esturmio en el retablo de la universidad, Serrera sugiere que, hablando de la obra

160

de Esturmio en el altar de la epístola del Santo Sepulcro (véase Cat. n.º 08), pudo haber sido Nicolás de León el autor del enmarque arquitectónico de estas tablas[419]. Sin embargo, Santos Márquez en 2009 ya apunta al trabajo de Bartolomé de Ortega y su taller para la retablística de los altares[420]. El enmarque clásico en un formato de retablo marco con dos columnas de orden compuesto con el fuste decorado con *candelieri* y alzadas sobre un plinto en resalte y sujetando un entablamento con el mismo movimiento, sirven de enmarque a la escena pictórica y sustentan el frontón en medio punto en cuyo centro se ha colocado el escudo de los De la Vega y Velasco[421], en alusión a la madre del IV conde de Ureña, Leonor de la Vega y Velasco, II condesa de Ureña, fallecida en 1522 pero en la que hay que ver a la verdadera impulsora de este conjunto, junto a su marido, Juan Téllez-Girón (1456-1528), como ya sugieren Cabello Ruda y Ledesma Gámez[422]. Posiblemente, rematando las columnas habría dos flameros como los que aún se conservan en el altar del lado de la epístola, y una crestería vegetal de la que quedan restos rodeando todo el perímetro del frontón. Estas estructuras arquitectónicas están en relación con el taller de los Ortega, familia de entalladores sevillanos con los que asiduamente trabajan tanto Roque de Balduque como Hernando

de Esturmio[423], a quien se les encarga toda esta ensambladura a partir de 1551[424].

Finalmente, y como es habitual en todo este conjunto de obras artísticas realizadas para ensalzar y revestir los espacios arquitectónicos en honor de la Madre de Dios y del linaje de los Ureña[425], en esta escena de la anunciación aparecen referencias concretas a textos bíblicos que apuntan a una mente iniciada en estos asuntos que fue el que dio las pautas a los artistas. En este caso, el libro sobre el que está meditando la Virgen está abierto en la profecía de Isaías al rey Acaz (7:14), "ECCE/ VIRGO/ CONCI/ PIETET/ [p]ARIET// FILIU[m]/ ET·VO/ CABIT/ UR:ES/ AIE:7" [la Virgen concebirá y dará a luz un hijo, y le pondrá por nombre [Emanuel][426], en la que se avanza la concepción milagrosa de una Virgen. Por tanto, en esta escena se condensa tanto el momento en que la redención cobra forma, por la aceptación de María, como la venida de Dios entre los hombres, usando a una joven llena de la gracia de Dios como instrumento. Paralelamente, que estas palabras, "Ave Gracia Plena" estén en el centro de la escena, es una alusión directa a la promotora, como se ha señalado líneas atrás, cuyo escudo lleva ese lema.

Atendiendo a las etiquetas que aparecen en el reverso, la pintura estuvo, junto con su compañera de la *Alegoría de la Inmaculada Concepción*, en la exposición iberoamericana celebrada en Sevilla en 1929, pues en la Fototeca de la Universidad de Sevilla se conserva una fotografía de José M.ª González-Nandín y Paul de ese año (n.º registro: 4-1399) que ratifica este hecho.

---

419 J. M. Serrera, *Hernando de Esturmio*, Sevilla, 1983, pp. 41-42.

420 J. A. Santos Márquez, "Patrocinio y mecenazgo de don Juan Téllez-Girón…", *op. cit.*, s.p.; A. J. Santos Márquez, "Sobre el escultor Roque de Balduque y sus trabajos para el IV conde de Ureña…", *op. cit.*, p. 403.

421 Leonor de la Vega y Velasco era hija de del II conde de Haro, Pedro Fernández de Velasco y Manrique de Lara, condestable de Castilla y promotor de la capilla de los Condestables en la cabecera de la girola de la catedral de Burgos. Las armas de los Velasco en su rama principal en Castilla son un jaqueado de quince piezas de oro y veros en el centro, y bordura componada de Castilla y León, que aquí ocupan el primer y cuarto cuartel; mientras que las armas de De la Vega, procedentes también de Burgos, en relación con su madre, son las de Mendoza de la Vega, donde se unen las cadenas en cruz en cuyo centro se coloca la banda roja perfilada en oro sobre campo verde, que Diego Fernández de Mendoza señala como alusivo a las batallas del Cid, de donde deriva la casa, en las que mató a muchos moros, y por ser su sangre roja tiñe el campo verde. A ambos lados se coloca el lema de los De la Vega: Ave María Gratia Plena, en letras azules en campo de oro. Diego Fernández de Mendoza, *Libro Becerro General: libro en que se relata el blasón de las armas que trahen muchos reynos y imperios, señoríos … y de la genealogía de los lynages de España y de los escudos de armas que trahen*, s/a. BNE, Manuscrito (MSS/18244 V.1), fols. 127v., 130 y 130v., 150. [En línea: http://bdh-rd.bne.es/viewer.vm?id=0000135656&page=1, (Consultada: 8-06-2021)].

422 Véase capítulos introductorios en estas mismas páginas.

423 Sobre la relación de talleres véase capítulos introductorios en estas páginas.

424 J. Hernández Díaz, *Arte y artistas del Renacimiento en Sevilla. Documentos para la Historia del Arte en Andalucía*, VI, Sevilla, 1933, pp. 61-63; A. J. Santos Márquez, "Patrocinio y mecenazgo de don Juan Téllez-Girón…", *op. cit.*, s/p. [En línea: https://digitum.um.es/digitum/handle/10201/44651, Consultada 16-06-2021)]; A. J. Santos Márquez, "Sobre el escultor Roque de Balduque y sus trabajos para el IV conde de Ureña…, *op. cit.*, pp. 402-403.

425 Véase capítulos introductorios en estas páginas.

426 Sobre la profecía: E. F. Sutcliffe, "The Emmanuel prophecy of Isaias. `Ecce virgo concipiet, et pariet filim, et cabitur nomen eius Emmanuel', Isaías 7:14", *Estudios eclesiásticos. Revista de investigación e información teológica y canónica*, 34, n.º 134-135, (1960), pp. 753-766.

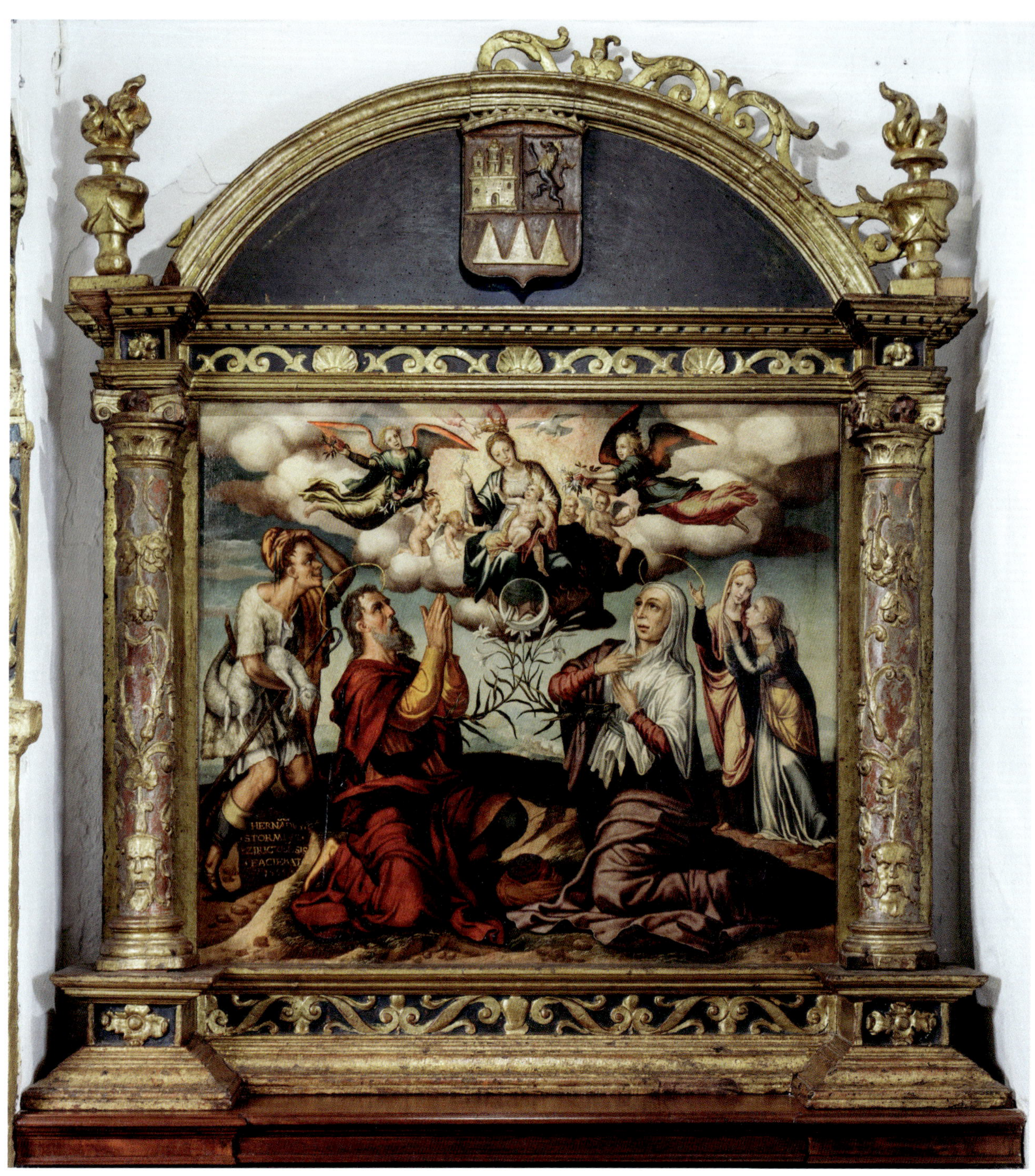

08

Título: *Alegoría de la Inmaculada Concepción*
Autor/taller/escuela: Hernando de Esturmio
Código Mosaico (Junta de Andalucía): 014106800930031.0000
Cronología: 1555
Soporte: tabla
Técnica: óleo

Medidas: 74,3 x 87,5 cm (s/m); 134 x 127 cm (c/m)
Inscripciones: detrás de la figura de san Joaquín, sobre un pilar: "HERNANDUS/ STORMIUS/ ZIRICZEESIS/ FACIE-BAT/ ·1555·" (Fig. 08.01); en el reverso dos etiquetas escritas a mano: "Exposición Mariana. Colegiata de Osuna. Pintura. Osuna", "Capilla del Sto. Sepulcro. Osuna"[427].

---

427 En este caso del reverso, se toman los datos de lo aportado por el restaurador en su informe tras la intervención en la

Lugar de conservación: altar de la nave de la epístola, capilla del Santo Sepulcro, colegiata de Nuestra Señora de la Asunción de Osuna.

Procedencia: se conserva en el lugar para el que fue realizada.

Estado de conservación: la localización de esta obra en un retablo adosado a una pared impide acceder a su parte posterior, por lo que su estado de conservación se ha valorado desde el anverso. Así, se ha observado que el soporte se mantiene sin deformaciones y tampoco se han detectado ataques de insectos xilófagos. Tan sólo destaca la separación natural de las tablas que lo conforman, evidenciada por los vestigios de grietas, ya tratadas, que se prolongan en dirección vertical. En este sentido, los estratos están bien cohesionados entre sí, pues únicamente se han diferenciado cuarteados de edad, junto con reintegraciones de esas grietas y de los ropajes de los santos. Del mismo modo, la película superficial se conserva en buen estado, lo que indica que la intervención de esta pintura se debió de llevar a cabo de manera reciente.

Restauraciones: en 1979 por el profesor de la facultad de Bellas Artes de Sevilla, profesor Arquillo; en 2011, en el Museo del Prado, por José de la Fuente Martínez, Alicia Peral Lozano y Gemma García Torres.

Bibliografía:

P. Madoz, *Diccionario Geográfico-Estadístico-Histórico de España*, XII, Madrid, 1849, p. 402; C. Justi, "Peeter der Kempener genannt maese Pedro Campaña", *Jahrbuch der Preußischen Kunstsammlungen*, V, (1884), p. 160; A. L. Mayer, *Die Sevillaner Malerschule*, Leipzig, 1911, p. 44, ed. trad. D. Romero, *Escuela sevillana de pintura*, Cajasol, Sevilla, 2010, p. 75; J. Gestoso Pérez, "Notice historique et biographique des principaux artisttes flamands qui travaillerent à Seville despuis le XVIe siècle jusqu'a la fin du XVIII siècle", *Les Arts Anciens de Flandre*, Bruxelles, 1912, pp. 55-56; *Catálogo-guía de la exposición mariana instalada en el templo del Divino Salvador*, Sevilla, 1929, p. 7, n.° 4; D. Angulo, "Pintura del Renacimiento", *Ars*

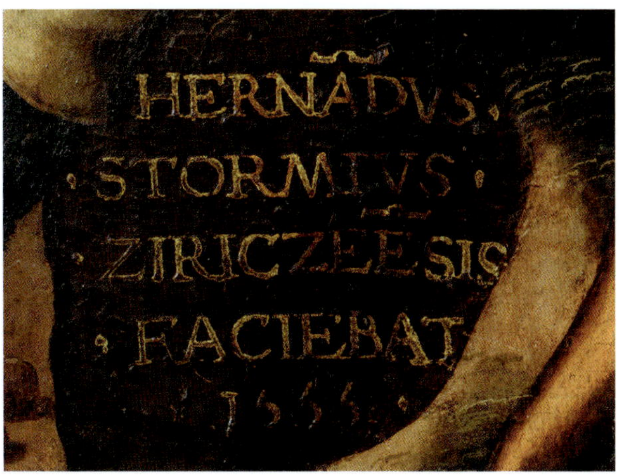

FIG. 08.01. Hernando de Esturmio, *Alegoría de la Inmaculada Concepción*, detalle de la firma del autor, ca. 1555. Capilla del Santo Sepulcro, retablo de la epístola, Osuna. © Junta de Andalucía. Foto: Pepe Morón.

Hispaniae, XII, Madrid, 1954, p. 210; J. M. Serrera, *Hernando de Esturmio*, Sevilla, 1983, pp. 77 y 97; VV.AA., *Inventario artístico de Sevilla y su provincia*, vol. 2, Madrid, 1985, p. 433; M. Rodríguez-Buzón Calle, *Guía artística de Osuna*, Osuna, 2006, p. 18; P. J. Moreno de Soto, *Dogma, poder e ideología. La casa de Osuna y la devoción a la Inmaculada Concepción*, Osuna, Sevilla, 2006, p. 69; E. Valdivieso, *Pedro de Campaña*, Sevilla, 2008, 152; J. De la Fuente Martínez, "Restauración de dos tablas procedentes de la colegiata de Osuna", *Cuadernos de los Amigos de los Museos de Osuna*, 13, (2011), pp. 113-114; J. A. Gómez Sánchez, "Hernando de Esturmio. Un pintor neerlandés en la Sevilla del Renacimiento", en *El San Roque del convento de Santa Clara: una obra de Esturmio restaurada*, (coord.) B. Navarrete Prieto; (dir.) G. Ferreras Romero, R. Magdaleno Granja, Ayuntamiento de Sevilla, 2015, pp. 24-25; A. Diéguez-Rodríguez, "La Anunciación del altar mayor del sepulcro de los condes de Ureña en Osuna y la figura de Gerrit Jansz van Wytfelt", *Cuadernos de los Amigos de los Museos de Osuna*, 21, (2019), pp. 112-115; A. Rodríguez Babío, "Alegoría de la Inmaculada Concepción", en *Arte del Renacimiento en Sevilla*, eds. I. Cano Rivero, I. Hermoso Romero y M.V. Muñoz Rubio, Museo de Bellas Artes de Sevilla, 2022, pp. 143-145, Cat. 12.

Descripción y comentario:

Serrera sugiere que pudo haber sido Nicolás de León el autor del enmarque arquitectónico[428],

---

pieza entre 2010-2011. J. De la Fuente Martínez, "Restauración de dos tablas procedentes de la colegiata de Osuna", *Cuadernos de los Amigos de los Museos de Osuna*, 13, (2011), p. 114.

La exposición mariana a la que se refiere la etiqueta fue la celebrada en Sevilla en 1929 con motivo de la Exposición Internacional Iberoamericana. Allí estuvo esta pintura, junto con la *Anunciación* de Gerard van Wijtvelt. Véase bibliografía.

---

428 J. M. Serrera, *Hernando de Esturmio, op. cit.*, pp. 41-42.

siguiendo la misma dinámica de trabajo que comenzaron ambos en el retablo de la *Inmaculada Concepción* ,hoy en la universidad de Osuna, en 1547. Sin embargo, Santos Márquez los considera de Bartolomé de Ortega[429], aludiendo a un contrato con este entallador en 1551. No sería extraño, pues hay constancia documental de la relación entre este pintor y la familia de los Ortega en diferentes ocasiones, y estilísticamente, los recursos decorativos son bastante cercanos a los modelos que emplean en otras obras conservadas de su mano. Gómez Sánchez incluso propone que pueda ser el propio Roque de Balduque el que se encarga de estos retablos-marco[430].

Esturmio presenta una imagen alegórica de la concepción inmaculada de María recurriendo a los modelos clásicos de presentar a san Joaquín y santa Ana como intermediadores de esa concepción. Tradicionalmente, esta propuesta se representa con el *Abrazo ante la Puerta Dorada* de ambos progenitores, pero en Flandes también se recurre a la iconografía de la Virgen del árbol seco, cofradía vinculada directamente con los duques de Borgoña. En este caso, Esturmio recurre al modelo del árbol de Jesé que combina con san Joaquín y santa Ana. Una formulación que escultóricamente ya tiene precedentes en el *Retablo de santa Ana* en la capilla de la Concepción de la catedral de Burgos, obra de Diego de Siloé, realizada entre 1486 y 1495, policromado por el pintor flamenco, Diego de la Cruz[431]. El pintor se centra en la estirpe directa de la Virgen colocando a sus padres arrodillados en el primer plano mirando hacia la parte superior de cuyo pecho salen dos lirios (azucenas) que se entrelazan. Sobre ellos, un rompimiento de gloria deja ver a la Virgen sedente con el Niño en brazos rodeada de ángeles que se acercan con azucenas, símbolo de pureza, y rosas alusivas a la Pasión. Sobre su cabeza, del lado izquierdo, salen unas manos para coronarla, apuntando a la idea de Dios Padre, mientras que a la derecha sobrevuela el Espíritu Santo. Las tres personas de la Trinidad se concentran en torno a la figura de María, incidiendo en que su concepción ya estaba presente en la mente de Dios mucho antes de la creación. Tras Joaquín, Gedeón y la piel del cordero que a pesar del rocío caído no se moja (Libro de los Jueces), precedente de la encarnación virginidad de María; y, tras santa Ana, las dos hermanas de la Virgen, María de Cleofás y María de Salomé[432].

Se trata de una pintura que pone de manifiesto el interés por mostrar la concepción o generación de la Virgen antes de la codificación de la imagen de la Inmaculada, al igual que la iconografía de la *Tota pulchra* o la *Virgo Amicta Solis* del Apocalipsis (12, 1-6).

Además, la inmaculada concepción de María tiene una continuidad con su virginidad, mediante los lirios que parten del pecho de san Joaquín y santa Ana, y que a su vez son un trasunto de la iconografía del árbol de Jesé. Se trata de una transformación de esta última iconografía que se produce desde época medieval hasta el siglo XVI, en el que "todos los Árboles de Jesé se han convertido en Árboles genealógicos de la Virgen. La filiación davídica de José y de Cristo es sustituida por la de María"[433]. En esa transformación la Virgen se convertirá en protagonista, conforme avance su culto en la Edad Media, y su imagen será la que sustituya a la de su Hijo en la cima del eje del árbol.

Este interés en vincular a Cristo con la estirpe de la Virgen explica la presencia de reminiscencias de otra iconografía que también tuvo gran éxito en Alemania y los Países Bajos: el de la parentela de María. Se trata de una leyenda apócrifa mencionada en la *Leyenda Dorada*, popularizada a comienzos del siglo XV a partir de la visión mística de santa Coleta de Corbie[434]. Según esta leyenda, santa Ana, tras enviudar de san Joaquín, tuvo dos matrimonios en los que concibió dos hijas a las que les puso también el nombre de María: de su matrimonio con Cleofás, hermano de san Joaquín, nació María Cleofás; y en terceras nupcias con Solás tuvo a María Salomé[435] . Esta "trinidad" de santa Ana (tribuna

---

429 A. J. Santos Márquez, "Patrocinio y mecenazgo de don Juan Téllez-Girón…", *op. cit.* s/p. [En línea: https://digitum.um.es/digitum/handle/10201/44651, Consultada: 16-06-2021)]; A. J. Santos Márquez, "Sobre el escultor Roque de Balduque y sus trabajos para el IV conde…", *op. cit.*, p. 403.

430 J. A. Gómez Sánchez, "Hernando de Esturmio. Un pintor neerlandés en la Sevilla del Renacimiento", en *El San Roque del convento de Santa Clara: una obra de Esturmio restaurada*, (coord.) Benito Navarrete Prieto; (dir.) Gabriel Ferreras Romero, Rocío Magdaleno Granja, Ayuntamiento de Sevilla, 2015, p. 50.

431 D. Martens, "Diego de la Cruz, cuarenta años después de su redescubrimiento: balance de las investigaciones y nuevas propuestas", *Goya*, 283-284 (2001), pp. 208-222; P. Silva Maroto, *Donación Várez Fisa*, Museo Nacional del Prado, Madrid, 2013, p. 38.

432 Sobre la Sagrada Parentela y como Ana se casó dos veces más concibiendo otras dos hijas, L. Réau, *Iconografía del arte cristiano…*, *op.cit*, t. 1, vol. 2, pp. 147-149.

433 L. Réau, *Iconografía del arte cristiano…*, *op. cit.*, t. 1, vol. 2, p. 141.

434 *Ibidem*, p. 147.

435 *Ibidem*, p. 148.

por sus tres matrimonios y triparta por las tres hijas concebidas en ellos) enlaza también con la Trinidad destacada en la parte superior de la tabla con la presencia de la mano de Dios coronando a la Virgen y la paloma del Espíritu Santo. Ambas hermanastras de la Virgen se corresponden con las figuras femeninas de la derecha[436]. Nacidas de una unión carnal, enfatizan la pureza virginal de María como la verdadera continuadora de la integridad o virtud familiar, desde su concepción, pasando por la virtuosa génesis de María (plasmada en el asunto del Abrazo ante la Puerta Dorada). Esto redunda en la pureza del nacimiento de Cristo a través de una hierogamia que da continuidad a la virtuosa estirpe familiar.

La sagrada parentela se vincula además con el tema del vellocino de Gedeón, representado a la izquierda de la composición, redundando en la pureza de la concepción de María, así como en su virginidad[437]. De esta forma, el vellocino se presenta como una prefiguración de la inmaculada concepción de la Virgen, por lo que aparece también como uno de los símbolos que la rodean en las representaciones como *Tota Pulchra*[438]. Debido a que el dogma de la Inmaculada no se admite hasta el siglo XIX, estas alegorías sobre el tema tendrán continuidad en el siglo XVII. Por ejemplo, aparece el *vellus gedeonis* en relación con la Virgen en el emblema 48 del *Flores de Miraflores* de Nicolás de Iglesia[439].

Como comentamos, este episodio se pone también en relación con la virginidad de María, cuando toda la gracia es derramada sólo sobre ella (como el rocío de la mañana en el vellón de Gedeón) mientras el resto de la humanidad es mancillada por el pecado original. Por ello la figura del vellocino fue incorporada a la iconografía de la Anunciación en relación con la caza del unicornio, muy difundida en la pintura del norte de Europa.

Del éxito de esta iconografía alegórica de la Inmaculada de dentro de los talleres flamencos es ejemplo la *Concepción de la Virgen* (ca. 1530-1540), de Ambrosius Benson, conservada en la parroquia de Santa María de San Llorente de Losas (Burgos)[440]. En esta pintura sí que se hace mayor hincapié en la pureza de la concepción de la Virgen al situarse en la base el abrazo de san Joaquín y santa Ana, de cuyos pechos surgen las ramas que culminan en la figura de la Virgen y el Niño de la parte superior. A ambos lados, a modo de tondo formado por las ramas laterales, se sitúan dos escenas de anunciación: la del ángel a san Joaquín mientras cuida su rebaño de ovejas, y la del arcángel Gabriel a María.

Esturmio plantea un esquema compositivo muy elaborado y cerrado, como demuestra la falta de arrepentimientos y rectificaciones en el diseño de la escena (Fig. 08.02). A través de dos triángulos equiláteros invertidos cuyo vértice central se cruza sobre el lirio en el que se apoya la media luna que sirve de apoyo a la Virgen. Esa idea de sol rodeando la figura de María se advierte por los sutiles rayos que emanan a su alrededor, pero el propio artista lo marca con una perfecta incisión que rodea a la Virgen y el Niño a modo de tondo. Un recurso que también emplea en torno a la paloma del Espíritu Santo. De hecho, la Virgen y el Niño se enmarcan en otro triángulo equilátero que tiene su equivalencia contraria en la Trinidad, también inscrita en esta forma geométrica, equilibrando la composición.

Esta iconografía de la Virgen de la Inmaculada Concepción es similar a la que aparece en la Virgen de la parte alta de la tabla de *San Jerónimo* del Museo de Bellas Artes de Sevilla (D1390P), (Fig. 08.03) obra que Valdivieso ve como de Pedro de Campaña[441], pero Navarrete Prieto la adscribe a Esturmio[442],

---

436 Últimamente se ha pensado en dos doncellas trabajando en casa de Ana siguiendo el evangelio apócrifo del pseudo-Mateo. A. Rodríguez Babío, "Alegoría de la Inmaculada Concepción", en *Arte del Renacimiento…, op. cit.*, p. 144. Creemos que tiene más sentido relacionarlas con las hermanas de la Virgen como se explica en el texto.

437 La historia se relata en el Libro de los Jueces (6:36-40): "Y Gedeón dijo a Dios: Si has de salvar a Israel por mi mano, como has dicho, he aquí que yo pondré un vellón de lana en la era; y si el rocío estuviere en el vellón solamente, quedando seca toda la otra tierra, entonces entenderé que salvarás a Israel por mi mano, como lo has dicho. Y aconteció así, pues cuando se levantó de mañana, exprimió el vellón y sacó de él el rocío, un tazón lleno de agua. Mas Gedeón dijo a Dios: No se encienda tu ira contra mí, si aún hablare esta vez; solamente probaré ahora otra vez con el vellón. Te ruego que solamente el vellón quede seco, y el rocío sobre la tierra. Y aquella noche lo hizo Dios así; sólo el vellón quedó seco, y en toda la tierra hubo rocío".

438 Según Manuel Trens, la iconografía de la *Tota Pulchra* tiene su origen en los escritos de sor Isabel de Villena (ca. 1430-1490), abadesa del convento de la Trinidad de Valencia. M. Trens, *María. Iconografía de la Virgen en el arte español*, Editorial Plus-Ultra, Madrid, 1946, p. 154.

439 *Flores de Miraflores, Hieroglíficos Sagrados, Verdades figuradas, sombras verdaderas del Mysterio de la Inmaculada Concepción de la Virgen, y Madre de Dios MARIA Señora nuestra*, Burgos, 1659.

440 F. Collar de Cáceres, "Concepción de la Virgen. Ambrosius Benson y taller", en *A su imagen. Arte, cultura y religión*. Madrid, 2014, pp. 142-147.

441 E. Valdivieso, *Pedro de Campaña*, Sevilla, 2008, pp. 53-54.

442 B. Navarrete Prieto, "Catálogo", *Arte Antiguo en la Exposición Iberoamericana de 1929*, ed, dir. B. Navarrete Prieto, Sevilla, 2014, pp. 152-153.

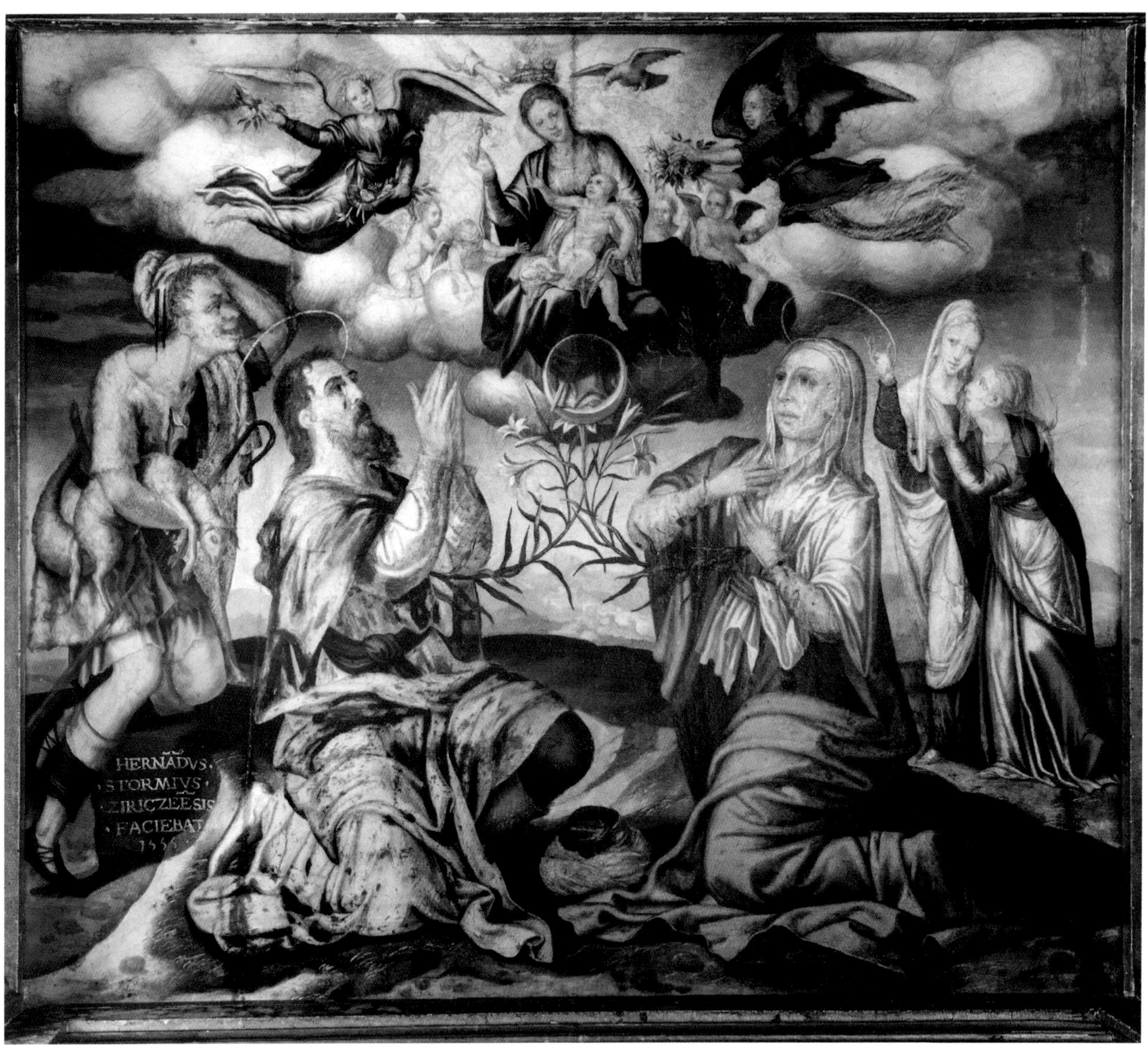

Fig. 08.02. Hernando de Esturmio, *Alegoría de la Inmaculada Concepción*, reflectografía. © Junta de Andalucía. Foto: Pepe Morón.

señalando la relación, precisamente, de la parte alta con la Virgen de esta alegoría de Osuna. Serrera sugiere que son los grabados de Cornelis Bos sobre el tema de la *Alegoría de la Inmaculada Concepción* y Cornelis Floris los que tiene Esturmio como referente para esta composición[443], pero estos artistas están más en relación con la introducción de modelo clásicos de grutescos y referencias italianas en sus escenas de historia. Para este historiador también se ve clara la dependencia de las tipologías de rostros femeninos, en especial el de Santa Ana, con los que el artista había ensayado en el retablo de San Pedro de Arcos de la Frontera[444].

Esturmio trata el tema de la Inmaculada Concepción en varias ocasiones. La primera es en julio de 1539, cuando concierta las diez tablas para el *Retablo de la Inmaculada Concepción* para la capilla del mercader Rodrigo Álvarez en el monasterio de San Francisco de Sevilla[445]. En el contrato también

---

443 J. M. Serrera, *Hernando de Esturmio, op. cit.*, p. 77, y lám. 8v. Serrera apunta a la influencia directa de un grabado de Cornelis Bos para el esquema compositivo de la escena. Sin embargo, no hemos logrado identificar el grabado al que se refiere Serrera para comprobar este hecho.

444 *Ibidem*, lám. 8v.

445 Es el retablo cuya armazón y entalladura se había concertado con Bartolomé de Ortega el 23 de junio de 1539, por lo que el trabajo de ambos artistas en proyectos comunes aparece en fechas tempranas. De hecho, en el contrato aparece también Nicolás de León, ratificando la relación de los tres

se incluía la pintura "de una viga a lo romano y una reja", obligándose a tenerlo terminado para el 2 de febrero de 1540[446]. En el retablo se debía pintar una Inmaculada Concepción con sus insignias, según las que aparecen en un retablo de la Merced, Dios Padre, los cuatro doctores de la Iglesia, la aparición del ángel a san Joaquín y el abrazo de san Joaquín a Santa Ana ante la Puerta Dorada, además de los retratos del banco[447]. El 12 de abril de 1546, contrata el retablo para la capilla que Juan Ramos (difunto) tenía en la iglesia de Santa Olalla en Huelva. El contrato lo firma con Cristóbal Donato, clérigo, en nombre del licenciado Francisco de Morgáez[448]. En este retablo dedicado a santa Ana debía realizar, en una de sus tablas laterales, la escena de san Joaquín "con sus pastores y ganado y un ángel que le diga"; y en la otra pintura la aparición del ángel a santa Ana "y la moça y unos páxaros en un nydo", mientras que rematando la calle central en el ático estaría la crucifixión con la Virgen y san Juan. En el primer cuerpo estaría el *Abrazo de san Joaquín y santa Ana* y la *Natividad de la Virgen* al otro lado. En el banco: la *Presentación de la Virgen en el tempo*, "y unos ángeles que la suben las quince gradas"; al otro lado "santa Olalla". Rematando el ático dos tondos donde se representaría la *Anunciación*[449].

En 1547 le vuelven a encargar un retablo de la Inmaculada Concepción y otros santos para la parroquia de la Asunción de Alcalá del Río, destinado al altar fundado por Juan García de los Naranjos,

párroco[450]. Ese mismo año se concierta la tabla de la Anunciación y santos para el convento dominico de la Madre de Dios de Sanlúcar de Barrameda.

De hecho, con estos antecedentes, es en junio de 1547 (1 de junio), cuando Nicolás de León, entallador, le encomienda las tablas para el retablo de la Inmaculada Concepción que tenía a su cargo para la capilla de la universidad de Osuna. Pinturas conservadas, no así la estructura de Nicolás de León que ayudaría a dilucidar si las armazones de los retablos del Santo Sepulcro podrían ser, o no, de su mano. En estas escenas, parece que están repitiendo los asuntos del retablo de la capilla de Rodrigo Álvarez en el convento franciscano de Sevilla, como es la presencia de los cuatro padres de la Iglesia que han defendido la concepción inmaculada de la Virgen (véase Cat. n.º 25.04 a n.º 25.07). Lo que interesa de este retablo de Rodrigo Álvarez, es que Esturmio ya trabaja sobre el tema de la Inmaculada "siguiendo un retablo de la Merced", e incluyendo escenas en relación con san Joaquín y santa Ana.

Parece que Esturmio fue un referente para aquellos retablos concertados entre 1540 y 1555 donde esta iconografía en torno a la Virgen sin mácula era la protagonista. Una iconografía que, como correspondía a un momento donde el dogma estaba siendo objeto de discusión, se plateaba tanto a través del árbol de Jesé, como a través de las advocaciones de los padres de la Virgen, san Joaquín y santa Ana, o la Sagrada Parentela. Iconografía, toda ella, con una tradición muy asentada en Flandes y los países germanos desde la Edad Media. En este sentido, es precisamente entre 1554 y 1556, que el Maestro del hijo pródigo está diseñando la *Genealogía de la Virgen* para la vidriera de la catedral de Granada, empleando el mismo modelo compositivo[451].

En el inventario levantado en 1552 de las cosas conservadas en el Santo Sepulcro, se indica que entre los "retablos de madera dorados y pintados" está "otro retablo de pincel de la Concepción con las armas de Velasco que está en otro altar"[452]. Actualmente, el escudo que presenta el frontón semicircular de la parte superior no es de los

---

artistas antes de trabajar en las obras de Osuna para el conde de Ureña. "Retablo para el monasterio de san Francisco de Sevilla", AHPSe, Oficio, V, 1539, Llb. III. Reg. 26. Trascripción: J. Hernández Díaz, *Arte y artistas del Renacimiento en Sevilla. Documentos para la Historia del Arte en Andalucía*, VI, Sevilla, 1933, pp. 61-63.

446 J. Hernández Díaz, *Arte Hispalense de los siglos XV y XVI. Documentos para la Historia del Arte en Andalucía*, vol. IX, Universidad de Sevilla, 1937, pp. 41-44; J. A. Gómez Sánchez, "Hernando de Esturmio, un pintor neerlandés...", *op. cit.*, p. 35.

447 Santos Márquez cuenta con documentación al respecto que vincula el trabajo de estos retablos con Bartolomé de Ortega. A. J. Santos Márquez, "Patrocinio y mecenazgo de don Juan Téllez-Girón...", *op. cit.*, s.p. [En línea: https://digitum.um.es/digitum/handle/10201/44651, (Consultada: 16-06-2021)]; A. J. Santos Márquez, "Sobre el escultor Roque de Balduque y sus trabajos para el IV conde...", *op. cit.*, p. 403.

448 AHPSe, Protocolos, Oficio 4, Cristóbal de la Becerra, 1546, Libro 2, cuaderno 28, fol. 683v.; J. A. Gómez Sánchez, "Hernando de Esturmio. Un pintor neerlandés...", *op. cit.*, pp. 36-37.

449 La obra de talla estaba a cargo de Bartolomé de Ortega. Gómez Sánchez ha propuesto la *Crucifixión* del Museo de Bellas Artes de Sevilla como parte de este retablo perdido. J. A. Gómez Sánchez, "Hernando de Esturmio. Un pintor neerlandés...", *op. cit.*, p. 57.

450 *Idem.*

451 Z. Van Ruyven-Zeman, "Monumentale glasschilderkunst in de kathedraal van Granada. Teodoro de Holanda, de Meester van de Verloren Zoon en de relatie tot Pieter Aertsen", en *Pieter Aertsen. Nederlands Kunsthistorisch Jaarboek 1989*, 40, (1990), p. 267.

452 AAAMOs, Leg. 233. Inventario de 1552, fol. 2.
Nos planteamos si la fecha del inventario puede ser incorrecta y el último número sea 5, pues la fecha de 1555 aparece, precisamente, en esta pintura de Esturmio.

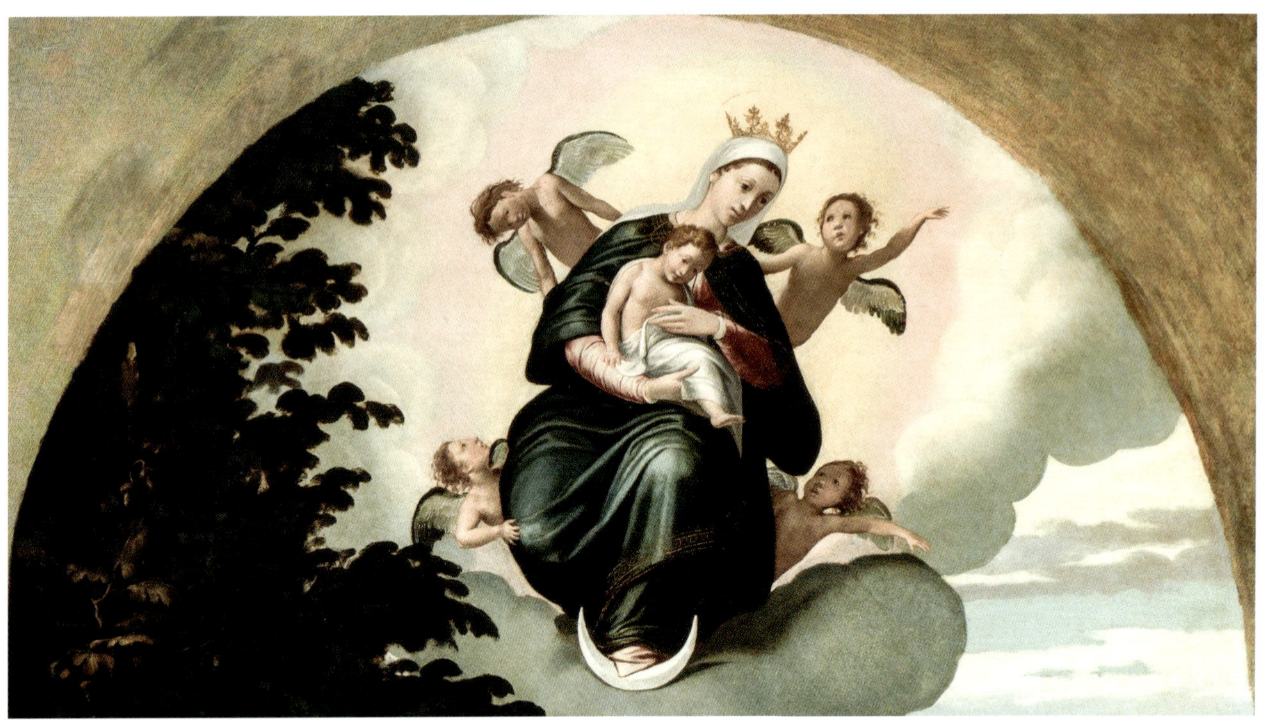

Velasco, sino el de los Girones[453]. En este sentido cabe preguntarse si en alguna ocasión se desmontó el retablo para una restauración, hecho que ocurrió, al menos, en 1979 y en 2011, y que al volver a colocar el retablo en su lugar se alteraran la posición de los escudos, siendo originariamente el de los De la Vega Velasco en este altar de la epístola y no en el del evangelio como está actualmente. De hecho, la alteración de los escudos tuvo que ser anterior al siglo XX, pues una fotografía de la obra conservada en el Archivo Mas de Barcelona[454], fechada a principios de siglo, muestra el escudo de los Téllez-Girón en el frontón y el estado de conservación de la obra

por esas fechas. En 1896, el delegado de la Comisión de monumentos históricos de Sevilla, Antonio Valderrama Valcárcel, señala cómo el "Sr. Lucena, artista de esta ciudad", llevó a cabo la restauración de algunas tablas de la sacristía del sepulcro[455], por lo que la intervención en el patrimonio artístico conservado en este espacio debió de ser una tónica general durante el siglo XIX, sobre todo, tras el paso de las tropas francesas a principios de esa centuria.

Tras el fallecimiento del IV conde de Ureña en 1558, continua en el mismo lugar, descrito de la siguiente forma: "En los tres altares principales están tres retablos de que no se hace cargo por estar asidos a la pared. El de en medio es de bulto en que está nuestro señor como lo ponen en el sepulcro (…) y el otro de la Concepción"[456]. Posteriormente, no es hasta 1861, cuando se vuelve a citar en el inventario realizado por Antonio Contreras en 7 de agosto de ese año: "Otra Credencia en madera de 1 vª, menos ¼ de/ alto y 1 vª de ancho, S. José, la Virgen y Sta Ysabel/ regular, no movible en una de las credencias del// altar mayor"[457]. En ninguno de los documentos

453 Jerónimo Gudiel, *Compendio de algunas historias de España donde se tratan muchas antigüedades dignas de memoria y especialmente se da noticia de la antigua familia de los Girones, y de otros muchos linajes,* Alcalá de Henares: Juan Íñiguez de Lequerica, 1577, fol. 8. "Ejecutoria otorgada a favor de Juan Téllez-Girón, Conde de Ureña, en el pleito que mantuvo con el lugar de Villafrechos y su tierra, sobre la posesión y aprovechamiento del monte de Villamuriel". 1556. AHNoT, Osuna, CP.9, D.11. *Documentos para una Aristocracia: Miniaturas Españolas en los Siglos XVI y XVII,* Ministerio de Cultura y Deporte [En línea: https://www.culturaydeporte.gob.es/cultura/areas/archivos/mc/miniaturas/exposicion/c/conde-urena.html (Consultada: 1-06-21)].
Este escudo de los Téllez-Girón, vuelve a repetirse en la crestería que remata el retablo de la Pasión de la sacristía. (Véase Cat. n.º 4).
454 Sturmio, San Joaquín y Santa Ana. Arxiu Mas, Barcelona, C-86822.

455 R. De Besa Gutiérrez, "Intervenciones en el Santo Sepulcro…", *op. cit.,* p. 108.
456 AAAMOs, Leg. 233. Inventario de 1559, fol. 43.
457 "Inventario de ornamentos, alhajas y efectos del Sto Sepulcro de los Excmos Duques de Ureña. Hecho con in Tervención del Señor D. Antonio Contreras en 7 de Agosto de

se cita al autor y en el último, incluso se confunde su iconografía. Madoz, durante su visita a Osuna antes de 1849, fecha de edición de su *Diccionario Geográfico-Estadístico-Histórico de España*, no hace ningún tipo de comentario hacia la pintura[458]. La singularidad del tema hace que su identificación sea complicada, incluso en el siglo XX. De hecho, en el *Catálogo monumental de España, provincia de Sevilla*, realizado entre 1907 a 1909, Fernández Casanova apunta en la "Capilla subterránea" en el retablo de la "Epístola el Nacimiento de la Virgen"[459], sin indicar autor ni estado de conservación. Es Mayer en 1911 quien identifica correctamente de nuevo la iconografía como de "la Concepción", indicando su singularidad "que sólo conozco en otra pintura de Carmona"[460]. Gestoso también señala correctamente el tema y apunta la inscripción que aparece, aludiendo a que, frente a Justi, ve las pinturas del *Retablo de los Evangelistas* de la catedral de Sevilla de calidad superior a este de Osuna, a pesar de estar ambas firmadas y fechadas el mismo año por el artista[461]. La bibliografía posterior ya recoge la obra como una de las principales del catálogo del artista, siendo Angulo y Serrera quienes le dedican más atención dentro de sus publicaciones a esta pintura de Esturmio en Osuna[462].

Esta obra, junto con la *Anunciación* de Wijtvelt del altar del evangelio, estuvieron en la exposición Iberoamericana celebrada en Sevilla en 1929[463], hecho que ratifica la fotografía guardada en la Fototeca de la Universidad de Sevilla realizada por José María González-Nandín y Paúl de esa fecha (n.º 4-1398).

1861". BTNT-CSIC, Archivo Rodríguez Marín, Caja 19, B.I.V. Historia. Serie 6.1 (8), pliego 1, fol. 1v.

458 P. Madoz, *Diccionario Geográfico-Estadístico...*, *op. cit.*, p. 402.

459 BTNT-CSIC, *Catálogo Monumental de España. Provincia de Sevilla*, por Adolfo Fernández Casanova, tomo II, Edad Moderna, 1.ª parte, Texto, 1907-1909, fol. 50. (manuscrito) [En línea: http://aleph.csic.es/imagenes/mad01/0010 CMTN/html/001359510 V02T.html#page/1/mode/2up]

460 A. L. Mayer, *Die Sevillaner Malerschule...*, *op. cit.*, p. 44, ed. trad. D. Romero, *Escuela sevillana...*, *op. cit.*, p. 75. Esta pintura a la que hace alusión la hace Juan Bautista de Amiens para el *Retablo de la Inmaculada Concepción* de la iglesia de Santa María en Carmona. Sobre este tema véase Cat. n.º 15 en estas páginas.

461 J. Gestoso Pérez, "Notice historique et biographique...", *op. cit.*, p. 56, nota I.

462 D. Angulo, "Pintura del Renacimiento", *Ars Hispaniae*, XII, Ed. Plus Ultra, Madrid, 1954, p. 210; J. M. Serrera, *Hernando de Esturmio*, *op. cit.*, p. 77, y lám. 8v.

463 *Catálogo-guía de la exposición mariana instalada en el templo del Divino Salvador*, Sevilla, 1929, p. 7, n.º 4.

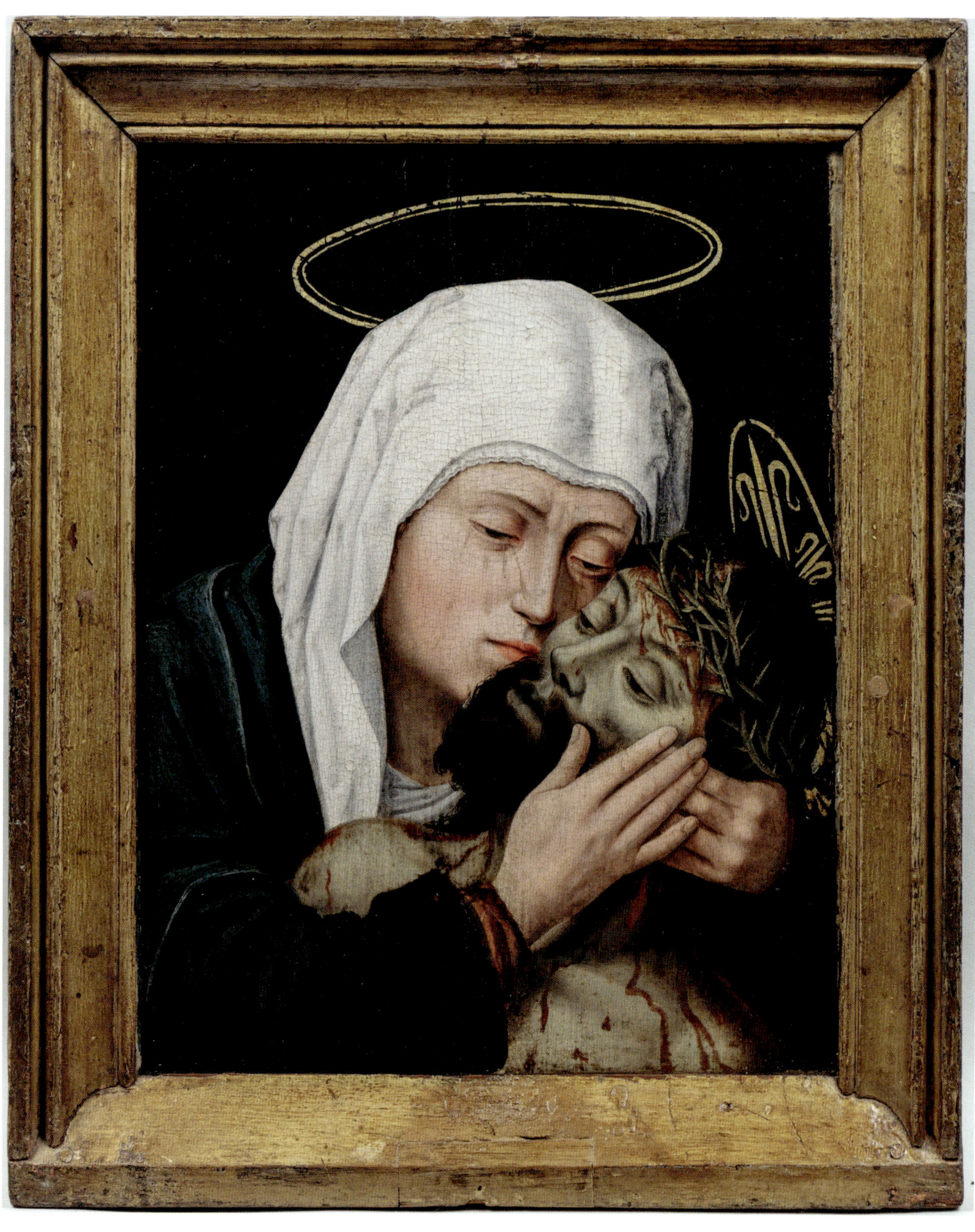

09

Título: *Piedad*
Autor/taller/escuela: Taller de Gerard David
Código Mosaico (Junta de Andalucía):
014106800930016.0000

Cronología: 1501-1525
Soporte: tabla
Técnica: óleo
Medidas: 30,9 x 24 cm (s/m); 39 x 32,3 cm (c/m)
Inscripciones: en el reverso: "S(an)to. Sepul / cro"
(Fig. 09.01).

Lugar de conservación: vitrina del pasillo de la sacristía de la colegiata de Nuestra Señora de la Asunción.

Procedencia: conjunto del Santo Sepulcro. Posiblemente, sacristía del Santo Sepulcro.

Estado de conservación: el soporte se conserva sin deformaciones, probablemente, como consecuencia de su corte radial, si bien la abertura en forma de caja en el borde izquierdo, compatible con un sistema de unión de tablas que suele estar oculto y aquí es visible, indica la posibilidad de que el grosor del panel hubiese sido rebajado y, con ello, las tensiones de su madera. No obstante, estas tensiones, en combinación con la rigidez y resistencia del marco en el que dicho soporte está encajado, habrían ocasionado la grieta vertical que se prolonga desde el extremo superior hasta debajo de la inscripción "Sto. Spulcro". A excepción de esto, la madera parece mantener su consistencia y no se ha observado ataque biológico alguno.

Ya en el anverso, la buena cohesión entre los estratos ha sido favorecida por su tratamiento en el pasado, del que son testimonio reintegraciones cromáticas diferenciadas en zonas como la manga de la Virgen y la grieta anteriormente mencionada, transmitida desde el soporte a la preparación y la pintura. En estas áreas, resueltas con tonos oscuros, también son evidentes restos de suciedad superficial inexistentes en los claros de la composición, como consecuencia del hábito de limpiar de manera selectiva, insistiendo en las zonas de luz.

En el bastidor del marco se han diferenciado orificios de xilófagos que evidencian su ataque, si bien no hay rastro de ellos en el anverso, donde el dorado se observa sucio y desgastado, incluso con pérdidas que dejan la madera a la vista. En la zona inferior de este marco, además, destaca una sección rectangular, de bordes muy definidos y que abarca todo el grosor, desde el listón del bastidor en el reverso hasta el travesaño de la moldura en la cara delantera. Esto indica que se trata de una pieza de madera independiente del resto de la estructura, que no responde a métodos tradicionales del trabajo de marcos y cuyo origen y cometido no quedan claros a simple vista.

Restauraciones: no constan.

Bibliografía:

R. De Besa Gutiérrez, "Intervenciones en el Santo Sepulcro de la colegiata de Osuna: 1880-1896",

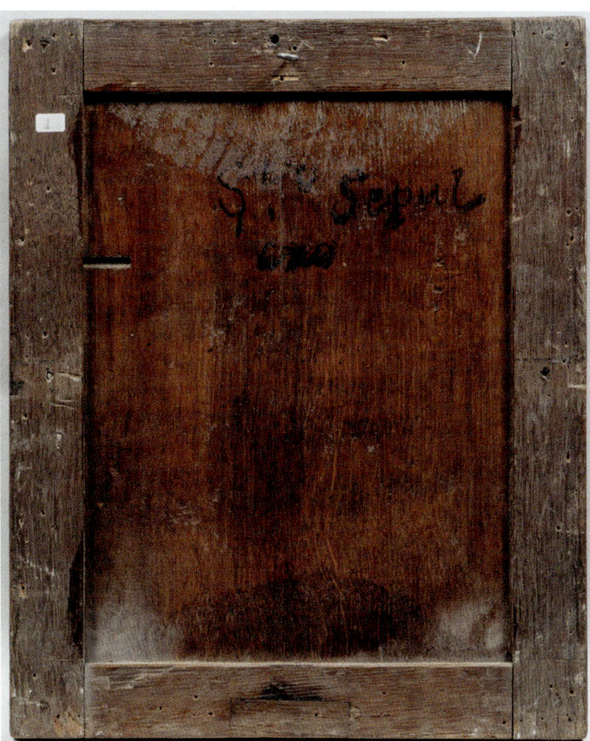

Fɪɢ. 09.01. Taller de Gerard David, *Piedad*, reverso. Vitrina del pasillo de la sacristía, colegiata de Nuestra Señora de la Asunción, Osuna. © Junta de Andalucía. Foto: Pepe Morón.

Cuadernos de los Amigos de los Museos de Osuna, 18, (2016), p. 108.

Descripción y comentario:

Por medidas y tema, esta pintura coincide con la registrada en el inventario del 14 de septiembre de 1861 de las obras conservadas en la sacristía del Santo Sepulcro: "Y otra lámina en madera, de la V. de las Angustias, de una tercia algo más de alto, y mas de una cuarta de ancho, con su cuadro dorado viejo, al parecer de algún mérito, movible, en la Sacristia"[464].

El tema de la *Piedad* es un asunto situado entre la *Deposición* y el *Entierro de Cristo*. Se puede poner también en relación con el sexto dolor de la Virgen (La Lanzada – Jesús es bajado de la Cruz y entregado a su Madre). En la pintura de Osuna, la composición consiste en un primer plano de las

---

464 "Ynventario de ornamentos, alhajas y efectos del Sto. Sepulcro de los Excmos. Sres. Duques de Osuna, hecho con intención del Admor. D. Antonio de Contreras en 7 de agosto de 1861". BTNT-CSIC, Archivo Francisco Rodríguez Marín, B.I.V. Historia, caja 19, 6,1. Capilla del Santo Sepulcro, p. 84. *Cit.* R. de Besa Gutiérrez, "Intervenciones en el Santo Sepulcro de la colegiata de Osuna: 1880-1896", *Cuadernos de los Amigos de los Museos de Osuna*, 18, (2016), p. 108.

figuras de busto o tres cuartos. La Virgen sujeta fuertemente la cabeza de su hijo con las dos manos, acentuándose el dramatismo de la escena mediante las lágrimas de María bajando por sus mejillas, en contraste con la sangre que emana de la cabeza de Jesús y que cae hasta sus hombros.

Esta puesta en escena, tan directa, busca la implicación emocional del devoto. Se trata de una simplificación de otro tema en relación con el ciclo de la pasión y muerte de Cristo, en este caso de la Piedad, en la que las figuras de medio cuerpo o tres cuartos centran el protagonismo de la composición, aportando un mayor acercamiento al dolor de los protagonistas de las historias. Sucede también con el Cristo con la cruz a cuestas de la saleta y del retablo de la sacristía del sepulcro, y hay que ponerlo en relación con la religiosidad más íntima de la *Devotio Moderna*.

La tabla de Osuna está en consonancia con las composiciones de seguidores de Gerard David, que resuelven la cabeza de María con formas más cuadradas, frente a los rostros más alargados y afilados de Gerard David. Esto se aprecia al compararla con la citada *Piedad* de Philadelphia, atribuida a un seguidor de Gerard David, y que repite la composición de Osuna, con la Virgen sujetando la cabeza

de Cristo con las dos manos, prescindiendo de los nimbos[465]. Por su parte, la pintura del museo de Bruselas presenta un paisaje de fondo, con la cruz en forma de Tau y la escalera utilizada para el descendimiento del cuerpo de Jesús en el fondo[466].

De esta forma, el tema de la Piedad, con figuras de cuerpo entero y colocadas en un paisaje acompañadas también de la Magdalena y san Juan, lo recrea el maestro de Brujas en una tabla conservada en el Philadelphia Museum of Art[467]. La versión en un formato más pequeño, de medio punto, ya sólo con la figura de la Virgen sosteniendo la cabeza de Cristo, la tenemos en el Hermitage de San Petersburgo[468].

---

465 *Idem*, Fig. 171. (19, 8 x 18, 3 cm).
466 *Ibidem*, pág. 277, Fig. 167, ficha 14.
467 C. Stroo, P. Syfer-d'Olne, A. Dubois, R. Slachmuylders, N. Toussaint, *The Flemish Primitives. Catalogue Royal Museums of Fine Arts of Belgium*, III, Brepols, Turnhout, 2002, p. 279, Fig. 169. Como "Lamentación" (86, 9 x 65 cm). Estas composiciones derivan, a su vez, de las escenas de Rogier van der Weyden con la Virgen también sosteniendo la cabeza de Cristo con las mejillas de ambos pegadas en un gesto de amor y dolor maternal. Un ejemplo es la conservada en los Museos Reales de Bélgica (*ca.* 1441).
468 *Idem*, Fig. 170, como "Piedad" (T., 19,2 x 14,9 cm).

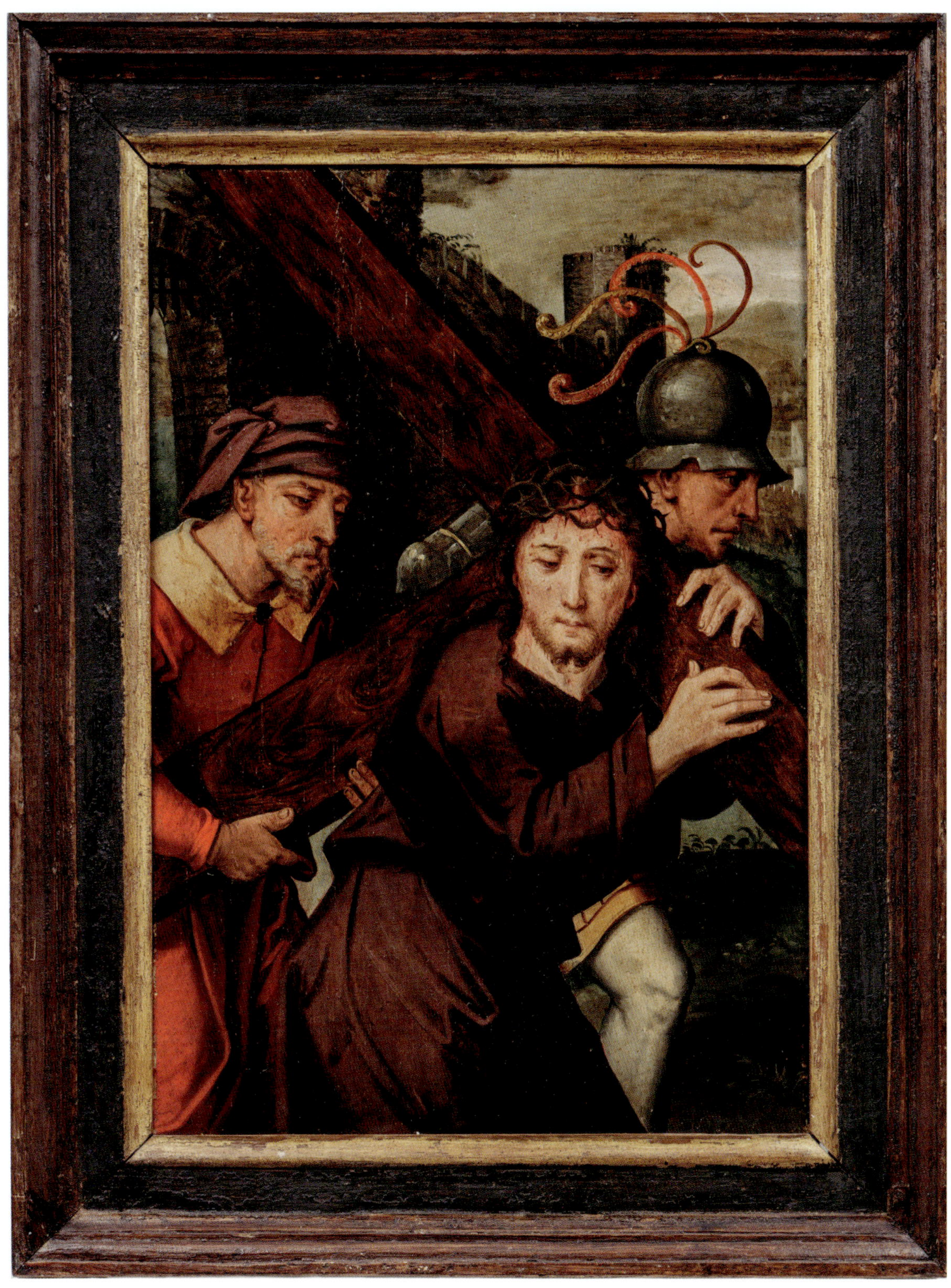

10

Título: *Jesús con la cruz a cuestas*
Autor/taller/escuela: Taller del Maestro del hijo pródigo

Código Mosaico (Junta de Andalucía): 014106800930017.0000
Cronología: 1540-1550
Soporte: tabla
Técnica: óleo

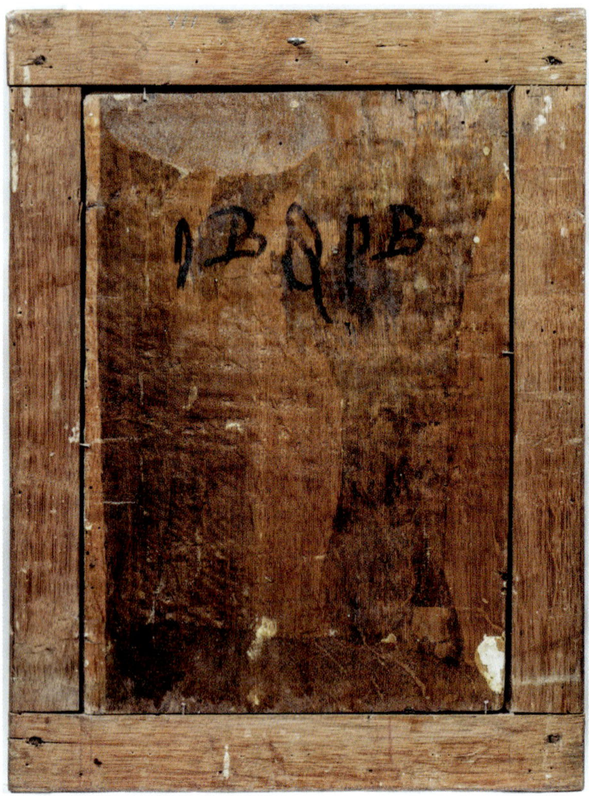

FIG. 10.01. Maestro del hijo pródigo y taller, *Jesús con la cruz a cuestas*, reverso. Sacristía, colegiata de Nuestra Señora de la Asunción, Osuna. © Junta de Andalucía. Foto: Pepe Morón.

Medidas: 40 x 28,3 cm (s/m); 51 x 38,7 cm (c/m)

Inscripciones: en el reverso, en la zona central, en negro: "1BQpB" (Fig. 10.01). Etiqueta con el número 7 sobre la tabla de DM que cubre el reverso.

Localización: sacristía de la colegiata de Nuestra Señora de la Asunción.

Procedencia: posiblemente en las estancias del Santo Sepulcro, colocada en alguno de los respaldos de la sillería. En el siglo XIX (inventario de 1861) ya no se citan entre los enseres y alhajas que hay en las estancias del Santo Sepulcro.

Estado de conservación: los restos de preparación sobre el reverso del soporte indican la eliminación de este estrato que originalmente debía de cubrir su superficie para prevenir posibles deformaciones o incluso para realizar grisallas o decoraciones también en esta cara de la obra, como ya se comentó en relación con la *Piedad*. A pesar de ello, el panel se conserva sin alabeos ni grietas, probablemente, debido a su corte radial, muy estable frente a las variaciones de las condiciones ambientales en el entorno. La consistencia de la madera, sin embargo, podría estar comprometida por el ataque de xilófagos evidenciado por los orificios localizados en los bordes superior e izquierdo, desde el punto de vista del espectador.

En la cara delantera, los depósitos de suciedad superficial desvirtúan los colores de la composición. Asimismo, se han observado problemas de cohesión entre los estratos, como pueden ser la grieta que se prolonga verticalmente en la mitad izquierda del extremo superior y los levantamientos que la circundan; las pequeñas, pero numerosas lagunas de pintura distribuidas por toda la escena; y desprendimientos de este estrato en los bordes, que derivan de la fricción del marco provocada por la holgura entre este y el panel.

Este marco también está afectado por el ataque de xilófagos antes mencionado, pues se han localizado orificios de salida de estos insectos en los listones del bastidor. Estos últimos están unidos con clavos oxidados que no cumplen adecuadamente su función, como denotan las grietas en la esquina inferior izquierda y las aberturas de los ángulos de travesaños y largueros en el anverso, donde las pérdidas de dorado y policromía dejan gran parte de su madera a la vista.

Restauraciones: no constan, aunque se conserva una fotografía del anverso de esta pintura en el Instituto Velázquez del CSIC, actualmente en la Biblioteca Tomás Navarro Tomás, en Madrid, procedente del Archivo Mas, que delata que debió de sufrir una intervención en el siglo XX en fecha indeterminada.

Bibliografía:

A. M.ª Ariza y Montero-Coracho, *Bosquejo biográfico de don Juan Téllez-Girón, IV conde de Ureña*, imprenta Eulogio Trujillo, Osuna, 1890, p. 20; *Inventario artístico de Sevilla y su provincia*, I, Madrid, 1982, p. 436; M. Rodríguez-Buzón Calle, *La colegiata de Osuna*, Sevilla, 1985, p. 79; M. Rodríguez-Buzón Calle, *Guía artística de Osuna*, Osuna, 2006, p. 39.

Descripción y comentario:

La escena nos muestra a Jesús camino del Calvario acompañado por un soldado romano y ayudado por Simón de Cirene, también conocido como "el Cireneo". Al fondo, una muralla almenada y fortificada con torreones, en la que se abre un arco de medio punto, y que es una referencia a la ciudad de Jerusalén. El pasaje evangélico se recoge en Mateo (27, 32-33), Marcos (15, 21-22) y Lucas (23, 26-27). Sin embargo, el Evangelio de Juan difiere de los evangelios sinópticos en este episodio del episodio, y será Jesús el que lleve solo la cruz hasta el final[469].

Simón de Cirene aparece representado como un varón entrado en edad, situándose detrás de Jesús, en coherencia con lo relatado en el evangelio de Lucas[470]. Esta iconografía se repite también en ejemplos de pintores italianos, como Tiziano en la pintura del mismo tema conservada en el Museo del Prado (*ca*.1565, n.º Cat. P000438). La escena se ha simplificado respecto a lo que es habitual en la pintura flamenca, y el acercamiento a la figura de Cristo produce un mayor impacto en el devoto, al ser visibles la sangre y las lágrimas[471]. La simplificación tiene que ver con el pequeño formato y el acercamiento más directo a los sufrimientos de Cristo, paradigma moral del cristiano, tal y como propone la *Devotio Moderna*. Esta corriente espiritual, surgida en los Países Bajos a finales del siglo XIV[472], propone un tipo de religiosidad íntima y subjetiva, basada en un acercamiento a la religión más afectivo que especulativo o intelectual. Además, pone su foco moral en la figura de Cristo, que se toma como modelo ético y ejemplo de vida a imitar. En este contexto hay que entender la publicación de una obra como la *Imitatio Christi*, del agustino Thomas de Kempis (1380-1471), y que se concibe como un compendio de consejos al devoto en la búsqueda de la perfección cristiana, poniendo la figura de Jesús como vara de medir.

La oración y la meditación en la vida y Pasión de Cristo son fundamentales para esta nueva espiritualidad de la *Devotio Moderna*, que va a influir en la producción artística, ya que propicia la creación de pequeños retablos conformados por pequeñas

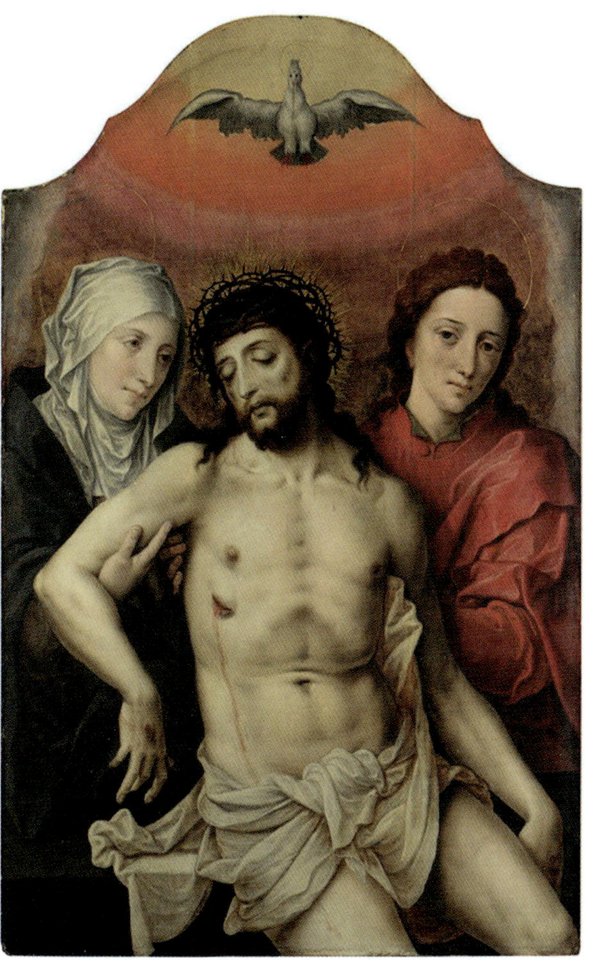

Fig. 10.02. Maestro del hijo pródigo, *Piedad*, mediados del siglo XVI. © National Gallery, Londres. Bajo licencia Creative Commons.

pinturas que se adaptaban perfectamente a los espacios de las capillas privadas o al interior de las casas, propiciando así una relación más íntima y personal con Cristo. Además, el pequeño formato de estos retablos facilitaba su transporte, no sólo por motivos devocionales, sino también comerciales. De esta forma, el cuadro de caballete empieza a dominar las ciudades flamencas a comienzos del siglo XV[473].

Esta religiosidad más íntima también explica la simplificación iconográfica que se produce en esta tabla de Osuna. Es habitual encontrar el tema de *Cristo con la cruz a cuestas* mezclado con el de la

469 L. Réau, *Iconografía del arte cristiano…, op. cit.*, t. 1, vol. 2, p. 481.

470 Lucas (23, 26): "Cuando lo llevaban, detuvieron a un tal Simón de Cirene, que volvía del campo, y lo cargaron con la cruz, para que la llevara detrás de Jesús".

471 El número de figuras que componen esta iconografía suele ser mayor, y a veces se incluye en la escena a la Virgen y san Juan, además del populacho mostrando su desprecio, y los soldados romanos golpeando a Cristo mientras el Cireneo, detrás de Cristo, sostiene la cruz. Incluso en una composición más sencilla, como la pintura de Gerard David del Metropolitan Museum of Art de Nueva York, la figura de Cristo y el Cireneo es acompañada de dos soldados maltratando a Jesús. M. W. Ainsworth, *Gerard David. Purity of vision…, op. cit.*, p.137, Fig. 138a.

472 Se considera que sus fundadores fueron Gerardo Groote (1340-1384) y su discípulo Florencio Radewijns (1350-1400). L. Nelstrop y H. Appleton, *Art and Mysticism. Interfaces in the Medieval and Modern Periods*, Routledge, London, 2018.

473 Hay que añadir que los pequeños formatos, sobre todo en forma de dípticos, también se han puesto en relación con la fascinación por los iconos bizantinos que inspiró a la pintura flamenca "The fascination with Byzantine-impires icons led to their asimilation into the mainstream of Netherlandish painting in the form of small devotional diptychs". M. W. Ainsworth, *Gerard David…, op. cit*, p. 272.

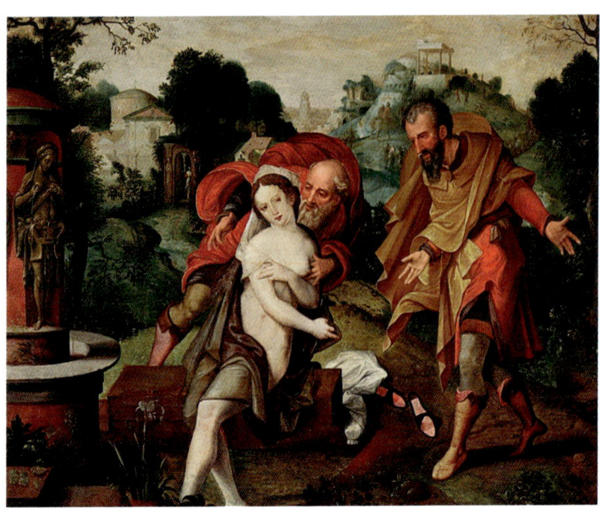

Fig. 10.03. Maestro del hijo pródigo y taller, *Susana y los ancianos,* mediados del siglo XVI. Colección privada, paradero desconocido.

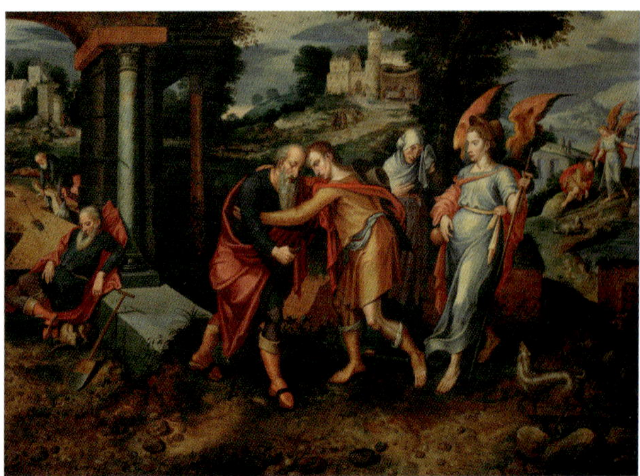

Fig. 10.04. Maestro del hijo pródigo, *Historia de Tobías,* mediados del siglo XVI. Colección privada, paradero desconocido.

Verónica o el *Desmayo de la Virgen,* acompañado además por una gran muchedumbre[474]. Pero al reducir el número de figuras, la escena no distrae con otros posibles puntos de interés, sino que se centra en la ejemplar figura sufriente de Cristo. De esta forma, se prescinde del contenido narrativo para potenciar el emotivo. Este esquema compositivo también lo observamos en el arte italiano, como por ejemplo la pintura de *Cristo cargando con la cruz* de Lorenzo Lotto (1526, 66 x 60 cm, Museo del Louvre, n.° inv. RF 1982-50), donde un Cristo representado de medio cuerpo interpela con su mirada al devoto, incrementándose la emotividad por medio de la representación de pequeñas gotas de sangre y lágrimas cayendo por su frente y su rostro, respectivamente. También Tiziano hará uso de este tipo de representaciones más afectivas y que acercan la figura sufriente de Cristo por medio de su representación de medio cuerpo en ejemplos como el anteriormente citado del Museo del Prado[475].

El estilo de las figuras que componen la pintura de esta tabla está en relación con los modelos utilizados por el Maestro del hijo pródigo. El rostro de Cristo, de pómulos marcados, boca pequeña de labios carnosos y barba partida en dos, es similar al de la *Piedad* de la National Gallery de Londres (Inv. n.° NG266), (Fig. 10.02)[476]; así como el tipo de corona de espinas, cubriendo enteramente la parte superior del cráneo (frontal y parietal), y que observamos también en la *Lamentación* conservada en la colección de la colegiata de Osuna (Inv. n.° MCO-CE-1064c). El modelo del Cireneo, de cabeza triangular, nariz recta y con la mandíbula en forma de cuña, es similar al de otras figuras del maestro, como la del rey Gaspar de la tabla de la *Adoración de los reyes* del Museo del Prado; la del personaje que cierra la derecha de la composición en la tabla de *Susana y los ancianos* de colección privada (Fig. 10.03)[477], o la de Tobías en la tabla con el tema de la *Historia de Tobías* también de colección particular (Fig. 10.04). Con esta última, el Cireneo de la tabla de Osuna comparte, además, el mismo dibujo de la oreja alargada, y el rostro de perfil, de nariz recta, del personaje que sostiene a Tobías, similar al del soldado que acompaña a Cristo en la tabla de Osuna.

La arquitectura de fondo de esta tabla ursaonense, con un arco de medio punto que se abre en la

---

474 Seguramente, siguiendo el relato del Evangelio de Lucas (23, 26-27): "Cuando lo llevaban, detuvieron a un tal Simón de Cirene, que volvía del campo, y lo cargaron con la cruz, para que la llevara detrás de Jesús. Lo seguían muchos del pueblo y un buen número de mujeres, que se golpeaban el pecho y se lamentaban por él". Un ejemplo de escena de abigarrada la tenemos en el *Cristo con la Cruz a cuestas* de El Bosco, fechado hacia 1490-1510 del Kunsthistorisches Museum de Viena (Óleo sobre tabla, 57 x 32 cm, Inv. n.° Gemäldegalerie, 6429).

475 Se podría recordar también composiciones de Sebastiano del Piombo, que simplifica al máximo esta iconografía situando una figura solitaria de un Cristo de medio cuerpo portando la cruz, ocupando todo el espacio de la pintura (Museo del Prado, Cat. n.° P000348, 43 x 32 cm). Estas pin-

---

turas del Piombo influirán en un pintor español como Luis de Morales, como se ve en la tabla central del *Retablo de la pasión* de la sacristía del Santo Sepulcro de Osuna.

476 (Óleo sobre tabla, 108,5 x 69 cm).

477 Colonia, Lempertz, n.° 1132, *Old Masters and 19th Century Art,* 18 de mayo del 2019, lote n.° 1214.

muralla de la ciudad de Jerusalén, junto con la construcción en forma de torre que se vislumbra a la derecha de la cabeza del soldado romano, es muestra del gusto del Maestro del hijo pródigo por las concesiones paisajísticas con construcciones al fondo. El modelo de esta muralla en perspectiva diagonal parece estar en estampas del mismo tema, como las de Durero (Fig. 10.05)[478], donde se observa incluso la reja de la puerta, o la del *Speculum passionis Domini Nostri* (Fig. 10.06)[479], que reproduce un arco de medio punto similar al de la tabla de Osuna.

Por último, se ha localizado una tabla similar del mismo maestro en colección privada, catalogada dentro del círculo de Pieter Coecke, con pequeñas variaciones en la posición de las cabezas de los personajes representados (Fig. 10.07)[480].

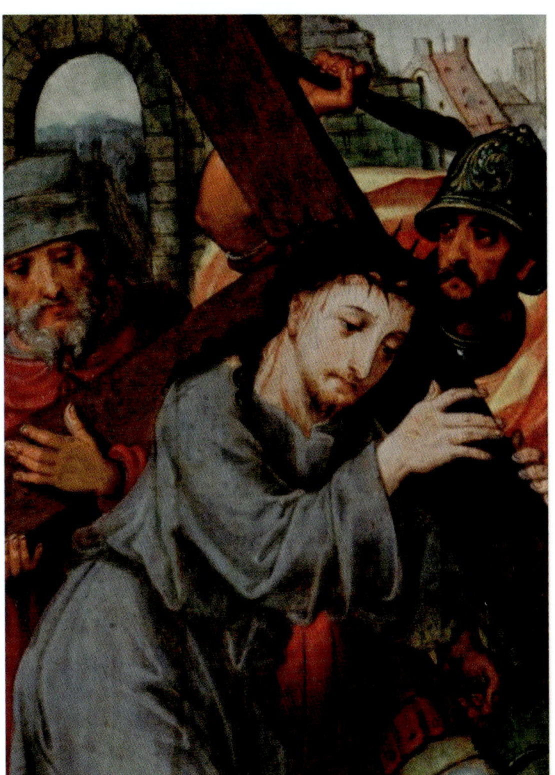

Fig. 10.07. Círculo de Pieter Coecke van Aelst, *Cristo con la cruz a cuestas*, mediados del siglo XVI. Colección privada, paradero desconocido.

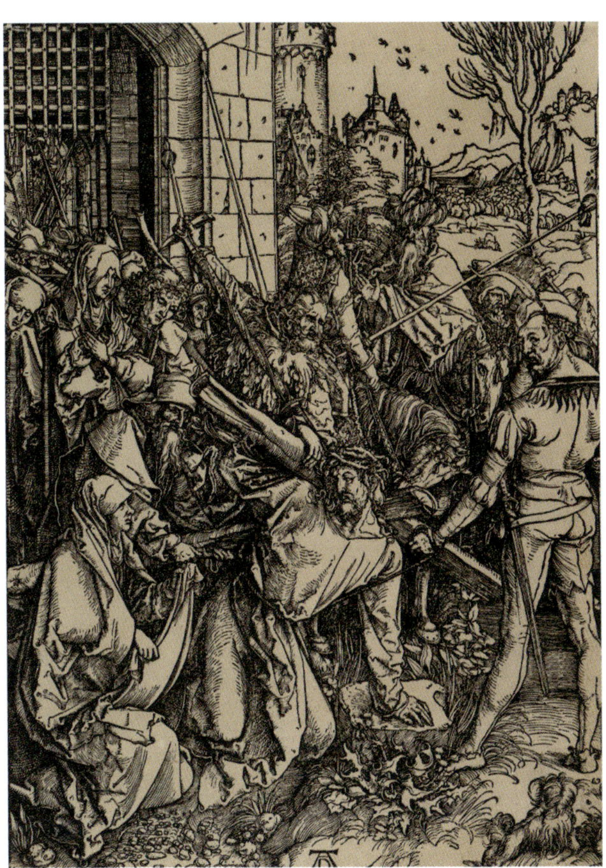

Fig. 10.05. Alberto Durero, *Cristo camino del Calvario*, ca. 1500. © Metropolitan Museum of Art, Nueva York.

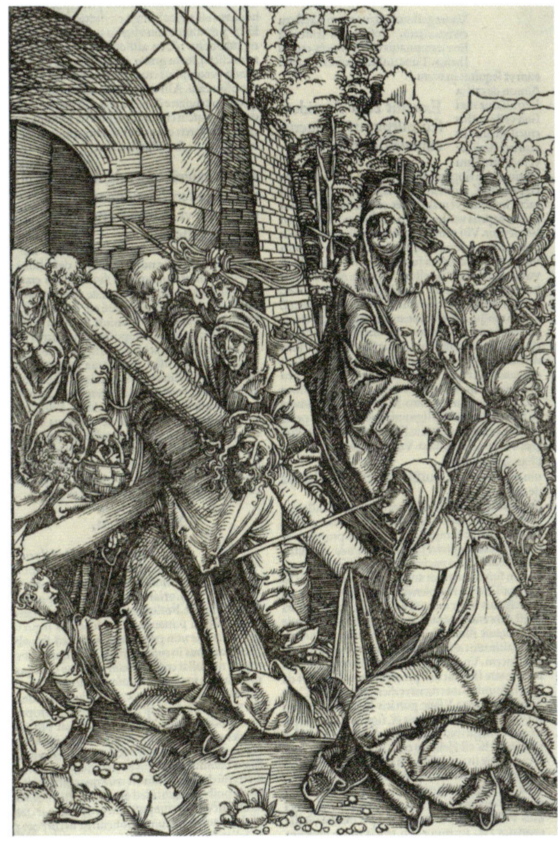

Fig. 10.06. Hans Leonard Schäufelein, *Cristo camino del Calvario*, 1507. © Metropolitan Museum of Art, Nueva York.

---

478 Metropolitan Museum de Nueva York, Inv. n.° 19.73.236.
479 *Speculum…, op. cit.*, fol. XLIX.
480 Nueva York, Christie's, n.° 3797 (Living with Art), 14-15 de diciembre de 2015, lote n.° 74. (Óleo sobre tabla, 42.5 x 29.9 cm).

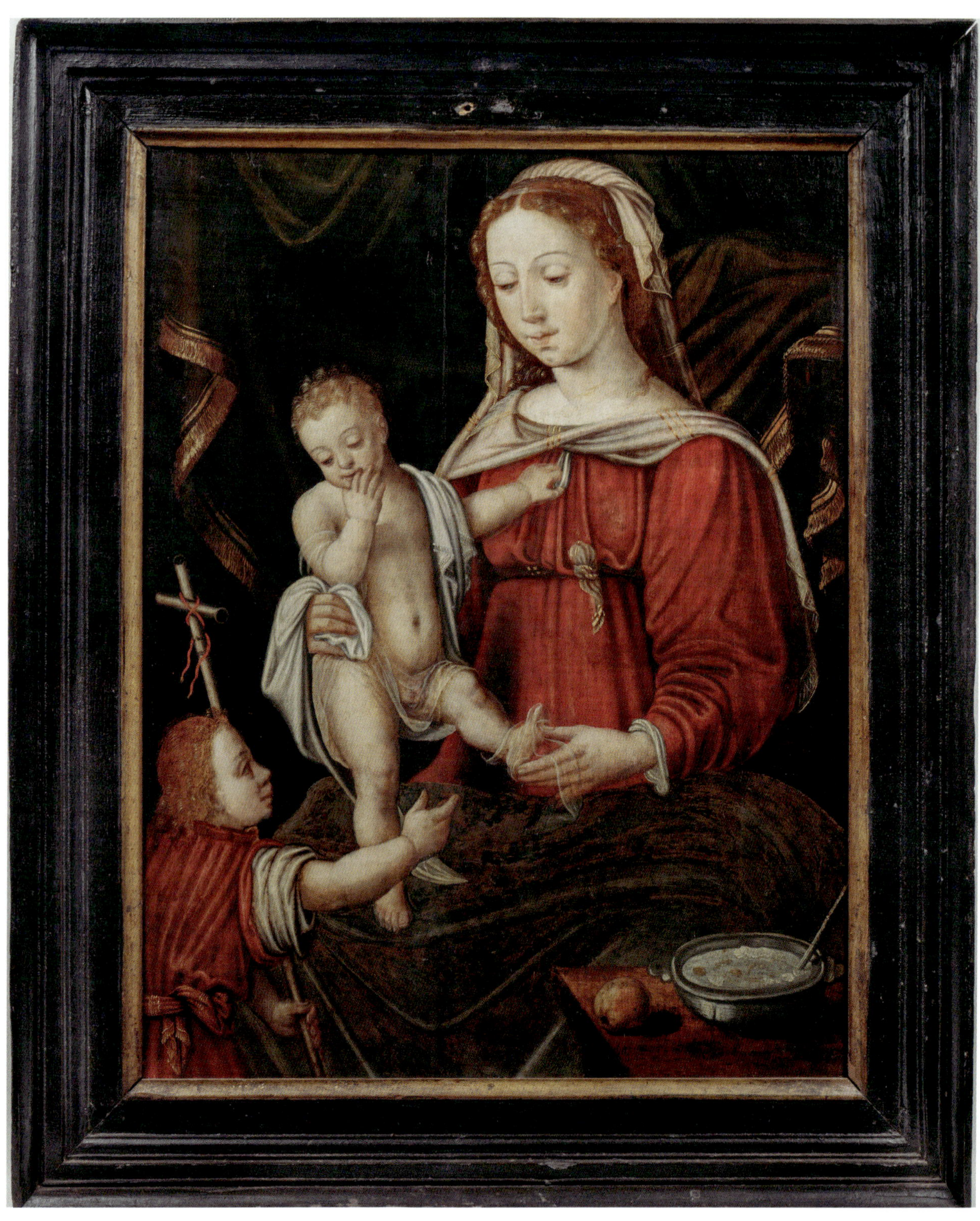

11

Título: *Virgen con el Niño y san Juanito (conocido como Virgen de la papilla)*
Autor/taller/escuela: Maestro de los modelos de Pieter Coecke y taller

Código Mosaico (Junta de Andalucía): 014106800930019.0000
Cronología: 1540-1550
Soporte: tabla
Técnica: óleo
Medidas: 68 x 53 cm (s/m); 82 x 70 cm (c/m)

Inscripciones: en el reveso: "ꟼꞽⱷꝯ℔B" en negro (Fig. 11.02); n.º 13 escrito a lápiz en la parte superior del reverso. Biselada en la parte superior del reverso (Fig. 11.01).
Localización: sacristía de la colegiata de Nuestra Señora de la Asunción.
Procedencia: posiblemente en las dependencias del Santo Sepulcro.

Estado de conservación: en el soporte de esta pintura no se han detectado alabeos ni ataques biológicos. Sin embargo, una grieta se prolonga verticalmente desde la zona izquierda del borde inferior en el reverso hasta casi alcanzar el superior y han sido eliminadas características originales del acondicionamiento de la madera para servir de base a la escena. Así lo indican restos de la preparación blanca que inicialmente debía de cubrir toda la superficie, principalmente concentrados en el extremo derecho, y vestigios de una tira de tela antiguamente adherida a la junta de las dos tablas que forman este panel.

En el anverso también son evidentes la separación de estas tablas y la grieta antes descrita, aunque ya están tratadas. Los estratos están bien cohesionados y en ellos sólo destacan el aspecto del manto que cubre las piernas de la Virgen, debido a la degradación de los materiales aplicados en la zona, y la suciedad que afecta a toda la escena en general.

A diferencia del soporte de la pintura, el bastidor del marco está atacado por xilófagos cuyos orificios se ven en los listones izquierdo y superior. Además, se han advertido la oxidación de la hembrilla fijada a este último mediante tres tornillos modernos para colgar la obra y depósitos de polvo sobre el listón inferior. Ya en la parte delantera, es evidente la separación de largueros y travesaños, especialmente acusada entre el larguero derecho y el travesaño superior, en cuyo centro se ha distinguido un orificio producido por algún tipo de herramienta de perforación. Toda la superficie es muy irregular y sus lagunas de pintura están reintegradas en un gris que desentona con el negro predominante sobre el dorado del filo, que está oscurecido por la suciedad.

Restauraciones: no constan.

Bibliografía:

M. Rodríguez-Buzón Calle, *La colegiata de Osuna*, Sevilla, 1985, p. 78.

Descripción y comentario:

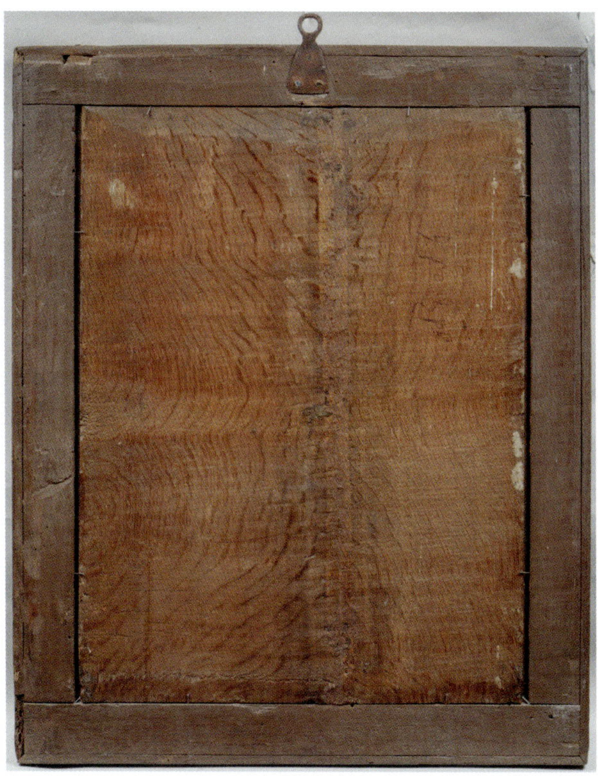

Fig. 11.01. Maestro de los modelos de Pieter Coecke y taller, *Virgen con el Niño y san Juanito*, reverso. Sacristía, colegiata de Nuestra Señora de la Asunción, Osuna. © Junta de Andalucía. Foto: Pepe Morón.

Seguramente se trata de la tabla citada en el inventario de 1552 como "otra tabla pequeña donde está nuestra señora con el niño en brazos y san Juan Bautista"[481]. Las figuras de los niños Jesús y san Juan en un infantil jugueteo tienen su origen en Italia, concretamente en la obra de Leonardo da Vinci, que posteriormente Rafael reformulará en múltiples representaciones donde ambos infantes son protagonistas de una tierna escena familiar junto a la Virgen[482]. El juego de miradas entre los personajes que vemos en la obra de Osuna sigue el modelo leonardesco, con la diferencia de que este último suele representar al niño Jesús con un gesto de bendición sobre san Juanito[483]. Por su parte, Rafael asume

481 AAMO, Legajo 233, 1552, fol. 2.

482 Leonardo representa a ambos niños jugando, mientras la Virgen sostiene a Jesús y los observa sonriente en el cartón de *La Virgen y el Niño con santa Ana y san Juan Bautista* de la National Gallery de Londres (*ca.* 1501-1505, inv. n.º NG6337).

483 Leonardo también desarrolla el motivo de san Juanito y el niño Jesús abrazándose, procedente de las *Meditationes Vitae Christi* del Pseudo Buenaventura (s. XIV). Sin embargo, el original de esta composición se ha perdido, y lo conocemos a través de distintas versiones de sus epígonos, como

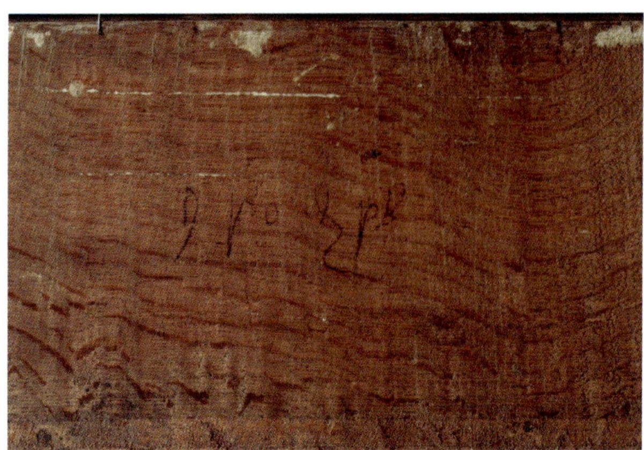

Fig. 11.02. Maestro de los modelos de Pieter Coecke y taller, *Virgen con el Niño y san Juanito*, detalle de la inscripción a carboncillo en el reverso. Sacristía, colegiata de Nuestra Señora de la Asunción, Osuna. © Junta de Andalucía. Foto: Pepe Morón.

el momento cariñoso entre ambos primos[484]. Este "rafaelismo" impregnará muchas de las pinturas de autores flamencos del XVI, permeables a las influencias del maestro de Urbino, tal y como se aprecia en la tabla de Osuna.

La iconografía de la Virgen de la papilla tiene su base en los textos apócrifos relacionados con el tema de la huida de la Sagrada Familia a Egipto. Según las *Meditaciones* del Pseudo Buenaventura, durante el regreso de su exilio, se produce un encuentro con san Juanito, que le ofrece frutas silvestres al Niño[485]. Por ello, a veces, se incluye a san José, enriqueciéndose la escena también con figuras de ángeles, o con la madre de la Virgen, santa Ana[486]. La papilla refuerza el vínculo con la huida a Egipto, pues puede estar refiriéndose a uno de los descansos y avituallamientos realizados durante el largo trayecto. También se ha relacionado con una prefiguración de la eucaristía, sustituyendo ese

alimento espiritual consagrado por una comida cotidiana como la papilla[487]. De esta forma, se reforzaría el mensaje salvífico y redentor del tema, a través de Jesús y de su propia Madre como intermediaria y persona imprescindible en la historia de la Salvación humana.

El pintor neerlandés Gerard David ya propone algunos ejemplos, a comienzos del siglo XVI, de la Virgen dando de comer al niño de una escudilla[488]. Pero el referente iconográfico flamenco más cercano se encuentra en el taller del denominado Maestro del hijo pródigo, con una importante producción de este tema[489].

---

484 Un ejemplo lo tenemos en la *Sagrada Familia* (también conocida como *Virgen de la Rosa*) del Museo del Prado (*ca.* 1517, Cat. n°. P000302).

485 L. Réau, *Iconografía del arte cristiano…, op. cit.* t.1, vol.2, p. 298. Realmente, el encuentro de ambos niños no tendría ninguna base canónica, ya que según el Evangelio de San Juan (1, 31), en el episodio del bautismo de Cristo, el Bautista dice "yo no le conocía". Seguramente este encuentro tenga también que ver con una vinculación de la historia de la infancia de Juan el Bautista con la de Cristo y su papel de precursor, añadiendo los *Evangelios Apócrifos* un episodio de la huida de santa Isabel con san Juanito durante la matanza de los inocentes. *Ibidem*, 4, t. 1, vol. 1, p. 490.

486 Como en el dibujo del cartón de Leonardo de la Burlington House citado en la National Gallery de Londres (inv. n.° NG6337)..

---

se observa en *la Sagrada Familia con san Juan* de Bernardino Luini del Museo del Prado (Cat. n.° P000242).

---

487 "The message of salvation and redemption is conveyed above all through the imagery of nourishment - the nourishment of the Child by the Virgin and, in turn, of mankind by Christ with his own Body and Blood. For women saints and mystics of the Low Countries, food was a metaphor for interaction with the divine, and it was central to religious practice. The *vitae* of these women are replete with references to the substitution of holy food (the Eucharist) for ordinary eating. They used scriptural passages, especially from de Song of Salomon, to provide the imagery of food and eating that expressed the soul's desire for God; bread, apples, milk- prominently placed in the Virgin and Child with the Milk Soup paintings- were symbolic of the Eucharist". M. W. Ainsworth, *Gerard David…, op. cit.*, pp. 306-307.

488 Para distintas representaciones de este tema por Gerard David, *Ibidem*, pp. 295-308. Otra réplica en Bruselas la recogen Martens y López Redondo en 2017. D. Martens y A. López Redondo, *Tablas flamencas de los siglos XV y XVI del Museo Lázaro Galdiano*, Madrid, Lázaro Galdiano, 2017, p. 148, Fig. 3.

489 *Virgen con Niño y san Juanito*, Lempertz (Colonia), n.° 1010, Maestros antiguos y siglo XIX (11 de mayo del 2013, n.° lote 1009). En este caso, la Virgen mira hacia al espectador mientras el Niño hace el gesto de bendición a san Juanito, como en los modelos de Leonardo. Añade además a la mesa un plato con un pan y un cuchillo, al lado de la escudilla con la papilla. En el catálogo de la subasta la relacionan con la tabla conservada en el Museo Lázaro Galdiano, atribuida al Maestro del hijo pródigo por Hernández Pereda, 1957, p. 154, atribución de la que se hace eco Díaz Padrón, que aporta otra réplica en colección privada de Barcelona. M. Díaz Padrón, "Dos nuevas pinturas del Maestro del Hijo Pródigo", *Archivo Español de Arte*, 54, 215, (1981), pp. 369 y 370, Fig. 9 y 10. Este último autor vuelve a reproducir el ejemplar de Barcelona en un estudio posterior: "Una tabla de la "Virgen con el Niño San Juanito y Niño Peregrino" del Maestro del Hijo Pródigo con atribución a Vicente Sellaer", *Boletín del Museo Instituto Camón Aznar*, XCVIII, (2006), p. 175, Fig. 3. Posteriormente, la pintura de la colección Lázaro Galdiano se cataloga genéricamente como de pintor anónimo de Amberes por Martens y López Redondo. D. Martens y A. López Redondo, "Catálogo razonado de la colección de tablas flamencas de los siglos XV y XVI del Museo Lázaro Galdiano", en *Tablas flamencas de los siglos XV y XVI…, op. cit.*, pp.147 y 148. Se hacen eco del éxito de esta composición, citando ejemplos en antiguas colecciones españolas de Zarauz y la ya mencionada de Barcelona. Díaz Padrón y Diéguez Rodríguez aportan más ejemplos de esta composición vinculados al hacer del Maestro del hijo pródigo: M. Díaz Padrón, "Nuevas pinturas identificadas del Maestro del

Sin embargo, estilísticamente, la pintura de Osuna esté más cercana al Maestro de los modelos de Pieter Coecke. Esto puede plantear la duda de si el prototipo original hay que buscarlo en alguna obra de Coecke, que después estos dos maestros siguen, o, tal vez, sea el Maestro de los modelos de Pieter Coecke el que copie una iconografía ampliamente repetida por el Maestro del hijo pródigo y su taller. Sea como fuere, parece que hay que establecer una vinculación muy cercana entre ambos pintores.

Retomando la cuestión del estilo de la pintura y de su adscripción a un taller concreto, la relación con los epígonos de uno de estos pintores flamencos influenciados por Rafael como es Pieter Coecke parece evidente. En este sentido, dos son los autores a los que más se acerca la pintura de Osuna: el Maestro del papagayo y el Maestro de los modelos de Pieter Coecke. Con el primero se encuentran concomitancias con algunas representaciones de la Virgen y el Niño, sobre todo en la forma de recrear el cabello de María, remarcando su ondulación en la parte delantera por medio de toques de luz y tonos más claros, como se observa en la tabla de la *Virgen y el Niño* de colección privada (Fig. 11.03)[490]. Sin embargo, encontramos más coincidencias con las Vírgenes y Niños del Maestro de los modelos de Pieter Coecke, que representa al infante de pie apoyado en las piernas de su madre[491]. El rostro de María, más alargado que los del Maestro del papagayo, o los labios representados de manera más mórbida y con tendencia al dibujo curvilíneo frente a los más rectos del Maestro del papagayo, lo acercan también a las maneras del Maestro de

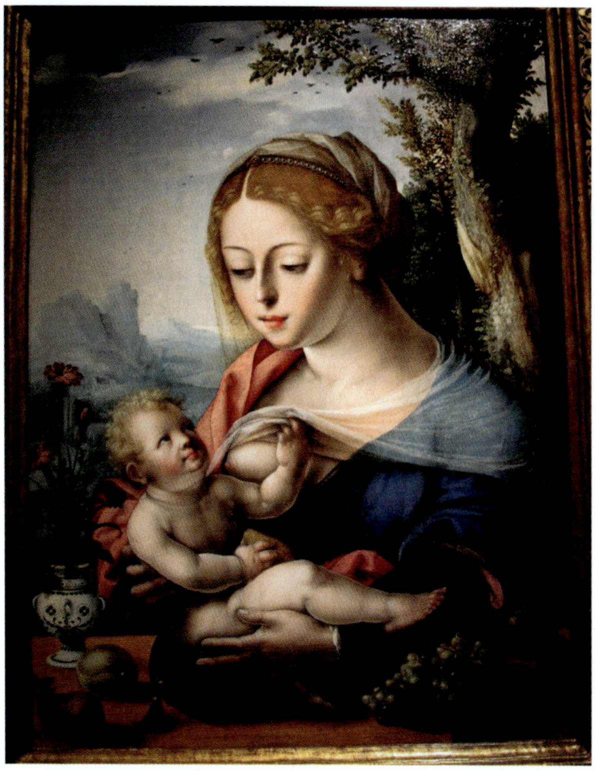

FIG. 11.03. Maestro del papagayo, *Virgen y Niño*. Colección privada.

los modelos de Pieter Coecke. En este sentido, la pintura de este maestro más próxima a la tabla de Osuna tal vez sea la *Virgen y el Niño* de colección privada madrileña[492].

Hijo Pródigo", *Goya*, 159 (1980), pp. 130-139; A. Diéguez Rodríguez, "Un tríptico del taller del Maestro del Hijo Pródigo en Ciudad Rodrigo (Salamanca)", *Boletín del Seminario de Arte y Arqueología*, LXXVIII, (2012). También en España hay que citar otro ejemplo en el convento de las jerónimas de San Pablo de Toledo, inicialmente adscrito al hacer de Blas de Prado por Mateo y López-Yarto, pero restituida al Maestro del hijo pródigo por Collar de Cáceres. I. Mateo Gómez y A. López-Yarto Elizalde, *Pintura Toledana en la segunda mitad del siglo XVI*, CSIC, Madrid, 2003, p. 259; F. Collar de Cáceres, "Pintura y pintores del norte en la España del siglo XVI. Presencia e influencia", en A. Gabaldón García (dir.), P. Ineba Tamarit (dir.) *La pintura europea sobre tabla siglos XV, XVI y XVII*, Ministerio de Cultura, Madrid, 2010, pp. 34 y 35 (imagen 2).

490 Zurich, Koller International Auctions, 19-09- 2014, lote n.º 3008, (Óleo sobre tabla, 50 x 38,5 cm).

491 Para el Maestro de los modelos de Pieter Coecke y las *Vírgenes con Niño*, A. Padrón Mérida, "Presencia en España…", *op. cit.*, pp. 443-460.

---

492 *Ibidem*, p. 451, Fig. 3.

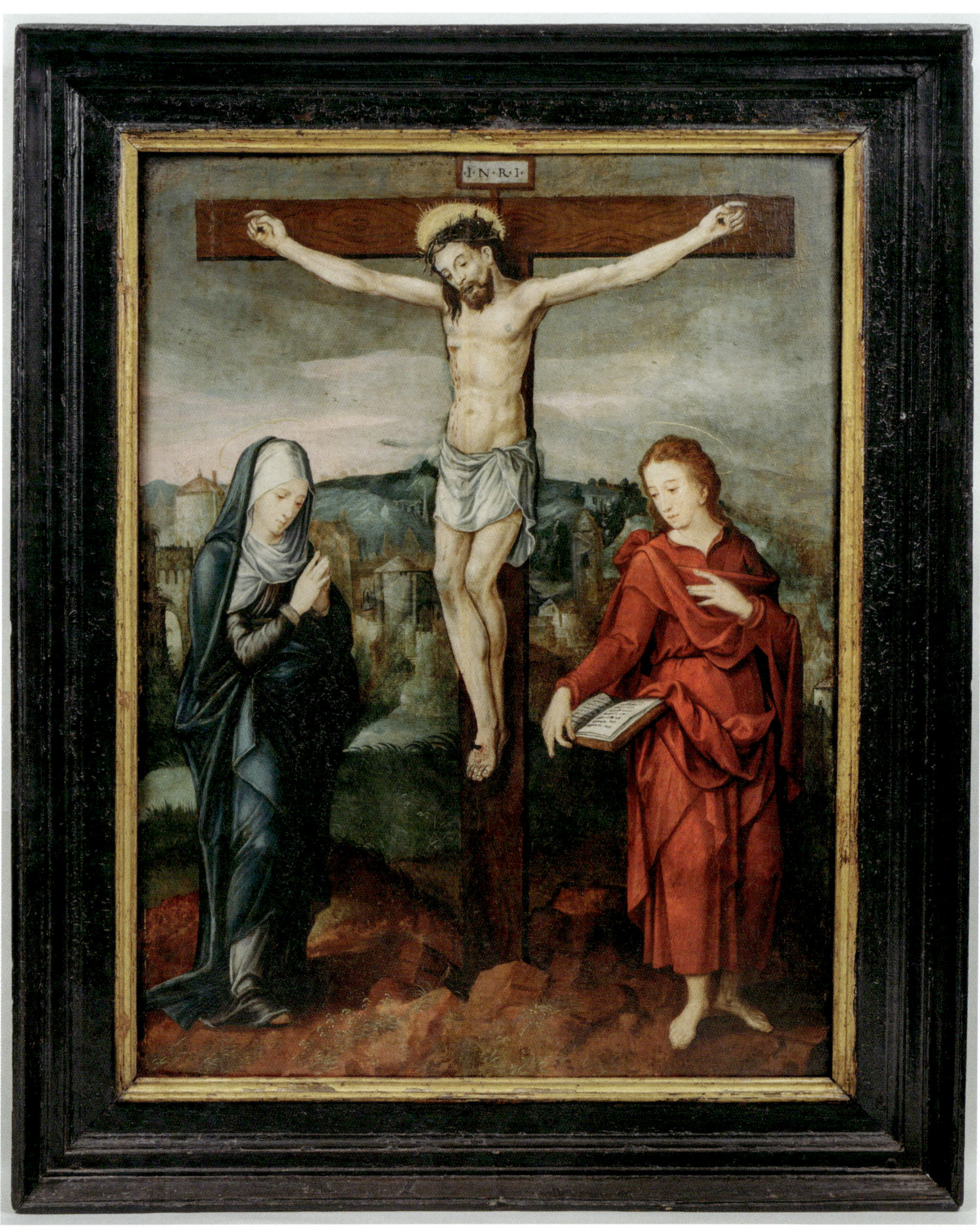

12

Título: *Calvario*
Autor/taller/escuela: Maestro del hijo pródigo y taller

Código Mosaico (Junta de Andalucía): 014106800930018.0000
Cronología: 1540-1550
Soporte: tabla
Técnica: óleo

Medidas: 67,5 x 52,5 cm (s/m); 84 x 70 cm (c/m)

Inscripciones: en el reverso, en la parte superior izquierda, número 19 a lápiz (Fig. 12.01).

Localización: sacristía de la colegiata de Nuestra Señora de la Asunción.

Procedencia: posiblemente en las dependencias del Santo Sepulcro.

Estado de conservación: los rasgos originales del soporte se conservan prácticamente sin modificaciones en el reverso, a excepción de unos pequeños orificios equidistantes entre sí, localizados en la zona inferior de la unión de las dos tablas que componen el panel, y que se podrían deber a grapas ahora eliminadas. Además, la tabla derecha, desde el punto de vista del espectador, presenta un ennegrecimiento compatible con la exposición prolongada a una fuente de humedad, que puede haber provocado pérdida de consistencia en la madera, al tiempo que puede dar lugar a ataques biológicos. (Fig. 12.01)

En el anverso, son evidentes la oxidación del barniz y la suciedad en superficie, una grieta vertical próxima a la esquina superior izquierda y la reintegración cromática de otra cuya localización coincide con la junta de las tablas y que se prolonga desde el borde superior hasta el inferior de la escena. Estas grietas delatan la existencia de tensiones en la madera del soporte, que comprometen la estabilidad de los estratos situados encima. En este sentido, se han observado problemas de adhesión de la película pictórica y la preparación, como son los numerosos levantamientos repartidos por la superficie de la obra, especialmente en la parte derecha y en la zona inferior del fondo, así como en los ropajes de los personajes.

Esta falta de cohesión entre los estratos también se ha detectado en el marco, que presenta pérdidas de dorado y policromía, incluso de los aparejos previos, quedando la madera a la vista.

Restauraciones: no constan.

Bibliografía:

M. Rodríguez-Buzón Calle, *La colegiata de Osuna*, Sevilla, 1985, p. 78.

Descripción y comentario:

En los inventarios de los bienes para el uso y adorno de la capilla del Sepulcro solamente aparece recogida una obra cuya descripción coincide con el tema de esta pintura, por lo que podría referirse a ella, o bien a las otras dos pinturas que se conservan

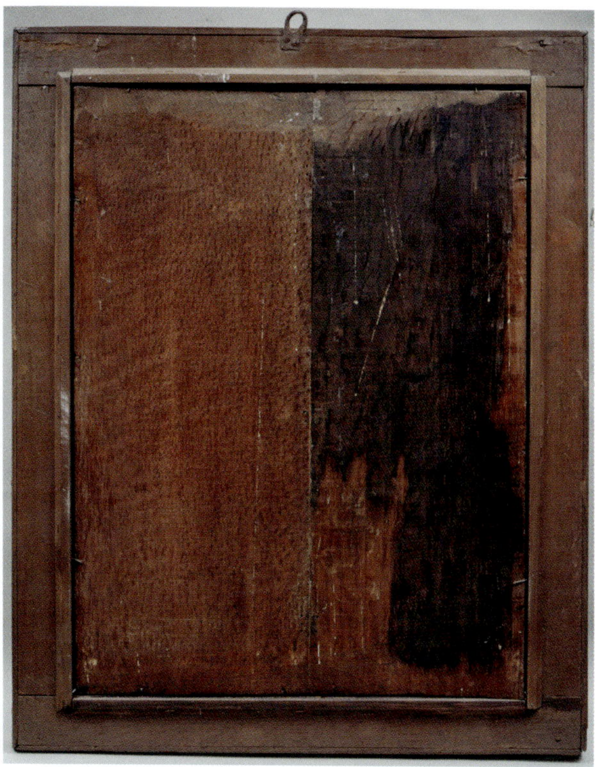

Fig. 12.01. Maestro del hijo pródigo y taller, *Calvario*, reverso. Sacristía, colegiata de Nuestra Señora de la Asunción, Osuna. © Junta de Andalucía. Foto: Pepe Morón.

actualmente en la saleta (véase Cat. n.° 13) y en la sacristía del Sepulcro (véase Cat. n.° 05.04)[493].

La presencia de la Virgen acompañada únicamente por san Juan tiene su fundamento en las palabras recogidas por el propio evangelista en su relato sobre la crucifixión, según el cual Jesús le encomienda a su propia madre, estableciendo así una clara predilección por este discípulo[494]. Esta imagen de la crucifixión tendrá repercusión en el arte bizantino, conformando una iconografía como es la *Déesis*, cuya influencia llegará hasta la época moderna. De hecho, estas sencillas composiciones del calvario que vemos en Osuna tienen ya precedentes en la pintura flamenca del siglo XV. Un buen ejemplo es la *Crucifixión* de Rogier van der Weyden

493 Lo más probable es que se refiera a la pintura ubicada actualmente en el retablo de la sacristía del Santo Sepulcro. "Otra tabla pequeña que está al otro lado [del altar mayor] en la cual está nuestro señor crucificado y nuestra señora y san Juan en los lados". AAMO, Legajo 233, 1552, fol. 3; "otro retablo pequeño de una tabla en que está el crucifijo san Juan e nuestra señora está a un lado del altar mayor". AAMO, Legajo 233, 1559, fol. 43.

494 "Jesús, viendo a su madre y junto a ella al discípulo a quien amaba, dice a su madre: Mujer, he ahí a tu hijo. Luego dice al discípulo: He ahí a tu madre". Juan 19, 26-27.

de El Escorial (inv. n.º 10014602) (Fig. 12.02), que tendrá eco en autores como Gerard David, como se puede observar en las distintas réplicas recogidas por Friedländer[495]. La *Crucifixión* conservada en Génova de Gerard David recoge esta tradición, pero la adapta al carácter menos dramático del pintor asentado en Brujas[496]. La tabla de Osuna es de un autor que toma estas referencias flamencas, pero las enriquece con influencias del manierismo italiano, como vemos en el gesto afectado de san Juan y el *contraposto* de las figuras. El tipo de gesto de dolor contenido e introspectivo de la Virgen, inclinando la cabeza, parece tomado de la tabla genovesa de Gerard David, repitiendo también una posición abierta de los pies de san Juan[497]. Sin embargo, la postura del crucificado, con las rodillas dobladas contribuyendo al perfil sinuoso de su figura, está más cercano al modelo de Van der Weyden, siendo más fiel Gerard David a la verticalidad propia de autores de la escuela de Brujas como Hans Memling.

La representación de un Cristo muerto en la cruz lo relaciona Réau con un tipo de misticismo más sentimental influido por san Francisco de Asís, las *Meditaciones* del Pseudo Buenaventura y las *Revelaciones* de santa Brígida. Se buscaba de esta forma no la glorificación de su divinidad, sino el sentimiento de compasión en el devoto[498], y por ello, a veces, se enfatiza el gesto de aflicción de la Virgen ante la escena que contempla con amargura.

También el Maestro de las medias figuras compondrá calvarios similares a la tabla de Osuna, como el localizado en la antigua colección sevillana López Cepero[499]. Sin embargo, el estilo de la misma nos lleva a incluirla dentro de la órbita del Maestro del hijo pródigo, pues los modelos figurativos son similares a los que se pueden observar en otras tablas del pintor. Así, el rostro de san Juan se puede comparar con el del mismo personaje de la *Lamentación* del Museo Catharijneconvent de Utrecht (Inv. n.º BMHS2859), atribuida a su taller (Fig. 12.03), e incluso con tipos femeninos como el que utiliza en la

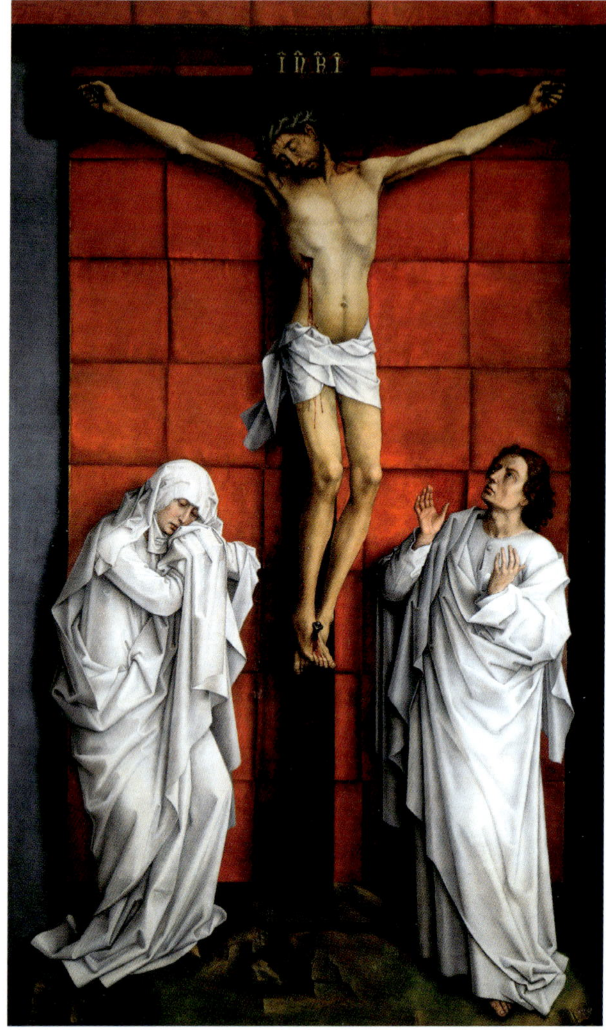

Fig. 12.02. Rogier van der Weyden, *Calvario*, S. XV. Real Monasterio de San Lorenzo de El Escorial. © Patrimonio Nacional (inv. nº 10014602).

figura de Magdalena de la misma obra. Por su parte, los rostros de Cristo y de la Virgen son característicos del maestro, y un buen ejemplo lo tenemos en la tabla central del *Tríptico de la Lamentación* del Wallraf Richard Museum de Colonia (Fig. 12.04)[500], donde incluso se repite el mismo tipo de velo que cubre la cabeza de María.

495 M. J. Friedländer *Early Netherlandish…*, *op. cit*, vol. VI, parte II, lám. 198, Fig. 187 y Fig. 188.
496 Museos Strada Nuova - Palazzo Bianco (Génova), (Óleo sobre tabla, 102 x 88, cm) (Inv. n.º PB 180).
497 En la tabla de la *Crucifixión* de la saleta de la colegiata (n.º 13) se hace más evidente esta relación, como se comenta en su correspondiente estudio en estas páginas.
498 L. Réau *Iconografía del arte cristiano…*, *op. cit.*, t. 1, v. 2, p. 498.
499 M. Díaz Padrón, "Nuevas pinturas del Maestro de las Medias Figuras", *Archivo Español de Arte*, 210 (1980), pp. 169-184, fig, 1.

500 Reproducida en A. Diéguez Rodríguez, "Un tríptico del Maestro del Hijo Pródigo…", *op. cit.*, p. 242, Fig. 4.

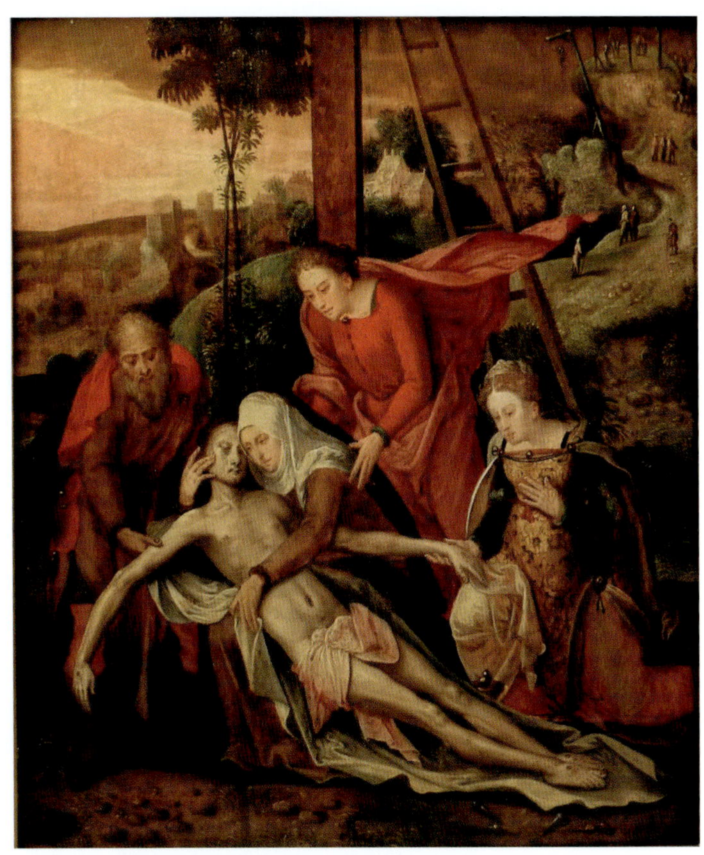

Fig. 12.03. Maestro del hijo pródigo, *Lamentación*, detalle. © Cathareijneconvent Museum, Utrecht (Países Bajos).

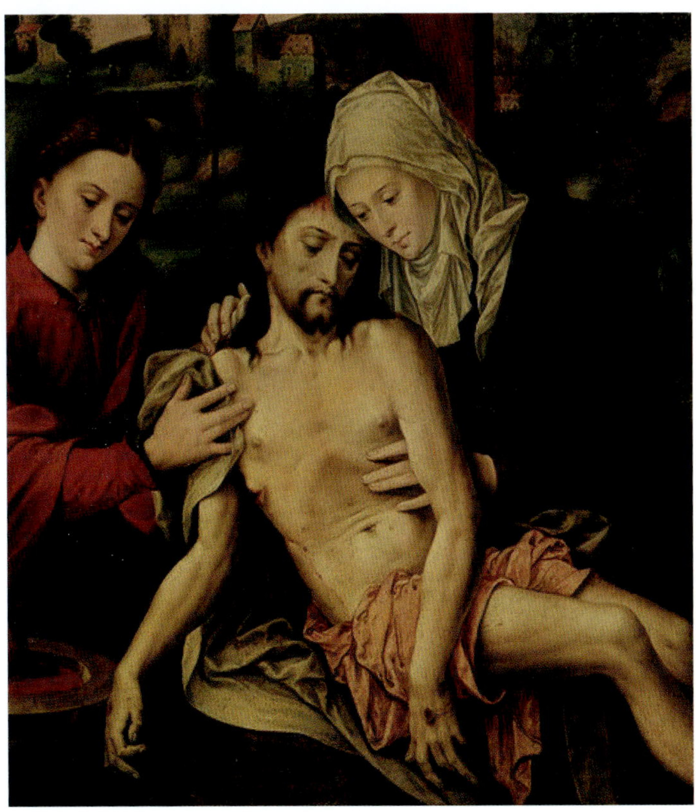

Fig. 12.04. Maestro del hijo pródigo, *Tríptico de la Lamentación*, detalle. © Museo Wallraf-Richartz, Colonia (Alemania).

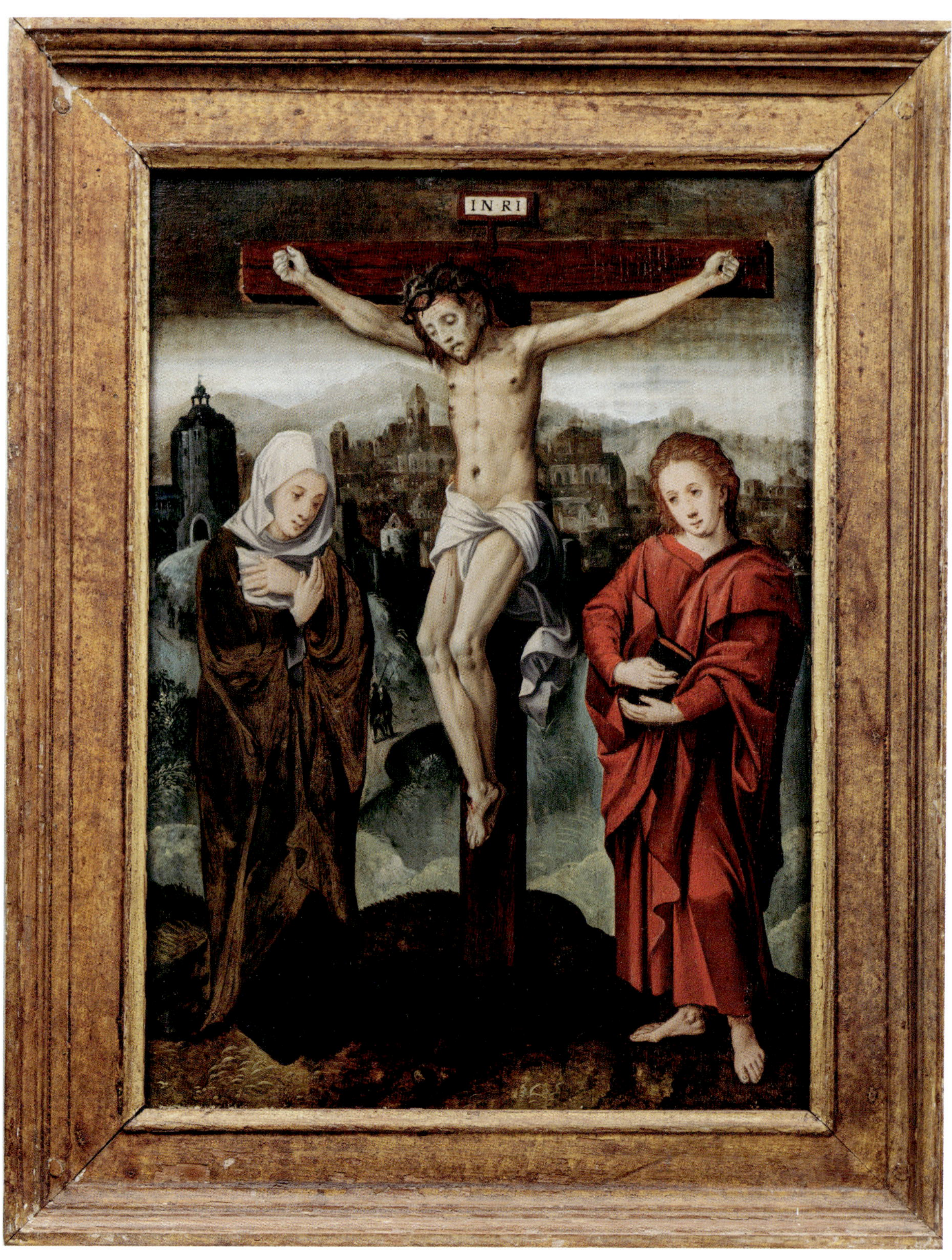

13

Título: *Calvario*
Autor/taller/escuela: Taller del Maestro del hijo pródigo

Código Mosaico (Junta de Andalucía): 014106800930022.0000
Cronología: 1540-1550
Soporte: tabla
Técnica: óleo
Medidas: 40 x 30 cm (s/m); 50 x 41 cm (c/m)

Inscripciones: en el reverso, en negro: "1 b o" (Fig. 13.01).

Localización: saleta de la sacristía de la colegiata de Nuestra Señora de la Asunción.

Procedencia: posiblemente en las dependencias del Santo Sepulcro.

Estado de conservación: a pesar de la estabilidad que ofrece el corte radial de su madera, el panel que sirve de base a esta pintura se ha combado hacia el reverso. Esto se debe a la pérdida de humedad por este lado de la obra, probablemente, como consecuencia de haber prescindido de la preparación que cubría su superficie, según indican los restos que se conservan dispersos. En este sentido, la necesidad de tratar los orificios de insectos xilófagos localizados en el borde derecho podría haber motivado la eliminación de ese estrato de preparación que solían aplicar originalmente los talleres de pintores.

En la parte delantera, el alabeo no es tan acusado como para distorsionar la escena que, sin embargo, está afectada por la degradación de los pigmentos utilizados en el manto de la Virgen, debida a la naturaleza de estos, a su mezcla con materiales incompatibles, o bien a la combinación de ambas circunstancias. Otros deterioros diferenciados en la capa pictórica están relacionados con la falta de cohesión entre los estratos, que ha provocado levantamientos en la zona superior, lagunas como las situadas en el borde inferior y otras que ya han sido reintegradas en la túnica roja de san Juan. Igualmente, destacan los restos de suciedad en superficie, que alteran la tonalidad de los colores.

El ataque de xilófagos antes mencionado es más intenso en el bastidor del marco, como se puede ver desde su parte trasera. En la delantera, son notorias las separaciones de sus travesaños y largueros, en torno a las cuales se han observado desprendimientos de preparación y dorado, especialmente en la esquina superior izquierda. Estas lagunas, que dejan la madera de la moldura a la vista, también afectan al canto y al filo del travesaño superior, así como a gran parte del canto inferior. Del mismo modo, se deben señalar la suciedad superficial y los orificios, ahora rellenados, que se localizan en los largueros, más o menos paralelos entre sí, y que podrían corresponder a un antiguo sistema de montaje de la pintura.

Restauraciones: no constan.

Bibliografía:

M. Rodríguez-Buzón Calle, *La colegiata de Osuna*, Sevilla, 1985, p. 79.

Descripción y comentario:

La composición y el estilo de esta tabla repite la del *Retablo de la pasión* de la sacristía del Santo Sepulcro (véase Cat. n.° 05.04), y asimismo es similar al del *Calvario* de la sacristía de la iglesia de la colegiata (véase Cat. n.° 12), por lo que nos remitimos a los estudios de las mismas. Sin embargo, hay que hacer una serie de consideraciones y matizaciones. Por ejemplo, la posición abierta de los pies y la colocación de las manos sobre el vientre que observamos en la figura de san Juan siguen más de cerca la tabla de Gerard David que la del *Calvario* de la sacristía. También es más cercano en la forma de representar el *perizonium* de Cristo, cayendo en forma triangular por el centro.

En cuanto al estilo de las figuras, está dentro de los modelos del taller del Maestro del hijo pródigo, pero no tiene una tendencia hacia las cabezas cuadrangulares que se aprecia en la copia de la sacristía. De acuerdo con esto, el rostro de Cristo de esta pintura de la saleta presenta una mayor afinidad

Fig. 13.01. Maestro del hijo pródigo y taller, *Calvario*, reverso. Saleta de la sacristía, colegiata de Nuestra Señora de la Asunción, Osuna. © Junta de Andalucía. Foto: Pepe Morón.

con el de la tabla de la *Lamentación* de la iglesia de Nuestra Señora de la Asunción de Rueda, más alargado y apuntado en el mentón. También la forma de ejecutar la barba acerca más esta pintura de la saleta a las formas de la pintura vallisoletana. Por otro lado, el dibujo más redondeado y alargado de la cabeza del san Juan, así como la forma de resolver su peinado, presentan similitud con el san Juan de la *Lamentación* del Wallraf Richard Museum de Colonia, ya citado en el estudio anterior.

La difusión de esta tipología de calvario en la pintura flamenca es patente en cuanto cotejamos el modelo con pinturas de la escuela de Brujas. De esta forma, en el *Calvario* de Ambrosius Benson de la iglesia de San Esteban de Burgos encontramos algunas relaciones formales con la crucifixión de Osuna, como la postura de la figura de la Virgen o la forma triangular del centro del paño de pureza de Cristo ya comentada. Estas relaciones entre un pintor de la escuela de brujas como Benson y otro de la escuela de Amberes como el Maestro del hijo pródigo se explican por la utilización de un modelo común, que se puede encontrar en estampas como las del pintor y grabador alemán Martin Schongauer (Fig. 13.02), cuya recreación del *Calvario*, fechado hacia 1448-1491, parece ser el modelo seguido en esta pintura de la saleta[501].

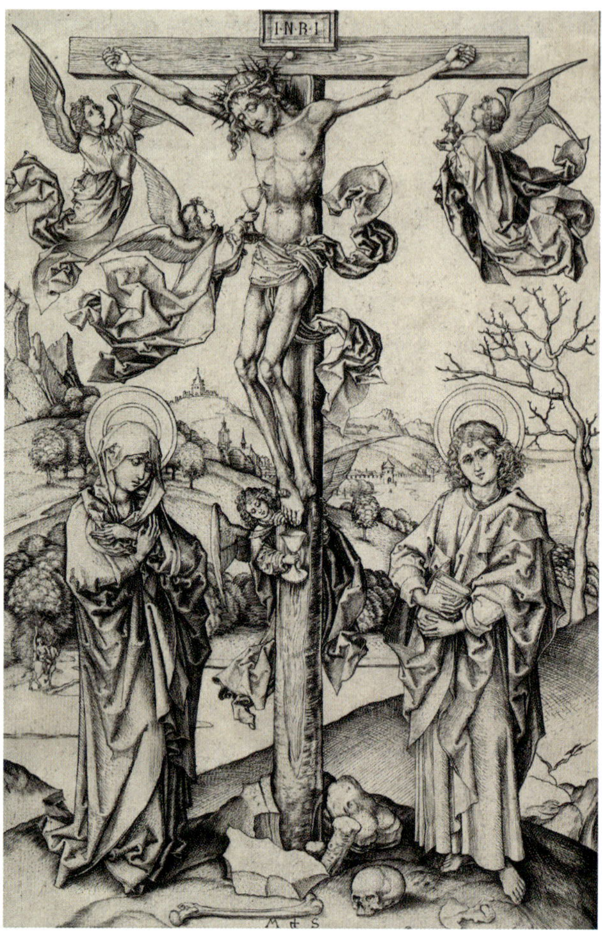

FIG. 13.02 Martin Schongauer, *Calvario*, antes de 1491. Metropolitan Museum, Nueva York. © Public Domain.

---

501 Una estampa a partir del grabado de Schongauer se conserva en el Museo de Bellas Artes de París (Petit Palais) (*ca.* 1470-1475, Inv, n.º GDUT8628). Esta imagen tuvo gran difusión, como lo demuestran las copias de otros grabadores a partir de la imagen de Schongauer recogidas en *The Illustrated Bartsch*, v. 8, part.1, Martin Schongauer, Ludwig Schongauer, and copyists, p. 48.

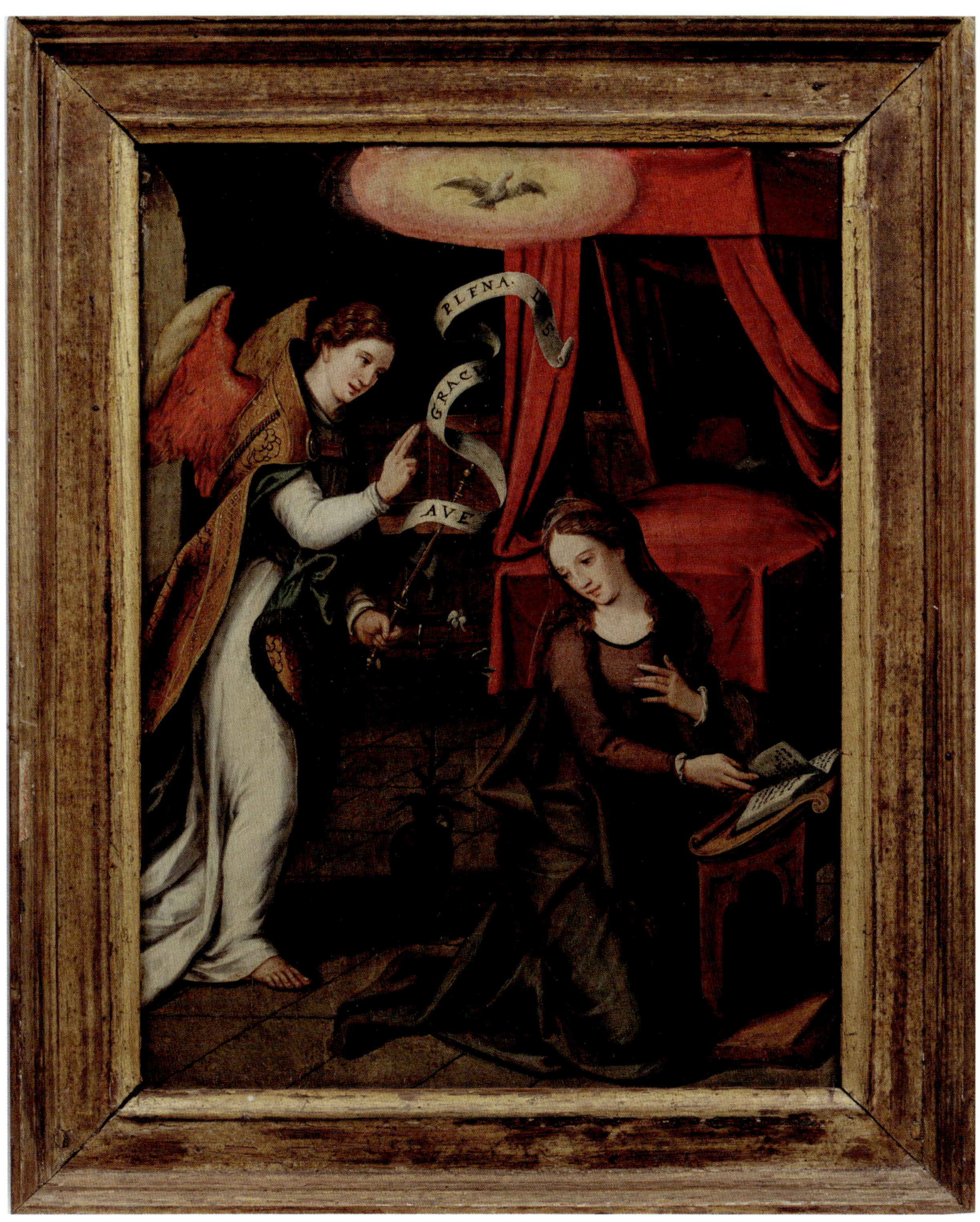

14

Título: *Anunciación*
Autor/taller/escuela: Taller del Maestro del hijo pródigo
Código Mosaico (Junta de Andalucía): 014106800930029.0000

Cronología: 1540-1550
Soporte: tabla
Técnica: óleo
Medidas: 39 x 30 cm (s/m); 50 x 41 cm (c/m)
Inscripciones: en el reverso, en el lado izquierdo de la tabla al lado del marco, inscrito un semicírculo rojo atravesado perpendicularmente por una línea

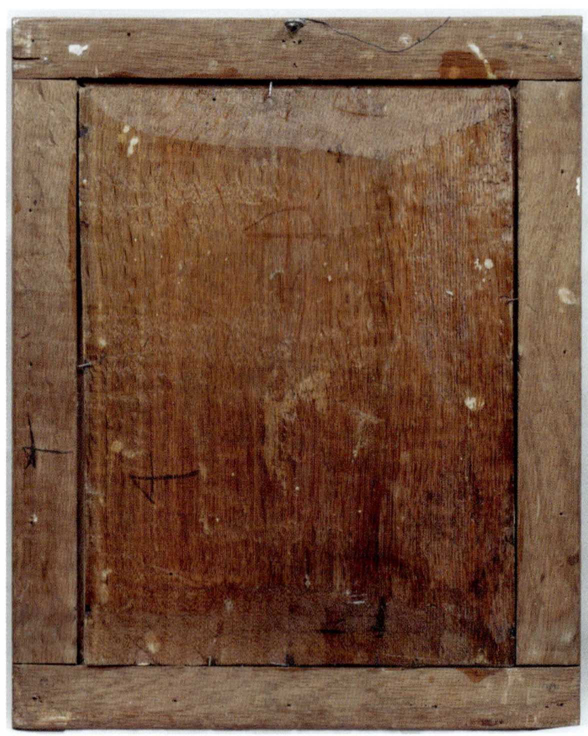

Fig. **14.01**. Maestro del hijo pródigo y taller, *Anunciación*, reverso. Saleta de la sacristía, colegiata de Nuestra Señora de la Asunción, Osuna. © Junta de Andalucía. Foto: Pepe Morón.

del mismo color y dos aspas en negro (Fig. 14.01); etiqueta con el n.º 8 sobre la lámina de DM.

Localización: saleta de la sacristía de la colegiata de Nuestra Señora de la Asunción.

Procedencia: posiblemente de las estancias del Santo Sepulcro, colocadas en los respaldos de la sillería. En el siglo XIX, concretamente en el inventario de 1861, ya no se citan entre los enseres y alhajas que hay en las estancias del Santo Sepulcro.

Estado de conservación: en el reverso se observa que la esquina inferior izquierda del soporte se ha combado a pesar del corte radial y del biselado de su madera, lo que induce a pensar que pudo haber influido la eliminación de la preparación blanca cuyos restos se conservan dispersos por la superficie. Además, los orificios de xilófagos detectados cerca de esta zona y del extremo superior del panel indican la posible disminución de su consistencia.

Por otra parte, el espacio entre este soporte y el marco que lo alberga propicia la acumulación de polvo, la formación de telas de araña como las detectadas en el lateral izquierdo y roces del marco con la pintura, que pueden derivar en desprendimientos de esta última, tal como evidencian las lagunas y reintegraciones advertidas en los bordes superior e izquierdo del anverso. Estas, al igual que otras lagunas, reintegraciones y levantamientos diferenciados en la escena, denotan problemas de cohesión entre los estratos de pintura, preparación y soporte, a la vez que alteran la estética de la composición. No obstante, en este último aspecto también intervienen la suciedad en superficie y la alteración de materiales aplicados en zonas como el manto de la Virgen y el cojín de la cama, posiblemente debida a un problema de incompatibilidad.

También el marco presenta orificios de xilófagos en su bastidor, cuyos clavos de fijación a la moldura están oxidados. Los travesaños y largueros de esta última están separados y gran parte de su madera está a la vista como consecuencia de la mala cohesión entre estratos, que ha producido levantamientos y desprendimientos de dorado y preparación especialmente notorios en el canto del travesaño inferior. La suciedad domina en superficie y en los largueros destacan orificios, ya tapados y más o menos paralelos entre sí, que podrían pertenecer a un antiguo sistema de montaje de la obra.

Restauraciones: no constan.

Bibliografía:

A. M.ª Ariza y Montero-Coracho, *Bosquejo biográfico de don Juan Téllez-Girón, IV conde de Ureña*, imprenta Eulogio Trujillo, Osuna, 1890, p. 20; *Inventario artístico de Sevilla y su provincia*, I, Madrid, 1982, p. 436; M. Rodríguez-Buzón Calle, *La colegiata de Osuna*, Sevilla, 1985, p. 79; M. Rodríguez-Buzón Calle, *Guía artística de Osuna*, Osuna, 2006, p. 39.

Descripción y comentario:

La iconografía de la Anunciación ha presentado distintas variantes en cuanto a la actitud y actividad de la Virgen. En este caso, es sorprendida en el interior de su alcoba, y se vuelve llevándose la mano izquierda al pecho en un gesto que se podría interpretar como de sorpresa al ser interrumpida en su lectura, o también de humildad y aceptación de la voluntad divina. Ambos gestos se corresponderían con distintas etapas de las cinco reacciones sucesivas que experimentó la Virgen durante el episodio de la Anunciación[502]. El arcángel procede a la

---

502 Estas reacciones fueron enumeradas por fra Roberto Caracciolo da Lecce (1425-1495) en un discurso que pronunció en Florencia, hacia 1490. Los pintores solían inspirarse en cinco etapas correspondientes al tercer misterio de la Anunciación: el coloquio angélico. Estas cinco fases, según fra Roberto, se denominaban: *conturbatio*, *cogitatio*, *interrogatio*, *humiliatio* y *meritatio*, y se corresponden con los estados

salutación, que aparece reflejada en la cartela enrollada en el báculo que porta, mientras la paloma, presencia material del Paráclito, presagia la futura encarnación del verbo divino en el vientre de María[503]. De hecho, en los inventarios de Osuna la iconografía se describe como de la "Encarnación"[504].

El modelo de *Anunciación*, ambientando en un interior doméstico en el que el arcángel sorprende a María mientras lee, lo encontramos en obras de Rogier van der Weyden como el T*ríptico del altar de santa Columba* conservado en la Alte Pinakothek de Munich (inv. n.º WAF 1189, WAF 1190 y WAF 1191; Fig. 14.02). La composición incluso recoge la cama con dosel al fondo, y el jarrón con los lirios o azucenas típicas de esta iconografía[505]. A esta referencia hay que añadir la influencia del manierismo italiano a través de estampas como la *Anunciación* de Marco Dente siguiendo modelos de Rafael (Fig. 14.03)[506]. Esta influencia se ve en el gesto de la Virgen llevándose la mano al pecho, y en el mayor dinamismo que aporta a la figura del arcángel y que se traslada al de la tabla de Osuna, que avanza más el brazo y la pierna derecha respecto a la obra de

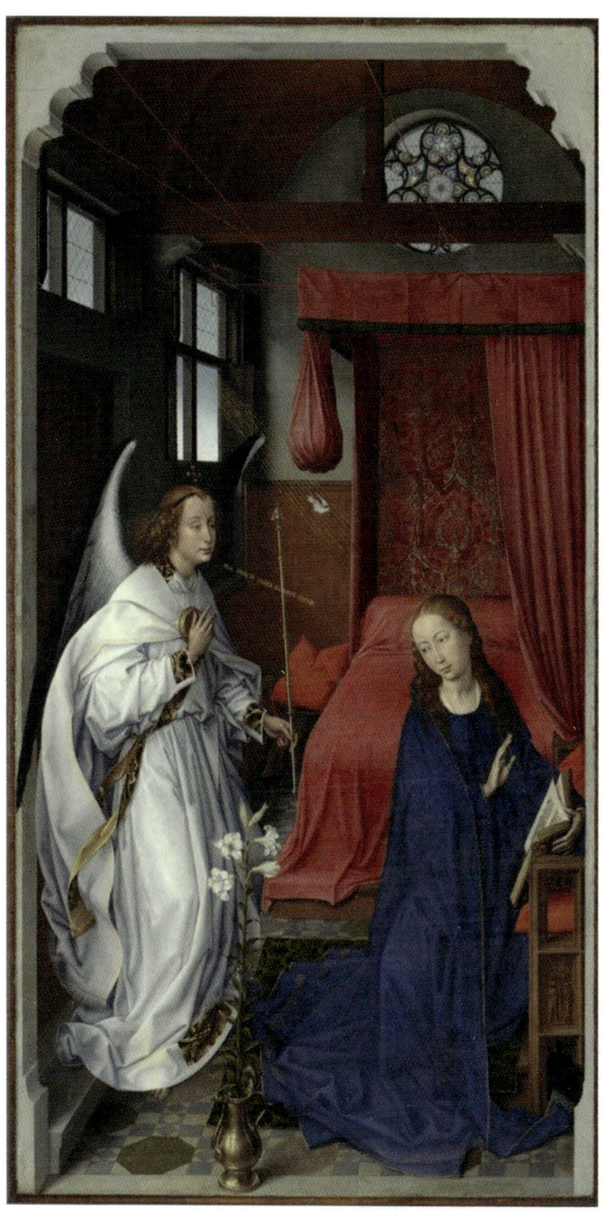

Fig. **14.02**. Rogier van der Weyden, *Anunciación*. *Tríptico del altar de Santa Columba*, 1455. © Alte Pinakothek, Munich.

Van der Weyden. La obra de Dente también aporta un aspecto más terrenal al mensajero divino, ya que es más visible el pie que apoya y pisa firmemente en el suelo, frente al aspecto más volátil del arcángel de Weyden, que lo insinúa mostrando simplemente las puntas de los dedos. La sinuosidad de la línea serpentinata que marca el perfil de las figuras del Maestro del hijo pródigo nos habla también de un pintor permeable a estas influencias manieristas, rompiendo con la sensación más estática que nos transmite la verticalidad de las figuras en obras de la centuria anterior como la de Rogier van der Weyden. También las cortinas del dosel, cayendo a

---

emocionales de la Virgen que se suceden tras la salutación angélica. En el caso de la pintura de Osuna, el gesto de la Virgen se puede interpretar como una síntesis de *conturbatio* y *humiliatio*. La *conturbatio* o inquietud es la sorpresa que se produce en la Virgen ante un saludo tan laudatorio de su persona por parte de un mensajero divino, y no tanto por la aparición y presencia de una figura sobrenatural; la *humiliatio*, por su parte, supone la humilde sumisión de la Virgen a los deseos divinos expresados a través del arcángel. M. Baxandall, *Pintura y vida cotidiana en el Renacimiento. Arte y experiencia en el Quattrocento*, Gustavo Gili, Barcelona, 1978, pp. 71-78.

503 La elección de un ave como la paloma se considera más adecuada que representaciones antropomorfas del niño Jesús enviado al vientre de la Virgen, algo criticado por san Antonino de Florencia (1389-1459): "Debe culparse a los pintores cuando pintan cosas contrarias a nuestra fe: cuando representan a la Trinidad como una persona con tres cabezas, un monstruo; o, en la Anunciación, a una criatura ya formada, Jesús, como enviada al seno de la Virgen, como si el cuerpo que él tomó no fuera compuesto con sustancia de ella". *Ibidem*, p. 63.

504 Aparecen dos entradas en el inventario de 1552 que denominan "encarnación" al tema de la Anunciación, aunque no referidas a esta tabla. La primera, en relación con la pintura de Gerard van Wijtvelt conservada en la capilla del sepulcro y, la segunda, en referencia a la *Anunciación* de Hernando de Esturmio del retablo de la capilla de la Universidad de Osuna. Sobre la tabla de Gerard van Wijtvelt: A. Diéguez-Rodríguez, "La *Anunciación* del altar mayor…", *op. cit.* pp. 112-115.

505 M. J. Friedländer, *Early Netherlandish Painting…*, *op. cit.* vol. II, lám. 72, Fig. 49.

506 Hay múltiples estampas de este modelo desde el del Victoria and Albert Museum (inv. n.º DYCE.1085), al del Metropolitan de Nueva York, The Elisha Whittelsey Collection, The Elisha Whittelsey Fund, 1949, (inv. n.º 49.97.5).

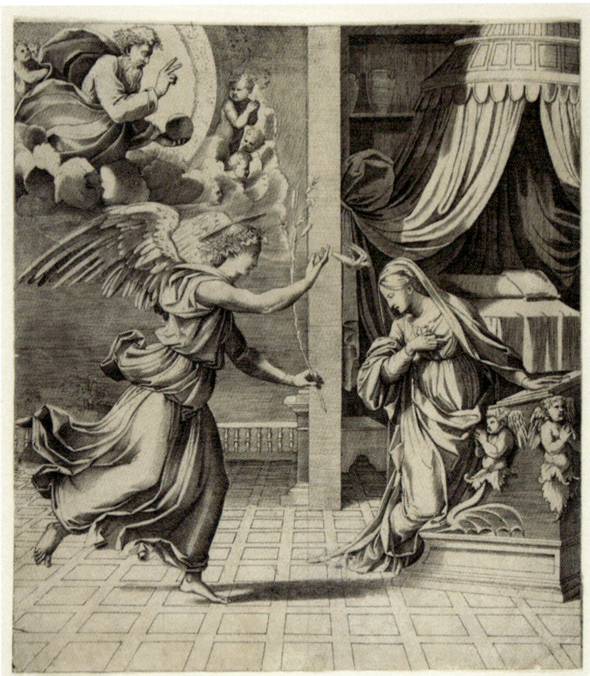

ambos lados de la cama, se acercan más a la imagen del grabador italiano.

Una composición similar vinculada también al Maestro del hijo pródigo, añadiendo un fondo arquitectónico en el que se abre una ventana geminada, lo encontramos en el Musée du Centre Public d'Aide Sociale de Bruselas (Fig. 14.04)[507]. En este caso, el arcángel señala con su dedo índice hacia arriba, frente al gesto de bendición que se observa en la pintura de Osuna.

Hay que mencionar también un tríptico del mismo maestro conservado en la Maagdenhuis de Amberes (Fig. 14.05), cuya tabla central representa una *Anunciación* con modelos similares a la de Osuna, aunque con mayor riqueza de elementos arquitectónicos de estirpe renacentista como fondo, al que se abre además una ventana que deja ver un jardín[508]. El arcángel muestra el gusto del pintor por la utilización de los brocados en sus telas, como observamos también en la capa que cubre a Gabriel

en la tabla ursaonense. El dibujo del ala es similar en ambas obras, con requiebros en la parte superior que se repiten en la *Anunciación* del mismo maestro conservada en el Museo del Prado[509], o en el arcángel de la tabla lateral del tríptico de la *Lamentación* de la iglesia de Nuestra Señora de la Asunción de Rueda (Valladolid)[510]. En el caso de la pintura de la pinacoteca madrileña, repite además el gesto de avance con el pie derecho que se observa también en las tablas citadas de Amberes y Osuna. En cuanto a la Virgen, su rostro sigue los modelos propios del Maestro del hijo pródigo, como por ejemplo el de la tabla con el tema de la *Virgen con el Niño y la sagrada parentela* atribuida a su taller (Fig. 14.06)[511].

Posiblemente, la pintura formó parte de la decoración de la sillería de coro de la capilla del Santo Sepulcro, como se extrae de la información que da Ariza Montero-Coracho. Cita diez pinturas del siglo XVI que se cambian de ubicación, y que estaban "colocadas en el respaldo de una sillería del Renacimiento"[512]. No hay datos de cuando estas pinturas se trasladan a este nuevo espacio de la colegiata donde hoy están, ya en la segunda mitad del siglo XX. Es probable que antes de llegar aquí, pasaran por otra estancia intermedia, como podría ser la sala capitular del Santo Sepulcro, donde las vio Ariza Montero-Coracho a finales del siglo XIX[513].

507 (Tabla, 86,4 x 5,7 cm) J. Sanzsalazar "Un tríptico con la *Anunciación* del Maestro del Hijo Pródigo en el Museo de la Magdenhuis de Amberes", *Boletín del Seminario de Estudios de Arte y Arqueología*, 71 (2005), p. 342, Fig. 4.

508 *Ibidem*, p. 340, Fig. 1 y p. 341, Fig. 3. La autora relaciona acertadamente la vinculación del jardín del fondo con el *hortus conclusus*, imagen alegórica en relación con la virginidad de María.

509 Anteriormente en el Museo Provincial de Pontevedra. M. Díaz Padrón, "Un tríptico inédito del Maestro del Hijo Pródigo en el Museo de Pontevedra", *Boletín del Museo del Prado*, vol. 2, n.º 4, (1981), p. 5.

510 A. Diéguez Rodríguez, "Un tríptico del Maestro del Hijo Pródigo…", *op. cit.*, p. 241, Fig. 3.

511 Colección privada francesa. Anteriormente atribuida a Vincent Sellaer y, posteriormente, restituida al taller del Maestro del hijo pródigo. Viena, Dorotheum, 17-10-1995, lote n.º 95; y 4-03-1997, lote n.º 9. Se ha identificado también con la *Caridad*, pero parece responder mejor al tema de los primos o hermanos de Jesús.

512 A. M.ª Ariza y Montero-Coracho, *Bosquejo biográfico de don Juan Téllez-Girón, IV conde de Ureña*, imprenta Eulogio Trujillo, Osuna, 1890, p. 20.

513 Sobre una hipótesis de ubicación en la sillería de coro de la capilla del Santo Sepulcro, véanse las páginas 38 a 40.

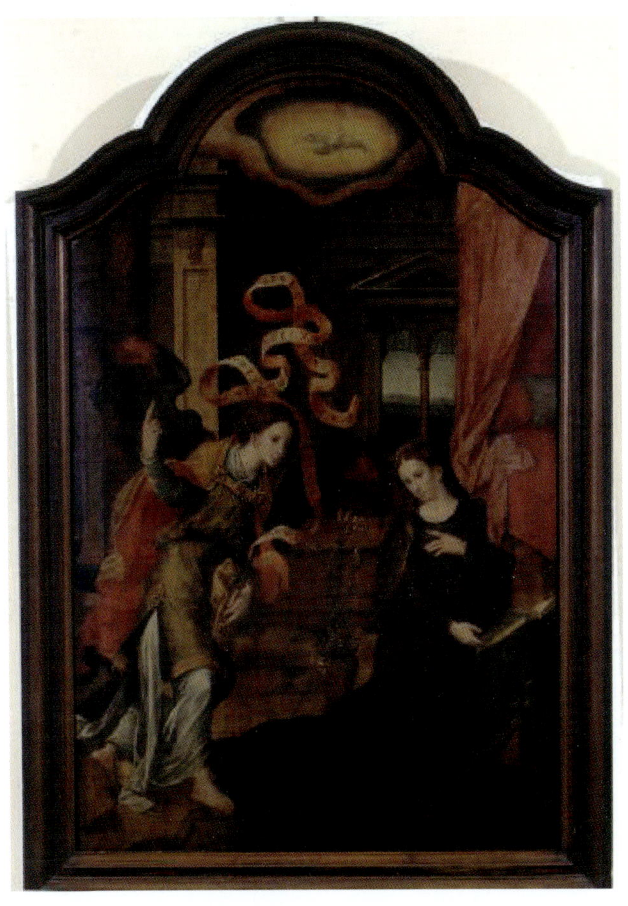

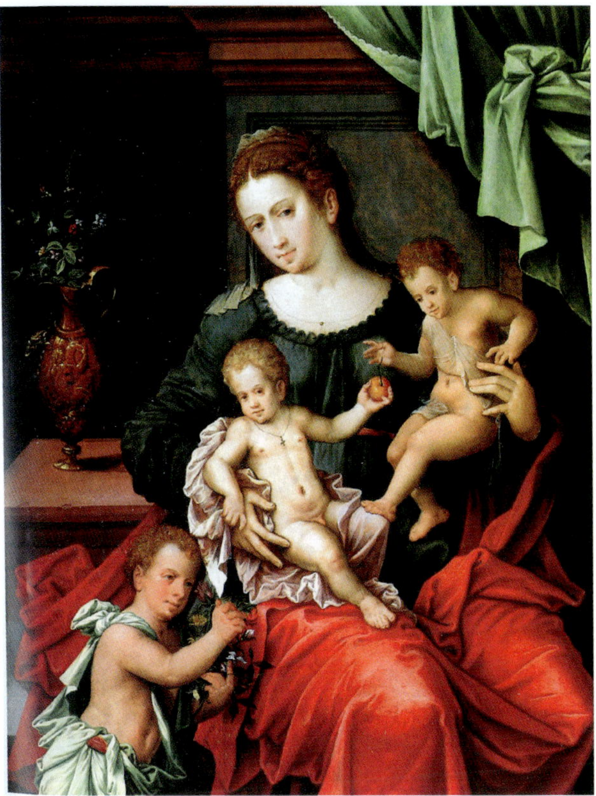

Fig. 14.06. Maestro del hijo pródigo y taller. *Virgen con el Niño y la sagrada parentela*. Colección privada, paradero desconocido.

Fig. 14.04. Maestro del hijo pródigo, *Anunciación*, mediados del siglo XVI. © Musée du Centre Public d'Aide Sociale, Bruselas.

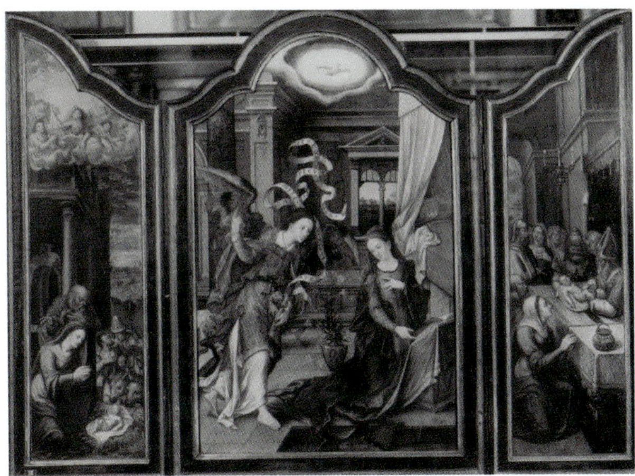

Fig. 14.05. Maestro del hijo pródigo, *Tríptico de la Anunciación*. © Maagdenhuis, Amberes.

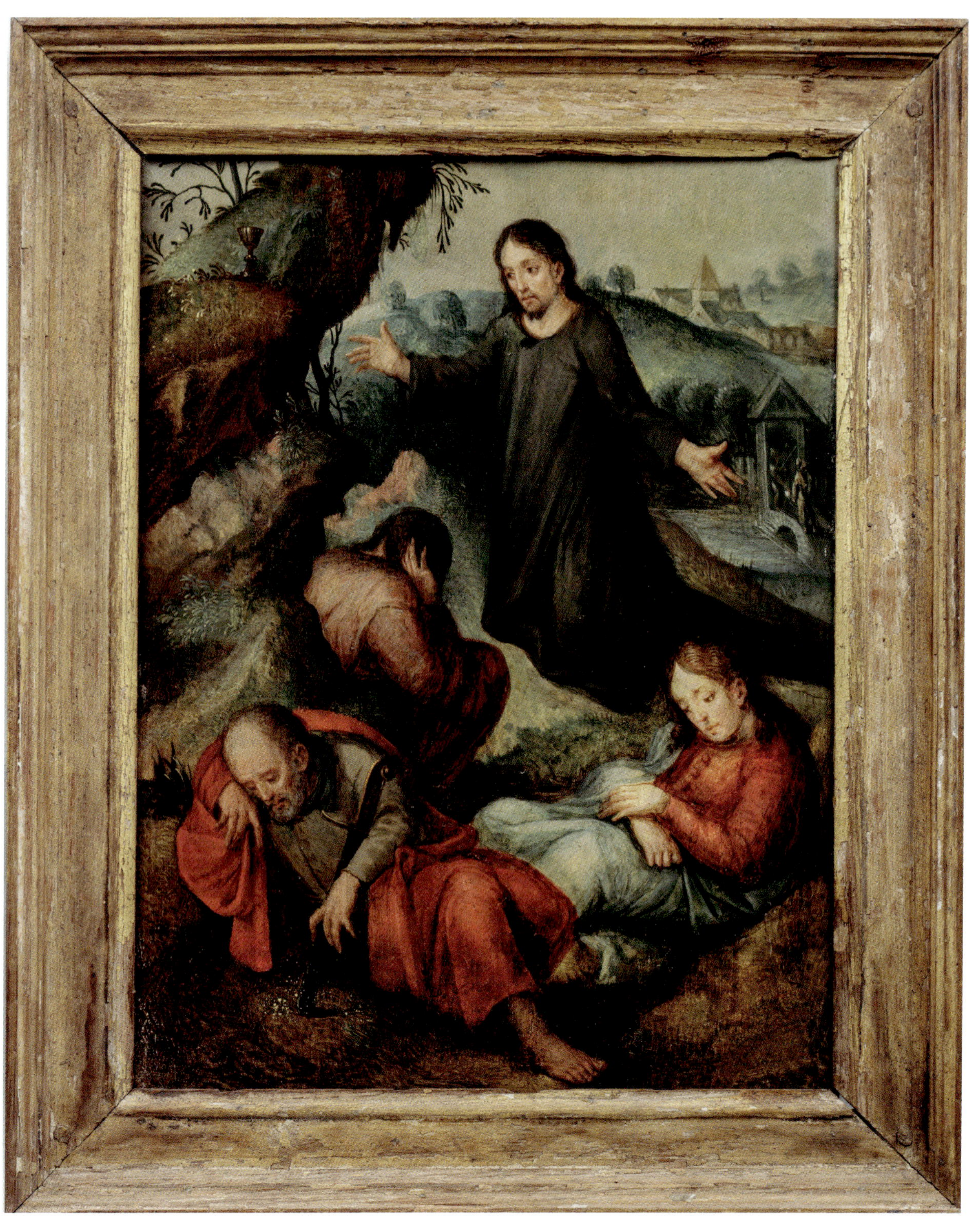

15

Título: *Jesús en el huerto de los Olivos*
Autor/taller/escuela: Taller del Maestro del hijo pródigo
Código Mosaico (Junta de Andalucía):
014106800930023.0000

Cronología: 1540-1550
Soporte: tabla
Técnica: óleo
Medidas: 39 x 30 cm (s/m); 50 x 41,2 cm (c/m)
Inscripciones: en el reverso, en la parte superior del
marco: n.º 6 a lápiz (Fig. 15.01); la etiqueta con el n.º
1 en la lámina de DM.

Localización: saleta de la sacristía de la colegiata de Nuestra Señora de la Asunción.

Procedencia: posiblemente en las estancias del Santo Sepulcro, colocada en uno de los respaldos de la sillería. En el siglo XIX, concretamente en el inventario de 1861, ya no se citan entre los enseres y alhajas que hay en las estancias del Santo Sepulcro.

Estado de conservación: en la mitad izquierda del reverso destaca una mancha oscura de características compatibles con las producidas por la exposición prolongada a una fuente de humedad, que podría haber motivado la eliminación de la preparación cuyos restos se conservan en superficie. El soporte carece de las deformaciones que suele ocasionar esta humedad, probablemente, como consecuencia de la estabilidad que proporcionan su corte radial y el biselado de sus extremos superior e inferior. Sin embargo, su madera podría haber perdido consistencia, tanto por la acción de esta humedad como por el ataque de xilófagos cuyos escasos orificios se han localizado en la citada mancha y en la zona más clara del panel.

Ya en el anverso, se han hallado indicios de falta de cohesión entre los estratos, como son las lagunas y reintegraciones diferenciadas en la parte superior del borde derecho, la esquina inferior izquierda, las carnaciones y los ropajes de Cristo y los apóstoles. Igualmente, se deben señalar los cuarteados detectados en la vegetación de la esquina inferior derecha, que están empezando a derivar en levantamientos. A estas alteraciones se suman la oxidación del barniz y la suciedad en superficie, que afectan a la estética de la composición.

El ataque de xilófagos es más evidente en el bastidor del marco, en el que también se han distinguido orificios producidos por clavos ahora ausentes. La separación de los travesaños y largueros de este marco es especialmente intensa en la esquina inferior derecha. Además, se han advertido pérdidas de materia lígnea en el filo y el canto del travesaño superior, así como en el filo del inferior. De hecho, son notorios los desprendimientos de preparación y dorado que afectan a la superficie, dejando a la vista casi toda la madera de la moldura. Finalmente, señalar los orificios cubiertos en los largueros, más o menos paralelos entre sí, que podrían ser parte de un antiguo sistema de montaje de la pintura.

Restauraciones: no constan.

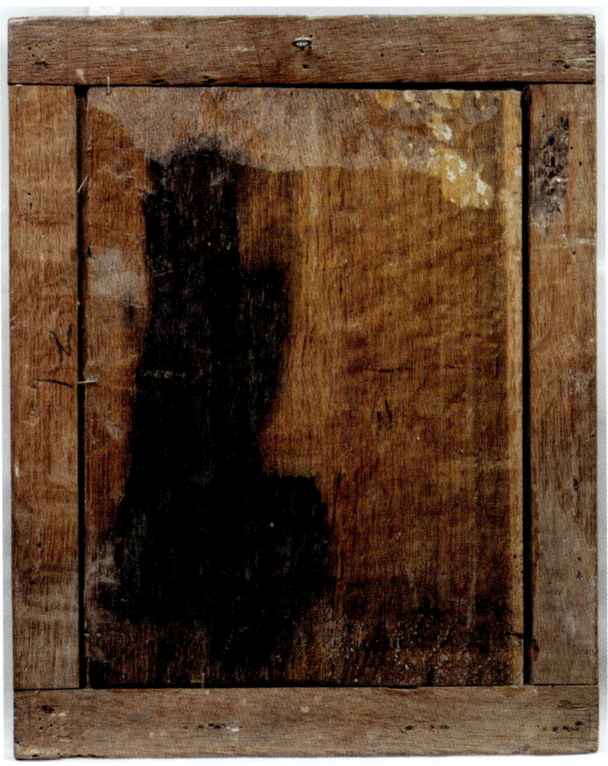

Fig. 15.01. Maestro del hijo pródigo y taller, *Jesús en el huerto de los Olivos*, reverso. Saleta de la sacristía, colegiata de Nuestra Señora de la Asunción, Osuna. © Junta de Andalucía. Foto: Pepe Morón.

Bibliografía:

A. M.ª Ariza y Montero-Coracho, *Bosquejo biográfico de don Juan Téllez-Girón, IV conde de Ureña*, imprenta Eulogio Trujillo, Osuna, 1890, p. 20; *Inventario artístico de Sevilla y su provincia*, I, Madrid, 1982, p. 436; M. Rodríguez-Buzón Calle, *La colegiata de Osuna*, Sevilla, 1985, p. 78; M. Rodríguez-Buzón Calle, *Guía artística de Osuna*, Osuna, 2006, p. 39.

Descripción y comentario:

La oración en Getsemaní o Huerto de los Olivos narra el episodio evangélico según el cual, tras la última cena con sus discípulos, Jesús se retira con ellos a un huerto cercano a orar. La iconografía de este tema de la pasión es fiel al relato bíblico. Por ello se representa a Jesús postrado delante del cáliz, en relación con lo descrito en el Evangelio de Lucas (22, 41-42): "Después se alejó de ellos, más o menos a la distancia de un tiro de piedra, y puesto de rodillas, oraba: Padre, si quieres, aleja de mí este cáliz. Pero que no se haga mi voluntad, sino la tuya". En este caso, el cáliz se muestra apoyado

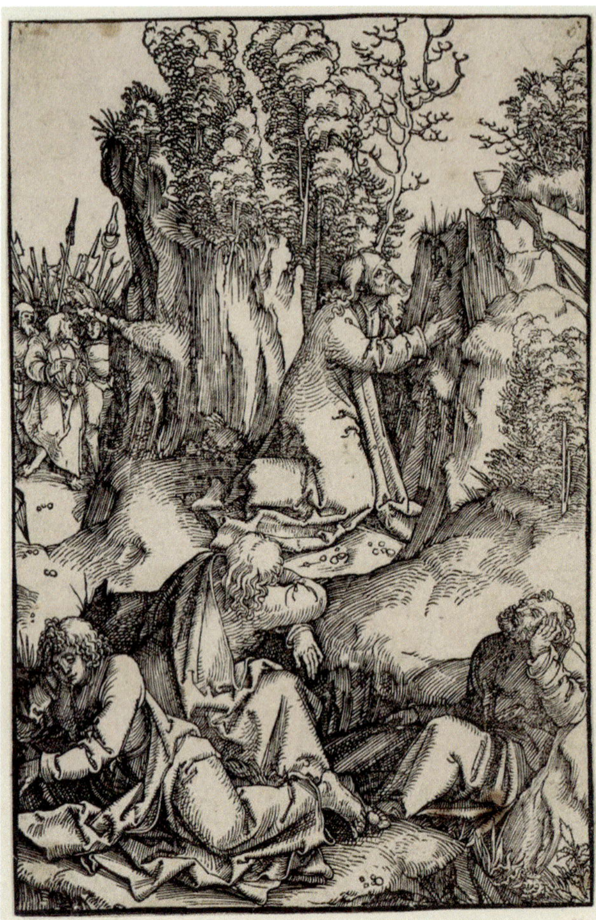

Fig, **15.02**. Hans Leonhard Schäufelein, *La oración en el huerto de los Olivos*, 1507, grabado. Staatliche Kunstsammlugen, Dresde. © bajo licencia Creative Commons.

en un promontorio, pero también será habitual que sea ofrecido por un ángel. El hecho de que Jesús aparezca destacado, aunque en un segundo plano, hace referencia al momento de soledad e íntima oración que se recrea en este pasaje de la pasión. Es también habitual encontrar a Jesús con las manos juntas en actitud de oración, pero en este caso abre los brazos en señal de plegaria apasionada fruto de la angustia que le embarga en ese momento, así como gesto de aceptación del cáliz y, por tanto, de la voluntad divina y de su trágico destino, tal y como señala el relato bíblico.

El texto de Lucas habla genéricamente del retiro de Jesús al huerto con sus discípulos, y será el evangelio de Mateo el que matice el episodio y nos dé la explicación de que en esta iconografía lo habitual sea representar sólo a tres de los apóstoles. Según Mateo (26, 36-37) "cuando Jesús llegó con sus discípulos a una propiedad llamada Getsemaní,

les dijo: Quédense aquí, mientras yo voy allí a orar. Y llevando con él a Pedro y a los dos hijos de Zebedeo, comenzó a entristecerse y a angustiarse". Los hijos de Zebedeo son Santiago y Juan, que aparecen representados junto a Pedro en el primer plano de la composición. Asimismo, se encuentran dormidos pues, según el relato bíblico, es el estado en el que se los encuentra Jesús tras la oración[514].

El episodio de la oración en el huerto es el preludio a su prendimiento, y por ello en el paisaje de fondo, a la derecha, se observa la llegada de varios personajes que pueden identificarse con Judas, que tras traicionar a Jesús conduce a los soldados romanos hacia Getsemaní[515].

La tabla repite el modelo iconográfico de la conservada en el *Retablo de la pasión* de la sacristía del Santo Sepulcro, también del Maestro del hijo pródigo (n.° 05.02). Este modelo es el habitual dentro del repertorio de este pintor y su taller, y de hecho será el que se siga en las vidrieras de la catedral de Granada[516]. La fuente iconográfica en la que se basa el Maestro del hijo pródigo se puede encontrar en estampas que ilustraban libros sobre la pasión de Cristo, como el *Speculum passionis Domini Nostri Ihesu Christi*, editado en Nuremberg en 1507, (Fig. 15.02), que reproduce el tema de la *Oración en el huerto* de una manera similar a la tabla de Osuna[517]. Varía en la posición invertida de Cristo, que mira el cáliz sobre el promontorio situado hacia la derecha de la composición, así como el gesto de sus manos, que se nos presentan juntas en oración. La postura de los tres discípulos es muy similar, con los dos apóstoles del primer plano tumbados, mientras que en un segundo plano más elevado el tercero de ellos se nos presenta de espaldas llevándose la mano derecha a la cabeza.

---

514 Así lo señalan los Evangelios de Mateo (26, 40-46) y Lucas (22, 45-46).

515 Según el Evangelio de Lucas (22, 47), tras la oración, Jesús se dirige a sus discípulos y "todavía estaba hablando, cuando llegó una multitud encabezada por el que se llamaba Judas, uno de los doce. Este se acercó a Jesús para besarlo". También Mateo (26, 45-46) se hace eco de este hecho en el pasaje dedicado a la oración en el huerto. El primer personaje que asoma por la puerta debe ser Judas, ya que según el Evangelio de Juan (18, 3) "Judas, al frente de un destacamento de soldados y de los guardias designados por los sumos sacerdotes y los fariseos, llegó allí con faroles, antorchas y armas".

516 Z. van Ruyven-Zeman "Monumentale glasschilderkunst in de kathedraal…", *op. cit.*, p. 270, Fig. 8.

517 *Speculum…*, *op. cit.*, fol. XXIII.

Esta inspiración, y no la copia literal, en referencias iconográficas a través de estampas es habitual en los pintores, tal vez en un intento de no caer en la reproducción exacta y servil del modelo que toman como fuente. Por ejemplo, la pintura de Pieter Coecke con el mismo tema conservado en el Museo del Hermitage (Fig. 15.03) de hacia 1527-1530, repite la parte superior del grabado del *Speculum passionis Domini Nostri Ihesu Christi*, pero coloca de forma más dispersa a los apóstoles. Sin embargo, la tabla de Osuna en la figura de Cristo, con los brazos abiertos y en posición de tres cuartos de perfil, parece reproducir el modelo de Durero (Fig. 15.04), repitiendo incluso el pliegue de la túnica de Jesús que cae en diagonal hacia el suelo. En este sentido, hay que hacer mención de la valoración que se hacía del *disegno*, entendido como dibujo, pero también como idea que es plasmada posteriormente de manera gráfica[518]. De ahí la importancia que se le daba en los talleres flamencos a los cuadernos de diseños y dibujos, hasta tal punto de entrar en conflicto los intereses por su herencia por parte de los discípulos[519].

La figura de Cristo se puede poner en relación con pinturas del Maestro del hijo pródigo como la tabla central del tríptico de la *Lamentación* del Museo Wallraf Richartz de Colonia, que repite el modelo de rostro de nariz recta, mentón apuntado y barba fina partida en dos (Fig. 15.05)[520].

Finalmente, hay que hacer mención de una copia de taller localizada en colección privada española siguiendo el mismo modelo que esta de Osuna[521].

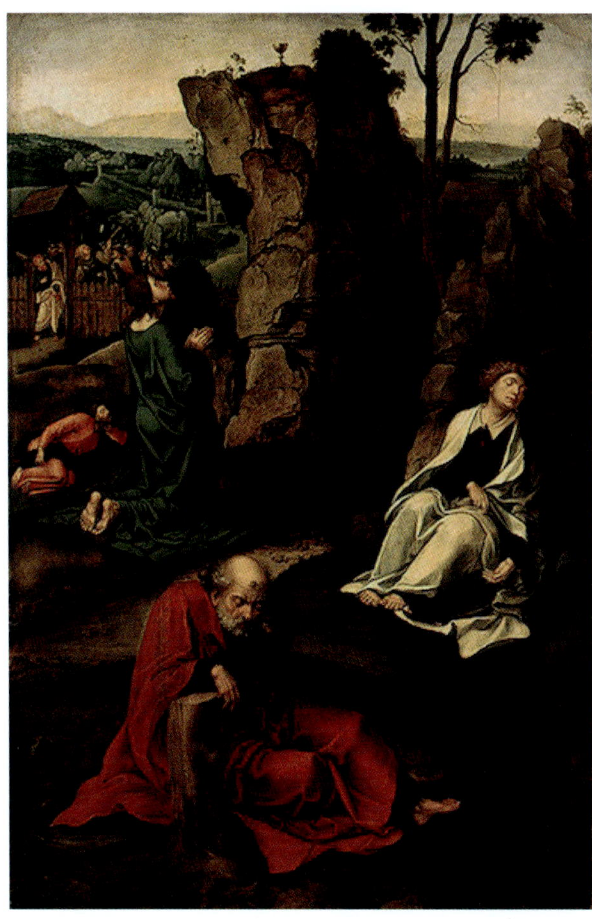

Fig. **15.03**. Pieter Coecke van Aelst, *La oración en el huerto de los Olivos*, ca. 1527-1530. © Museo del Hermitage, San Petersburgo.

Al igual que la tabla de la *Anunciación* (Cat. 14), esta pintura, posiblemente, formó parte de la misma decoración de los sitiales de la sillería de coro de la capilla del Santo Sepulcro, como se extrae de la información que da Ariza Montero-Coracho[522]. Es probable que antes de llegar a la saleta de la colegiata, pasaran por otra estancia intermedia, como podría ser la sala capitular del Santo Sepulcro, donde las vio Ariza Montero-Coracho a finales del siglo XIX.

---

518 La idea de *disegno* procede de la teoría del arte italiano, y es tratada de forma teórica por Vasari, pero es perfectamente extrapolable a la forma de trabajar de los talleres flamencos.

519 Se trata del pleito entre los pintores de la escuela brujense, Gerad David y Ambrosius Benson. Al parecer, en 1518, Benson trabajó como *knapen* (oficial) dentro del taller de David, donde dejó unos cofres con diseños, "patrones y dibujos", y unas pequeñas pinturas con la *Piedad* y la *Magdalena*. G. Marlier, *Ambrosius Benson et la peinture á Brues au temps de Charles-Quint*, Editions du Musee van Maerlant, Damme, 1957, pp. 15-21.

520 A. Diéguez Rodríguez, "Un tríptico del Maestro del Hijo Pródigo…", *op. cit.*, Fig. 4.

521 Se trata de una tabla de menor tamaño (40 x 26,5 cm), seguramente recortada en el lado derecho. Madrid, Subastas Fernando Durán, 16/17-07- 2014, n.º lot. 116, catalogada como "escuela valenciana". La tabla se encuentra en mal estado de conservación, con suciedad y distintos barridos (sobre todo en el rostro de Cristo), que impiden una adecuada valoración.

---

522 A. M.ª Ariza y Montero-Coracho, *Bosquejo biográfico de don Juan Téllez-Girón…*, *op. cit.*, p. 20.

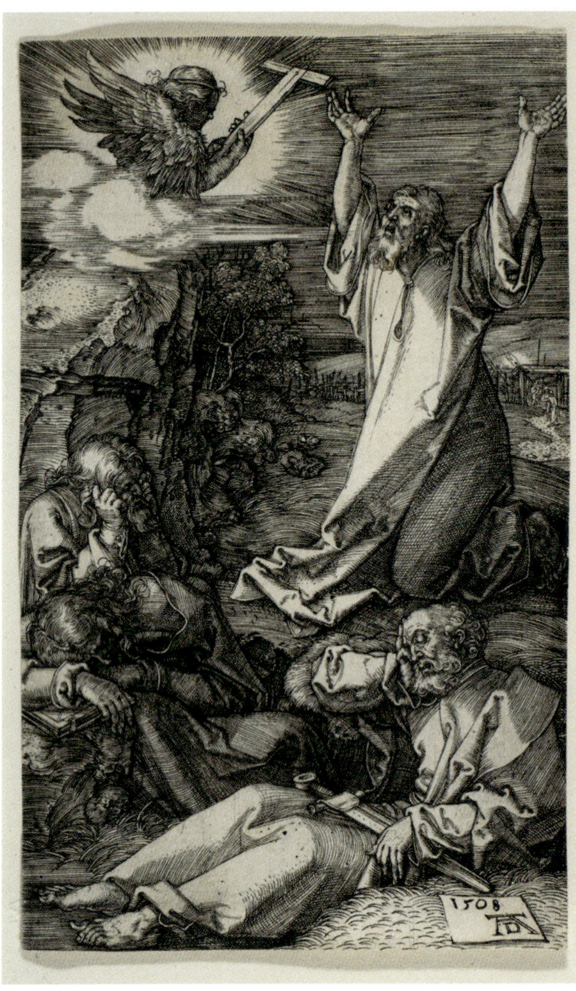

Fig. 15.04. Alberto Durero, *La oración en el huerto de los Olivos*, 1508, grabado. Metropolitan Museum, New York. © Public Domain.

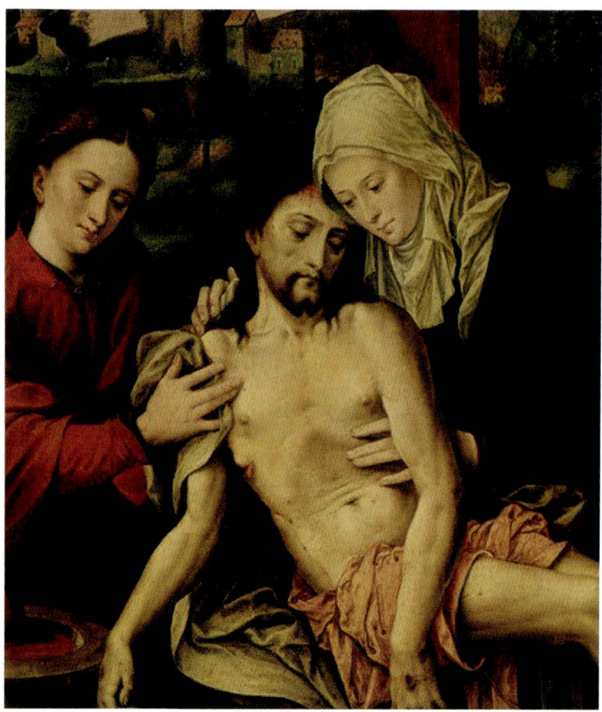

Fig. 15.05. Maestro del hijo pródigo. *Lamentación*, detalle, mediados del siglo XVI. © Museo Wallraf-Richartz, Colonia (Alemania).

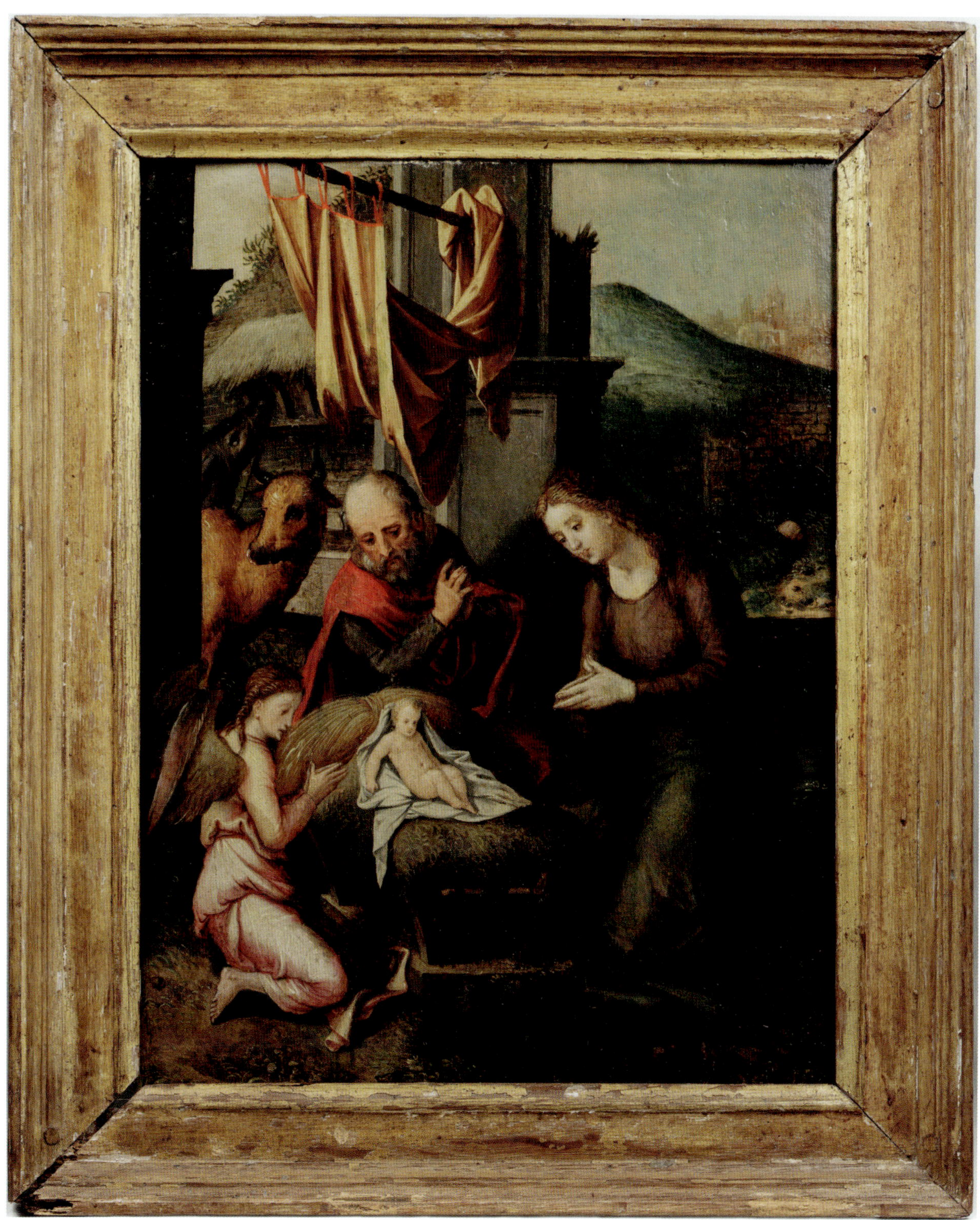

16

Título: *Natividad*
Autor/taller/escuela: Taller del Maestro del hijo pródigo
Código Mosaico (Junta de Andalucía):
014106800930028.0000

Cronología: 1540-1550
Soporte: tabla
Técnica: óleo
Medidas: 69 x 53 cm (s/m); 83,5 x 70 cm (c/m)
Inscripciones: en el reverso, en lápiz "Eu" sobre el soporte y en el larguero superior del marco (Fig. 16.01).

Localización: saleta de la sacristía de la colegiata de Nuestra Señora de la Asunción.

Procedencia: posiblemente en las estancias del Santo Sepulcro, colocada en uno de los respaldos de la sillería. En el siglo XIX, concretamente en el inventario de 1861, ya no se citan estas pinturas entre los enseres y alhajas que hay en las estancias del Santo Sepulcro.

Estado de conservación: la madera del soporte es de corte radial, que favorece su estabilidad ante las variaciones de temperatura y humedad. Sin embargo, el borde inferior se ha combado hacia el reverso, como consecuencia de la pérdida de humedad por este lado, y se han generado tensiones que han dado lugar a cuatro grietas verticales. Probablemente, esas tensiones se podrían haber atenuado, o incluso evitado, si se hubiera biselado este extremo tal como se procedió en el superior y no se hubiera eliminado la preparación que debía de cubrir la superficie, según indican los restos que se conservan. Como contrapartida, se ha podido deducir que el soporte mantiene su consistencia, pues sólo se han detectado dos orificios de xilófagos, que ya han debido de ser tratados.

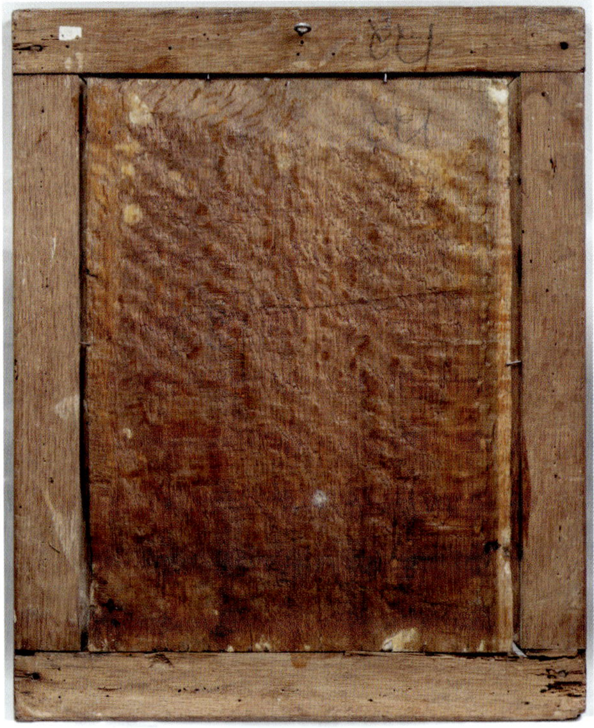

Fɪɢ. **16.01.** Maestro del hijo pródigo y taller, *Natividad*, reverso. Saleta de la sacristía, colegiata de Nuestra Señora de la Asunción, Osuna. © Junta de Andalucía. Foto: Pepe Morón.

En la cara delantera, los levantamientos derivados de cuarteados denotan falta de cohesión entre los estratos, lo mismo que las lagunas pequeñas, pero numerosas, que se distribuyen por toda la composición, y las reintegraciones diferenciadas en carnaciones, ropajes y fondo. Estos deterioros hacen peligrar la conservación de la escena, además de ocasionar su desequilibrio estético, también favorecido por la oxidación del barniz.

A diferencia del soporte de la pintura, el bastidor del marco está atacado por xilófagos, cuyos orificios y galerías se concentran en la esquina inferior derecha. Los clavos que sujetan este bastidor a la moldura están oxidados, provocando su debilitamiento y posibles daños en la madera. La separación de los travesaños y largueros de esta moldura es especialmente acusada en la esquina inferior izquierda, donde también se ve el intenso ataque de xilófagos antes descrito. La preparación y el dorado se han desprendido en diversas zonas, dejando la madera a la vista. La superficie está sucia y en los largueros, más o menos paralelos entre sí, se distinguen unos orificios, ya tapados, que podrían derivar de un antiguo sistema de montaje de la obra.

Restauraciones: no constan.

Bibliografía:

A. M.ª Ariza y Montero-Coracho, *Bosquejo biográfico de don Juan Téllez-Girón, IV conde de Ureña*, imprenta Eulogio Trujillo, Osuna, 1890, p. 20; *Inventario artístico de Sevilla y su provincia*, I, Madrid, 1982, p. 436; M. Rodríguez-Buzón Calle, *La colegiata de Osuna*, Sevilla, 1982, p. 79; M. Rodríguez-Buzón Calle, *Guía artística de Osuna*, Osuna, 2006, p. 39.

Descripción y comentario:

La tabla pone de manifiesto la importancia de las obras del taller del Maestro del hijo pródigo en las colecciones de los condes de Ureña y duques de Osuna, ya que es un autor muy representado en la colegiata y, sobre todo, la desigual calidad de las obras vinculadas a su labor, indicativa de la relevante actividad de su taller en el segundo tercio del siglo XVI.

En cuanto a su composición, con la figura de san José en la zona central del grupo rodeando y adorando al Niño, que se cierra en los laterales por la figura de la Virgen en tres cuartos y un ángel arrodillado de perfil, es deudora de composiciones vinculadas con la labor del taller de Jan van Dornicke y el de su yerno, Pieter Coecke van Aelst y

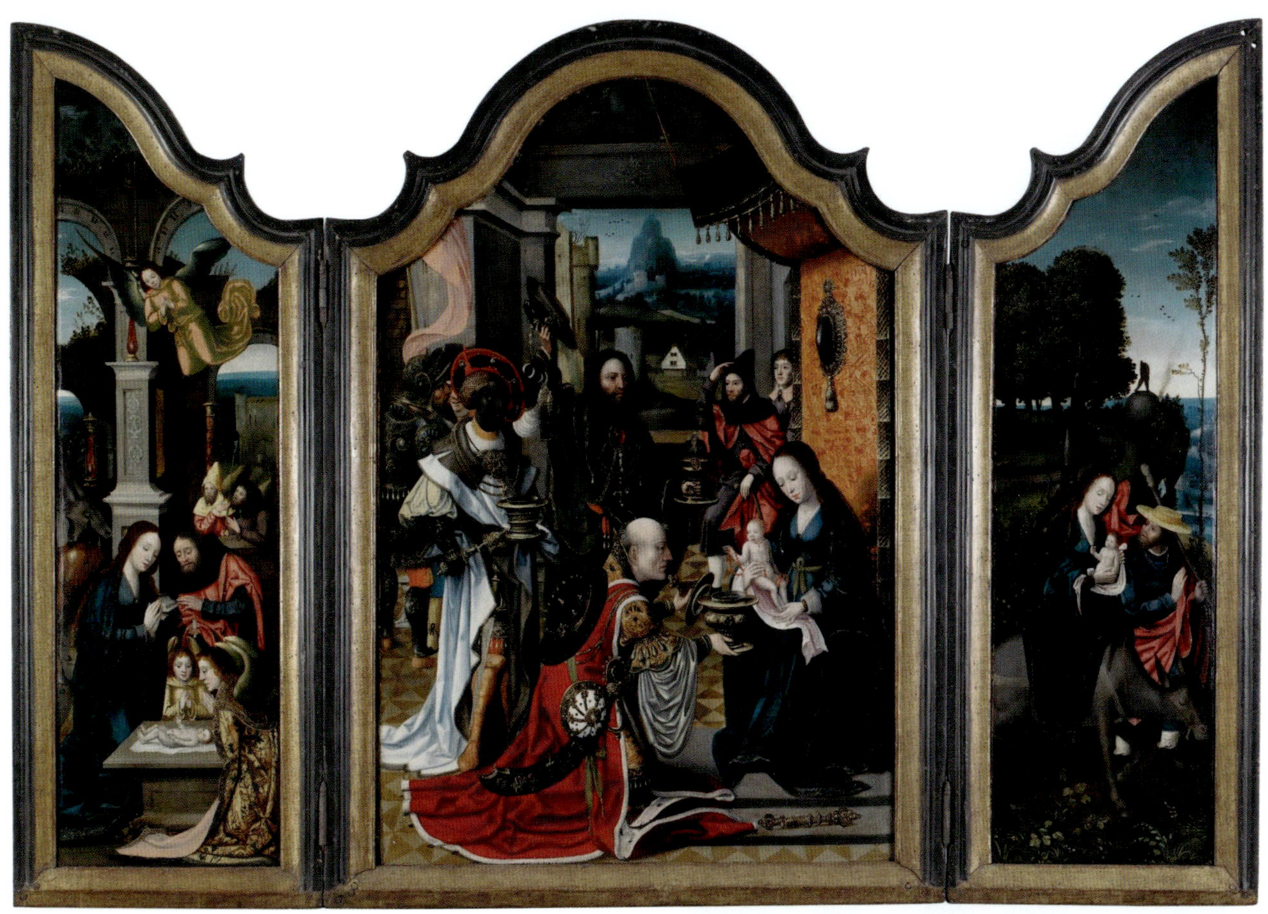

FIG. 16.02. Jan van Dornicke, *Tríptico de la Adoración de los reyes, la Natividad y la Huida a Egipto*, primer cuarto del S. XVI. Paradero desconocido.

sus seguidores. Así se observa en el ala izquierda del tríptico con la *Adoración de los reyes*, la *Natividad* y la *Huida a Egipto*, aunque con la composición invertida[523] (Fig. 16.02). Es interesante observar la jerarquización de tamaños de las figuras, con menor protagonismo del ángel, y que remite a una reminiscencia medievalizante que se observa en autores de una generación anterior como Gerard David, que hace uso de esta perspectiva jerárquica aunque de manera más acusada que en el caso de la tabla de Osuna, como se puede observar en la pintura del autor brujense conservada en el Museo de Arte de Cleveland (inv./Cat. nr 1958.320)[524] (Fig. 16.03).

Más acorde con un autor de mediados del siglo XVI es la arquitectura clásica en segundo plano, con una ancha pilastra cajeada en el centro, y que recuerda al tipo de ruina utilizada por el taller de Pieter Coecke, como en la *Adoración del Niño Jesús*

FIG. 16.03. Gerard David, *Natividad*, ca. 1485-1490. © The Cleveland Museum of Art, Cleveland.

---

523 En el mercado artístico dos trípticos repitiendo este esquema derivan del trabajo de Jan van Dornicke, *Tríptico de la Adoración de los magos, Natividad y Huida a Egipto* (Nueva York, Sothebys, 28-01-2010, n.º 152); y otro como "Estudio de Pieter Coecke van Aelst" (Ámsterdam, Christie's, *Old Master Pictures*, 8-11-1999, n.º lot. 114).

524 M. W. Ainsworth, *Gerard David…, op. cit.*, pp. 111-117.

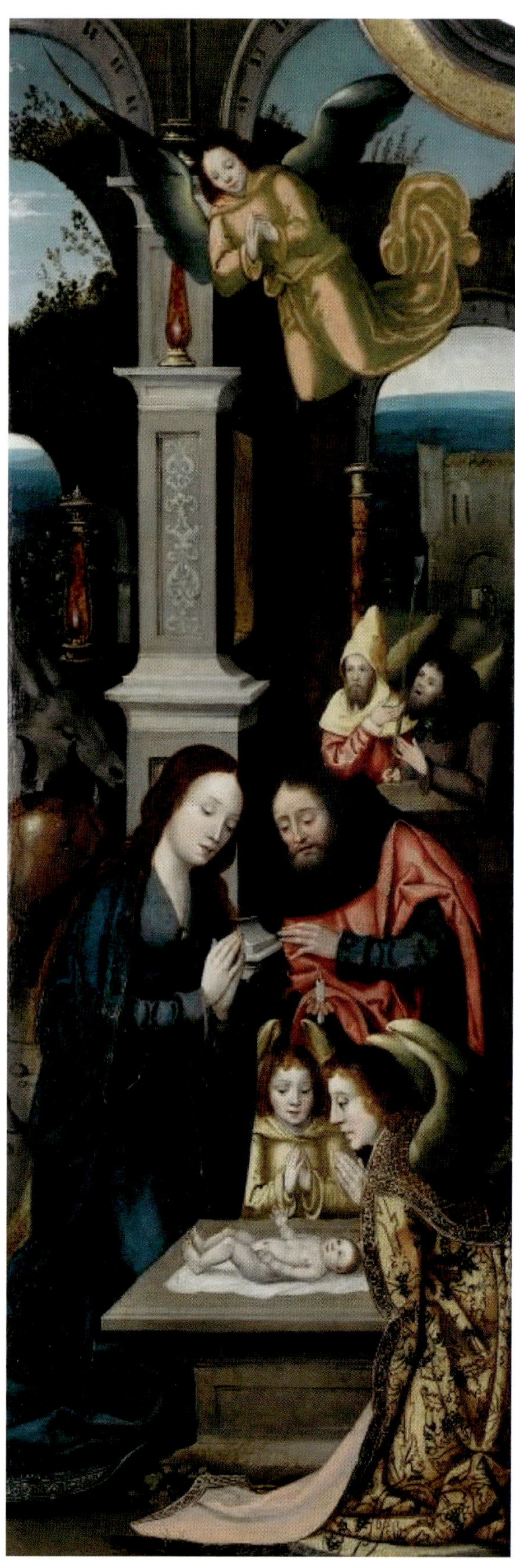

por María, José y dos ángeles de colección privada neoyorquina[525].

Al igual que las tablas de la *Anunciación* (Cat. 14) y *Jesús en el huerto de los Olivos* (Cat. 15), esta pintura, posiblemente, formó parte de la misma decoración de los sitiales de la sillería de coro de la capilla del Santo Sepulcro, como se extrae de la información que da Ariza Montero-Coracho a finales del siglo XIX[526]. Es probable que antes de llegar a la saleta de la colegiata, pasaran por otra estancia intermedia, como podría ser la sala capitular del Santo Sepulcro, donde las vio Ariza Montero-Coracho.

525 También como "Estudio de Pieter Coecke Van Aeslt". Sotheby's, Nueva York, *Old Mater Paintings* (17 de octubre de 1997), lote n.º 165.
526 A. M.ª Ariza y Montero-Coracho, *Bosquejo biográfico de don Juan Téllez-Girón…, op. cit.*, p. 20.

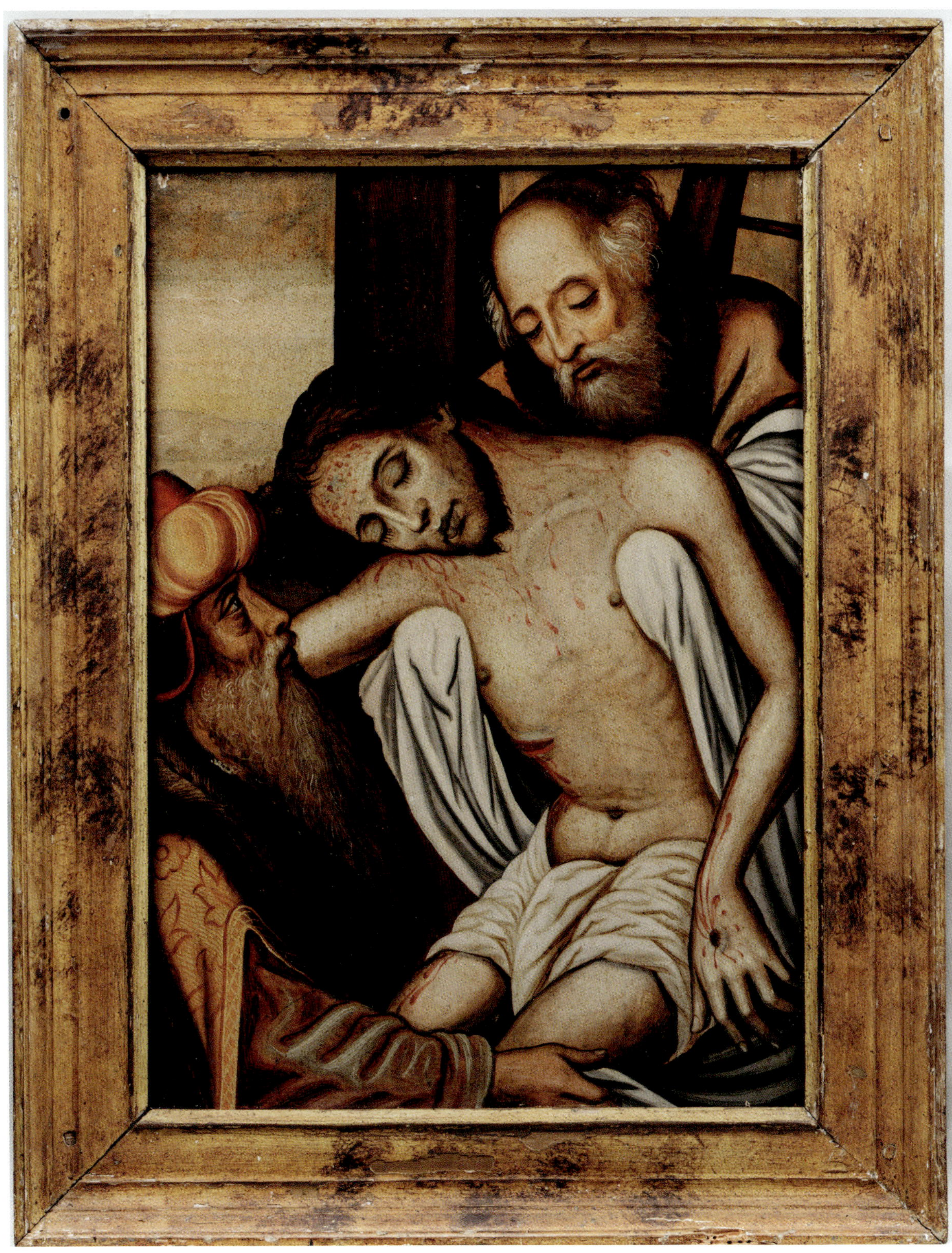

17

Título: *Descendimiento de la cruz*
Autor/taller/escuela: Taller del Maestro del hijo pródigo
Código Mosaico (Junta de Andalucía): 014106800930021.0000

Cronología: 1541-1550
Soporte: tabla
Técnica: óleo
Medidas: 40 x 30 cm (s/m); 50 x 40 cm (c/m)
Inscripciones: no se han localizado.
Localización: saleta de la sacristía de la colegiata de Nuestra Señora de la Asunción.

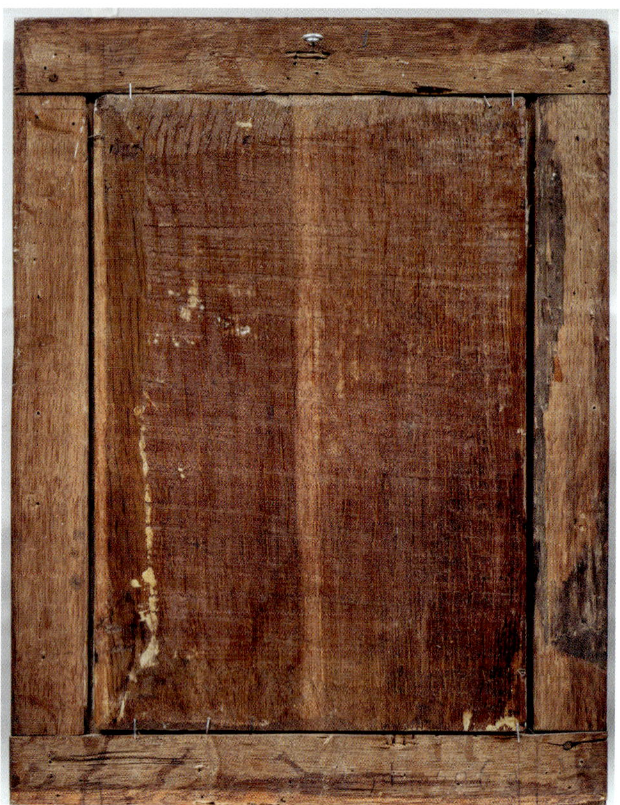

FIG. 17.01. Maestro del hijo pródigo y taller, *Descendimiento de la cruz*, reverso. Saleta de la sacristía, colegiata de Nuestra Señora de la Asunción, Osuna. © Junta de Andalucía. Foto: Pepe Morón.

Procedencia: posiblemente en las estancias del Santo Sepulcro, colocada en uno de los respaldos de la sillería. En el siglo XIX, concretamente en el inventario de 1861, ya no se citan estas pinturas entre los enseres y alhajas que hay en las estancias del Santo Sepulcro.

Estado de conservación: los restos de preparación dispersos sobre el reverso del soporte evidencian la eliminación de este estrato original, tan sólo justificada por la necesidad de tratar la madera, que en la actualidad se mantiene estable, sin alabeos, grietas ni ataques biológicos. La holgura entre este soporte y el marco debió de motivar el añadido de grapas modernas destinadas a fijarlos entre sí, pero algunas se han desprendido y los extremos de otras han atravesado el espesor de la obra hasta aflorar por el anverso, donde han provocado pérdidas de materia en todos los estratos. Al mismo tiempo, se ha observado que no han sido solventadas lagunas de pintura causadas en los bordes por dicha holgura. En el resto de la superficie, los estratos mantienen una buena cohesión general, pero la tonalidad de los colores está alterada por la oxidación del barniz y la suciedad producida especialmente por excrementos de insectos.

En el bastidor del marco se han detectado orificios y galerías de xilófagos que contribuyen a debilitar su madera y han provocado pérdidas como la visible en el borde interior del listón superior y en la esquina derecha del inferior. En este sentido, tampoco son favorables la oxidación de los clavos que unen las piezas de este marco ni las grietas derivadas de las tensiones que aquellos producen en zonas como la esquina inferior derecha. Ya en el anverso, se ha observado la separación de los travesaños y largueros de la moldura, así como el mal estado en el que se encuentra el dorado, con grandes áreas ennegrecidas y numerosos levantamientos y desprendimientos que afectan incluso a la preparación y dejan la madera a la vista. Finalmente, señalar los orificios localizados en los largueros, más o menos paralelos entre sí y ahora tapados, a excepción del situado en la esquina superior izquierda, que parecen corresponder a un antiguo sistema de montaje de la pintura (Fig. 17.01).

Restauraciones: no constan.

Bibliografía:

A. M.ª Ariza y Montero-Coracho, *Bosquejo biográfico de don Juan Téllez-Girón, IV conde de Ureña,* imprenta Eulogio Trujillo, Osuna, 1890, p. 20; *Inventario artístico de Sevilla y su provincia,* I, Madrid, 1982, p. 436; M. Rodríguez-Buzón Calle, *La colegiata de Osuna,* Sevilla, 1982, p. 79; M. Rodríguez-Buzón Calle, *Guía artística de Osuna,* Osuna, 2006, p. 39.

Descripción y comentario:

Se conserva una tabla similar en composición, taller y asunto en el convento de la Encarnación de Osuna. Tanto esta de la saleta como la que está en depósito en el convento de la Encarnación, podría tratarse de alguno de los dos descendimientos inventariados en 1559[527] (Figs. 17b y 17b.01)[528].

---

527 "Otro retablo del descendimiento de la cruz que está en la capilla de san Jerónimo". AAMO, Inventario de 1559, Legajo 233, fol. 43; Otro retablo que está en la sacristía de la Antigua es un descendimiento de cruz de pincel con una moldura colorada" *Ibidem,* fol. 44.

528 El reverso de la tabla conservada en el convento de la Encarnación también presenta restos de una capa preparación, que hace sospechar que también estuviera tratada en el reverso de alguna manera.

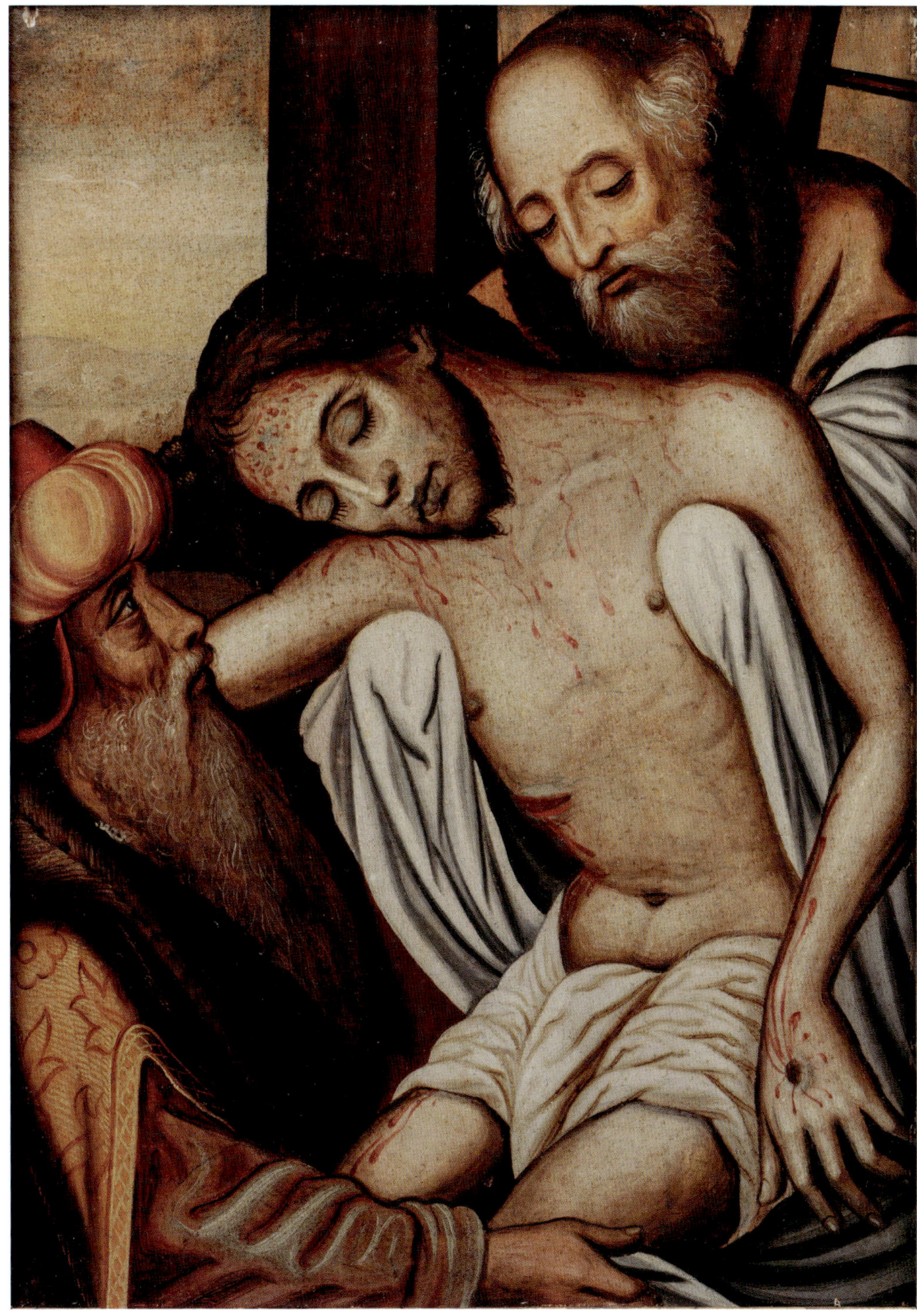

Fig. 17b. Maestro del hijo pródigo y taller, *Descendimiento de la cruz*. Convento de la Encarnación, Osuna. Procedente del Santo Sepulcro de la colegiata de Nuestra Señora de la Asunción de Osuna. © Amigos de los museos de Osuna. Foto: Pepe Morón.

Siguiendo los postulados de la *devotio moderna*, esta escena concentra en el primer plano y de medio cuerpo a los tres personajes implicados en el descendimiento del cuerpo de Cristo de la cruz: Jesús, en el centro, José de Arimatea y Nicodemo. Cierran la escena el madero de la cruz y la escala, que al igual que las figuras, sólo se ve una parte. A la izquierda un sutil paisaje alude al monte del Calvario donde se produjo la crucifixión. Dos diagonales estructuran la escena: la generada por las cabezas de los tres personajes y la que plantean las piernas de Cristo en la parte baja.

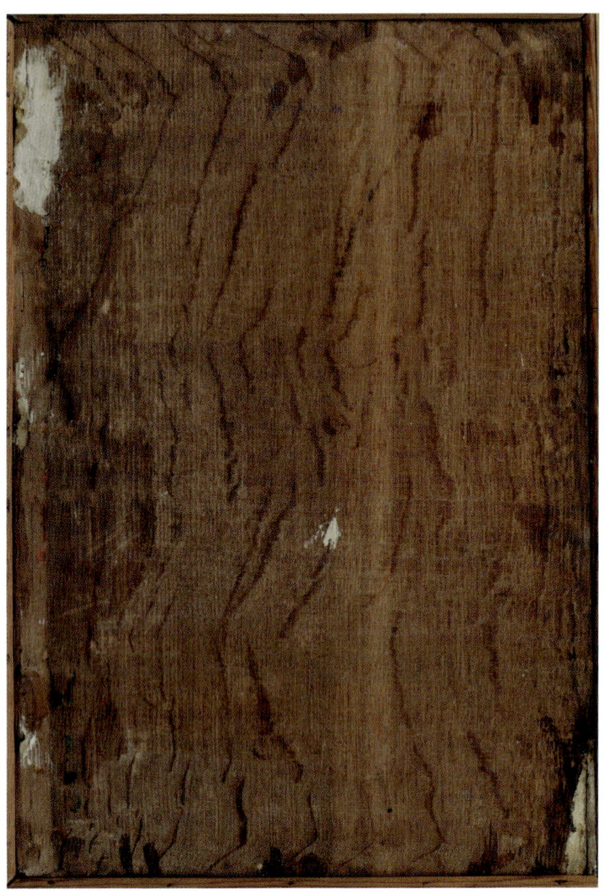

Esta cercanía de la escena al espectador, incidiendo en aquellos aspectos que muevan a su compasión, es uno de los postulados que fomenta esta corriente espiritual de la *devotio moderna*. Esta escena deriva del modelo planteado por Roger van der Weyden del *Descendimiento* con la Virgen y san Juan, conocido por las réplicas y versiones ya que el original ha desaparecido[529]. Una versión de Hugo van der Goes, formando parte de un díptico sobre sarga, se conserva en colección privada y Gemäldegalerie de Berlín. El pintor incluye una tercera figura ayudando en el descendimiento a José de Arimatea y Nicodemo. La estructura es muy similar, aunque en sentido invertido, a la que se ha planteado aquí, con el cuerpo inerte de Cristo en diagonal desde la esquina inferior izquierda, y con la cabeza ladeada hacia el hombro izquierdo de Jesús. Es una obra fechada hacia 1480, pero que tuvo réplicas y versiones en fechas posteriores[530]. Esta versión de Osuna acentúa la sangre cayendo sobre los hombros de Jesús, la llaga del costado y la mano izquierda en primer plano.

Posiblemente formara parte del mismo conjunto que las tablas de la *Anunciación*, *Jesús en el huerto de los Olivos*, y *Natividad* (cats. 14, 15 y 16). Ariza Montero-Coracho indica que estas diez pinturas proceden del "respaldo de una sillería del Renacimiento"[531]. Antes de pasar a la colegiata, probablemente pasaron por alguna otra estancia intermedia.

529 E. Bermejo Martínez, *La pintura de los Primitivos Flamencos en España*, vol. 1, CSIC, Madrid, 1980, p. 124.

530 M. J. Friedländer, "Van der Goes und Memling", *Oud Holland,* LXV, (1950), pp. 167-171; M. J. Friedänder, *Early Netherlandish Painting…*, op. cit. vol. IV, p. 26.

531 A. M.ª Ariza y Montero-Coracho, *Bosquejo biográfico de don Juan Téllez-Girón…*, op. cit., p. 20.

18

Título: *Alegoría de la Inmaculada Concepción*

Autor/taller/escuela: Repintada en su totalidad en época indeterminada.

Código Mosaico (Junta de Andalucía): 014106800930025.0000

Cronología: 1551-1560

Soporte: tabla

Técnica: óleo

Medidas: 40 x 30 cm (s/m); 49 x 40 cm (c/m)

Inscripciones: en el reverso, en el marco en el travesaño inferior: "IIIa" (Fig. 18.01).

Localización: saleta de la sacristía de la colegiata de Nuestra Señora de la Asunción.

Procedencia: posiblemente de las estancias del Santo Sepulcro, colocada en los respaldos de la sillería de coro.

Estado de conservación: no se han detectado orificios de xilófagos que debiliten la estructura del soporte. Tampoco se han observado alabeos, a pesar de haber sido

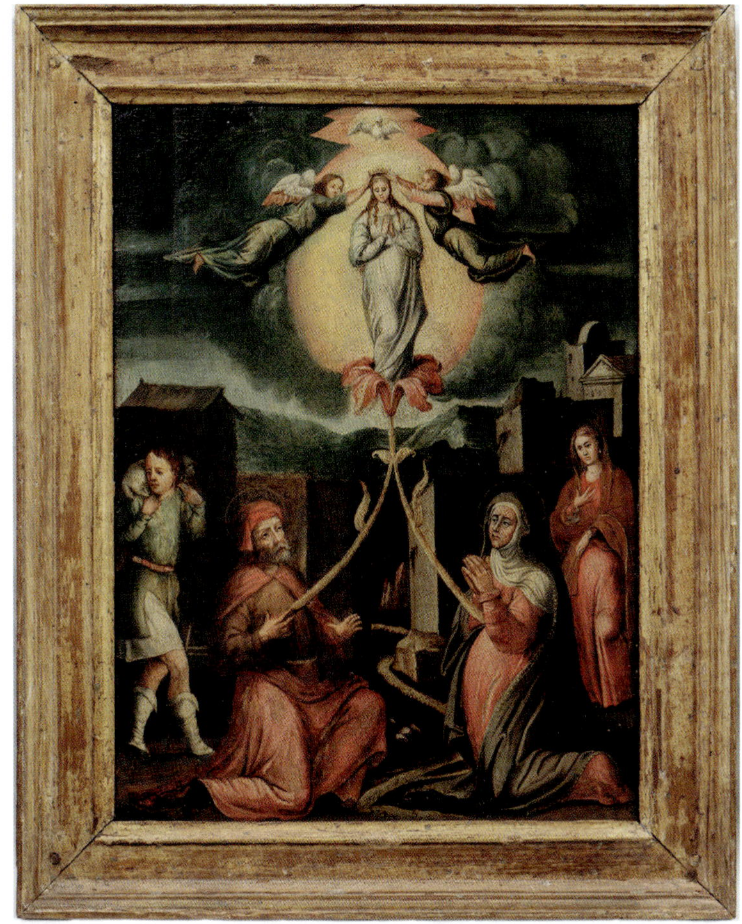

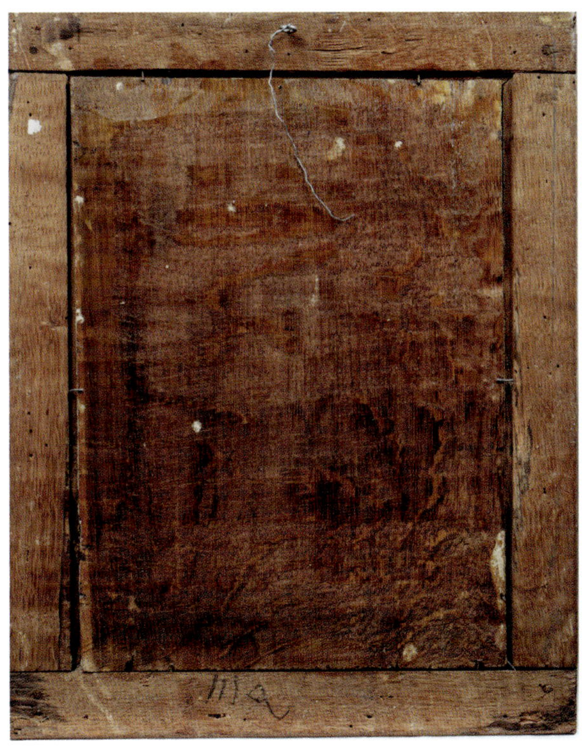

F‌ig. 18.01. Anónimo, *Alegoría de la Inmaculada Concepción,* reverso. Saleta de la sacristía, colegiata de Nuestra Señora de la Asunción, Osuna. © Junta de Andalucía. Foto: Pepe Morón.

eliminada la capa de preparación blanca que debía de cubrir originalmente la superficie posterior, según indican los depósitos dispersos sobre ella. Sin embargo, las tensiones en su madera han sido evidenciadas por una grieta que se extiende verticalmente desde el extremo superior y cerca del borde derecho, sin alcanzar la mitad del panel. Esta grieta es igualmente visible desde el anverso y en su recorrido se distinguen reintegraciones pictóricas que, junto con otras localizadas en carnaciones y ropajes de los personajes, denotan que hubo falta de cohesión entre los estratos, un problema que persiste, según indican los levantamientos y lagunas distribuidos por toda la escena. En este sentido, también se han diferenciado repintes en la edificación del lado izquierdo del fondo, en torno a ella y en los ropajes del personaje de la izquierda en primer plano. Estos repintes distorsionan el equilibrio cromático de la escena, contrariedad a la que contribuyen la oxidación de la película superficial y los restos de suciedad generalizada.

Por otro lado, la mayoría de los clavos que fijan el panel al marco están oxidados, lo que podría mermar su capacidad de sujeción y provocar daños en la madera. Es notorio el ataque de xilófagos en el bastidor de este marco, así como la separación de los travesaños y largueros de la moldura, en los que destacan la suciedad y los levantamientos de preparación y dorado, que dejan la madera a la vista en gran parte de la superficie, especialmente en el travesaño inferior. Además, en los largueros se distinguen orificios más o menos paralelos entre sí y ya tapados, que parecen estar relacionados con un antiguo sistema de montaje de la obra.

Restauraciones: no constan.

Bibliografía:

A. M.ª Ariza y Montero-Coracho, *Bosquejo biográfico de don Juan Téllez-Girón, IV conde de Ureña*, imprenta Eulogio Trujillo, Osuna, 1890, p. 20; *Inventario artístico de Sevilla y su provincia*, I, Madrid, 1982, p. 436; M. Rodríguez-Buzón Calle, *La colegiata de Osuna*, Sevilla, 1982, p. 79; M. Rodríguez-Buzón Calle, *Guía artística de Osuna*, Osuna, 2006, p. 39.

Descripción y comentario:

Escena completamente repintada por algún artista local, puede que una fecha tardía. Sigue el modelo planteado por Esturmio en el altar del lado de la epístola de la capilla del Santo Sepulcro (Cat. 08). Corresponde al mismo autor que rehízo las escenas de la *Adoración de los reyes* (Cat. n.º 19) y la *Circuncisión* (Cat. n.º 20). Se desconocen los motivos de esta intervención tan acusada de un artista local en estas tres tablas de origen flamenco y que, posiblemente, formaran parte de la misma serie que las que reproducen la serie de la Virgen. El cambio de marco deja ver una policromía diferente en todos los bordes que acusa esa intervención posterior.

La iconografía simplifica la propuesta Esturmio, y hace más patente la idea de abrazo ante la Puerta Dorada de santa Ana y san Joaquín, pero colocando a ambos personajes de rodillas en el primer plano y sin contacto ninguno, al recrear unas arquitecturas y muralla en el segundo plano. Del pecho de ambos personajes brota un vástago que se une en el centro dando lugar a una flor de la que surge la imagen de la Virgen, en este caso, de cuerpo entero. Esa alusión a la Inmaculada Concepción de María se completa al colocar tras santa Ana y san Joaquín

dos figuras: una en relación con Gedeón, y la segunda con la parentela de María[532].

Posiblemente, la pintura formó parte de la misma decoración que el resto de diez tablas de las que habla Ariza a finales del siglo XIX y estaban "colocadas en el respaldo de una sillería del Renacimiento"[533].

---

532 Sobre la cuestión de la iconografía véase en estas páginas el catálogo 08.
533 Véase entradas anteriores Cat. 14, 15, 16 y 17.

19

Título: *Adoración de los reyes*
Autor/taller/escuela: Repintada en su totalidad en época indeterminada.
Código Mosaico (Junta de Andalucía): 014106800930027.0000
Cronología: 1551-1560
Soporte: tabla
Técnica: óleo
Medidas: 40 x 31 cm (s/m); 49 x 40 cm (c/m)
Inscripciones: en el reverso en la esquina inferior derecha en tinta negra: "aɳ Bo la 4º", (Fig. 19.01).
Localización: saleta de la sacristía de la colegiata de Nuestra Señora de la Asunción.
Procedencia: posiblemente en las estancias del Santo Sepulcro, colocada en alguno de los respaldos de la sillería.

Estado de conservación: el soporte se mantiene sin deformaciones ni grietas en su estructura. Sin embargo, su consistencia puede haber sido mermada por un ataque de xilófagos cuyos orificios se localizan en la esquina superior izquierda del reverso, sin que se haya detectado ninguno en la cara delantera. Los estratos depositados sobre esta presentan problemas de cohesión, tales como levantamientos derivados de cuarteados y la textura rugosa de la pintura en ropajes de la Virgen, del rey Melchor y del rey Gaspar, posiblemente producida por la exposición prolongada a una fuente de calor, como puede ser el fuego de velas. Estos daños comprometen la conservación de la escena al tiempo que alteran su estética, como también lo hacen la suciedad y el barniz oxidado en superficie. El amarilleamiento causado por este último es especialmente evidente en el borde derecho de la composición, pues contrasta con los tonos originales de una zona de la pintura antiguamente cubierta por el marco y ahora visible debido a la holgura entre este y el panel.

En el listón superior del bastidor de este marco se ha diferenciado una falta de madera rellenada con virutas del mismo material, que pudo ser causada por un ataque de xilófagos del que son testimonio los orificios localizados en varias zonas de este bastidor. En sus esquinas también se han distinguido otros orificios de mayor tamaño que debieron de alojar a los clavos utilizados para fijar el bastidor

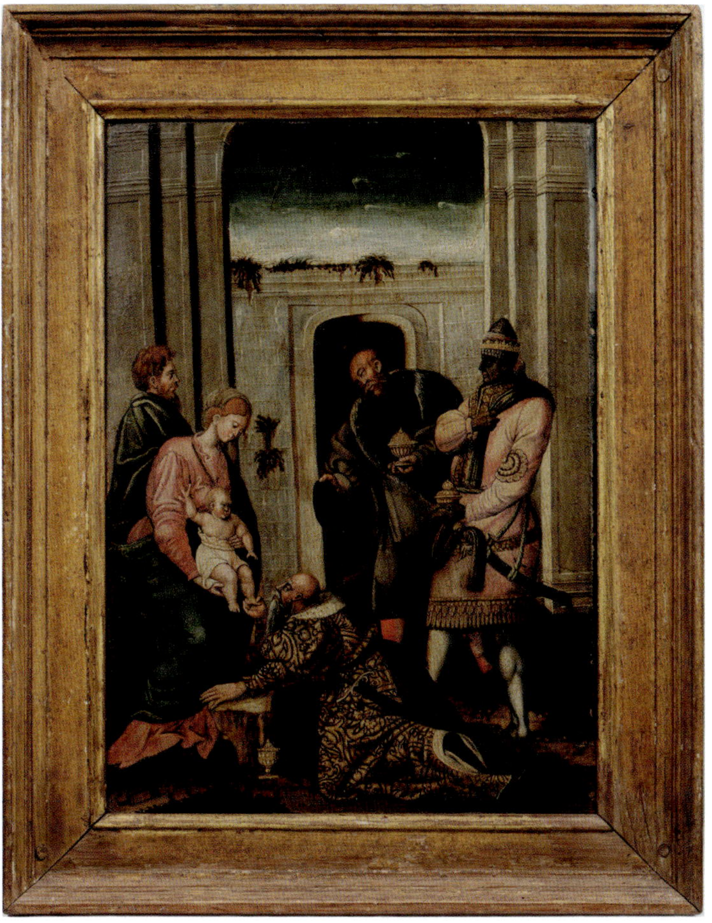

a la moldura. Los travesaños y largueros de esta se han separado, como se puede ver en el anverso. Una grieta recorre el canto del travesaño superior en sentido horizontal y de extremo a extremo. En este, así como en parte de la junta de la esquina superior izquierda y otras zonas de la moldura, se han distinguido pérdidas de materia lígnea tratadas con un material de apariencia similar al *Araldit madera*, sin que se llevara a cabo el pertinente nivelado de la superficie. Otras pérdidas y levantamientos afectan a la preparación y al dorado, que dejan la madera a la vista, especialmente en el travesaño inferior. Asimismo, es notable la suciedad en superficie y destacan los orificios, ya tapados, que se localizan en los largueros, más o menos paralelos entre sí, y posiblemente se deban a un antiguo sistema de montaje de la obra.

Restauraciones: no constan, pero pudo haber tenido alguna intervención en fecha indeterminada.

Bibliografía:

A. M.ª Ariza y Montero-Coracho, *Bosquejo biográfico de don Juan Téllez-Girón, IV conde de Ureña*, imprenta Eulogio Trujillo, Osuna, 1890, p. 20;

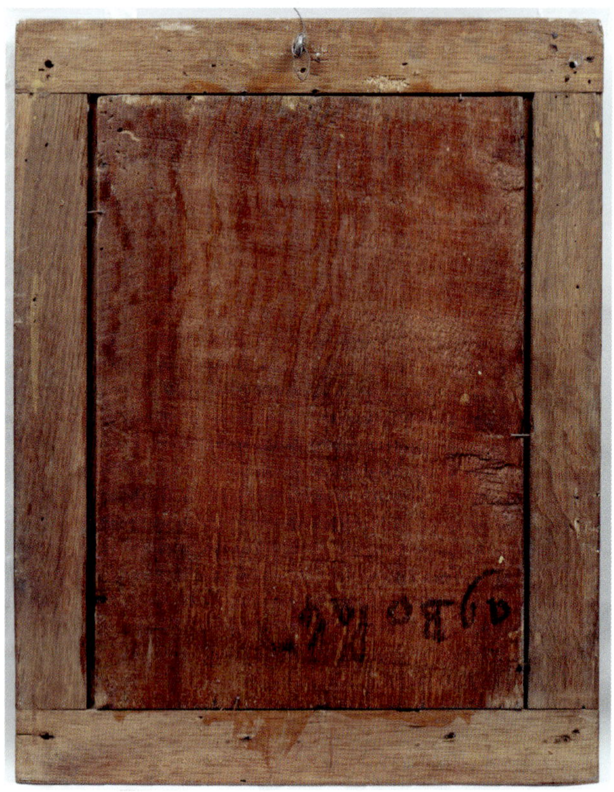

Fig. **19.01.** Anónimo, *Adoración de los Reyes,* reverso. Saleta de la sacristía, colegiata de Nuestra Señora de la Asunción, Osuna. © Junta de Andalucía. Foto: Pepe Morón.

Inventario artístico de Sevilla y su provincia, I, Madrid, 1982, p. 436; M. Rodríguez-Buzón Calle, *La colegiata de Osuna*, Sevilla, 1985, p. 79; M. Rodríguez-Buzón Calle, *Guía artística de Osuna*, Osuna, 2006, p. 39

Descripción y comentario:

Esta escena de la *Adoración de los reyes* ha venido a sustituir a la que en originen debió de ocupar esta tabla flamenca. Este cambio se realizó con los marcos originales de la pintura, pues al cambiarse por los que hoy tiene, se ve en sus bordes parte de la antigua composición y policromía que nada tienen que ver con la escena que hoy se ve (Fig. 19.02). Esta intervención no sólo se ha ejecutado en esta tabla, el mismo artista rehace totalmente las escenas de la *Circuncisión* (Cat. n.° 20), y la *Alegoría de la Inmaculada Concepción* (Cat. n.° 18)[534]. El mismo tipo masculino de joven barbado con cabello ondulado que emplea para el san José de la *Adoración de los Reyes* lo repite, con un manto encarnado, en la *Circuncisión*. Es un artista de impronta

manierista, de figuras alargadas, cabeza pequeña, y arquitecturas de fondo que le sirven de enmarque a sus composiciones. Se trata de un artista local, bastante mediocre en su ejecución y con fallos de proporción y perspectiva en las figuras. Desconocemos cuál podría ser la escena debajo de esta adoración de los reyes.

La obra forma parte del mismo lote que las de la *Anunciación, Jesús en el huerto de los Olivos, Natividad, Descendimiento de la cruz, Alegoría de la Inmaculada Concepción* y *Circuncisión*, que ahora también se exhiben en la saleta de la sacristía de la colegiata. Seguramente procede del "respaldo de una sillería del Renacimiento", como apunta Ariza Montero-Coracho a finales del siglo XIX[535].

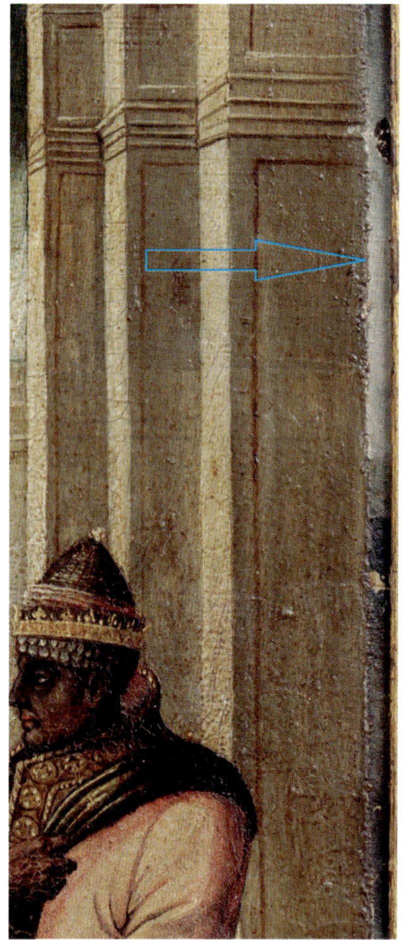

Fig. **19.02.** Anónimo, *Adoración de los Reyes,* detalle. Saleta de la sacristía, colegiata de Nuestra Señora de la Asunción, Osuna. © Junta de Andalucía. Foto: Pepe Morón.

---

534 Sobre los cambios que se ven en estas obras véase los estudios correspondientes, Cat. n.°16 y Cat. n.° 18, en estas mismas páginas.

535 A. M.ª Ariza y Montero-Coracho, *Bosquejo biográfico de don Juan Téllez-Girón…, op. cit.,* p. 20.

20

Título: *Circuncisión*

Autor/taller/escuela: Repintada en su totalidad en época indeterminada

Código Mosaico (Junta de Andalucía): 014106800930038.0000

Cronología: 1551-1560

Soporte: tabla

Técnica: óleo

Medidas: 40 x 30 cm (s/m); 49 x 39 cm (c/m)

Inscripciones: en el reverso en el lateral izquierdo en tinta negra: "aŋ Bo" (Fig. 20.01).

Localización: saleta de la sacristía de la colegiata de Nuestra Señora de la Asunción.

Procedencia: posiblemente de las estancias del Santo Sepulcro, colocadas en los respaldos de la sillería de coro.

Estado de conservación: el soporte carece de deformaciones destacadas, posiblemente como consecuencia de la estabilidad de su corte radial en combinación con la preparación que originalmente debía de cubrir el reverso y de la que ahora sólo se conservan pequeños restos hacia el centro de

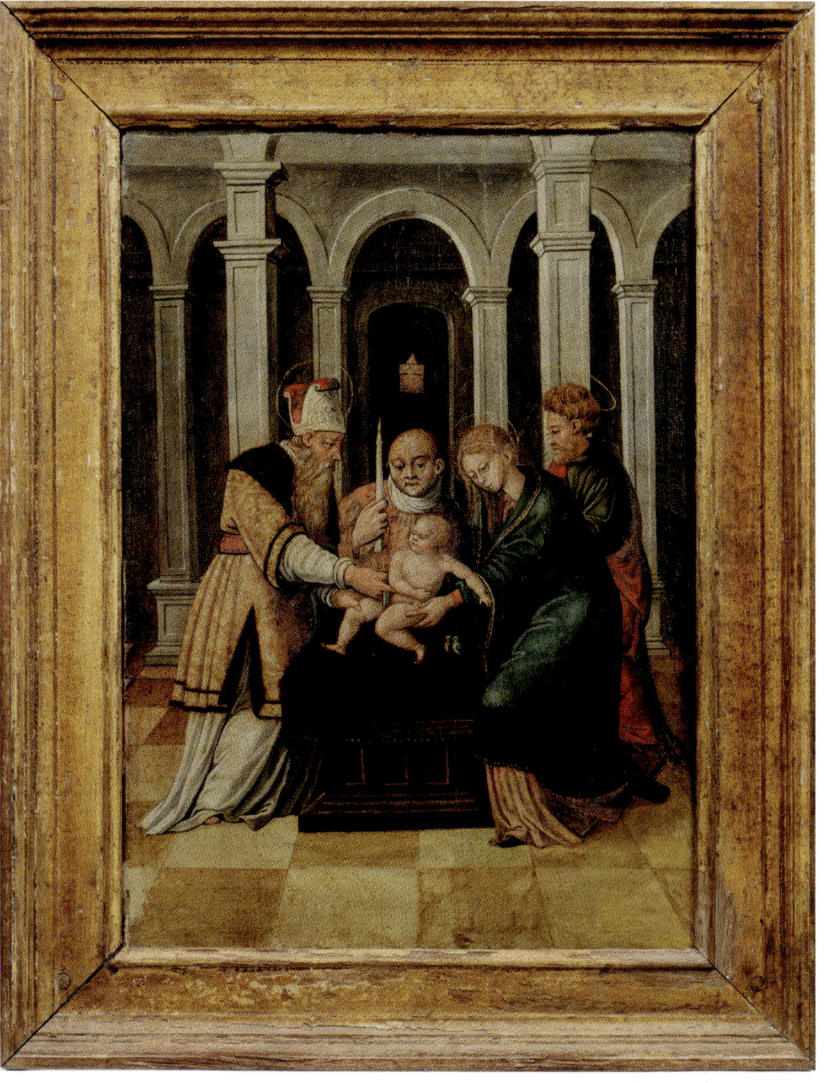

la mitad superior. Sin embargo, una grieta vertical en la mitad izquierda, que se prolonga desde el borde superior hasta más allá del centro, evidencia la existencia de tensiones en la madera. Esta grieta fue rellenada con un material que rebosó su interior y a lo largo de su recorrido se han distinguido orificios compatibles con los producidos por xilófagos, indicio de que este ataque fue posterior al tratamiento.

En la cara delantera también son evidentes signos de intervención en esta grieta, como el nivelado de la superficie y su reintegración cromática. Esta y otras reintegraciones diferenciadas en el fondo, las carnaciones y los ropajes de los personajes, demuestran que hubo problemas de cohesión entre los estratos. Estos problemas persisten en la actualidad, a juzgar por los levantamientos de la superficie y la textura rugosa de distintas áreas de los ropajes, que se pueden deber a su exposición a una fuente de calor, como puede ser el fuego de velas. Estos deterioros, igual que la oxidación del barniz y la suciedad en superficie, distorsionan la estética de la composición, pero aún más importante es el perjuicio que suponen para su conservación. En este sentido, tampoco son favorables las lagunas y desprendimientos de pintura en los bordes de la escena, aunque estos derivan del roce producido por la holgura entre la obra y el marco, que podría haber sido favorecida por la oxidación de los clavos que sujetan el panel y ha dado lugar tanto a acumulaciones de polvo como a la formación de telas de araña en el reverso.

En el bastidor de este marco se han distinguido orificios de xilófagos, junto con otros de mayor tamaño ocasionados por clavos ahora ausentes, salvo dos que se conservan con las cabezas oxidadas en el listón inferior. Al mismo tiempo, las juntas del listón superior con los laterales presentan pérdidas

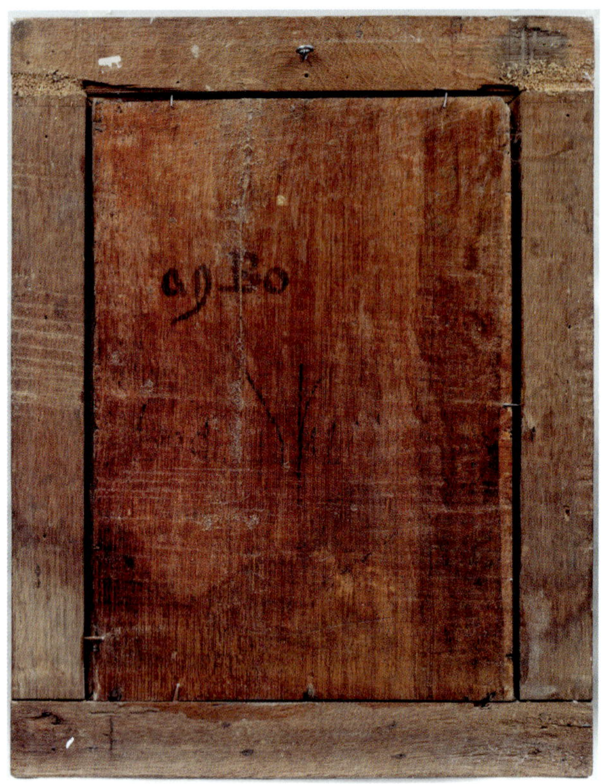

Fig. 20. 01. Anónimo, *Circuncisión*, reverso. Saleta de la sacristía, colegiata de Nuestra Señora de la Asunción, Osuna. © Junta de Andalucía. Foto: Pepe Morón.

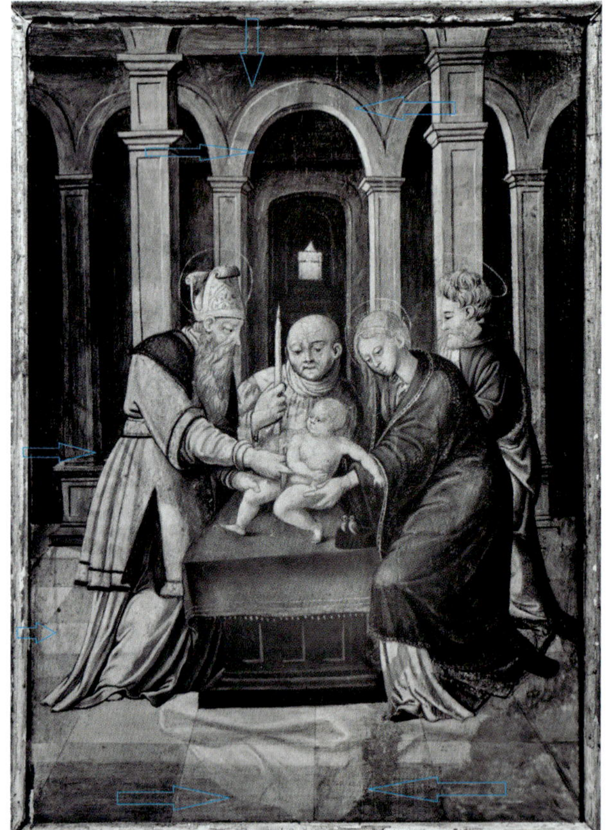

Fig. 20.02. Anónimo, *Circuncisión*, reflectografía. © Junta de Andalucía. Foto: Pepe Morón.

de madera rellenadas con virutas de este mismo material. Otras pérdidas afectan al filo del travesaño superior en la cara delantera, donde también es patente la falta de cohesión entre los estratos, pues gran parte de la madera ha quedado a la vista y el dorado que se conserva, está levantado y muy sucio. Finalmente, se deben señalar los orificios cubiertos en los largueros, que se sitúan más o menos paralelos entre sí y podrían ser parte de un sistema de montaje de la pintura en una ubicación anterior.

Restauraciones: no constan.

Bibliografía:

A. M.ª Ariza y Montero-Coracho, *Bosquejo biográfico de don Juan Téllez-Girón, IV conde de Ureña*, imprenta Eulogio Trujillo, Osuna, 1890, p. 20; *Inventario artístico de Sevilla y su provincia*, I, Madrid, 1982, p. 436; M. Rodríguez-Buzón Calle, *La colegiata de Osuna*, Sevilla, 1985, p. 79; M. Rodríguez-Buzón Calle, *Guía artística de Osuna*, Osuna, 2006, p. 39.

Descripción y comentario:

Esta pintura, al igual que le ocurre a la n.º 18 y n.º 19, ha sido alterada completamente en su composición original. A simple vista se observa el cambio en los bordes superior e izquierdo, donde han quedado los restos de la escena anterior. La reflectografía muestra mucho mejor ese cambio en la parte inferior, donde se vislumbra un gran paño sobre el suelo (Fig. 20.02). También tras la figura del mohel se ven varias líneas que nada tienen que ver con la escena que se ve en la actualidad.

El pintor es el mismo que ha intervenido en las tablas de la *Adoración de los Reyes* y la *Alegoría de la Inmaculada Concepción*.

Al igual que el resto de la serie, esta pintura, posiblemente, formó parte de la decoración de los sitiales de la sillería de coro de la capilla del Santo Sepulcro, como se extrae de la información que da Ariza Montero-Coracho[536].

---

536 A. M.ª Ariza y Montero-Coracho, *Bosquejo biográfico de don Juan Téllez-Girón…, op. cit.,* p. 20. Véanse catálogos precedentes n.º 14, 15, 16, 17, 18 y 19.

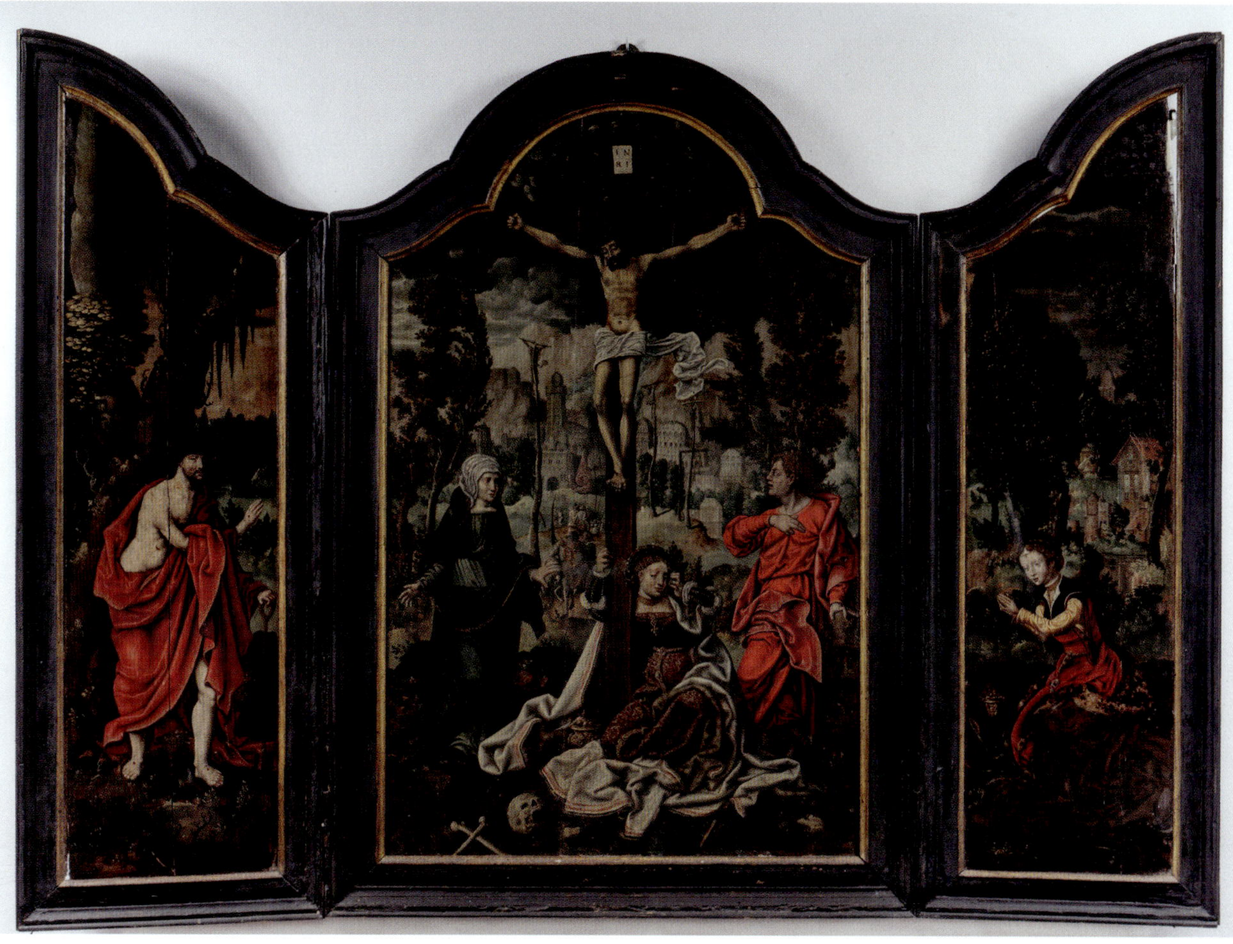

21

Título: *Tríptico de la Crucifixión y Noli me tangere*
Autor/taller/escuela: Anónimo seguidor de Joos van Cleve
Código Mosaico (Junta de Andalucía): 014106800930024.0000
Cronología: mediados del siglo XVI
Soporte: tabla
Técnica: óleo
Medidas: 119 x 167 cm (abierto); tabla central: 84 x 71, 5 cm; alas laterales: 84 x 26 cm cada una.
Inscripciones: en el reverso de la tabla central en el lado superior izquierdo: "Tota", en tiza blanca[537]; y "23/XI/68" sobre la plancha de DM colocada sobre la tabla central (Fig. 21.01).

---

537 Hemos tenido acceso a esta información durante el desmontaje del tríptico con motivo de su restauración en los primeros meses de 2023. Por eso, la imagen del reverso que se incluye en este estudio corresponde a la realizada durante la campaña de inventario de la Junta de Andalucía (n.º exp. PDWMZ210000020208) realizada en 2021.

Localización: saleta de la sacristía de la colegiata de Nuestra Señora de la Asunción.
Procedencia: pertenece a la dotación del Santo Sepulcro. La tabla central, separada de las laterales, estuvo en el siglo XIX colocada en la hornacina del muro este del patio del Santo Sepulcro.

Estado de conservación: durante el proceso de edición de este libro se llevó a cabo la restauración del tríptico por parte del restaurador Juan Luis Coto Cobo. Agradecemos que nos haya facilitado el informe y las fotografías del tríptico tras la restauración, hechas por Rafael Rodríguez Román. Por eso, la suciedad acumulada, los ataques puntuales de xilófagos y hongos, las deformaciones, los levantamientos derivados de los cuarteados de los estratos que se habían apreciado en los anversos del tríptico y las grietas que, en la mayor parte de los casos estaban en relación con las juntas de unión de las tablas que constituían el soporte y se habían constatado durante el examen visual de las obras para este trabajo, se han subsanado.

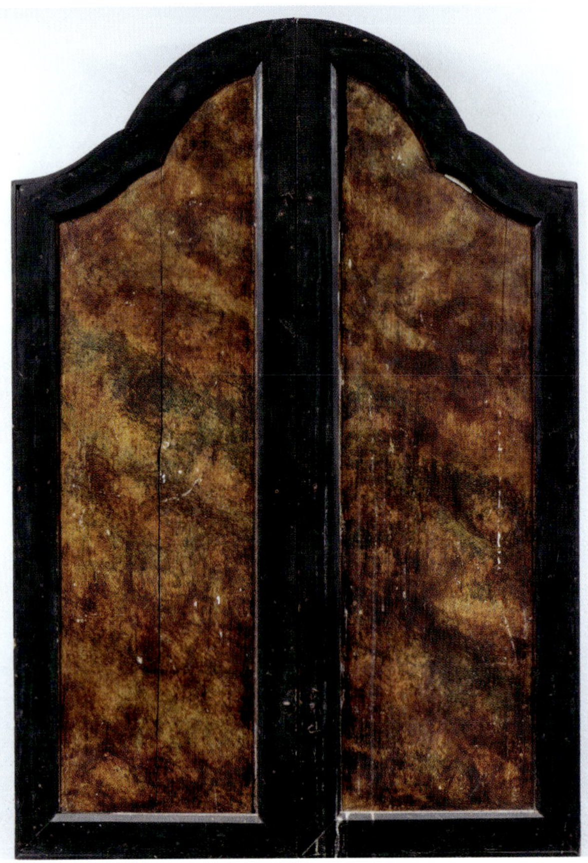

Fig. 21.01. Anónimo, *Tríptico de la Crucifixión y Noli me tangere*, reverso de las alas laterales. Saleta de la sacristía, colegiata de Nuestra Señora de la Asunción, Osuna. © Junta de Andalucía. Foto: Pepe Morón.

Otros aspectos, como es la alteración de algunos de los colores como consecuencia de la oxidación de los pigmentos y paso del tiempo, son imposibles de intervenir sin alterar la obra.

La limpieza y restauración efectuada ha permitido aclarar los fondos y apreciar los detalles, en especial, del paisaje.

Restauraciones: posiblemente una a finales del siglo XIX para volver a funcionar como tríptico (véase la historia interna de la obra dentro del conjunto del Santo Sepulcro); y la realizada en 2023 por el taller de restauración de Juan Luis Coto Cobo.

Bibliografía:

A. M.ª Ariza y Montero-Coracho *Bosquejo biográfico de don Juan Téllez-Girón, IV conde de Ureña*, imprenta Eulogio Trujillo, Osuna, 1890, p. 20; M. Rodríguez-Buzón Calle, *La colegiata de Osuna*, Sevilla, 1985, p. 79.

214

Descripción y comentario:

El presente tríptico ya fue destacado por Manuel Rodríguez-Buzón como de "muy buena factura", situándolo dentro de la escuela de Amberes[538]. Seguramente se trate del tríptico nombrado por Ariza y Montero-Coracho en 1890 en la sacristía del sepulcro. El reverso de las puertas no presenta grisallas, sino que recrea pórfido, algo también habitual en las tablas flamencas de los siglos XV y XVI.

En la tabla central se representa la *Crucifixión*, con la Virgen, san Juan y María Magdalena a los pies de la cruz. Por su parte, las alas laterales del tríptico representan el tema del *Noli me tangere*. Este episodio forma parte de las *cristofanías* o apariciones de Jesús posteriores a su resurrección localizadas en Judea y Galilea, y que suelen ser a los apóstoles, a las tres Marías, a los discípulos de Emaús o a María Magdalena, como es este caso, conformando el denominado *Noli me tangere*. Estas apariciones sirvieron de base a los apologetas cristianos para justificar la realidad de la resurrección[539]. El tema tiene su base en el Evangelio de Juan, que narra cómo María Magdalena se encuentra con el sepulcro abierto, avisando a los discípulos de Jesús. Al comprobar que el cuerpo no se encontraba dentro, regresaron a su casa, quedándose la Magdalena y produciéndose la primera cristofanía[540]. En un primer momento no logra reconocer a Jesús, al que confunde con un hortelano, de ahí que en esta iconografía sea habitual representar a Jesús con sombrero de paja y pala de jardinero, tal y como sucede en la tabla de Osuna[541]. Es en ese momento cuando Jesús, según la Vulgata, pronuncia las palabras

---

538 M. Rodríguez-Buzón Calle, *La colegiata…, op. cit*, p. 79

539 L. Réau 1997, *Iconografía del arte cristiano…, op. cit.*, t. 1, vol. 2, p. 573.

540 Según el sacerdote y teólogo alemán Honorio de Autun (1080-1153), el hecho de que la gracia de ser una mujer la primera en poder presenciar al redentor resucitado está en la búsqueda de la armonía entre Antiguo y Nuevo Testamento, ya que "de la misma manera que una mujer había traído la muerte al mundo (en referencia a Eva) era conveniente que otra mujer anunciara a los hombres la vida eterna". *Ibidem*, p. 575.

541 "María se había quedado afuera, llorando junto al sepulcro. Mientras lloraba, se asomó al sepulcro y vio a dos ángeles vestidos de blanco, sentados uno a la cabecera y otro a los pies del lugar donde había sido puesto el cuerpo de Jesús. Ellos le dijeron: «Mujer, ¿por qué lloras?». María respondió: «Porque se han llevado a mi Señor y no sé dónde lo han puesto». Al decir esto se dio vuelta y vio a Jesús, que estaba allí, pero no lo reconoció. Jesús le preguntó: «Mujer, ¿por qué lloras? ¿A quién buscas?». Ella, pensando que era el cuidador de la huerta, le respondió: «Señor, si tú lo has llevado, dime dónde lo has puesto y yo iré a buscarlo»". Juan 20, 11-15.

"no me toques" (*noli me tangere*), que realmente parecen ser una interpretación errónea al traducir el texto bíblico desde la versión griega[542].

La forma de recrear el tema del *Noli me tangere* en la obra de Osuna no es habitual, ya que normalmente aparecen los dos personajes en la misma tabla[543], o en el caso de representarse por separado a Cristo y María Magdalena, se hace en el reverso de las tablas laterales, de modo que al cerrar el tríptico ambas figuras queden directamente enfrentadas[544]. De hecho, un modelo similar al de la tabla de Osuna lo encontramos en una pintura con el mismo tema de Joos van Cleve, conservada en el Suerdmont-Ludwig-Museum de Aquisgrán (inv. n.° GK 97) (Fig. 21.02), que repite la disposición y gestos de Cristo y la Magdalena, pero ambas figuras compartiendo espacio en la misma escena[545].

La iconografía de Cristo que tapa su desnudez con un manto y deja ver parte de su anatomía sigue composiciones del siglo XV difundidas a través de grabados de autores como Israhel van Meckenem (*Noli me tangere*, 1460–1500. British Museum, Londres; Fig. 21.03), donde Cristo apoya la pala en la tierra, mientras bendice a la Magdalena, arrodillada ante él; o Alberto Durero en la escena del mismo tema de la serie de la *Pequeña Pasión* (*ca.* 1509-1511; Fig. 21.04)[546], en el que Cristo aparece vestido también con túnica y un sombrero similar al de la

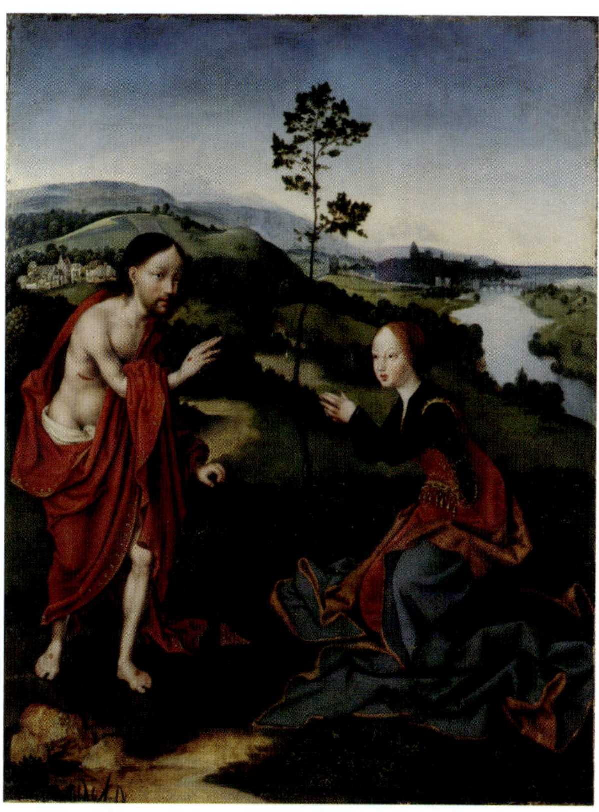

Fig. 21.02. Taller de Joos van Cleve, *Noli me tangere*, ca. 1520. © Suertmont-Ludwig-Museum, Aquisgrán.

tabla de Osuna. La diferencia es que en el grabado del alemán la pala la apoya en su hombro izquierdo y, aunque María Magdalena se postra ante él, no une sus manos en oración como sí plantea en Osuna. También el pintor y grabador alemán Ludwig Schongauer (*ca.* 1440/1450-1494; Fig. 21.05) presenta xilografías del mismo tema con un modelo similar al de Osuna, pero sin sombrero cubriendo la cabeza de Cristo[547]. El *Speculum passionis Domini Nostri Ihesu Christi*, ya mencionado en otros estudios previos, recoge el tema del *Noli me tangere* con un Cristo bendiciendo envuelto en un amplio manto que deja desnudos su pierna y parte de su torso, ante una María Magdalena arrodillada y con las manos en actitud orante de forma similar a la tabla de Osuna (Fig. 21.06)[548].

La figura de María Magdalena toma protagonismo en este tríptico, y su presencia se repite en la tabla central de la *Crucifixión*, no siendo extraña su aparición dentro de esta iconografía a los pies de

---

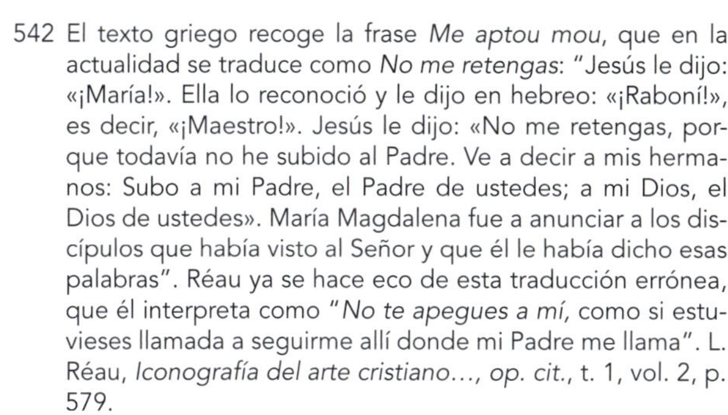

542 El texto griego recoge la frase *Me aptou mou*, que en la actualidad se traduce como *No me retengas*: "Jesús le dijo: «¡María!». Ella lo reconoció y le dijo en hebreo: «¡Raboní!», es decir, «¡Maestro!». Jesús le dijo: «No me retengas, porque todavía no he subido al Padre. Ve a decir a mis hermanos: Subo a mi Padre, el Padre de ustedes; a mi Dios, el Dios de ustedes». María Magdalena fue a anunciar a los discípulos que había visto al Señor y que él le había dicho esas palabras". Réau ya se hace eco de esta traducción errónea, que él interpreta como "*No te apegues a mí*, como si estuvieses llamada a seguirme allí donde mi Padre me llama". L. Réau, *Iconografía del arte cristiano…, op. cit.*, t. 1, vol. 2, p. 579.

543 Ámsterdam, Christie's (1-11-2011, n.° lot. 86), catalogada como "escuela flamenca, *ca.* 1520", y en la que se representa el *Calvario* en la tabla central, el *Entierro* en el ala derecha y el *Noli me Tangere* en el ala izquierda.

544 Así lo vemos, por ejemplo, en las alas del tríptico de Jean Bellegambe conservado el al Museo Nacional de Varsovia. M. J. Friedländer, *Early Netherlandish Painting, op. cit.*, vol. XII, lám. 54, Fig. 118.

545 *ca.* 1515-1520, inv. n.° 97. J. O. Hand, *Joos van Cleve. The Complete Paintings*, Yale University Press, New Haven-London, 2004, p. 179, Cat. 105, Fig. 153. [En línea: http://balat.kikirpa.be/photo.php?path=B187003&objnr=40006856&nr=172. (Consultada: 1-02-2020)].

546 *The Illustrated Bartsch. Sixteenth Century German Artists: Albrecht Durer*, 10, Formerly Volume 7, Part 1, 1980, p. 142. Un ejemplar de este grabado se conserva en el Detroit Institute of Arts (inv. n.° 43.319).

547 Se conserva una estampa xilográfica coloreada en la National Gallery de Washington (inv. n.° 1968.18.10) catalogada con el nombre de Ludwig de Ulm.

548 *Speculum…, op. cit.*, fol. LXXV.

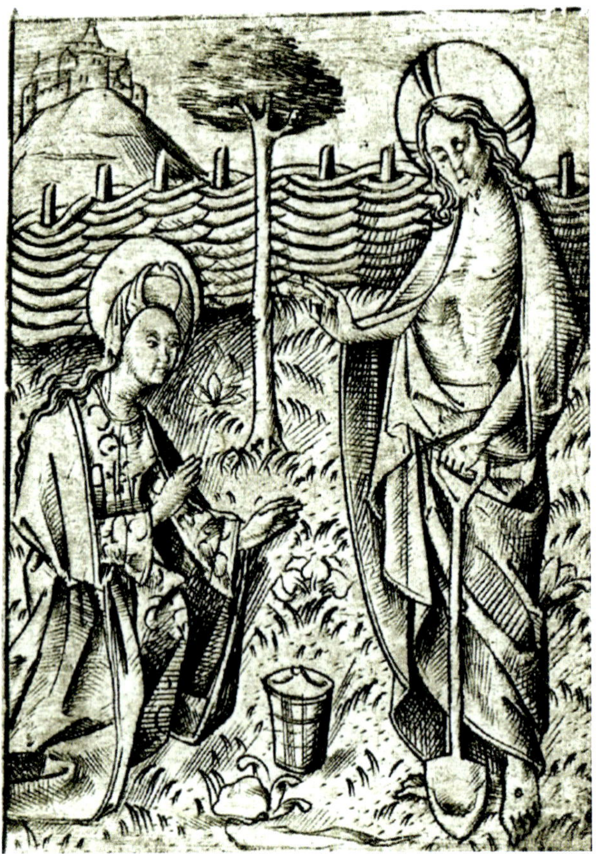

la cruz, acompañando a la Virgen y a san Juan[549]. Es un modelo que parece repetir, de forma invertida, la propuesta del taller de Joos van Cleve en la *Crucifixión* de la Alte Pinakothek de Munich (WAF 156)[550]. Un referente que también se tomó para el Cristo crucificado, variando el paño de pureza al viento y la estructura de la cabeza que en Osuna es más cuadrangular. Es un modelo que parece seguir las estampas, como la de Martin Schongauer,

con el tema del Calvario donde se repite la figura de Cristo de tres clavos tomado desde un punto de vista frontal, y que hace forzar la postura de las piernas, flexionando su derecha mientras la izquierda mantiene la vertical marcada por la cruz. Alguno de estos crucificados incluso lleva un tipo de paño volado tapando la desnudez de Jesús muy similar a este (Fig. 21.07)[551].

Estilísticamente, hay que enmarcar el tríptico dentro del círculo de los seguidores de Joos van Cleve, ya en el segundo tercio del siglo XVI. De hecho, el perfil de san Juan en la crucifixión, tomado de una forma dinámica, repite el que Van Cleve usa para el mismo personaje de la *Crucifixión* del Fine Arts Museum de Boston (inv. n.° 12.170; Fig. 21.08). La figura de la Magdalena, además de los referentes señalados líneas atrás, tiene relación con la Virgen de una *Sagrada Familia* de colección privada. Es una obra que estuvo atribuida al círculo de Pieter Coeck (Fig. 21.09)[552], pero que presenta más similitudes con los seguidores de Joos van Cleve y, en especial, con las propuestas del conocido como Maestro del papagayo. También se pueden encontrar concomitancias estilísticas, y no sólo compositivas, con la Magdalena de la tabla del *Noli me tangere* de Aquisgrán citada anteriormente (Fig. 21.02). Así, la comparación de ambas figuras de la santa penitente permite ver cómo comparten rasgos, como el dibujo de la nariz o la boca pequeña y de labios carnosos. Esta relación se puede extender también a la figura de Cristo resucitado en ambas tablas, en concreto en la colocación del manto con el que cubre su cuerpo, cuyos dibujos de los pliegues del paño son coincidentes, a lo que habría que añadir un ribete dorado similar adornando el manto.

El estilo del tríptico es una amalgama de referencias a composiciones y propuestas de Joos van Cleve, pero fuera ya de su taller, donde las escenas tienen un marcado sentido comercial[553]. Esta pauta,

---

549 Réau recoge cuatro formas de representar la crucifixión en su versión histórica (es decir, buscando una representación real y no simbólica), atendiendo al número de personajes que asisten. De esta forma, distingue la crucifixión con un sólo personaje (presentado a Cristo en la Cruz); con tres personajes (acompañando la Virgen y san Juan al crucificado, y conformando el tema de la *Déesis*), fórmula utilizada en los *Calvarios* de Osuna objeto de este estudio (Cat. n.° 05 y 13); con cuatro personajes, en el que aparece María Magdalena arrodillada ante la cruz, junto a la Virgen y san Juan (como es el caso de este tríptico *del Noli me tangere*); y finalmente, lo que denomina la crucifixión como gran espectáculo, donde una gran multitud formaría parte de la escena. L. Réau *Iconografía del arte cristiano...*, *op. cit.*, t. 1, vol. 2, pp. 512 y 513.

550 J. O. Hand, *Joos van Cleve...*, *op. cit.*, p. 119, n.° 10.1.

551 Un ejemplar de este grabado se conserva en el Metropolitan Museum de Nueva York (inv. n.° 34.38.4).

552 Nueva York, Sotheby's (noviembre de 1996, n.° lot. 64), como obra del círculo de Pieter Coecke van Aelst (óleo sobre tabla, 86,4 x 55,9 cm). Posteriormente, catalogada como obra de Pieter Coecke van Aelst, y con referencia a su fecha de 1529 en el ángulo superior derecho. Viena, Dorotheum (30-11-2004, n.° lot. 401); Viena, Kinsky (7-06- 2005, n.° lot. 1), con referencia a la datación en el ángulo superior derecho, pero con medidas ligeramente diferentes: 90 x 58 cm.

553 "Joos van Cleve and his assistants made frequent use of reproductive cartoons for their repetitions of the various popular devotional pictures. They seem to have preferred tracings." M. Leeflang, "Something for Everyone. Joos van

junto con el heterogéneo trabajo del conocido como Maestro del papagayo, artista que está trabajando en las décadas centrales del siglo XVI, hacen pensar en un taller cercano a este último maestro, pero con personalidad propia. Se pueden encontrar concomitancias que sitúan este tríptico dentro de la órbita de alguno de sus epígonos. La trenza que rodea la cabeza es habitual encontrarla en modelos de la Magdalena del Maestro del papagayo, así como los mechones ondulados sobre su frente y recogidos sobre la oreja, que se deja a medio cubrir, o el cabello dividido por una línea media muy marcada. La riqueza de los ropajes con los que se representa a la santa, con indumentaria contemporánea al pintor, es habitual encontrarla también en las representaciones de este maestro[554]. Ese gusto por la riqueza en la vestimenta se observa también en la tendencia a aderezar el cabello con alguna joya o adorno[555]. Por ejemplo, las perlas alrededor de la cabeza de la Magdalena, a los pies de la cruz en la tabla central, la podemos ver en la *Virgen de la leche* de colección privada[556], o en la *Magdalena* del Museo Mayer van der Bergh de Amberes[557]. Estas características también son habituales encontrarlas en la recreación que el maestro realiza de una mujer de la Antigüedad como Lucrecia[558].

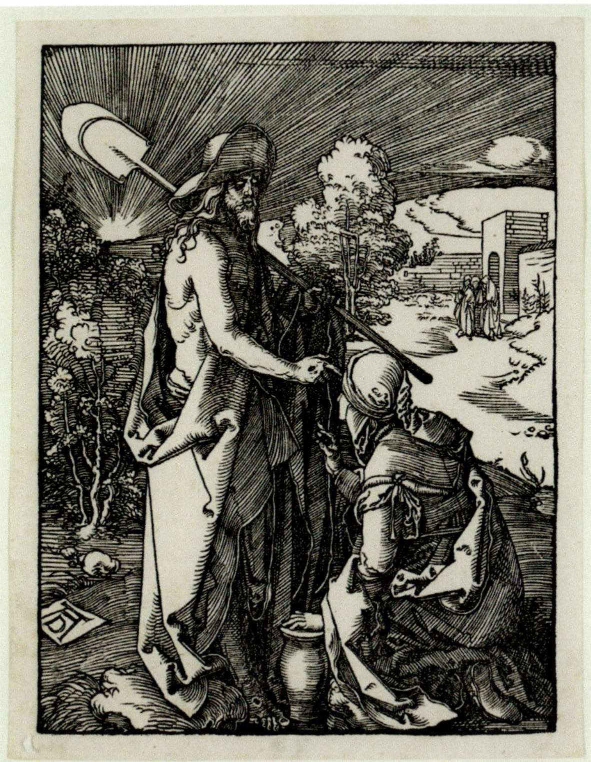

Fɪɢ. 21.04. Marcantonio Raimondi siguiendo a Alberto Durero, *Noli me tangere*, 1509-1511, grabado. Gift of Henry Walters, 1917, Metropolitan Museum, Nueva York. © Public Domain.

El paisaje es muy singular en este tríptico, tanto por la profusión de vegetación desde el primer plano al fondo, como por su sentido dramático en la forma en que se disponen las ramas y troncos con los toques de luz titilante sobre las hojas. El paisaje completa las escenas del primer término, con el camino a Jerusalén que se ve tras la crucifixión, con los jinetes y los curiosos que se habían acercado al ajusticiamiento. Al fondo, una arquitectura de perfiles bizarros, compendian aquellas construcciones más características de la ciudad de Jerusalén que se conocían por los grabados y las descripciones de los viajeros a Tierra Santa[559]. En las alas laterales también juega con esa combinación de vegetación y construcciones arquitectónicas, donde los referentes son menos fantasiosos y más comunes a lo que se podrían encontrar en la Europa del siglo XVI.

En el inventario de los objetos pertenecientes al Santo Sepulcro de 1861, se cita el *Calvario* entre

Cleve´s Workshop Practices and Marketing Strategies", en *Joos van Cleve. A Sixteenth-Century Antwerp Artist and his Workshop*, Brepols, Turnhout, 2015, p. 85.

554 Esta rica caracterización de la indumentaria ya la señala J. Sanzsalazar, "Una pintura del Maestro del Papagayo en el Museo Mayer...", *op. cit.*, p. 435.

555 La riqueza con la que se representa a la Magdalena está en coherencia con la historia de pecadora arrepentida de esta mujer, y es habitual en sus representaciones, haciendo referencia a su pasado voluptuoso y poco edificante con la que se la caracterizaba en los sermones. En este sentido, contrasta con la mayor sobriedad con la que se representa a la Virgen. "Un predicador, cuando se dirigía a sus parroquianas, las exhortaba a seguir el ejemplo de esta santa, quien se había redimido mediante la penitencia de sus pecados de juventud: «mujeres mundanas, y acaso voluptuosas, aprended a volver de vuestros extravíos igual que la Magdalena»". L. Réau, *Iconografía del arte cristiano...*, *op. cit.*, t. 2, vol.4, p. 296.

556 J. Sanzsalazar, "Revisión de erróneas atribuciones al Maestro del Papagayo. Una nueva Virgen con Niño en España y su dibujo subyacente", *Mas Arte. The World Art Magazine*, (2011), p. 34, Fig. 1.

557 J. Sanzsalazar, "Una pintura del Maestro del Papagayo en el Museo...", *op. cit.*, p. 434, Fig. 1.

558 Para las representaciones de *Lucrecia* del Maestro del papagayo: M. Díaz Padrón, "Una tabla del Maestro del Papagayo atribuida a Heinrich Aldegrever en el Museo del Prado", *Boletín del Museo del Prado*, 11, (1983), pp. 97-103, y M. Díaz Padrón, "Una tercera réplica del "Suicidio de Lucrecia'" del Maestro del Papagayo, del Museo del Prado, atribuida a Lucas Cranach", *Boletín del Museo del Prado*, 25-27, (1988), pp. 29-32.

559 Desde el Templo de Salomón al Santo Sepulcro. *Urs Beata Hierusalem. Los viajes a Tierra Santa en los siglos XVI y XVII*, V. de Lama de la Cruz, (com.), Biblioteca Nacional de España, Madrid, 2017.

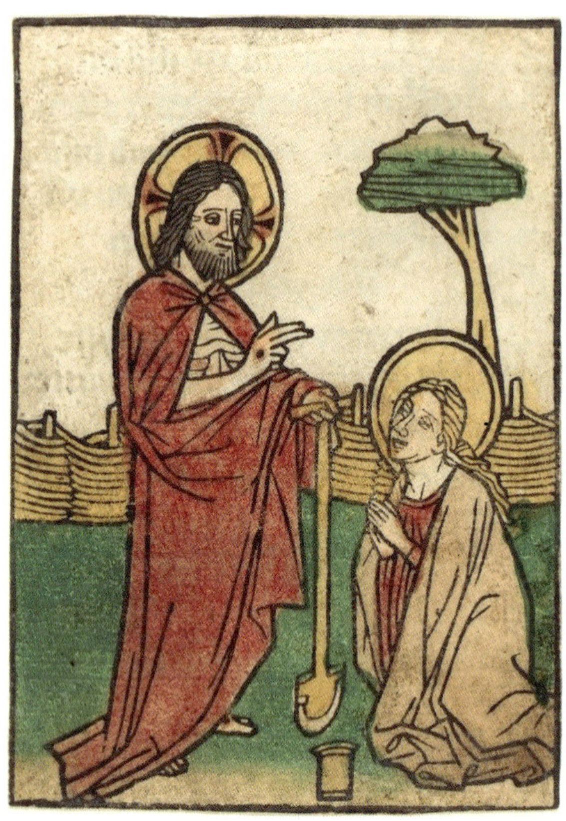

Fig. 21.05. Ludwig Schongauer, *Noli me tangere*, finales del siglo XV, grabado.

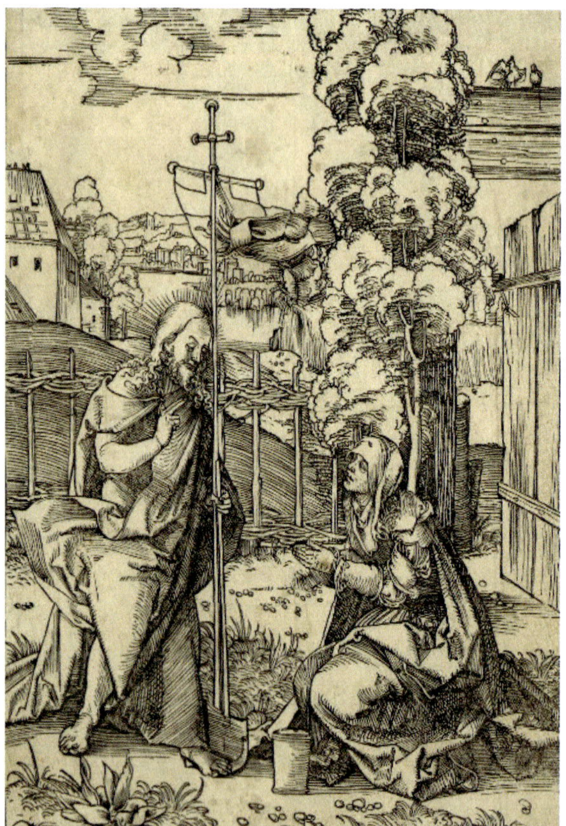

Fig. 21.06. Hans Leonard Schäufelein, *Noli me tangere*, 1507, grabado. © The Trustees of the British Museum, Londres.

los retablos-marco del patio, mientras el *Noli me tangere*, figura en el mismo inventario registrado por separado y unidas las alas laterales: "formando medio punto", colocado en la sacristía del Santo Sepulcro[560]. Es posible que este tríptico fuera intervenido a finales del siglo XIX, precisamente por esa separación de sus partes, y fuera una de las obras a las que se refiere el Antonio Contreras, administrador del Santo Sepulcro en su relación de las piezas intervenidas por el "Sr. Lucena, artista de esa Ciudad [Sevilla]" en Osuna[561].

---

560 "Dos tablas formando medio punto de 1 vª[ra] alto y 1 vª[ra] menos 2 p[a]l[mos] ancho con el Y(…) y S[an] Juan moldura negra, endeble, está en la sacristia". "Ynventario de ornamentos, alhajas y efectos del Sto. Sepulcro de los Excmos. Sres. Duques de Osuna, hecho con intervención del Admor. D. Antonio de Contreras en 7 de agosto de 1861". BTNT-CSIC, Archivo Francisco Rodríguez Marín, B.I.V. Historia, caja 19, 6.1. (8), pliego 1, fol. 1v.
Las medidas dadas en el inventario coinciden aproximadamente con las actual de las alas laterales. Las medidas expresadas en varas serían de unos 84 x 56 cm.

561 R. de Besa Gutiérrez, "Intervenciones en el Santo Sepulcro…", *op. cit.*, p. 108.

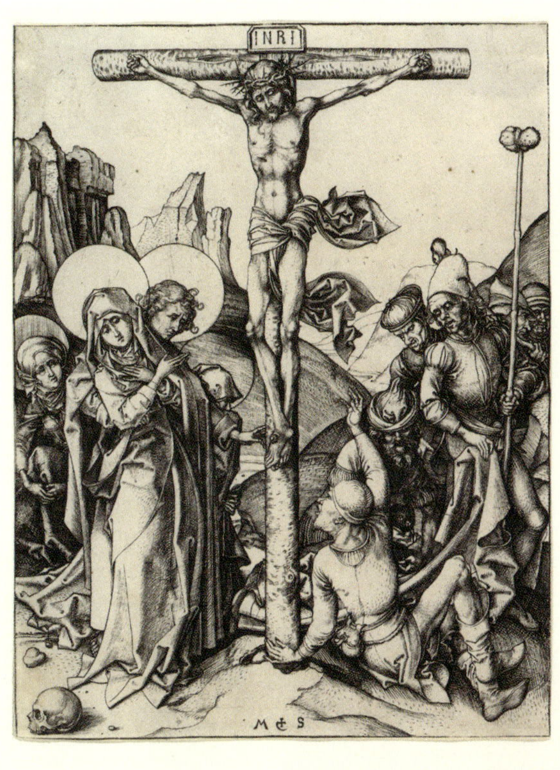

Fɪɢ. 21.07. Martin Schongauer, *Calvario*, anterior a 1491, grabado. Harris Brisbane Dick Fund, 1934, Metropolitan Museum, Nueva York. © Public domain.

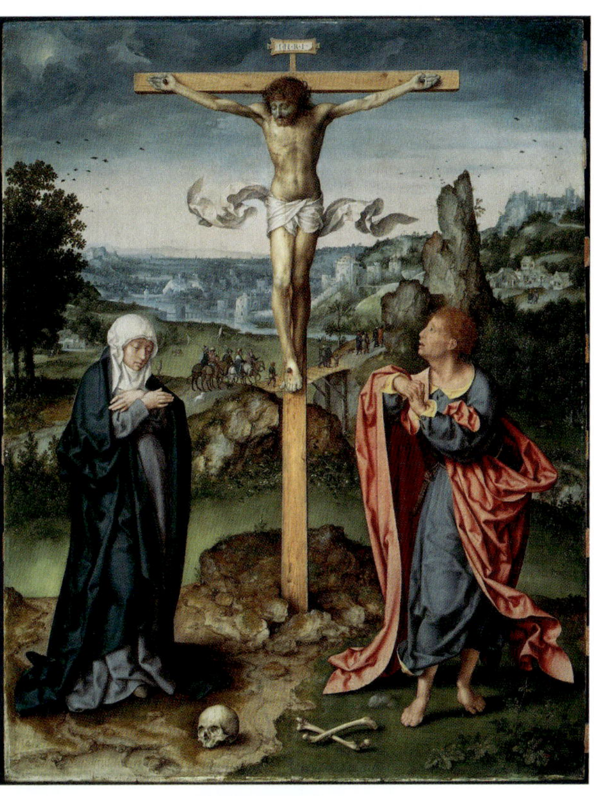

Fɪɢ. 21.08. Joos van Cleve, *Crucifixión*, ca. 1525, (inv. 12.170) © Museum of Fine Arts, Boston.

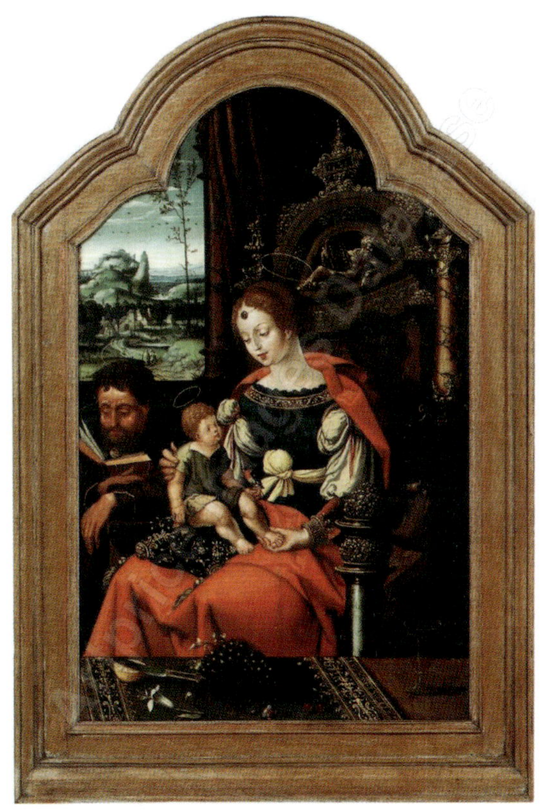

Fɪɢ. 21.09. Seguidor de Joos van Cleve, *Sagrada Familia*, mediados del siglo XVI. Colección privada, paradero desconocido.

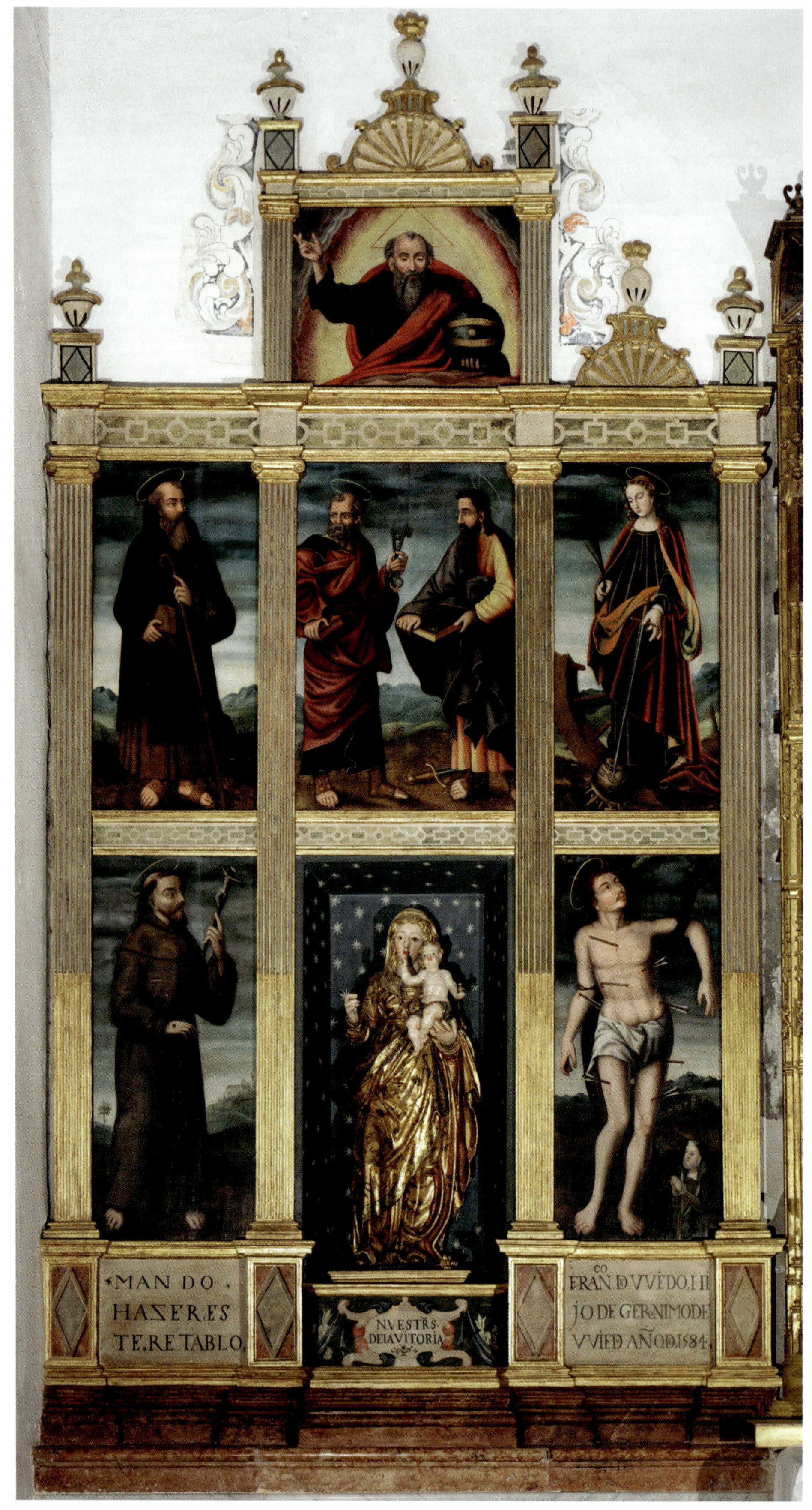
MAN DO.
HAZER. ES
TE. RETABLO.
NVESTRS.
DE IA VITORIA
FRAN. D. VVEDO. HI
JO DE GERNIMODE
VVED AÑOD.1584.

Fig. 22.

22

Título: *Retablo de Nuestra Señora de la Victoria*
Autor: Diego de Mendoza (entallador), Manuel del Pino (escultor), Juan Bautista de Amiens (pintor)
Código Mosaico (Junta de Andalucía): 014106800930004.0000
Cronología: 1584
Soporte: madera
Técnica: óleo y dorado
Inscripciones del retablo: en el banco, lado del evangelio: "MAN DO,/ HAZER,ES / TE,RE TABLO"; en el banco, calle central: "NVUESTR(a)S(eñora),/ DELAVITORIA"; en el banco del lado de la epístola: "FRAN(cis)CO.DE.UVVIEDO,HI/ JO DE GERoNIMODE / UVVIEDO AÑO,DE,1584".
Localización: presbiterio, capilla del evangelio, conocida como capilla del sagrario, colegiata de Nuestra Señora de la Asunción.
Procedencia: *in situ.*

Estado de conservación: este retablo está adosado a una pared que dificulta el acceso a su reverso, tanto para examinarlo como para tomar fotografías que lo documenten, por lo que el estado de sus pinturas se ha estudiado desde la cara delantera.

Bibliografía:

J. M. Serrera, "La obra pictórica de Juan Bautista de Amiens, "maestro de hacer invenciones" del Corpus Christi sevillano del siglo XVI", *Homenaje al Prof. Dr. Hernández Díaz*. Universidad de Sevilla. Facultad de Geografía e Historia, Sevilla, 1982, pp. 253-267; A. de la Banda y Vargas, *La colegiata de Osuna*, ed. Caja de San Fernando, Sevilla, 1995, pp. 80-81; E. Mira Caballos, "Algo más sobre la vida y obra de Juan Bautista de Amiens", *Atrio. Revista de Historia Del Arte*, 7 (1995), pp. 127-130; F. Ledesma Gámez, "Noticias sobre Diego de Mendoza, entallador y carpintero en Osuna", *Laboratorio de Arte*, 9 (1996), pp, 105-124.

Descripción y comentario:

Las pinturas se atribuyen a Juan Bautista de Amiens, pintor flamenco afincado en ciudades como Marchena o Carmona. En esta última se conserva el retablo de la iglesia de Santa María, para la capilla del licenciado. Además de la pintura de retablos, se conoce también su labor como decorador de arquitectura efímera para los monumentos del Corpus Christi, así como figuras al fresco[562]. En el caso de las pinturas de la colegiata de Osuna, el autor firma y fecha la obra en una inscripción de la tabla de *San Sebastián y una donante* (n.º 22.06).

El retablo se vincula con el patrocinio de Francisco de Oviedo, miembro de una influyente familia ursaonense, mayordomo del duque de Osuna en 1583, y alcalde de la localidad en 1584. Se debe a la labor del entallador y carpintero Diego de Mendoza, que tuvo actividad tanto en Osuna como en otras localidades cercanas desde el último cuarto del siglo XVI hasta comienzos del siglo XVII, coincidiendo con los márgenes cronológicos de la labor de Juan Bautista de Amiens en la provincia de Sevilla.

La estructura del retablo, con una imagen central flanqueada por pinturas de santos, mártires, apóstoles o padres de la iglesia, parece que se toma del *Retablo de santa Catalina* realizado por Hernando de Esturmio para la parroquia de Santa Ana de Sevilla, y que repetirá, por ejemplo, Antonio de Alfián en el *Retablo de la Inmaculada Concepción* de la misma parroquia de Santa Ana[563]. La iconografía seguramente será escogida por el comitente en función de sus preferencias devocionales.

Los modelos de santos y apóstoles, con figuras de cuerpo entero con un aplomo escultórico delante de un paisaje de fondo, parecen inspirados en modelos rafaelescos de apostolados difundidos por autores como Marcantonio Raimondi. Sin embargo, la referencia concreta hay que buscarla en la obra de grabadores flamencos como Cornelis Bos o Lambert Suavius, que también reproducen tanto modelos italianos como de los romanistas flamencos como es el caso de Lambert Lombard. Precisamente, el san Pedro y el san Pablo de este retablo repiten el esquema de ambos apóstoles a partir de un apostolado de Lombard (Fig. 22.03.1)[564]. En el caso de la figura de santa Catalina de Alejandría,

---

562 Sobre la figura del pintor Juan Bautista de Amiens es referencia el trabajo de J. M. Serrera, "La obra pictórica de Juan Bautista de Amiens, "maestro de hacer invenciones" del Corpus Christi sevillano del siglo XVI", *Homenaje al Prof. Dr. Hernández Díaz*. Universidad de Sevilla. Facultad de Geografía e Historia, Sevilla, 1982, pp. 253-267.

563 En el contrato firmado el 19 de septiembre por el entallador del retablo, Juan de Oviedo se compromete también a entregar los tableros del mismo para que pueda ejecutar la labor pictórica. Además, se le obliga a realizarlo conforme al de la iglesia de Santa Ana de Triana. Sobre este retablo, Juan Antonio Sánchez Gómez, "Antonio del Alfián y Juan de Oviedo el Viejo. El retablo de la *Inmaculada* de la Parroquia de Santa Ana de Sevilla (1573-1574)", *Atrio*, 19 (2013), pp. 49-67.

564 G. Denhaene, *Lambert Lombard: Renaissance and Humanism in Liege*, Amberes, 1990, p. 90.

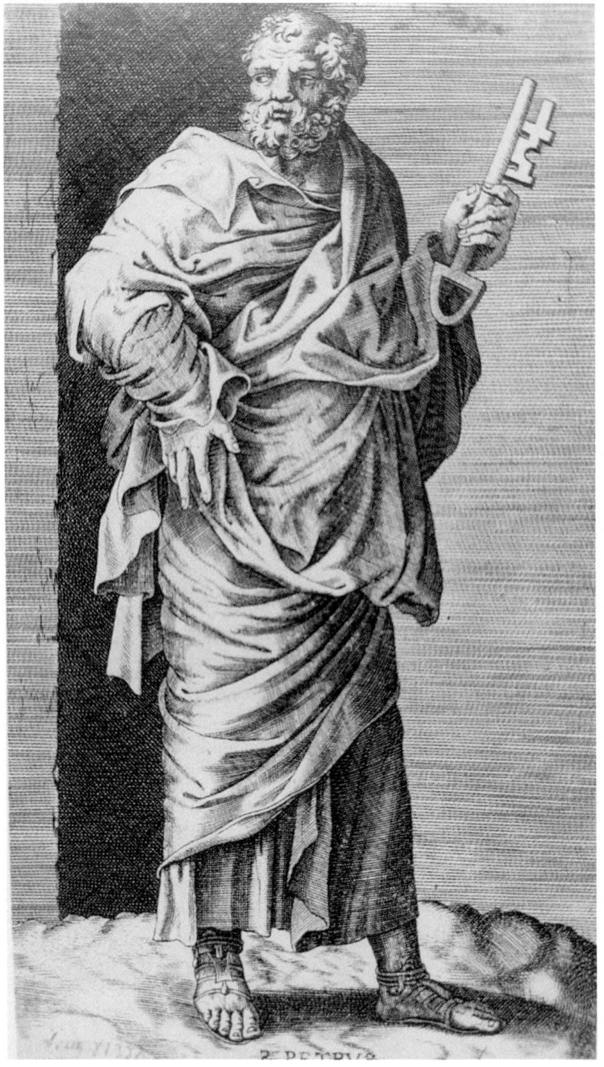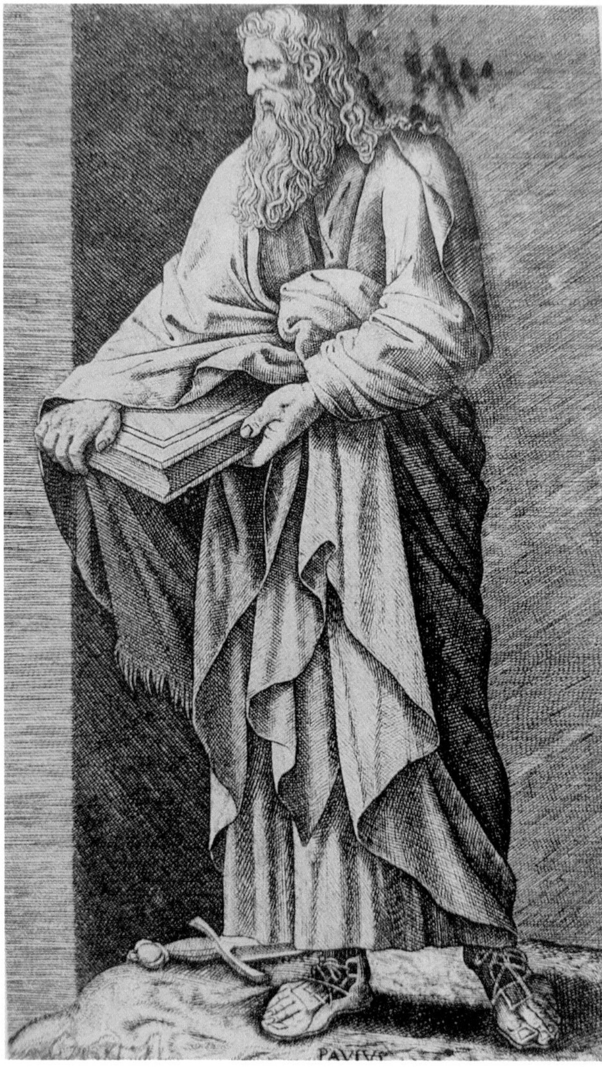

Fig. 22.03.1. Lambert Suavius siguiendo a Lambert Lombard. *San Pedro* y *San Pablo*, grabados. © Metropolitan Museum, Nueva York.

repite el modelo utilizado por Amiens en la capilla de la Vera Cruz de Marchena[565].

La situación enfrentada de san Francisco y san Sebastián puede responder a cuestiones de idoneidad iconográfica. El primero, de cuerpo entero en tres cuartos de perfil ante un paisaje, vestido con hábito franciscano y portando un crucificado en su mano izquierda. Los estigmas en las manos, pies y costado son típicos en su iconografía, y al igual que el san Sebastián[566], son una referencia a los dolores y marcas recibidas por Cristo durante su pasión. En

este sentido se pueden vincular con las recomendaciones de práctica de los ejercicios espirituales y consideración de la pasión del Señor, en donde el santo decide seguir los pasos de la pasión en un intento de identificación con Cristo, a la postre mejor ejemplo de virtud que se puede seguir[567]. A propósito del san Sebastián, a la derecha de la composición aparece arrodillada una figura femenina de medio cuerpo en actitud orante, vestida a la moda con saya verde y bordados dorados, puñetas blancas, con lechuguilla alta hasta las orejas. Se cubre con toca de viuda y velo blanco que parte de la frente y cuyos cabos se sujetan sobre el vientre con un anillo.

---

565 J. M. Serrera, "La obra pictórica de Juan Bautista de Amiens…", *op. cit.*, p. 262, Fig. 1.

566 "Tal y como ocurriera con San Francisco de Asís, sus devotos llegaron a asimilarlo a Jesucristo. El árbol al que le ataran se comparaba con la cruz de Jesús, y sus cinco heridas con las llagas de Cristo". L. Réau, *Iconografía del arte cristiano*, t., 2, vol. 5, p. 194.

567 Como ejemplos están los *Ejercicios espirituales* de San Ignacio, que dedica la tercera semana a la meditación de la pasión, u obras como la *Imitatio Christi* de Thomas Kempis.

22.01

Título: *San Francisco*
Autor: Juan Bautista de Amiens
Código Mosaico (Junta de Andalucía): 014106800930005.0000
Cronología: 1584
Soporte: tabla
Técnica: óleo
Medidas: 142 x 83 cm.
Inscripciones: no se ha detectado ninguna en la zona inspeccionada.
Localización: primer cuerpo de la calle del evangelio, retablo de Nuestra Señora de la Victoria. Presbiterio, capilla del evangelio, llamada del Sagrario, colegiata de Nuestra Señora de la Asunción.
Procedencia: *in situ.*

Estado de conservación: el soporte de madera de esta obra se mantiene sin alabeos que puedan alterar la escena representada y tampoco se han detectado ataques de xilófagos que debiliten su estructura. Sin embargo, las tablas que lo componen están separadas, según permiten deducir dos grietas que se extienden verticalmente entre el borde superior y el inferior. Una de ellas atraviesa el brazo derecho del santo sin quebrar toda la superficie pictórica, mientras en la otra, que coincide con el brazo y el pie izquierdos, se distinguen levantamientos y faltas de pintura ya tratados. A excepción de lo advertido en esta zona y de las reintegraciones diferenciadas en el hábito del santo, así como en torno a su pie derecho, los estratos no presentan otros problemas de cohesión importantes. En cambio, el barniz está oxidado y hay restos de suciedad en superficie.

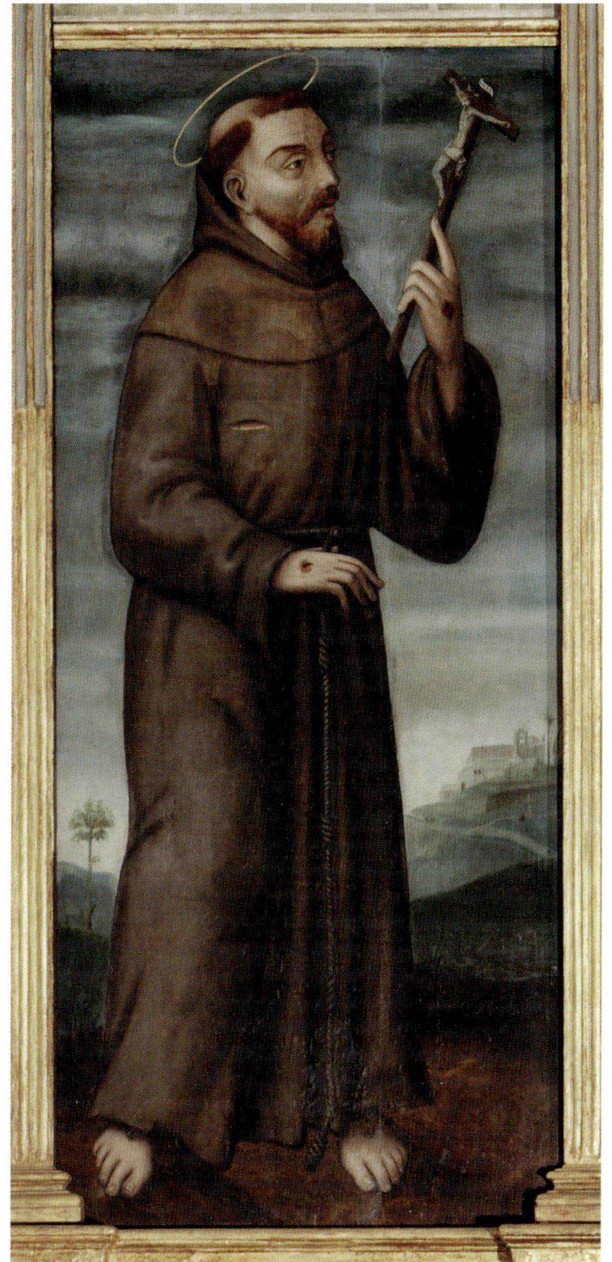

Fig. 22.01.

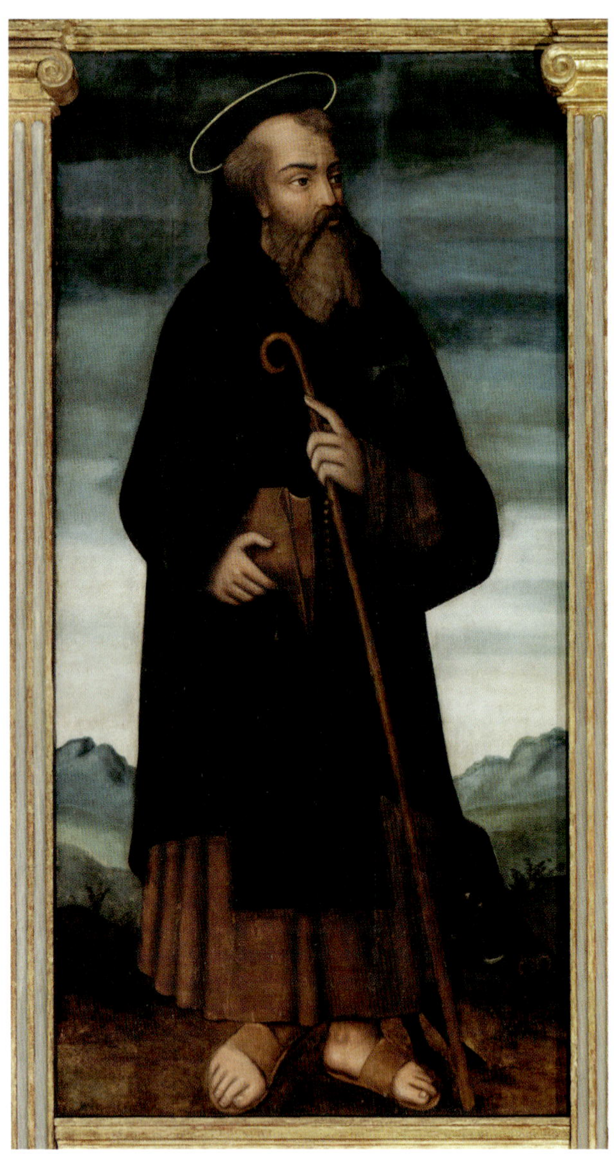

22.02

Título: *San Antonio abad*
Autor: Juan Bautista de Amiens
Código Mosaico: 014106800930006.0000
Cronología: 1584
Soporte: tabla
Técnica: óleo
Medidas: 142 x 83 cm.
Inscripciones: no se ha detectado ninguna en la zona inspeccionada.
Localización: segundo cuerpo de la calle del evangelio, retablo de Nuestra Señora de la Victoria. Presbiterio, capilla del evangelio, llamada del sagrario, colegiata de Nuestra Señora de la Asunción.
Procedencia: *in situ.*

Estado de conservación: el panel sobre el que se asienta esta pintura se conserva sin deformaciones, pero dos grietas verticales, ya tratadas y que se prolongan entre el extremo superior y el inferior, indican la separación de sus tablas.

Las intervenciones realizadas en el pasado han debido de favorecer la buena cohesión general que hay entre los estratos, si bien se han detectado levantamientos en la esquina superior izquierda de la composición y en el hábito del santo. Igualmente, se han diferenciado desgastes de la pintura en estos ropajes, sus sandalias, la mitad derecha de su rostro, a la izquierda del mismo y en la parte baja del fondo. También destaca la suciedad localizada principalmente en el cielo y las montañas de dicho fondo.

22.03

Título: *San Pedro y san Pablo*
Autor: Juan Bautista de Amiens
Código Mosaico (Junta de Andalucía): 014106800930007.0000
Cronología: 1584
Soporte: tabla
Técnica: óleo
Medidas: 142 x 83 cm.
Inscripciones: no se ha detectado ninguna en la zona inspeccionada.
Localización: segundo cuerpo, calle central, retablo de Nuestra Señora de la Victoria. Presbiterio, capilla del evangelio, llamada del sagrario, colegiata de Nuestra Señora de la Asunción.
Procedencia: *in situ.*

Estado de conservación: el soporte carece de deformaciones, pero sus tablas tienden a separarse, según se desprende de las tres grietas verticales que hay entre los extremos superior e inferior. A lo largo de ellas se ha diferenciado la textura de una tela original destinada a reforzar las juntas sin demasiado éxito, pues estas grietas ya han sido tratadas y se están abriendo de nuevo. Respectivamente, la situada más a la izquierda atraviesa los ropajes de san Pedro; la central, las llaves que porta en su mano izquierda, el manto que cubre el libro y la mano de san Pablo; y la derecha, el cabello, vestiduras y sandalia de este último.

A excepción de esto y de los levantamientos localizados en las zonas oscuras de esos ropajes, los estratos están bien cohesionados entre sí, quizá como consecuencia de tratamientos efectuados en el pasado. Sin embargo, se han advertido desgastes de pintura en la esquina inferior derecha y reintegraciones que desentonan con respecto a su entorno en las túnicas y mantos de ambos santos, así como en el cielo que sirve de fondo a la escena. Igualmente, destacan la oxidación de la capa de protección y la suciedad depositada en superficie.

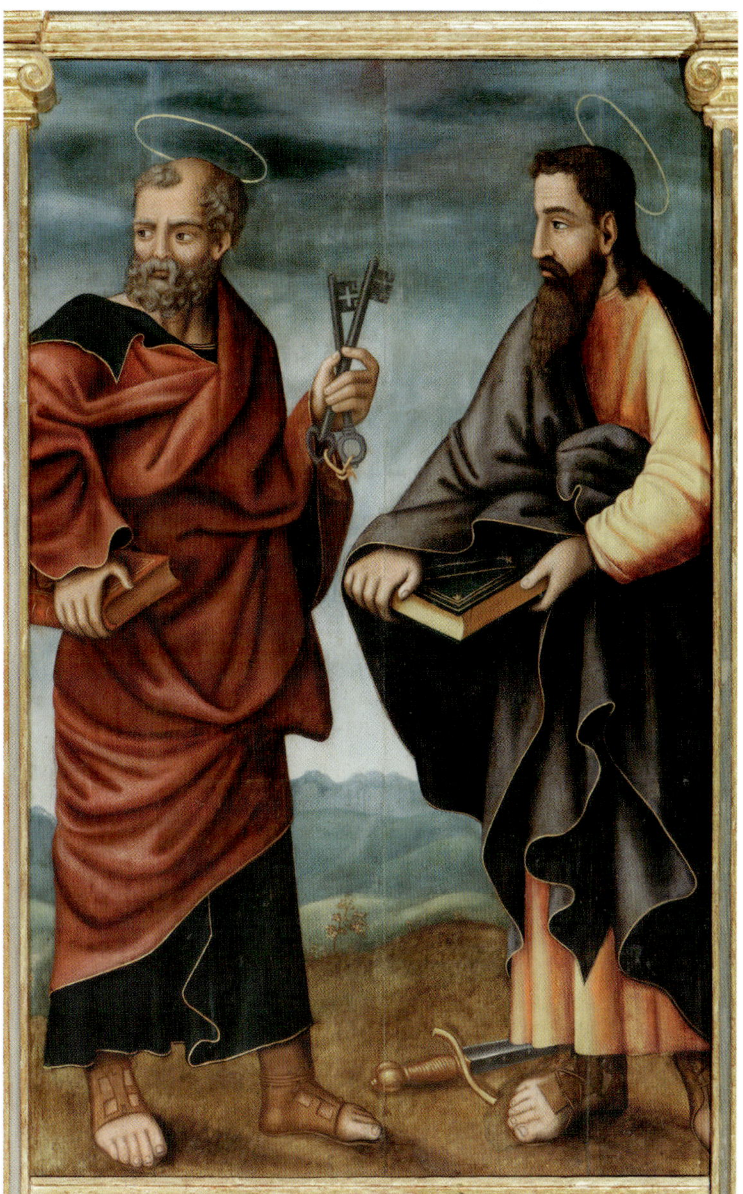

Fig. 22.03.

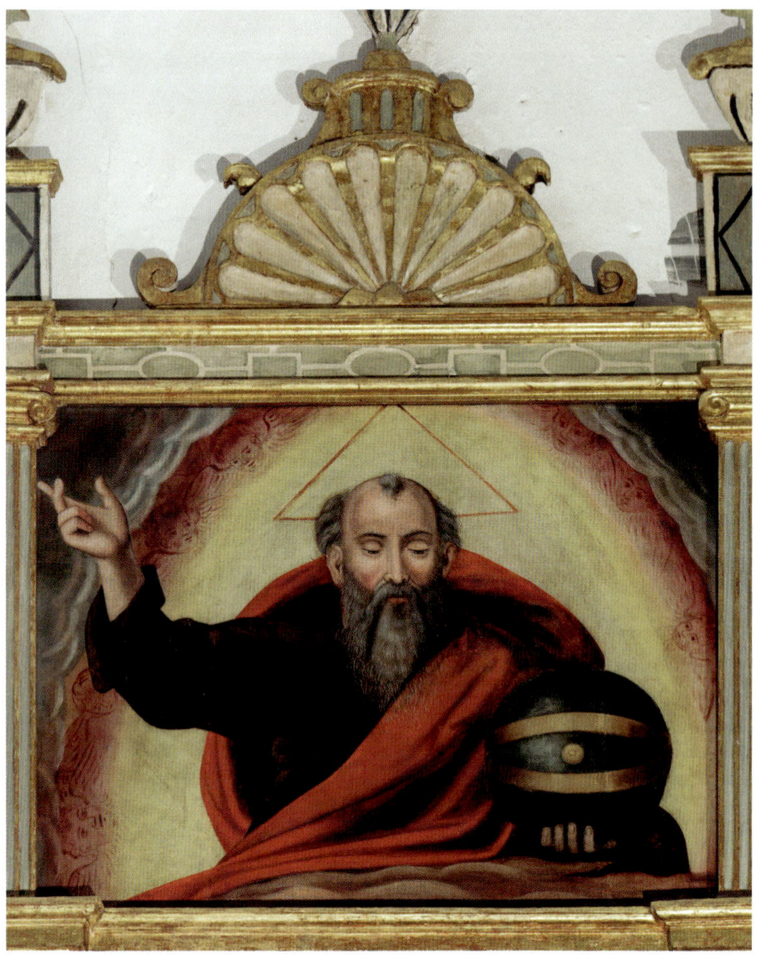

FIG. 22.04.

22.04

Título: *Dios Padre*
Autor: Juan Bautista de Amiens
Código Mosaico (Junta de Andalucía):
014106800930008.0000
Cronología: 1584
Soporte: tabla
Técnica: óleo
Medidas: 85 x 95 cm.
Inscripciones: no se ha detectado ninguna.
Localización: ático, retablo de Nuestra Señora de la Victoria. Presbiterio, capilla del evangelio llamada del sagrario, colegiata de Nuestra Señora de la Asunción.
Procedencia: *in situ.*

Estado de conservación: el tablero que sirve de base a esta obra está exento de deformaciones y no se han encontrado ataques de xilófagos que puedan perjudicar su estabilidad. Las planchas que lo integran están separadas, como prueban tres grietas verticales producidas entre el extremo superior y el inferior, atravesando el fondo y el brazo derecho de Dios, así como su rostro, y la esfera celestial, respectivamente. Estas grietas fueron tratadas mediante la fijación de los estratos y la reintegración cromática de la película de color, de lo que se desprende que esta intervención podría haber propiciado la buena cohesión general que existe entre los materiales. Sin embargo, las grietas se están abriendo de nuevo, hay lagunas de pintura en la mitad derecha del rostro de Dios, desde el punto de vista del espectador, y también se han diferenciado restos de suciedad en superficie.

22.05

Título: *Santa Catalina de Alejandría*
Autor: Juan Bautista de Amiens
Código Mosaico (Junta de Andalucía):
014106800930009.0000
Cronología: 1584
Soporte: tabla
Técnica: óleo
Medidas: 142 x 83 cm.
Inscripciones: no se ha detectado ninguna en la zona inspeccionada.
Localización: segundo cuerpo de calle de la epístola, retablo de Nuestra Señora de la Victoria. Presbiterio, capilla del evangelio llamada del sagrario, colegiata de Nuestra Señora de la Asunción.
Procedencia: *in situ.*

Estado de conservación: el soporte se mantiene sin alabeos. La unión de sus tablas fue originalmente reforzada con una tira de tela encolada a lo largo de su recorrido, según delata la textura evidenciada a la izquierda de la espada que porta la santa. Sin embargo, estas tablas se separaron, a juzgar por la reintegración de la grieta derivada de ello, que se extiende verticalmente y de manera interrumpida, desde el borde superior hasta el inferior.

En general, se observa buena cohesión entre los estratos, si bien se han diferenciado cuarteados de forma y tamaño dispar coincidiendo con la localización de esas tiras de tela, así como con los ropajes de la santa. La reintegración de la grieta antes descrita, igual que la localizada a la derecha del halo, desentonan respecto a su entorno y la pintura está muy desgastada en la zona inferior de la composición. A estas alteraciones estéticas también contribuyen la suciedad superficial y la oxidación del barniz.

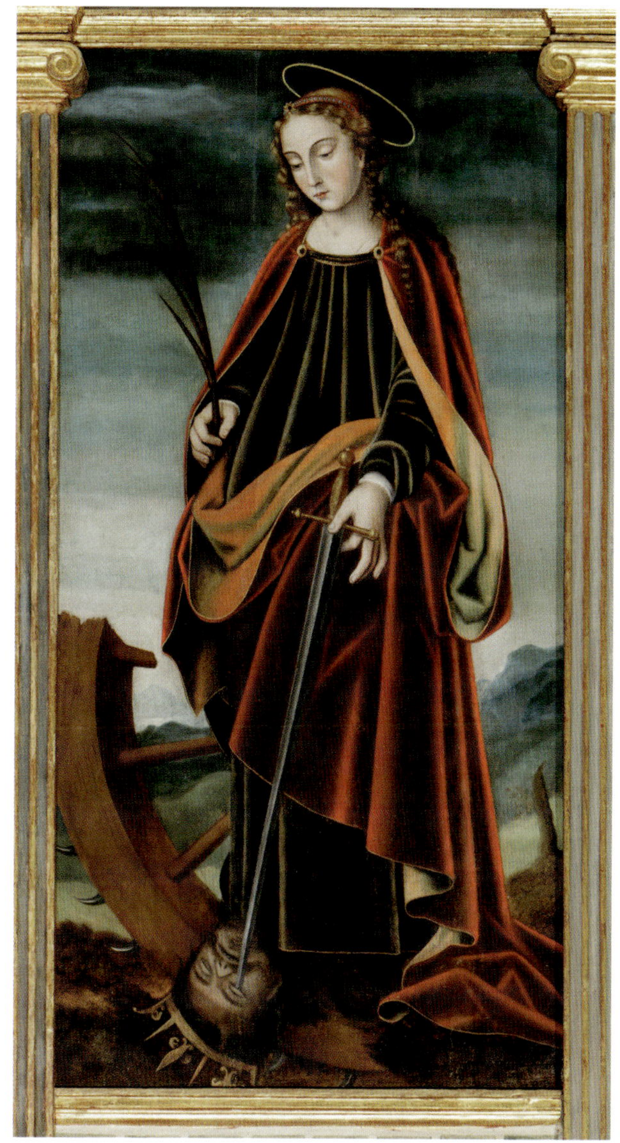

FIG. 22.05.

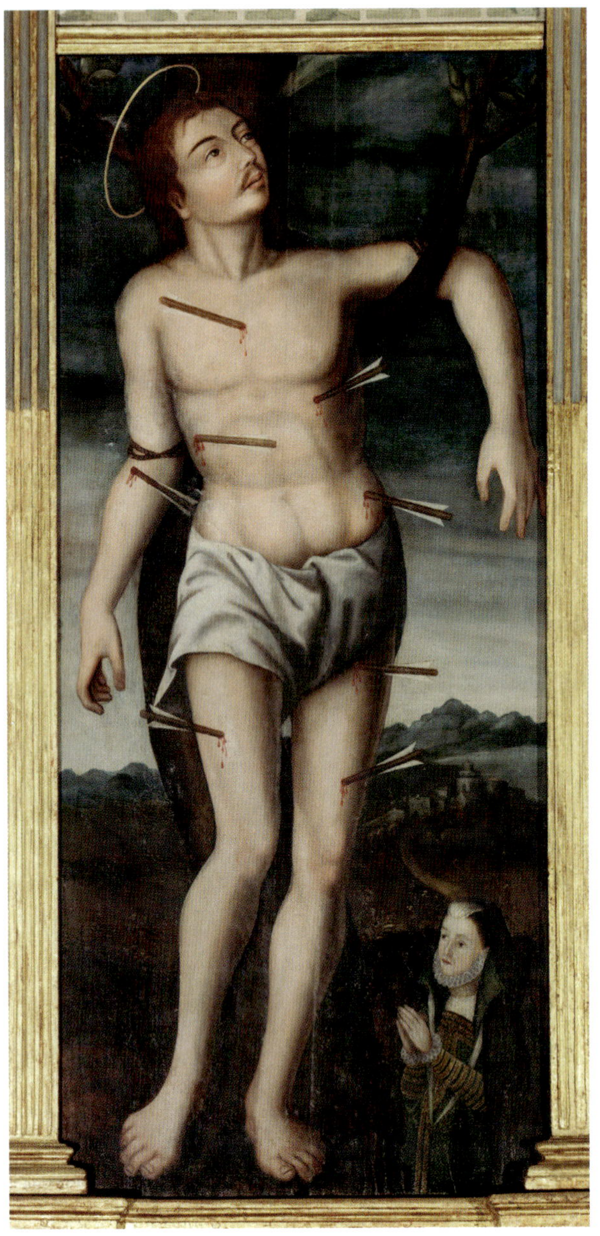

Fig. 22.06.

22.06

Título: *San Sebastián y donante*
Autor: Juan Bautista de Amiens
Código Mosaico (Junta de Andalucía):
014106800930010.0000
Cronología: 1584
Soporte: tabla
Técnica: óleo
Medidas: 142 x 83 cm.
Inscripciones: esquina inferior izquierda: "IVAN BAUTIS(ta)/FLAMENCO ME/PINSEBAT 1584" (Fig. 22.06.1).
Localización: primer cuerpo de la calle de la epístola, retablo de Nuestra Señora de la Victoria. Presbiterio, capilla del evangelio llamada del sagrario, colegiata de Nuestra Señora de la Asunción.
Procedencia: *in situ.*

Estado de conservación: el soporte no presenta deformaciones ni ataques de xilófagos. Sin embargo, las tensiones en su madera y la separación de sus tablas han sido evidenciadas por grietas verticales próximas a la esquina superior izquierda, que se extienden unos centímetros hacia abajo, así como por otras dos situadas hacia el centro de la escena y que se prolongan desde el extremo superior hasta el inferior.

A pesar de que estas grietas ya están tratadas, como también lo están las lagunas del paño que cubre el pubis del santo y las situadas en torno a su brazo y pierna derechos, se han diferenciado levantamientos en el cielo adyacente a su pecho y en la esquina superior izquierda. A estos problemas de cohesión entre estratos, se suman la oxidación del barniz y la suciedad en superficie, que alteran el aspecto de la composición.

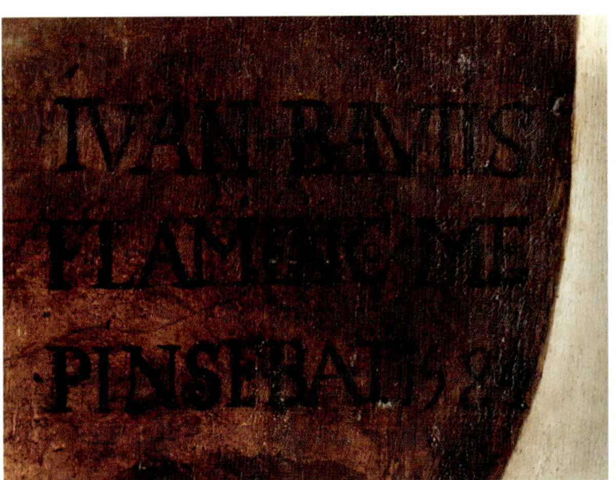

Fig. 22.06.1. Juan Bautista de Amiens, *Detalle de la inscripción, San Sebastián y donante*. Retablo de Nuestra Señora de la Victoria, capilla del Sagrario, colegiata de Nuestra Señora de la Asunción, Osuna. © Junta de Andalucía. Foto: Pepe Morón.

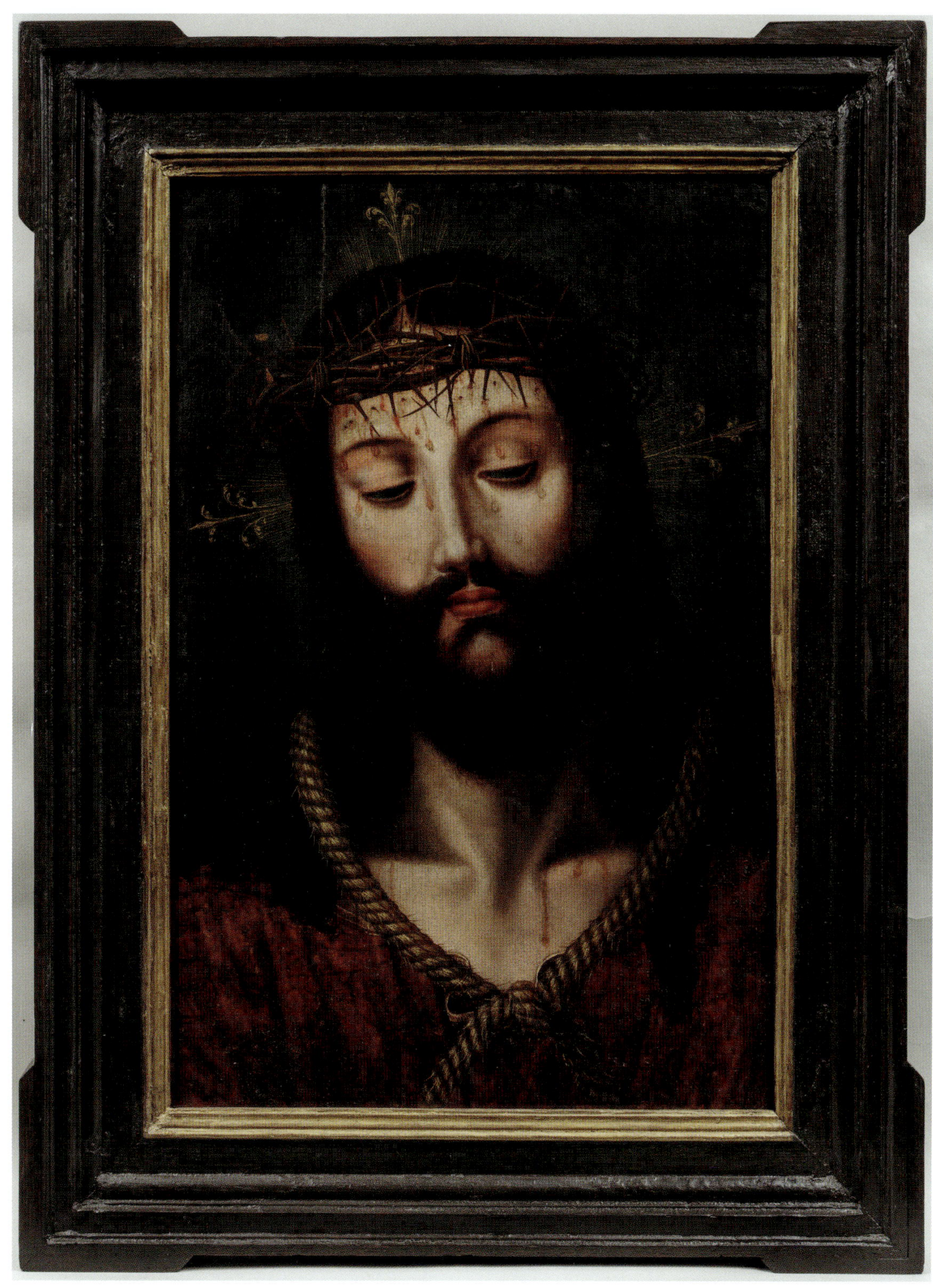

23

Título: *Varón de dolores*
Autor/taller/escuela: Anónimo flamenco
Código Mosaico (Junta de Andalucía):
014106800930011.0000

Cronología: último cuarto del siglo XVI
Soporte: tabla
Técnica: óleo
Medidas: 67,5 x 50 cm (c/m); 54,4 x 36,7 cm (s/m)
Inscripciones: ninguna.
Localización: capilla del Sagrario, colegiata de Nuestra Señora de la Asunción.

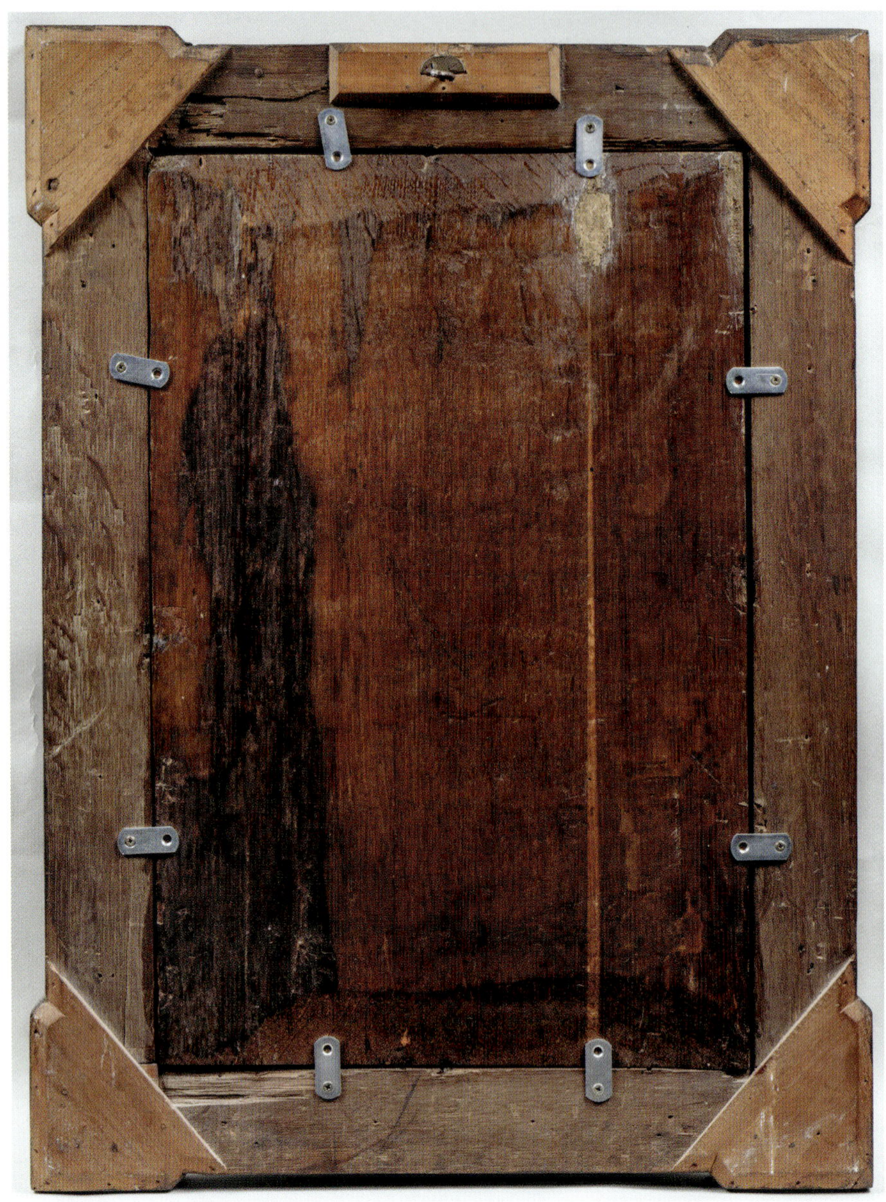

FIG. 23.01. Anónimo flamenco, *Varón de Dolores*, reverso. Capilla del Sagrario, colegiata de Nuestra Señora de la Asunción, Osuna. © Junta de Andalucía. Foto: Pepe Morón.

Procedencia: proceden de la sacristía del Santo Sepulcro, allí se localizan en 1861. Antes de 1982 pasaron al "despacho del director".

Estado de conservación: el soporte está formado por una tabla de corte radial, lo que puede haber propiciado su conservación sin alabeos. Sin embargo, una grieta ya tratada se abre paso desde el borde superior en la zona más clara del reverso y abarca todo el grosor del panel (Fig. 23.01). En esa misma zona se han advertido orificios de xilófagos cuyo ataque podría haber disminuido la consistencia de la madera, igual que el contacto que esta debió de tener con una fuente de humedad, según indican las manchas oscuras próximas a los bordes superior, inferior e izquierdo.

Los estratos situados en el anverso también han sido intervenidos, como prueban la ausencia de suciedad en superficie, la transparencia de la película de protección y las pequeñas reintegraciones de la composición. No obstante, se han advertido levantamientos derivados de cuarteados en el fondo y en los ropajes de Cristo.

El ataque de xilófagos antes referido es más acusado en el marco, cuyo bastidor presenta orificios, galerías y pérdidas de materia. En cambio, no hay rastro de estos insectos en la moldura, donde destacan reintegraciones volumétricas del filo en la esquina superior izquierda y en la junta del larguero de este lado con el travesaño inferior, así como otras cromáticas en faltas de materia del filo del travesaño superior y del larguero derecho.

Restauraciones: no se conocen.

Bibliografía:

A. M.ª Ariza y Montero-Coracho, *Bosquejo biográfico de don Juan Téllez-Girón, IV conde de Ureña*, imprenta Eulogio Trujillo, Osuna, 1890, p. 20; *Inventario artístico de Sevilla y su provincia*, I, Madrid, 1982, p. 436; M. Rodríguez-Buzón Calle, *La colegiata de Osuna*, Sevilla, 1982, p. 79; M. Rodríguez-Buzón Calle, *Guía artística de Osuna*, Osuna, 2006, p. 39

Descripción y comentario:

Este busto de Cristo en primer plano se presenta de frente sobre un fondo neutro con signos de la tortura a la que fue sometido antes de su muerte. No es fácil determinar el momento que toma el artista dentro de los sucesos de la pasión de Jesús debido a los añadidos posteriores, como es la cuerda anudada al cuello. Precisamente, el ribete dorado en torno al cuello de la túnica que trepa bajo los pigmentos de la cuerda, junto con el encaje poco orgánico de la soga sobre el cabello y hombros de la figura, son los que advierten de esta incoherencia. Si no fuera por este elemento, la mirada baja del reo, llevando la corona de espinas y la túnica púrpura, podría relacionarse con el momento en que Jesús es presentado al pueblo por Pilatos con la intención de que el pueblo decida su destino. En ese caso, se trataría de la imagen del *Ecce Homo*. Sin embargo, la inclusión posterior de la cuerda, remite a las figuras de Jesús en el monte Calvario esperando su momento, justo antes de que los soldados le despojaran de la túnica para echarla a suertes[568].

El formato en busto en primer plano fue empleado en el siglo XV para lograr imágenes que incitaran a la devoción, de ahí también el tamaño de la tabla que favorecía su traslado. Este tipo de imágenes solía ser en forma de díptico, acompañando a Cristo, el busto de su madre como Virgen dolorosa, como es este caso. Ha perdido el marco original, dorado, del que habla el inventario de 1861. Este marco podría revelar de forma más clara si se trataba de la parte izquierda de un díptico. Además, los filos rectos del soporte en el reverso, sin el biselado habitual en las tablas flamencas, tampoco ayudan a la hora de valorar si la pintura era independiente o pertenecía a una composición con más figuras de la que se ha desdoblado.

El tema de los dípticos con Cristo varón de dolores y la Virgen dolorosa fueron muy populares desde el siglo XV. Fue Dieric Bouts el pintor que más contribuyó, en colaboración con su taller, a su popularización a mediados de siglo. Se consideran los ejemplos de la National Gallery de Londres los más cercanos a los prototipos perdidos de Dieric. El taller de su hijo es el que dio cobertura a la alta demanda de estas escenas de devoción hasta bien entrado el siglo XVI[569]. Es raro que los talleres flamencos más importantes del siglo no dieran propuestas del tema. Así, en Brujas, Gerard David también trabaja el asunto, con variantes en el taller de Adrian Isenbrant. En la escuela de Bruselas, y en relación con Sevilla, Pieter de Kempeneer (Pedro de Campaña), también presenta ejemplos de estas escenas de devoción, menos dramáticas en la representación de la efigie de Cristo, como se ve en la tabla conservada en colección privada de Brasil, y la *Virgen dolorosa* de colección privada de Barcelona[570]. Esta pintura de Osuna, de hecho, está más en relación con los modelos grabados que se difundieron a partir de la segunda mitad del siglo XVI[571], y con las fórmulas más evolucionadas de los talleres amberinos tras la influencia italiana.

La tabla se registra en el inventario de los "ornamentos, alhajas y efectos del Santo Sepulcro" en 1861: "Otra lámina, de madera, de un Ecce Homo/ de dos tercias de alto y menos de media vara de ancho, con su marco dorado, viejo movible

---

568 La problemática de definir estos bustos de Cristo dentro de una escena concreta de la pasión ya la advierte Panofsky. Para el investigador, son más elementos para evocar la propia pasión que la referencia a un tema concreto. E. Panofsky, "Jean Hey's Ecce Homo. Speculations about its Author, its Donor and its Iconography", *Koninklijk Musea voor Schone Kunsten*, Antwerpen, (1956), pp. 112, 132 y nota 46. Hendericks sigue esta propuesta a la hora de estudiar la producción de Albert Bouts, y opta por la descripción del tema como "Cristo coronado de espinas". V. Hendericks, *Albrecht Bouts (1451/55-1549)*, Bruxelles, 2011, pp. 215-216, y 373-380.

569 V. Hendericks, *Albrecht Bouts...*, *op. cit.*, pp. 213-231.

570 J. M. Serrera, "Pedro de Campaña: obra dispersa", *Archivo Español de Arte*, 245, (1989), p. 12.

571 Propuestas grabadas de medio cuerpo se conocieron a través de los grabados copiando modelos de Maerten de Vos que difundieron los Wierix. M. Mauquoy-Hendrickx, *Les estampes des Wierix conservees au cabinet des estampes de la Biblioteque Royale Albert Ier. Catalogue raisonné*, vol. 1., Bruxelles: Biblioteque Royale Albert Ier, 1978, p. 43, n.° 305, p. 92, n.° 517 y 518, p. 93, n.° 532.

en la sacristia, al parecer endeble"[572]. Sus medidas coinciden con esta tabla, y se ve que se cambió el marco, para poner uno similar al de la Dolorosa, pues ahora ambas obras presentan marco negro con esquinas resaltadas. Es posible que fuera a finales del siglo XIX, un tal "Sr. Lucena", pintor que también trabaja para la catedral de Sevilla quien se ocupara de su restauración, como parece desprenderse del comentario que hace el prior de Osuna en el informe que le solicitan desde la Comisión de monumentos histórico y artísticos de la provincia de Sevilla en relación con las obras previstas en los espacios del Santo Sepulcro[573].

Esta temática de la Virgen con Cristo coronado de espinas a modo de díptico fue popular dentro del conjunto del Santo Sepulcro. Así en el inventario de 1555 se cita uno: "otra tabla de dos puertas en la una la imagen de nuestro señor y en la otra de la nuestra señora"[574]; y en el de 1559, dos con el mismo asunto: "Un retablo pequeño de nuestra señora e de un Ecce Homo que está a un lado del altar de la Encarnación"[575], es decir que estaba en la capilla del Santo Sepulcro del lado del evangelio; y "Dos tablas asidas con gonces en la una nuestra señora y en la otra un Ecce Homo"[576]. Sin embargo, al no tener datos más concretos de medidas y descripción, junto con que las características de este *Varón de dolores* y de su *pendant* responden a características ya de la segunda mitad del siglo XVI, como se ha explicado, y no de la primera mitad, como tendrían que ser si fueran alguno de los citados en los inventarios citados, no se pueden relacionar con seguridad con ninguna de las referidas en esa primera documentación. A esto hay que añadir que no conservan ninguna inscripción en el reverso que señale su pertenencia directa al ajuar del Santo Sepulcro, como sí ocurre con todas aquellas piezas que tienen esa procedencia[577].

Se traslada de las dependencias del Santo Sepulcro al "despacho de director", antes de 1982, donde figura junto con la Dolorosa en el Inventario general de Sevilla y su provincia publicado en esa fecha[578].

---

572 "Ynventario de ornamentos, alhajas y efectos del Santo Sepulcro de los Exmo. Sres. Duques de Osuna hecho con intervención del Admor D. Antonio de Contreras en 7 de Agosto de 1861". CSIC, Archivo Francisco Rodríguez Marín, B.I.V. Historia, caja 19, 6.1. (8), fol. 1.

573 R. de Besa Gutiérrez, "Intervenciones en el Santo Sepulcro de la Colegiata…", *op. cit.*, p. 108.

574 AAMO, *Inventario de 1555*, Leg. 233, fol. 3.

575 BTNT-CSIC, Colección Rodríguez Marín. B. I. V. Historia, caja 19, 6.1 (6) *Inventario de 1559*, fol. 43v.

576 *Idem.*

577 Es el caso de las tablas que ahora están en la saleta y sacristía de la colegiata, o de la *Virgen del velo*, que al no haber sido intervenido su reverso, mantiene la inscripción de "Sto. Sepulcro", que ha desparecido en el resto del conjunto del que formaba parte: *Adoración de los reyes, Jesús despidiéndose de su madre* y *Lamentación*. Véanse catálogo n.º 01, 02, 03 y 04.

578 *Inventario artístico de Sevilla y su provincia*, I, Madrid, 1982, p. 437.

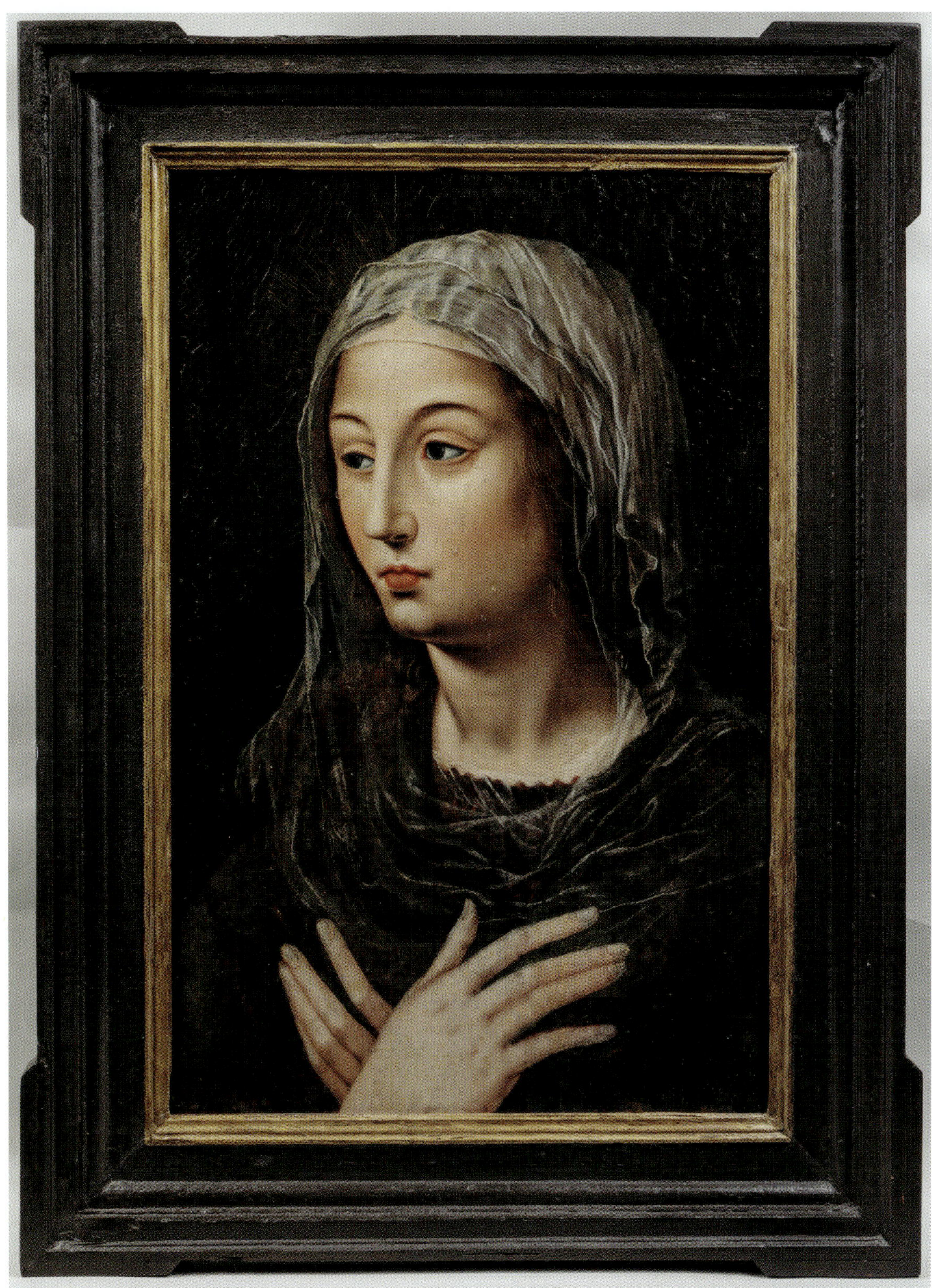

24

Título: *Busto de la Dolorosa*
Autor/taller/escuela: Anónimo flamenco
Código Mosaico (Junta de Andalucía):
014106800930012.0000

Cronología: último cuarto del siglo XVI
Soporte: tabla
Técnica: óleo
Medidas: 67,7 x 49,5 cm (c/m); 54,4 x 36,2 cm (s/m)
Inscripciones: ninguna
Localización: capilla del Sagrario, colegiata de Nuestra Señora de la Asunción.

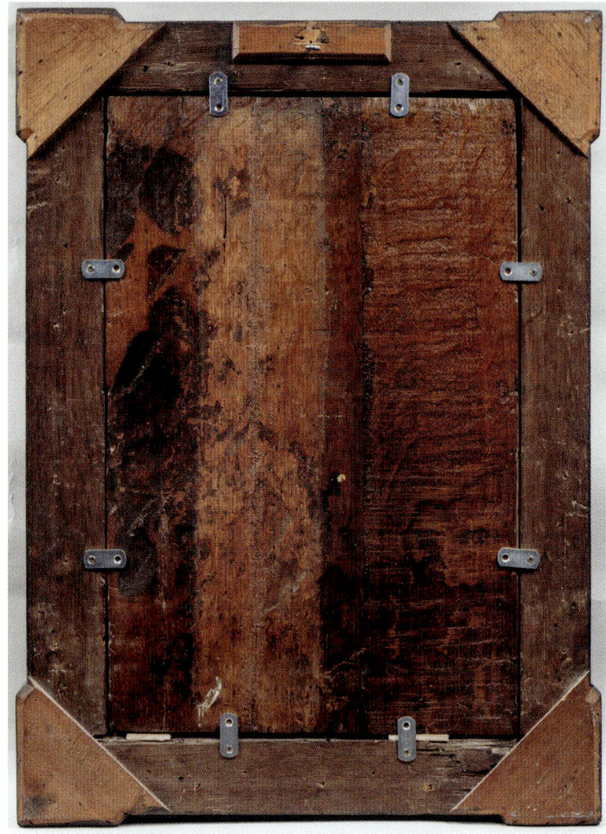

Procedencia: procede de la sacristía del Santo Sepulcro, allí se localiza en 1861. Antes de 1982 pasó al "despacho del director".

Estado de conservación: el panel que sirve de base a esta pintura se observa estable, con sus tablas juntas y sin deformaciones (Fig. 24.01). A esto podría haber contribuido la preparación que, según indican los restos conservados, originalmente debía de cubrir el reverso para regular la absorción y desorción de humedad en la madera e incluso para servir de base a las grisallas e imitaciones de mármoles que se ven en algunos paneles. La eliminación de dicho estrato en esta cara pudo estar motivada por la necesidad de tratar los orificios de xilófagos con el producto que cubre la superficie en la actualidad. De este ataque, en cambio, no hay indicios en la parte delantera, si bien las reintegraciones de las carnaciones, ropajes y fondo de la escena evidencian que ha sido intervenida.

En el bastidor del marco también se han advertido orificios realizados por esos insectos, que han derivado en pérdidas de materia lígnea en la esquina inferior derecha. Una porción de esta madera está sujeta mediante clavos oxidados que, lejos de solucionar los problemas de consistencia originados por los xilófagos, aumentan las tensiones y pueden dar lugar a otros daños. Más adecuadas son las piezas situadas entre el borde inferior de la pintura y el marco para ajustar la holgura que hay entre ambos. Igualmente, son muy acertadas las reintegraciones volumétricas y cromáticas detectadas en el filo dorado de la cara delantera.

Restauraciones: no se conocen

Bibliografía:

A. M.ª Ariza y Montero-Coracho, *Bosquejo biográfico de don Juan Téllez-Girón, IV conde de Ureña*, imprenta Eulogio Trujillo, Osuna, 1890, p. 20; *Inventario artístico de Sevilla y su provincia*, I, Madrid, 1982, p. 436; M. Rodríguez-Buzón Calle, *La colegiata de Osuna*, Sevilla, 1982, p. 79; M. Rodríguez-Buzón Calle, *Guía artística de Osuna*, Osuna, 2006, p. 39.

Descripción y comentario:

El busto de la Virgen en tres cuartos, con las manos sobre el pecho mirando hacia la izquierda, lugar donde está el busto de su hijo coronado de espinas en otra tabla con la que hace *pendant*, destaca sobre un fondo oscuro. La obra ha sufrido importantes repintes y ha perdido algunas partes, como son los rayos del nimbo, que sólo sobreviven los de la parte izquierda. No obstante, algunas zonas, como las lágrimas transparentes cayendo por las mejillas delatan el tratamiento delicado que en origen debió de haber tenido.

El modelo de la Virgen parece recoger las propuestas derivadas de Maerten de Vos[579], muy difundidas por las estampas, donde la Virgen con las manos cruzadas sobre el pecho, asume el dolor por los daños infringidos a su Hijo. Es un modelo con versiones de cuerpo entero como la que presenta la tabla de colección privada de Barcelona que Zweitte fecha hacia 1590[580]. Esta cronología

---

579 Se conocen otras propuestas grabadas de medio cuerpo copiando modelos de Maerten de Vos que difundieron los Wierix. M. Mauquoy-Hendrickx, *Les estampes des Wierix…*, *op. cit.*, vol. 1, p. 126, n.° 699, y n.° 701.

580 A. Zweitte, *Marten de Vos als Maler. Ein Beitrag zur Geschichte der Antwerpener Malerei in der zweiten Hälfte des*

permite acercar una ejecución para este díptico de Osuna un poco posterior, al filo del 1600, por un artista menos diestro en la ejecución. De hecho, la presencia del velo tan acusado sobre su cabeza hizo confundir su iconografía con la de santa Marta en 1861, al prescindir del habitual manto con el que se suele cubrir la imagen de la Virgen de los Dolores.

Como se acaba de apuntar, esta pintura se recoge en el inventario de los "ornamentos, alhajas y efectos del Santo Sepulcro" en 1861 como una santa Marta. Aparece citada inmediatamente después del *Ecce Homo* y sus medidas son bastante cercanas a las actuales: "Una lámina, en madera, de una Sta Marta/ de 2/3 de alto y menos de ½ vara de ancho, marco negro, muy endeble en la sacristia"[581]. En el inventario de 1862 está en el "despacho del director", junto con su pareja el *Ecce Homo*[582]. No hay duda de que se trata de la misma obra a pesar de la confusión iconográfica. Aparece citada en el inventario tras el *Varón de dolores* y las medidas son similares. La indicación de "marco negro muy endeble" explica el cambió que se debió de realizar tras esta fecha por el actual, similar al del *Varón de dolores*, pues ahora ambas obras presentan marco negro con esquinas resaltadas.

Esta temática de la Virgen con Cristo coronado de espinas a modo de díptico fue popular dentro del conjunto del Santo Sepulcro. Así, en el inventario de 1555 se cita uno: "otra tabla de dos puertas en la una la imagen de nuestro señor y en la otra de la nuestra señora"[583]; y en el de 1559, dos con el mismo asunto: "Un retablo pequeño de nuestra señora e de un Ecce Homo que está a un lado del altar de la Encarnación"[584], es decir, que estaba en la capilla del Santo Sepulcro del lado del evangelio; y "Dos tablas asidas con gonces en la una nuestra señora y en la otra un Ecce Homo"[585]. Sin embargo, al no tener datos más concretos de medidas y descripción, junto con que las características de este

Varón de dolores y de su *pendant* que responden a características ya de la segunda mitad del siglo XVI como se ha explicado, y no de la primera mitad, como tendrían que ser si fueran alguno de los citados en los inventarios apuntados, no se pueden relacionar con ninguno de esos dípticos reflejados en la documentación. A esto hay que añadir que no conservan ninguna inscripción en el reverso de las tablas que señale su pertenencia directa al ajuar del Santo Sepulcro, como sí ocurre con todas aquellas piezas que tienen esa procedencia[586].

---

16. *Jahrhunderts,* Berlin, 1980, p. 312, n.º 95.

581 "Ynventario de ornamentos, alhajas y efectos del Santo Sepulcro de los Exmo. Sres. Duques de Osuna hecho con intervención del Admor. D. Antonio de Contreras en 7 de Agosto de 1861". BTNT-CSIC, Archivo Francisco Rodríguez Marín, B.I.V. Historia, caja 19, 6.1. (8), fol. 1v.

582 *Inventario artístico de Sevilla y su provincia,* I, Madrid, 1982, p. 437.

583 AAMO, *Inventario de 1555,* Leg. 233, fol. 3.

584 BTNT-CSIC, Colección Rodríguez Marín. B. I. V. Historia, caja 19, 6.1 (6) *Inventario de 1559,* fol. 43v.

585 *Idem.*

586 Es el caso de las tablas que ahora están en la saleta y sacristía de la colegiata, o de la *Virgen del velo,* que al no haber sido intervenido su reverso, mantiene la inscripción de "Sto. Sepulcro", que ha desparecido en el resto del conjunto del que formaba parte: *Adoración de los reyes, Jesús despidiéndose de su madre* y *Lamentación.* Véanse estudios del catálogo n.º 01, 02, 03 y 04.

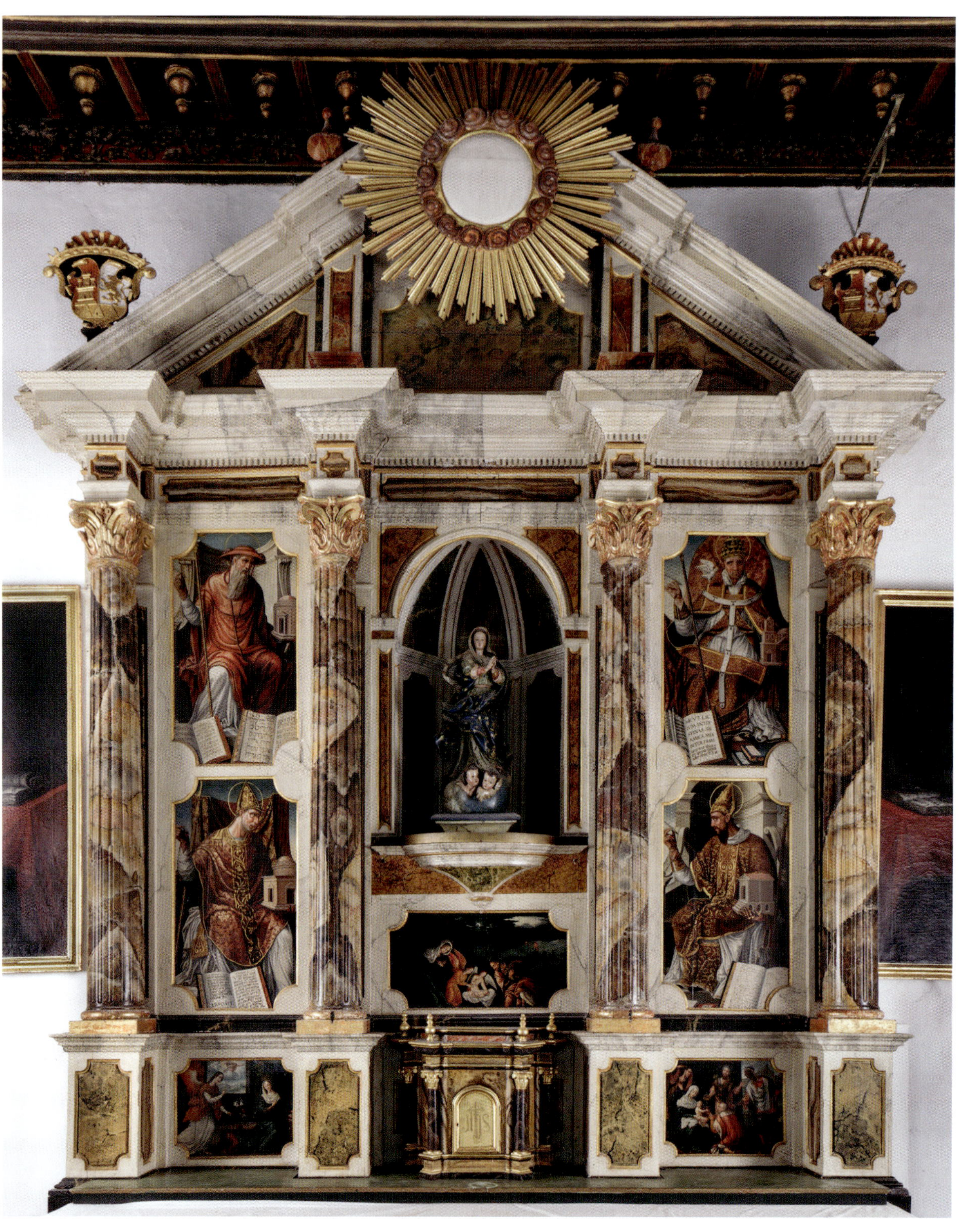

25

Título: *Retablo de la Inmaculada Concepción*
Autor: Hernando de Esturmio (pinturas)
Código Mosaico (Junta de Andalucía):
014106800920001.0000

Cronología: 1548 (pinturas); 1786 (retablo)
Soporte: lienzo sobre tabla
Técnica: óleo
Localización: retablo de la capilla de la Inmaculada Concepción, universidad de Osuna.

Procedencia: posiblemente del antiguo retablo de la capilla de la Inmaculada Concepción en el lado de la epístola del presbiterio de la colegiata de Nuestra Señora de la Asunción de Osuna.

Estado de conservación: El retablo de la Inmaculada Concepción está adosado a una pared de la capilla de la universidad, lo que impide acceder a su reverso para conocerlo directamente y tomar fotografías que lo documenten.

Restauraciones: en 1996 por Juan Luis Coto Cobo.

Bibliografía: A. L. Mayer, *Die Sevillaner Malerschule*, Leipzig, 1911, ed. trad. D. Romero, *Escuela sevillana de pintura*, Cajasol, Sevilla, 2010, p. 75; P. Madoz, *Diccionario Geográfico-Estadístico-Histórico de España*, XII, Madrid, 1849, p. 402; C. Justi, "Peeter der Kempener genant maese Pedro Campaña", *Jahrbuch der Preußischen Kunstsammlungen*, V, (1884), p. 160; J. Gestoso Pérez, *Ensayo de un diccionario de los artífices que florecieron en Sevilla desde el s. XIII al XVIII inclusive*, III, La Andalucía Moderna, Sevilla, 1909, p. 306; J. Gestoso Pérez, "Notice historique et biographique des principaux artisttes flamands qui travaillerent à Seville despuis le XVIe siècle jusqu´a la fin du XVIII siècle", *Les Arts Anciens de Flandre, Bruxelles*, 1912, p. 52; D. Angulo, "Pintura del Renacimiento", *Ars Hispaniae*, XII, Madrid, 1954, p. 210; J. M. Serrera, *Hernando de Esturmio*, Sevilla, 1983, pp. 76 y 91-92; VV.AA., *Inventario artístico de Sevilla y su provincia*, vol. 2, Madrid, 1985, p. 433; M. Rodríguez-Buzón Calle, *Guía artística de Osuna*, Osuna, 2006, p. 42; P. J. Moreno de Soto, *Dogma, poder e ideología. La casa de Osuna y la devoción a la Inmaculada Concepción*, Osuna, Sevilla, 2006, p. 86; J. A. Gómez Sánchez, "Hernando de Esturmio. Un pintor neerlandés en la Sevilla del Renacimiento", en *El San Roque del convento de Santa Clara: una obra de Esturmio restaurada*, (coord.) B. Navarrete Prieto; (dir.) G. Ferreras Romero, R. Magdaleno Granja, Ayuntamiento de Sevilla, 2015, pp. 39-40.

Descripción y comentario:

Las tablas se insertan en un retablo que sustituye en 1786 al original renacentista, obra de Nicolás de León. La fecha exacta aparece consignada en la inscripción del libro abierto, en la parte inferior central de la tabla de *San Gregorio Magno*. El programa de este retablo está muy cuidado y meditado. Fue indicado de forma expresa en el contrato firmado entre el entallador, Nicolás de León, y el pintor, en 1546. Aunque no se especifica dónde estaría ubicado el retablo, posiblemente fuera para la capilla de la Inmaculada Concepción situada en el lado de la epístola del presbiterio de la colegiata de Osuna, capilla que era de patronazgo del conde de Ureña y sus descendientes. A mediados del siglo XVIII, el retablo de esta capilla se cambia por el actual, por lo que tiene sentido el cambio de ubicación de las tablas del retablo a la capilla de la universidad. Ambos espacios están estrechamente relacionados con los Ureña: la universidad al ser de su fundación, como se ha explicado en las primeras páginas de este libro, y la capilla de la epístola en el presbiterio de la colegiata, al dejarla el IV conde de Ureña como lugar de enterramiento para todos aquellos colegiales, rectores, doctores, etc. vinculados con la universidad que fallecieran en Osuna pero que no fueran naturales de la ciudad.

Fernández Casanova[587], Gestoso y Mayer citan estas pinturas como obras de Esturmio. No ha habido dudas respecto a su autoría, tanto por la conservación del contrato entre Nicolás de León y Esturmio como por el estilo de las pinturas que las vincula con el trabajo del flamenco durante los años centrales del siglo XVI en Andalucía.

Esturmio aplica el dibujo y la pintura sobre una capa de lienzo adherido al soporte en tabla. La textura de la trama del tejido se aprecia en amplias zonas, como en la parte superior de la obra. Es posible que se trate de tela de lino, pues es este tipo de material el que se ha encontrado en la restauración del *San Roque* del convento de Santa Clara de Sevilla[588], en la *Santa Catalina* de El Pedroso (Sevilla), obra firmada[589], y en el *Tríptico de los reyes magos con san Cristóbal y Santiago apóstol* en las alas laterales para el Hospital de los Reyes Magos de

---

587 BTNT-CSIC, *Catálogo Monumental de España. Provincia de Sevilla*, por Adolfo Fernández Casanova, tomo II, Edad Moderna, 1.ª parte, Texto, 1907-1909, fol. 53. (manuscrito) [Disponible en línea: http://aleph.csic.es/imagenes/ mad01/0010 CMTN/html/001359510 V02T.html#page/1/ mode/2u].

588 R. Magdaleno Granja "El proyecto de conservación de la tabla de San Roque", en *El San Roque del convento de Santa Clara: una obra maestra de Esturmio restaurada*, (dirs.) G. Ferreras Romero y R. Magdaleno Granja, Patrimonium Hispalense, (coord.) B. Navarrete Prieto, Ayuntamiento de Sevilla, 2015, p. 101.

589 F. J. Sánchez Concha, "Una nueva pintura de Hernando de Esturmio: la Santa Catalina de El Pedroso (Sevilla)", *Monografías de arte*, (2001-2002), s/p.

Sevilla, en cuyo contrato firmado por Esturmio en 1552 se establece de forma precisa la preparación de los soportes con "Que el dho. tablero fuese engrudado y con sus nervios por encima de los juntos y todo el tablero enlenzado con lienzo nuevo y bueno, aparejado de yeso vivo y yeso muerto y raido muy bien emprimado conforme á buena obra"[590]. Esta formulación es ajena a la práctica septentrional, donde los soportes sobre tabla estaban muy bien preparados y trabajados para su uso directo sin necesidad de materiales intermedios. Magdaleno Granja apunta precisamente a que las maderas usadas para los soportes en la península ibérica no son de la calidad de las septentrionales, de ahí la necesidad de usar estopa y lienzo para evitar la apertura de las juntas y unificar la superficie sobre la que se va a trabajar[591].

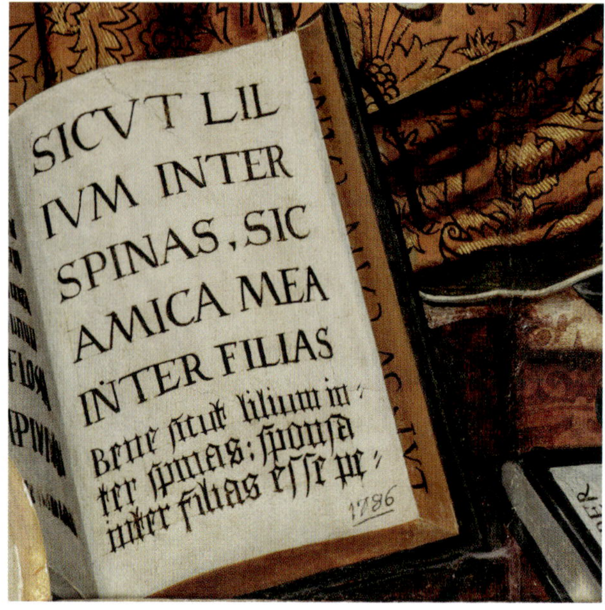

---

590 APSe, Oficios 11, libr I, 1554, fol, 404, trascripción en J. Gestoso y Pérez, *Ensayo de un diccionario de los artífices que florecieron en Sevilla desde el siglo XIII al XVIII inclusive*, t. III, La Andalucía Moderna, Sevilla, 1909, p. 308.

591 R. Magdaleno Granja "El proyecto de conservación...", *op. cit.*, p. 101.

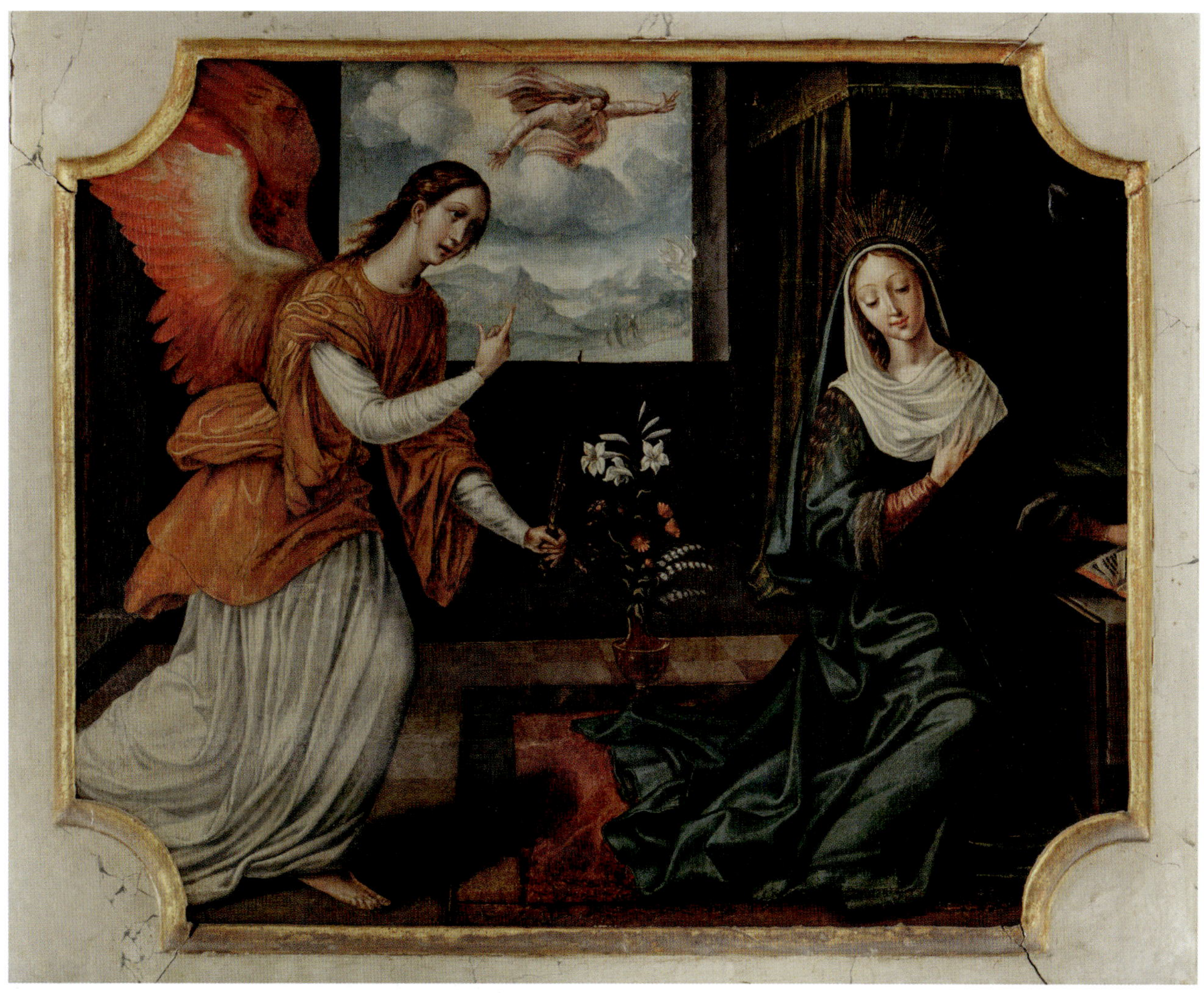

25.01

Título: *Anunciación*
Autor: Hernando de Esturmio
Código Mosaico (Junta de Andalucía):
014106800920001.0003
Cronología: 1548
Soporte: lienzo sobre tabla
Técnica: óleo
Medidas: 42,9 x 53,7 (s/m); 51,5 x 60 cm (c/m)
Inscripciones: no se ha detectado ninguna en la zona inspeccionada.
Localización: banco del retablo, calle del lado del evangelio, retablo de la capilla de la Inmaculada Concepción, Universidad de Osuna.
Procedencia: posiblemente del antiguo retablo de la capilla de la Inmaculada Concepción en el lado de la epístola del presbiterio de la colegiata de Nuestra Señora de la Asunción de Osuna.

Estado de conservación: no se han detectado alabeos que distorsionen la escena representada ni indicios de xilófagos que hayan podido debilitar la madera del soporte. Sin embargo, las tablas que constituyen este último están separadas, según permite deducir la reintegración de una grieta que cruza el anverso de lado a lado, afectando al reclinatorio de la Virgen, sus ropajes, la pared del fondo y la túnica blanca del ángel. Esta separación se debe a la naturaleza higroscópica de la madera que, en combinación con la pérdida de elasticidad que experimentan la preparación y la pintura con el paso del tiempo, también ha influido en la mala cohesión de los estratos. Esta ha sido evidenciada por grietas como la extendida horizontalmente a la izquierda de la cabeza de la Virgen; levantamientos derivados de cuarteados muy acusados en su túnica, rostro y fondo; y reintegraciones destinadas a solventar antiguos desprendimientos de pintura, quizá incluso de preparación, en zonas como el ala más lejana del ángel, sus vestiduras y los bordes superior e inferior de la composición. El mismo paso del tiempo ha ocasionado la oxidación del barniz, que altera las tonalidades de la composición, igual que la acumulación de suciedad en superficie, si bien esta también puede dar origen a deterioros que comprometan la conservación de la obra.

Descripción y comentario:

En el contrato firmado con el entallador Nicolás de León se indica a Esturmio que debía hacer "la santísima encarnación del hijo de dios y nra señora de pinzel"[592], de este modo es como se referían las fuentes al tema de la Anunciación. El esquema es similar al que emplea Arnao de Vergara en la capilla de las doncellas de la catedral de Sevilla, obra fechada en 1534. Varía en el gesto más humilde de la Virgen, que no alza la mirada, sino que asume su papel dando el consentimiento a la encarnación del hijo de Dios. Frente a la propuesta de Vergara, que coloca a Dios Padre en un tondo en lo alto, Dios Padre aparece entre las nubes bendiciendo a la Virgen, a través del vano abierto al fondo. La paloma del Espíritu Santo baja en diagonal, de forma discreta, parece colarse en la estancia. El paisaje montañoso recreado en tonos grises y azulados es típico de las fórmulas flamencas. Esta relación con modelos de Arnao de Vergara, que también se apuntan en las propuestas de los doctores de la Iglesia del mismo retablo, hacen sospechar de un diseño previo, quizás del propio Vergara[593], que el entallador Nicolás de León pudo haber puesto a disposición del pintor flamenco para la realización de estos siete tableros de pintura[594].

Serrera señala la estrecha relación de esta escena con la del mismo asunto que Esturmio realiza ese año para el *Retablo de la Inmaculada Concepción* de la iglesia de Santa María de la Asunción en Alcalá del Río (Sevilla)[595] (Fig. 25.01.1). Efectivamente, en el ático de este retablo se ha dividido la escena de la Anunciación adaptándose al perfil semicircular y dejando espacio para la imagen de la Virgen apocalíptica, por lo que las dos figuras del ángel y la Virgen ocupan los extremos del ático. El ángel repite el mismo modelo que este de Osuna,

sólo cambia que en torno al bastón lleva una filacteria enrollada con las palabras de su saludo a la Virgen. Esta vuelve a repetir el esquema de Osuna de medio cuerpo. El Espíritu Santo en forma de paloma se destaca por un halo circular de luz dorada, y la presencia de Dios Padre pasa a la parte central del ático tomando modelos más clásicos en su planteamiento que el que se presenta en el banco del retablo de la universidad de Osuna, donde su gesto y actitud inciden en un papel más activo dentro de la Anunciación.

El esquema para esta *Anunciación* parece derivar de los modelos del taller de Dieric Bouts, como es la versión del Museo Calouste Gulbenkian de Lisboa (inv. n.° 628)[596] (Fig. 25.01.2), donde se repiten los gestos de ambos personajes y se estructura la escena en un interior con un vano central por donde entra la paloma del Espíritu Santo.

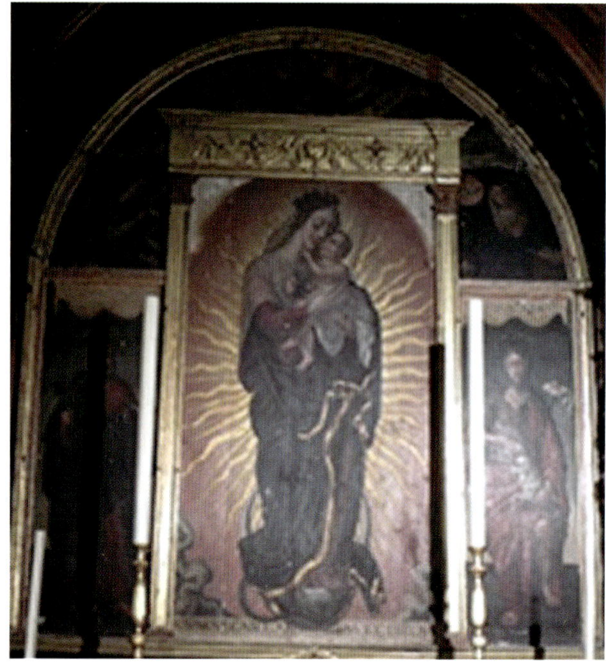

Fɪɢ. 25.01.1. Hernando de Esturmio, *Retablo de la Inmaculada Concepción*, 1547. Iglesia de Nuestra Señora de la Asunción, Alcalá del Río (Sevilla).

---

592 J. Gestoso Pérez, *Ensayo de un diccionario…, op. cit.,* t. III, p. 306.

593 Sobre esta sugerencia, véase pp. 78-79 de la Introducción.

594 Sobre el contrato de ejecución entre ambos: J. Gestoso Pérez, *Ensayo de un diccionario, op. cit.,* t. III, pp. 305-306.

595 J. M. Serrera, *Hernando de Esturmio…, op. cit,* p. 91.

596 *C.* Périer- d'leteren, *Thierry Bouts. L'oeuvre complet,* Fons Mercator, Bruxelles, 2005, p. 361, n.° B2.

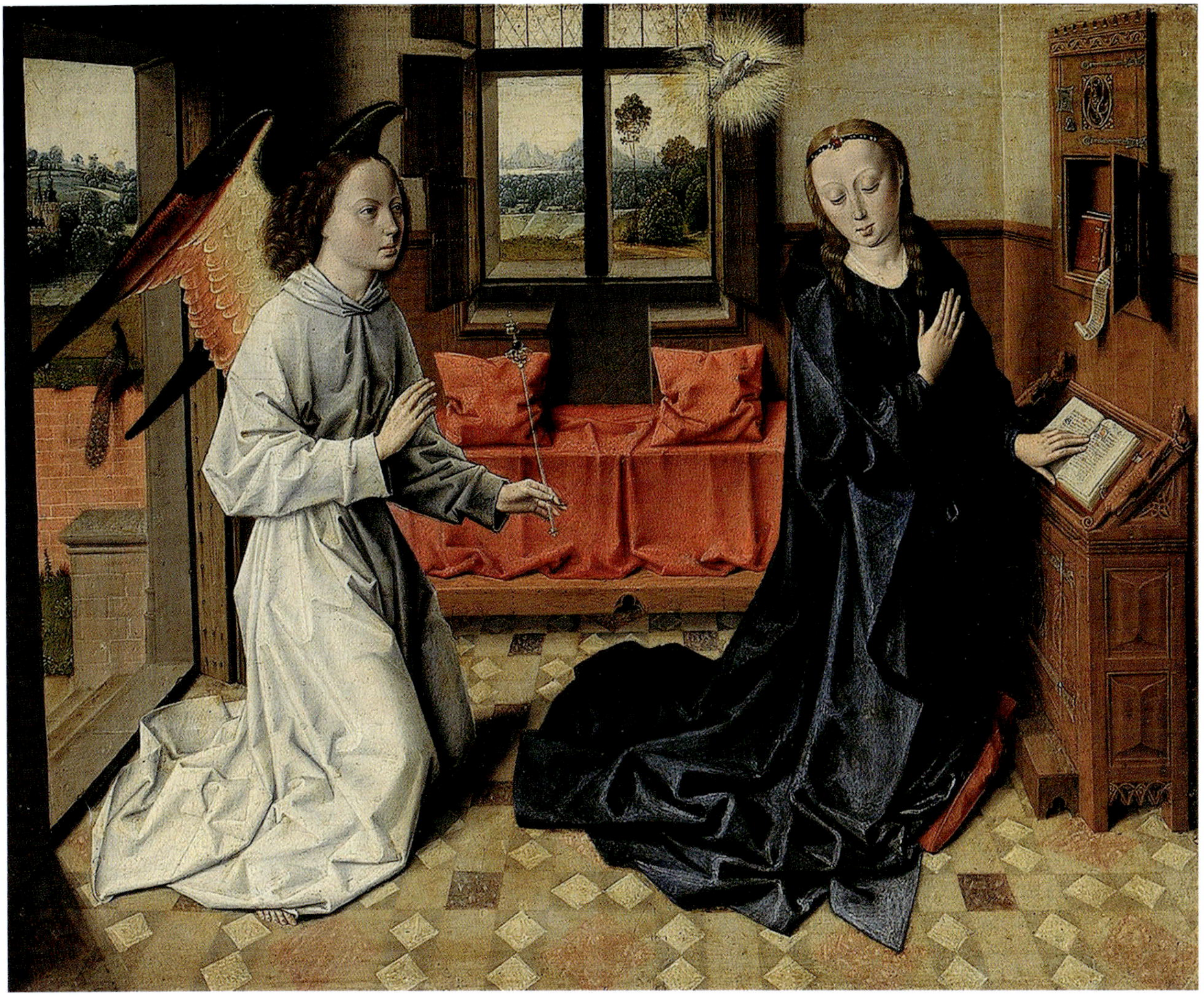

Fɪɢ. 25.01.2. Taller de Dirk Bouts, *Anunciación*. Museo Calouste Gulbenkian (inv. n° 628), Lisboa. © Public domain.

Fernández Casanova ya cita las pinturas del retablo de la capilla de la Universidad de Osuna como de Esturmio en su referencia a "obras platerescas" en Osuna en su catálogo monumental de España[597].

El comentario de Dacos sobre la posible formación de Esturmio con Adriaen Isenbrant (activo en Brujas, 1510-1551) al comparar esta escena con otra atribuida erróneamente al pintor de Brujas no tiene cabida[598].

<hr>

597 BTNT-CSIC, *Catálogo Monumental de España. Provincia de Sevilla*, por Adolfo Fernández Casanova, tomo II, Edad Moderna, 1.ª parte, Texto, 1907-1909, fol. 53. (manuscrito) [En línea: http://aleph.csic.es/imagenes/mad01/0010 CMTN/html/001359510 V02T.html#page/1/mode/2u].

<hr>

598 N. Dacos, "Séville 1537: Hernando de Esturmio et Pedro de Campaña", en *Ao Modo da Flanders. Disponibilidade, inovaçao e mercado de arte na época dos descobrimentos (1415-1580)*, (coord.) B. J. García García y F. Grilo, Lisboa, Fernando Villaverde ediciones, Madrid, 2005, p. 212. La pintura a la que se refiere Dacos es ajena al trabajo de Isenbrant. M. J. Friedlander, *Early Netherlandish…, op. cit.*, vol. XI, Brussel-Leyden, 1974, n.° 146.
Esta sugerencia de la influencia o formación con Isenbrant por parte de Esturmio ya fue apuntada por la autora en 1984. N. Dacos, "Ferdinand Storm, da Ysenbrant a Campaña. A proposito di un libro recente", *Propspettiva,* n.° 33-36, (Aprile, 1983- Gennaio, 1984), pp. 176-177.

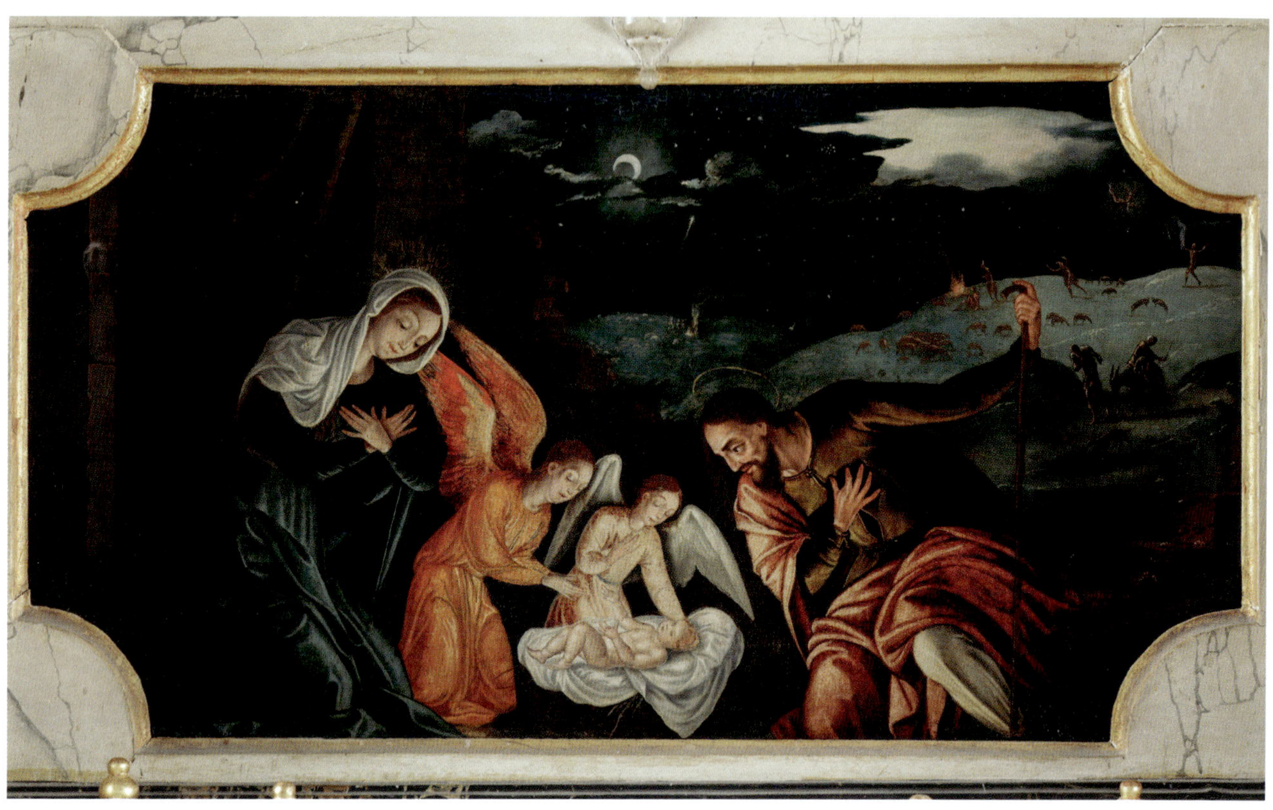

25.02

Título: *Natividad*
Autor: Hernando de Esturmio
Código Mosaico (Junta de Andalucía):
014106800920001.0002
Cronología: 1548
Soporte: lienzo sobre tabla
Técnica: óleo
Medidas: 42,5 x 81 cm (s/m); 51 x 99 (c/m)
Inscripciones: no se ha detectado ninguna en la zona inspeccionada.
Localización: banco del retablo, calle central, sobre el sagrario, retablo de la capilla de la Inmaculada Concepción, universidad de Osuna.
Procedencia: posiblemente del antiguo retablo de la capilla de la Inmaculada Concepción, en el lado de la epístola del presbiterio de la colegiata de Nuestra Señora de la Asunción de Osuna.

Estado de conservación: en la cara delantera de esta pintura se han distinguido cuarteados característicos de soportes de madera, al tiempo que se ha localizado tela en la zona de los ángeles y los ropajes de san José. De esto se desprende que fue realizada sobre un panel con tela encolada en las uniones para reforzarlas, o bien en la generalidad de la superficie, de acuerdo con prácticas de los siglos XV y XVI destinadas a acondicionar los tableros para la posterior aplicación de los colores.

La madera no está alabeada y tampoco se han diferenciado orificios de insectos xilófagos perjudiciales para su estructura. Sin embargo, una grieta se abre paso en dirección horizontal desde el borde derecho del cielo nocturno del fondo, indicando la posible separación natural de las tablas del soporte. Asimismo, los levantamientos derivados de cuarteados, especialmente destacados en el borde superior, las sombras y los espacios entre los personajes, evidencian la mala cohesión que hay entre los estratos, además de repercutir negativamente en la estética de la obra, también afectada por la suciedad superficial, manchas de hongos y otras de excrementos de insectos que se concentran en los ropajes de la Virgen.

Descripción y comentario:

El sentido de nocturno en la escena en la que Jesús ha nacido como luz del mundo, se acentúa por la luminosidad que irradia el cuerpo del Niño en el centro del primer plano y se refleja en los rostros de las figuras que se agolpan a su alrededor: la Virgen, a la izquierda; los dos ángeles en el centro; y san José joven a la derecha. El modelo recuerda las propuestas de Alberto Durero, como ya había advertido Serrera para este tema[599], que el alemán trabajó en diversas ocasiones a partir de principios del siglo XVI en las que presenta a la Virgen arrodillada delante del Niño con la cabeza baja y las manos en cruz sobre el pecho. Los ángeles también rodean al Niño, y en la versión grabada de 1502-1503 de la *Adoración de los pastores* (Fig. 25.02.1), el que entre en el pesebre tras la Virgen, recuerda el modelo que Esturmio emplea para el san José, con la mano derecha sobre el pecho y el bastón en la izquierda.

En el paisaje del fondo, diversas escenas con el anuncio de la llegada del Mesías a los pastores se desarrollan en la penumbra de la noche. Esturmio recupera aquí el trabajo de Geertgen tot sint Jans en estas escenas, como la que se ve en la *Natividad* del pintor de la National Gallery de Londres. Escenas que derivan de fuentes miniadas donde los nocturnos eran más habituales que en las escenas de mayor tamaño.

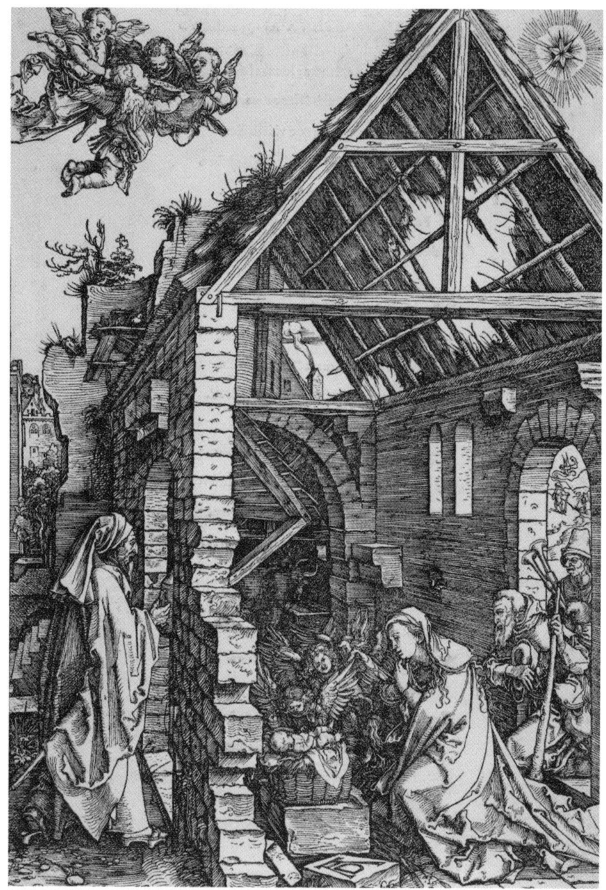

Fig. 25.02.1 Alberto Durero, *La adoración de los pastores* (Vida de la Virgen), 1503. Metropolitan Museum, Nueva York. © Public domain.

---

599 J. M. Serrera, *Hernando de Esturmio…, op. cit.*, p. 74.

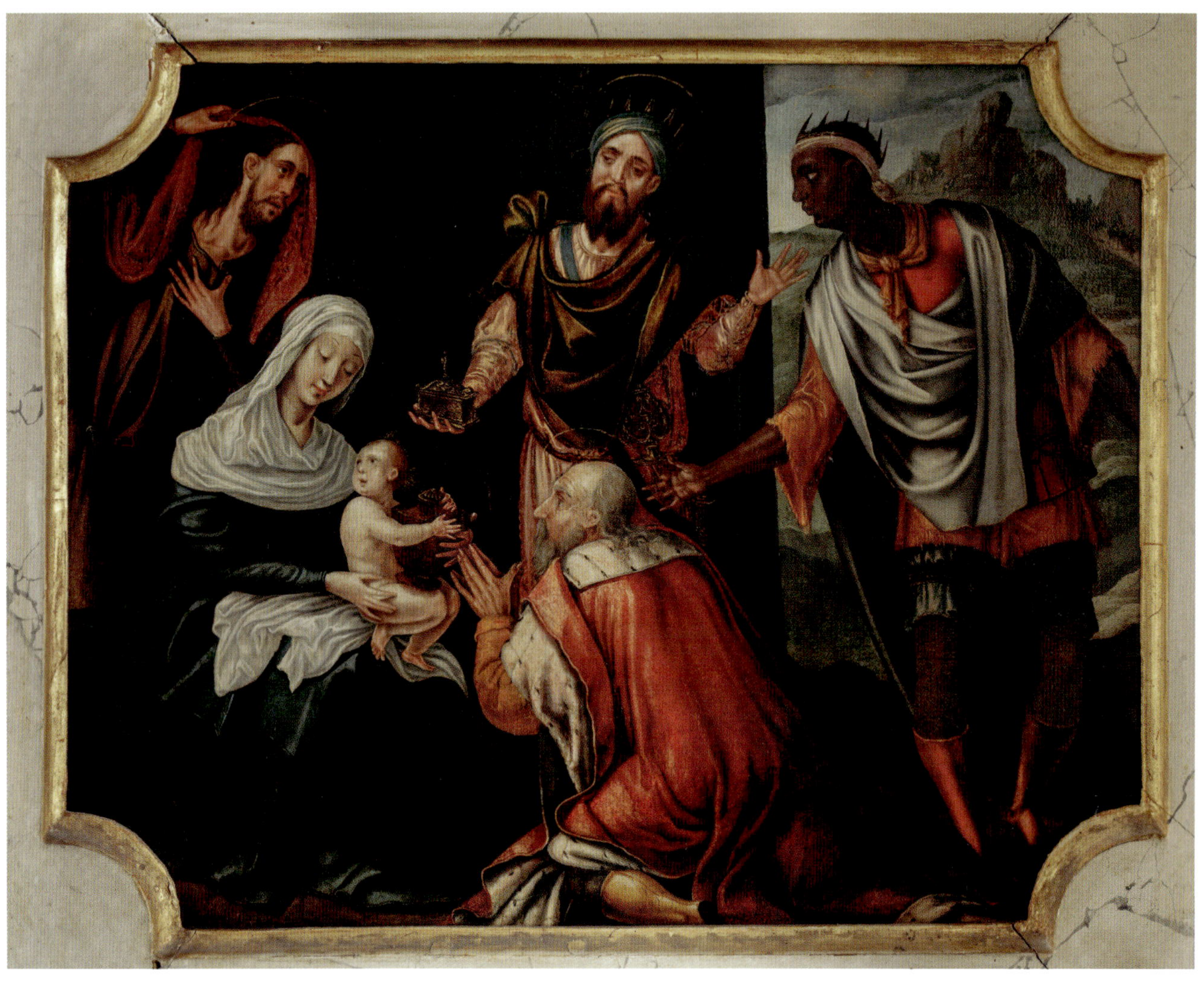

25.03

Título: *Adoración de los reyes*
Autor: Hernando de Esturmio
Código Mosaico (Junta de Andalucía):
014106800920001.0004
Cronología: 1548
Soporte: lienzo sobre tabla
Técnica: óleo
Medidas: 47 x 58 cm (s/m); 52,2 x 60,8 cm (c/m)
Inscripciones: no se ha detectado ninguna en la zona inspeccionada.
Localización: banco del retablo, calle del lado de la epístola, retablo de la capilla de la Inmaculada Concepción, universidad de Osuna.
Procedencia: posiblemente del antiguo retablo de la capilla de la Inmaculada Concepción, en el lado de la epístola del presbiterio de la colegiata de Nuestra Señora de la Asunción de Osuna.

Estado de conservación: los cuarteados propios de la pintura sobre tabla, en combinación con la textura de tela diferenciada en el tercio derecho de la composición, donde se sitúa el rey Baltasar, han permitido deducir que esta obra fue realizada sobre un soporte de madera con tela encolada. Esta permanece bien adherida y no se han detectado alabeos del panel, tampoco orificios de xilófagos que indiquen la posible existencia de daños estructurales ni grietas que impliquen la separación de las tablas.

Por otro lado, las reintegraciones cromáticas de zonas como los ropajes, evidencian la mala cohesión que hubo entre los estratos. Este problema persiste, a juzgar por los levantamientos derivados de cuarteados en la mitad izquierda de la escena, principalmente, y que también se han observado en las otras pinturas de este retablo, igual que la oxidación del barniz y la suciedad en superficie.

La escena representa el episodio de la llegada de la comitiva de magos de Oriente que alertados por una estrella que surcó el firmamento se acercaron a tierras israelitas para ver de qué se trataba. Muestra el momento en que los tres reyes se presentan ante la pareja y su hijo recién nacido con presentes para el Niño: oro, incienso y mirra. Frente a las composiciones tradicionales, Esturmio dota de naturalismo y detalles anecdóticos el momento. El niño se aferra al ánfora con el oro que Melchor le ha dejado en su regazo, mientras mira con gesto interrogante a su madre. Parece que le está preguntando si puede quedarse con el regalo. La Virgen, sedente, con el Niño en brazos, mira con dulzura a su hijo. Detrás de ellos, un san José joven, barbado y con profusa cabellera, retira el manto de su cabeza, en gesto de respeto ante tan ilustre visita. Tras Melchor arrodillado, Gaspar y Baltasar en pie se unen con sus presentes: una caja de incienso y una copa de mirra. Los tres representan las edades del hombre, desde el más joven, Baltasar, al más anciano, Melchor; al igual que las tres razas en que se creía que estaba dividido el mundo: caucásica, oriental y africana. Un muro de piedra y un cortinaje verde sirven a Esturmio para dividir la escena principal del segundo plano. La Sagrada Familia está acogida bajo esta estructura, mientras tras Baltasar se abre un paisaje montañoso con horizonte alto en que se ve parte de la copiosa comitiva que venía acompañando a los magos, y la estrella luminosa que los había guiado brillando aún en el celaje.

Es muy significativo el tratamiento de las texturas, el gusto por los tornasolados que presenta Esturmio en las telas y los brillos nacarados de las carnaciones, y cómo trabaja los segundos planos con total soltura y pequeños toques de luz para realizar las figuras del último plano.

Serrera señala la influencia de los grabados de Durero para esta escena, y cómo Esturmio reestructura el tema para la tabla del mismo asunto que empleó en el segundo cuerpo del retablo mayor de la iglesia de San Pedro en Arcos de la Frontera (Cádiz)[600]. Sin embargo, las propuestas del alemán muestran siempre un san José anciano y la interacción del Niño es con los recién llegados y no con su madre, como propone Esturmio.

---

600 *Ibidem*, p. 73.

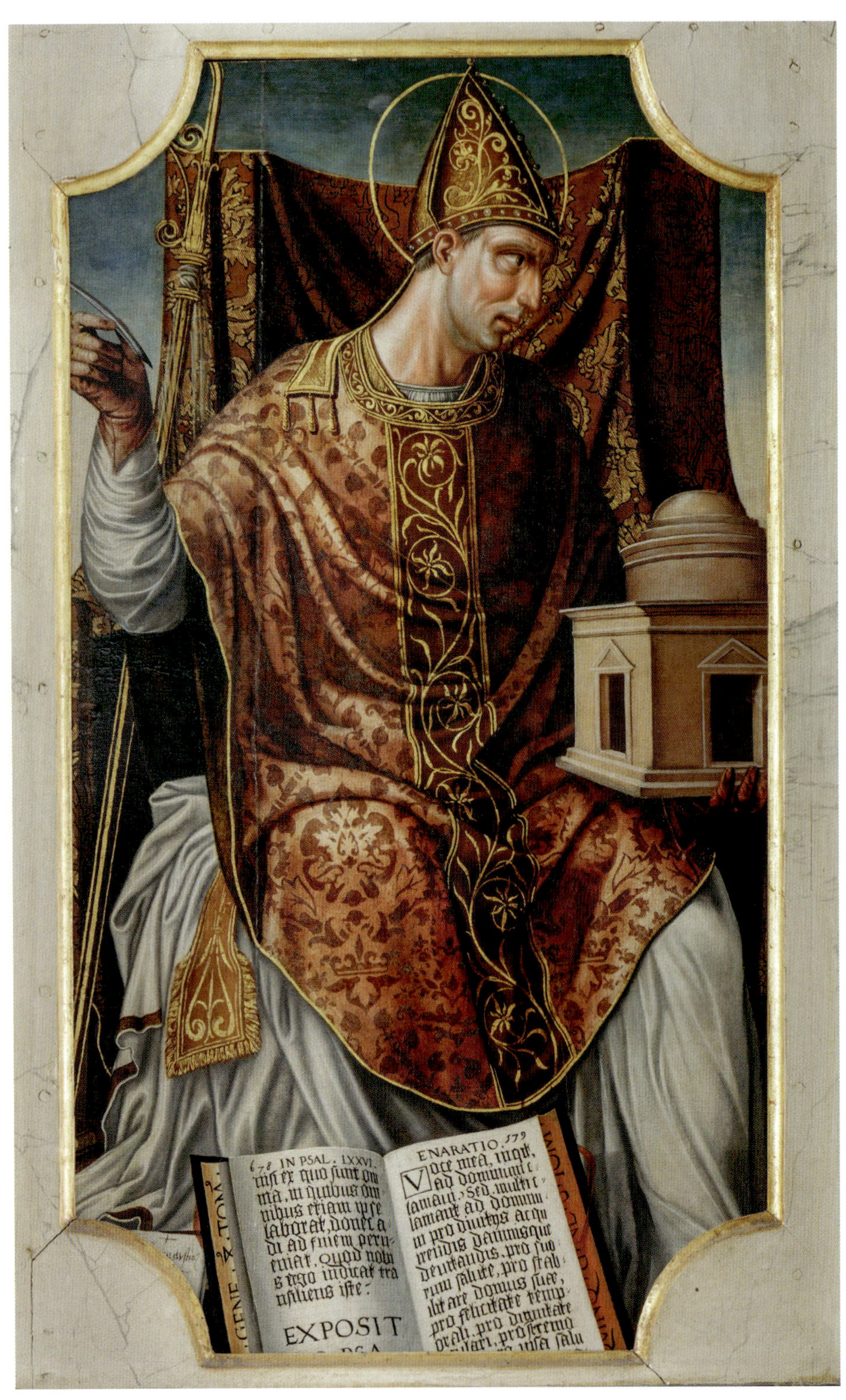

25.04

Título: *San Agustín*
Autor: Hernando de Esturmio
Código Mosaico (Junta de Andalucía):
014106800920001.0008
Cronología: 1548

Soporte: lienzo sobre tabla
Técnica: óleo
Medidas: 103 x 56 cm (s/m); 111 x 70 cm (c/m)
Inscripciones: en la zona central, página izquierda del libro: "678 IN PSAL LXXVI/ nisi ex quo sunt om/ nia, in quibus om/ nibus etiam ipse/ laborat, donec a/ d ad finem perv/ eniat. Quid nobis/ ergo indicat

iste tra/ nsiliens iste./ EXPOSIT [no se puede leer la siguiente línea tapada por el marco]"; en la zona inferior izquierda, en un fragmento de papel: "[¿] Augustin"; en al zona centro inferior, página derecha del libro: "ENARATIO 579/ Voce mea, inquit,/ ad Dominum c/lamavi. Sed multi c/lamant ad Dominum pro divitiis acqu/ irendis damnisque/ devitandis, pro suo/ rum salute, pro stabili/ tate domus suae,/ pro felicitate temp/ orali, pro dignitate/ saeculari; prostremo/ [pro ipsa e]tiam salu/ [No se puede leer la siguiente línea tapada por el marco]".

Localización: primer cuerpo de la calle del lado del evangelio, retablo de la capilla de la Inmaculada Concepción, universidad de Osuna.

Procedencia: posiblemente del antiguo retablo de la capilla de la Inmaculada Concepción, en el lado de la epístola del presbiterio de la colegiata de Nuestra Señora de la Asunción de Osuna.

Estado de conservación: en el soporte de esta obra no se han detectado deformaciones y tampoco orificios de xilófagos que dañen su estructura. Sin embargo, una grieta se prologa verticalmente entre los bordes superior e inferior, cerca del lateral izquierdo, afectando al fondo, a las vestimentas del santo y al libro, e indicando una posible separación de las tablas. Esta contrariedad deriva de las fluctuaciones de temperatura y humedad en el entorno, las mismas que habrían propiciado la holgura entre la obra y el marco, como se puede ver en la zona izquierda del borde superior.

Igual que en las demás pinturas de este conjunto, las reintegraciones diferenciadas en el fondo y los ropajes del santo denotan que en el pasado hubo mala cohesión entre los estratos. No obstante, la superficie parece estable, situación a la que podrían haber contribuido antiguas intervenciones, si bien se han observado restos de suciedad en superficie y amarilleamientos en el cielo.

Descripción y comentario:

San Agustín repite el mismo esquema que los otros tres padres de la Iglesia con quienes aparece, sedente, revestido con las ropas arzobispales: casulla, mitra y báculo —apoyado en el flanco derecho del sitial donde está sentado— y sujetando la pluma en su mano derecha alusiva a sus escritos y, en la izquierda, una maqueta de una iglesia, símbolo de la Iglesia que ha ayudado a construir. De hecho, se identifica aquí el libro abierto en el primer plano. Se trata de sus *Comentarios a los salmos* (*Enarratio Psalmun*), y, en particular, por su comentario al salmo 76. La primera parte podría traducirse del siguiente modo: "[...] fuera de aquel por el que existen todas las cosas, entre las cuales él mismo se afana por llegar hasta el fin. ¿Qué nos enseña, pues, este que atraviesa?", mientras en la página siguiente: "Así dice: *Con mi voz he gritado al Señor. Pero hay muchos que gritan al Señor para obtener riquezas, para evitar sinsabores, por la salud de los suyos, por la estabilidad de su casa, por la felicidad temporal, por los honores mundanos; en fin, por la misma salud corporal*". Un salmo en el que san Agustín explica la importancia de deleitarse en el Señor y pedir, precisamente, la presencia continua de Dios. Una presencia que está en la Virgen y en la eucaristía.

Frente a la iconografía habitual de san Agustín que lo incluye con el corazón en llamas, aquí se prescinde de ese elemento y se enfatiza su labor como escritor y comentarista de las escrituras, igual que el resto de sus compañeros. Serrera avanza la dependencia de esta imagen de los modelos que Arnao II de Flandes presentó en las vidrieras del crucero de la catedral de Sevilla[601]. En el contrato firmado por Nicolás de León y Hernando de Esturmio el 1 de junio de 1547, se indica que entre los "syete tableros" que ha de hacer el pintor debe estar "Un san agustin de pinzel vestido como obispo para decir misa sentado y la iglesia en la mano y a los pies libros".

---

601 *Ibidem*, p. 76.

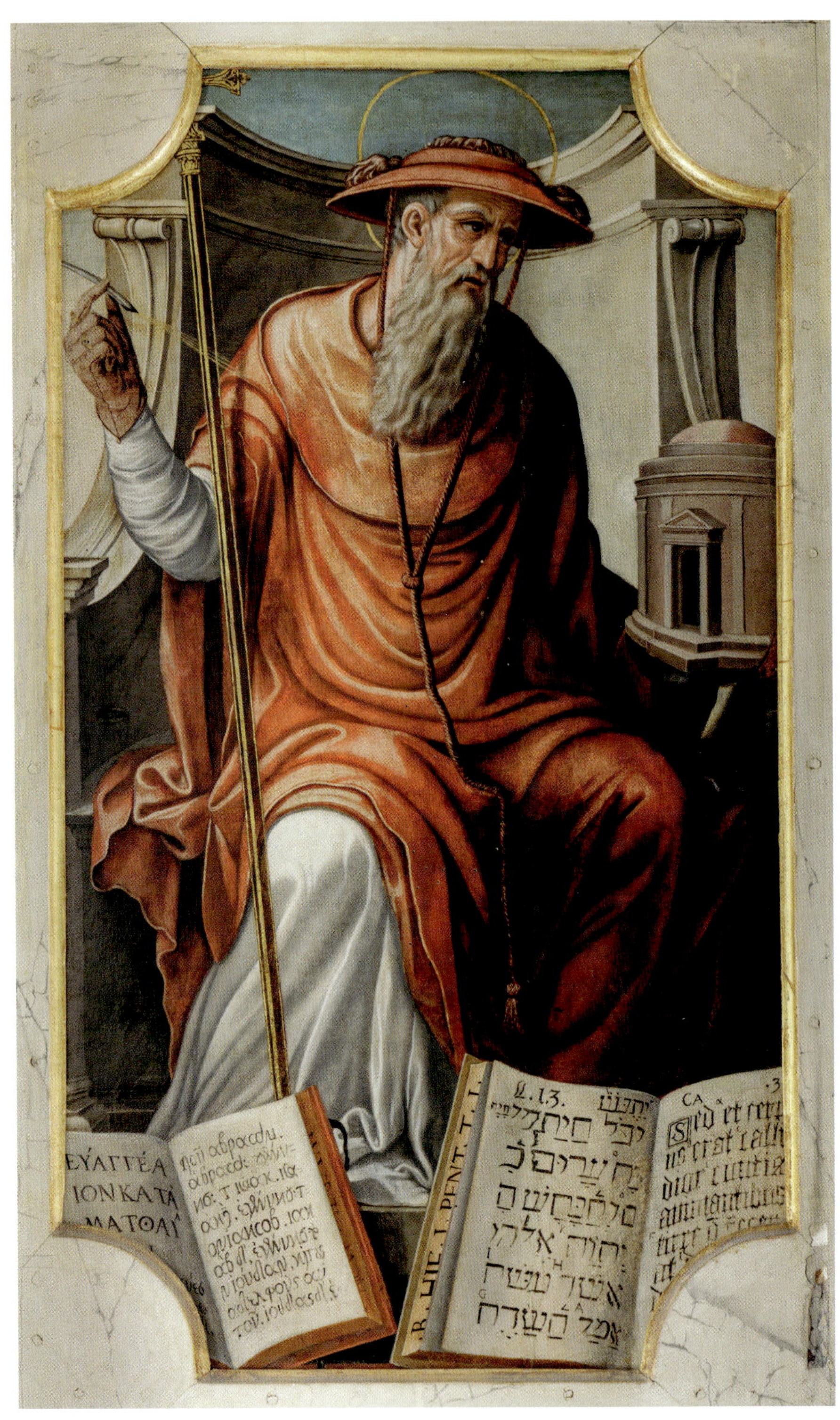

25.05

Título: *San Jerónimo*
Autor: Hernando de Esturmio
Código Mosaico (Junta de Andalucía):
014106800920001.0005
Cronología: 1548

Soporte: lienzo sobre tabla
Técnica: óleo
Medidas: 103 x 56 cm (s/m); 111 x 70 m. (c/m)
Inscripciones: en los dos libros abiertos del primer plano, en griego y en hebreo.
Localización: Segundo cuerpo de la calle del lado del evangelio, retablo de la capilla de la Inmaculada Concepción, universidad de Osuna.

Procedencia: posiblemente del antiguo retablo de la capilla de la Inmaculada Concepción, en el lado de la epístola del presbiterio de la colegiata de Nuestra Señora de la Asunción de Osuna.

Estado de conservación: en esta obra se evidencian cuarteados típicos de pintura sobre tabla, junto con textura de tela en el fondo y las vestiduras del santo, lo que indica que está hecha sobre un panel con tejido encolado. Estos se mantienen sin deformaciones, aunque atacados por xilófagos, como demuestran los orificios situados en el interior del halo, los ropajes que cubren el costado izquierdo de este santo y los pliegues entre sus piernas. Una grieta, ya tratada, se extiende verticalmente entre los bordes superior e inferior de la composición, atravesando el cielo, el citado halo, el sombrero, la túnica y el libro de la derecha. Esta grieta, que probablemente se deba a la separación de las tablas del soporte, indica problemas de cohesión entre los estratos, igual que las reintegraciones diferenciadas en los libros y vestiduras, los levantamientos detectados bajo el codo derecho del santo, sobre el libro izquierdo y en torno a la borla que pende del sombrero. A todos estos deterioros se suman restos de suciedad en superficie, que no sólo alteran estéticamente la obra, sino que pueden desembocar en daños perjudiciales para su conservación.

Descripción y comentario:

Va vestido con capelo y sotana rojos cardenalicios sobre túnica blanca. Porta una pluma de la que irradia un haz de luz en su mano derecha, mientras en su mano izquierda sostiene la maqueta de un edificio clásico de planta circular. A sus pies, dos libros abiertos con caracteres griegos y hebreos. Los libros abiertos, junto a su indumentaria cardenalicia, son elementos que permiten la identificación iconográfica, ya que hacen referencia a la traducción al latín (conocida como Vulgata) de la Biblia griega y hebrea. El haz o rayos de luz que irradian de su pluma hacen referencia a la inspiración divina de sus escritos. Aunque no fue cardenal, el capelo y vestiduras cardenalicias son una alusión a los servicios que prestó al papa san Dámaso como secretario, lo que le ha hecho aparecer en la iconografía como un cardenal, que, estrictamente, es un colaborador del Papa en el gobierno de la Iglesia.

Esturmio recupera la tipología de rostro barbado y anciano para la figura del segundo cuerpo de la calle de la epístola del *Retablo de la Sagrada Parentela* de Sanlúcar de Barrameda, obra documentada

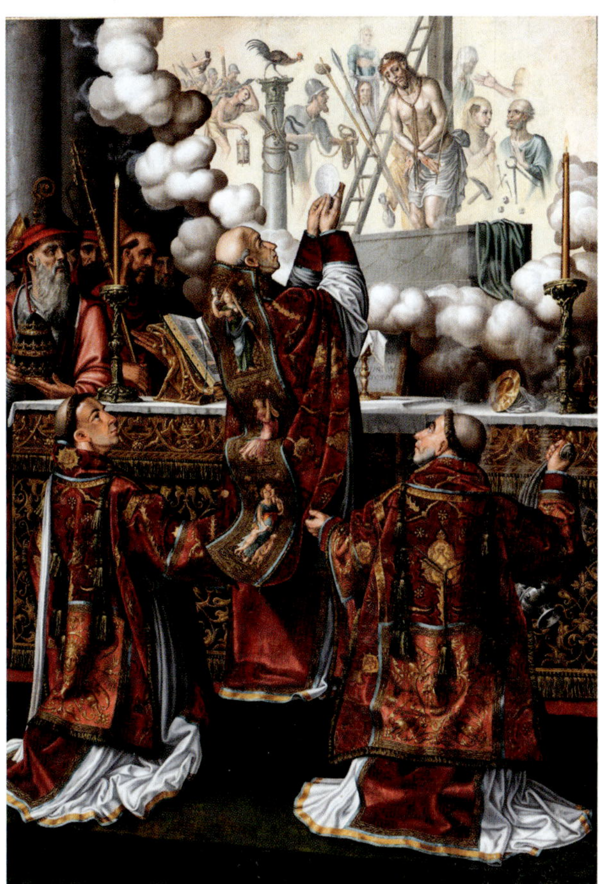

Fig. 25.05.1 Hernando de Esturmio, *San Gregorio Magno celebrando la misa*, 1553, *Retablo de los Evangelistas*. Catedral de Sevilla. © Archidiócesis de Sevilla. Delegación de Patrimonio Cultural.

del pintor en 1549 y, en 1555, en el mismo personaje que sostiene la tiara de *San Gregorio Magno celebrando la misa* de la tabla central del primer cuerpo del *Retablo de los Evangelistas* de la catedral de Sevilla (Fig. 25.05.1 y 25.05.2). Es una tipología en estrecha relación con los modelos de Arnao de Vergara en la vidriera del crucero de la catedral de Sevilla, ya citada páginas atrás al hablar del momento de ejecución de estas pinturas de Esturmio. De hecho, en el contrato firmado entre el encargado del retablo, Nicolás de León, y el pintor flamenco el 1 de junio de 1547[602], se especifica que entre los "syete tableros" debería realizar "Un sant geronimo de pinzel vestido como cardenal sentado con una

---

602 "Obligose a pintarlos [Esturmio] de buena obra á vista de maestros del oficio desde el día de la fecha de la escritura hasta el de san miguel del mismo año, pagándosele por Nicolás de León 30 ducados en 3 plazos". AHPSe, Oficios 1, Libro 1 del año 1547, fol. 778. Trascripción J. Gestoso Pérez, *Ensayo de un diccionario…, op. cit.,* p. 306.

iglesia en la mano e libros a los pies"[603]. Descripción que encaja perfectamente con lo planteado por Esturmio aquí, unificando en la formulación de los libros en el primer plano un esquema que seguirá con el resto de los padres de la Iglesia de este retablo.

En los dos libros abiertos en el primer plano, se ve parte del texto de la defensa de la perpetua virginidad de María que hace san Ambrosio en la carta de respuesta a Elvidio (S. Eusebii Hierobymi, *De Perpetua Virginatate B. Mariae. Adversus Helvidium*)[604]. Aparece en las versiones en griego, en hebreo y en latín, aludiendo a la labor de traductor y exégeta que hace san Jerónimo al pasar los textos de las escrituras al latín partiendo de las versiones griegas y hebreas. De hecho, aquí, el libro de la izquierda presenta el mismo texto en alfabeto griego oriental y en occidental, mientras que el libro de la derecha lo hace en hebreo y la traducción en latín que hace el santo. Posiblemente si se pudiera ver más texto, se podría identificar con más claridad qué es lo que está escrito.

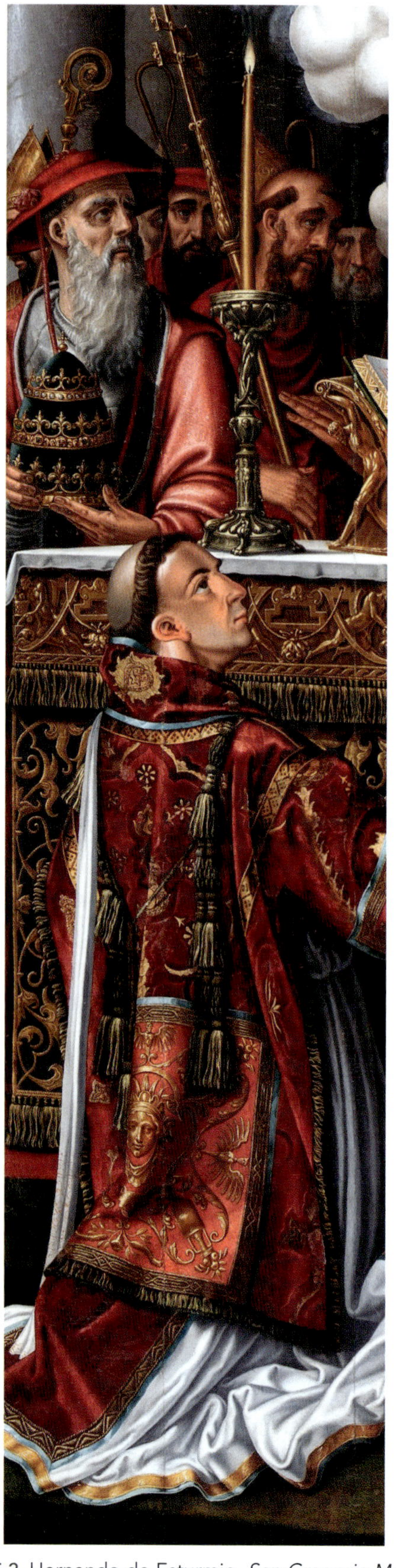

Fig. 25.05.2. Hernando de Esturmio, *San Gregorio Magno celebrando la misa*, detalle de San Jerónimo, 1553, *Retablo de los Evangelistas*. Catedral de Sevilla. © Archidiócesis de Sevilla. Delegación de Patrimonio Cultural.

---

603 *Idem*.

604 San Jerónimo, *La Perpetua Virginidad de María*, intr, trad, Guillermo Pons Pons, ed. Ciudad Nueva, Madrid, 2014.

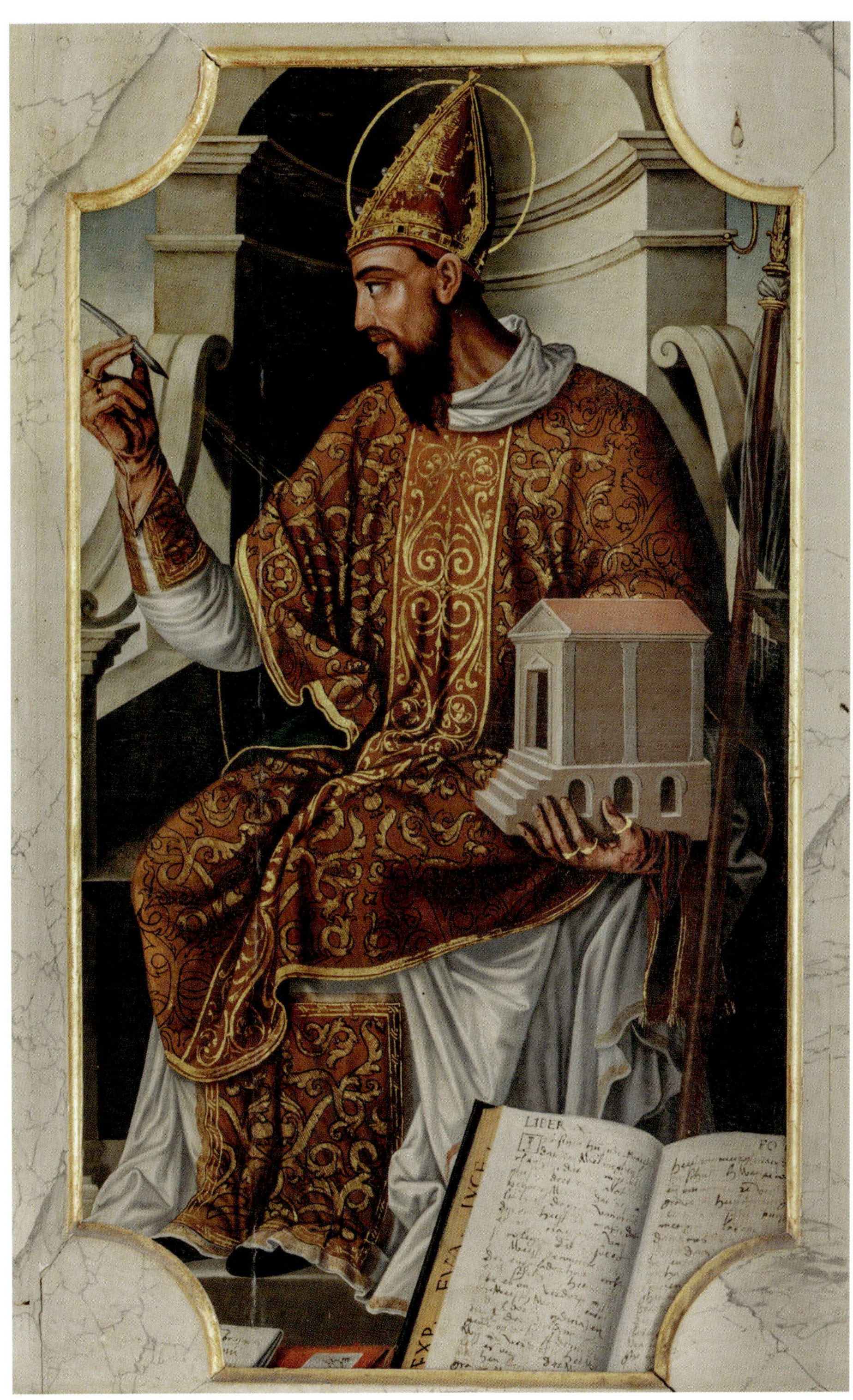

25.06

Título: *San Ambrosio*
Autor: Hernando de Esturmio
Código Mosaico (Junta de Andalucía):
014106800920001.0007
Cronología: 1548

Soporte: lienzo sobre tabla
Técnica: óleo
Medidas: 102 x 57 cm (s/m); 110 x 70 cm (c/m)
Inscripciones: sobre los papeles del primer plano a la izquierda, plegados, pero no se puede leer bien al estar tapados en parte por el marco; y en el libro abierto en la esquina inferior derecha. Este texto

tampoco se puede descifrar con claridad debido al paso del tiempo y que una parte también se oculta por la moldura del enmarque del retablo.

Localización: primer cuerpo de la calle de la epístola, retablo de la capilla de la Inmaculada Concepción, universidad de Osuna.

Procedencia: posiblemente del antiguo retablo de la capilla de la Inmaculada Concepción, en el lado de la epístola del presbiterio de la colegiata de Nuestra Señora de la Asunción de Osuna.

Estado de conservación: el soporte carece de alabeos que alteren la percepción de la escena representada, pero sus tablas están separadas, según indica la grieta que se extiende verticalmente entre el borde superior y el inferior, próxima al izquierdo y atravesando tanto la vestimenta del santo como la hornacina que sirve de respaldo a su asiento. Las fluctuaciones de temperatura y humedad que han desencadenado esta separación también han repercutido en la holgura que hay entre la obra y el marco que la circunscribe, como evidencian el hueco visible en el extremo superior y las pérdidas de pintura y preparación producidas en esta zona por su roce con dicho marco.

Por otro lado, se han distinguido orificios de insectos xilófagos en la mitad derecha de la composición, coincidiendo con el rostro y el cuello del santo, sus ropajes, el báculo y el fondo, lo que implica un posible debilitamiento de la madera. Del mismo modo, los levantamientos derivados de cuarteados a lo largo de la mencionada grieta, en la esquina superior izquierda, bajo el brazo derecho del santo, en sus ropajes y en el área del báculo, indican la continuidad de la mala cohesión entre estratos a la que se deben reintegraciones como las localizadas en la esquina superior izquierda y en la hornacina antes señalada. En lo que respecta a la capa de protección, se ha observado estable, pero con restos de suciedad en superficie.

Descripción y comentario:

Fue el maestro de san Agustín, y aparece enfrentado a él en una pose dialéctica, en el primer cuerpo del lado de la epístola. No sería extraño que esta no fuera su ubicación primera, pues San Ambrosio aparece sentado sobre una cátedra de piedra, similar a la que presenta san Jerónimo, mientras que san Agustín la presenta cubierta por un tejido de brocado, igual que aparece en el sitial de san Gregorio en el lado de la epístola.

En el contrato entre Nicolás de León y Esturmio, se especifica que la obra debería ser "Un sant ambroio de pinzel que esté fe la misma forma e manera que san agustin"[605]. Efectivamente, está realizado del mismo modo que el san Agustín al aparecer sedente y con el rostro vuelto de perfil. Se diferencia de su maestro al aparecer en sentido invertido y barbado, pero ambos elevan su pluma en la mano enguantada, y llevan la maqueta de una iglesia en la mano izquierda, símbolo de la Iglesia que con sus escritos están ayudando a construir. Ambos aparecen como obispos, con casulla y mitra. El báculo, en este caso, se apoya a la derecha, sobre uno de los flancos de la cátedra donde está sentado. Al igual que el resto de sus compañeros, se le identifica por el libro que aparece en primer plano a la derecha, correspondiente a sus *Comentarios al Evangelio de san Lucas* realizado por el santo. En este caso, aunque la página señala que es el Libro 10, indicado en latín, no se ha podido leer como en el resto de los casos. La grafía parece que está alternando tanto palabras en este idioma latino como en neerlandés del siglo XVI, y no se ha logrado descifrar de forma concreta.

El perfil que emplea aquí Esturmio es el mismo que emplea para el san José en la tabla de la *Sagrada Parentela* de Sanlúcar de Barrameda, obra de 1549, y se reconoce en la figura de san Nufro en el antiguo *Retablo de Santa Catalina* de la iglesia de Santa Ana de Sevilla.

---

605 J. Gestoso Pérez, *Ensayo de un diccionario...*, op. cit., p. 306.

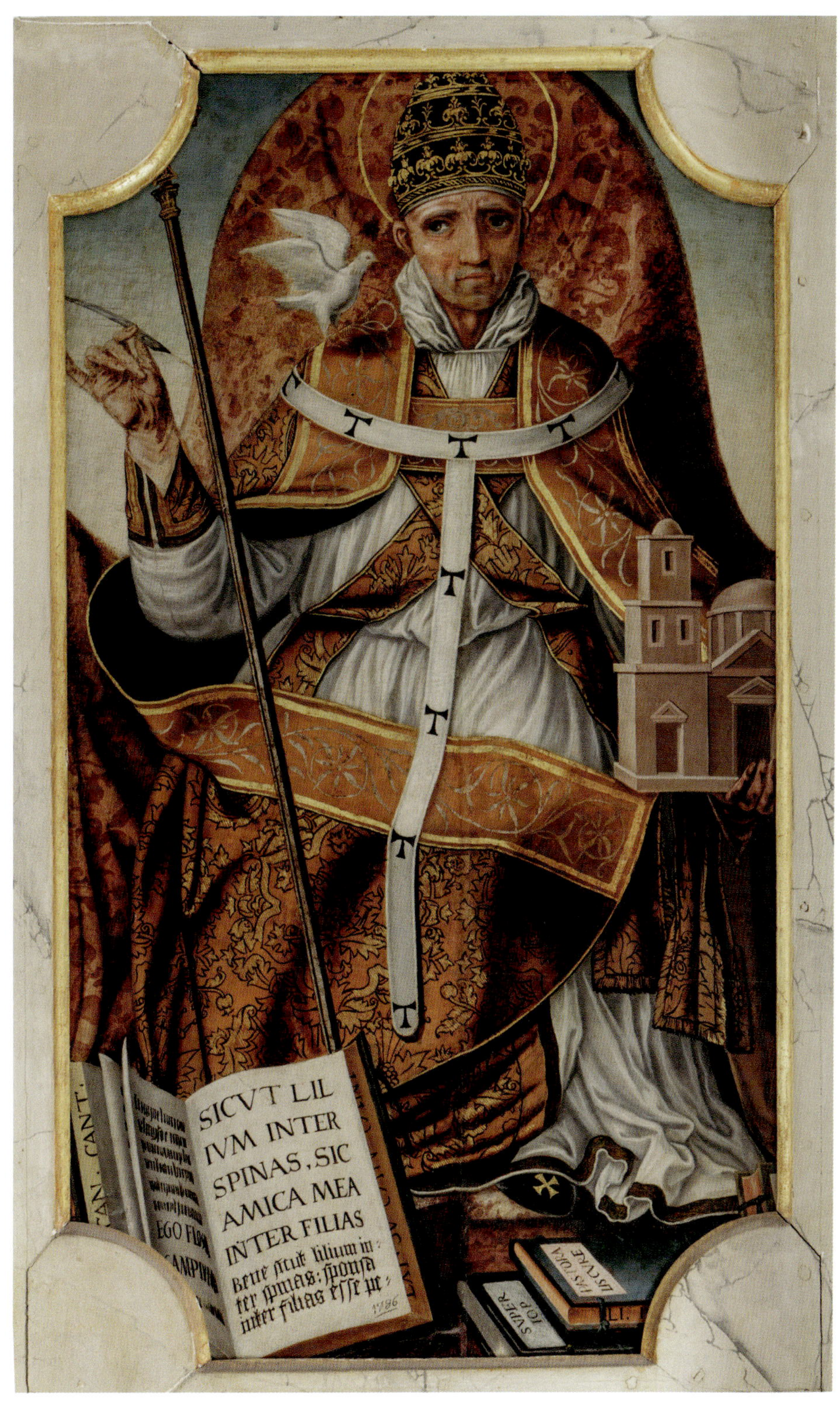

25.07

Título: *San Gregorio Magno*
Autor: Hernando de Esturmio
Código Mosaico (Junta de Andalucía):
014106800920001.0006

Cronología: 1548
Soporte: lienzo sobre tabla
Técnica: óleo
Medidas: 103 x 56 cm (s/m) ; 111 x 70 cm (c/m)
Inscripciones: es muy posible que haya más o se
puedan leer de forma más completa si la obra se

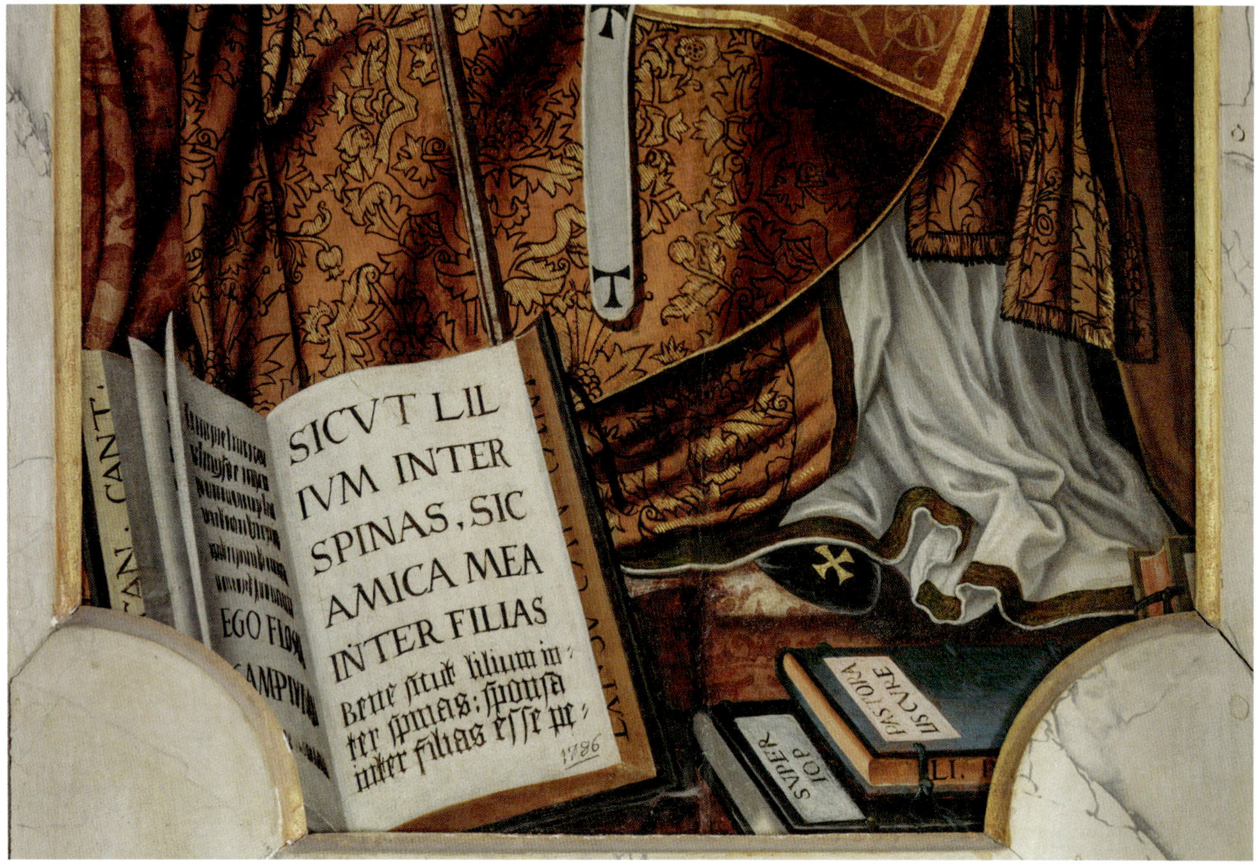

Fig. 25.07.1. Hernando de Esturmio, *San Gregorio Magno*, detalle de los libros con las inscripciones y fecha del traslado de las pinturas a la nueva ubicación: 1786. *Retablo de la Inmaculada Concepción*, capilla de la universidad, Osuna. © Junta de Andalucía. Foto: Pepe Morón.

pudiera sacar de su emplazamiento. Las que se han podido constatar son: sobre el libro abierto en el primer plano a la izquierda, página izquierda: "[seis líneas inteligibles] ego flos/ campi [una línea más inteligible]"; en la página de la derecha: "sicut lil/ ium inter/ spinas, sic/ amica mea inter filias/ [cambio de letra por gótica] Bene sicut lilium in/ ter spinas: sponsa inter filias ese pe//"; en el borde inferior del libro y en otra grafía más moderna "1786"; en el canto del libro: "exp·in·can·cant·" (Fig. 25.07.1)

En los dos libros tumbados en la esquina derecha puede leerse: "super/ iop"; "pastora/ uscure".

Localización: segundo cuerpo de la calle de la epístola, retablo de la capilla de la Inmaculada Concepción, universidad de Osuna.

Procedencia: posiblemente del antiguo retablo de la capilla de la Inmaculada Concepción, en el lado de la epístola del presbiterio de la colegiata de Nuestra Señora de la Asunción de Osuna.

Estado de conservación: Se distinguen cuarteados propios de pintura sobre tabla y textura de tela, esta última localizada en el fondo de la composición y en la mano que sostiene la pluma. La madera del soporte carece de deformaciones, aunque una grieta vertical, ya tratada y que se prolonga entre los bordes superior e inferior, delata la antigua separación de las tablas. La estructura de estas podría estar debilitada, teniendo en cuenta los orificios de xilófagos detectados a la izquierda del halo del santo, en el hombro del mismo lado y en el báculo que le acompaña.

Por otra parte, las reintegraciones halladas en la paloma, el rostro del santo y el fondo circundante indican que hubo mala cohesión entre los estratos, problema que ha producido nuevas alteraciones, como son los levantamientos a lo largo del borde izquierdo, en la parte superior del derecho y en torno a la mano antes referida. Finalmente, señalar los restos de suciedad en superficie, comunes a las obras de este retablo de la Inmaculada Concepción.

Descripción y comentario:

San Gregorio Magno aparece sedente en una cátedra cubierta por una rica tela de brocado carmesí

254

con decoración de piñas. Representado como Papa, lleva las vestiduras identificativas con la capa pluvial dorada también de rico brocado, tiara papal con las tres coronas y cruz pontificia de tres travesaños de la que sólo se intuye uno de ellos al quedar tapada por la nueva armazón del retablo que se colocó en el siglo XVIII, y de la que han dejado la fecha inscrita: "1786", en la esquina inferior derecha del borde del libro de la "Expositio in Canticum Canticorum", en el que san Gregorio interpreta el *Cantar de los Cantares* en relación a la Inmaculada Concepción de María. El texto que se puede leer en el libro de la esquina inferior izquierda hace alusión al capítulo 2 del *Cantar de los Cantares*: "Ego flos campi et lilium convallium / Sicut lilium inter spnas sic amica mea inter filias" [yo soy el narciso de Sarón, el lirio de los valles/ como el lirio entre los cardos, así mi amada es entre las jóvenes]. Seguidamente se lee en letra gótica parte de la interpretación que hace san Gregorio: "Bene sicut lilium in/ ter spinas: sponsa inter filias ese pe" [Bien como es el lirio entre las espinas (así) es la esposa entre las mujeres […][606] (Fig. 25.07.1).

San Gregorio siempre suele aparecer imberbe en las representaciones anteriores al siglo XVII, como esta que adapta Hernando de Esturmio. No habría que desestimar un diseño previo de Arnao de Vergara con el que contara Esturmio para estas escenas del retablo de la universidad de Osuna, pues Arnao está trabajando en varias obras para Osuna entre 1532 y 1534[607]. Tampoco es seguro que ese contrato que firmó Arnao de Vergara con Nicolás de León sea el que se ejecuta para la capilla de la Universidad de Osuna, pues desde 1534 en que Arnao renuncia a la realización de ese trabajo y el concierto del entallador de siete pinturas, entre las que estaría este San Gregorio, para un retablo que está haciendo en 1547[608], pasan doce años[609].

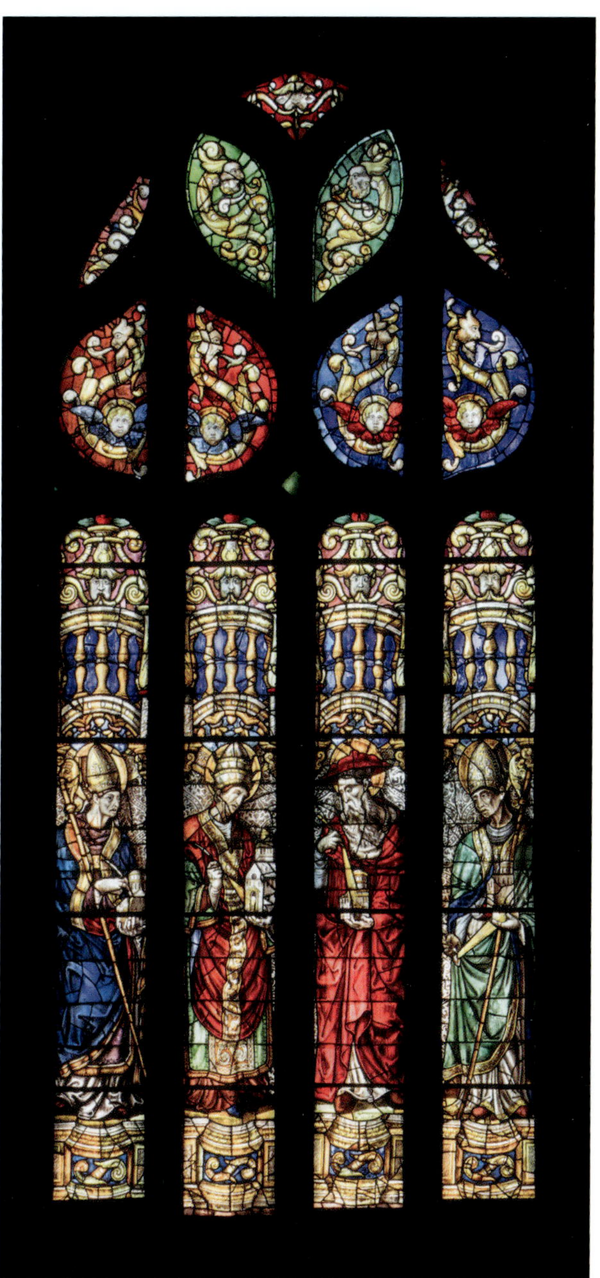

Fig. 25.07.2. Arnao de Vergara, *Vidriera de los Cuatro Padres de la Iglesia*. Catedral de Sevilla. © Archidiócesis de Sevilla. Delegación de Patrimonio Cultural. Foto: Pepe Morón, 2023.

Sin embargo, la coincidencia del número de pinturas requeridas, así como su temática, encaja con las conservadas en la capilla de la universidad, como

606 D. Ramos-Lissón, "En torno a la exégesis de San Gregorio Magno sobre el Cantar de los Cantares", *Teología y Vida*, 42, n.º 3, (2001), pp. 241-265. [En línea: http://www.scielo.cl/scielo.php?script=sci arttext&pid=S0049-34492001000300001&lng=es&nrm=iso] [DOI: http://dx.doi.org/10.4067/S0049-34492001000300001] (Consultada 29-06-2021).

607 AHPSe. Protocolos, Oficio IV, Cristóbal de la Becerra, Libro único de 1534, cuaderno 17, s/fol.

608 "Obligose a pintarlos [Esturmio] de buena obra á vista de maestros del oficio desde el día de la fecha de la escritura hasta el de san miguel del mismo año, pagándosele por Nicolás de León 30 ducados en 3 plazos". AHPSe, Oficios 1, Libro 1 del año 1547, fol. 778. Trascripción J. Gestoso Pérez, *Ensayo de un diccionario…*, *op. cit.*, p. 306.

609 Este es uno de los motivos por el que Gómez Sánchez se resiste a pensar que se trata del mismo retablo para la capilla

de la Universidad de Osuna. J. A. Sánchez Gómez, "De Arnao de Vergara a Vicente Menardo…", *op. cit.*, p. 57. Aunque el propio autor, en el mismo párrafo, tampoco se atreve a "descartar de forma definitiva que se trate del mismo".

Mayer apuntó en 1911[610], y hacen sospechar que se trate del mismo encargo de 1534.

Independientemente de si Esturmio se está encargando de ejecutar las pinturas a las que renuncia Arnao de Vergara en 1534, la relación con composiciones de este último, ya se ha señalado en varias ocasiones. No habría que desestimar la existencia de un diseño previo de Arnao de Vergara que pudo asumir Esturmio, pues se aprecian coincidencias entre estas obras y otras del diseñador de vidrieras. Por ejemplo, la cercanía de tipologías de los santos padres de la Iglesia en relación con los de la catedral citados, pero también que, para el fondo de esta figura de san Gregorio y la de san Agustín, está recurriendo a una plantilla de brocado, en cierto modo similar a la que aparece en grisallas en las vidrieras de la catedral (Fig. 25.07.2).

El programa de este retablo está muy cuidado y meditado. No hay noticias de la formación intelectual de Esturmio, pero las citas tan concretas a las obras de los padres de la iglesia que aquí aparecen en primer plano, demuestran que nada se ha dejado al azar. De hecho, en el contrato firmado por Nicolás de León y Hernando de Esturmio el 1 de junio de 1547[611], se indica que entre los "syete tableros" que ha de hacer el pintor debe estar "Un san Gregorio ansymiso de pinzel vestido como papa con su tiara e sentado con el espíritu santo en el onbro y en la mano ansimismo la iglesia y libros á los pies"[612]. La descripción sigue de forma puntual el resultado final de Esturmio y la iconografía habitual para el santo Papa, con la paloma del Espíritu Santo, aludiendo a la inspiración divina y a la leyenda que narra que el diácono Pablo había visto cómo el Papa escribía sus *Homilias* al dictado del Espíritu Santo[613], y la Iglesia en la mano, como atributo específico de los cuatro padres de la Iglesia latina.

Los dos libros de la esquina derecha hacen referencia a varios de sus escritos como el *Regula Pastoralis*, que también se conoce como *Pastoral*, en el que Gregorio escribe sobre la moral que debe regir a los obispos[614]; los *Libros morales* (Expositio in librum beati Job), de ahí el título "IOP" que aparece como segunda palabra del título.

Esturmio vuelve a recuperar la misma tipología del rostro en el san Isidoro del antiguo *Retablo de santa Catalina* de la iglesia de Santa Ana en Sevilla[615]. Incluso el gesto elocuente de la mano derecha, la cabeza ladeada hacia ese lado, y los ropajes, muestran el uso de un modelo común del que debió de partir el pintor. El tema de los cuatro padres de la Iglesia también los trabaja en busto para el retablo de la *Coronación de la Virgen* del desaparecido hospital de San Bartolomé de Sevilla[616]. La presencia de los padres de la Iglesia en el entorno de la Virgen fue una iconografía conocida en Sevilla desde comienzos de siglo, pues así aparecen a ambos lados de la *Virgen de la Antigua* en el retablo con esta advocación que Maese Rodrigo de Santaella encargó hacia 1520 a Alejo Fernández para ocupar la capilla mayor de la iglesia de Santa María de Jesús en Sevilla.

610 A. L. Mayer, *Die Sevillaner Malerschule*, Leipzig, 1911, ed. trad. D. Romero, *Escuela sevillana…, op. cit.*, p. 44.

611 AHPSe, Oficios 1, Libro 1 del año 1547, fol. 778. Trascripción J. Gestoso Pérez, *Ensayo de un diccionario…, op. cit.*, p. 306.

612 *Idem.*

613 L. Réau, *Iconografía del arte cristiano…, op. cit.*, t. 2., vol. 4, p. 50.

614 *Ibidem*, p. 47.

615 Sobre este retablo: J. A. Gómez Sánchez, "Hernando de Esturmio. Un pintor neerlandés en la Sevilla del Renacimiento", en *El San Roque del convento de Santa Clara…, op. cit.*, p. 48.

616 J. Gestoso Pérez, "Notice historique et biographique des principaux artistes flamands", *Les Arts Anciennes de Flandre*, Bruges, 1912, p. 54.

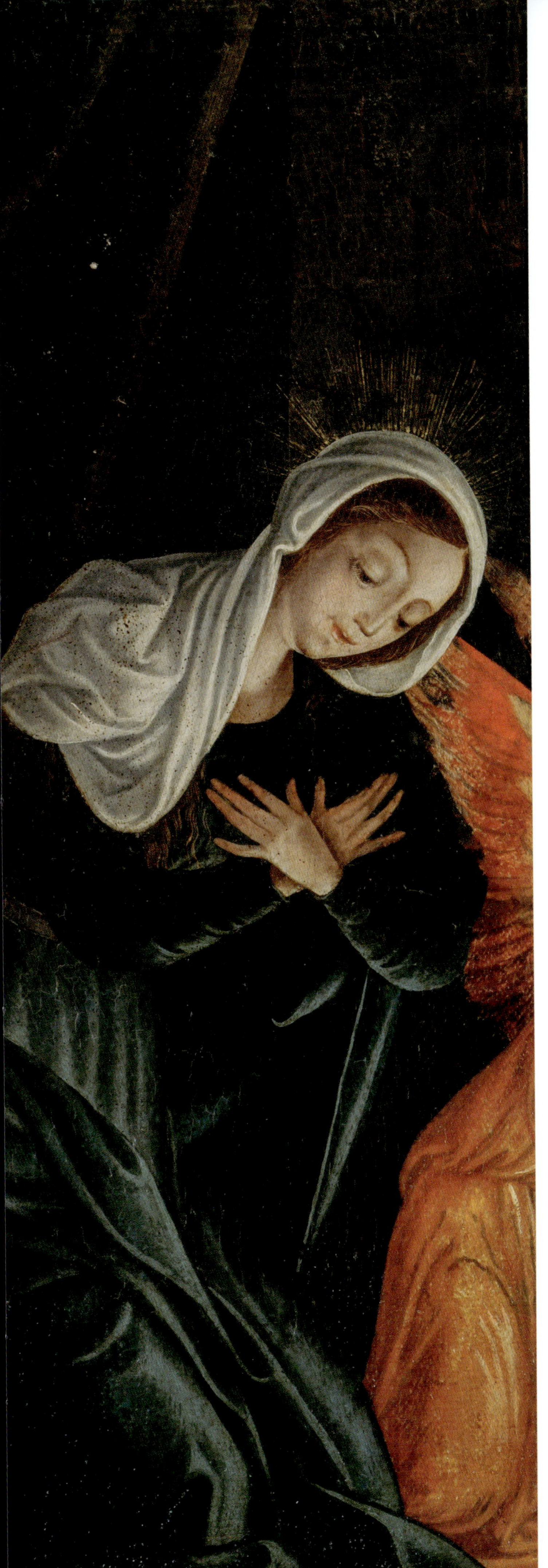

Pinturas rechazadas como de ejecución flamenca

R.26

San Jerónimo de medio cuerpo sacristía de la colegiata de Osuna (Fig. R. 26).

R.27

Calvario, altar de la cripta. Colegiata de Nuestra Señora de la Asunción, Osuna (Fig. R.27).

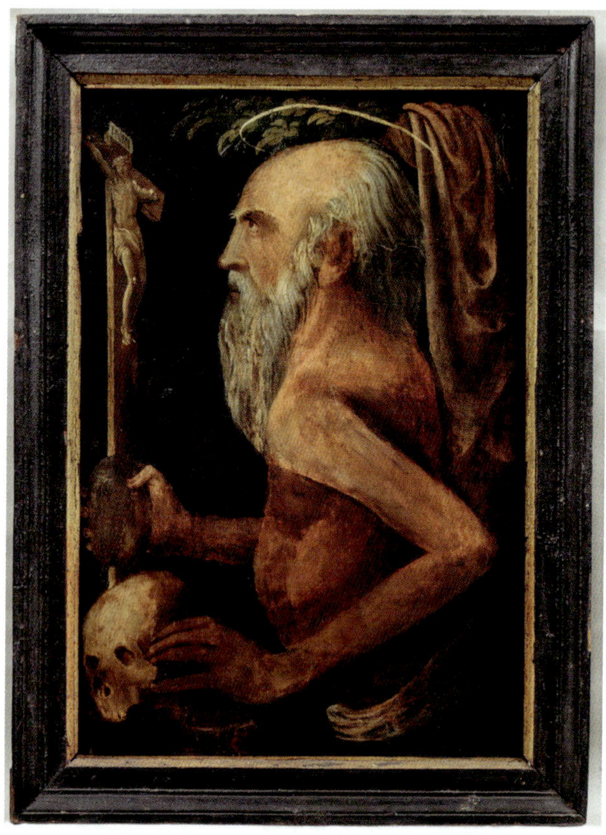

Fıg. **R.26**. Anónimo, *San Jerónimo en el desierto*. Sacristía, colegiata de Nuestra Señora de la Asunción, Osuna. © Junta de Andalucía. Foto: Pepe Morón.

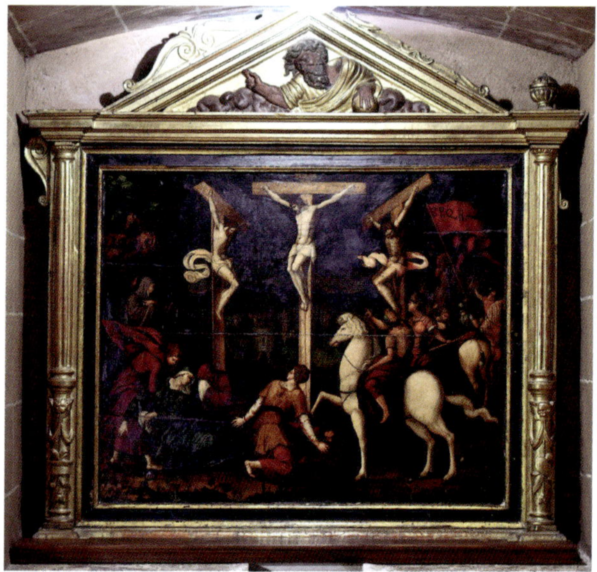

Fıg. **R.27**. Anónimo, *Calvario*. Altar de la cripta, panteón del Santo Sepulcro, Osuna. Foto: Óscar González Molero.

Fuentes documentales

Amberes. **Rijksarchief Antwerpen** (en adelante RAA)
Kerkarchief Saint-Jacobs, Antwerpen (Sig. 251a/28).

Amberes. **Stadarchief Antwerpen** (en adelante SAA)
Sub Grapheus en Asseliers, 2, 1559.

Jerez de la Frontera, Cádiz. Archivo de Protocolos Notariales de Jerez de la Frontera (en adelante APNJF)
Concierto de las vidrieras para la cartuja de Jérez. Oricio III, Rodrigo de Cuenca, 1537, fols. 763-ss.

Madrid, Archivo del Instituto del Patrimonio Histórico Cultural Español, Madrid (en adelante AIPHCE)
Memorias de intervención. Restauración de tres tablas del patio del Santo Sepulcro de la Colegiata de Osuna. BM 173/15. Informe de entrada. Examen de las tablas, n.º registro 860-861-862, 12 de noviembre de 1966.

Madrid. Archivo Rodríguez Marín. Biblioteca del Centro de Humanidades del CSIC, Tomás Navarro Tomás (en adelante BTNT-CSIC)
Colección Rodríguez Marín. B. I. V. Historia, caja 19, 6.1 (6). "Ynventario de las alhajas y ornamentos y otras cosas que tiene la capilla del Sto. Sepulcro de esta villa de Osuna practicado por orden de Dn Pedro Girón, conde de Ureña en 4 de julio de 1559", fol. 39-44.
Colección Rodríguez Marín. B. I. V. Historia, caja 19, 6.1 (8). "Ynventario de ornamentos, alhajas y objetos de Sto. Sepulcro de los Excmos. Sres. Duques de Osuna, hecha con intervención del señor D. Antonio de Contreras, en 7 de Agosto de 1861", 4 pliegos.
Colección Rodríguez Marín. B. I. V. Historia, caja 19, 6.1 (7), "Inventario del Santo Sepulcro, 1775", pliegos 2 y 3.

Madrid. Biblioteca Nacional de España (en adelante BNE)
Manuscrito: Diego Hernández de Mendoza, *Blasones de varios linajes de Españas*, fol. 429 y 429v, "De la Vega"; fol. 919v y 920, "De los de la Cueva". Signatura: Mss/3259 [Disponible en red: Biblioteca Digital Hispánica, http://bdh-rd.bne.es/viewer.vm?id=0000015098&page=1] (Consultada el 2-06-21).

Madrid. Real Academia de la Historia
[En red: *Diccionario Biográfico. Real Academia de la Historia*, Disponible en: http://dbe.rah.es/biografias/7581/francisco-de-osuna] (Consultado: 22-06-2021).

Osuna, Sevilla. Archivo de la Asociación de Amigos de los Museos de Osuna (en adelante: AAMO)
Inventario de 1552, Leg. 233, fols. 2-3.

Osuna. Archivo de la Universidad de Osuna (en adelante AUO)
Escritura de donación del Collegio de la Santa Concepcion, 8 de diciembre de 1548, fol. 4r-4v; M. S. (Sig. Prov. Leg. 9).

Osuna. Archivo de la Colegial (en adelante ACOsuna)
Catálogo de los Señores Abades de la insigne iglesia colegial de Osuna, desde su fundación hasta que fue suprimida. Trascripción: L. Jiménez-Tuset y Martín, *Archivos importantes de la villa de Osuna*, 2020, p. 1 [En red: https://tamayorecuerdosdeunafamilia.es/archivos-y-catalogos-importantes-de-la-villa-de-osuna/] (Consultado 22-06-21).

Sevilla. Archivo de la Catedral de Sevilla (en adelante ACS)
Libro de cargo y data, 1552, fol. 61v., 83v.
Libro de cargo y data, 1553, fol. 84.
Libro de cargo y data, 1554, fol. 22.

Sevilla. Archivo de la Comisión de Monumentos históricos de Sevilla. Real Academia de Santa Isabel de Hungría
Carpeta de municipios, sección 12.ª, Sevilla Provincia: D-Z, n.º 15, Osuna

Sevilla. Archivo Histórico de Protocolos de Sevilla (en adelante AHPSe)
Oficios 1, Libro 1, 1547, fol. 778
Oficios 4, Cristóbal de la Becerra, Libro único, 1534, cuaderno 17, s/f.
Oficios 4, Cristóbal de la Becerra, Libro 2, 1546, cuaderno 28, fol. 683v.
Oficios 5, Libro 3, 1539, Reg. 26
Legajo 15047, oficio 22, libro 1.º, 1596, fol, 1133r-1134r. "Concierto de compañía artística entre Juan de Oviedo y de la Bandera y Juan Martínez Montañés", Sevilla, 5 de junio de 1596.

Simancas. Archivo General (en adelante, AGS)
Contaduría mayor, 1.ª época; leg. 192.
Contaduría Mayor de Cuentas, 1.ª época, leg. 178, fol. 70.

Toledo. Archivo Histórico de la Nobleza, Toledo (en adelante AHNo)
Carta de confirmación y nueva Merced que el Sr. Rey D. Enrique hizo por juro de heredada al S^or. D^n. Juan Téllez-Girón segundo conde de Ureña del Oficio de Aposentamiento de Medina del Campo. 3 de mayo de 1470, fol. 10. OSUNA, *C.36, D.30-31*.
Bula de Pablo III concediendo a Juan Téllez-Girón, IV conde de Ureña, que halla nueve capellanías, una sacristía y dos beneficios en la capilla del Santo Sepulcro de la iglesia de la Asunción de la villa de Osuna, 26 de febrero de 1545. OSUNA, *C.6, D. 11* [ES.45168. AHNOB//OSUNA, *C.6, D.11*].
Ejecutoria otorgada a favor de Juan Téllez-Girón, conde de Ureña, 1556. Nobleza. OSUNA, CP.9. D11.
Copia autorizada del testamento y codicilo del sr. conde de Ureña don Juan Téllez-Girón. 12 de octubre de 1556. Nobleza, OSUNA, Legajo 8, n.º 20.
Capitulaciones, cartas de dote y arras entre Beltrán de la Cueva, [III] duque de Alburquerque y Juan Téllez-Girón, [IV] conde de Ureña, por el matrimonio de este último con María de la Cueva. 13 de septiembre de 1532. Nobleza, OSUNA, *C.5, D. 12-13* (ES. 45168).
Testamento cerrado que otorgó María de la Cueva, condesa de Ureña. 12 de mayo de 1563. Nobleza, OSUNA, *C.9, D.4* (ES 41168).
Nobleza, Sección Frías, C1587, D.3.

Bibliografía

C. Abadía Flores, "La comunidad flamenca en Sevilla en el siglo XVI", *Archivo Hispalense*, 93, (2010), pp. 173-192.

M. W. Ainsworth, Gerard David. Purity of Vision in an Age of Transition, Metropolitan Museum, New York, 1998, pp. 295-307.

M. W. Ainsworth, *Stijn Alsteens, Stijn y Nadine M. Orestein, Man, Myth, and Sensual Pleasures. Jan Gossart's Renaissance*, Cat. exp., The Metropolitan Museum of Art, New York, 2010.

E. Albendea Ruz, "La primera cubierta renacentista del Palacio de las Dueñas de Sevilla", *Quiroga*, 1, (2012), pp. 12-19.

B. Alonso Ruiz, *Arquitectura tardogótica en Castilla. Los Rasines*, Universidad de Cantabria, Santander, 2003.

A. Álvarez, "Tradición concepcionista en la provincia Bética", *Archivo Hispalense*, n.º 86, (1957), pp. 159-197.

C. Álvarez Delgado, "*Virgen con el Niño de Roque Balduque, siglo XVI. Su restauración y estudio técnico-científico*", en *Arte del Renacimiento en Sevilla*, eds. I. Cano Rivero, I. Hermoso Romero y M.V. Muñoz Rubio, Museo de Bellas Artes de Sevilla, 2022, pp. 85-103

D. Angulo Íñiguez, "El pintor Juan de Zamora", *Archivo Español de Arte y Arqueología*, 12, 36 (1936), pp. 201-207.

D. Angulo Íñiguez, "Pintura del Renacimiento", Ars *Hispaniae*, XII, Ed. Plus Ultra, Madrid, 1954.

A. M.ª Ariza y Montero-Coracho, *Bosquejo biográfico de don Juan Téllez-Girón, IV conde de Ureña*, imprenta Eulogio Trujillo, Osuna, 1890.

I. Atienza Hernández, "Pater familias: economía, clientelismo y patronato en el Antiguo Régimen", en *Relaciones de poder, producción y parentesco en la Edad Media y Moderna*, CSIC, Madrid, 1990, pp. 411-458.

I. Bäcksbacka, *Luis de Morales*, Helsinki-Helsingfors, 1962.

R. Baglioni, A. Bouzas Abad, J. A. Filter Peinado y A. Gómez Morón, "Restauración de San Jerónimo penitente, altorrelieve policromado del siglo XVI. Panteón ducal de la colegiata de Osuna", *Cuadernos de los Amigos de los Museos*, (2011), pp. 105-108.

A. Balis, "Rubens and His Studio: Defining the Problem", en *Rubens. A Genius at Work, Museé des Beaux-Arts de Belgique*, Bruxelles, 2007, pp. 30-51.

A. de la Banda y Vargas, *La colegiata de Osuna*, ed. Caja de San Fernando, Sevilla, 1995.

I. Bango Torviso, "El espacio para enterramientos privilegiados en la arquitectura medieval española", *Anuario del departamento de historia y teoría del Arte*, 4 (1992), pp. 93-132.

M. A. Bass, *Jan Gossaert and the Invention of Netherlandish Antiquity*, Princeton University Press, Oxford, 2016.

M. Baxandall, *Pintura y vida cotidiana en el Renacimiento. Arte y experiencia en el Quattrocento*, Barcelona, Gustavo Gili, 1978.

I. Beceiro Pita, "Los conventos de clarisas y sus patronas. Medina de Pomar, Palencia y Calabazanos", *Semata, Ciencias sociais e humanidades*, 26, (2014), pp. 319-341.

Fray Vicente Beltrán de Heredia, "La facultad de teología en la Universidad de Osuna", *La ciudad tomista*, 49, (1934), pp. 145-173.

E. Bermejo Martínez, *La catedral de Cuenca*, Cuenca, 1976.

E. Bermejo Martínez, *La pintura de los Primitivos Flamencos en España*, 2 vols., CSIC, Madrid, 1980-1982.

E. Bermejo Martínez, "Pinturas inéditas de Pieter Coeck conservadas en España", *Archivo Español de Arte*, (1981), pp. 113-142.

E. Bermejo Martínez, "Taller de Joos van Cleve, San Jerónimo en su estudio" en *Las pinturas sobre tabla de los siglos XV y XVI de la catedral de Burgos*, Burgos, 1994, pp. 80-83.

E. Bermejo y C. Soto Serrano, "Un reflejo del arte de Paul Coecke en la Virgen con el Niño de San Juan Teitipac (México)", *XIII Congreso Internacional de Historia del Arte. Ante el nuevo milenio: raíces culturales, proyección y actualidad del arte español*. Granada, 2 vols., 2000, vol. II, pp. 649-657.

R. de Besa Gutiérrez, "Intervenciones en el Santo Sepulcro de la Colegiata de Osuna: 1880-1896", *Cuadernos de los Amigos de los Museos de Osuna*, 18, (2016), pp. 103-109.

J. Bok, "De waarheid in de archief: Kunstenaars op reis", *Kunstschrift*, 34, 4, (1990), p. 5

G. Boto Varela, "Aposentos de la memoria dinástica. Mudanza y estabilidad en los panteones regios leoneses (1157-1230)", *Anuario de estudios medievales*, 42, 2 (2012), pp. 535-565.

V. Boucherat, "La Vierge au singe de Dürer ou les pérégrinations formelles d'une modèle inspirant", *Revue de l'Art*, 145, (2000-3), pp. 28-40.

C. Bravo Lozano, "La Concepción Inmaculada de María en el contexto de la *Pietas Hispanica*", en *Intacta María. Política y religiosidad en la España Barroca*, ed. P. González Tornel, Museo de Bellas Artes de Valencia, 2017, pp. 109-119.

W. Brulez, "De diaspora der Anterpse kooplui op het einde van de 16e eeuw", *Bijdragen voor de geschiedenis der Nederlanden*, 15, (1960), 279-306.

A. M. Cabello Ruda y F. Ledesma Gámez, "La memoria del linaje. La capilla del Santo Sepulcro de Osuna", *Cuadernos de los Amigos de los Museos de Osuna*, 20, (2018), pp. 30-34.

R. M. Cacheda Barreiro, "Dogma, ideología y devoción: la Inmaculada Concepción a través de las estampas del siglo XVII", en *Actas del Simposium. La Inmaculada Concepción en España: religiosidad, historia y arte*, San Lorenzo de El Escorial, 2005, p. 845-868.

J. I. Calvo Portela, "La Monarquía Hispánica defensora de la Inmaculada Concepción a través de algunas estampas españolas del siglo XVII", *Anales de Historia del Arte*, 23 (2013), pp. 155-168.

A. van Camp, "A collection of tapestry Cartoons at the Ashmolean Museum in Oxford", *Studia Bruxellae- Museés et Archives de la Ville de Bruxelles*, 12, (2019/1), pp. 345-386.

L. Campbell, *National Gallery Catalogues: The Fifteenth Century Netherlandish Schools*, Londres, 1998.

J. Campos y Fernández de Sevilla, "El P. Sigüenza y la Orden de San Jerónimo en el tránsito del siglo XV al XVI", *Cuadernos de Investigación Histórica*, 23 (2006), pp. 19-64.

F. Cano Manrique, *Fundación en Osuna del monasterio de la Encarnación de Trápana de madres mercedarias descalzas (14 de noviembre de 1626)*, Madrid, 2001.

I. Cano Rivero, I. Hermoso Romero y M.V. Muñoz Rubio, *Arte del Renacimiento en Sevilla*, Museo de Bellas Artes de Sevilla, 2022-2023.

F. A. Chacón Gómez-Monedero, "Giraldo de Holanda. Maestro vidriero y conservador de las vidrieras de la catedral de Cuenca, 1547-1556", en *Vestir la arquitectura. XXII Congreso Nacional de Historia del Arte*, ed. René J. Payo Hernanz, E. Martín Martínez de Simón *et alii*, Universidad de Burgos, 2019, pp. 797- 802.

M. Ciudad Ruiz, "El maestrazgo de Don Rodrigo Téllez-Girón", *La España Medieval*, 23, (2000), pp. 321-365.

P. Civil, "Iconografía y relaciones en pliegos. La exaltación de la Inmaculada en la Sevilla de principios del siglo XVII", en *Las relaciones de sucesos en España (1500-1750)*, eds. Henry Ettinghausen, Víctor Infantes, Agustín Redondo y M..ª Cruz García de Enterría, Madrid, Universidad de Alcalá, 1996, pp. 65-78.

K. de Clippel, *Catharina van Hemessen (1528-na1567). Een monografische studie over een ´uytnemende wel geschickte vrouwe in de conste der schilderyen*, Brussel, 2004.

F. Collar de Cáceres, "Pintura y pintores del norte en la España del siglo XVI. Presencia e influencia", en *La pintura europea sobre tabla. Siglos XV, XVI y XVII*, Madrid, Ministerio de Cultura, 2010.

S. de Covarrubias Orozco, *Tesoro de la lengua castellana o española*, Madrid, 1674.

F. Crosas López, "Las lecturas de doña Mencía: la iconografía del retablo de Santa Ana de la capilla del Condestable de la Catedral de Burgos", *Scriptura*, n.°13 (1997), pp. 207-216.

F. Cruz Isidoro, "Pintores flamencos e hispanos en la corte del VI duque de Medina Sidonia de 1540 a 1554", en *Archivos de la iglesia de Sevilla. Homenaje al archivero D. Pedro Rubio Merino*, ed. C. Álvarez Márquez, M. Romero Tallafigo, Córdoba, 2006, pp. 143-161.

F. Cruz Isidoro, "El patronazgo y la corte artística de los Pérez de Guzmán en la Sanlúcar de los siglos XVI y XVII", en *Influencias y confluencias: Sanlúcar de Barrameda ciudad mundo en la edad moderna*, ed. Hélène Thieulin-Pardo, *e-Spania. Revue interdisciplinaire d´etudes hispaniques médiévales et modernes*, février (2017) [En red: https://doi.org/10.4000/e-spania.26211].

N. Dacos, "Fortune critique de Pedro de Campaña, de Pacheco à Murillo et à Constantin Meunier", *Revue Belge d´Archeologie et d´Histoire de l´Art*, 53 (1984), pp. 91-117.

N. Dacos, "Cartons et dessins Raphaélesques à Bruxelles: l´action de Rome aux Pays-Bas", *Bollettino d´Arte*, supl. Au n.° 100 (1997), pp. 1-21.

N. Dacos, "Perin del Vaga et trois peintres de Bruxelles au palais Della Valle", *Prospectiva. Revista di storia dell´arte antica e moderna. Omaggio a Fiorella Sricchia Santero*, I, 91-92, (1998), pp. 159-170.

N. Dacos, "Autor de l´Adoration des Berges de Tommaso Vincidor: Léonard Thiry, Le Maître du Fils Prodigue et les Autres", *Liber amicorum Raphael de Smedt. Miscellanea Neerlandica*, 24, (2001), pp. 95-116.

N. Dacos, "De Perin del Vaga à Lambert Suavius. Les histories d´Amour et Psyque", *Revue Belge d´Arquéologie et d´Histoire de l´Art*, LXXII, (2003), pp. 81-112.

N. Dacos, *Roma Quanta Fuit: Ou l´Invention du Paysage de Ruines*, Brussels, 2004.

H. Deceulaer y A. Diels, "Artists, Artisans, Workshops Practices and Assistants in the Low Countries (fifteenth to seventeenth centuries)", *en Invisible Hands? The Role and Status of the Painter´s Journeyman in the Low Countries c. 1450-c. 1650*, ed. N. Peeters, Leuven, 2007, pp. 1-24.

G. Denhaene, *Lambert Lombard Renaissance et Huamnisme à Liege*, Fonds Mercator, Amberes, 1990.

J. Denucé, *Exportation d´eouvres d´art au 17e siècle á Anvers. La firme Forchondt*, The Hague, 1931.

B. Dewilde y A. van Oosterwijk (ed.), "Puzzling Art. Reconstructing the Claeissens´s Ouvre", en Anne van Oosterwijk, *Forgotten Maasters. Pieter Pourbus and Bruges Painting from 1525 to 1625*, Groeningenmuseum, Brujas, 2017, pp. 33-45.

M. Díaz Padrón, "Nuevas pinturas identificadas del Maestro del Hijo Pródigo", *Goya*, 159 (1980), pp. 130-139.

M. Díaz Padrón, "Nuevas pinturas del Maestro de las Medias Figuras", *Archivo Español de Arte*, 53, 210, (1980), Págs.169-184.

M. Díaz Padrón, "Un tríptico inédito del Maestro del Hijo Pródigo en el Museo de Pontevedra", *Boletín del Museo del Prado*, vol. 2, n.° 4, (1981), pp. 5-10.

M. Díaz Padrón, "Dos nuevas pinturas identificadas del Maestro del Hijo Pródigo", *Archivo Español de Arte*, 54, 215, (1981), pp. 369-373.

M. Díaz Padrón, "Una tabla del Maestro del Papagayo atribuida a Heinrich Aldegrever en el Museo del Prado", *Boletín del Museo del Prado*, vol. 4, n.° 11, (1983), pp. 97-103.

M. Díaz Padrón, "Una tabla del Maestro del Papagayo desconocida del Museo de Bellas Artes de Bilbao", *Boletín de la Real Academia de Bellas Artes de San Fernando*, 62 (1986), pp. 155-160.

M. Díaz Padrón, "Una Piedad del Maestro del Hijo Pródigo en el Museo de Bilbao", *Boletín del Museo e Instituto "Camón Aznar"*, XXVII, (1987), pp. 91-93.

M. Díaz Padrón, "Una tercera réplica del ''Suicidio de Lucrecia'' del Maestro del Papagayo, del Museo del Prado, atribuida a Lucas Cranach", *Boletín del Museo del Prado*, vol. 9, n.° 25-27, (1988), pp. 29-32.

M. Díaz Padrón, "Tres pinturas flamencas identificadas en Méjico", *Boletín del Seminario de Arte y Arqueología*, 71, (2005), pp. 163-174.

M. Díaz Padrón, "Una tabla de la "Virgen con el Niño San Juanito y Niño Peregrino" del Maestro del Hijo Pródigo con atribución a Vicente Sellaer", *Boletín del Museo Instituto Camón Aznar*, XCVIII, (2006), pp. 169-176.

M. Díaz Padrón, "La Virgen y el Niño en la huida a Egipto de Paul Coeck van Aelst", *Philostrato. Revista de historia y arte*, 8 (2020), pp. 61-71, [DOI: https://doi.org/10.25293/philostrato.2020.08] [En línea: http://philostrato.revistahistoriayarte.es/index.php/moll/article/view/philostrato.2020.08/523; (consultada: 22-06-2021)].

A. Diéguez-Rodríguez, "Una pequeña Virgen de la leche del Maestro de las medias figuras en el convento de carmelitas descalzas de San José de Ávila", *Boletín del Seminario de Arte y Arqueología*, LXXI, (2005), pp. 343-348.

A. Diéguez-Rodríguez, "Una Virgen de la leche del taller del Maestro de Frankfurt en el convento salmantino de las Dueñas", *Boletín del Museo de Instituto Camón Aznar*, XCVI, (2005), pp. 319-329.

A. Diéguez Rodríguez, "Un tríptico del Maestro del Hijo Pródigo en la iglesia de la Asunción de Rueda (Valladolid)", *Goya, Revista de arte*, 313-314, (2006), pp. 237-244.

A. Diéguez Rodríguez, *La Pintura flamenca del siglo XVI en el norte de España: Galicia, Asturias, Cantabria, País Vasco y Navarra*, 2 vols., Tesis doctoral, Universidade de Santiago de Compostela, 2012.

A. Diéguez Rodríguez, "Un tríptico del taller del Maestro del Hijo Pródigo en Ciudad Rodrigo (Salamanca)", *Boletín del Seminario de Arte y Arqueología*, LXXVIII, (2012), pp. 99-106.

A. Diéguez-Rodríguez, "El ámbito religioso flamenco y los grupos de poder. El ejemplo del desaparecido convento franciscano de Brujas", *Librosdelacorte.es*, 3 (2015), pp. 73-87.

A. Diéguez-Rodríguez, "La Anunciación del altar mayor del sepulcro de los condes de Ureña en Osuna y la figura de Gerrit Jansz van Wytfelt", *Cuadernos de los Amigos de los Museos de Osuna*, 21, (2019), pp. 112-115.

A. Diéguez-Rodríguez, "The artistic relations between Flanders and Spain in the 16th Century: an approach to the Flemish Painting trade", *Journal for Art Market Studies*, 2 (2019), pp. 1-17. [En red: https://doi.org/10.23690/jams.v3i2.90].

A. Diéguez-Rodríguez y E. Vázquez Dueñas, "El coleccionismo de un linaje: Los Guevara. Estudio de dos Anunciaciones", *Ars Bilduma*, (2019), pp. 33-48. [En red: https://doi.org/10.1387/ars-bilduma.20267].

A. Diéguez-Rodríguez, "The Master of the Legend of Saint Lucy and his Paintings with a Spanish Provenance. A Coincidence or a Clientele?", International Seminar at Tallinn: *Glory and Luxury in Tallinn. St. Mary altarpiece by the Master of the Legend of St. Lucy*, The Art Museum of Estonia – Niguliste museum, 3 November, 2022. [En línea.]

A. Diéguez-Rodríguez, "Coexistence of different nationalities and multidisciplinarity in the artistic workshops of the ancient kingdoms of Seville and Granada in the mid-16th century", en *Artists, Agents and Patrons from the Low Countries in the Iberian World*, Brussels, December, 2022 (en prensa).

E. Díez Varona, "De lo "moderno" a lo "antiguo": el cambio en el gusto artístico y su plasmación en la escultura monumental a través de la figura de Francisco de Colonia. Los casos del exterior de la sacristía de la Capilla del Condestable y de la Puerta de la Pellejería de la Catedral de Burgos", en VV.AA., *Vestir la arquitectura: XXII Congreso Nacional de Historia del Arte*, vol. 1, Burgos, Universidad de Burgos, 2019, pp. 113-118.

A. J. DiFuria, *Heemskerck´s Rome: Antiquity, Memory and the Berlin Sketchbooks*, PhD diss, University of Delaware, 2008.

J. Domínguez Búrdalo y A. Sánchez Jiménez, "El dogma de la Inmaculada Concepción como arma de confrontación territorial en la Sevilla del siglo XVII", *RILCE, Revista de Filología Hispánica*, 26, 2, (2010), pp. 303-324.

E. Duverger, *Nieuwe gegevens betreffende de kunsthandel van Mattijs Musson en Maria Fourmenois te Antwerpen tussen 1633 en 1681*, Gante, 1969.

E. Duverger, "Enkele gegevens over de Antwerpse schilder Pauwels Coecke van Aelst (1569), zoon van Pieter en Anthonette van Santa", *Jaarboek Koninklijk Museum voor Schone Kunsten*, Antwerpen, (1979), pp. 211-226.

E. Escuredo Barrado, "Juan de Zamora, "pintor de Ymagineria": nuevos datos sobre sus relaciones profesionales y familiares", *Boletín del Seminario de Estudios de Arte y Arqueología*, LXXXII (2016), pp. 51-64.

E. Escuredo Barrado, "Cura Rerum Publicarum: Luis de Hontiveros y la decoración de la puerta del Arenal de Sevilla", en *Vestir la arquitectura*, XXII Congreso Nacional de Historia del Arte, vol. 1, Universidad de Burgos, 2018, pp. 767- 772.

E. Escuredo Barrado, "Aportación documental al catálogo de Pedro de Campaña: un retablo para la devoción privada", *Archivo Español de Arte*, abril-junio (2019), pp. 161-174.

E. Escuredo Barrado, "Le dio un flagelo suplicándole que le golpeara" Luis de Vargas (1567), una vida en anécdotas", en *Imparilitas. Homenaje a la profesora Fátima Halcón*, ed. Elena Escuredo, ed. Los papeles del sitio, Valencina de la Concepción (Sevilla), 2021, pp. 93-116.

E. Escuredo Barrado, "El retablo de la Alegoría de la Inmaculada Concepción de Luis de Vargas: algo más que una gamba", *Goya: Revista de arte*, 382, (2023), pp. 15-32.

C. Espejo y J. Paz, *Las antiguas ferias de Medina del Campo. Investigación histórica acerca de ellas*, Valladolid, 1908.

M. Estella Marcos, *Juan Bautista Vázquez el Viejo en Castilla y América. Nicolás de Vergara, su colaborador*, CSIC, Madrid, 1990.

M. Estella Marcos, *La imaginería de los retablos de la capilla del Condestable*, Burgos, Asociación de Amigos de la Catedral, 1995.

R. Fagel, *De Hispano-Vlaamse Wereld. De contacten tussen Spanjaarden en Nederlanders, 1496-1555*, Brussel- Nijmegen, 1996.

M. Falomir, "Cristo con la cruz a cuestas", en *El divino Morales*, ed. L. Ruiz Gómez, Madrid, Museo del Prado, 2015, pp. 190-191, n.° 54.

V. Farina, "El arte en Nápoles en la época el gobierno del III duque de Osuna (1616-1621)", en *Italia en Osuna*, ed. P. J. Moreno de Soto, Osuna, 2018, pp. 45-94.

F. Fernández de Béthencourt, *Historia genealógica y heráldica de la monarquía española: casa real y grandes de España*, t. 2, Madrid, Establecimiento Tipográfico de Enrique Teodoro, 1900.

J.P. Fernández González, *El mecenazgo musical de las casas de Osuna y Benavente (1733-1844). Un estudio sobre el papel de la música en la alta nobleza española*, vol. 1, Tesis doctoral. Universidad de Granada, 2005.

M. A. Fernández del Hoyo, "Sobre el comercio de obras de arte en Castilla en el siglo XVI", Boletín del Seminario de Estudios de Arte y Arqueología, 61, (1995), pp. 363-368.

Diego Fernández de Mendoza, *El Becerro general: libro en que se relata el blasón de las armas que trahen muchos reynos y imperios, señoríos ... y de la genealogía de los lynages de España y de los escudos de armas que trahen*, vol. 1, fol. 130.

G. Ferreras Romero y R. Magdaleno Granja, "San Benito con los caballeros de Alfaro y Bravo de Lagunas y Virgen anunciada (Grisalla). Jan van Hemessen. Investigación y tratamiento", *PH. Boletín del Instituto Andaluz del Patrimonio Histórico,* V, (1997), pp. 19-31.

Paul Fierens, "Une nouvelle Madonna de Gossaer", *Bulletin des Museus Royaux de Beaus-Arts de Belgique,* III, (1954), pp. 91-97.

G. Finaldi, "Calvario", en *El joven Ribera*, ed. J. Milicua y J. Portús (Madrid, Museo del Prado, 2011), p. 167.

G. Finaldi, "Pinturas de Ribera para el III duque de Osuna", en *Italia en Osuna*, ed. P. J. Moreno de Soto, Osuna, Patronato de Arte Amigos de los Museos de Osuna, 2018, pp. 82-89.

A. Franco Silva, "Don Pedro Girón, fundador de la Casa de Osuna (1423-1466)", en *Osuna entre los tiempos medievales y modernos (siglos XIII-XVIII)*, Sevilla, Universidad de Sevilla, 1995, pp. 63-94.

M. J. Friedländer, "Ein neues Madonnenbild Jan Gossaerts", *Der Cicerone* 9 (1917), pp. 121-125.

M. J. Friedländer, "Van der Goes und Memling", Oud Holland, LXV, (1950), pp. 167-171.

M. J. Friedländer, *Early Netterlandish Painting, vol. I, The van Eycks - Petrus Christus*, A.W. Sijthoff, Leyden, 1967.

M. J. Friedländer, *Early Netterlandish Painting, vol. II, Rogier van der Weyden and the Maaster of Flémalle*, W. Sijthoff, Leyden, 1967.

M. J. Friedländer, *Early Netterlandish Painting, vol. VI, parte II, Hans Memlinc and Gerard David*, A.W. Sijthoff, Leyden, 1971.

M. J. Friedländer, *Early Netherlandish Painting*, XVI vols., Leyden-Burssels, 1967-1976.

E. Galera Mendoza, *Artistas y artesanos en las obras reales de la Alhambra. Reinado de los Austrias,* Universidad de Granada, Granada, 2019.

A. Gallego y Burín, *La capilla real de Granada*, CSIC, n.º 5, Madrid, 1952.

A. García de Córdoba, *Compendio de las Antigüedades y excelencias de la Ilustrísima villa de Ossuna,* 1746.

M. García Fernández, "Señores y Vasallos en la Osuna del Renacimiento: los primeros condes de Ureña (1469-1558)", *Apuntes 2. Apuntes y documentos para una historia de Osuna,* 1 (1996), pp. 7-24.

M. T. García Gallador, *La Capilla Real de Granada. El estudio interdisciplinar de un monumento granadino. Innovación docente interdisciplinar en la universidad. Estudio de la Arquitectura, el Derecho y la Historia del Arte del patrimonio histórico-artístico de la ciudad de Granada a través de la fotografía estereoscópica*, Granada, Universidad de Granada, 2018.

J. García Nistal, "Miguel Perin en la escultura del Renacimiento español: la "Virgen con el Niño" de la catedral de León", *Anuario del Departamento de Historia y Teoría del Arte*, 21, (2009), pp. 69-80.

N. García Pérez, "Modelos de enterramiento, modelos de patronazgo: La Capilla de los Tres Reyes del Convento de Santo Domingo de Valencia y los Marqueses del Zenete", *Imafronte*, 12-20, (2007-2008), pp. 63-74.

F. García Sánchez, "Roque de Balduque, Juan Bautista Vázquez "el viejo" y Pedro Delgado: documento inédito del antiguo convento de San Pablo de Sevilla", *Ucoarte. Revista de Teoría e Historia del Arte*, 7, (2018), pp. 17-35.

A. Geremicca y D. Allart, *Raphaél et la gravure. De Rome aux anciens Pays-Bas et à Liège,* La collection d'Arts graphiques anciens du Musée Wittert, 2021.

J. Gestoso Pérez, *Apéndice al ensayo de un diccionario de los artífices que florecieron en Sevilla desde el s. XIII al XVIII inclusive*, Sevilla, 1908.

S. van Ginhoven, "Guilliam Forchondt and his Commercial Network in the Iberian Peninsula and New Spain, 1644-1678", *Jaarboek Koninklijk Museum voor Schone Kunsten,* (2011), pp. 119-144.

S. van Ginhoven, *Connecting Art Markets. Guilliam Forchondt s Dealerschip in Antwper (ca. 1632-1678) and the Overseas Painting Trade*, Brill, Leiden-Boston, 2017.

L. Gómez Canseco, *Don Bernardo de Sandoval y Rojas. Dichos, escritos y una vida en verso*, Huelva, 2017.

J. A. Gómez Sánchez, "De Arnao de Vergara a Vicente Menardo. Nuevos documentos de artistas vidrieros del Renacimiento sevillano", *Laboratorio de Arte*, 22, (2010), pp. 51-71.

J. A. Gómez Sánchez, "Antonio del Alfián y Juan de Oviedo el Viejo. El retablo de la *Inmaculada* de la Parroquia de Santa Ana de Sevilla (1573-1574)", *Atrio*, 19, (2013), pp. 49-67.

J. A. Gómez Sánchez, "Hernando de Esturmio. Un pintor neerlandés en la Sevilla del Renacimiento", en *El San Roque del convento de Santa Clara: una obra maestra de Esturmio restaurada*, dir. G. Ferreras Romero y R. Magdaleno Granja, Sevilla, 2015.

J. A. Gómez Sánchez, "Suysos, caballerías de caballos, mugeres como van cavalgando...", un proyecto de pintura mural para el palacio de las Dueñas en 1540", *Laboratorio de arte*, 31 (2019), pp. 113-134. [DOI: http://dx.doi.org/10.12795/LA.2019.i31.07].

R. González Navarro, *Universidad Complutense. Constituciones originales Cisnerianas*, Alcalá de Henares, 1984.

P. González Tornel, "El éxito social de la Inmaculada Concepción en España: textos, imágenes y fiestas", en *Intacta María. Política y religiosidad en la España barroca*, ed. Pablo González Tornel, Valencia, Generalitat Valenciana, 2017, pp. 87-98.

P. González Tornel, "Lope, Calderón y la Inmaculada Concepción de María. La fabricación de una heroína en la España del siglo XVII", en *La Piedad de la Casa de Austria. Arte, dinastía y devoción*, eds. Víctor Mínguez e Inmaculada Rodríguez (dirs.), Gijón, ediciones Trea, 2018, pp. 151-170.

J. M. González de Zárate, V. Bermejo, E. Angulo y R. Lamarca, "Una nueva tabla del Maestro del Hijo Pródigo (Taller) en el Instituto Ephialte. Su modelo iconográfico", *Archivo Español de Arte*, (1994), pp. 176-181.

Fray Luis de Granada, *Discurso devoto del soberano misterio de la Encarnación del Hijo de Dios*, Biblioteca de autores españoles, Madrid, 1848-1884, XI.

G. Gudiel, *Compendio de algunas historias de España, donde se tratan muchas antiguedades dignas de memoria; y especialmente se da noticia de la antigua familia de los Girones, y de otros muchos linajes*, Alcalá, 1577.

F. de Guevara, *Comentario de la pintura y pintores antiguos*, Manuscrito. Biblioteca del Museo del Prado, [Ms.8/ Biblioteca Madrazo], véase Vázquez Dueñas, 2016.

C. Gutiérrez Moya, "Nuevas noticias sobre el retablo mayor de la Colegiata de Osuna", *Archivo Hispalense*, 214, (1987), pp. 211-218.

F. J. Gutiérrez Núñez, "Orígenes y fundación del colegio de la Compañía de Jesús de Osuna en el primer tercio del siglo XVII", *Apuntes 2*, 5, (2007), pp. 170-184.

J. O. Hand, *Joos van Cleve. The complete paintings*, Yale University Press, 2004.

D. van Heesch, "Out of Bosch´s shadow: A rediscovered altarpiece by Jan Mandijn", *Oud Holland*, 3/4, vol. 131, (2018), pp. 109-121.

I. Hermoso Romero, "*Con su romano*. Sobre la ornamentación en Sevilla en el siglo XVI", en *Arte del Renacimiento en Sevilla*, eds. I. Cano Rivero, I. Hermoso Romero y M.V. Muñoz Rubio, Museo de Bellas Artes de Sevilla, 2022, pp. 53-67.

J. Hernández Díaz, *Arte y artistas del Renacimiento en Sevilla. Documentos para la historia del Arte en Andalucía*, Sevilla, 1933.

J. Hernández Díaz, *Arte Hispalense de los siglos XV y XVI. Documentos para la Historia del Arte en Andalucía*, vol. IX, Universidad de Sevilla, 1937.

J. Hernández Díaz, *Museo Provincial de Bellas Artes, Sevilla*, Madrid, Dirección General de Bellas Artes, 1967.

J. Hernández Díaz, "Roque de Balduque en Santa María de Cáceres", *Archivo Español de Arte*, 43, 172, (1970), pp. 375-384.

D. Hernández de Mendoza, *Blasones de varios linajes de Españas*, [En línea: Biblioteca Digital Hispánica: http://bdh-rd.bne.es/viewer.vm?id=0000015098&page=1 (Consultada 1/10/2021)].

D. Hernández de Mendoza, *Libro Becerro General de Castilla*, siglo XVII, p. 129. [Biblioteca Digital Hispánica, en línea: http://bdh-rd.bne.es/viewer.vm?id=0000135656&page=1 (Consultada:12/10/2021)].

J. Hernández Perera, "Una Virgen del Maestro del Hijo Pródigo", *Archivo Español de Arte*, (1954), pp. 154-157.

J. Hernández Perera, "Algo más sobre el Maestro del Hijo Pródigo en España", *Archivo Español de Arte*, (1957), pp. 139-140.

J. Hernández Perera, "Nuevas pinturas identificadas del Maestro del Hijo Pródigo", *Goya, Revista de arte*, 59, (1960), pp. 134-137.

F. J. Herrera García, "Los orígenes de una afortunada creación artística. El retablo gótico en Sevilla", en *El retablo sevillano, desde sus orígenes a la actualidad*, ed. F. Halcón, F. Herrera, A. Recio, Fundación Real Maestranza de Caballería de Sevilla, Diputación de Sevilla, Fundación Cajasol, 2009, pp. 15- 71.

F. J. Herrera García, "Al servicio del culto, la devoción y el ornato: retablos y mobiliario litúrgico en la Iglesia de San Ana", en *Santa Ana de Triana: aparato histórico-artístico*, Sevilla, Fundación Cajasol, 2016, pp. 463-488.

M. Hirst, *Sebastiano del Piombo*, Oxford at the Clarendon Press, Oxford, 1981.

G. Hulin de Loo, *Catalogue du Musée des Beaux-Arts de Gand*, Ghent, 1909.

C. Ishikawa, *The Retablo de Isabel la Católica by Juan de Flandes and Michel Sittow*, Turnhout, Brepols, 2004.

L. Jansen, "Considerations on the size of Pieter Coecke´s Workshop: Apprentices, Family and Journeymen. A contribution to the Study of Journeymen on a micro level", en *Invisible Hands?. The Role and Status of the Painter´s Journeyman in the Low Countries ca. 1450-ca. 1650*, ed. Natasja Peeters, Peeters, Leuven, Paris, Dudley, 2007, pp. 83-105.

M. Jiménez de la Espada, "Correspondencia del Dr. Arias Montano con el Licenciado Juan de Ovando", *Boletín de la Academia de la Historia*, XIX, (1891), pp. 476-498.

K. Jonckheere, *Willem Key (1516-1568). Portrait of a Humanist Painter*, Brepols, Turnhout, 2011.

J. A. Jordán Fernández, *Los conventos de la Orden de los Mínimos en la provincia de Sevilla. Historia, economía y arte (siglos XVI-XIX)*, Sevilla, Secretariado de Publicaciones de la Diputación de Sevilla, 2013.

G. Koppel, "Catalogue. Works from the Collection of the National Museum in Warsaw", en *With a Curious Eye. Mannerist Painting from the National Museum in Warsaw*, Kadrioru Kunstimuseum, Tallinn, 2017, pp. 31-123.

C. M..ª Labra González, "De la Chartreuse de Miraflores à la Chapelle Royale de Grenade", *e-Spania* 3 | juin 2007, (En línea: http://journals.openedition.org/e-spania/171 ; DOI :https://doi.org/10.4000/e-spania.171; consultado en mayo, 2022)].

P. Ladrero García, "Un supuesto retrato de Mencía de Mendoza y Figueroa. Propuesta de nueva identificación", *Berceo*, 156 (2009), pp. 149-189.

E. Lamas-Delgado, "The Dukes of Medina Sidonia and Netherlandish Art: On the Artistic Patronage of a Sixteenth-Century Iberian Court", en *Netherlandish Art and Luxury Goods in Renaissance Spain*, ed. D. van Heesh, R. Janssens, J. van der Stock, Turnhout, Harvey Miller, 2018, pp. 201-218.

J. Lavalleye, *Les primitifs flamands. II. Repertoire des peintures flamands. Collections d´Espagne*, Bruxelles, 1958.

F. Ledesma Gámez, "Noticias sobre Diego de Mendoza, entallador y carpintero en Osuna (1576-1617)", *Laboratorio de arte*, 9, (1996), pp. 105-124.

F. Ledesma Gámez, "Marcos de Luque y la pintura en Osuna en el tránsito del siglo XVI al XVII. Una reflexión inicial", *Cuadernos de los Amigos de los Museos de Osuna*, 13, (2011), pp. 74-78.

M. Leeflang, *Joos van Cleve. A Sixteenth-Century Antwerp Artist and his Workshop*, Brepols, Turnhout, 2015.

M. Legeirse, "La joyeuse entrée du Prince Philippe a Gand en 1549", en *Les Fêtes de la Renaissance*, vol. II, Paris, 1975.

L. M. Linde, "Pedro Girón y Catalina Enríquez de Ribera. El vínculo entre Italia y Osuna", en *Italia en Osuna*, ed. P. J. Moreno de Soto, Osuna: Colegiata de Nuestra Señora de la Asunción-Monasterio de la Encarnación y Nuestra Señora de Trápana, 2018-2019, pp. 36-44.

V. Lleó Cañal, "Quanta Roma fuit, ipsa ruina docet: el impacto de las ruinas en la sensibilidad artística moderna", *Boletín de la Real Academia Sevillana de Buenas Letras*, 36, (2008), pp. 93-108.

C. López Martínez, *Desde Martínez Montañés hasta Pedro Roldán, Sevilla*, 1932.

R. M. López Rodríguez, *La comisión provincial de monumentos histórico-artísticos de Sevilla*, Tesis doctoral, Universidad de Sevilla, 2010.

P. Madoz, *Diccionario Geográfico-Estadístico-Histórico de España*, XII, Madrid, 1849.

K. van Mander, *Het Schilderboek*, 1604, ed. H. Miedema, *Karel van Mander. The Lives of the Illustrious Netherlandish and German Painters*, Conmentary on lives, vols.1-6, Doonspijk, 1998.

R. Marchena Hidalgo, "Andrés Ramírez, pintor del siglo XVI", *Laboratorio de Arte*, 21, (2008-2009), pp. 67-88.

M. de Marchi y H. van Miegroet, *Mapping Markets for Paintings in Europe, 1450-1750*, Urban History, 6, Brepols, Turnhout, 2006.

F. Marías y A. Serra, "La capilla Albornoz de la catedral de Toledo y los enterramientos monumentales de la España bajomedieval", en *Demeures d'éternité. Eglises et chapelles funéraires aux XVe et XVIe siècles*, ed. J. Guillaume, (Paris, Picard, 2005), pp. 33-48.

G. Marlier, *Ambrosius Benson et la peinture á Brues au temps de Charles-Quint*, Damme, 1957.

G. Marlier, "Paul Coeck et la Vierge au voile", en *La Renaissance Flamande: Pierre Coeck d'Alost*, Bruselas, 1966, pp. 245-247.

V. Marqués Ferrer, "Políptico de la familia Bravo de Lagunas, 1543", en *Arte del Renacimiento en Sevilla*, ed. I. Cano Rivero, I, Hermoso Romero y M.V. Muñoz Rubio, Sevilla, 2022-2023, pp. 130-136.

D. Martens, "Diego de la Cruz, cuarenta años después de su redescubrimiento: balance de las investigaciones y nuevas propuestas", *Goya, Revista de arte*, 283-284 (2001), pp. 208-222.

D. Martens, *Peinture flamande et goût ibérique aux XVème et XVIème siècles*, Bruxelles, Livre Timperman, 2010.

D. Martens, "Un singular tríptico flamenco en las colecciones de Isabel la católica", *Boletín del Seminario de Arte y Arqueología*, LXXXI, (2015), 29-46.

D. Martens y A. López Redondo (eds.), *Tablas flamencas de los siglos XV y XVI del Museo Lázaro Galdiano*, Madrid, Lázaro Galdiano, 2017.

D. Martens y A. López Redondo, "Catálogo razonado de la colección de tablas flamencas de los siglos XV y XVI del Museo Lázaro Galdiano", en *Tablas flamencas de los siglos XV y XVI del Museo Lázaro Galdiano*, Madrid, 2017 pp. 87-224.

J. J. Martín González, "Margarita Estella Marcos. La imaginería de los retablos de la Capilla del Condestable de la Catedral de Burgos", *Archivo Español de Arte*, tomo 68, n.º 272, (1995), p. 437.

D. A. Martín Nieto, "El entallador y escultor Guillén Ferrant", *Boletín de la Real Academia de Extremadura de las Letras y las Artes*, 12, (2002), pp. 75-179.

I. Martínez, "Estandarte de la monarquía española. El uso político de la Inmaculada Concepción", en *Un privilegio sagrado. La Concepción de María Inmaculada. La celebración del dogma en México*, México, Museo de la Basílica de Guadalupe, 2005, pp. 123-154.

F. J. Martínez Medina, "La Inmaculada franciscana", en *A María no tocó el pecado primero "La Inmaculada en Granada"*, Monasterio de la Concepción, Granada, 2005, pp. 71-81.

I. Mateo Gómez y A. López-Yarto Elizalde, *Pintura Toledana en la segunda mitad del siglo XVI*, Madrid, CSIC, 2003.

A. L. Mayer, *Die Sevillaner Malerschule*, Leipzig, 1911, ed. trad. D. Romero, *Escuela sevillana de pintura*, Cajasol, Sevilla, 2010.

H. Miedema, "Kinship and network I Karel van Mander", en *Family Ties. Art Production and Kinship Patterns in the Early Modern Low Countries*, ed. Koenraad Brosens, Leen Kelchtermans, K. van der Stighelen, Brepols, 2012, pp.11-24.

J. Milicua, "Observatorio de ángeles", *Archivo Español de Arte,* 121, (1958), pp. 1-16.

J. A. Mingorance Ruiz, "La presencia flamenca en la Cartuja de Santa María de la Defensión de Jeréz de la Frontera", *Atrio,* 18, (2012), pp. 137-150.

M. Miquel Juan, "La capilla real de la Santa Cruz en la catedral de Toledo. Reliquias, evocaciones, uso y decoración", *Anuario de Estudios Medievales,* 47/2 (2017), pp. 737-762 [DOI: 10.3989/aem.2017.47.2.09].

E. Mira Caballos, "Algo más sobre la vida y obra de Juan Bautista de Amiens", *Atrio. Revista de Historia y Arte,* 7 (1995), pp. 127-130.

J. M. Miura Andrades, "Las órdenes religiosas en Osuna y su entorno hasta fines del siglo XVI", en *Osuna entre los tiempos medievales y modernos (siglos XIII- XVIII),* Sevilla, 1995, pp. 337-361.

A. J. Morales, "Pedro de Campaña y su intervención en la capilla real de Sevilla", *Archivo Hispalense,* LX, 185, (1977), pp. 189-194.

A. J. Morales, *La obra renacentista del Ayuntamiento de Sevilla,* Sevilla, Servicio de publicaciones del Ayuntamiento, 1981.

A. J. Morales, "Puntualizaciones sobre la obra escultórica de Nicolás de León", *Boletín del Museo de Instituto "Camón Aznar",* XXV, (1986), pp. 17-22.

P. J. Moreno de Soto, "Hércules en los orígenes mitológicos y el elogio a la Antigüedad de la villa y de la casa de Osuna", *Apuntes 2. Apuntes y Documentos para la historia de Osuna,* 3, (2000), pp. 163-180.

P. J. Moreno de Soto, "El Fénix irresoluto o la sublimación del patrimonio: la torre de la colegiata de Osuna y su sino histórico", *Cuadernos de los Amigos de los Museos de Osuna,* 6, (2004), pp. 31-41.

P. J. Moreno de Soto, *Dogma, poder e ideología. La casa de Osuna y la devoción a la Inmaculada Concepción,* Osuna (Sevilla), 2006.

P. J. Moreno de Soto y J. Ildefonso Ruiz Cecilia, "El antiguo edificio de la Universidad de Osuna y su complejo docente. Nuevas perspectivas", *Cuaderno de los Amigos de los Museos de Osuna,* 9, (2007), pp. 46-54.

P. J. Moreno de Soto, "Osuna, la ciudad ducal a comienzos del Barroco", en *Martinez Montañés y Osuna,* J. L. Romero Torres y P. J. Moreno de Soto, Amigos de los Museos de Osuna, 2011, pp. 17-71.

P. J. Moreno de Soto, "Esculturas y retablos antequeranos en el patrimonio artístico de Osuna", *Cuadernos de los Amigos de los Museos de Osuna,* extra 16 (2014), pp. 108-113.

P. J. Moreno de Soto, *Teatro de Triunfos. Patrimonio, fiesta y religiosidad en la villa ducal de Osuna durante la Edad Moderna,* Arte Monografías, 1, Junta de Andalucía, Sevilla, 2020.

P. J. Moreno de Soto, "Mudar las cosas terrenas en celestiales y las transitorias en eternas. I. La fundación de la Santa Capilla del Santo Sepulcro de Nuestro Señor Jesucristo, panteón de la Casa de Osuna", *Cuadernos de los Amigos de los Museos de Osuna,* 23, (2021), pp. 59-62.

M. F. Morón de Castro, "La puerta del Sol de la colegiata de Osuna", *Cuadernos de los Amigos de los Museos de Osuna,* n.º 6, (2004), pp. 27- 30.

M. F. Morón de Castro, "Las empresas artísticas de los condes de Ureña", *Cuadernos de los Amigos los Museos de Osuna,* 7 (2005) pp. 24-29.

M. F. Morón de Castro, "El condado de Ureña frente al ducado de Medina-Sidonia: Ana de Aragón y Pedro Girón III", *Cuadernos de los Amigos de los Museos de Osuna,* 9, (2007), pp. 16-21.

J. Muller, *St. Jacob´s Antwerp Art and Counter Reformation in Rubens´s Parish Church,* Brill, Leiden-Boston, 2016.

M. E. Muñoz Santos, "Alcalá de Henares por la Inmaculada Concepción: los votos de la Magistral Universidad y Concejo (s. XVII), fiestas y arte", en *La Inmaculada Concepción en España; religiosidad, historia y arte.* Actas del simposium, coord. F. J. Campos y Fernández de Sevilla, vol. 1, Ediciones escurialenses, El Escorial, 2005, pp. 543-574.

B. Navarrete Prieto, *Arte Antiguo en la Exposición Iberoaméricana de 1929,* ed, dir. B. Navarrete Prieto, Sevilla, 2014.

M. Navarro Sorní, "La Inmaculada Concepción: del misterio al dogma", en *Intacta María. Política y religiosidad en la España Barroca,* ed. P. González

Tornel, Museo de Bellas Artes de Valencia, 2017, pp. 19-29.

L. Nelstrop y H. Appleton (eds.), *Art and Mysticism. Interfaces in the Medieval and Modern Periods*, Routledge, London, 2018.

V. Nieto Alcaide, *Las vidrieras de la catedral de Sevilla*, Corpus Vitrearum Medii Aevi, España, I, CSIC, Madrid, 1969.

V. Nieto Alcaide, *Arnao de Vergara*, Sevilla, 1974.

V. Nieto Alcaide, *La vidriera del Renacimiento en Granada*, Diputación de Granada, 2002.

V. Nieto Alcaide, "Grutescos en vidrio: el ornamento y la vidriera española del siglo XVI", *Quintana*, 2, (2003), pp. 29-40.

V. Nieto Alcaide, "Las Vidrieras", en *El libro de la catedral de Granada*, Lázaro Gila Medina (ed. y coord.), vol. 1, Granada, Sacta Ecclesia Metropolitana Granatensis, 2005, pp. 548-574.

V. Nieto Alcaide, "La Asunción de la Virgen. Arnao de Flandes y su círculo", en *Lux. Las edades del hombre*, Burgos-Carrión de los Condes-Sahagún, 2021, p. 159.

D. Nogales Rincón, "La capilla real de Granada. Fundamentos ideológicos de una empresa artística a fines de la Edad Media", en *Pasado, presente y porvenir de las Humanidades y las Artes*, V, coord. D. Arauz Mercado, Zacatetas, México, 2014, pp. 197- 217.

A. Núñez de Castro, *Vida de San Fernando, ley viva de Príncipes*, Madrid, 1673, ed. facsímil, A Coruña, 2010.

F. Olid Maysounave, *Una figura del siglo XVI osunés: don Juan Téllez-Girón, IV conde de Ureña y sus fundaciones*, Osuna, 1940.

D. Olivares Martínez, "Mujeres de la aristocracia y memoria de los linajes. Un análisis a través de los monumentos funerarios: María de Luna y Mencía de Mendoza", en *Género y envejecimiento*, XIX jornadas internacionales de investigación interdisciplinar, ed. P. Folguera, V. Maqueira *et alii*, (Madrid, UAM ediciones, 2013), pp. 587-609.

J. A. Ollero Pina, "La exaltación de la Inmaculada Concepción en Sevilla, 1615-1622", en *Intacta María. Política y religiosidad en la España Barroca*, ed.

P. González Tornel, Museo de Bellas Artes de Valencia, 2017, pp. 77-85.

N. M. Orenstein, "Customs and Fashions of the Turks", en E. Cleland, *Grand Desing. Pieter Coeck van Aelst and Renaissance Tapestry*, Metropolitan Museum of Art, New York, 2014, pp. 176-182.

F. Pacheco, *Libro de retratos de ilustres y memorables varones*, 1699, ed. 1969.

A. Padrón Mérida, "Paul Coeck y La Virgen y Niño con velo", *Boletín del Museo Instituto Camón Aznar*, 120 (1985), pp. 137-150.

A. Padrón Mérida, "Un tríptico inédito y algunas tablas de la Virgen y Niño con velo, por Paul Coeck", *Boletín del Museo de Instituto "Camón Aznar"*, XXXIII (1988), pp. 5-16.

A. Padrón Merida, "Presencia en España del Maestro de los modelos de Pieter Coeck", *Academia*, II, (1997), pp. 445-459.

L. M.ª. Palacios Méndez, "El arco de Sebastián Ramírez de Fuenleal, obra de Étieen Jamet (1546-1550). Propaganda católica en la catedral de Cuenca en tiempos de Carlos V", en *El imperio y las hispanias de Trajano a Carlos V*, eds. S. de María y M. Parada López de Corselas, Bononia University Press, 2014, pp. 111-124.

J. M. Palomero Páramo, *El retablo sevillano del Renacimiento: análisis y evolución (1560-1629)*, Sevilla, Diputación Provincial, 1983.

E. Panofsky, "Imago pietatis. Ein Beitrag zur Typengeschichte des Shmertensmamms. Ander der Maria Mediatrix", en *Festschrift für Max J. Friedländer zum 60 Geburtstage*, Leipzig, 1927, pp. 261-308.

N. Peeters, *Frans Francken de Oude (ca. 1542-1616). Leven en werken van een Antwerps historieschilder*, Peeters, 2013.

C. Pemán, "Un comercio de arte flamenco en Cádiz", *Boletín del Museo de Bellas Artes de Cádiz*, 4, (1929-1932), pp. 145-150.

F. Pereda, "Mencía de Mendoza (†1500), mujer del I condestable de Castilla. El significado del patronazgo femenino en la Castilla del siglo XV", en *Patronos y coleccionistas. Los condestables de Castilla y el Arte (siglos XV-XVII)*, Universidad de Valladolid, 2005, pp. 11-119.

F. Pereda, "Liturgy as women´s language: two noble patrons prepare for the end in fifteenth-century Spain", en *Reassessing the Roles of Women as "Makers" of Medieval Art and Architecture*, ed. Th. Martin, II, (Leiden-Boston, Brill, 2012), pp. 937-988.

F. Pereda Espeso y A. Rodriguez G. de Ceballos, "Coeli enarrant gloriam dei". Arquitectura, iconografía y liturgia en la capilla de los Condestables de la Catedral de Burgos", *Annali di Architettura: revista del Centro Internazionale di Studi di Architettura "Andrea Palladio"*, n.º 9 (1997), pp. 17-34.

L. Pérez Bueno, *Vidrios y vidrieras. Arts decorativas españolas*, ed. Alberto Martín, Barcelona, 1942.

L. Pérez del Campo, "El políptico de la familia Bravo de Lagunas, obra de Jan Sanders van Hemessen. Nuevas investigaciones", *PH. Boletín del Instituto Andaluz del Patrimonio Histórico*, 37, diciembre 2001, pp. 101-108.

V. Pérez Cano, L. Pérez del Campo, E. Villanueva Romero, G. Ferreras Romero, B. Castellano Bravo, "Generar proyectos, sumar ideas: el retablo de Santa Ana en Triana (Sevilla)", *Revista Ph. Instituto Andaluz del Patrimonio Histórico*, 78, (mayo 2011), pp. 78-97.

C. Périer- D´leteren, "Virgin and Child with the Milk Soup after Gerard David: Series of Paintings on the Same Theme after Known Models", en *Making Copies in European Art 1400-1600*, Brill´s Studies on Art, 286/30, Brill, 2018, pp. 261-286.

O. Pérez Monzón, "La imagen del poder nobiliario en Castilla: el arte y las Órdenes Militares en el Tardogótico", *Anuario de estudios medievales*, 37, (2007), pp. 907-956.

F. J. Pizarro Gómez, "Antes y después de la fiesta regia. Artífices y cronistas de las celebraciones festivas de Felipe II", en *El Rey Festivo. Palacios, jardines, mares y ríos como escenarios cortesanos (siglos XVI-XIX)*, ed. I. Rodríguez Moya, Universitat de Valencia, 2019, pp. 49-66.

A. Pleguezuelo Hernández, "Azulejo de la Virgen María con el Niño Jesús", en *Arte del Renacimiento en Sevilla*, ed. I. Cano Rivero, I. Hermoso Tomero y M.V Muñoz Rubio, Sevilla, 2022-2023, pp. 118-120.

Antonio Ponz, *Viaje de España*, IX, Madrid, (1786), V, (1793).

L. van Puyvelde, *La peinture flamande au siècle de Bosch et Breughel*, Elsevier-París, 1962.

R. Queiró Filgueira, "Restauración del patio platereresco de la Colegiata de Osuna", *Cuadernos de los Amigos de los Museos de Osuna*, n.º 6, (2004), pp. 54-58.

S. Ramiro Ramírez, *Francisco de los Cobos y las Artes en la corte de Carlos V*, CEEH, Madrid, 2021.

J. L. Ravé Prieto, *Arte religioso en Marchena, siglos XV al XIX*, (s.n), 1986.

L. Réau, *Iconographie de l´Art Chrétien. Iconographie de la Bible. Nouveau Testament*, Paris, Presses Universitaires de Francs, 1957.

L. Réau, *Iconografía del arte cristiano. Iconografía de la Biblia*, t. 1, 2 vols., ed. del Serbal, Barcelona, 1996.

L. Réau, *Iconografía del arte cristiano. Iconografía de los santos*, t. 2, 3 vols., ed. del Serbal, Barcelona, 1996-1997.

Á. Recio Mir, "La versatilidad del Renacimiento: variedad material, icónica, tipológica y funcional", en *El Retablo sevillano desde sus origines a la actualidad*, ed. F. Halcón, F. Herrera y A. Recio, Sevilla, Maestranza de Caballería de Sevilla, Diputación de Sevilla, Fundación Cajasol, 2009, pp. 72-126.

A. Recio Mir, "El brillante final del Barroco: el retablo Rococó", en *El Retablo sevillano desde sus origines a la actualidad*, ed. F. Halcón, F. Herrera y A. Recio, Sevilla, Maestranza de Caballería de Sevilla, Diputación de Sevilla, Fundación Cajasol, 2009, pp. 343-388.

L. Reis-Santos, "Suzana no banho da oficina do Mestre do Filho Pródigo", *Museu*, mayo, (1961), pp. 54-59.

P. Renoux-Caron, "El santo y el libro: San Jerónimo, patrón de los libreros y de los traductores en la España del Quinientos", en Cécile Vincent-Cassy y Pierre CIVIL, *Hacedores de Santos. La fábrica de la santidad en la Europa católica (siglos XV-XVIII)*, Aranjuez, ed. Doce Calles, 2019, pp. 73-89.

P. Renoux-Caron, "San Jerónimo en España en el siglo XVI", *Mirabilia: electronic journal of antiquity and middle ages*, n.º 31 (2020), pp. 337-375. [En línea: https://raco.cat/index.php/Mirabilia/article/view/377847; Consultada: 25-04-2022].

G. Ring, "Der Meister des verlorenen Sohnes, Jan Mandyn und Lenaert Kroes", *Jahrbuch für Kunstwissenschaft*, (1923), pp. 196-201.

S. Ringbom, *Icon to Narrative. The Rise of the Dramatic Close-up in Fifteenth Century Devotional Painting*, Abo, 1965.

M. Rodríguez-Buzón Calle, "Riesgos y venturas del retablo mayor de la colegiata de Osuna", *Archivo Hispalense*, 190 (1979), pp. 9-39.

M. Rodríguez-Buzón Calle, *La colegiata de Osuna*, Colección Arte Hispalense, 1.ª ed. Sevilla 1982, 2.ª ed. Unión de editoriales españolas, Sevilla, 2012.

M. Rodríguez-Buzón Calle, *La colegiata de Osuna*, Sevilla, Diputación Provincial, 1985.

M. Rodríguez-Buzón Calle, *Guía Artística de Osuna*, Sevilla, ed. 2006.

J. C. Rodríguez Estévez, "Martín de Gainza (c. 1505-1556), en *Artistas andaluces y artífices del arte andaluz. El ciclo humanista desde el último Gótico al fin del Barroco*. Vol. XXXV, Proyecto Andalucía, 2011, pp. 255-287.

A. Rodríguez G. de Ceballos, "La capilla funeraria de los Vélez en la catedral de Murcia", *Anuario del Departamento de Historia y Teoría del Arte*, XVI, (2004), pp. 45-53.

F. J. Rodríguez Marín, *Apuntes y documentos para la historia de Osuna*, 1889.

F. J. Rodríguez Marín, "Inicio de la orden de los Mínimos en España. El convento de Nuestra Señora de la Victoria de Málaga", en *Los mínimos en Andalucía: IV Centenario de la fundación del Convento de Nuestra Señora de la Victoria de Vera*, Almería, 2006, pp. 411-454.

Ph. Rombauts y Th. Van Lerius, *De Liggeren en andere historische archieven*, I, Amberes, 1872.

M. Romero Bejarano, "El maestro Arnao de Vergara, autor de las primitivas vidrieras de la iglesia de la cartuja de Santa María de la Defensión, en Jeréz de la Frontera", en *Correspondencia e integración de las artes*, ed. I. Coloma Martín y J. A. Sánchez López, Actas del XIV Congreso Nacional de Historia del Arte, CEHA, Málaga, 2002, ed. 2003, tomo I, pp. 451-458.

A. M. Romero Dorado, *La capilla palatina de los duques de Medina Sidonia y la iglesia mayor de Sanlúcar de Barrameda: historia de una dualidad y de una hibridación*, Tesis doctoral, Universidad de Sevilla, 2022.

J. L. Romero Torres, "Iconografía de la Virgen de la Victoria en Andalucía. De la escultura religiosa a la imagen devocional", en *Los mínimos en Andalucía: IV Centenario de la fundación del Convento de Nuestra Señora de la Victoria de Vera*, Almería, 2006, pp. 497-538.

J. L. Romero Torres y P. J. Moreno de Soto, *Martínez Montañés y Osuna*, Osuna, Amigos de los Museos de Osuna, 2011.

J. L. Romero Torres, "Juan Martínez Montañés, maestro de generaciones", en *Martínez Montañés y Osuna*, J. L. Romero Torres y P. J. Moreno de Soto, Osuna, Amigos de los Museos de Osuna, 2011, pp. 137-177.

E. E. Rosenthal, "El primer contrato de la capilla real", *Cuadernos de Arte de la Universidad de Granada*, 20 (1974), pp. 13-36.

E. E. Rosenthal, *La Catedral de Granada: un estudio sobre el Renacimiento Español*, ed. Juan Santana Lario, Editorial Universidad de Granada, 2.º ed., 2015.

M..ª S. Rubio Sánchez, *El Colegio-Universidad de Osuna (Sevilla), 1548-1824*, Osuna, 2006.

E. Ruiz-Gálvez Priego, "La Inmaculada, emblema de la Firmeza femenina", *Arenal*, 13, 2 (2006), pp. 291-310.

F. Ruiz Martín, "Las ferias de Castilla", en *Historia de Medina del Campo y su Tierra*, II, 1986, pp. 267-288.

J. C. Ruiz Souza, "Capillas Reales funerarias catedralicias de Castilla y León: Nuevas hipótesis interpretativas de las catedrales de Sevilla, Córdoba y Toledo", *Anuarios del Departamento de Historia y Teoría del Arte*, 18 (2006), pp. 9-29.

Z. van Ruyven-Zeman, "Monumentale glasschilderkunst in de kathedraal van Granada. Teodoro de Holanda, de Meester van de Verloren Zoon en de relatie tot Pieter Aertsen", en *Pieter Aertsen. Nederlands Kunsthistorisch Jaarboek 1989*, 40, (1990), pp. 263-280.

J. M. Sánchez, "Los obradores artísticos sevillanos del siglo XVI: adaptaciones y cambios para satisfacer los encargos del mercado americano", *Anales del Instituto de investigaciones estéticas,* XXXV, 103, (2013), pp. 177-196.

A. Sánchez del Barrio, *Medina del Campo. La villa de las ferias,* Salamanca, 1996.

F. J. Sánchez Cantón, *Fuentes literarias para la historia del Arte Español,* V, Madrid, 1941.

F. J. Sanchez Cantón, *Libros, tapices y cuadros que coleccionó Isabel la Católica,* Madrid, 1950.

J. Sánchez Herrero, "La Colegiata de Osuna. Su organización", en *Actas de las II Jornadas de Historia. Osuna entre los tiempos medievales y modernos (XIII-XVIII),* Sevilla, 1995.

C. J. Sánchez *Távora,* "Capilla de la Virgen de la granada. La recuperación de un espacio singular", *Cuadernos de los Amigos de los Museos de Osuna,* n.º 13, (2011), pp. 109-112.

C. J. Sánchez Távora, "Capilla de los Ayala, la cripta olvidada", *Cuadernos de los Amigos de los Museos de Osuna,* 17 (2015), pp. 121-124.

H. Sancho de Sopranis, "Don Juan Téllez y la Universidad de la Concepción de Osuna", *Hispania. Revista española de historia,* 72 (1958), pp. 356-436.

A. J. Santos Márquez, "Testimonio del vínculo entre dos pintores: Luis de Vargas y Estacio de Bruselas", *Norba-Arte,* XXVI (2006), pp. 245-249.

A. J. Santos Márquez, "Patrocinio y mecenazgo de don Juan Téllez-Girón, IV conde de Ureña, en Osuna", en *Congreso Internacional Imagen y Apariencia,* dir. y coord. M. *C.* de la Peña Velasco, M. Pérez Sánchez, M.M. Albero Muñoz, M. T. Marín Torres y J. M. González Martínez, Universidad de Murcia, 2009, s/p. [En línea: https://digitum.um.es/digitum/handle/10201/44651 (Consultada 16-06-2021)].

A. J. Santos Márquez, "Compañía artística entre Juan de Oviedo y de la Bandera y Juan Martínez Montañés. Una aportación inédita a sus respectivas biografías", *Archivo Español de Arte,* LXXXIV, 334, (2011), pp. 163-170.

A. J. Santos Márquez, "Sobre el escultor Roque de Balduque y sus trabajos para el IV conde de Ureña,

don Juan Téllez-Girón", *Archivo Hispalense.* 303-305, (2017), pp. 393-404.

J. Sanzsalazar, "Una pintura del Maestro del Papagayo en el Museo Mayer van der Bergh de Amberes", *Archivo Español de Arte,* 304 (2003), pp. 446-449.

J. Sanzsalazar, "Sagrada Familia", en *La Huella y la Senda. El VI Centenario en la Diócesis Rubicense,* Cat. Exp. Catedral de Santa Ana, Las Palmas de Gran Canaria, 2004, pp. 323-325.

J. Sanzsalazar, "Un San Jerónimo penitente del Maestro del Papagayo en colección privada madrileña", *Archivo Español de Arte,* LXXVIII, (2005), pp. 413-438.

J. Sanzsalazar "Un tríptico con la *Anunciación* del Maestro del Hijo Pródigo en el Museo de la Magdenhuis de Amberes", *Boletín del Seminario de Estudios de Arte y Arqueología,* 71 (2005), pp. 335-342.

J. Sanzsalazar, "Revisión de erróneas atribuciones al Maestro del Papagayo. Una nueva Virgen con Niño en España y su dibujo subyacente", *Mas Arte,* 66, (2011), pp. 34-38.

L. Schollmeyer, "The portrait of Jacobus de Ridder in Jan Joest's Kalkar altarpiece an identification", *Simiolus,* 29, (2002), 1-2, pp. 5-13.

S. Sebastián López, "Las fuentes inspiradoras de los grutescos del plateresco", *Príncipe de Viana,* año 27, n.º 104-105 (1966), pp. 229-234.

S. Sebastián López, "Interpretación iconológica de El Salvador de Úbeda", *Boletín del Seminario de Estudios de Arte y Arqueología,* tomo 43 (1977), pp. 189-206.

J. Serrano, "El colegio de la Compañía de Osuna. Fundación y primeros años de vida a través de los manuscritos de la Universidad de Granada y Real Academia de la Historia", *Apuntes 2,* 5, (2007), pp. 209-233.

J. M. Serrera Contreras, "La pintura mural sevillana del siglo XVI y su influencia en México", en *Primeras Jornadas de Andalucía y América,* La Rábida, vol. 2 (1981), pp. 323- 336.

J. M. Serrera Contreras, "La obra pictórica de Juan Bautista de Amiens, "maestro de hacer invenciones" del Corpus Christi sevillano del siglo XVI",

Homenaje al Prof. Dr. Hernández Díaz. Universidad de Sevilla. Facultad de Geografía e Historia, Sevilla, 1982, pp. 253-267.

J. M. Serrera Contreras, *Hernando de Esturmio*, Sevilla, Diputación Provincial, 1983.

J. M. Serrera Contreras, "Nuevas obras de Jan van Hemessen", *Boletín del Seminario de Arte y Arqueología*, LII, (1987), pp. 363-368.

J. M. Serrera Contreras, "Vasco Pereira, un pintor portugués en al Sevilla del último tercio del siglo XVI", *Archivo Hispalense*, 213, 70 (1987), pp. 197-242.

J. M. Serrera Contreras, "Un precedente del programa iconográfico de la Biblioteca de El Escorial, el de la Biblioteca Capitular y Colombina de la catedral de Sevilla", en *Estudios inéditos del IV Centenario de la terminación de las obras del Real Monasterio de El Escorial*, Madrid, CSIC, 1987, pp. 157-166.

P. Silva Maroto, "Flanders and the Kingdom of Castille", en *The Age of Van Eyck: the Mediterranean world an early Netherlandish Painting, 1430-1530*, Gante, 2002, pp. 142-154.

P. Silva Maroto, *Juan de Flandes*, Salamanca, 2006.

P. Silva Maroto, *Donación Várez Fisa*, Museo Nacional del Prado, Madrid, 2013.

C. Solís Rodríguez, *Luis de Morales*, Badajoz, 1999.

E. Solano Ruiz, *La Orden de Calatrava en el siglo XV: los señoríos castellanos de la Orden al fin de la Edad Media*, 38. Universidad de Sevilla, 1978.

F. Srichia Santoro, "Pedro de Campaña in Italia", *Prospettiva*, XXVII, (1981), pp. 75-86.

K. Steinacker, *Der Bau-und Kunstdenkmäler des Kreises Blankenburg*, Wolfenbütterl, 1922.

E. Stols, *De Spaanse Brabanders of the handelsbetrekkingen der Zuidelijke Nederlanden met de Iberisch wereld*, 2 vols., Bruselas, 1971.

S. Stratton, "La Inmaculada Concepción en el arte español", *Cuadernos de arte e iconografía*, I, (1988), pp. 3-128.

C. Stroo, P. Syfer-d'Olne, A. Dubois, R. Slachmuylders, y N. Toussaint, *The Flemish Primitives.*

Catalogue Royal Museums of Fine Arts of Belgium, III, Brepols, Turnhout, 2002.

M..ª D. Teijeria Pablos, "Notas para un glosario sobre sillerías de coro. Las fuentes documentales leonesas", *Estudios Humanisticos*, 22, (2001), pp. 201-210.

M..ª D. Teijeria Pablos, "Notas para un glosario sobre sillerías de coro. Las fuentes documentales calceatenses", *Berceo*, 142 (2002), pp. 243-252.

Galería Theotokópoulos, *Maestros del clasicismo (s. XV-XVII)*, Taller de restauración, 2012.

M. Á. Toajas Roger, "Capiteles del primer Renacimiento en las Descalzas Reales de Madrid: Estudio del Patio del Tesorero", *Anales de Historia del Arte*, 13, (2003), pp. 97-130.

E. Valdivieso González, *La pintura en el Museo de Bellas Artes de Sevilla*, Sevilla, 1993.

E. Valdivieso, *Pedro de Campaña*, Sevilla, 2008.

C. Valle Pérez, L. Pérez del Campo, E. Villanueva Roemro, G. Ferreras Romero, B. Castellano Bravo, "Criterios, proyectos y actuaciones. Generar proyectos, sumar ideas: el retablo de Santa Ana en Triana (Sevilla)", *Revista PH*, n.º 78 (mayo 2001), pp. 78-97.

J. Van Damme, "Teodoro de Holanda et les projects pour les vitraux de la cathédrale de Grenade", en *30th International Colloquium of the Corpus Vitrearum. The Concept and Fabrication of Stained Glass from the Middle Ages to the Art Nouveau*, Barcelona, Cerdanyola del Vallès, Girona, julio, 2022, pp. 59-65.

E. Vandamme, *Catalogus Schilderkunst. Oude Meesters. Koninklijk Museum voor Schone Kunsten*, Antwerpen, 1988.

C. Vandenbussche-Van den Kerhove, "Rombout De Drijver en Joos Van Santvoort, beeldhouwers van de 16de eeuw", *Handelingen van de Kon. Kring voor oudheidkunde letteren en kunst van Mechelen*, LXXXII (1978), pp. 179-192.

L. Vasallo Toranzo e I. Fiz Fuertes, "Organización y método de trabajo de un taller de pintura a mediados del siglo XVI. El caso toresano", *Boletín del Museo de Instituto "Camón Aznar"*, XCI, (2003), pp. 313-326.

E. Vázquez Dueñas, *Felipe de Guevara. Comentario de la pintura y pintores antiguos*, ed. E. Vázquez Dueñas, Madrid, Akal, 2016.

F. Vermeylen, "Exporting Art across the globe. The Antwerp art market in the Sixteenth Century", en *Kunst voor de markt 1500-1700. Nederlands Kunthistorisch Jaarboek*, 50, (1999), pp. 13-29.

F. Vermeylen, "The commercialisation of art: Painting and Sculpture in Sixteenth- Century Antwerp", en *Early Netherlandish Painting at the Crossroads. A Critical look at current methodologies*, The Metropolitam Museum of Art, Simposia, Nueva York, 2001, pp. 46-61.

J. A. Vilar Sánchez, "La frontera de los Países Bajos Reales, allende el Ultramosa. Las conflictivas tierras renanas de su Majestad Católica", *E-Spania. Revue interdisciplinaire d'ètudes hispaniques médiévales et modernes*, [Online], 24 | juin 2016, online dal 15 juin 2016, (consultato il 01 septembre 2021). URL: http://journals.openedition.org/e-spania/25746; DOI : https://doi.org/10.4000/e-spania.25746.

VV.AA. *Inventario artístico de Sevilla y su provincia*, I, Madrid, 1982.

C. G. Villacampa, "La capilla del Condestable de la Catedral de Burgos: Documentos para su historia", *Archivo español de arte y arqueología*, tomo 4, n.º 10 (1992), pp. 25-44.

A. C. Viña Brito, "Osuna en la época de don Juan Téllez-Girón, segundo conde de Ureña", en *Osuna entre los tiempos medievales y modernos (siglos XIII-XVIII)*, Sevilla, Universidad de Sevilla, 1995, pp. 95-104.

A. Volckaert, "De Meester van de Verloren Zoon en de Brusselsse wandtapijtkunst", *Jaarboek van het Koninklijk Museum voor Schone Kunsten*, Antwerpen, (1987), pp. 93-106.

S. Zdanov, "Pieter Coeck, Bernard van Orley et les maniéristes anversois: transmisión d'une figure raphaélesque entre Bruxelles et Anvers", *Revue de l'Art*, 205, 3, (2019), pp. 19-29.

Índice de nombres

A

B

Bilbao
    Museo de Bellas Artes: 13 y (fig. 03.01), 156 y (n. 406) y (fig. 06.03)
Borgoña, duques de: 31 y (n. 48), 164
Bosch, Hieronymus (pintor): 79 (n. 224), 176 (n. 474)
Boston (Estados Unidos)
    Fine Arts Museum: 216, 219 (fig. 21.08)
Bravo de Lagunas, capilla, véase Sevilla, iglesia de San Vicente
Bravo de Lagunas, familia de: 76-77, 87 (fig. 67), 88 (fig. 68), 89 (fig. 69)
Bravo de Lagunas, Sancho: 77 (n. 206)
Brujas (Bélgica): 29 (n. 40), 31 (n. 48), 71, 85 (n. 252), 92, 125 (n. 347), 131, 159, 184, 188, 231, 241
Bruselas (Bélgica), Museos Reales: 71, 73 (n. 195), 131 (n. 364), 139 (n. 380)
Bruselas, Estacio de: 62
Burgos (España): 20, 54, 80
    Catedral: 27 (fig. 3 y fig. 4), 28, 33 (n. 58), 86, 108-109, 161 (n. 421), 164
    Capilla de la Concepción: 86, 164
    Capilla de los Condestables: 29, 33 (n. 58), 161 (n. 421)
    Iglesia de San Esteban: 188

C

Cabello Ruda, Ana María: 25, 27, 161
Cáceres (España), concatedral de Santa María: 41
Cádiz (España), Museo de Bellas Artes: 72
Calatrava, maestre de, véase Girón de Acuña Pacheco, Pedro
Campaña, Pedro de (pintor): 40-41, 43 (fig. 14), 62, 80, 82, 90, 92, 109, 231
Campo, Juan del: 54, 91, 105 y (n. 312)
Cardenal Cisneros, véase Jiménez de Cisneros, Francisco
Carlos V (rey de España, emperador de Alemania): 110, 111
Carmona (Sevilla, España), iglesia de Nuestra Señora: 89
Carrara (Italia): 33 (n. 66)
Carvajal, Gonzalo de: 25, 32 y (n. 53), 106
Casa Rojas, Conde de (colección): 76
Castilla, III condestables de, véase Fernández de Velasco y Mendoza, Iñigo y Tovar, María de
Castilla, VI condestable de, véase Fernández de Velasco Manrique, Pedro
Castilla: 19, 28 (n. 33), 32, 35, 44 (n. 97), 94 (n. 288), 161 (n. 421)
Castro, Alonso: 88
Castrojeriz (Burgos), colegiata de Nuestra Señora del Manzano: 139 (n. 379)
Cazalla de la Sierra (Sevilla, España): 63 y (n. 147)
Cenete, Marquesado del: 33
Claeissens, Pieter I (pintor): 92, 132
Clemente VII, Papa: 74 (n. 197), 118 (n. 332)
Cleve, Joos van (pintor): 100, 115 (cat. 06), 116 (cat. 21), 154, 155, 156 (fig. 06.03), 213, 215 a 216, 219 (fig. 21.08 y fig. 21.09)
Cobos (familia): 33

Cobos, Francisco de los: 25 (n. 14)
Cock, Hieronymus (grabador): 74 (n. 197)
Coecke van Aelst, Pieter (pintor): 68-69, 73, 77, 80, 86 (fig. 66), 110, 117 (n. 331), 119, 121, 131 (fig. 03.01), 134 (fig. 03.05), 177 (fig. 10.07), 197 (fig. 15.03), 200, 216 (n. 552)
Coecke van Aelst, Pieter II (pintor): 78-79
Coecke, Michiel (pintor): 78
Coecke, Paul (pintor): 73, 78 a 80, 110, 136 (fig. 04.02), 138, 139 y (n. 380), 141 y (n. 383)
Colonia (Alemania): 85 (n. 252), 109
Colonia, Simón de: 109
Comendador de Peraleda, véase Bravo de Lagunas, Sancho
Coninxloo, Gillis II van (pintor): 79 y (n. 219)
Coninxloo, Gillis I van (pintor): 79 y (n. 219)
Contreras, Antonio de: 49
Copenhague (Dinamarca)
    Museo de Copenhague: 72
Córdoba (España): 19, 32 (n. 53), 35 (n. 74)
Covarrubias Orozco, Sebastián de: 59
Crespo, Alonso: 63
Cruz, Diego de la (pintor): 86, 164
Cuéllar (Segovia, España): 99
Cuenca, Rodrigo de: 91 (n. 274)
Cueva y Toledo, María de la: 27 a 29, 99, 111, 155
Cueva, Beltrán de la: 28 y (n. 36)

D

David, Gerard (pintor): 115 (cat. 09), 125, 132, 171, 172, 175 (n. 471), 180 y (n. 488), 184, 187, 201, 231
Dente, Marco (grabador): 191, 192 (fig. 14.03)
Díaz de Trujillo, Sancho (obispo de Marruecos): 57
Diericks, Cornelis: 70
Dierickx, Dierick: 70, 69 (n. 173)
Donato, Cristóbal: 87, 167
Douai (Francia)
    Museo de la Chartreuse: 73, 138
Driesche, Gommaer vanden (vidriero): 70 (n. 181)
Dusseldorf (Alemania)
    Kunstacademie: 72 (n. 192), 79 (n. 222)

E

El Bosco, véase Hieronymus Bosch
El Escorial, San Lorenzo de (Madrid, España): 30 (n. 44), 85 (n. 252), 184 y (fig. 12.02)
Engebrechtsz, Cornelis (pintor): 74, 82 (fig. 62), 125, 126, 127 (fig. 02.05)
Enrique IV de Castilla (rey de Castilla): 19, 44
Enríquez de Ribera, Catalina: 38 (n. 79), 63
Escalda (río), Amberes: 70, 77
Escorre, Guillermo (vidriero): 110 (n. 329)
España: 34, 54 (n. 116), 68 (n. 167), 69, 70 (n. 181), 105 (n. 312), 156, 181 (n. 489)
Estepa (Sevilla, España): 32
Estocolmo (colección privada): 77 (fig. 56)

Esturmio, Hernando de: 29 (n. 38), 38, 41 (fig. 12), 55, 62, 63 (fig. 44), 64 (fig. 45), 69, 80, 82 y (n. 237 y n. 239), 90, 91 (fig. 71), 92, 106, 108-109, 115 (cat. 08), 116 (cat. 25; cat. 25.01 a cat. 25.07), 144, 158 (n. 409), 162, 163 y (fig. 08.01), 166 (fig. 08.02), 167, 168 y (n. 454) y (fig. 08.03), 191 (n. 504), 221, 236 a 245 (fig. 25.01.1), 249 (fig. 25.05.1) 250 (fig. 25.05.2), 251, 253 (fig. 25.07.1), 255, 256

Europa: 30, 42, 44, 74, 165, 217

F

Felipe "el Hermoso" (duque de Borgoña y Rey Consorte de Castilla): 31

Felipe II (rey de España): 19, 85 (n. 252), 111

Felipe III (rey de España): 31 (n. 46)

Fernández de la Cueva y Mendoza, Francisco: 28

Fernández de Santaella y Córdoba, Rodrigo (clérigo y teólogo): 55 (n. 119), 256

Fernández de Velasco Manrique de Lara, Pedro: 19-20, 28, 104, 161 (n. 421)

Fernández de Velasco y Mendoza (condestables de Castilla): 28-29, 32 (n. 53), 33, 109

Fernández de Velasco y Mendoza, Iñigo (III condestable de Castilla, II duque de Frías): 28, 32 (n. 53), 33, 109

Fernández, Alejo (pintor): 55 (n. 119), 256

Fernando II de Aragón (rey de Aragón): 20

Fernando III "el Santo" (rey de Castilla): 24 (n. 11)

Ferrant, Diego Guillén (entallador): 41, 49, 54 (fig. 32), 98, 137 (n. 375)

Flandes (antiguo territorio): 29 y 29 (n. 40), 31, 32, 66 (n. 159), 68 (n. 167), 70 (n. 176), 73, 76 (n. 205), 88, 109, 110, 138, 164, 167

Flandes, Arnao de (vidriero): 80, 90-91, 109

Florencia (Italia): 68, 190 (n. 502)

Francia
  Colección privada: 69

Frías, II duques de, véase Fernández de Velasco y Mendoza, Iñigo y Tovar, María de

Fuenteovejuna (Córdoba, España): 19

Fuentesaúco (Zamora, España): 32

G

Gaínza, Martín de (arquitecto): 33, 59, 81 y (n. 235), 82, 104, 106, 107 y (fig. 89), 108

Gante (Bélgica)
  Museo de bellas artes de Gante: 68

García de Córdoba, Antonio: 23 (n. 6), 24 (n. 11), 32 (n. 51), 33, 103, 111

García de los Naranjos, Juan García: 88, 167

Génova (Italia)
  Colección privada: 72
  Palazzo Bianco: 71, 184 (n. 496)

Giralte, Juan (escultor): 106

Girón (familia) y véase también Téllez-Girón (familia): 19, 23, 29, 65, 86, 94 y (n. 284), 97, 159 (n. 413), 168 y (n. 453)

Girón de Acuña Pacheco, Pedro: 19

Girón y Velasco, Pedro: 20, 29

Girones, véase Téllez-Girón (familia)

Gómez Sánchez, Juan Antonio: 56 (n. 125), 58, 62, 64 (n. 151), 81 y (n. 237), 84 (n. 248), 85, 88 (n. 262), 90, 110 (n. 329), 159, 164, 167 (n. 449), 255 (n. 609)

Gossaert, Jan (pintor): 73, 75, 78 y (fig. 57), 80, 136 (fig. 04.01), 138 y (n. 377), 141 (n. 384)

Granada (España): 20 (n.4), 70, 80, 90 y (n. 269), 98, 108, 109 y (n. 327), 156, 159
  Alhambra: 109 (n. 327)
  Antiguo arzobispado: 26 (n. 26), 69, 98
  Catedral: 35, 54 y (n. 116), 69, 70 y (n. 176 y n. 181), 85 (n. 252), 88, 105, 110, 159, 167
  Capilla real: 35
  Convento de San Jerónimo: 108

Granada, Fray Luis de: 98 (n. 293)

Gudiel, Gerónimo: 23 (n. 6), 25, 29 (n. 39), 31

Guevara, Felipe de: 68 (n. 167)

Guillén Ferrant, Diego: 41, 137 (n. 375)

H

Haarlem (Países Bajos): 68

Habsburgo (familia): 31, 77, 99

Ham, Carola van (colección), Colonia: 79 (n. 223)

Hannover (antigua colección): 71, 75 (fig. 53), 79 (n. 222)

Haro, II condes de: 109

Haro, II condesa de, véase Mendoza y Figueroa, Mencía

Hatfield (Reino Unido), Hatfeld House: 72 (n. 192)

Hemessen, Jan van (pintor): 76 (n. 204)

Hernández, Jerónimo: 63

Hernicxss, Dierick: 54 y (n. 116), 69 (n. 173), 70 y (n. 176 y n. 181), 89, 105 (n. 312), 110

Hermans, Michiel: 70 (n. 181)

´s Hertogenbosh (Países Bajos): 38

Holanda, Teodoro de, véase Hernicxss, Dierick

Huelva (España)
  Iglesia de Santa Olalla: 87, 167

I

Isabel de Portugal (reina de España): 28, 90 y (n. 270), 99

Isabel de Valois (reina consorte): 28

Isabel I de Castilla (reina de Castilla): 20

Israel: 30 (n. 44), 165 (n. 437)

Italia: 92 (n. 275), 179

J

Jerez de la Frontera (Cádiz, España)
  Iglesia de Santiago: 81 (n. 237)

Jiménez de Cisneros, Francisco: 30

Juana I de Castilla (reina de Castilla): 31

Jurate, Nicolás (entallador): 41, 43 (fig. 14)

* Se ha decidido diferenciar los edificios de Osuna citados en el libro, así como sus espacios internos. Se ha omitido la indexación de Osuna como villa al ser un libro dedicado completamente a la presencia en la villa de la pintura flamenca del siglo XVI y su relación con los condes de Ureña.

Colegiata de Nuestra Señora de la Asunción (antes de mediados del siglo XVI, iglesia de Santa María): 20, 24 y (n. 11), 32 (n. 53), 48, 56, 62-64, 68, 69, 92, 106, 118, 158, 163, 171, 257

    Capilla mayor: 24, 33-34, 62-65

    Capilla del Sagrario o del evangelio: 62, (fig. 43), 64, 65 y (n. 157), 66, 67 (fig. 48), 92, 95 (fig. 74), 96 (fig. 77), 101, 108, 220-235

    Capilla de Inmaculada Concepción o de la epístola: 33, 50, 56 (fig. 34), 57- 58 y (n. 133) 65, 84-85, 94, 144, 237, 239-240, 244, 247, 249, 252, 254

    Capilla de los Reyes: 47, 52 (fig. 29), 53 (fig. 30 y fig. 31), 64-66 y (fig. 46), 84 (fig. 64), 85 (fig. 65), 104 (n. 311), 118, 124, 130

    Sacristía: 47 (fig. 20, fig. 21 y fig. 22), 57 (fig. 35), 72, 74 (fig. 52), 171, 174, 179-180, 183, 187, 190, 195, 200, 203-204, 207, 209-210, 211-212, 213, 257, 258

    Capilla del Santo Sepulcro: 20, 23-25 y (n. 21), 26 (fig. 2), 27-29, 31 (fig. 8), 32-33 y (n. 64), 34 y (fig. 9), 35, 37-39 y (fig. 10), 40 y (n. 86 y fig. 11), 41, 43, 44-47, 48 (n. 103), 49-50, 52, 54, 56 (fig. 34), 57 (n. 129), 67 y (n. 164), 68, 80, 82 (n. 239), 85, 86, 89, 90 (fig. 70), 91, 92 (fig. 72), 93-94 y (fig. 73), 97 y (n. 290 y fig.78), 97-98 y (fig. 79), 99 y (fig. 80), 100 y (fig. 81), 101 y (fig. 82), 102-104 y (n. 311), 105-107 y (n. 319), 108, 110, 113, 127, 137 (n. 375), 142, 144-146, 148, 151, 158-159, 161, 163, 167, 171, 174, 179, 183, 187, 190, 191 (n. 503), 192 y (n. 513), 195, 197, 200, 202, 204, 205 (fig.17b), 206, 207-209, 211, 213-214, 217, 231-232, 235

    Capilla de la Virgen de la granada o de la Inmaculada Concepción: 23 (n. 8), 41, 49, 50, 54 (fig. 32), 56 (fig. 34), 136-137, 154

    Patio o claustro: 28 (fig. 5), 29, 31 (fig. 8), 46, 50 y (fig. 25 y fig. 26), 51 y (Fig. 26 y fig. 27), 59 (fig. 38), 60 (fig. 39 y fig. 40), 61 (fig. 41 y fig. 42), 68, 73, 76, 94, 101-103 y (fig. 89), 104, 110, 113, 118, 120, 124, 127 y (n. 356), 130 (n. 631); 136-137, 213

    Sacristía: 40 y (n. 86), 42 (fig. 13), 44 (fig. 15 y fig. 16), 45 (fig. 17 y fig. 18), 52 (fig. 28), 55 (fig. 33), 58 (fig. 36 y fig. 37), 80 (fig. 60), 81-82 (n. 239), 83 (fig. 63), 94, 97 (fig. 78), 106 (fig. 88), 110, 136, 143, 145, 151, 183 (n. 493), 187, 196, 217, 230, 234

    Sala capitular: 94, 192, 197, 202

Hospital de caridad de la "Encarnación del Hijo de Dios": 24-26

Convento de Nuestra Señora de Trápana (mercedarias descalzas), antiguo convento de la Encarnación: 20 (n. 5), 26, 44, 46 (fig. 19), 115 (cat. 17b), 204 y (n. 528), 205 (fig. 17b), 206 (fig. 17b1)

Iglesia de Nuestra Señora del Carmen: 63

Iglesia de Santo Domingo: 63

Universidad de la Limpia Concepción de Nuestra Señora: 24, 27, 32, 58, 68, 80, 84, 88, 109, 113, 164, 167, 191, 236, 239-242, 244, 247-248, 252, 254-255 y (n. 609)

Capilla: 58, 64 (fig. 45), 88, 109, 167, 191, 241, 255 y (n. 609)

Osuna, fray Francisco de: 32 y (n. 57)

Osuna, III duque de, véase Téllez-Girón y Velasco, Pedro

Osuna, III duquesa de, véase Enríquez de Ribera, Catalina

Osuna, IV duquesa de, véase Sandoval y Padilla, Isabel de

Osuna, VIII duque de, véase Téllez-Girón, Pedro Zoilo

Oviedo (España): 34

Oviedo (familia), véase Francisco de Oviedo y Gerónimo de Oviedo

Oviedo "el mozo", Juan de (entallador): 63, 85, 260

Oviedo "el viejo", Juan de (entallador): 63, 85, 221 (n. 563)

Oviedo, Francisco de: 66-67, 93, 96 (fig. 77), 221

Oviedo, Gerónimo de: 66-67, 221

P

Palencia (España): 29

    Catedral: 139 (n. 379)

    Paredes de Navas (Palencia), iglesia de Santa Eulalia: 119 (n. 355)

París (Francia)

    Biblioteca Nacional de Francia: 104 (fig. 85)

    Museo del Louvre: 81 (fig. 61), 118-119 (fig. 01.02), 176

    Museo del Petit Palais (Bellas Artes): 188 (n. 501)

Paulo III, Papa: 24

Penni, Giovanni Francesco (pintor): 73, 81 (fig. 61), 118-119 (fig. 01.02)

Pérez de Ayala (familia): 61

Pérez, Antón (pintor): 41, 43 (fig. 14)

Perrín, Miguel (escultor): 98, 102 (fig. 88)

Picardo, Juan (pintor): 59, 81

Pino, Manuel del (escultor): 66, 116 (cat. 22), 221

Piombo, Sebastiano del (pintor): 41, 176 (n. 475)

Polanco, Antonio de (mercader): 77 (n. 207), 139 (n. 381)

R

Rafael (pintor): 69, 73-75, 118-119, 132, 138, 179, 181, 191-192 y (fig. 14.03)

Ramos, Juan: 87, 167

Réau, Louis: 184, 215 (n. 542), 216 (n. 549)

Reyes Católicos, véase Isabel I de Castilla y Fernando II de Aragón

Riaño, Diego de (arquitecto): 33, 81 y (n. 235), 104, 106

Ribera, José de: 64 (n. 148)

Roebroecx, Mayken (viuda de pintor): 78

Romano, Giulio (pintor): 73

Rueda (Valladolid, España), Iglesia de la Asunción: 132-133 y (fig. 03.03), 152

S

Sagredo, Diego de: 101-102 (n. 307), 104 (fig. 85, fig. 86), 108

Sahagún (León, España): 80 (n. 226)

Salisbury, marqués de (colección): 72 (n. 192)

Salvador de Bahía (Brasil): 63

Sánchez, Antón (pintor): 41, 43 (fig. 14)

Sandoval y Padilla, Isabel de: 26

Z

To.10

To.10